2011
中国房地产年鉴

中 国 房 地 产 研 究 会
中 国 房 地 产 业 协 会
中 国 房 产 信 息 集 团
北京中房研协技术服务有限公司
编著

光明日报出版社

图书在版编目（CIP）数据

2011中国房地产年鉴 / 中国房地产研究会等编著.
-- 北京：光明日报出版社, 2012.5
ISBN 978-7-5112-2554-2

Ⅰ. ①2… Ⅱ. ①中… Ⅲ. ①房地产业－中国－
2011－年鉴 Ⅳ. ①F299.233-54

中国版本图书馆CIP数据核字(2012)第092174号

书　名：2011中国房地产年鉴

著　者：中国房地产研究会 中国房地产业协会
中国房产信息集团 北京中房研协技术服务有限公司

出 版 人：朱庆　　终 审 人：孙献涛
责任编辑：曹杨　　策　　划：回建强
封面设计：王星　　责任校对：傅泉泽
责任印制：曹净

出版发行：光明日报出版社
地　址：北京市东城区珠市口东大街5号，100062
电　话：010-67078258（咨询），67078270（发行），67078235（邮购）
传　真：010-67078227，67078255
网　址：http://book.gmw.cn
E-mail：gmcbs@gmw.cn　caoyang@gmw.cn
法律顾问：北京市洪范广住律师事务所徐波律师

印　刷：北京联兴盛业印刷股份有限公司
装　订：北京小新印刷有限责任公司
本书如有破损、缺页、装订错误，请与本社联系调换

开　本：700×1000　1/16
字　数：900千字　　印　张：39
版　次：2012年5月第1版　　印　次：2012年5月第1次印刷
书　号：ISBN 978-7-5112-2554-2

定　价：680.00元

编委会/ EDITORIAL

序言/Preface

经过近几年来的政策调控，特别是2011年在实施了包括限购、限贷、限价在内的综合性调控后，房地产投机投资行为得到明显抑制，多数城市的房价涨幅趋缓，部分城市的房价有所下降。房地产市场运行总体平稳，保障性安居工程推进顺利，提前完成了1000万套保障性安居工程的开工建设任务，同时，房地产业在扩大内需、促进消费、拉动投资、改善居民居住条件等诸方面，继续发挥重要的作用。

坚定不移地搞好房地产市场调控，在调查研究和借鉴国外成功经验的基础上，不断完善住房供应"双体系"，组织制定好城镇住房发展规划，引导居民合理消费，有计划有步骤地解决好百姓的"住有所居"，并切实稳定房地产市场价格，促进房地产业平稳健康发展，是当前和今后一个时期房地产业的重要任务。

2011年底的中央经济工作会议对2012年经济社会发展的总基调是稳中求进，鉴于房地产与改善民生、经济发展都有较大关系，因此，房地产行业在政策制度建设上也期待"稳中有进"。"稳"，就是坚定不移地执行现行各项调控政策，促进住房价格合理回归，同时要稳定市场预期，防止市场的过快下滑导致投资于消费的过快下降；"进"，一是有关部委工作会议明确的政策措施能跟进落实，如差别化信贷政策，支持居民自住购房需求等；二是尽快构建房地产业"顶层设计"，利用房地产市场调控已取得一定成果的时间，抓紧中长期制度的建设。

为客观如实记录中国房地产的发展史，以便更好地为政府决策服务，为行业平稳健康发展服务，为会员单位提供市场信息等服务，中国房地产研究会、中国房地产业协会、中国房产信息集团和北京中房研协技术服务有限公司在编撰《2010中国房地产年鉴》的基础上，总结经验教训，继续编撰《2011中国房地产年鉴》。年鉴包括领导讲话、政策汇编、基础数据、市场记录、保障住房、企业发展、行业测评、地方经验和大事记等九个篇章，旨在为业内及相关机构和人士提供一个了解和把握中国房地产业发展脉搏的重要参考工具。

年鉴内容涉及面广、专业性强，很多问题也处于探索之中，再加上《2011中国房地产年鉴》成书时间短和我们的水平有限，年鉴中的有些内容难免还存在一定的局限和不足。我们愿意听取广大读者的意见，恳请大家批评指正。

本年鉴在编写过程中，得到住房和城乡建设部有关领导、部办公厅、住房改革和发展司、住房保障司、房地产市场监管司、住房公积金监管司等有关领导的大力支持，在此一并表示感谢！

刘志峰

2012年4月

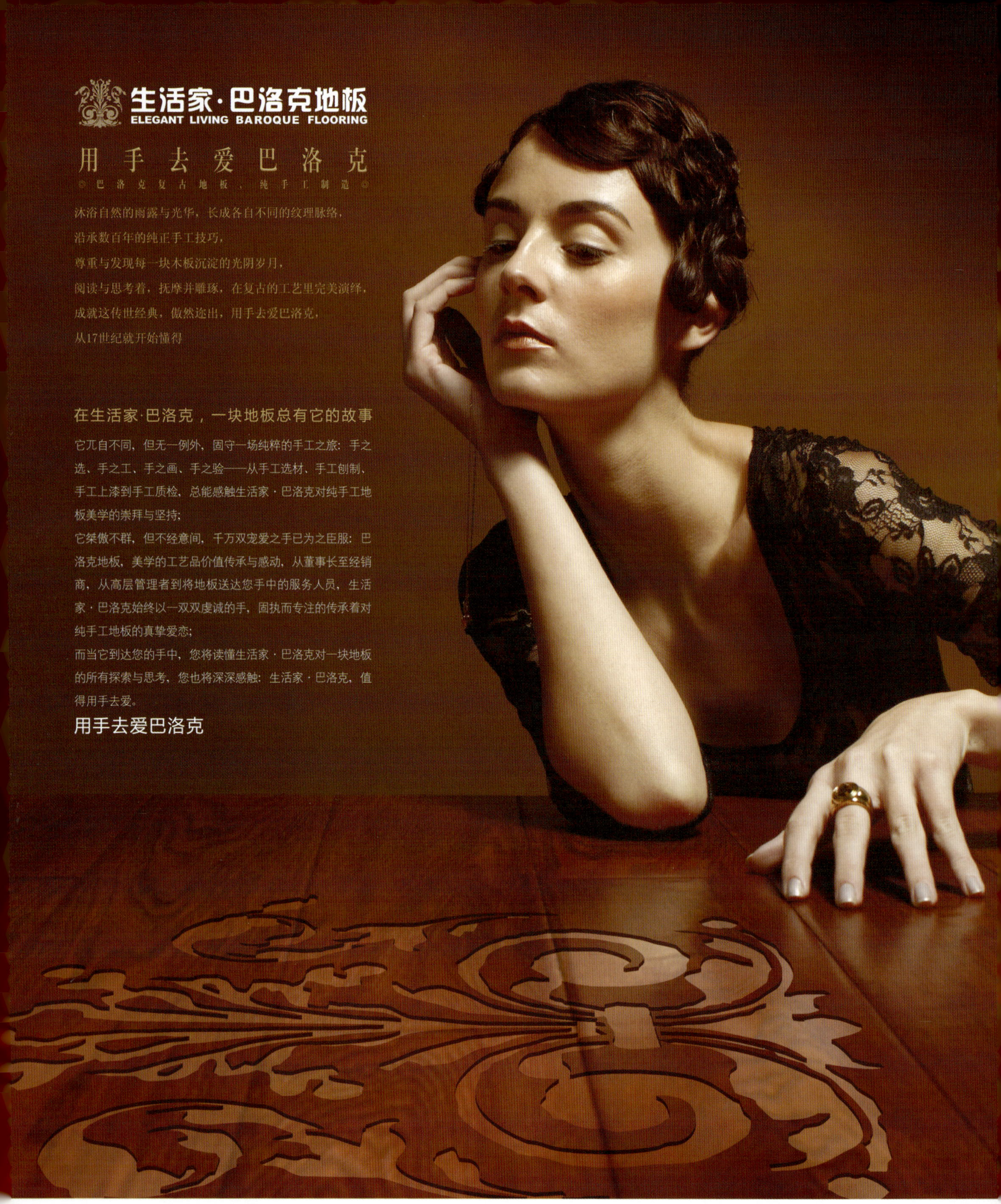
生活家·巴洛克地板
ELEGANT LIVING BAROQUE FLOORING
用手去爱巴洛克
◎巴洛克复古地板，纯手工制造◎
沐浴自然的雨露与光华，长成各自不同的纹理脉络，
沿承数百年的纯正手工技巧，
尊重与发现每一块木板沉淀的光阴岁月，
阅读与思考着，抚摩并雕琢，在复古的工艺里完美演绎，
成就这传世经典，傲然迭出，用手去爱巴洛克，
从17世纪就开始懂得
在生活家·巴洛克，一块地板总有它的故事
它兀自不同，但无一例外，固守一场纯粹的手工之旅：手之选、手之工、手之画、手之验——从手工选材、手工刨制、手工上漆到手工质检，总能感触生活家·巴洛克对纯手工地板美学的崇拜与坚持；
它桀傲不群，但不经意间，千万双宠爱之手已为之臣服：巴洛克地板，美学的工艺品价值传承与感动，从董事长至经销商，从高层管理者到将地板送达您手中的服务人员，生活家·巴洛克始终以一双双虔诚的手，固执而专注的传承着对纯手工地板的真挚爱恋；
而当它到达您的手中，您将读懂生活家·巴洛克对一块地板的所有探索与思考，您也将深深感触：生活家·巴洛克，值得用手去爱。
用手去爱巴洛克

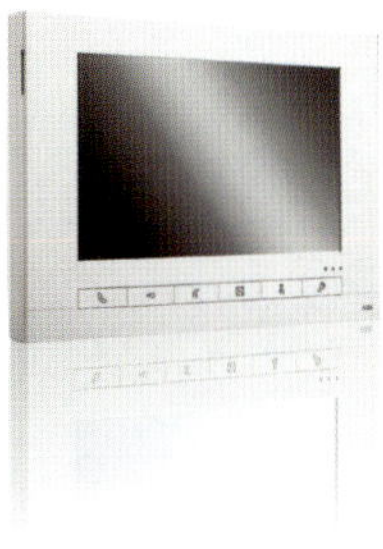

GolKing 国强五金 | 世界与我同行

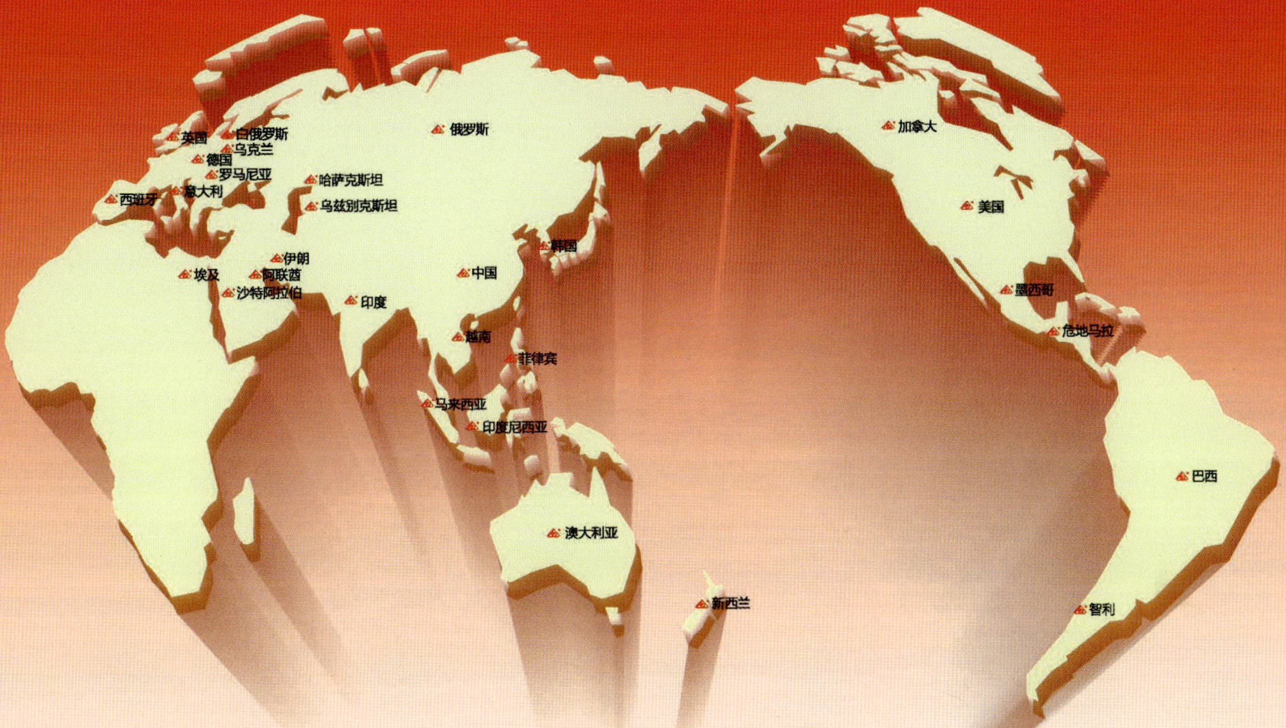

国强五金工业园——中国最大的五金制造基地

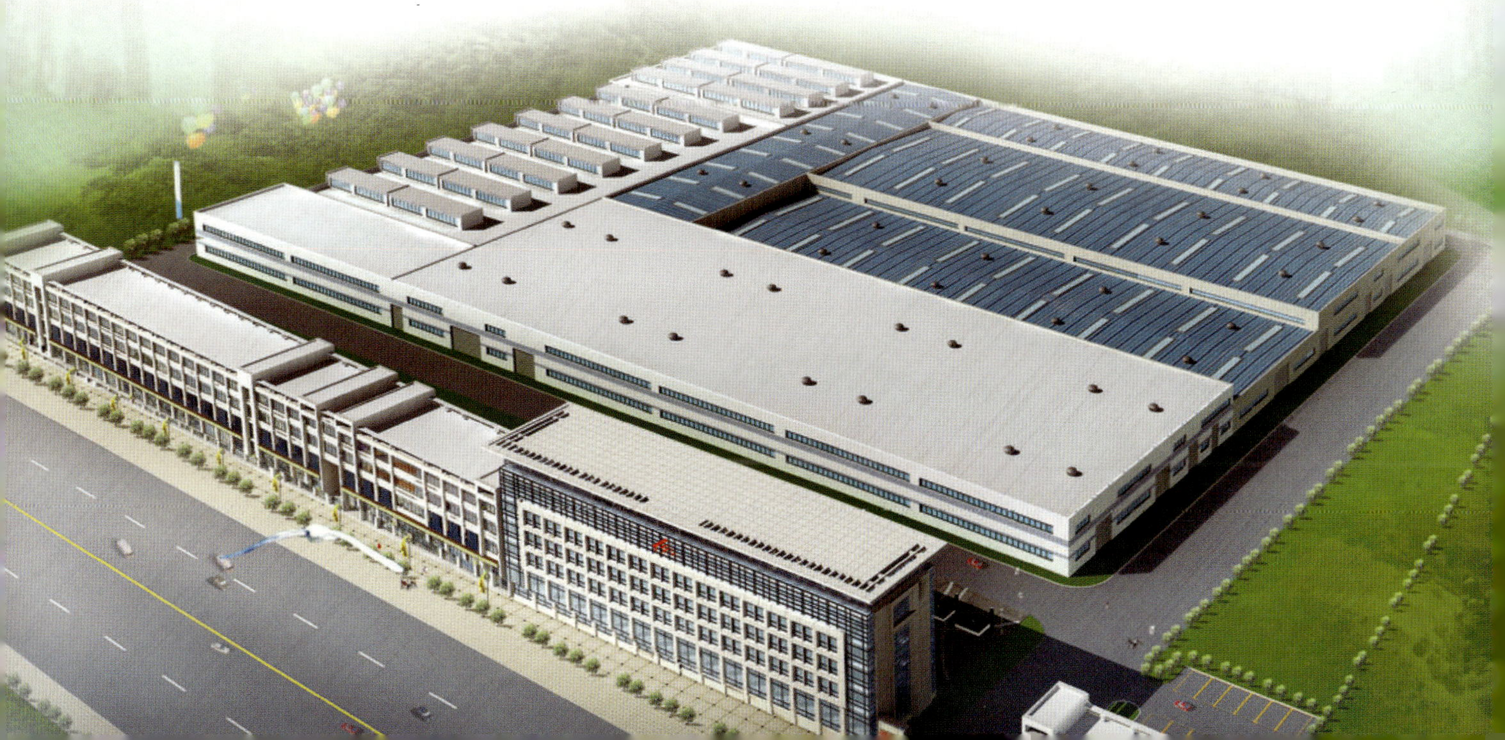

CONTENTS

第一篇 领导讲话

★导读

01 中共中央总书记胡锦涛关于房地产业的讲话

02 国务院总理温家宝关于房地产业的讲话

CONTENTS

03 国务院副总理李克强关于房地产业的讲话

04 国家发展和改革委员会主任张平关于房地产业的讲话

05 财政部部长谢旭人关于房地产业的讲话

06 国土资源部部长徐绍史关于房地产业的讲话

07 住房和城乡建设部部长姜伟新关于房地产业的讲话

08 住房和城乡建设部副部长齐骥关于房地产业的讲话

09 中国房地产研究会会长、中国房地产业协会会长刘志峰关于房地产业的讲话

CONTENTS

第二篇 政策汇编

★导读

01 中华人民共和国国务院

02 中华人民共和国住房和城乡建设部

03 中华人民共和国发展与改革委员会

04 中华人民共和国财政部、国家税务总局

05 中华人民共和国国土资源部

CONTENTS

06 中华人民共和国商务部

07 中华人民共和国中国人民银行、中国银行业监督管理委员会、中国保险监督管理委员会

08 最高人民法院

09 上海市

10 重庆市

第三篇 基础数据

★导读

第四篇 市场情况

★导读

CONTENTS

第五篇 保障住房

★导读

第六篇 企业发展

★导读

第七篇 地方经验

★导读

第八篇 行业测评

★导读

第九篇 大事记

2011
中国房地产年鉴
THE ALMANAC OF CHINA REAL ESTATE
01
领导讲话
LING DAO JIANG HUA

导读 / INTRODUCTION

2011年中国房地产市场房价快速上涨势头得到了遏制，新开工1000万套保障性安居工程任务目标也顺利完成，为住房保障工作打下坚实基础。党中央、国务院领导及国务院有关部门的负责人对加强和改善房地产市场调控、加大保障性安居工程建设等做了许多重要讲话和指示。

现将中国政府网、新华社等官方媒体上发表的中央及有关部门等领导同志讲话选编入册。讲话的标题多数是当时网上报道的标题，有的是这次入编时我们新加的标题。

我们将“领导讲话”作为年鉴的开篇文章，不仅为了回顾总结，更是为了指导今后的工作。

中共中央总书记胡锦涛关于房地产业的讲话

保障性住房建设是民生工程也是民心工程

（2011-04-29~2011-05-01，天津考察）

胡锦涛总书记在听取了天津市保障性住房建设情况汇报后强调，保障性住房建设是一项重大民生工程，也是一项重大民心工程，党的十七届五中全会和“十二五”规划纲要就此提出了明确要求。各级党委和政府务必高度重视、狠抓落实，继续增加资金投入，优先保证用地供应，重点发展公共租赁住房，同时要完善配租政策，帮助更多中低收入群众解决住房困难。

党和政府非常重视解决中低收入群众住房问题，正在加大保障性住房建设力度，以努力实现广大群众住有所居的目标。相信大家在政府帮助下，经过自身努力，一定能使生活水平不断得到提高。

资料来源：2011-05-02，中国政府网

坚持房地产调控决心不动摇，方向不改变

（2011-07-22，中共中央政治局会议）

胡锦涛总书记表示，要坚持不懈搞好房地产市场调控和保障性住房建设，坚持调控决心不动摇、方向不改变、力度不放松，坚决遏制住房价格过快上涨，确保落实保障性住房建设计划，确保建设质量，确保分配公平。

资料来源：2011-07-23，新浪地产网

保障性住房建设是一项重大民生工程

（2011-08-11~2011-08-15，深圳、广州实地考察保障房）

胡锦涛总书记强调，保障性住房建设是一项重大民生工程。对这件民生大事，各级党委和政府都要切实负起责任，千方百计确保土地供应、确保资金到位、确保工程质量、确保分配公平，努力使广大人民群众满意。

资料来源：2011-08-16，新浪地产网

促进经济社会发展与土地利用相协调

（2011-08-23，中共中央政治局就完善我国土地管理制度问题研究进行第三十一次集体学习）

胡锦涛总书记强调，要落实节约优先战略，进一步完善符合我国国情的最严格的土地管理制度，坚持各类建设少占地、不占或少占耕地，以较少的土地资源消耗支撑更大规模的经济增长；坚持经济效益、社会效益、生态效益协调统一，不断提高土地利用效率；坚持统一规划、合理布局，促进区域、城乡、产业用地结构优化；坚持当前与长远相结合，提高土地对经济社会发展的保障能力，努力建设资源节约型、环境友好型社会。

土地是人类生存发展的重要物质基础。我国是一个人多地少、耕地资源稀缺的发展中大国。改革开放以来，我国土地管理事业快速发展，初步建立起符合国情、适应社会主义市场经济体制要求的土地管理制度基本框架，为经济社会发展提供了有力支撑。同时，我国土地管理仍面临着不少新情况新问题。我们的发展，既要考虑满足当代人的需要，更要为子孙后代留下生存发展空间。建立和完善最严格的土地管理制度，坚持节约集约用地，是贯彻落实科学发展观的题中之意，是确保国家粮食安全的战略举措，是造福子孙后代、实现中华民族伟大复兴和永续发展的长远大计。我们一定要以对国家和人民高度负责、对子孙后代高度负责的精神，紧紧围绕以科学发展为主题、以加快转变经济发展方式为主线，加强土地资源节约和管理工作，十分珍惜和合理利用每一寸土地，促进经济社会发展与土地资源利用相协调。

当前和今后一个时期，要重点抓好以下4方面工作。第一，切实坚持和完善最严格的耕地保护制度，把划定永久基本农田作为确保国家粮食安全的基础，强化耕地保护责任制度，健全耕地保护补偿机制，从严控制各类建设占用耕地，完善耕地占补平衡制度，加快农村土地整理复垦，大规模建设旱涝保收高标准农田。第二，切实实行最严格的节约用地制度，强化土地利用总体规划的整体管控作用，合理确定新增建设用地规模、结构、时序，降低经济增长对土地资源的过度消耗，走集约式城镇化道路，确保保障性安居工程用地供应，严格执行土地用途管制制度，完善土地使用标准。第三，切实维护群众土地合法权益，严格界定公益性和经营性用地，完善征地补偿机制，规范征地拆迁管理，加大土地督察和执法力度，维护被征地农民合法权益。第四，切实推进土地管理制度改革，健全严格规范的农村土地管理制度，加快征地制度改革，深化国有土地有偿使用制

度改革，加强土地行政管理能力建设。

各级党委和政府要把土地管理工作纳入重要议事日程，建立健全党委领导、政府负责、部门协同、公众参与、上下联动的工作格局，建立健全耕地保护责任考核体系，严格土地管理责任追究制。国土资源管理部门要积极主动服务，不断提高土地管理工作水平，各有关部门要密切配合，加强统筹协调，形成工作合力。要严格遵守土地管理法律法规和法定程序，依法管地用地。要深入进行土地资源国情和土地法律法规宣传教育，普及保护耕地和节约用地基本知识，使全社会都深刻认识我国国情和保护耕地的重大意义，使保护耕地、节约用地观念深入人心，广泛形成保护耕地、节约用地的良好社会氛围。

资料来源：2011-08-24，新浪地产网

02

国务院总理温家宝关于房地产业的讲话

进一步落实、完善房地产市场调控政策

（2011-01-18，国务院第五次全体会议）

温家宝总理强调，坚定不移地搞好房地产市场调控。各级政府要增加投入，保障土地供应，落实保障性住房建设任务。抓紧建立保障性住房使用、运营、退出等管理制度。进一步落实和完善房地产市场调控政策，增加市场有效供给，特别要增加中小套型、中低价位普通商品房供给；加强对市场需求的分类调控，落实好差别化信贷、税收政策，支持居民合理住房消费，抑制投机投资性购房；加强房地产市场监测和市场行为监管，严厉查处各类违法违规行为。

资料来源：2011-01-18，中国政府网

今后五年新建保障性住房3600万套

（2011-02-27，接受中国政府网、新华网联合专访，与广大网友在线交流）

温家宝总理在回答"面对居高不下的房价，我想问，抑制房价，总理，您还有信心吗？"时表示：我还有信心。如果我没有信心，不去努力，那就是失职，就是对人民的不负责。我不仅要做这样的表态，而且要付诸实际行动。

从去年到今年，我们先后出台了三次调控措施。应该说这三次调控措施总体上越

来越有力，针对性越来越强。房价过快上涨的势头有所遏制住，我们要使房价能够保持在一个合理的水平。

第一，必须增加有效供给。大家知道，去年我们投资兴建了保障性住房590万套，竣工370万套。今年，我们将要计划建设保障性住房和棚户区改造住房1000万套。

当然，我知道许多网民提出了资金如何落实、土地如何落实，保障性住房建设以后管理、监督和退出机制如何建立？这些都是我们应该现在就加以研究并且做好准备的。

前不久，国务院主持各地与中央签订了保障性住房的责任书。关键不在一张纸，而在于决心。有了决心就会有资金，就会有土地，就会有办法。

没有决心，眼前到处都是困难。我想中央已经下了这个决心，我们计划在今后五年，新建保障性住房3600万套。保障性住房应当以公租房和廉租房为主，再加上棚户区改造，不要走偏方向。

保障性住房达到3600万套以后，在住房的覆盖率可以达到20%，这将有力地缓解住房的压力，特别是解决中低收入和新参加工作的大学生住房的要求。

第二，还是要下决心毫不动摇地抑制投资和投机性住房需求。我们采取经济和法律手段，以及必要的行政手段，主要是用差别化贷款利率、税率以及土地供应政策。我相信，我们经过一段时间的努力，我们会在抑制投机、投资用房上见到效果。

第三，要管好市场。政府管好市场主要是用法律和经济的手段防止捂盘惜售，圈地不用。

在这里我也想说一点对房地产商的话，我没有调查你们每一个房地产商的利润，但是我认为房地产商作为社会的一个成员，你们应该对社会尽到应有的责任。你们的身上也应该流着道德的血液。

我知道处理房价问题要分清政府应该管的事和市场应该管的事情。对于政府应该管的事情，我们毫不含糊；对于市场应该管的事情，我们也要密切加以关注，充分利用市场对资源配置的合理作用。同时，抑制那些不合理的房价。

这件事情真难啊。有人说我“灰心”了，其实我没有“灰心”。我相信，只要我们把群众放在心上，我们一定会实现调控目标。

这里我还想讲一点国情。这是事物的另一个方面，也是有人很少提到的一个方面。那就是我们国家是一个人口众多、土地稀缺的国家，住有所居并不意味着每人都有自己的住房。

据调查，1998年，当时人均住房只有17平方米，去年人均住房达到33平方米，不能不说人们的住房多数得到了改善。

第二，中国家庭拥有自己的住房率是比较高的，家庭自有住房率高达80%。据北京统计，拥有住房最低的平均年龄仅有27岁，这在世界上连发达国家都是比较少的。

房屋是一个刚性的需求，这一代人解决了下一代人还需要。不断地有参加工作的人，不断有大学毕业生，不断有结婚的人。

因此，我讲这些就是希望我们群众理解，中国要有适合自己国情的住房政策。我提倡小户型，但功能要齐全。而且从现在建设就应该注意节能环保，不要贻误这个时机，这不仅对住房，而且对中国建筑业的发展都会起重要作用。

资料来源：2011-02-27，中国政府网

坚定不移地搞好房地产市场调控，加快健全房地产市场调控的长效机制

（2011-03-05，政府工作报告）

温家宝总理表示，坚定不移地搞好房地产市场调控。加快健全房地产市场调控的长效机制，重点解决城镇中低收入家庭住房困难，切实稳定房地产市场价格，满足居民合理住房需求。一是进一步扩大保障性住房建设规模。今年要再开工建设保障性住房、棚户区改造住房共1000万套，改造农村危房150万户。重点发展公共租赁住房。中央财政预算拟安排补助资金1030亿元，比上年增加265亿元。各级政府要多渠道筹集资金，大幅度增加投入。抓紧建立保障性住房使用、运营、退出等管理制度，提高透明度，加强社会监督，保证符合条件的家庭受益。二是进一步落实和完善房地产市场调控政策，坚决遏制部分城市房价过快上涨势头。制定并向社会公布年度住房建设计划，在新增建设用地计划中，单列保障性住房用地，做到应保尽保。重点增加中小套型普通商品住房建设。规范发展住房租赁市场。严格落实差别化住房信贷、税收政策，调整完善房地产相关税收政策，加强税收征管，有效遏制投机投资性购房。加强房地产市场监测和市场行为监管，严厉查处各类违法违规行为。三是建立健全考核问责机制。稳定房价和住房保障工作实行省级人民政府负总责，市县人民政府负直接责任。有关部门要加快完善巡查、考评、约谈和问责制度，对稳定房价、推进保障性住房建设工作不力，从而影响社会发展和稳定的地方，要追究责任。

资料来源：2011-03-15，中国政府网

加强对地方落实房价调控政策的检查力度

（2011-03-14，十一届全国人大四次会议记者会）

温家宝总理在回答“现在社会上有担心，就是这些政策措施能不能落实到位？会不会半途而废？请问总理，您怎么看待这个问题？”时表示，关于房价的调控，我觉得当前最重要的是各项政策措施的落实。对于中央来讲，就是要加强对地方落实房价调控政策的检查力度，真正实行问责制。同时，密切跟踪和分析房地产市场发展的形势，进一步研究有针对性的宏观调控措施。对地方来讲，就是要认真落实房地产调控的责任。比如，首先要公布政府调控房地产的政策和房价控制目标。在这里，我想特别提出，我们三管齐下，其实还有一项非常重要的措施，那就是加快保障性住房建设。也就是说从供求上解决房地产市场存在的问题。对于保障性住房建设，人民群众中有许多担心，他们总的是赞成的，但也有许多忧虑。我们提出，今年再开工建设保障性住房1000万套，明年再建1000万套，在今后五年建设3600万套。保障性住房除了棚户区改造以外，主要是公租房和廉租房，这个方向必须明确。这里就有一个资金落实的问题，中央今年将向地方补助1030亿元，地方财政也相应加大投入，但还必须更广泛地利用社会资金。对于保障性住房，土地供应必须单列，做到应保尽保。有一件事情非常重要，现在就应该提到日程上来，那就是保障性住房的设计、建设必须有高标准、高要

求，也就是说要确保质量、安全和环保。特别是在环保上，从设计到建设整个过程，都要实行节能。这是中国房地产建设的一大机会，如果丢掉了，十分可惜。我在这里想强调一点，就是对于保障性住房建设以后，管理和退出机制现在就要着手制定规则，形成一个完整的从建设到管理、退出的机制，使保障性住房质量和效益得到保证，使保障性住房将来的管理也得到保证。

资料来源：2011-03-15，中国政府网

土地是农民最大的社会保障

（2011-04-02~2011-04-04，吕梁山区考察）

在岚县北关村、兴县张家湾村和村民座谈时，温家宝总理强调说，土地是农民最大的社会保障，维护农民的基本权益最重要的就是维护土地权益。耕地不仅是农民的利益，也是国家利益，因为中国人太多，地太少。土地流转要尊重农民意愿，不能搞强迫命令。修路、建房都不能乱占农民耕地。

资料来源：2011-04-04，中国政府网

抑制不合理需求，努力增加市场供应

（2011-04-13，国务院常务会议）

温家宝总理强调，当前，社会各方面十分关注房地产价格走势。这是涉及人民群众切身利益，关系经济健康发展、社会和谐稳定的重要问题。中央加强房地产调控的目标是明确的，决心是坚定的。应该看到，随着房地产调控政策的深入推进，市场供求矛盾有所缓解，不合理需求得到一定抑制，市场出现了一些降温迹象。这说明，中央关于房地产调控的政策是正确的。也要看到，当前市场仍处于相持阶段，普通商品住房价格与调控目标和群众期待相比仍有较大差距，特别是有的城市房价过高、上涨过快的局面没有根本改变，有的地方落实中央调控政策的措施也不够有力，总的调控效果还有待巩固和加强。

房地产市场调控，除了抑制不合理需求外，还要努力增加市场供应。一方面，要切实抓好保障性住房建设。今年全国要开工建设1000万套保障性住房，中央财政为此拿出1300亿元，但光靠中央财政是不够的。各级政府都要切实负起责任，多渠道筹措资金，切实加大投入，并优先保证用地供应。要抓紧建立保障性住房建设、配置、运营、退出等管理制度，避免寻租和暗箱操作，促进这一制度长期健康运行。另一方面，要努力增加普通商品住房的供应，加快普通商品住房的土地投放，督促开发商严格按照国家规定，保证住房建设进度，如期推出全部房源并明码标价上市销售，对违反规定的要严肃查处。房地产市场调控目标，是保持市场供求总量基本平衡、结构和价格基本合理，并始终严格控制投机投资性购房需求。要切实做到长期目标和短期目标合

理衔接，保障性住房和商品住房统筹兼顾，避免顾此失彼。

房地产调控要真正见到成效，关键要抓落实。目前市场正在观望，如果政策不能真正得到贯彻，流于形式，就很难合理引导市场预期，很难引导开发商合理定价，老百姓也很难建立起信心，我们的调控就会功亏一篑，最终，政府就会失信于民。各级政府都要不折不扣地贯彻落实中央确定的各项政策，强化责任，确保调控措施落到实处、取得实效。要将保障性住房建设任务分解落实情况，以及项目开工建设、竣工计划等安排公之于众，以便群众监督。有关部门要切实加强督察。要坚持调控方向不动摇、调控力度不放松。

资料来源：2011-04-13，中国政府网

保障性住房建设要讲规模，讲质量，讲配套

（2011-05-01，北京朝阳区王四营保障性住房项目建设工地看望建设工人）

温家宝总理说，我今天之所以到保障性住房工地来，就是因为中央十分重视保障性住房建设。中央提出要保持房地产价格基本稳定、促进房地产业健康发展的决心是坚定不移的；要把一些地区过高的房价降下来、使房价回归到合理水平的决心是坚定不移的；要特别关注困难群体和中低收入家庭，使他们住得起房子、租得起房子的决心也是坚定不移的。保障性住房建设要讲规模，讲质量，讲配套。所谓规模，就是说保障性住房要在住宅建设中占一定比例，全国的目标是20%，北京提出要超过20%甚至达到30%。所谓配套，就是户型要多种多样，户型虽小但功能齐全；注意设施配套，有学校、幼儿园、医院或诊所，靠近地铁或公交线路，使大家感到方便。所谓质量，就是从设计、施工、监理到验收都要坚持“质量第一”的理念。所有建筑都要重视质量，保障性住房更要重视，要确保每根钢筋的使用、每块混凝土的浇注、每个门窗的安装都要达到安全要求，这是百年大计。保障性住房建设还要建立一套包括资金筹措、生产建设、管理运营、退出在内的完善机制。政府主要是做好指导、规划和资本金补充保障工作，建设和运营管理要靠企业。

资料来源：2011-05-01，中国政府网

今年开工建设1000万套保障房的目标是坚定不移

（2011-07-03~2011-07-04，辽宁考察）

温家宝总理强调，国家今年在全国开工建设1000万套保障房的目标是坚定不移的，是一项必须完成的硬任务，目的是让广大人民群众，特别是中低收入群体住上舒适、价格合理的保障性住房。辽宁省的开工率已达91.1%，这项工作抓得好。

资料来源：2011-07-05，中国政府网

把房地产市场调控政策落到实处

（2011-07-04~2011-07-11，经济形势座谈会）

温家宝总理强调，要坚定不移地把房地产市场调控政策落到实处。继续抑制不合理的住房需求，重点抓好保障性住房和普通商品房建设，落实好1000万套保障性住房开工建设计划，加强金融支持，推动制度建设。

资料来源：2011-07-12，中国政府网

调控决心不能动摇，政策方向不能改变，力度不能放松

（2011-09-01，《关于当前的宏观经济形势和经济工作》）

坚定不移地把房地产市场调控政策落到实处，确保见到实效。今年以来，我们多措并举，综合施策，加强和改善房地产市场调控。从上半年的情况看，多数城市房价涨幅回落，部分城市房价出现下降，投资投机性需求得到遏制，居民购房心态趋于理性，市场预期正在发生转变，一些房价过高的城市出现了降温迹象，调控效果初步显现。同时也要看到，房价上涨的短期和长期潜在压力仍然较大，大部分城市房价依然处于高位，买卖双方仍处于观望和博弈阶段，市场陷入僵持和胶着状态，调控效果全面显现还需要一段时间。

目前，房地产市场调控正处在关键时期，调控决心不能动摇、政策方向不能改变、力度不能放松。各级政府要不折不扣将中央房地产调控政策落到实处。一要坚定不移地抑制不合理需求，继续严格实施差别化住房信贷、税收政策和住房限购措施，同时要有针对性地抑制二、三线城市房价过快上涨，促进房价合理回归。二要适当增加房地产用地供应，促进当前和今后一个时期住房有效供给，重点抓好保障性住房和普通商品房建设。三要强化责任和督促检查，对调控政策落实不到位、房价上涨过快和保障性住房建设滞后的城市，要加强督查，限期改正。四要利用目前房地产市场相持的这段时间，抓紧研究和制定促进房地产市场稳定健康发展的治本之策。

资料来源：2011-09-01，《求是》（2011年第17期）

要继续搞好房地产市场调控和保障性住房建设

（2011-10-21，广西南宁考察）

温家宝总理表示，当前保障性安居工程建设中有三个问题值得重视：第一，要保证资金；第二，提高规划和设计水平；第三，必须尽快建立和完善法规，规范投入、建设、分配、监管、退出等制度，让保障性住房建设真正成为改善中低收入家庭基本居住条件的民生工程、阳光工程。

目前，房地产市场调控和保障性住房建设处于关键时期，各级政府要切实采取措施，进一步巩固调控

成果。一方面要抓好保障性住房建设，另一方面也要增加普通商品房的用地供给，促进普通商品房市场健康发展。

资料来源：2011-10-22，中国政府网

使房价回归到合理的水平

（2011-11-06，俄罗斯圣彼得堡）

温家宝总理表示，房地产调控已经进行两年了，保障性安居房建设正在抓紧进行，这势必会缓解房价的压力，缓解住房供求的紧张关系。这里我特别要强调，房地产市场调控绝不可以有丝毫动摇。我们的目标是既要使房价回归到合理的水平，同时又促进房地产业持续健康发展。

资料来源：2011-11-09，人民网

保障农民的土地财产权

（2011-12-27，中央农村工作会议）

温家宝总理指出，30来数亿农民进城，既改变了亿万农民的命运，更为经济发展注入了强大动力。要使进城农民工真正成为城镇居民，绝不是改变一下户籍那么简单。我国人口规模巨大，只靠几个城市圈和少数经济发达地区不可能完成人口的城镇化。要合理引导人口流向，既要采取措施让具备条件的农民工在就业所在地逐步安家落户，又要引导产业向内地、向中小城市和小城镇转移，让更多农民就地就近转移就业。土地承包经营权、宅基地使用权、集体收益分配权等，是法律赋予农民的合法财产权利，无论他们是否还需要以此来作基本保障，也无论他们是留在农村还是进入城镇，任何人都无权剥夺。推进集体土地征收制度改革，关键在于保障农民的土地财产权，分配好土地非农化和城镇化产生的增值收益。应该看到，我国经济发展水平有了很大提高，不能再靠牺牲农民土地财产权利降低工业化城镇化成本，有必要、也有条件大幅度提高农民在土地增值收益中的分配比例。要精心设计征地制度改革方案，加快开展相关工作，明年一定要出台相应法规。积极创造条件，妥善解决好农村留守儿童、妇女、老人问题。

资料来源：2011-12-27，中国政府网

国务院副总理李克强关于房地产业的讲话

加大投入，完善机制，公平分配，保质保量

（2011-02-24，全国保障性安居工程工作会议）

李克强副总理强调，要认真贯彻落实党中央、国务院的决策部署，大规模实施保障性安居工程，加大投入，完善机制，公平分配，保质保量完成今年开工建设1000万套的任务，努力改善群众住房条件。

住房乃民生之要。近年来棚户区改造和廉租房、公租房等保障性住房建设力度逐步加大，上千万困难群众住房明显得到改善。今年保障性安居工程建设1000万套是硬任务，对于稳预期控房价、惠民生促和谐、扩内需转方式具有重大意义，也是调整收入分配结构的重要举措。各地要抓紧安排开工，尽早建成投入使用。

加快推进保障性安居工程，要把保障基本需求与引导合理消费结合起来，从我国人多地少的基本国情出发，多提供小户型、齐功能、质量可靠的住房。要大力发展公共租赁住房，大幅度提升公租房在保障房中的比例，满足居民住房租赁需求，形成梯度消费的合理模式。

加大政策支持力度是保障性安居工程建设的前提条件。要大幅增加并及早下达中央和地方财政资金，减免相关税费，合理确定公租房租金水平，引导银行贷款和社会投资，多渠道筹集建设资金，保证资金不留缺口。对公租房等保障性安居工程建设用地按规定实行划拨方式，并增加普通商品住房建设供地。

确保分配公平是大规模实施保障性安居工程的“生命线”。要坚持增加投入与创新机制并重，从准入标准、审核程序、动态管理、退出执行等方面制定一整套制度，实行保障房源、分配过程、分配结果三公开，强化监督管理，确保分配公平公正，使低收入和中等偏下收入住房困难群众真正受益。要严格执行工程建设各项规定，确保房屋质量和建设资金安全，经得起历史和人民的检验。在运营上要注重发挥市场机制的作用，降低管理成本，提高管理效率，实现保障性安居工程可持续运转。

解决群众的住房问题，既要加快保障性安居工程建设，又要促进房地产市场平稳健康发展。各地要进一步加强领导，明确目标责任，及时制定实施细则，有效抑制投资投机性需求，增加普通商品住房供给，坚决落实进一步加强房地产市场调控的政策措施。

资料来源：2010-02-13，中国政府网

开工建设千万套保障房是一项硬任务

（2011-04-08~2011-04-09，吉林省考察）

李克强副总理强调，今年开工建设千万套保障性安居工程住房，继续推进棚户区改造特别是加大公共租赁住房建设力度，有利于逐步实现群众的愿望，也有利于管理通胀预期、促进内需扩大。这是“十二五”开局之年的重大标志性民生工程，是各地特别是城市政府的一项硬任务，要加大力度，尽力而为，完善机制和政策，多元筹资，保证质量，努力探索创造新鲜经验，不折不扣完成建设任务，确保公正分配，给群众“定心丸”。

资料来源：2010-04-09，中国政府网

大规模实施保障性安居工程逐步完善住房政策和供应体系

（2011-04-16，《求是》）

保障性安居工程是一项重大的民生工程，也是完善住房政策和供应体系的必然要求。大规模实施保障性安居工程，是党中央、国务院作出的重大决策，是当前和今后几年政府工作的一项重要任务。实施好这一重大民生工程，关系经济社会发展全局，惠及广大人民群众。要进一步提高认识，明确方向，理清思路，完善政策，把保障性安居工程建设各项任务落到实处。

一、大规模实施保障性安居工程意义重大

2008年底，为应对国际金融危机冲击，党中央、国务院确定了进一步扩大内需、促进经济平稳较快增长的十项措施，其中第一项就是加快保障性安居工程建设。两年多来，在各地区、各有关部门和有关方面共同努力下，全国保障性安居工程建设取得重大进展和明显成效。一是住房保障体系逐步完善。加快了廉租住房建设，全面推动了城市和国有工矿等棚户区改造，突出了公共租赁住房发展，初步形成了保障性安居工程体

系。二是建设力度持续加大。2008年四季度至2010年末，开工建设保障性住房和棚户区改造住房1300万套，竣工800万套；其中2010年开工590万套，竣工370万套，是历年来建设进度最快的一年。三是政府投入大幅增加。全国保障性安居工程完成总投资累计超过1.3万亿元，其中中央财政和预算内投资1300多亿元，地方政府也大量投入。国家还明确了税费优惠、土地供应等措施，使保障性安居工程支持政策逐步完善。四是经验逐步积累，认识不断提高。各方面积极探索、开拓前进，形成了有效做法，达成了基本共识，为大规模实施保障性安居工程建设打下了基础。五是广大群众得到了实惠。上千万户住房困难家庭搬进了新居，感受到党和政府的温暖，保障性安居工程成为重大民心工程。同时应当清醒地看到，我国保障性住房建设起步时间不长，住房保障的覆盖面不大，今后一个时期解决困难群众基本住房的任务十分繁重。必须高度重视，坚持不懈地做好这项工作。

保障性安居工程是“十二五”时期保障和改善民生的标志性工程，也是当前和今后几年经济工作的硬任务。“十二五”规划纲要确定，未来五年建设保障性住房、棚户区改造住房3600万套，其中2011年开工建设1000万套。大规模实施保障性安居工程，是推动科学发展、加快转变经济发展方式的具体实践，具有重大的现实意义和深远的历史影响。

大规模实施保障性安居工程，是管理通胀预期、保持经济平稳较快发展的重大举措。当前我国经济发展总体形势是好的，呈现稳健有力的增长势头，但发展面临的环境依然十分复杂，其中一个突出矛盾是价格上涨压力加大。国际上粮食、矿产品等大宗商品价格高位震荡，原油价格突破100美元/桶，新兴经济体面临较大的输入型通胀压力；国内劳动力等要素成本上升，流动性规模较大。一季度居民消费价格、工业品出厂价格涨幅较高。针对这些情况，在处理好保持经济平稳较快发展、调整经济结构、管理通胀预期关系的过程中，要把稳定物价总水平作为宏观调控的首要任务。近年来，部分城市房价上涨较快，有的城市房屋租赁价格也明显上升，给群众改善住房条件带来很大压力，成为社会广泛关注的焦点问题之一。需要指出的是，住房价格如果持续过快上涨，容易形成房地产“泡沫”，带来潜在的或现实的金融风险，扰乱乃至破坏经济正常循环。在这个问题上，国际上有不少深刻教训，日本经济长期低迷，美国发生“次贷”危机，都与房地产“泡沫”有关，应当引以为戒。当前和今后一段时期，在我国大规模建设保障性安居工程，既可以增加住房有效供应，分流商品住房市场需求，还可以稳定群众住房消费预期，对市场起到“镇静剂”的作用，有利于管理好通胀预期，把经济平稳较快发展的好势头保持下去。

大规模实施保障性安居工程，是保障和改善民生、促进社会和谐稳定的必然要求。不断提高人民群众生活水平和质量，是改革发展的根本目的，也是我们一切工作的出发点和落脚点。现阶段，在人们衣食住行等基本生活需求中，温饱问题已基本解决，但住的问题还比较突出。住房是人的生存之所，发展之基。古人讲，“宅者人之本”、“人因宅而立”。现在说，安居才能乐业。住的问题解决了，群众生活就更有奔头，就业创业也就更有信心。改革开放以来，我国住房发展取得了巨大成就，群众住房条件总体上得到显著改善。近几年，通过推进棚户区改造、公租住房、廉租住房等保障性住房建设，又解决了一大批低收入家庭的住房困难问题。但也要看到，目前住房困难家庭数量仍然比较大。特别是在城市、工矿等棚户区里，还有不少工业化初期形成的简易住宅，大多是危房，缺乏供水、排污、取暖等生活设施，冬天漏风，夏天漏雨，巷道狭窄，环境脏乱，不能满足群众基本生活需求。同时，由于一些城市房价收入比较高，不少新就业职工、新毕业大学生以及外来务工人员住房条件很差，又出现了新的住房困难群体。居者有其屋，是千百年来的社会理想。通过政府保障和政策支持，解决困难群众的基本住房问题，是国际上的通行做法。在发达国家，住房保障覆盖面通常在25%-40%甚至更高。作为社会主义国家，我们更应加快实施保障性安居工程，让困难群众早一点实现安居。推进保障性安居工程建设，必然要增加政府投入，这实质上是通过加强公共服务，对收入进行再分配，对中低收入住房困难家庭实行"托底"。这种做法顺民意、解民忧，有利于纾缓群众困难，调节收入分配关系，使人民共享发展成果；有利于体现公平正义，化解社会矛盾，促进社会和谐稳定。

大规模实施保障性安居工程，是转变经济发展方式、调整经济结构的有效途径。扩大内需是我国经济发展的基本立足点和长期战略方针，也是转变经济发展方式、提高增长质量效益的内在要求。保障性安居工程建设一头连着发展，一头连着民生，既能增加投资，又能带动消费，对扩内需、调结构、转方式具有重要作用。政府增加保障性安居工程建设支出，可以发挥乘数效应，发挥房地产业链条长的作用，带动大量社会资金投入住房建设，促进相关产业发展。群众有了新居，要进行装修，购买家具、电器和其他生活用品，还会直接扩大消费需求。解除居住的后顾之忧后，居民的消费信心和能力也会增强，从而增加其他商品的即期消费。还要看到，推进保障性住房建设，不仅对全局发展有利，而且对地方发展有利。更重要的是，这有利于当地群众安居乐业，有利于推进社会和谐。此外，一个城市如果人居环境差，还会影响市容市貌，影响投资与发展环境，影响城市长远发展。近年来，我国不少城市通过实施保障性安居工程特别是推进棚户区改造，既解决了贫困人口集中成片居住的问题，促进了社会结构优化，又改善了城市环境和形象，吸引各类生产要素集聚，有利于实现产业再造和经济转型，起到"建设改造一片、带动提升一方"的作用。

二、完善保障性安居工程体系是健全住房制度的重要内容

对住房属性和功能的认识，直接关系到住房制度的完善。应当认识到，住房既具有商品属性和经济功能，更具有民生属性和社会功能。现阶段在我国发展住房，必须平衡好住房的经济功能和社会功能，更加突出民生属性，把满足群众的基本居住需求放在首要位置。要通过完善保障性安居工程体系，促进住房市场平稳健康发展，形成符合社会主义市场经济要求的住房体系和住房制度。

（一）把政府保障和市场供应结合起来，健全住房供应体系。实现广大人民群众住有所居，是构建和完善住房制度的根本目的。改革开放30多年特别是近10多年来，经过不断改革探索，我国以住房为主的房地产市场快速发展，居民住房条件不断改善，目前城镇人均住房面积已达30平方米以上。实践证明，城镇住房市场化改革极大地调动了各方面投资建设住房的积极性，极大地改善了群众的住房条件，主要依靠市场满足群众多层次的住房需求这一方向是正确的，是符合发展社会主义市场经济要求的。今后，应当继续发挥市场配置资源的基础性作用，使多数居民能够通过购买住房或市场租房满足住房需求。同时应当看到，商品住房市场不可能解决所有群众的基本居住问题。住房是价值量很大的消费品，低收入家庭甚至一些中等偏下收入家庭经济能力弱，不具备在市场上购房或租房的条件，需要政府履行公共服务职能，保障这些家庭的基本住房条件。对此，

务必在思想上有清醒认识，在实际工作中认真对待。总之，应当坚持“两条腿”走路，形成政府保障和市场机制结合的住房供应体系。

首先，在政府保障方面，要大幅度增加供给，扩大保障性住房覆盖面。近些年来，我国在大力发展商品住房的同时，越来越重视困难家庭的住房保障问题，住房保障覆盖的人群逐步扩展，保障方式日益丰富。但总的来看，住房保障体系还不完善，保障性住房所占比重还较低，目前尚不到城镇住房的7%，相当多的住房困难群众还没有得到保障。“十二五”规划提出，今后五年这一比重将提高到20%左右。这既考虑了需要，又考虑了可能。从国际经验看，一些发达国家都经历过大规模建设公共住房的阶段，以缓解住房结构性短缺状况。如英国在二战后的5—6年间，主要城市的政府建房数量接近同期建房总量的80%。从国内情况看，我国正处于城镇化快速发展的时期，城镇人口每年增加1000多万，流动人口较多，住房总量不足、结构不合理的问题十分突出，亟须增加保障性住房供应规模。同时，国民经济保持平稳较快发展，财力物力明显增强，有条件也有能力加快保障性住房建设步伐。应当指出，大规模实施保障性安居工程，甚至在短期内保障性住房供应量超过商品住房供应量，是加快解决群众住房困难的现实要求，也是履行政府保基本职责的必要举措。这既不是回到福利分房的老路，也不会改变以商品住房为主的发展方向。

同时，在商品房市场领域，既要尊重市场规律，又要搞好政府调控，增加住房供给。市场是有局限性的，房地产市场更具其特殊性。住房是不可移动的，局部地区供需矛盾无法通过区域外增加供给来调节，这使得房地产市场具有很强的地域特征，局限性比一般商品市场更为明显。近几年，部分地区投机投资性住房需求膨胀、房价上涨过快，就印证了这一点。解决这个问题，必须加强市场调控和监管，着力遏制投机投资性需求，使商品房市场成为满足群众合理住房需求为主的市场。同时，积极增加中低价位、中小户型普通商品住房供给，促进住有所居。

总之，对多数居民的多层次住房消费需求，还是靠市场供应，但政府也要依法对市场进行合理调控；政府还要履行保基本的职责，采取多种方式对部分住房困难群众予以保障。

（二）以发展公共租赁住房为重点，实施好保障性安居工程。近年来，我国保障性安居工程步伐明显加快。当前和今后一段时期，需要在实践中继续积极探索，创新发展理念、模式和路径，逐步完善住房政策，健全住房保障体系。

推进保障性安居工程建设，要加快公共租赁住房发展步伐，使其逐步成为保障性住房的主体。近几年来，通过棚户区改造等措施，我国城市低收入住房困难家庭的解困面不断加大，困难群众住房条件得到明显改善或看到了希望。现在比较突出的问题是，部分中低收入居民既不住在棚户区也不符合申请廉租住房条件，又没有能力通过市场购房改善居住条件，处在“夹心层”的位置。帮助这部分群众解决基本住房问题，是一个亟待破解的课题。在一些发达国家，公租住房是解决中低收入居民住房的重要渠道。如在德国、英国、澳大利亚等国，公租住房占保障性住房的比重很高，占城市全部住房的比重也在20%以上；有的国家还通过立法规定公租住房占城市住房总数的比重，这些做法值得借鉴。公租住房具有租金水平较低、租赁关系稳定、配套设施完善等优点，能够适应“夹心层”群体的住房需求。从我国国情和当前需要出发，实施保障性安居工程，需要加快发展公租住房。同时，由于小户型住房房源严重不足，当前发展公租住房应以“补砖头”为主、“补人头”为辅，尽快多渠道增加房源，努力缓解供需矛盾，随着形势变化再逐步调整完善保障性住房的供应结构。发展公共租赁住房，可以通过新建、改造、购买等多种方式筹集房源。同时，继续增加廉租住房供应，向低收入家庭提供低租金住房。具备条件的地方，可以考虑将廉租住房与公租住房并轨，实行同一保障房源，对不同的保障对象实行不同的租金标准。

推进棚户区改造，是保障性安居工程的重要任务。目前，在城镇和国有工矿区、林区、垦区，还有不少集中连片的棚户区，居住着上千万家庭、几千万群众。他们对棚户区改造翘首以盼，对改善住房条件寄予厚望。应进一步加快改造步伐，解决好这些群众的住房困难问题。对其他多种类型的保障性住房，则应在规范管理的基础上，因地制宜地发展。此外，还应按照统筹城乡发展的要求，实施好游牧民定居工程，逐步扩大农村危房改造试点，让更多的群众享受住房改善的实惠。

三、推进保障性安居工程建设的基本思路

通过几年来的实践，我国住房保障工作在一些基本问题和实施路径上形成了比较明确的思路，为大规模地开展保障性安居工程建设打下了好的基础。完成今年和“十二五”时期的建设任务，要坚持和完善这些思路，促进保障性安居工程建设步入良性循环轨道。

一是保障基本需求。我国土地等资源相对不足、生态环境脆弱，现阶段需要住房保障的对象又比较多，因此必须从国情国力出发，重点保障群众的基本住房需求。保基本应当是提供小户型、齐功能、质量可靠的住房。一些地方把公共租赁住房户型面积确定在40平方米左右，体现了保基本的原则。日本等一些国家，经济发展水平高，但住宅户型并不大。在发展保障性住房乃至商品住宅时，都应合理确定户型面积，注重发展省地节能环保型建筑，同时充分考虑群众的实际生活需要，保证必备的居住功能。应在小空间里面做大文章，努力提高设计水平，合理配置住房内部空间，创造安全、适用、健康的居住环境。低收入家庭住房困难的形成，最主要的原因是收入低、就业不充分。对这些家庭提供保障性住房，还应考虑群众就业、就医、上学等多种需要，尽可能在交通便捷的区域选址建设，并逐步完善学校、医院等配套的公共设施。

二是引导合理消费。大规模实施保障性安居工程，既要大力增加住房供给，也要合理引导住房消费。实现住有所居，并非所有住房都由居民拥有产权，而是租房与购房并举，能租则租、能购才购。现阶段之所以大力发展公租住房，其重要目的是，在帮助中低收入家庭实现安居的同时，引导形成先租后买、梯度消费的住房模式。部分群体如新就业职工、新毕业大学生，收入水平可能并不低，但工作时间短、积蓄较少，面临的是阶段性住房困难，发展公租住房可以较好地解决他们的现实困难。

三是加大政策支持。民生工程是政府主导的工程，也是民心工程。办好民生民心工程，需要从政策上给予有力支持。首先，要加大财政投入力度。今年中央财政进一步增加了对地方建设保障性安居工程的补助资金，由去年的700多亿元增加到1000亿元以上。省级财政也要加大对市县的补助力度，市县财政要按照建设任务相应增加配套资金。其次，要多渠道筹集建设资金。大规模建设保障性安居工程，仅靠财政投入是不够的，需要创新思路、完善政策，进一步拓展融资渠道。为此，应发挥保障性安居工程专用融资平台作用，吸引金融机构

贷款，调动企业投入建设的积极性等，满足大规模建设保障性安居工程的资金需求。在这方面，只要政府支持到位、政策设计得好，就能吸引金融资金和社会资金。发展公租住房，应合理确定租金水平，建立健全租金动态调整机制，既使租住群众能承受，又使融资主体有回报，实现可持续。再次，应加大土地政策支持力度。对公租住房、棚改房建设，要按规定实行土地划拨方式供应。这既能降低建设成本和租金水平，又能增强融资的吸引力，还有利于逐步改变一些地方收入过于依赖土地出让的状况。土地供应要坚持民生优先，把宝贵的资源用在刀刃上，切实满足保障性安居工程建设需要。同时，也要增加普通商品住房建设供地，为扩大住房有效供给提供支持。

四是确保分配公平。这是大规模实施保障性安居工程的“生命线”，也是民心工程的关键。推进保障性安居工程建设，主要目的在于惠民生、促公平，使真正需要帮助的中低收入住房困难群众受益。如果该保障的“落了空”，不该保障的“搭便车”，就会事与愿违，甚至造成新的不公和社会矛盾。把保障性安居工程住房这一公共资源分配好管理好，必须从准入标准、审核程序、动态管理、退出执行等方面制定完备的政策制度。要强化住房分配监督管理，实行保障房源、分配过程、分配结果“三公开”，接受社会监督。还要做好人口、住户、房屋、收入、就业等方面的基础工作，掌握基本情况，推进信息共享。只有这样，才能保证分配公平公正，做到以机制规范行为，以制度堵塞漏洞，使准入退出的结果让社会信服、让百姓满意。对违反规则的，要严肃处理，追究责任。

五是实现持续运转。保障性安居工程是政府的职责，但在具体实施过程中，也要处理好政府与市场的关系，注重发挥市场机制的作用，使保障性安居工程既能如期完成建设任务，又能持续运转。在项目实施中，要调动各方面参与投资建设的积极性，增加资源供给，提高资源配置效率。在住房建设中，要通过招投标等方式，选择技术力量强、社会信誉好的企业进行开发，严格执行项目建设程序和建设标准，把保障性住房建设成经得起历史和人民检验的优质工程。随着保障性安居工程的持续推进，保障性住房的存量会越来越大，如何管理好、运营好这些住房，是一个需要重视的问题。在这方面，不能再走过去公房管理的老路。要积极探索委托管理、购买服务等多种方式，降低管理成本，提高管理和服务水平，使住房和公用设施保持良好的运行状态。

六是加强机制建设。行之有效的运行机制，是住房保障工作科学化、规范化的必备基础。建机制，就是着眼于建立健全住房保障体系，从推进保障性安居工程的整个过程、各个环节加强机制建设。建机制，不仅需要事前做好顶层设计，形成一整套科学的制度和标准，还需要及时总结实践经验，不断改进和完善，逐步把行之有效的做法上升为规章和规范。保障性安居工程总体上还是一个新生事物，地域性很强。在具体实施中，要坚持一切从实际出发，因地制宜、分类指导。在中央统一政策下，充分发挥各地的主动性和创造性，积极探索创新，完善操作措施，创造新鲜经验，努力走出一条符合我国国情的保障性安居工程建设管理新路子。

大规模实施保障性安居工程，目标任务已经明确，关键是狠抓落实。今年2月，受国务院委托，保障性安居工程协调小组与各省级人民政府签订了今年保障性安居工程工作目标责任书。按照中央要求，各地实施保障性安居工程，实行省级政府负总责、市县政府抓落实的工作责任制度。各地区应当切实加强组织领导，迅速行动起来，进一步健全管理机构，制订工作计划，公开建设目标，分解工程任务，落实责任制度，把各项工作抓紧抓实、抓出成效。实施保障性安居工程是一项复杂的系统工程，涉及面广，政策性强。国务院各有关部门要继续加强协调配合，指导地方落实好已有的政策措施，并根据实际情况进一步完善相关政策。监督考核是保质保量完成建设任务的重要抓手。国务院有关部门、地方各级人民政府要加强对保障性安居工程的督查考核，对资金和土地不到位、政策不落实、建设进度滞后的地方，实行约谈问责。保障性安居工程建设资金是“济困钱”，任何人、任何单位都不能碰资金安全这条“高压线”。要切实加强对资金使用的督查管理，确保每一笔钱都真正用在疏解群众住房困难上，对顶风作案者、违法违纪者要依法依纪严肃处理。

解决群众住房问题，既要加快保障性安居工程建设，又要促进房地产市场平稳健康发展，两者不可或缺。搞好房地产市场调控，是当前的一项重要任务，也是一项长期任务。去年以来，为遏制部分城市房价过快上涨，国务院出台了一系列加强房地产市场调控的政策措施，取得了初步成效，但成果尚需巩固。各地区、各有关部门要坚决贯彻落实中央的精神，认真做好政策落实工作，着力遏制投机投资性购房，增加市场有效供给，规范市场运行秩序，加强市场预期引导，不断巩固和扩大调控成果。

“十二五”时期大规模建设保障性安居工程，今年开工建设千万套保障性住房和棚户区改造住房，意义深远、责任重大，这是对党和政府执政能力、行政能力的重大检验。我们要统一思想、坚定信心，以只争朝夕的精神、扎实有效的工作，打好这场标志性重大民生工程的硬仗，完成大规模实施保障性工程的硬任务，造福广大人民群众，为促进经济长期平稳较快发展与社会和谐稳定作出新的特有贡献。

（本文是根据中共中央政治局常委、国务院副总理李克强在全国保障性安居工程工作会议上的讲话整理形成的。）

资料来源：2011-04-16，《求是》（2011年第8期）

确保保障房任务落实，质量可靠，分配公平

（2011-06-11，河北省石家庄市部分省份保障性安居工程工作会议）

李克强副总理指出，各地要认真贯彻落实党中央、国务院的决策部署，注重创新机制，确保任务落实，确保建设质量，确保分配公平，三方面齐头推进，实现今年保障房建设目标，兑现对人民群众的郑重承诺。

保障性安居工程既是重大民生工程又是重大发展工程，不仅有利于保障和改善民生，增加住房有效供给，抑制房价过快上涨；也有利于优化投资结构，扩大消费需求，带动相关产业发展。这是对我们加快转变经济发展方式的重要检验，也是加强和改善宏观调控、保持经济平稳较快发展的重要举措。

今年开工建设1000万套保障性住房，包括加快棚户区改造，大力建设公租房，是一项硬任务，老百姓翘首以盼，全社会高度关注。必须增强紧迫感和责任感，进一步加大工作力度，下真功夫扎扎实实推进，各有关方面要形成合力，推动计划项目如期开工、在建项目按时竣工。

保证完成建设任务，关键在于提高认识、创新机制、落实条件、强化责任。中央将进一步采取措施加大对地方的资金支持力度，各地也要集中财力用于保障房建设，抓紧建立健全保障性安居工程融资机制，吸引各方

面资金投入，同时加强资金监管，确保资金安全。保障房用地要优先供应、应保尽保，项目审批要急事急办，为推动保障房建设创造条件。

住房质量直接关系群众生命财产安全，在这个问题上不能有丝毫马虎和放松。各地都要尽快制定落实保障房质量监管办法，在设计、建材、施工等各个环节上严格把关，对存在的问题、隐患发现一起，整改一起。要对保障房建设实行质量终身责任制，一旦质量出了问题，不论责任人走到哪里，都要追究其责任。

公平分配是保障性安居工程的“生命线”。各地都要出台保障房分配管理的具体办法，完善准入退出机制，审核和分配房屋要实行网上公开，接受人大代表、政协委员、新闻媒体和人民群众全过程监督，建立投诉举报制度，坚决排除人为干扰，严肃查处以权谋私，做到过程和结果公开公平公正，使住房困难的中低收入家庭受益。各地区各有关部门要进一步贯彻落实国务院关于房地产调控的政策措施，促进房地产市场健康发展。

资料来源：2011-06-12，中国政府网

严格执行保障性安居工程质量终身负责制

（2011-07-04~2011-07-05，安徽考察）

李克强副总理指出，保障性安居工程既是重大民生工程也是重大发展工程。大规模建设保障性住房是健全社会保障体系的重要方面，可以改善中低收入住房困难群众的居住条件；同时又是优化投资结构、保持经济平稳较快发展的重大举措，能够直接带动相关产业发展和消费扩大，也有利于房地产市场健康发展。要加大政府投入，多方筹集资金，抓紧把用地计划落实到具体地块和项目，确保今年千万套保障房按期开工建设。要严格遵循建设程序和操作规章，严格执行质量终身责任制，把确保质量贯穿了设计、建设、监理各个环节，保百年安居。要把公开、公平、公正分配作为保障性安居工程的生命线，进一步完善分配办法，严肃分配纪律，及时公示房源和分配结果，强化媒体、社会的全过程监督。

把保障房建设这项重大民生工程办实办好

（2011-07-20，住房保障与房地产市场调控专题研讨班）

李克强副总理强调，大规模实施保障性安居工程，是推动科学发展、加快转变经济发展方式的重大实践，也是当前经济社会发展和宏观调控的重要工作。要充分调动各方面力量，把保障房建设这项重大民生和发展工程办实办好。

上半年保障性安居工程建设取得重要进展，随着施工旺季的到来和资金等条件的改善，开工进度逐月加快，为全年开工建设千万套保障房打下了基础。同时也面临一些难题，需要抓紧破解。

城镇部分中低收入居民住房困难，是我国发展中不平衡、不协调、不可持续矛盾的突出表现之一，也是世界上许多国家都曾遇到的普遍性难题。要借鉴国际经验做法，从我国实际出发，遵循社会主义市场经济规律，逐步形成以市场供给为主、政府保障和市场机制相结合的住房供给体系。保障房是专门面向中低收入住房困难家庭的“托底房”，是社会保障“安全网”的重要组成部分。必须大规模实施保障性安居工程，尤其是加快棚户区改造，大力建设公共租赁住房，着力改善困难群众居住条件。

做好住房保障工作，要注重建立健全融资建设、质量监管、准入退出、运营维护等一整套机制。今年要做到“三个确保”。一是确保开工建设千万套保障房落到实处。这是改善民生和推动发展的“硬任务”，也是艰巨的任务。中央财政将进一步加大支持力度，各地也要增加这方面政府支出，并吸引社会资金投入，保证土地供应，不折不扣、实实在在地加以推进。二是确保建设质量。这是保障房建设的“硬杠杠”。要实行全过程监管，落实终身责任追究，坚决杜绝工程质量隐患，做到百年安居。近期要开展一次保障房质量安全大检查。三是确保分配公平。这是住房保障的“生命线”。要完善制度设计，坚持阳光操作，接受全社会监督，做到公平公正，促进持续运行。绝不允许搞“权力房”。这“三个确保”要全面推进，务求实效。

在做好住房保障工作的同时，要继续增加中低价位中小套型普通商品房供给，有效抑制投机投资性购房，巩固房地产市场调控成果，保持经济长期平稳较快发展，维护广大人民群众根本利益。

资料来源：2011-07-22，中国政府网

把确保质量和公平分配作为保障性安居工程的生命线

（2011-10-11，加强保障性安居工程质量和分配管理工作座谈会）

李克强副总理说，各地区、各有关部门认真贯彻党中央、国务院决策部署，想办法，出实招，积极破解资金、土地等方面的难题，为完成全年目标奠定了基础，在保证保障房公平分配方面也进行了积极探索，取得了有益经验，成绩来之不易。

推进保障性安居工程，要确保任务完成、质量可靠、分配公平，这些要求在年初就已作了部署。在当前大规模开工建设的情况下，尤其要重视确保住房建设质量和分配公平。保障房是群众生活起居的场所，也是政府主导改善民生的标志性工程，增加保障性住房数量是重要的，但保证质量是根本要求，如果住房质量出了问题，轻则财产受损，重则危及生命。加强质量管理关键要切实做到“四严”、“一追究”。“四严”就是要严把规划选址关、严把建筑材料关、严把设计施工监理关、严把竣工验收关，对存在质量问题或隐患的，决不能交付使用；“一追究”就是依法追究责任，这是保证房屋质量的一把“利剑”，不仅要举起来，而且要用起来。对监管中发现的问题要一抓到底，轻的实行经济处罚，重者要清退出市场，直至追究刑事责任。对部门和地方也要严格考核问责。大家齐心协力，把保障性住房建成百年安居工程。

要把政府保障和市场供应结合起来，在主要依靠市场满足居民多层次住房需求的同时，政府要履行保基

本的职责，努力改善中低收入住房困难家庭的居住条件。不仅要投入大量公共资源建设好保障性安居工程，而且要通过健全制度把保障房分配好，这关系到政府的公信力，也是群众的热切盼望。如果把不好公平公正这杆“秤”，保障房就难以发挥应有作用，群众就不会真正满意。要做到公平公正，关键是完善准入退出机制，严格按照保障标准和条件，审核保障房入住资格。坚持以小户型为主，适应中低收入住房困难家庭的基本居住需要。要探索完善轮候制度，使符合条件的家庭能在合理轮候期内获得保障房，使他们有明确的预期。合理确定保障房“退出”的条件和办法，增强政策执行力，使入住者不符合保障条件后能及时退出，使有限的保障房实现良性循环，惠及更多群众。他指出，公开透明是保障房管理的最基本要求，保障房作为公共资源，要实行全过程公开、全社会公示、全方位监督，始终在公众的目光下分配，使不公行为无处藏身。同时，要建立纠错机制，对分配后发现的问题也要及时纠正，坚决查处各种骗购骗租、违规转租转售，以权谋私以及向不符合条件家庭违规供应保障房等行为。

当前世界经济形势发生很多新变化，风险因素增多，国内房地产市场调控正处在关键时期，保障性安居工程建设作为重大民生和重大发展工程，又是宏观调控的重大举措，可以发挥多重积极效应。各方面要在全力抓好今年保障性安居工程建设的同时，因地制宜，及早明确明年的建设任务，做好土地储备、资金预安排等前期工作，为明年顺利推进公租房等保障性住房建设和加大棚户区改造力度、做好已开工建设保障房竣工和交付使用等工作早做准备，推动可持续发展。

资料来源：2011-10-12，中国政府网

一丝不苟确保保障房质量，阳光操作实现分配公平

（2011 11 25，河北省廊坊市考察保障房建设）

李克强副总理强调，质量就是生命，公开才能公平。今年全国1000万套保障房开工建设目标实现后，要扎实抓好在建项目建设，一丝不苟确保工程质量，阳光操作实现公平分配，真正把好事办好、实事办实，将惠民生、促发展的政策落到千城万镇、千家万户。

在考察荣盛混凝土有限公司时，他特别强调保障房的建材要执行和商品房同样的标准，质量是企业的生命线，也是住户的生命线。建保障房是良心工程，建材是住房质量的第一关，绝不允许劣质建材出厂。

在施工现场，李克强说，保障房绝不是低质房，绝不允许出现质量问题。对施工企业来说，保障房质量好就是“光荣榜”，质量差就是“耻辱柱”。要抓住建材质量、房屋设计、建筑施工、工程监理、竣工验收等重点环节，全过程加强管理。他还嘱咐随行的部门和地方负责同志，对保障房项目，要经常查、反复查，确保工程质量，让群众百年安居。

在廊坊市保障房中心，李克强说，这也是党和政府、是我们关心的问题。一个好的解决办法就是公开透明、阳光操作，让群众、让社会、让舆论都来监督，公开才能公平公正。住房是民生之要，立身之本，是群众

最基本的需求。刚才我看到办理入住手续的群众，他们说，住进新房感觉自己就像换了个新人。希望你们做更加深入细致的工作，进一步把困难群众的住房问题解决好。要加快全国城镇个人住房信息系统建设，这既可以为保障房的公平分配打下基础，也可为整个房地产市场健康发展创造条件。中央有关部门和地方要相互配合做好这项工作。

保障性安居工程不仅是重大民生工程，而且是重大发展工程。要进一步搞好项目储备，落实资金、土地等项目配套措施，持续推进保障房建设。

资料来源：2011-11-27，中国政府网

扎扎实实推进保障房建设，不断完善住房政策和供应体系

（2011-11-27，河北省廊坊市保障房建设现场座谈）

李克强副总理指出，要继续扎实推进保障性安居工程建设，把好质量安全关、公平分配关，更好地发挥保障房建设惠民生、稳房价、扩内需、促发展的多重作用。

今年是我国保障性安居工程开工量最大的一年，经过各方面共同努力，克服困难，实现了新开工建设1000万套保障性住房的目标，为“十二五”保障房建设开了一个好头，成绩来之不易。要继续扎扎实实地推进，再加一把力，继续搞好在建项目施工并如期完工，让更多低收入住房困难群众尽早入住。

保障性住房建设是重大民生工程。目前不少低收入居民家庭住房困难问题比较突出，很多群众仍住在棚户区中，还有一些中等偏下收入家庭无力通过市场租赁或购买住房，一些新就业人员和进城务工人员也亟待解决居住问题。建设公租房、廉租房等保障性住房，加快推进棚户区改造，可以改善住房困难群众住房条件，是他们的热切期盼，这几年已经取得了很好的效果，需要继续加以推进，让更多困难群众受益。同时，保障房建设也是重大发展工程，是宏观调控的重大举措。中国内需最大的潜力在城镇化，而房价过高则会抑制城镇化进程。建设保障房，有利于遏制房价过快上涨，助推城镇化，这会释放出巨大的消费和投资潜力，推动相关产业发展。特别是在当前世界经济又趋低迷、我国发展外部环境复杂严峻的情况下，扎实推进保障房建设，对于扩大内需、保持经济平稳较快发展具有独特的重要作用。

推进保障性安居工程，年初我们就强调要做到“三个确保”。现在，随着确保开工建设目标的实现和陆续建成，要更加重视确保住房建设质量，确保分配公平。这也是人民群众最关心的。各地要总结经验，在建材采购、施工、监理、验收等各环节健全质量管理制度，并切实落实到在建项目中，做到质量检查常抓不懈、质量责任终身追究。凡出现质量问题的，都要对相关单位和责任人严格问责，并记录在案，问题严重企业的要清退出市场。科学制定分配程序，完善审核制度，全面准确掌握申请户实际资产等家庭情况，严格准入资格审核。建立健全纠错、退出机制。实行保障房分配全方位、全过程、全社会监督，做到过程和结果都公开公平公正。严肃查处骗租骗购、利用职权为自己或他人获取保障房牟取私利等各种违规违纪行为。加快推进全国城镇个人

住房信息系统建设，逐步与土地、财税、金融等系统实现信息互通，为公平分配保障房提供更好的支撑。

明年不仅首先要努力完成今年的结转项目，使其如期竣工交付使用，各地还要根据自身实际，新开工相当数量的保障房，建设任务十分艰巨。各地要统筹谋划，做好项目安排、资金筹措和土地落实等工作。要增加政府投入，加大金融支持，拓宽融资渠道，通过创新经营模式吸引社会资金进入保障房特别是公租房建设领域。做好住房建设数据统计。因地制宜，建立有效的运营管理机制，使已建成的保障房和配套设施正常、可持续运行。

针对座谈会上地方反映的问题，李克强表示，要抓紧研究把保障房用地计划单列，同时研究通过债券等形式筹集资本金的机制，推进建设保障房必要的市政配套设施。

当前房地产市场调控已取得一定成效，但仍处于关键时期，要坚持实施遏制房价过快上涨的政策措施，进一步巩固调控成果。继续完善住房供应体系，在积极推进公租房等保障性住房建设、加大棚户区改造力度的同时，增加中低价位、中小户型普通商品住房供给。充分发挥市场的力量，满足群众多层次、多样化的住房需求，促进房地产市场健康发展和人民群众住有所居。

资料来源：2011-11-27，中国政府网

切实抓好保障性安居工程建设和房地产市场调控

（2011-12-15，全国发展和改革工作座谈会）

李克强副总理指出，保障和改善民生，是扩大内需的重要举措和有效途径。加大民生领域的投入，本身也是结构调整，是转方式的应有之义。要适应群众的新期盼，积极而为，量力而行，着眼于解决基本民生问题，加快实施一批重大民生工程。保障性安居工程建设既关系民生，也关系发展。要加大资金投入，落实土地指标，确保按时开工、精心施工、如期竣工，确保工程质量和分配公平。要坚持房地产调控政策不动摇，继续抑制投机、投资性购房需求，增加普通商品房供给，促进房地产市场健康发展，这也有利于推进城镇化进程。

资料来源：2011-12-15，中国政府网

扎实做好明年保障性安居工程建设

（2011-12-22，全国保障房建设工作会）

李克强副总理强调，要贯彻落实中央经济工作会议精神，扎实做好明年住房保障工作，在确保质量的前提下，统筹推进新开工和结转续建项目建设，完善配套设施，力争更多竣工，确保分配公平，促进民生改善和经济发展。

今年是住房保障工作很不平凡的一年。各地区、各有关部门齐心协力，措施硬、力度大，积极破解资金、

土地等难题，严把质量安全和分配公平关，完成了开工建设保障房和棚改房1000万套的任务，其中已建成的住房使上千万困难居民住房解困，并在创新保障房建设和管理模式等方面探索创造了经验，为“十二五”保障性安居工程建设开了个好头。

保障性安居工程是重大民生工程和发展工程。保障群众基本住房需求是各级政府的重要职责，通过建设保障房，帮助困难群众以低成本改善住房条件，实现住有所居，是群众的热切期盼。而且这也是收入再分配的一种有效形式，有利于缩小收入差距，促进社会和谐稳定。同时，保障房建设是宏观调控的重大举措，有利于扩大内需，支撑城镇化发展，促进经济平稳较快发展和物价总水平基本稳定，特别是在当前严峻的国际经济形势下，要成功应对复杂局面，明年必须按照以扩大内需为战略基点的要求，扎实有效地推进住房保障工作，发挥好其对投资和消费的较强拉动作用，为经济增长提供重要动力。

为扎实有序推进保障房建设，明年安排的新开工数量比今年少，但加上结转续建，在建规模仍很大，任务艰巨。中央补助资金将比今年明显增加，各地也要加大政府投入，还要通过贷款支持、发行企业债券等方式吸引社会资金，多元筹措资金。对保障房新增建设用地指标实行单列，确保用地需要，开展探索利用集体建设用地建设公租房的试点。进一步加大棚户区改造力度。多渠道筹集保障房源，在商品房项目中配建一定比例的保障房，使不同收入群体和谐共居。政府也可通过购买合适的普通商品房现房来增加保障房有效供应。全年要基本建成500万套以上保障房，竣工量要高于今年，使更多困难群众早日入住。他强调，建设保障房不仅要让群众有房住，还要同步建设和完善必要的水、电、路、气等市政配套与相关服务设施，为居民提供方便。

住房是群众安身立命之所，要狠抓质量安全不松懈，建百年安居不动摇。关键是要做到项目资金到位、有效监管到位、责任落实到位。要合理确定项目预算，避免出现人为压低成本而影响质量的现象。对规划设计、招标投标、建筑用材、施工建设、竣工验收全过程监管，加快推进保障性住房工程质量、建材和部件供应质量终身责任制。对出现质量问题的一查到底，公开曝光，严格追究，使出现严重质量问题的企业在市场没有存身之地。

公开公平公正分配是住房保障工作的重中之重，明年大规模保障房建成后，这个问题会更加突出和紧迫。如果不把分配问题解决好，该保障的“落了空”，不该保障的“搭便车”，就会影响保障性安居工程的顺利推进。公平分配保障房，要做到“严格准入、程序公正、过程透明、技术支撑、及时纠错”。严格准入，就是明确界定和坚决把住住房保障的对象是低收入和中等偏下收入住房困难群众；程序公正，就是在审核、公示、公证等环节严格把关，使每一位困难群众都能平等参与申请和分配；过程透明，就是要坚持阳光操作，接受群众、社会和媒体监督；技术支撑，就是要抓紧建设个人住房信息系统，尽早实现联网，真实全面掌握申请者、入住者信息，提高分配的效率和准确性；及时纠错，就是要建立和完善退出机制，一旦发现不符合条件者获得保障房，做到坚决及时清退。明年要就此开展专项督查。

在做好保障房建设的同时，还要适应城镇居民合理的自住需求，增加普通商品住房供地，引导房地产企业推进普通商品住房建设。他指出，要坚持房地产调控政策不动摇，促进房地产市场健康发展。各方面要积极探索，完善符合我国国情和市场经济规律的住房政策体系。

资料来源：2011-12-23，中国政府网

国家发展和改革委员会主任 张平 关于房地产业的讲话

扎实做好房地产市场调控，遏制房价过快上涨

（2011-08-25，十一届全国人大常委会第二十二次会议第二次全体会议）

张平主任指出，部分城市房价涨幅收窄。房地产调控政策得到较好落实，差别化的住房信贷、税收政策得到严格执行，住房限购措施在40多个城市实施，全国各城市均制定并公布了新建住房价格控制目标；加强市场监管和专项检查，查处了一批违法违规行为。目前，一些城市房地产市场已出现降温迹象，70个大中城市中，7月份新建商品住宅价格比6月份下降的城市有14个，持平的有17个。

……

保障性安居工程建设力度加大。为保质保量完成今年开工建设1000万套保障性住房和棚户区改造住房的目标，各地区和各有关部门进一步明确目标责任，优先安排土地供应，多渠道筹措资金，抓紧完善相关制度，各项工作扎实推进。目前，廉租住房、公共租赁住房和各类棚户区改造等任务已全部分解落实，相配套的用地计划全部下达，中央安排的补助资金已全部拨付到位，债券发行、银行贷款、土地出让收益等筹措资金的渠道已经建立。截至7月底，全国城镇保障性住房和各类棚户区改造住房开工建设721.8万套，开工率72%。

……

扎实做好房地产市场调控，遏制房价过快上涨。坚持房地产市场调控决心不动摇、方向不改变、力度不放松，不折不扣地将各项调控政策落到实处。进一步强化地方政府稳定房价和住房保障责任，严格实施抑制投机投资性购房需求的政策措施，认真落实住房用地供应计划，加大普通商品住房建设力度，努力增加有效供给。按照确保计划落实、确保建设质量、确保分配公平的要求，继续抓好保障性安居工程建设资金筹措和土地供应，切实加强全过程质量管理，尽快完善准入标准、审核程序、动态管理和退出办法等制度，强化社会监督。与此同时，要进一步建立健全符合国情的住房保障制度。

资料来源：2011-08-25，新浪网

扎实推进保障性安居工程建设

（2011-12-16，全国发展和改革工作会议）

张平主任表示，明年发展改革系统要会同有关部门编制实施好“十二五”住房保障规划，扎实推进保障性安居工程建设。

发展改革系统要把保障性安居工程建设摆在突出重要位置，加强与建设、财政、金融、国土等部门的协同配合，编制实施好“十二五”住房保障规划，将目标任务分解到年度、落实到地方，建立健全保障性安居工程投资、建设、营运、分配和管理机制。要加快保障性安居工程项目前期工作，优化审批流程、改进审批方式、提高审批效率，促进项目按期开工。加强建设资金统筹，积极协调落实政府财政性资金、企业债券、金融机构贷款等方面资金，鼓励引导社会力量参与建设保障房及配套设施。强化保障性安居工程建设各环节的监督检查，促进项目按时开工、按时竣工，保证质量。明年要巩固和扩大房地产市场调控成果，继续严格执行抑制投机、投资性需求的政策措施，鼓励支持中小户型、中低价位的普通商品房建设，促进房地产市场健康发展。

今年以来，我国房地产市场调控取得初步成效，保障性安居工程建设进展顺利。发展改革部门配合各部门大力推动保障性安居工程建设，安排中央预算内投资591亿元，并通过多种融资渠道，支持廉租住房建设，国有工矿、林区林场、垦区和中央下放煤矿棚户区改造，以及农村危房改造、游牧民定居工程建设。

资料来源：2011-12-16，新华网

财政部部长 谢旭人
关于房地产业的讲话

研究推进房地产税改革

（2011-01-24，接受媒体专访）

谢旭人部长强调，“十二五”期间将通过调整增值税和营业税征收范围、合理调整消费税范围及税率结构、逐步建立健全综合和分类相结合的个人所得税制度、全面实施资源税改革、研究推进房地产税改革等举措，积极构建有利于科学发展的财税体制。

资料来源：2011-01-25，中国证券报

大幅度增加保障性安居工程投入

（2011-03-07，十一届全国人大四次会议“财政政策和有关问题”记者会）

谢旭人部长在回答“今年在支持保障和改善民生方面财政部将有哪些措施”的表示，要大幅度增加保障性安居工程的投入。推进公共租赁房、廉租房的建设，以及城市、林区、垦区、矿区、棚户区的改造和农村危房改造工作。其中今年要开工建设的保障性住房以及改造的棚户区是1000万套，改造农村危房是150万户。

在回答“2010年全国土地出让金已经达到了2.9万亿元，这是否意味着土地财政现象更加严重了？未来的财政体制改革中，财政部将采用什么样具体的手段和措施改变土地财政很严重的现象？”时表示，去年全国国有土地有偿出让收入是29397亿，

同比比上年增长106.2%，土地出让收入增长较快，我们分析大体上有这样几个原因：一是土地供应规模大幅度提高，因为在城镇化、工业化进程加快的大背景下，为了增加对住宅建设用地的保障和供应，国土管理部门审核批准的土地供应量比上年有大幅度增加，去年全国土地供应总量达到42.82万公顷，同比增长34.2%。这是去年土地出让收入增长比较多的一个基础性的原因。

二是土地招拍挂出让的比重上升。目前土地出让有几种类型，对公益性用地是划拨的，保障性住房、经济适用房等采取划拨的办法，只收取一部分土地出让的成本费用和转移性费用。还有就是招拍挂，大部分是商业用地、商品房的用地。去年在全国土地供应总量当中通过招拍挂形式出让的土地25.7万公顷，大体占土地供应总面积的60%左右，比上年提高4.3个百分点。相应的招拍挂以及协议出让土地的收入达到2.6万亿元，占所有土地收入当中的88%，因为是招拍挂，土地收入按照招标拍卖挂牌最后的结果来取得。

三是全国地价总体水平上升。大体有两个方面的因素，一方面城市房地产比较兴旺，对土地需求量也大。另一方面，土地转让本身的成本也在上升，主要是征地拆迁补偿成本的上升，对土地出让的价格也有影响。与此同时，大家知道，现在社会上的流动性比较充裕，一些企业资金比较多，在招拍挂的时候出价也比较高。这是地价水平总体上升，去年收入大幅度增加的一个重要原因。

四是征管政策的调整等因素的影响。为了加强土地出让收入征管，2009年年底，国土资源部门和财政部门等规定，缴纳土地出让收入的期限原则上不得超过一年，首次缴纳的比例不得低于50%。也就是说，原来土地出让当年定协议了，土地出让价款可能在第二年、第三年才交，首次有的交的是20%、30%。2009年底做了这样的规定，缴款的时间不得超过1年，首付不得低于50%。那么2010年的土地出让收益就比往年有所增加。

五是切实加强对土地收入的管理。严格整顿这一领域的问题，以整纪纠风专项整治工作和土地矿权交易市场专项整顿，深入推进国土资源管理制度改革为主要内容，叫做“两整治一改革”的专项行动，加大对土地出让收入的审计和追缴力度，也强化了土地出让收入的征收管理工作。

主要是以上几个方面的原因造成了去年土地收入增长比较快。土地有偿出让是根据国家的土地法等有关法律法规规定收取的收入。土地收益的高低确实是与经济发展的状况，房地产市场发展的状况，以及土地的供应量的多少密切相关的。地方政府收取了土地出让收入以后，全部纳入了基金预算管理，当地政府不能拿土地收入去弥补公共财政的一般性开支。按照法律制度的规定，土地有偿出让收入都是专款专用的，主要用于征地拆迁、土地储备开发等成本性开支。原来一些国有企业破产倒闭以后占用的土地出让后的收入还用于这个企业职工的安置等方面的支出。除了上述成本性支出之外，土地出让收入必须专项用于土地建设、水利建设，用于保障性住房、城乡基础设施建设，包括道路、城市绿化、农村生产等方面的基础设施建设，这些都是有专门规定的。

从土地收入的地区分布来看，也能反映上面结构性的问题。现在土地收入比较多的是东部的各省市，我们初步算了一下账，一年全部的土地收入当中，几乎有三分之二在东部的八九个省市，相对于中西部地区来说，这些省市往往都是财政实力比较强、公共预算的资金相对比较多的地区，它的土地收入反而多。因为这些地方的房地产市场状况、经济发展水平、土地的稀缺程度决定了这些。而中西部22个省份土地出让收入大体上占全国的三分之一左右。从地区结构来看也能够反映土地出让收入的增长与经济发展水平、土地供求关系、市场发育程度密切相关，它也并不是由地方政府自己控制的，不是地方政府想卖多少钱就能卖多少钱。特别是2009

年，因为受国际金融危机的冲击，我国经济受到比较大的影响，那时候房地产市场比较低迷，各地接连发生土地招拍挂流标的情况，因为没有人要这个地，后来经济逐步恢复增长，特别是去年经济保持比较快的增长情况下，土地出让相应增多。

下一步，财政以及有关部门将进一步积极采取措施，切实加强对国有土地出让收支的管理，确保土地出让收支全部纳入地方政府性基金预算，依法征收土地出让收入，同时也保证这些收入能够切实纳入地方基金预算。严格按照规定合理使用，加强政策执行情况的监督检查，确保土地出让收入安全、规范、有效的使用。尤其是按照现在的规定，土地出让的净收益，首先要更多地用于农田和水利建设，用于保障性住房的建设。

资料来源：2011-03-07，中国人大网

完善结构性减税，推进房产税试点

（2011-12-25，全国财政工作会议）

谢旭人部长表示，明年我国将继续完善结构性减税政策，同时推进税收制度改革。明年，我国将全面推进资源税改革，适时扩大从价计征范围；认真总结房产税改革试点经验，稳步推进房产税改革试点；稳步扩大营业税改征增值税试点范围。

为更好地支持保障性安居工程建设，明年财政将进一步增加补助资金；同时，将创新财政支持方式，通过投资补助、贷款贴息、资本金注入等方式，吸引银行贷款、社会资金参与保障性安居工程建设；扩大住房公积金贷款规模和试点范围，重点支持公共租赁住房建设；鼓励通过发行企业债券筹集资金用于保障性安居工程建设。

资料来源：2011-12-26，证券时报

06 国土资源部部长徐绍史关于房地产业的讲话

确保2011年1000万套保障性住房用地供应

（2011-01-07，全国国土资源工作会议）

徐绍史部长表示，2011年将加强和改善房地产用地调控。确保保障性住房、棚户区改造和自住性中小套型商品房用地不低于住房建设用地供应总量的70%，确保2011年1000万套保障性住房用地供应。要完善土地招拍挂制度，继续加强房地产用地供应和开发利用的动态监管。

要科学编制和实施房地产用地供应计划，大力推进闲置土地整治清理，加大违法违规房地产用地信息公开和查处力度。全面强化土地督察和执法监察。继续推进“小产权房”问题清理工作，主动配合做好高尔夫球场清理。

深入推进国有土地有偿使用制度改革。及时出台新修订的划拨用地目录，逐步扩大有偿用地范围。坚持和完善土地招拍挂出让制度。认真总结、规范和完善“限房价竞地价”、“双向竞价”、“综合评标”等多种房地产用地出让模式，推动工业用地弹性出让和租赁制，推动土地供应由“价高者得”的单一目标向完善市场、保障民生等多目标管理转变。

资料来源：2011-01-07，财经网

完善土地出让制度

（2011-03-02，“保发展保红线工程2011年行动”动员部署电视电话会议）

徐绍史部长强调，“双保工程”2011年行动最突出的特点就是惠民生，要十分注重民生问题，突出抓好两项重点工作。第一项工作，要坚持房地产调控不放松，确保1000万套保障房的落地，完善土地出让制度，积极探索“限房价、竞地价”、商品住宅配建保障房等做法，继续清理闲置用地。第二项工作，要规范推进增减挂钩和农村土地整治，抓紧完成自查清理工作，全面摸清情况，分类提出处理意见，对做得好的，要坚决支持；发现问题的，要坚决整改；侵害农民权益的，要坚决停止。

资料来源：2011-03-03，中国国土资源报

正视中国土地问题的三个“难以为继”

（2011-06-24，接受新华网专访）

徐绍史部长表示，要正视中国土地问题的三个“难以为继”：过度消耗低效用地的粗放型发展难以为继、对大规模开发后备土地资源的依赖难以为继、忽视城乡土地权利主体平等的模式难以为继。

节约集约用地既是加快转变发展方式题中应有之意，也是不可或缺的手段。中国人多地少，后备耕地资源不多，特别是耕地资源不足，人均耕地仅相当于世界平均水平的40%左右。与此同时，中国用地总体上依然粗放浪费，许多地方新城、新区快速扩张，城镇低密度、分散化扩张态势明显，工业用地容积率仅为0.3–0.6，农村地区空心村、闲置废弃地普遍存在，空闲用地占村庄用地比重达10%–15%……

随着工业化、城镇化和农业现代化加快推进，建设用地需求刚性上升，土地资源刚性约束进一步显现，基本国情和发展阶段决定了中国未来用地形势更加严峻，土地供需矛盾日益突出，依靠“投资拉动、资源投入、规模扩张”的发展模式不可持续，过度消耗和低效利用土地资源的粗放型发展方式已难以为继。

唯有切实转变管理理念、管理职能和管理方式，全面落实资源节约优先战略，着力推进土地节约集约利用，逐步减少经济发展对土地的资源性消耗，以土地利用方式转变促进经济发展方式转变，才能从根本上缓解土地资源供需紧张的矛盾，更好地保障和促进科学发展。而经济发展方式的转变，也将有利于节约集约用地机制的健全和完善。从而实现经济发展与土地管理方式转变的良性互动。

针对关于当前一些地区出现发展缺规划空间、用地缺计划指标、补充缺后备资源问题，能否继续依靠开发后备资源解决问题的提问，徐绍史说，耕地保护始终是关系经济社会可持续发展的战略课题。要确保中国95%粮食自给率，18亿亩耕地红线是必须坚守的底线。然而，由于多年高强度的土地开发，中国耕地后备资源已经十分有限，扣除生态环境建设重点区域，可开发的耕地后备资源已由2000年的700多万公顷锐减至不足500万公顷，且分布不均衡，依赖大规模开发后备资源补充建设占用耕地的模式已难以为继。加之，依赖出让土地促

进经济增长和城市发展的模式，刺激了新增建设用地需求，客观上加剧了供需矛盾，一些地区已经出现“发展缺规划空间、用地缺计划指标、补充缺后备资源”困局。

坚守18亿亩耕地红线，要坚持管控激励、开源节流并举，落实最严格的耕地保护制度和最严格的节约用地制度，强化耕地保护共同责任机制。要大力实施农村土地整治，大规模建设高标准基本农田，确保耕地面积有增长、质量有提高、产能有增加、生态有改善。尤其要以保护基本农田为重点，加快永久性基本农田划定工作，实行永久性保护，严格控制征地范围和规模。

近年来，随着中国社会主义市场经济的逐步发展，土地资产、资本属性不断显化和强化。在城市化、工业化快速发展过程中，城乡人地格局和社会结构发生重大变化，地方政府、企业、集体、个人等多元利益主体之间的土地利益格局深刻调整，利益关系日趋复杂，土地利益调整引发的社会矛盾和问题凸显。

在这种情况下，尤其需要国土资源管理部门尽快实现从单纯的资源管理向资源、资本、资产三位一体管理转变，高度关注土地资产和资本化背景下的经济社会问题，不断增强土地管理的权益保护意识、民生保障意识和风险防范意识。要因势利导，改革创新，不断转变管理职能和管理方式、强化服务监管，确保土地政策惠及民生。

资料来源：2011-06-24，新华网

住房和城乡建设部部长姜伟新关于房地产业的讲话

“十二五”时期进一步加大保障性住房建设力度

（2011-02-28，热点问题形势报告会）

姜伟新部长指出，“十二五”时期，我国将进一步加大保障性住房建设力度，争取到“十二五”末，基本解决城镇低收入家庭的住房困难问题，改善部分中等偏下收入家庭的住房条件。部分城市房价过快上涨是当前房地产市场的突出问题，要认真贯彻落实中央的房地产调控政策，采取坚决措施抑制房价过高过快上涨。

按照我国实行社会主义市场经济体制的总体要求，从我国所处的历史发展阶段、城镇化快速发展和人多地少的基本国情出发，为了实现“住有所居”的目标，我国城镇住房实行市场供给与政府保障相结合、以市场供给为主的政策，强调满足基本住房需求、购置与租赁相结合，鼓励自住型、节能省地环保型和小户型住房。这是30多年改革实践的结果。

随着城镇住房制度的改革，我国城镇住房随之快速发展。1978年到2010年，城镇人均住房建筑面积从6.7平方米提高到30平方米以上。同时，新建住房质量提高，住房功能更加完善，居住环境明显改善。经过努力，“十一五”期间，解决了1500万户低收入和中等偏下收入家庭住房困难问题（其中用租金补贴方式解决了400万户）。

今后几年，我国将继续大规模建设保障性住房，其中2011年要开工建设1000万套。“十二五”期末，城镇住房保障覆盖率将达到20%以上。同时，“十二五”时期每年还要再改造农村危房150万户以上。我国将进一步完善住房保障方式，完善政府支持保障性住房的政策，加强保障性住房的建设和使用管理。

对近几年部分城市房价上涨过快的原因，姜伟新部长指出：工业化、城镇化快速发展使得住房需求总体快于供给增长；市场监管力度不够；地方财权与事权不匹配，较多依赖土地出让资金收入和房地产发展收入；建设成本上涨；前两年流动性资金充裕，大量资金流向房地产领域。

各地区、各部门要认真贯彻落实《国务院办公厅关于进一步做好房地产市场调控工作有关问题的通知》，坚决遏制部分城市房价过快上涨。一是地方政府要切实承担起责任；二是继续增加住房供给；三是抑制投资投机性购房需求；四是严格住房用地供应管理，增加土地有效供应；五是切实加强监管；六是建立约谈问责机制；七是强化舆论引导；八是研究制定中长期稳定房地产市场发展的政策措施。住房和城乡建设部将会同有关部门继续加强房地产形势监测分析、研判，及时研究新问题、新对策。

资料来源：2011-03-01，住房与城乡建设部网站

进一步做好建筑安全生产和工程质量工作

（2011-03-01，全国建筑安全生产电视电话会议）

姜伟新部长强调，对建筑安全生产和工程质量工作，特别是住宅项目以及城市基础设施建设工程的质量安全工作，各地一定要特别重视。之所以要重视，是因为：第一，建筑安全生产和工程质量工作都关系到人的生命安全；第二，这项工作关系到政府的信誉；第三，关系到社会主义市场经济体制机制的建立和完善。

今年是实施“十二五”规划的开局之年，是中国共产党建党90周年。今年的“两会”也即将召开，各地要高度关注建筑安全生产和工程质量工作，不能出问题，切实防止各类事故发生。另外，从近几年建筑生产安全事故情况和工程质量发生的问题来看，我们也必须引起高度重视，进一步做好建筑安全生产和工程质量工作。

住宅工程质量问题，特别是保障性住房的工程质量问题，大家要特别重视。去年部里提出要进一步完善工程质量责任追究制度，强调了工程质量除了要有企业法人负责之外，个人也要承担相应的责任，即参建单位、法人代表和参建个人共同对工程质量负责。这项工作今年要有一个实质性的推进。各地要严格按照部里的有关要求贯彻落实。其中今年的一项具体工作，就是每个省（区、市）要拿出两个住宅工程项目进行试点，最好是选一个保障性住房项目，一个商品住宅项目。涉及工程项目的规划部门、建设单位、勘察单位、设计单位、施工单位、监理单位、法人代表以及参建个人都要负责，责任单位和责任人员的名字要永久留在建筑物上。做好这项涉及工程质量终身责任制的工作并不是一件简单的事情，这项工作可能要突破我们现行的很多政策，但必须往前推进。今年11月底之前，各个省（区、市）要将有关试点的进展情况报到我部。我们部里也要把这项工作认真抓好。

资料来源：2011-03-16，住房与城乡建设部网站

城镇保障性住房建设和管理工作情况

（2011-10-25，十一届全国人大常委会第二十三次会议第二次全体会议）

全国人民代表大会常务委员会，受国务院委托，向全国人大常委会报告城镇保障性住房建设和管理工作情况，请予审议。

一、“十一五”时期城镇住房保障工作的进展情况

党中央、国务院高度重视住房保障工作，全国人大给予了大力指导和支持。1998年以来，在推进城镇住房商品化的同时，也探索推进了住房保障工作。低收入和部分中等偏下收入家庭的住房困难得到缓解。

（一）住房保障工作逐步推进

按照中央的决定，从1998年开始对城镇住房制度进行全面改革。当年，国务院印发了《关于进一步深化城镇住房制度改革加快住房建设的通知》（国发〔1998〕23号），提出停止住房实物分配，推进住房商品化、社会化；对最低收入住房困难家庭提供廉租住房，对中低收入住房困难家庭供应经济适用住房。在这个过程中，一部分低收入家庭以房改价购买了原住公房，一部分家庭购买了经济适用住房。因当时住房整体水平不高，低收入家庭与其他收入家庭的住房条件差距不大，矛盾不十分突出。保障性住房建设的数量也不大。

2003年之后，受多种因素影响，商品住房价格上涨较快，涨幅高于城镇居民家庭特别是大大高于低收入家庭收入增幅，低收入家庭的住房支付能力不足，住房困难问题逐步显现。2003年，国务院发出了《关于促进房地产市场持续健康发展的通知》（国发〔2003〕18号），要求调整住房供应结构，逐步实现多数家庭购买或承租普通商品住房；建立和完善廉租住房制度，要求各级政府以财政预算为主、多渠道筹集住房保障资金；把经济适用住房定位于具有保障性质的政策性商品住房。从此，我国开始实行了商品住房为主、同时推进保障性住房建设的城镇住房发展体制。

经过几年的实践，2007年和2008年，国务院发出了《关于解决城市低收入家庭住房困难的若干意见》（国发〔2007〕24号）和《关于促进房地产市场健康发展的若干意见》（国办发〔2008〕131号），要求加快建立以廉租住房为重点、包括经济适用住房在内的多渠道解决城市低收入家庭住房困难的政策体系。同时，针对大量的城市、工矿（含煤矿）、林区、垦区棚户区居民住房困难、居住环境差的问题，开始对各类棚户区实施改造；推动部分商品住房价格上涨较快的大中城市建设限价商品住房；从2010年开始，在大中城市建设公共租赁住房。这期间，国家确立了保障性住房建设由地方负责、中央给予支持的工作机制，明确了保障性住房建设中的土地、财税和信贷支持政策；国务院及有关部门先后制定了廉租住房、经济适用住房、公共租赁住房建设和管理以及棚户区改造的办法，并加强了监督检查工作。

（二）住房保障工作取得一定成效

住房制度改革推进了城镇住房的发展，城镇人均住房建筑面积由1998年的18.7平方米提高到2010年的31.6平方米。“十一五”期间，全国开工建设各类保障性住房和棚户区改造住房1630万套，基本建成1100万套。到2010年底，全国累计用实物方式解决了近2200万户城镇低收入和部分中等偏下收入家庭的住房困难，实物住房保障受益户数占城镇家庭总户数的比例达到9.4%，还有近400万户城镇低收入住房困难家庭享受廉租住房租赁补贴。保障性住房建设，改善了低收入家庭住房条件，对促进经济增长与社会和谐发挥了重要作用。

（三）住房保障工作任务仍很艰巨

据调查，到2010年底，我国仍有2000多万户城镇低收入和少量中等偏下收入家庭的住房不成套，设施简陋。其中1000多万户居住在棚户区中。棚户区房屋破旧拥挤，厨卫设施不全，有的甚至存在安全隐患。帮助这些居民较快地解决住房困难，是党和政府义不容辞的责任。

另外，城镇新就业职工和常住外来人口的住房困难问题也比较突出。我国正处于城镇化快速发展时期，每年新增城镇人口1500多万。新就业职工和常住外来务工人员由于积累少，住房支付能力弱，他们中的一部分租住在地下室、城中村里，住房条件十分困难。这一群体是城镇经济发展的重要力量，帮助他们解决基本居住问题，对促进经济发展和社会稳定十分重要。针对这一群体的特点，我们主要向他们提供租赁住房，解决他们的阶段性住房问题。

二、现行城镇住房保障的基本政策

经过几年的探索和实践，我国基本形成了市场供给与政府保障相结合、以市场供给为主的城镇住房政策框架，初步建立了住房保障制度。

（一）城镇保障性住房的种类

住房保障有实物保障和货币补贴两种方式。实物保障性住房按照供应方式，可以归纳为租赁型保障房和购置型保障房。租赁型保障房有廉租住房和公共租赁住房；购置型保障房有经济适用住房、限价商品住房和各类棚户区改造住房。

1. 廉租住房。由公共财政出资建设，以低廉的租金面向城镇低收入住房困难家庭配租。建筑面积控制在50平方米以内。

2. 公共租赁住房。由公共财政投资或企业和其他机构投资建设，面向城镇中等偏下收入住房困难家庭、新就业无房职工和在城镇稳定就业的外来务工人员出租。各地根据需要，可建设成套住房，也可建设宿舍型住房。适应这一群体的特征和住房需求，建筑面积以40平方米左右的小户型为主。租赁关系稳定，租金略低于市场租金。

3. 棚户区改造安置住房。城市和国有工矿（含煤矿）、林区棚户区改造由政府适当补助，企业和个人也出部分资金进行建设。垦区危房改造由政府适当补助，个人出资建设。

4. 经济适用住房。由政府提供政策支持，主要由企业投资建设，面向有一定支付能力的城镇低收入住房困难家庭配售。建筑面积控制在60平方米以内。购买后不满5年，不得上市交易，确需转让的，由政府按照原价、考虑折旧等因素回购；购买后满5年，可以转让，但要按规定交纳增值收益（具体由地方规定），并规定在同等条件下政府优先回购。

5. 限价商品住房。这项政策在房价较高的城市实行，面向中低收入无房或住房困难家庭供应，建筑面积一般在90平方米以内。各有关城市都规定了购买条件、上市交易的条件和上市交易的收益调节办法。

在进行实物住房保障的同时，也对城镇部分低收入住房困难家庭发放租赁住房补贴，支持他们在市场上租赁住房。

（二）保障性住房建设的支持政策

一是财政投入。住房保障资金纳入各级财政年度预算安排。中央财政对公共租赁住房、各类棚户区改造以及中西部财政困难地区的廉租住房给予补助。二是确保用地落实。对符合规定条件的廉租住房、公共租赁住房、经济适用住房、棚户区改造安置住房建设用地，在土地供应计划中优先安排，依法以行政划拨方式供应。三是实行税费减免。对廉租住房、公共租赁住房、经济适用住房、棚户区改造安置住房的建设、买卖、经营等环节涉及的城镇土地使用税、土地增值税、契税、印花税、营业税、房产税等予以减免；对涉及的城市基础设施配套费等各种行政事业性收费和政府性基金予以免收。四是引导金融机构加大和规范金融支持。对廉租住房、经济适用住房、公共租赁住房建设和棚户区改造项目，根据项目特点，分别明确了借款主体、条件、利率、期限等信贷政策。在风险可控的前提下，按照商业可持续原则，优先给予贷款支持。

（三）因地制宜确定住房保障范围和方式

保障性住房的几种类型，对应了不同收入、不同类型的住房困难群体，是随着住房保障工作的推进和经济发展水平的提高，逐步形成和发展起来的。我们对住房保障范围和标准的确定，坚持以满足基本住房需求为原则，保障范围主要包括低收入、中等偏下收入的无住房和住房困难家庭，以及棚户区（危旧房）居民。在建设标准上规定，保障性住房建设要户型小、功能齐、质量可靠。

考虑到各地区经济社会发展水平、城镇化进程，以及住房市场状况差异较大，住房保障方式不搞一刀切。实践中，由各地区结合本地实际情况，因地制宜地确定保障房类型。我们考虑，这几年，住房保障实行以实物保障为主；经过今后几年的努力，住房供求关系缓和以及住房租赁市场有了一定发展后，将逐步转为以货币补贴为主。

三、“十二五”住房保障目标和今年计划执行情况

（一）关于“十二五”住房保障目标的考虑

住房水平是社会发展的重要指标。中央提出到2020年实现全面建成小康社会的目标，住房是重要方面。我们考虑，届时绝大多数城镇家庭都能够居住在符合文明、健康标准的成套住房中。

多年来，我国经济持续快速发展，政府财力明显增强，加快解决城镇低收入和部分中等偏下收入家庭的住房困难问题有了一定的条件。住房城乡建设部会同有关部门根据各地上报数据研究提出，今后五年建设城镇保障性住房和棚户区改造住房3600万套（户），到“十二五”末，全国保障性住房覆盖面达到20%左右，力争使城镇低收入和部分中等偏下收入家庭住房困难问题得到基本解决，新就业职工住房困难问题得到有效缓解，外来务工人员居住条件得到改善。

“十二五”时期的保障性住房将重点发展公共租赁住房，特别是人口净流入量大的大中城市要较大幅度提高公共租赁住房建设的比重；在安排年度建设任务时，计划头一两年多一些，后几年少一些。

（二）今年计划执行情况

十一届全国人大四次会议通过的《政府工作报告》提出，今年开工建设城镇保障性住房和棚户区改造住房1000万套。国务院多次专题研究部署保障性住房建设和管理工作。各有关部门根据各自职责，完善政策措施，加强协作配合。地方各级政府都把这项工作提到重要工作日程，创新机制，加大投入，精心组织，积极推进。

1.建设进度总体顺利。今年1000万套保障性住房的构成是，廉租住房165万套、公共租赁住房227万套、经济适用住房110万套、限价商品住房83万套，以及各类棚户区改造415万套。此外，还计划新增发放廉租住房租赁补贴60万户。

年初，住房城乡建设部代表保障性安居工程协调小组与各省、自治区、直辖市及新疆生产建设兵团签订了目标责任书。各地很快把任务落实到市县和具体项目，并逐级签订了目标责任书。在各地区、各有关部门的共同努力下，城镇保障性住房建设进展顺利。截至9月底，已开工986万套，占年度计划的98%。现在看，可以在11月底前全部开工。

2.建设资金基本落实。今年保障性住房建设需投入资金1.3万多亿元。其中，经济适用住房、限价商品住房建设投资4000多亿元，这类保障性住房主要由社会投资，通过销售实现资金平衡；各类棚户区改造投资5000亿元，这部分投资由政府补助一部分，主要通过企业筹一点、住户拿一点等办法解决；廉租住房和公共租赁住房建设投资4000多亿元，这类保障性住房主要由各级政府、用工企业、社会机构投资等解决。各类保障性住房投入资金在建设和运营期内暂不到位的，在符合风险防范要求的前提下，利用银行信贷等金融手段解决。

今年中央财政分批下达了1522亿元补助资金。财政部、发展改革委、住房城乡建设部、人民银行、银监

会等部门制定了加强建设资金管理的措施，督促各地切实落实配套建设资金，规范利用企业债券融资，加大信贷支持力度，扩大住房公积金贷款试点等，多渠道筹措建设资金。

各省（区、市）也加大了投入力度。通过增加省级财政补助、安排中央代发的地方政府债券资金、提高土地出让收益提取比例、从当年超收收入安排、组建保障性住房融资平台等方式增加投入。不少城市在商品住房建设中配建保障性住房，在保障性住房项目中配建商业设施，以平衡保障性住房建设资金。

3.土地落实情况较好。国务院要求，各地保障性住房、棚户区改造住房和中小套型普通商品住房用地供应量不得低于住房用地供应总量的70%。国土资源部在今年土地供应计划中单独列出了保障性安居工程用地，优先安排，应保尽保。各地采取了很多措施落实建设用地。今年1—9月，全国已落实保障性安居工程建设用地4万多公顷。为方便群众生活和就业，一些城市还尽量在道路沿线和地铁站点周围建保障性住房。

4.工程质量总体可控。按照国务院的部署和要求，住房城乡建设部和监察部把保障性住房的工程质量管理纳入对各地督查、约谈和问责的范围。住房城乡建设部印发了加强保障性住房工程质量管理的文件，多次召开会议部署和进行检查。各地有关部门普遍加强了工程质量监管工作，在选址、设计、建材、施工、验收等环节严格把关。对发现的“瘦身钢筋”等问题及时调查处理。日前，住房城乡建设部对各地在建的保障性住房开展了质量安全检查。从检查情况看，保障性住房工程质量总体上是好的。

5.努力加强分配和使用管理。保障性住房的分配和使用管理责任主要在地方。国务院对保障性住房的分配管理十分重视，要求务必做到过程公开透明、结果公平公正、使用合理有序。各地都公布了住房保障准入标准，建立了申请、审核、轮候、配租配售和公示制度。不少地方还对保障性住房使用管理进行了动态监测。

为了完成国务院关于今年计划的保障性住房和棚户区改造项目在11月底前保质保量地开工，各地公开项目信息、方便社会监督的要求，4月份，国务院办公厅组织8个督查组，对北京、辽宁、上海等16个省（区、市）落实房地产市场调控政策、推进保障性住房建设情况进行了督查。按照中央加快转变经济发展方式监督检查工作领导小组要求，在7月份各地集中组织开展保障性住房政策落实情况自查的基础上，由监察部和住房城乡建设部具体安排，9月份又对20个省（区、市）进行了重点督查。住房城乡建设部还向每省派出了巡查联络员，常驻各地促开工、促质量、促后期管理。各有关部门也加强了督促检查。财政部对各省区部分市县中央补助资金的申请和使用情况进行了专项检查。国土资源部对保障性安居工程用地落实进展实行按月调度、检查。发展改革委、农业部、林业局分别对国有工矿（含煤矿）棚户区改造、垦区危房改造、林区棚户区改造进行了监督检查。监察、审计部门加大了监督检查力度，对资金筹措和使用、政策执行、保障房质量和分配等方面的问题提出了整改意见。各省（区、市）也开展了专项巡查工作。到9月底，各市县均按要求公开了保障性住房建设信息。

四、存在的主要问题和下一步工作安排

从总体上看，我国住房保障工作还处于探索阶段，存在不少矛盾和问题，既有住房保障制度不够健全、政策不够完善的问题，也有管理不到位和实施过程中操作不规范的问题，需要及时总结经验，完善制度，加强管理。

（一）存在的主要问题

一是地方保障性住房规划布局有待改善，交通等外部配套设施的建设相对滞后。少数地方保障性住房项目选在离城市中心较远的地方，配套设施没能同步建设，建成后迟迟不能入住，或是入住了但生活不方便。有的保障性住房内部空间结构不合理，影响了使用功能。

二是保障性住房工程质量有待提高。有的地方一些保障性住房设计、施工、监理、验收质量把关不严，个别工程还使用了不合格的建筑材料，存在质量安全隐患。

三是分配和运营管理方面还存在不少问题。家庭和个人住房、收入以及金融资产等情况基础信息不足，核定有一定难度。一些地方出现了骗租、骗购的情况。有的家庭收入增加了，但仍然不退出保障性住房，群众意见很大。

四是建设资金筹措和征地拆迁压力比较大。今年建设任务比去年有较大增加，一些地方资金筹措存在一定困难，中西部地区资金压力更大一些；有些地方的保障性住房用地未能及时完成征地拆迁，拉长了建设周期。

五是顶层设计不够。我国保障性住房建设和管理总体上带有探索性质，包括政策、机制、保障范围、保障方式等，还需要在实践中不断完善。同时，也有前后政策如何更好衔接的问题。比如经济适用住房，早期的供应范围比较宽，套型面积标准、上市交易规则等与后来调整的政策不完全一致，也造成了一些社会误解。

六是法规建设滞后。现行住房保障政策都是以规范性文件形式发布的，虽有一定效力，但未形成法律制度约束。工作中，还存在着政策边界不够清晰、利益调节和退出机制不够完善等问题。这些都需要在实践中不断总结和完善，并以法规的方式加以规范。

（二）下一步工作安排

保障性住房的建设、分配和管理事关社会公平和群众福祉，事关经济又好又快发展和社会和谐稳定。市场供给和政府保障都是解决住房问题的方式，两者相辅相成，不可或缺。为了完善政策、加强管理，在总结前一段住房保障工作的经验的基础上，国务院办公厅日前印发了《关于保障性安居工程建设和管理的指导意见》（国办发〔2011〕45号），提出了住房保障工作目标和原则，确立了公共租赁住房作为保障性安居工程建设重点，明确了土地供应、财政投入、企业融资、信贷、税费减免各项支持政策，并对提高规划建设和工程质量水平、建立健全分配和运营监管机制等提出了要求。国务院10月11日在湖南省长沙市召开工作座谈会，专题研究部署加强保障性住房质量和分配管理工作。我们将坚持住房改革的市场化方向，总结和完善住房保障制度，边实践、边研究、边改进，进一步做好工作。

1. 深入研究住房保障制度，做好政策顶层设计和法规建设。我们将认真总结这些年住房保障工作的经验，借鉴国外经验教训，从理论上和政策上深入研究探索我国住房保障的规律性问题，做好住房保障制度设计。研究如何发挥政府、社会、企业和居民等各方面的积极性，做好我国的住房保障工作。十一届全国人大常委会将住房保障法列入立法规划。这两年我们做了大量调研工作，有序推进。

2. 从实际出发安排保障性住房建设年度计划。我们将督促各地确保今年1000万套保障性住房在保证质量的前提下全面开工建设。提前安排明年工作，按照“按需申报，自下而上”的原则，确定明年的建设计划。我们将提早做好项目、资金和土地的预安排工作，以便实施好明年的保障性住房建设任务。中央将继续加大资金补助力度，各地也要加大资金投入。

3. 加强保障性住房规划建设和质量监管工作。我们将进一步督促地方提高规划设计水平，合理布局，科学选址，避开地质灾害易发区域，把保障性住房安排在交通便利、基础设施齐全的地段。集中建设的保障性住房，要充分考虑居民就业、就医、就学、出行等，加快完善公共交通系统，同步配套建设生活服务设施。推广在商品住房小区中配建保障性住房的做法，促进不同收入群体混合居住、和谐发展。

我们将更加重视保障性住房质量问题。继续推行项目法人对住房建设质量负永久责任，其他参建单位按照工程质量管理规定负相应责任；推行参建单位负责人和项目负责人责任终身制。推广施工现场工程质量责任标牌，公示建设、勘察、设计、施工、监理单位和负责人，并在建筑物明显位置设置永久性标牌，接受社会监督。会同各地开展工程质量安全隐患排查工作，发现问题，及时纠正，并严肃处理有关责任单位、责任人。

4. 完善保障性住房公平分配和运行管理机制。进一步加强制度建设，规范申请审核和配租配售程序，并予以公开。督促地方进一步严肃工作纪律，加强管理，严禁以任何形式向不符合住房困难标准的家庭供应保障性住房，努力防范骗购骗租保障性住房和变相福利分房等行为。完善保障性住房分配、使用的公众监督机制。指导各地健全住房保障管理机构，落实经费，充实人员，提高素质。我们将进一步研究保障性住房退出机制。一方面，通过控制保障性住房户型面积，引导保障对象当收入条件改善、具备了一定经济能力后自然退出。另一方面，对租赁性保障房，要研究制订合适的、动态的、有利于退出的租金标准；对购置型保障房，要完善并严格执行交易时对收益调节的规定，消除牟利空间，确保保障性住房公平配置、合理使用。

委员长、各位副委员长、秘书长、各位委员，对保障性住房建设和管理情况进行专题询问，充分体现了全国人大常委会对住房保障工作的高度重视和关心，也是对我们工作的检查和支持，必将有力推动住房保障制度的完善和具体工作的落实。在此，我们向全国人大常委会表示衷心的感谢!我们将按照全国人大常委会的审议意见，进一步改进工作，以高度的责任感，进一步做好住房保障工作。

资料来源：中国网

研究制定保障房顶层设计

（2011-10-27，十一届全国人大常委会第二十三次会议联组会议）

姜伟新部长在回答牟新生委员“1998年国务院《关于进一步深化城镇住房制度改革加快住房建设的通知》是否仍然有效？是否可以重申作为解决城镇居民住房问题的整体思路或者顶层设计？”时表示，方才牟新生委员说2008年以来保障性住房的制度建设、顶层设计，有零敲碎打的感觉，我认为这个感觉是对的。因为这个事物确实是一个新生的事物，从来也没有做过这样的事情，所以经常是碰到一个问题就解决一个问题。但是实际工作当中又不完全是这样，国务院还是很注意整体的考虑。方才谈到说1998年有一个文件，讲得很不错，具体内容我不重复了，是不是可以考虑作为总体设计和建设的一个基本的文件。是的，现在那个文件仍然是有效的，仍然是指导我们现在住房工作的一个非常重要的文件。但是这几年随着实践的发展，也在不断地总结和完善。基本住房保障制度，按我们的理解，大概应该包括保障的范围、保障的方式、保障的机制、目标和原则。这几个方面，这几年确实都是在不断地完善着。我们考虑，住房保障范围就是低收入和部分中等偏下收入的，没有房子住的和住房困难的，住房困难的包括不成套，几百个人共用一个卫生间等等。方式还是实物保障和货币补贴两种方式，这两年实物保障多一点，“十二五”末以后，逐步转到货币补贴为主。

实物保障又分为租和售。机制上主要是两个机制，一个是投入机制，一个是建设管理分配运营的机制，这两方面也在不断地完善着。保障目标，我们考虑到2020年末，应该是绝大多数的城镇居民都住到成套的符合文明要求、健康要求的房子当中去，到“十二五”末，根据现在初步的测算，保障率达到户数的20%左右。保障的原则是满足基本住房需求，小户型、功能全、质量好。我归纳一下，1998年到现在，这些年的实践，以及政策文件的不断完善，目前是这样的情况，当然还要在实践当中不断总结和完善。

在回答吴启迪委员“顶层设计由谁做？住房和城乡建设部在其中扮演何种角色？保障房投资不到位，质量保障等等问题，住房和城乡建设部作何考虑”时表示，公平问题确实是非常严肃的问题。住房保障这项工作的顶层设计，我们考虑第一位的还是基本保障制度的问题。我方才说到的在一定时期内我们国家究竟住房保障的范围是什么、方式是什么、机制是什么、目标是什么、原则是什么，我们认为最顶层的还是这个，这一点刚才已经跟委员们报告过了。下一个就是如何落实好这五个方面的制度，这是一个非常重要的问题。讲到公平性的问题，我们认为第一位的公平还是保障率，是保障多少。到“十二五”末期，我们国家城镇住房保障要达到20%左右，确实也是费了一番脑筋的，进行了深入的研究，跟其他国家比，我们这个比例是低的。这个比例究竟怎样，在实践当中还可以不断地研究和探索。

第二个层次的公平问题就是执行当中的个人财产的占有，会不会有人借这个机会谋取利益的问题，这也是我们这几年工作当中特别注意的一个问题，当然现在还没有做得很好。可以租的房子是一个问题，对可以售的房子，可能会产生资产上将来占很大的便宜，或者在房子销售上牟利。以经济适用住房为例，一是户型设计现在是限定在60平方米以内，一般收入较高的家庭不会住那么小的房子。二是条件的审查，必须是低收入，不够低收入你不能去，当然有个别现象，开着宝马去买经济适用住房的，这种现象发生过，但不是主要的，当然也说明我们管理过程当中还有问题。要审查收入，实行三榜公示、公开。三是政策上有限定，买了经济适用住房，五年内不能上市，只能自己住，五年后允许上市，但是还有两条非常严格的规定，第一是只能卖给政府，或者优先卖给政府，第二是80%-90%的土地收益由政府来收回，土地增值那部分的80%-90%必须由政府收回，这在很大程度上限制了那些借经济适用住房来谋取很大利益的情况发生。当然，执行过程当中，因为才刚刚开始，很多地方还没有到五年，没有到他卖了赚了很多钱的时候。当然我们会更加重视这个问题，认真对待。

关于种类，现在确实种类很多，我那天报告了，五、六类，搞这么复杂干什么？这有一个过程，不是全国就搞这五种了，也是随着实践的发展，有这样的需要，增加一个，又有需要再增加一个。原来的种类，有的地方仍在实行。所以我们现在的政策是这样的：一是几种类型保障房的形式是在实践中逐步形成的。二是允许各个地方从实际情况出发来选择保障类型，比如没有统一要求今年一千万套里限价商品房必须是八百万套，没有这样的规定，各个地方自己去选。实践证明，各个地方确有自己的侧重点，比如北京，更多地搞了限价商品房，别的城市几乎都没有搞或者是少量的限价商品房。北京为什么搞限价商品房呢？因为低收入那部分住房困难的已经解决得差不多了，面对最困难的是中等偏下收入那部分人住房困难，所以就更喜欢限价商品房的方式来保障。我们现在还没有想明确取消哪一类，因为不同的地方有不同的需要。

方才谈到投资，投资确实是一个大问题，以今年为例，就需要1.3万多亿，当然当年也不一定需要投入那么多，1.3万亿对应一千万套房，是对应到结构完成。事实上，我们现在要求是，三分之一达到结构完成，三分之一出地面，三分之一做到基础浇铸混凝土。因此，以今年为例的话，不一定1.3万亿全部到位了才能全部开工。从目前的情况看，国家发改委、财政部今年下了大工夫了，到现在为止已经安排了1520多亿元了。地方财政今年的投入也是非常大的，因为今年财政部代地方发了地方政府债券，中央要求他们大部分要用到保障性住房建设当中，这解决了地方保障性住房建设资金不足的问题。

顶层设计，现在是住房和城乡建设部在牵头，涉及发改、财政、国土、银行、银监会、监察部、国家林业局、农业部、民政部等部门，这是一个联合战线，我仅仅是这个协调小组的召集人。总体来说，包括基本住房制度建设和有关的顶层设计，我们也是边干、边实践、边总结、边在设计着，眼下还没有一个非常完善的、很明确的“三页纸”说制度是什么、顶层设计是什么，这个还是很需要的，我们下一步会做这项工作。当然，我方才说的都是报告一些情况，实际执行当中确实有不少问题，比如面积问题，经济适用住房，要求六十平方米以内，他就给你建了九十平方米，执行当中确实是有问题。当然，应该说那还是少数的，多数地区还是按照国家的规定在做。

在回答吴晓灵委员“政府将采取什么措施消除经济适用房和公租房市场中的寻租空间呢？是否认同开征存量房房产税调节市场的调控方式，实施起来有什么困难？”时表示，方才吴晓灵委员提到的第一个问题，就是从制度上和方向上对住房保障应该是以廉租住房为主和货币补贴为主，这样可以避免很多不必要的问题的产生。正像她说的，有些享受了补贴的人比那些靠自己努力打拼的人住房条件还要好。廉租住房为主和货币补贴为主，我认为是对的，现在的方向也是在朝着货币补贴为主的方向在努力和行进着。我方才报告了，我们初步设想，两三年以后，恐怕就要逐步转到货币补贴为主。这两年之所以搞实物保障房，就是因为确实社会上这样的房源太少，这是我们这两年的考虑。现在是一个过渡阶段，正在朝着这样一个目标去走。

经济适用住房只要能够上市，未来获利的空间就是很大的事情，也会带来很多腐败的问题，这个问题提得非常好。我们开始就意识到了这个问题，回答第二个问题的时候我报告了一些，制度设计上考虑了一些，现在看来还没有到实际发生这种情况的时候，我们会尽可能提前考虑，尽可能减少谋利的范围、空间和数量，以前已经发生的，在工作当中逐步地改进。

关于第三点，公租房是不是可以卖的问题，从我们国家政策制度规定上是不允许的，公租就是租，不能卖，但是现在有些地方由于资金周转的问题，把一部分租的房子也卖了，这是不符合国务院有关规定的，我们会在工作当中看看怎么样纠正这种做法。

关于限价房取消问题，我们实践当中再研究。您还提到了一个非常重要的问题，就是限购的问题，这个政策是个行政办法，是我们不得已而采取的办法，是房价高速上涨，其他手段都用了以后，都起了作用，但还差那么点火候才能把房价抑制住，至少是过高过快上涨的势头给抑制住，最后不得已出了这样一个限购的措施。作为一把剑在悬着，还由监察部和住建部，实行问责。这招真是起了一些作用，不能说是主要作用。党中央、国务院采取了综合政策情况下，商品房的房价现在总体上趋于稳定，一些城市开始有下降的苗头了，一些二、三线城市还是在涨着，但是涨幅开始减小。您说要更多地采取税收的办法，对房价，对需求和供给，包括对房价进行调节，我们认为这也是一个非常重要的意见，也是对的。但是现在确实有一个信息不是特别清楚的问题，我们正在努力建设城镇个人住房信息系统，这个信息系统的建设老实说很艰难，我们准备先在四十个城市进行试点，试点的进程是先把四十个城市自身个人的住房信息收集起来，然后尽快实行全国的联网。这两个步骤进展得都不是很顺利。如果这个信息系统将来建立起来了，再加上银行系统、财政系统、税务系统的一些信息，再加上公安的一些信息系统，如果能统一起来，到一个平台上，就不必再采取限购这种行政色彩浓厚的办法。现在主要是基础的工作还不够，住房信息系统工作已经做了两年多了，正在艰难地进行着，我们努力把它做好。

在回答严以新委员“‘十一五’期间保障房建设完成情况，入住情况？由此产生的问题，政府作何考虑？3600万套保障房是否可以有所调整？中央财政能否加大对保障房建设的投入？”时表示，我先回答第一个问题，就是关于“十一五”期间完成的数量和“十二五”规划考虑的问题。“十一五”我们一共开工了现在保障范围几种类型的房子是1630万套，到去年年末基本建成1100万套，实际上到今年上半年，初步统计，这1100万套能够入住85%-90%。去年开工的590万套，就包括在了“十一五”期间开工的1630万套里面了。去年基本建成了330万套，其中99%都是前年结转过来的。保障性住房建设合理工期大概在两年半左右，所以去年开工的590万套绝大部分会结转到今年来进行建设。也就是说，今年加上新开工的1000万套，实际上在建的保障性住房是1500万套左右，规模应该是这样的。今年这1000万套新开工的，我在报告当中已经报告过了，再加上结转过来的500多万套，今年能够竣工投入使用的不低于300万套。跟你们报告我一定是留有余地，不低于300万套。这300多万套也是去年结转过来的那590万套里面建成的。今年的1000万套能够建成的很少，合理工期是两年半左右，东北还不止这些时间。

关于“十二五”3600万套的问题，根据各个地方上报数据统计汇总了以后，跟我方才说到的十来个部门共同研究，最后向国务院提出建议，国务院采纳，人代会也通过了。但是这3600万套应该根据实际情况，或变化或不变化。明年我们准备对“十二五”保障性住房建设的数量、质量，特别是数量进行中期评估，根据明年对“十二五”保障性住房建设中期评估的结果来确定3600万套原定的规划数是不是要进行调整，需要的话应该进行调整，实事求是。

关于抓竣工率、入住率的问题，我在报告中没有讲到，实实在在地说，我们是非常注意这个问题的，光是开工算什么呢？我们今年不光是为了1000万套能够按时保证质量的开工，而且要保证去年结转过来的500万套，至少有300万套能够投入使用，各个部门都做了不少工作。光住房城乡建设部今年4月份起，除了住房保障司20多人之外又抽了50多人，一个省两个人蹲在那里一个项目一个项目地看，看1000万套房开了没有，看590万套今年能够真正竣工投入使用多少，当然还要看质量。这个工作我们确实是做了，今年下了很大的工夫。我们派出去的50多人，大部分还没有回来呢，就在下面，一个项目一个项目地盯，开了没有，是不是动一下土就算开了？去年结转的今年能不能建成？一个项目一个项目盯到了今天跟大家报告的这样的结果。国务院对这个问题也是很重视的，国务院专门发了一个文件，李克强副总理两个礼拜前专门开了一个会，对建设质量问题、分配问题、后续管理问题和竣工的问题进行了部署。

第三个问题，关于资金，一会儿保安和其他同志会说。前天给领导的报告中已经说了，以今年1.3万亿所需资金来说，实际上各级政府要投4000多亿，企业跟个人要出5000多亿元，银行贷款等社会投资要出3000多亿元，整个构成是这样的。今年中央政府和各级地方政府要出的4000多亿元，90%到位了，好于历年的水平。当然，明年的任务更重，需要的资金不亚于今年。现在我们考虑，明年可能不会开工这么大的规模了，各个地方正在上报，我们跟几个部门在研究，开工的数量可能要比今年的1000万套要少，但是明年资金的需要量，可能要持平，甚至还要略多一点。因为今年结转到明年继续建设的保障房的数量，我们的行话叫工程量，比今年还要大。因为今年在建是1500多万套，明年就不止了，今年的1000万套有900多万套要结转到明年，明年再开工几百万套，那么明年在建的规模跟今年持平或者比今年还要略高一点。因此我们现在就开始跟发改委、财政部、国土资源部和银行商量，已经开始预备明年，把账反复地测算，正在跟他们交换意见。

质量问题我就不再回答了，那天我的汇报里已经说了，质量总体可控，但是问题还是不少。开工是不是有突击完成的问题，今年应该说有，但是比往年突击开工要少得多得多。因为我们那三条标准不是动一下土就算开工的，必须三分之一达到结构完成，三分之一出地面，三分之一做到基础浇铸混凝土，这三个三分之一构成了1000万套开工。而且今年的数据比往年要实。因为我们50多人一个项目一个项目地跑呢。我不能说没有突击开工的情况，但是总体上比以前要实一点。

在回答郭雷委员“目前在个人住房信息系统、信息平台建设方面，我们主要存在什么样的困难，有没有一个统一的协调机制？这个信息系统建成后，到底能在多大程度上能帮助我们解决保障性住房管理分配中出现的困难？”时补充道，个人住房信息系统的建设比我们预想的要艰难，这里面非常重要的一点就是信息安全问题，还不光是采集的问题。采集在一定时间内还有可能接近，现在一个城市80%-85%是没问题的，这个比例还可以逐步提高，但是这些信息的安全性需要专门研究这个问题。我们原来设想是先搞40个城市，这40个城市先跟住建部联网，然后再推广到265个地级市，自己都建立起来，然后跟住建部联网，这个过程恐怕得几年的时间，现在看比预想的要艰难，但我们会往前推进。而且仅靠这个系统解决不了我们社会管理当中的很多问题，将来恐怕有朝一日会有各个方面的信息平台，有一个综合信息共用的问题，这是整个社会管理当中的非常重要的一个问题，住房信息仅仅是其中一个重要的环节，而这个环节这几年推进来看不是很容易，但是我们会努力尽可能做好。

在回答乌日图委员“如何完善住房公积金制度和有关法规？住房公积金个人使用的权益，廉租房、公租房的管理体制问题。”等相关提问时表示，我稍微补充一下关于公积金的问题。公积金条例现在确实到了需要修改的时候了，我们部里正在进行调研，下一步调研之后，准备起草报告，向国务院提建议。当然，稿子出来之后，要特别请几位委员帮着看一下。已经18年了，情况完全变化了，确实需要修改。我到住建部四年多，公积金问题一直是我非常头疼的问题，政策性极强，尤其是随着市场经济的发展，条例过去很多的规定，当时有当时的考虑，那也是很正确的，但是现在看来确实要很好地研究这个问题。管理上的问题也是很多，体系也不完善，我们部管着这个事，但是下面也没有系统。我到住建部以后，跟各位委员报告，我曾经一度专门研究过，这个问题是住建部管好还是谁来管好，要从大局来考虑。后来分析了以后，确实谁管都是利弊各半，很复杂，已经越来越成为住建部非常重要的任务。

关于您提到公租房和廉租房体制管理的问题，建设体制，国务院文件已经很明确，就是两者合并一起，统一建设，统一管理，因为他们户均面积差不多，四十到五十平方米，仅仅是对象不一样、房租不一样，管理基本上差不多。运营管理是这样的，我们也非常注意千万别回到老的路子上去，现在各地在管理这两类租赁房过程当中，80%、90%都不是政府组织管理，有的还是企业化管理。政府部门管理这两类住房仅仅是百分之几，而且也不是完全过去意义上的政府管理。我们也注意到这个问题了，别又回到老路上了，这肯定不行。因此您提得非常对，我们能用市场化的办法就用市场化的办法，现在公租房、廉租住房，我们是鼓励跟普通商品房在一起配建，总结前两年有的地方都集中到一起了，也可能会产生将来的贫民窟的问题。所以现在我们鼓励、提倡、要求配建为主，在运营管理上纳入到一般的物业管理当中去了，仅仅是这部分人群，政府还要稍微给一点管理上的照顾或者特殊的管理。

在回答委员提出的“总体设计和制度建设，合作建房”的相关问题时表示，关于总体设计和制度建设，这几年确实是遇到什么问题就先解决一个什么问题。但也不是仅此这样，总体设计、总体制度建设就不考虑了，也不完全是这样。现在的做法是，一方面解决具体问题，一方面也是在完善着、做着制度建设和顶层设计。但现在看来，还没有达到一个令你们满意和科学的程度，老实说，对很多问题的看法争论是很大的，现在是一边争论一边解决具体问题。但是，刚才丛斌委员讲得非常好，确实要加强这方面总体设计的建设，充分、深入地调研，我们也会努力这样做的。

关于合作集资建房，现在鉴于可能出现的问题太多，所以我们这几年明确规定，除远离城市的独立的工矿区、住房困难户较多的企业之外，不允许单位集资建房，这方面的漏洞比现在我们说的几种保障房的问题还要多，但是这个问题仍然可以研究，不是说不能研究了。

资料来源：2011-10-27，人民网

继续坚持房地产宏观调控不动摇

（2011-11-11~2011-11-12，2011中国市长论坛暨中国市长协会四届五次常务理事扩大会议）

姜伟新部长指出，要继续坚持房地产宏观调控不动摇；要继续大力推进保障性住房建设，确保建设质量，确保分配公平，重视运营管理。

要严格按照科学发展观的要求修编城市规划，并严格按照规划执行，特别是要高度重视地下管网建设和管理工作；要进一步重视建筑节能，推动城市建设质量的提升；住房公积金管理政策性强，要管好用好住房公积金，确保资金安全；要继续做好农村危房改造工作。

资料来源：2011-11-16，证券时报

2012年建设系统要做好八方面工作

（2011-12-23，全国住房城乡建设工作会议）

姜伟新部长指出，2011年保障性安居工程建设规模之大、任务之重，是史无前例的。在党中央、国务院的坚强领导下，在各地方、各部门的共同努力下，今年提前、超额完成了开工建设保障性住房和棚户区改造住房1000万套的任务。今年以来，各地区、各部门加大了落实中央房地产市场调控政策的力度，多数地区涨幅回落，房地产市场总体运行平稳，调控成效已经显现。

今年城乡规划和建设管理工作进一步推进。城乡规划督察员派驻城市总数达到89个，督察员总数达到102名。全国各地积极采取措施加强城市管理。预计今年全国城市生活垃圾无害化处理率超过78%，全国城市污水处理率有望达到80%，均比去年增加。农村危房改造265万户。住房公积金管理工作得到加强，资金总体安全。

今年进一步加强了建筑市场监管，全系统组织开展了建设工程质量安全、建筑市场和轨道交通工程执法检查。启动北方采暖地区既有居住建筑供热计量及节能改造1.7亿平方米，相当于“十一五”期间的改造任务总量。严寒、寒冷地区已全面执行新的节能设计标准。

针对2012年工作，姜伟新部长提出要重点抓好8个方面工作：

一是继续推进保障性安居工程建设，强化管理工作。明年新开工建设保障性住房和棚户区改造住房700万套以上，基本建成500万套以上，竣工量要高于今年。采取有效措施，确保资金和土地落实。严把规划设计、建材供应、施工和竣工验收关，确保工程质量。完善准入分配机制，加强使用退出管理。认真抓好保障性住房小区的水、电、路、气及公共交通等基础设施的配套建设。深入研究住房保障政策和机制，逐步完善住房制度顶层设计。

二是继续坚持房地产调控不动摇，促进房地产市场健康发展。要继续落实地方政府对房价调控的责任。严格实施差别化住房信贷、税收政策，支持居民的合理购房需求，优先保证首次购房家庭的贷款需求。着力加快中低价位、中小套型普通商品住房建设。加快推进个人住房信息系统建设。注重房地产市场长效机制建设，促进房价合理回归。全面启动住房发展规划编制工作。

三是推进城市规划、建设和管理工作。着力提高城市总体规划、省域城镇体系规划等编制质量，增强规划科学性。继续扩大部派城乡规划督察员派驻城市范围，基本实现国务院审批总体规划城市的全覆盖。要加强城

市综合管理，进一步加强城市地下管线综合管理。明年，各地要开展城市地下管线普查。各城市要积极探索创新地下管线管理方式，创造和积累管理经验。强化城市地下管线工程等城建档案管理，推动数字化城市管理平台功能向地下管线、城市安全等领域拓展和延伸。继续加强供水、供热、供气、城市桥梁等市政公用设施的安全监管，采取有效措施防治城市内涝。加快城市污水垃圾处理设施建设，强化市政公用设施安全监管，改善城市人居环境。编制和实施好城市综合交通体系规划，加快城市轨道交通建设和步行、自行车交通系统建设，大力提倡采用绿色交通方式出行，缓解城市交通拥堵。

四是更加突出地抓好建筑节能工作。要提高认识，把建筑节能工作摆在更加突出的位置抓实抓好。明年启动北方采暖地区既有居住建筑供热计量及节能改造1.9亿平方米。进一步强化新建建筑节能监管。大力发展绿色建筑。推进住宅产业化，推广商品住房全装修。

五是加快完善住房公积金制度。配合有关部门，加快修订《住房公积金管理条例》。进一步推进住房公积金运行监管系统建设，力争2012年末覆盖到全国100个城市。加强和改进服务，确保住房公积金资金安全和有效使用。

六是加大村镇建设力度。加快推进农村危房改造，明年中央将提高补助标准。加强村镇规划编制实施工作，扩大绿色低碳重点小城镇试点范围，强化传统村落保护。

七是进一步强化建筑市场和工程质量安全监管。重点推进有形建筑市场建设。全面落实各方主体的质量安全责任。强化资质资格动态监管，严格市场准入和清出管理。

八是认真抓好住房城乡建设领域立法执法工作。加快完善住房城乡建设法律法规和工程建设标准，继续落实好《国有土地上房屋征收与补偿条例》。规范城乡规划等领域行政处罚裁量权，继续强化稽查执法，加大案件查处力度。

资料来源：2011-12-24，住房与城乡建设部网站

住房和城乡建设部副部长 齐骥 关于房地产业的讲话

坚定不移推进房地产市场调控

（2011-01-27，接受新华社记者专访）

齐骥副部长在回答记者“2010年已经连续进行3次房地产市场调控，为什么会在2011年年初再次进行新一轮调控？”时表示，2010年，房价上涨压力和房地产调控难度前所未有。国务院审时度势，先后三次部署调控工作，特别是当年4月《国务院关于坚决遏制部分城市房价过快上涨的通知》印发后，房地产市场出现了积极变化，房价同比涨幅持续回落，环比涨幅回落后在低位波动。投资投机性购房需求得到一定抑制，住房用地供应明显增长，商品住房供应有所增加，保障性安居工程进展顺利。

尽管调控取得初步成效，但是部分城市房价仍在高位波动，特别是自2010年4季度以来，一些地方高价地再度出现，部分未实施限购的区域中心城市住房成交出现量价齐升的势头，限购城市周边地区房价出现较快上涨，部分热点城市房价再现上涨苗头。这些现象的出现，说明调控效果尚不巩固，距离群众期待还有一定差距。

2011年是“十二五”开局之年，房地产市场走势与宏观经济走势密切相关。加强房地产市场调控，不仅有利于房地产市场自身平稳健康发展，也有利于宏观经济平稳运行。

因此，为了继续巩固和扩大调控成果，逐步解决城镇居民住房问题，继续有效遏制投资投机性购房，促进房地产市场平稳健康发展，必须进一步做好房地产市场调控工作。

在回答“这次出台的“国八条”与以往的调控政策相比，有何新特点？”时表示，这次出台的“国八条”是对以往调控政策的进一步细化强化，通过进一步加大调控力度，来巩固和扩大调控成果。

具体体现在以下这些方面：

一是通过1个目标和4项任务来进一步落实地方政府责任。1个目标就是城市人民政府要“合理确定本地区年度新建住房价格控制目标”，4项任务分别是继续增加土地有效供应，进一步加大普通住房建设力度；继续完善严格的差别化住房信贷和税收政策，进一步有效遏制投机投资性购房；加快个人住房信息系统建设，逐步完善房地产统计基础数据；继续做好住房保障工作，全面落实好年度目标任务。

二是加大保障性安居工程建设力度，努力增加公共租赁住房供应。在加大保障性安居工程建设力度方面，明确2011年全国建设保障性住房和棚户区改造住房1000万套。加大对公共租赁住房在土地、税费、信贷等方面的支持力度。鼓励房地产开发企业在普通商品住房建设项目中配建一定比例的公共租赁住房。

三是加大相关税收政策对不合理住房需求的抑制力度。调整个人转让住房营业税政策，对个人购买住房不足5年转手交易的，从原来的按差价征税改变为统一按其销售收入全额征税；同时，强化税收征管，有效遏制商品住房买卖交易环节的“阴阳合同”，减少住房投机牟利空间。

四是提高二套房贷首付款比例。对贷款购买第二套住房的家庭，首付款比例从原来的不低于50%改为不低于60%，体现了自住性需求优先的原则。

五是提出更加具体的用地供应管理目标，如在新增建设用地年度计划中，单列保障性住房用地，做到应保尽保。今年的商品住房用地供应计划总量原则上不得低于前2年年均实际供应量。

六是扩大限购城市范围，明确限购要求。原来要求“地方人民政府可根据实际情况，采取临时性措施，在一定时期内限定购房套数”。现在则要求“各直辖市、计划单列市、省会城市和房价过高、上涨过快的城市，在一定时期内，要从严制定和执行住房限购措施”。

同时明确：原则上对已拥有1套住房的当地户籍居民家庭、能够提供当地一定年限纳税证明或社会保险缴纳证明的非当地户籍居民家庭，限购1套住房（含新建商品住房和二手住房）；对已拥有2套及以上住房的当地户籍居民家庭、拥有1套及以上住房的非当地户籍居民家庭、无法提供一定年限当地纳税证明或社会保险缴纳证明的非当地户籍居民家庭，要暂停在本行政区域内向其售房。

七是在约谈问责机制方面，更具针对性。原先的表述比较原则，此次调控进一步明确了约谈问责的内容及相关程序。如“未如期确定并公布本地区年度新建住房价格控制目标、新建住房价格上涨幅度超过年度控制目标或没有完成保障性安居工程目标任务的省（区、市）人民政府，要向国务院作出报告，有关部门根据规定对相关负责人进行问责。对于执行差别化住房信贷、税收政策不到位，房地产相关税收征管不力，以及个人住房信息系统建设滞后等问题，也纳入约谈问责范围。”这样针对性更强。

在回答“为什么要扩大限购城市范围？”时表示，一方面是部分未实施限购的区域中心城市住房成交出现量价齐升的势头。全国70个大中城市中，2010年12月仍有10个城市新建住房价格同比涨幅超过10%；2010年10到12月，有10个城市环比月平均涨幅超过1%。这些城市基本上是未采取限购的城市。

另一方面实施限购的城市成效明显。例如北京出台限购新政以来，二套以上购房比重持续回落，非本地户籍购房比重回落至40%以内，下调4.3个百分点。深圳出台限购措施后，住房成交量持续下降。

因此在总结这些城市的经验基础上，此次调控决定扩大限购城市范围，同时也明确了限购条件的原则性要求。

在回答“要求地方政府今年一季度公布本地区房价调控年度目标，有什么意义？”时表示，一是强化了地方政府责任。房地产不同于其他商品的一个特性就是区域性强，全国很难有一个统一的房价调控目标。作为地方政府，则有责任也应有能力公布本地区的房价调控年度目标。

二是有利于行政问责和群众监督相结合。此次调控要求地方政府今年一季度把这一目标向社会公布，目的是让群众充分享有知情权、监督权。

三是既给出了原则性要求也体现了因地制宜。考虑到各地房价水平差异性较大，此次调控要求地方政府制定年度调控目标时要结合当地经济发展目标、人均可支配收入增长速度和居民住房支付能力，同时考虑到各地经济发展水平不一，因此没有从全国层面划定一个统一指标。

在回答“加快个人住房信息系统建设，逐步完善房地产统计基础数据，对于房地产市场调控有何意义？”时表示，随着房地产市场的快速发展，我们面临的新情况、新问题不断增加，市场监管的压力也越来越大，仅仅依靠传统的管理方式，难以有效应对。

工欲善其事，必先利其器。通过信息系统建设和应用，将管理机制与技术手段有机结合，可以大大提高办事效率，增强监管能力。

加快个人住房信息系统建设，有利于全面掌握和了解居民拥有住房情况和居住水平，科学分析房地产市场形势和发展态势，及时发现市场中的新情况、新问题，为房地产市场宏观调控决策提供依据，为调控政策有效实施提供基础。

目前全国40个重点城市的房地产市场信息系统和预警预报体系初步建立。我们总体思路是：以城市住房信息系统建设为重点，以房屋登记数据为基础，建立部、省、市三级住房信息系统网络和基础数据库，全面掌握个人住房的基础信息及动态变化情况，基本实现全国城镇住房信息共享和查询。

在回答“强化地方政府责任，问责是一项重要的制度保障，群众很关心，问责制会不会'雷声大雨点小'？”时表示，我们一再强调，对于落实住房保障和稳定房价工作不力的，一定要实行问责。此次调控措施进一步细化了约谈问责的标准和程序。首先是约谈，对于新建住房价格出现过快上涨势头、土地出让中连续出现楼面地价超过同类地块历史最高价，以及保障性安居工程建设进度缓慢、租售管理和后期使用监管不力的，有关部门要约谈省级及有关城市人民政府负责人。

其次是报告和问责，对未如期确定并公布本地区年度新建住房价格控制目标、新建住房价格上涨幅度超过年度控制目标、没有完成保障性安居工程目标任务的省（区、市）人民政府，要向国务院作出报告；有关部门要视情况，根据有关规定对相关负责人进行问责。

另外，对于执行差别化住房信贷、税收政策不到位，房地产相关税收征管不力，以及个人住房信息系统建设滞后等问题，也纳入约谈问责范围。

通过这些要求，大家就会看到，约谈问责不仅针对结果还包括调控过程。约谈问责的目的是强化地方政府住房保障和控制房价责任，落实好各项政策。

资料来源：2011-01-27，新华网

建设1000万套保障房大约需要投资1.3万亿

（2011-03-09，十一届全国人大四次会议新闻中心“保障性住房建设和房地产市场调控”记者会）

齐骥副部长在回答记者“今年进一步扩大保障性住房建设，资金来源有哪些渠道？”时表示，很高兴今天第一个问题就谈到了我们社会广泛关注的今年国家要开工建设1000万套保障性住房和各类棚户区的改造。大家都知道，盖房子特别是实施保障性安居工程，有几个必须保障，第一个是土地供应要有保证，没有地的话，房子没处建。

第二个就是资金的保障，因为这么大的工程量，一定要有巨大的资金投入和支持。第三个就是生产能力的保障，比如我们的建筑材料，我们的施工机械、施工人员，就是说我们有能力在一定时间内去完成这么大的工程量。

刚才您主要是谈到资金保障的问题，我大致给各位报告一下，今年我们计划新开工建设各类保障性住房和棚户区改造1000万套，这个任务在今年政府工作报告当中已经明确地提出了。细分一下，这1000万套保障性安居工程包括保障性住房和棚户区改造，其中有一部分是通过社会机构来开发运行，按照相关的政策去配售给我们的保障对象，比如说经济适用住房，还有一些城市今年要大规模地建一些两限房。限套型面积、限销售价位，就是两限房。根据各地报上来的计划，这两块加在一起，有近200万套，所需要的资金投入大概在5000亿元上下。

我补充一下，我们在拟定1000万套保障性安居工程的目标任务时，我们就对通过什么样的渠道来筹集到足够的资金，保障这一目标任务的完成，做了一个大致的测算，年度投资大概在1.3万亿到1.4万亿之间，咱们暂且说是1.3万亿左右。

我刚才讲过，经济适用住房和两限房的建设资金，主要由社会机构通过市场运作方式来解决。当然在建设经济适用住房的时候，市县人民政府要无偿地划拨土地，这部分土地的成本，我们没有算在直接投资当中去，这也是数目不小的一笔钱。这样的话，在1.3万亿当中有5000亿左右是通过这样的方式解决掉，以往过去几年也是这样做的。

再有，今年1000万套计划中，还有400万套左右是各类棚户区改造，包括城市棚户区改造、国有工矿棚户区改造、林区棚户区改造、煤矿棚户区改造，还有一些国有垦区棚户区改造。对于这一类政府主导的棚户区改造，中央政府、省级人民政府、市县人民政府都要拿出一定的补助资金，其中，今年中央将提供400亿元左右的资金支持，省和市县也要拿出一定的资金，来补助和支持这些棚户区的改造。

另外，棚户区改造涉及的工业企业、工矿企业、农场、林场以及参与改造的职工，还要自筹一部分。初步估算，400万棚户区改造所需要的年度投资，也在5000亿左右。中央政府和省级、市级政府补助以后，由工矿企业和被改造的职工筹集的，大约有3400亿左右。这样算下来，完成今年1000万套的任务，有8000多亿是通过社会机构的投入和保障对象以及所在的企业筹集来的。剩余的5000多亿的资金，将由中央政府和省级人民政府以及市县政府通过各种渠道来筹集。

在政府工作报告中，总理已经提到，今年中央用于保障性安居工程的资金将达到1000多亿元。我们在测算地方政府资金来源时，大致做了以下分析。按照现有的规定和标准，首先，对保障性安居工程建设资金，地方政府要纳入本级财政预算，在财政预算中要列支一部分。

另外，按照现有的规定，今年我们特别强调，要严格执行土地出让净收益用于保障性住房建设的比例不低于10%的规定，资金缺口大的地方，要进一步提高比例。比如说最近河北省为了保证建设资金，把原来按土地出让净收益的10%计提，调整为按土地出让总收入的5%计提，用于保障性安居工程建设。

有些地方把用于保障性安居工程建设的土地净收益计提比例提高到20%。大家知道去年全国土地出让总收入，可以预测今年的土地出让总收入，各地严格执行不低于10%甚至进一步提高计提比例，这是一大笔资金。这都是现有的政策规定。

第三，住房公积金。在2007年国务院24号文件当中明确，各地公积金增值收益扣除风险准备金等费用外，要全部用于廉租住房建设，这是现行的政策规定。去年全国公积金增值净收益，用于廉租住房建设的有50多亿，今年会有进一步提升。

除此之外，为了确保今年1000万套保障性安居工程资金的落实，我们还提出和建议了一系列的财政、金融等支持政策，比如说去年开始，全国清理各个地方的融资平台，保留了为支持保障性安居工程建设的融资平台，这个融资平台可以继续运作而且要发展。另外，我们还开展了利用公积金贷款支持保障性住房建设的试点工作，去年计划了400多亿，今年还要有这样一个指标。

再有，我们正在研究，很快会制定金融机构支持保障性安居工程建设特别是公共租赁住房建设的中长期贷款政策。政策的设计，通过政府补助、注入资本金或者贴息，然后再通过商业银行贷款，大大提高融资的能力。

最后一点，我想在这儿特别给大家介绍一下，国务院和相关部门的文件当中都提到，对于公共租赁住房的投资建设，我们将采取政府主导、社会参与这样一个模式，因此我们也制定了相应的优惠政策，来鼓励和吸引更多的企业参与公共租赁住房的建设和运营。所以我想，通过现有的资金渠道和一些新的政策支持，今年完成1000万保障性安居工程的任务，具体说就是1.4万亿的投资应该说是完全可能的。

在回答“住建部在房地产市场调控要加强长效机制建立中有何作为？住建部有哪些政策吸引社会资金参与到公共租赁房建设？”时表示，涉及房地产市场调控，这是社会广泛关注的。在去年国务院下发的一些市场调控的文件，也包括今年1月份国务院办公厅下发的1号文件当中，对加强市场调控都提出了明确的要求。最近按照国务院领导的要求，我们也就如何贯彻落实和监督今年国办1号文件进一步加强市场调控的职责、任务，做了一些部门分工的建议。

我想，从市场调控总的看，第一，要缓解住房的供需矛盾。在缓解供需矛盾当中，一是要增加普通商品住房的有效供给，二是在需求当中剔除那些不合理的住房需求，使得增加的住房供应的这部分，能够绝大部分去满足合理的需求，这是我们在调控当中要努力做到的。对于增加供应来讲，我在这儿给大家报一下，2010年全国新开工建设商品住房将近13亿平方米，这是一个大家应该关注的数字，在需求不断增长的同时，我们最近几年特别是从去年开始，加大了普通商品住房的开工。目前全国在建的商品住房，包括前年甚至更早一些开工建设的商品住房，我这里面有一个数字，2010年全国商品住房施工面积超过了30亿平方米。这是什么概念呢？就是去年大家认为房地产市场非常火爆的情况下，全国销售了9亿多平方米的商品住宅。去年开工了13

亿，在建的有30多亿，所以我们乐于见到，随着时间的推移，会有越来越多的住房推向市场，从增加供给的方面来缓解供需矛盾。

第二，关于需求的问题。最近几年，需求持续走高，我们分析下来，这里不乏有一些从目前的情况看是属于不合理的需求。有的购房者买到房子是为了解决自己无房住的问题，有的购房者买了房子是为了改善他目前住房条件很困难的情况，大家经济条件好了一些，有希望改善住房条件的这种强烈愿望，所以他买房子是为了改善自己的需求。但是还有不少买房人，既不是为了解决他当前无处可住，也不是为了改善他的住房条件，可能这里面有的是考虑到通胀预期，为了增值保值，使自己的财富不缩水，还有的是想通过房地产的交易来得到一些利润，这是当前一些不合理的住房需求。所以我们目前调控的重点就是要把这些不是当下马上需要居住来购买房子的这部分消费者往后排一排。国办今年1号文件当中规定，各直辖市、计划单列市、省会城市和房价过高、上涨过快的城市，在一定时期内要限制本地居民什么样条件、外地居民什么样条件的购房，我们的出发点就是在这儿。眼下，短时间内，我们的供给不能完全满足各种需求的情况下，提出让暂时有限的供给去提供给那些最需要居住来购房的消费者。我想，这是我们当前调控的一个基本出发点。

刚才这位记者问我，你们建设部的职能是什么，我想我们最大的职能是做好这方面的宏观分析，提出有针对性的政策建议，通过一些政策的调整，使得房地产市场当中这种长期存在的供求紧张的局面能够得到缓解，然后使得我们更多的住房能够分配、销售到最需要居住和改善住房条件的消费者的家庭。细节我就不谈了，但是总体上我们是按照这样一个思路来进行市场的监测、市场的分析、政策的建议。更重要的是，对于稳定房价工作不力、保障性安居工程任务不完成、影响了社会稳定的地方，根据国务院要求，我们会同监察部等部门对这些地方的负责同志进行巡查、约谈，甚至问责。

刚才你问到的第二个问题，就是要制定优惠政策，来吸引更多的社会机构参与公共租赁住房建设。正好借着你这个问题，我补充一下刚才第一个问题我没有说全的，也是个重要的信息，希望通报给大家。就是在今年1000万套保障性安居工程目标任务当中，除了棚户区改造、经济适用房和两限房外，还要新开工建设廉租住房160多万套、公共租赁住房近220万套。我刚才讲，各级政府要拿出5000多亿的资金，主要是用于廉租住房和公共租赁住房的建设，当然也包括对低收入家庭发放廉租住房租赁补贴。建设近220万套公共租赁住房，这是我们前所未有的。去年各地共开工建设公共租赁住房40多万套，主要集中在沿海地区用工比较集中的城市和一些内地大城市。今年近220万套的公共租赁住房，仍然是大部分集中在沿海城市和外来就业人员比较集中的省会城市和中心城市。建设220多万套公共租赁住房是一笔不小的投资。公共租赁住房作为今后我们住房保障体系当中的一个重要组成部分，政府责无旁贷，要提供建设条件。比如说土地，原则上，公共租赁住房建设用地像廉租住房一样，由政府无偿划拨。但是政府光划拨土地还不足以建设这么大量的公共租赁住房，因此我们想，公共租赁住房建设主要可以有三种模式：第一种，由政府出地、政府投资、政府管理。像建设廉租住房一样，由政府无偿划拨土地，由政府融资建设。我刚才讲过，我们有融资平台，我们要列入财政预算，我们要提取土地出让净收益。我再补充一个，今年中央代地方发行的2000亿元的国债当中，地方要优先用于保障性住房，特别是公共租赁住房建设。

第二种模式，政府可以划拨土地，吸引社会机构来参与建设，就形成了政府出地，企业出钱，通过这样一种模式，来建设一大批公共租赁住房。特别是在一些用工比较集中的开发区、产业园区，以及一些用工比较集中的大企业，用了成千上万的职工。我们想，这些企业可以采用我刚才说的第二种方式，由政府划拨土地，由企业出资建设，首先满足自己企业职工公租房的需求，同时也要不断向社会提供公共租赁住房的房源。这里面有个算账问题，日后我们再细细地研究，眼下最要紧的是把这些公租房建设起来。

第三种模式，有些地方正在准备做这方面的尝试，当然这是一种探索，就是政府拿出一部分土地，这部分土地是定了性的土地，它的用途就是建公共租赁住房。让各类企业，无论是房地产开发企业，还是从事其他行业但是用工比较集中的企业，以及其他机构投资者，由他们通过市场方式取得这些土地，然后自己去建设公租房，并拥有这部分公共租赁住房的所有权。但是不论采取什么样的方式，公共租赁住房的供应对象是由政府来核定以后，给予许可。

当然，投资方式不同，建起来的公共租赁住房的成本不一样，因此就可能有个租金上的差异。我们想，不论是哪一种投资方式建成的公共租赁住房，政府都要干预或者说参与公共租赁住房租金的制定。对于由企业来投资，包括购地和建设的，企业为尽快收回投资成本，这类公共租赁住房有可能以略低于市场价格，甚至于等同于市场价格，向公共租赁住房的对象来提供。但是政府对租用公共租赁住房对象当中的支付能力不足的个体或者家庭，应该提供必要的租金补贴，也可能是用人单位来提供这样的补贴。这样的话，就使得不论住在什么样的公共租赁住房当中，保障对象的租金负担大致相当。

涉及社会参与公共租赁住房的建设，我们想，更多的优惠政策将会体现在税费减免，融资成本如何通过贴息或者专项贷款的方式来减轻。我们想，通过多种渠道，动员全社会的力量，在政府的主导下，公共租赁住房今年建近220万套，明年也不会低于这个数，几年下来，使得城镇中等偏下或者中低收入家庭、新就业职工，以及外来务工人员的住房条件，通过这样一个保障形式，能够得到大大的改善。

在回答“现行的问责机制是如何规定的，如果保障不力，将怎样问责，怎样保障问责落到实处？”时表示，关于这个问题，是从去年国务院10号文件到今年国办1号文件当中特别强调的。稳定房价，加快保障性住房建设，也包括棚户区改造，我们一直实行的是省级政府负总责，市县政府负责抓落实，而且要负直接的责任。我们提出要进行考核、约谈、问责，就是督促我们的地方人民政府进一步按照国务院的要求，履行好自己在本地区稳定房价和完成保障性住房建设任务这样一个责任。

关于如何问责，具备了什么样条件进行约谈，到了什么程度进行问责，温总理的政府工作报告当中提到了这样几句话，有关部门要加快完善巡查、考评、约谈和问责制度，对稳定房价、推进保障性住房建设工作不力、影响社会发展和稳定的地方，要追究责任。我们将按照国务院要求，来认真研究细化对各地稳定房价、推进保障性住房建设一些细部的问题。然后提出怎么样考评、用哪些指标来考评、到什么样的程度要进行约谈、出现了什么样的问题要进行问责，我们要会同有关部门拿出一套具体的办法来。

在回答“大量推出保障房对于房地产市场是如何来影响？保障房建设未来是否依然严峻呢？”时表示，这是两个问题。我先回答头一个，关于保障房建设与房地产市场的关系，我给大家报一个数字，我刚才也说过了，可能有的同志没太注意，去年全国销售商品住房9.3亿平方米，算下来大约900万套。今年我们提出了1000万的任务，我刚才也说过，其中有400万套棚户区改造，这些原来就有房住，对原有设施不全、简陋、不安全的棚户区进行改造，改造以后还是一户对一户。但是对于600万套的保障性住房，我刚才说过，公共租赁住房也好、廉租住房也好、经济适用住房也好，等等，这个是绝对的增量，建一套就多一套。

我们在去年销售了900万套的商品住房，今年在继续保持商品住房足够的开工量的同时，作加法，增加保障性住房的建设和供应。这就回到我一开始谈到的问题，这是我们缓解供需矛盾，增加有效供给的一个非常重要的手段。如果往远了讲，这是我们国家住房制度的战略思考和调整。客观地讲，享受保障性住房的家庭，一般不具备在市场购买和租赁住房的能力，即使不建保障性住房，这部分保障对象也没能力到市场上去买商品住房。当然从政府的角度，正是由于考虑到这部分群体没有能力通过市场来解决，所以政府才花钱，才建这些房子，给这些群众提供基本住房保障。因此，大规模建设保障性安居工程是作加法，是对市场一个积极的促进。至少在预期上，让广大消费者知道，国家近年将提供这么大批量的公共租赁住房，住房市场的供需矛盾将会得到大大的缓解。我想对于市场来讲，应该是一个利好的消息。

第二个问题，我刚才说了，今年建设1000万套保障性住房，如果商品住房按照去年的规模来向市场提供的话，今年我们国家会头一次在住房供应方面，保障类的住房超过市场类住房，就今年而言是这样。

我们想，通过一段时间的努力，刚才您谈到，“十二五”期间将新建各类保障性住房和棚户区改造3600万套，我们预期在“十二五”期末，当然是指“十二五”的任务完成以后，因为盖房子，总有一两年、两三年的周期，也可能在“十三五”第一年或者第二年的时候，我们城镇居民的住房结构会发生很大的变化，将会有20%以上的家庭的住房是通过政府的保障或者政策支持来解决的。“十二五”结束，不意味着我们国家保障性安居工程建设任务的结束，我们还会考虑根据届时的城镇化发展情况和经济社会发展水平，通过保障性和政策性住房的供应，进一步扩大保障范围，适当提高保障标准。这是我们比较长远一点的考虑。

在回答“那些城市会持续推行房产税？是否会对包括台湾在内的一些境外的购房者会有更严厉或者比较严格的限制？”时表示，关于房产税试点的问题，目前是上海市和重庆市在全国率先开展了房产税试点工作。我注意到，财政部的负责同志前两天在回答这类问题时也谈到，目前我们的重点是密切跟踪这两个试点城市进展情况。在密切跟踪的过程当中，进一步深入地研究政策，不断地总结和完善试点的经验。下一步，我部将配合财政部和税务总局，在试点的基础上去推进这项工作。

第二个问题，刚才您谈到的是调控限购的问题，实际上我刚才讲了一个大原则。在一个特定的阶段，住房供需矛盾很紧张，我们对于需求端做了一些相对仔细一点的分类，把最需要的放在前面，支持他优先去购买。一些城市根据自己当地的情况，特别是居民的住房情况和房地产市场的情况，出台了一些限购的措施。关于您谈到的台湾同胞购房问题，按照现有规定来执行。

在回答“房价问题到底有多严重？”时表示，房价问题，大家都关注，连日本朋友也关注。这确实是跟百姓生活息息相关的一件事情。最近我也看了国家统计局的一个抽样调查资料，中国城市居民89%拥有住房，其中约12%是祖上传下来的，是原来的私有住房；有40%多一点是计划经济时代建的宿舍，最后通过住房制度改革变成职工个人的房产，我们叫房改房；其他不到40%一点是居民通过市场购买的商品住房。

我们现在面临着一个很大的问题。我们城镇化的过程在一定程度上是人口流动迁徙的过程，工作可以去异地。但是住房是不动产，不能像换工作那么容易，坐火车和飞机就能到一个新地方。所以，在很大程度上就存在一个住房配置不合理的问题，使得一些新市民、新就业职工，面对着很高的房价无可奈何。因此，大家就非常关注房价的问题。我认为，今年国办1号文件当中强化地方政府稳定房价的责任，一个很重要的要求，就是各地要结合本地实际情况、经济发展目标和居民收入水平，来制定一个使得消费者买得起或者租得起房子这样一个调控目标。我想，随着我们各项政策的落实，随着地方进一步提高认识，强化责任，这个问题会逐步得到解决。

资料来源：2011-03-09，中国人大网

11月底前开工1000万套保障房能够实现

（2011-07-29，接受新华社记者专访）

齐骥副部长在回答记者“究竟是什么原因导致保障房开工率大幅提升呢？”时表示，原因主要有三个，一是：房屋建筑项目包括住房项目建设都要遵循基本建设程序。从项目立项、规划选址、勘察、建筑设计到组织施工，通常需要半年以上的时间。一些较大规模的房地产开发项目前期准备时间甚至会达到1年以上。由于各地对保障性住房项目大都实施了简化审批的绿色通道，使其较商品住房项目的前期准备时间大大缩短，但一般也需要3至6个月。因此，今年一季度，大部分保障性安居工程项目都处于项目的前期准备，只有少数准备充分的项目和去年储备的项目才能在早期开工的建设，而多数项目要在二季度和下半年集中开工。

二是住房建设属室外作业，受气候条件影响较大。特别是我国三北地区（包括东北、西北地区和内蒙古）在4月份之前普遍处于“冻土期”，即使前期准备工作充分，由于气候影响也无法在4月份前破土动工。今年我国三北地区保障性安居工程建设任务达300多万套，占全国任务总量的近1/3。从5月起，北方地区的项目逐步进入开工旺季。

三是今年保障性安居工程建设部署早、行动早。今年2月份国务院即召开了全国保障性安居工程建设工作会议，住房和城乡建设部代表保障性安居工程协调小组与各省（区、市）签订了目标责任书，及时下达了今年的计划任务，下达时间大大早于去年。全国“两会”以后，从3月份开始，国务院有关部门又及时向地方下达了中央补助资金。各地认真贯彻党中央、国务院的要求，简化办事手续，提高效率，促进了项目及时开工。

在回答“11月底前，1000万套保障房要全面开工的目标任务能否顺利实现？”时表示，今年1000万套保障性安居工程包括保障性住房近600万套、各类棚户区改造住房400多万套。其中，廉租住房近170万套、公共租赁住房近230万套、经济适用住房110多万套、限价商品住房80多万套。截至6月底，全国城镇保障性安居工程已开工500万套以上，超过年度计划50%，比5月底增加了160万套，建设进度明显好于去年同期的水平，开局良好。

总的看，多数住房建设项目在上半年以前期准备的工作为主，5月份起陆续进入开工阶段。就全国而言，二、三季度是施工的黄金季节。随着施工旺季到来和各地工作力度的加大，预计未来两三个月各地保障性安居

工程建设速度会持续提升。

最近，国务院决定进一步加大对保障性安居工程的支持力度，追加对地方的补助资金，强化金融支持公共租赁住房建设的政策措施。各地也积极创新体制的机制，多措并举，全面推进保障性安居工程开工建设。在各地区、各部门的共同努力下，今年11月底前，开工建设1000万套保障性安居工程的目标任务，有望全面实现。

在回答“住房和城乡建设部将采取哪些措施来确保工程质量和分配公平？”时表示，我们一直强调，在加快保障性安居工程进度的同时，要确保工程建设质量。今年6月份，住房和城乡建设部印发了《关于加强保障性安居工程质量管理的通知》，召开了全国加强保障性安居工程质量管理电视电话会议，对确保保障性安居工程质量作了全面的部署。

我们要求，要加强对参与保障性安居工程建设各方主体的质量意识和责任教育，建立完善保障性安居工程质量终身责任制，有关参建单位和单位主要负责人要对其承建的保障性住房工程质量终身负责。要在保障性住房项目设置永久标牌，载明建设、设计、施工、监理、主要材料供应等单位名称和主要负责人姓名。要及时公开保障性安居工程年度计划、项目建设信息，主动接受社会监督。8月份还将开展全国保障性住房建设工程质量大检查。

另外，住房和城乡建设部正在会同国务院有关部门认真总结各地近年来在保障性住房建设、分配、运行管理等方面的有益探索和成功经验，制定符合我国国情的保障性住房管理办法，并积极推进住房保障的立法工作。

资料来源：2011-07-29，新华网

多渠道增加保障房房源，确保保障房公平、公正分配

（2011-10-27，十一届全国人大常委会第二十三次会议联组会议）

齐骥副部长在回答胡振鹏委员“能不能把没有地方住的人都作为我们的保障对象？政策允不允许有能力的单位或者机构利用自己的土地，为无住房的人解决一些住房，自行建设、自行分配。”时表示，刚才胡委员提到对实现“住有所居”目标的理解，在这个问题上我们跟您的理解是一致的。实现住有所居的目标，绝不意味着所有的城镇居民都拥有自己的产权住房，我们的目标是使每个生活在城镇的居民都能有适当的住房条件。经济富裕的一些群体，也可以说是多数的家庭，还是通过市场来购买，也包括租赁住房。对于经济能力比较弱，靠自己的收入无力在市场上解决住房问题的这部分群体，我们通过保障性住房的方式来解决他们的住房问题。这个保障方式，刚才姜部长也谈到，将越来越多地过渡到以货币的补助方式，以无产权的租赁型保障房的方式来解决，这是我回答您的第一个问题。

第二个问题，关于一些单位是不是可以利用自己的自有土地包括资金来建设保障性住房。这个问题，早在2007年国务院关于解决城镇低收入家庭住房困难的若干意见当中就有政策规定，当时的规定是，远离城市的

独立工矿区和住房困难户较多的企业，可以利用自用土地，在符合城市规划的前提下建造住宅。在这个文件当中，这种企业建的住宅是按经济适用住房的政策来销售给本企业的职工，多余的住房由城市政府统一向符合经济适用住房购买条件的家庭出售，或者以成本价收购后，用作廉租住房。这是2007年国务院24号文件当中的政策规定，现在这个规定仍然在全国各地一些工矿企业执行着。

近年来，由于城镇化的快速发展，也由于一些大城市房价上涨得比较快，再加上一些城市外来务工人员，不见得非得是农民工进城，还有一些小城镇到大城市来就业，造成了一些大城市的住房特别是企业职工的住房十分困难。允许独立工矿企业和用工比较集中的企业，可以利用自己的自用土地来建设，今后更多的是鼓励企业建立公共租赁住房的方式，就是不给产权，解决住房问题，来调动社会的积极性和企业的积极性，增加保障性住房的供应，在一定程度上也减少政府在大规模保障性住房建设投入当中的压力。允许企业用自用土地建的保障性住房，不同于以往的集资建房，更不同于1998年房改以前的单位集资建的房子，最鲜明的特点包括：第一，允许企业利用自用土地建公共租赁住房是为了解决职工的无房住的问题，不是解决改善问题，这里不存在着允许企业利用自用土地来建房，去解决某个级别的人住房还没有达标的问题，这个不在政策允许之内。第二，企业建房要纳入城市保障性住房年度计划当中去，不是说你想建多少就建多少，要按照城市的统一规定来建设。第三，企业建的公共租赁住房的供应对象首先是符合这个城市的住房保障对象的标准，不是由于他是这个企业职工，他已经有了房子也可以再享受，这是不行的。企业建的公租房，供应对象必须符合这个城市保障性住房的准入条件，建设的过程当中也执行统一的标准，以此尽量去减少由于企业之间状况不一样、拥有的资源不一样，造成更大的不平衡。

在回答辜胜阻委员“住房公积金能否用于租房？利用住房公积金建保障房是否属私款公用？保障房建设如何避免贫民窟？”时表示，谢谢。您刚才谈到两个建议，两个问题，我理解就是四个问题，我把您的建议也当作问题一并来回答。第一，关于公积金存缴人能否利用公积金支付住房租金的问题。关于这个问题，正在实施当中的公积金管理条例中有明确规定，这个规定是这样讲的，允许缴存人提取自己的公积金来支付房租，但是后面跟着一个很苛刻的条件，就是你的房租已经占了收入的一定比例以上才允许你提取公积金去缴纳。这个规定，在具体的执行当中，各地不完全一样。刚才您讲的现象是存在的，有的地方为了管理公积金方便，干脆就不分青红皂白，公积金不允许提取用于住房的租金，只允许个人提取公积金进行买房和房屋的维修。我们非常高兴能够听到委员同志这样一个建议，我们也正在积极联合各个部门，研究修订公积金条例工作中，放开个人提取公积金用于支付住房租金的规定。

第二个问题，关于多渠道增加租房的房源，您刚才举了贵州的例子，我们非常赞成贵州的这种做法，不但贵州市这样做，辽宁省也是在这样做。由政府来组织，把社会上一些闲置的住房统一租起来，通过一个稳定相对长期的合同，由政府机构统一租出来。租出来以后，按照公共租赁住房的政策，再转租给受保障的对象。有些政府在这当中可能通过财政贴补，使得被保障对象从政府手里租到的实际上是私人的房子，但是在租给他的时候是采取公共租赁住房的政策，能得到一定的优惠。这样的做法，一方面可以使得有限的住房资源得到充分的利用，另一方面也可以减轻政府集中大规模建设公租房的压力。在地方有这样好的做法，我们认为是非常积极的。

第三个问题，您谈到关于公积金建保障房，是不是有私款公用的嫌疑。这个问题我做一下解释，按照目前的公积金管理条例，公积金本身的增值部分，或者叫增值收益部分，主要用于三个方面：一方面是提取风险金，第二方面是用于公积金管理机构的管理费用，第三方面是用于廉租住房建设，这是目前正在实施的条例当中的政策规定，指的不是公积金本身，是公积金增值收益的部分。从去年开始，随着大规模的保障性安居工程的建设，经国务院批准，我们在一些城市做了试点公积金结余部分，没有贷出去的，钱在这儿压着的部分，可以用于经济适用房、公共租赁住房和城市棚户区改造的短期贷款，然后在贷款当中，第一个是由政府来兜底，如果这笔钱发生了什么问题的话，政府要来偿还，因为这是公积金的性质本身决定的，公积金的安全是第一位的。第二个通过这样一个方式，比目前公积金简单地在银行的存款能够得到的收益更多一些，使得钱花得更有效一点。这个方法比现行的要往前迈了一步。另外，我们认为最积极的就是，通过公积金的这种贷款，增加了保障性住房的供应，缴存人申请保障性住房，这部分钱在一定程度上又用到他自己的身上。在这儿我给各位委员报告一个事情，即便修订了条例，允许无限制地缴存人可以提取公积金用于支付他租赁住房租金的话，也还存在另外一个很大的问题，就是您刚才讲的这个社会群体，真正需要利用公积金来提取缴纳租赁住房租金的群体当中，绝大部分是年轻人，绝大部分是工作在民营企业或者非公有企业当中，我给大家报告的是，当前全国城镇在职职工的公积金缴存率达到了78%，还有22%的职工没有得到公积金政策的实施。在整个调查过程当中，我们的非公企业，当中缴纳公积金的比例不足20%。我们认为这是一个更重要的问题，职工连公积金的政策，在非公企业当中都没有享受到，就谈不上利用自己的公积金提取支付他的租房资金。因此我们想，结合公积金条例的修订，需要对各种所有制的企业为职工缴纳公积金作出更加刚性的规定。

在回答许智宏委员“怎么样确保真正做到保障性住房分配的公正公平，来防止新的分配不公？”时表示，您刚才谈到的关于保障性住房的公平分配问题，不单单是社会广泛关注，作为相关的工作部门，我们也是非常关注。在两个星期之前，国务院保障性住房工作座谈会上，李克强副总理再次强调了保障性住房的公平分配问题。因为随着大规模的保障性住房的建设，刚才姜部长也谈到，今年特别是明年将会有大批的保障性住房进入到分配环节，因此这类由政府出资或主导建设的保障性住房的分配公平问题就日益摆在我们的面前。在这方面，我们做了一些工作，也学习和借鉴了一些国外包括香港地区的做法。一开始有的委员谈到，从2008年以来，我们零敲碎打地出了很多文件，在很多文件当中，对廉租住房、对经济适用住房、对公共租赁住房等等这类保障性住房都有相应的一些在分配环节如何保证公平的问题，但是总体上还没有一个完全系统化和系列化的规定。当然，目前我们认为，更大的缺失是在立法层面。您刚才讲过，我一会儿也会报告给各位委员，就是有一些通过不正当的手段，骗取了保障性住房的话，现在还没有承担相应法律责任，所以处罚起来也显得羞羞答答。我们通过这几年的工作，认为下一步尽可能确保公平公正的问题，主要有四个方面的工作要做，有些方面已经做过了，有的正在过程当中。

第一，关于住房保障制度的公开问题。我们想，在公开问题当中至少有这样几个公开，一是保障的条件要公开，要通过尽可能广泛宣传的渠道和手段，让所有的居民都知道，在这个城市当中，什么样的人可以作为住房保障政策的享受对象。从目前全国各地的实施情况看，大家把住房困难作为住房保障的首要条件。首先是住房困难，其次是他的收入水平要低于什么样的指标。有的可能没有房子，但是他并不缺钱，他喜欢租房子，这不是我们的保障对象。二是每个年度、每个城市制定的住房保障的计划，今年在什么地方建了多少保障性住房，房源要公开。三是如何分配，采取什么样的办法来分配保障性住房，包括怎么样审查，怎么样复核，这个程序要公开。四是今年这么多保障性住房保障了谁？是保障了张三还是李四？保障的结果要公开。我们想通过一系列的公开，使得城市的所有居民都明明白白地了解，我们这个城市当中住房保障是怎么一回事。

第二，要严格程序。现在很多地方是通过三级审查，有社区街道居委会，有区一级的政府，还有市一级的主管部门，通过三级核查。在实践当中，我们发现的问题，廉租住房用于保障低收入家庭，特别是低保户，这个比较容易，因为在市区的民政部门对低保户都有档案的，有花名册的，他的住房条件相对也比较容易掌握。刚才姜部长也谈到，在很多城市当中已经建立起了个人的住房信息系统，你有没有房，在什么地方有房，通过这套系统是能够查得到的，这是在审查过程当中相对容易的方面。但是比较不容易的，当然这个问题我们还没有广泛地遇到，就是对于中等偏下收入申请公共租赁住房的群体，他有没有房子，我们容易掌握，但是他的收入有没有变化，民政部门没有掌握，我们也没有掌握，还找不到一个政府的部门能够掌握每一个职工的收入状况。因此在这个问题上，有些地方提出，由自己申报，然后进行抽检，如果你抽检的结果跟申报符合的话就可以，如果抽检的结果和你的情况不符合的话，那就成为违规的、不诚信的骗取保障性住房。另外，还要完善退出机制。

在严格程序当中还有一点，因为相当多的城市目前保障性住房的房源少于申请的对象，这就存在一个轮候的问题，十个人申请三套房子，可能只有三个人中，因此多数城市采取传统的摇号抽签的方式。这又出现了另外一个问题，有的居民连续两三年都抽不到签，眼巴巴看到后来的人抽到，他抽不到心情也不愉快，所以像江苏的一些地方也提出，如果三次都没有好运气的话，那第四年你优先，就不要抽了，其他抽签人也能够理解。所以在程序上做了一些规定。

第三，纠错机制。即便我们通过公开，通过严格审查，目前我们的制度恐怕有空子可钻，不单单是住房保障制度，任何一个制度想完全杜绝钻空子的现象，现在看来还比较难。那就是我们刚才谈到，一旦发现有人骗租，有人通过不合法或者虚报信息的情况得到的话，就应发现一起纠正一起。为了严肃这个问题，即便没有法律规定，如果发现某一个居民通过虚假的信息骗到了保障性住房，第一个是清退，第二个是五年之内你不再有申请的资格。我们希望，法规健全以后，可能的处罚会更加严厉一些。

第四，就是处罚。这个处罚更多指的并不是被保障对象信息不真实，而是处罚公职人员，你在分配保障性住房过程当中，如果有违法违纪，为自己的一些熟人，通过不正当的手段谋取的话，这个公务人员将受到处理，特别严重的还移交司法。我们想，目前在大量保障性住房即将投入的时候，预先把这些工作做得更周全一些，避免社会上比较担心的一些现象出现。

在回答郭雷委员“目前在个人住房信息系统、信息平台建设方面，我们主要存在什么样的困难，有没有一个统一的协调机制？这个信息系统建成后，到底能在多大程度上能帮助我们解决保障性住房管理分配中出现的困难？”时表示，我重点汇报一下关于个人住房信息系统建设问题。关于这项工作，在去年的国务院1号文件当中就提到了，要加快个人住房信息系统建设，当时提到的是要加快重点城市的个人信息系统的建设。刚才姜部长已经作了部分汇报，我再稍微补充一些。按照国务院的要求，我们在去年下半年就已经启动了全国40个城市的个人信息系统的建设工作，这40个城市是所有的省会城市，还有计划单列城市，极个别一些比较大的地级市。我们这个信息系统的总体策划是在城市的住房管理部门，第一步要把城区内所有现有房屋已经进行了产权登记的，全部纳入到这个系统当中来，有一个算一个，是有产权登记的个人住房信息。据我们所知，目前有相当数量的住房没有进行产权登记，甚至包括一些商品住房，他买了房子之后，就拿了一个合同，没有到住房部门去登记，这还有相当的比例。我们想，市区内所有已经登记了的个人住房信息都要在系统中体现，同时要求去年年底要把信息平台扩大到所有城市所辖的行政区内，比如北京原来是城八区，去年年底就要求到所有的区和县，我讲的是城市区划内国有土地上的已经登记的住房信息，要整合起来。下一步，在今年年底以前，把这40个重点城市的信息系统联网，一个是解决对市场变化的分析问题，另一个是执行差别化的货币政策也要有这样的基础信息来支撑。按照目前我们掌握的情况，这四十个城市自己的系统已经实现了市、区联网都完成了。

这个信息系统运行以后，首先能够达到的是以人找房，点出了张三，我们就可以查到在张三名下目前有什么样的房产，至少解决这个问题。但是目前这个系统还存在着很大的不足，第一个不足，这里面不含家庭背景，只有个人信息，不是家庭信息，所以这个系统还不足以全部满足差别化的信贷政策和住房限购的临时性措施实施的需要。另一方面，这个系统当中，除了住房以外，不含其他的信息，包括公安的、民政的、税务的，都不含。因此，我们想下一步要实现您刚才谈到的全方位的信息系统，还有很多很多艰苦的工作要做，但是最终我们的目标是建成一个便于全方位社会管理包括住房信息在内的完整的系统，这恐怕也需要一些法律的支持。

在回答乌日图委员“如何完善住房公积金制度和有关法规？住房公积金个人使用的权益，廉租房、公租房的管理体制问题。”时表示，乌日图委员提到的这个问题，也是我们目前正在关注的事情，您提的问题给了我们很广泛的启发，我们考虑到了，到一定程度要修改，但是您刚才拓展了我们修订过程当中的思路。我再简单报告一下，公积金制度的产生是伴随着上世纪末我们城镇职工住房制度改革来的，因为当时在职工的工资收入当中没有解决住房这一块，停止实物住房分配了，采取货币化，要相应有一些补充和支持政策。因此，在公积金产生之初，我刚才说的这个背景，有些问题考虑得并不是很全面。您刚才说，将近二十年的发展和城市住房情况的变化，确实这个制度本身有很多需要完善的地方。我们同意您的观点，公积金本身是多数人帮助少数人，缴纳的多数人帮助少数人来解决极端的住房困难，这是制度设计的第一个方面。第二个方面，我们当时也考虑过，更多的收入比较好、能够通过自己的能力来解决住房问题的，来帮助这些自己解决住房能力差的群体，但是在这一点上，制度这么多年实行下来以后，它的功能发挥得不好。第三个方面，因为我们当时迫于住房公积金这个概念，所以怎么也绕不出缴纳人用公积金解决其他的问题，始终围绕着住房本身来转。实际上在新加坡，他们的公积金的用途要比我们广泛得多得多，已经超出了住房需求本身。所以刚才乌日图委员说到这么多，扩展了我们修订条例本身的思路，进一步作深入调查，恐怕这个问题在修订过程中还要更多地听取社会的意见，使我们的公积金管理条例这个二十年以前的产物能够在今天起到更积极的保证职工合法权益，特别是解决他住房困难的促进作用。

在回答陈斯喜委员“如何保证保障房，主要是廉租房、公租房将来能够得到良好的管理，避免廉租房、公租房成为脏乱差的贫民窟？部分家庭收入提高之后，如何让他们及时退出？”时表示，我理解您刚才提到的主要是两个方面的问题，第一个是大批的保障性住房的投入可持续运行的问题，是不是造成新的负面的影响。第二个是退出机制。关于头一个问题，这里面涉及一开始委员们提到的顶层设计问题。从目前的各地实践看，保障性住房，特别是廉租住房，因为供应对象是低收入或者是极困难的低保群体，政府除了要花钱建以外，也要花一定的钱来养护。从我们目前的制度层面上来考虑是这样，第一，刚才姜部长已经谈到，我们鼓励把保障性住房配建在商品住房当中，在有些地方，不是鼓励的问题，比如说山东的青岛市，还有一些其他城市，在所有普通商品住房项目当中是刚性的规定，一定比例的廉租住房或者公共租赁住房的建设，这是硬性的。这个政策的实施，本身会在一定程度上缓解您刚才担心的出现保障对象集中生活在一起产生的一些其他社会问题。但是，光是在商品住房当中配建一定比例，也不过是5%、10%，这个量不够，所以避免不了还有一些相对集中建设的保障性住房的居住区，这也是一个现实情况。对于这样集中建设的，我们认为比较好的做法，对于极其困难的家庭，低保的家庭，本来这个家庭的成员劳动能力、就业能力不强，从哪个角度里说，都需要政府的支持。所以这部分租金的减免问题，即便住在廉租住房当中，几块钱一平方米可能都不要交，更谈不上他要缴纳一定的物业费了，这部分群体确实是政府管起来。但是各地在建设集中的廉租住房过程当中，确实是配建了一些商业设施，把商业设施这部分产权跟廉租住房的产权捆在一起，由一个机构来运作。这个商业设施的全部营业收入或者租金收入，用于补充保障性住房小区的运行和维护。另一方面，一些地方还有一些做法，小区本身的包括环境卫生整理，包括治安的维护，通过政府购买一些服务岗位，使小区当中有劳动能力的人，通过不离开家门地提供一些就业机会，帮助他们提高收入，也使得这个小区的运行更良性一些。这是关于廉租住房运行的问题。

关于公共租赁住房的问题，公共租赁住房的供应对象本身是中等偏下收入住房困难群体，但是大部分是住房困难的新就业人员和外来务工人员。公共租赁住房设计本身一方面租金要低于市场租金，使得这部分群体可以消费得起，不至于使得他的收入三分之一，或者更高的比例用于住房的租金，这是一个考虑。第二个考虑是稳定的承租关系。现在有很多年轻人租了社会上的房子，日夜不得安宁，随时都有被业主提租金的压力，因此公共租赁住房免去了这部分群体的担心。国务院办公厅的文件当中也提到，对于公共租赁住房，它的承租期，三到五年是一个周期，如果三年以后你不具备这个条件了，就不再续签了，如果五年不具备，就不再续签了。如果你都不具备了，你还不退出的话，就可以通过提高租金，按照市场租金来收取，采取这样的方式。因此，公共租赁住房的运行维护不像社会上比较担心的廉租房那样管理起来资金不足。因为公共租赁住房的租金本身，除了支付投资成本贷款利息以外，还能够节余出来一部分用于日常的维护。

第二个问题是退出机制。我刚才已经讲过，现在住房部门没有手段，如果哪个家庭突然支付能力强了，将来随着信息系统的联网以后比较容易掌握。但是如果有一些别的渠道，比如有人举报了，比如非常明确的证明这个家庭已经不具备保障条件了。现在地方是三种做法，一种做法是劝退，但这招不是特别灵，一般劝不出去，那么怎么办呢？就是提高租金，一般情况下能够做得到。第三种做法，社会上有这方面的关注，就是你买了算了，用成本价或者略高于成本价卖给你了，因为毕竟当时你曾经是低收入，是被保障对象。但是这种情况没有任何法律的支持，只不过是一些地方出于无奈，清不出去，租金收不上来，怎么办呢？就采取这样的方式。但是在实践当中，这种现象很少见。

资料来源：2011-10-27，人民网

中国房地产研究会会长 中国房地产业协会会长 刘志峰

关于房地产业的讲话

加快转变房地产业发展方式，全面提升房地产业发展质量

（2011-06-28，第三届中国房地产科学发展论坛）

中国房地产科学发展论坛是中国房地产研究会、中国房地产业协会共同主办的行业论坛，也是两会具有影响力的品牌活动。经过几年努力，论坛在探讨行业重大问题，推动行业合作交流，促进行业全面健康发展方面发挥了积极作用，成为业内企业家和专业人士广泛参与的交流平台。

论坛每年都有一个主题， 第一届的主题是“市场与保障”，第二届的主题是“推广低碳技术，建造百年住宅（建筑）”，今年是第三届，主题是“推进产业转型，创新管理模式”，目的是根据当前房地产业发展形势，按照中央关于加快转变经济发展方式的要求，促进房地产业加快转型创新，提升行业整体发展质量和效益。除了主论坛，我们还开设了管理创新、投融资创新、业态与产品创新、共建保障房精品四个分论坛。

为筹备好本次论坛，今年2月和4月，我带队到珠三角、长三角地区进行调研，分别在广东省房协和上海市房协协助下，召开了两次企业座谈会，6月14日，又在北京召开专家座谈会，听取了大家对产业转型和管理创新的意见和建议。期间，恒大等一批企业提供了转型探索实践的经验材料。因此，这次论坛既是企业转型升级、创新管理的经验交流会，也是一次现场会。希望通过这次论坛，有更多的企业结合自身发展特点，学习到转型的理念、借鉴到转型的方法和经验。

下面，我结合调研的思考，就房地产业为什么要加快转型，向什么方向转型，通过哪些途径和方式转型，谈几点看法，供大家参考。

一、充分认识加快房地产业转型发展的必要性和紧迫性

房地产业作为国民经济的重要组成部分，在不到二十年时间里经历了市场培育、快速发展、多轮调控和加大保障性住房供应等几个阶段，在改革中不断发展，取得了巨大成就，对拉动经济增长、改善群众居住条件、改变城镇面貌，都发挥了重要作用。

但必须看到，房地产业在快速发展的同时，也积累了一些矛盾，特别是近几年，房价上涨过快，住房供应结构不合理，影响了国民经济的健康协调发展。比较突出的问题是：产业发展方式粗放，资源能源消耗大，住宅产业化水平低，科技创新能力弱，管理水平与其他行业相比有一定差距，产业持续稳定发展的基础不牢。随着资源环境约束的强化，国家宏观调控政策的贯彻落实，房地产业怎样与国民经济和社会发展的要求相适应，与日益提高的居民住房需求相适应，与不断变化的市场环境相适应，加快转型发展，成为摆在我们面前重大而紧迫的任务。

（一）加快转型发展是落实中央加快转变经济发展方式要求的重大任务

加快转变经济发展方式是我国经济领域的深刻变革，关系到改革开放和社会主义现代化建设的全局。作为推进经济又好又快发展的实现途径，转变发展方式已经贯穿了经济社会发展的各个领域，也是房地产业科学发展必须遵循的一条主线。

早在“九五”时期，中央就提出要把经济增长方式从粗放型增长转向集约型增长，但由于种种原因，十多年来效果不是很明显。党的十七大又提出经济发展方式转变的战略任务，强调从需求结构、产业结构、要素投入结构三方面加以转变。“十二五”规划纲要更是强调了以加快转变经济发展方式为主线的工作思路。从“转变经济增长方式”到“转变经济发展方式”，再到“加快转变经济发展方式”，虽然只是几个字的变动，但表明党和国家对国际形势和国内各个阶段的发展规律和特征，都有着科学的把握和判断，也表明了转变经济发展方式刻不容缓。

“十二五”时期是全面建设小康社会的关键时期，是深化改革开放、加快转变经济发展方式的攻坚时期。“十二五”规划把今后5年GDP增长的指标确定为7%，就是给转变经济发展方式留出空间。当前，我国人均GDP已近4000美元。从国际经验看，这个阶段既拥有继续发展的有利条件，也面临很多困难和挑战，因此，必须主动适应环境变化，抓住加快发展方式转变这条主线，推动经济社会又好又快发展。

就房地产业而言，必须顺应我国发展进入新阶段的要求，贯彻落实中央的决策部署，加快转变长期以来依靠“投资拉动、资源投入、规模膨胀”的粗放式发展模式，实现产业发展向依靠科技进步、资源集约利用、劳动者素质提高和管理创新转变，全面提升产业发展质量和效益。

（二）加快转型发展是建设资源节约型、环境友好型社会的客观要求

资源不足、环境容量有限，是我国的基本国情，节约资源和保护环境是我国的基本国策。目前，我国已处在经济快速发展受资源环境严重制约的矛盾尖锐期。以大量消耗资源能源实现经济增长的传统模式难以为继。去年我国经济总量只占全世界的9.5%，而钢产量6.27亿吨，水泥18.8亿吨，却占世界总产量的一半以上。石油、铁矿石等资源大量依靠进口，能源消费总量达32.5亿吨标准煤，能源消费总量占世界比重的20%左右，远远超过经济总量所占的比重。如果思想观念不转变，发展方式不转变，经济发展将不可持续。

房地产业是大量消耗资源能源的产业，是节能减排的重点领域。去年，全国政协人口资源环境委员会专门做过调查，我国民用建筑在建材生产、建造和使用过程中，能耗已占全社会总能耗的49.5%。住宅产业化水平低，施工仍以手工现场操作为主，建设方式粗放，资源消耗高，住宅生产和使用造成的环境污染严重。例如，我国住宅建设用钢量平均每平方米55公斤，比发达国家高出10至15%，每一立方米混凝土比发达国家要多消耗80公斤水泥。目前上市销售的住房大多数仍为“毛坯房”，二次装修产生大量建筑垃圾，造成资源浪费和环境污染。随着经济社会发展，城镇化推进，第三产业比重提高，建筑能耗总量及比重将持续增加，转变粗放式的建造方式已经到了等不起、慢不得的关键阶段。

（三）加快转型发展是应对市场变化和提升发展质量的必然选择

我认为，前几年房地产业之所以快速发展，主要在于市场配置资源基础性地位的确立，土地要素和杠杆的过度放大，流动性相对宽松，以及住房需求的大幅增加，包括住房的超前消费、过度消费和投机投资需求增加，导致房地产业出现了过热现象。但目前，市场形势正在发生变化。

首先，政府加强了宏观调控，在抑制投机投资性需求的同时，加大了保障性住房建设力度，今年将开工建设1000万套保障性住房，“十二五”时期开工建设3600万套，市场供求关系将发生明显变化；其次，要素市场也发生了变化，流动性收紧，融资难度加大，土地优先供应保障性住房，土地“招拍挂”竞争加剧，依靠土地增值获取高额利润的时期已经过去。另外，居民的住房消费观念也在发生变化，设计合理、功能齐全、质量优良、配套完善的中小套型、中低价位住宅产品受到消费者欢迎，租赁型消费需求逐步增加。如果房地产开发企业不能主动顺应这种变化，调整发展战略，转变发展方式，将面临被动甚至被市场所淘汰。

从另一个角度看，我认为，宏观调控也给企业转型升级带来机遇，促使企业更加重视产品创新和技术进步，重视住房的质量和性能。早在1999年国家就提出推进住宅产业现代化、提高住宅质量的明确要求，2005年又提出“四节一环保”（节能、节地、节水、节材和保护环境）的产业转型目标，但由于多年来产业发展过快，房子盖了不愁卖，多数企业对转型发展的认识不深，动力不足，动作不快，缺乏忧患意识，影响了行业的转型发展。目前的形势将迫使企业增强转型的自觉性和主动性，迫使企业在转型发展上花大气力、下真功夫、求真实效。早转早主动，晚转失主动，不转更被动。

二、进一步明确房地产业转型发展的目的与方向

（一）理清房地产业转型发展的根本目的

我们探讨房地产业转型发展，首先要明确房地产业发展的根本目的，这个看似简单的问题，实际上关系到房地产业转型发展的基本方向。我认为，发展房地产主要有两个方面的目的：首先，要为广大老百姓提供好的产品，即提供“好房子”，促进“住有所居”目标的实现（什么是好房子？就是达到国家住宅性能评定技术标准的房子，包括适用、经济、环境、安全、耐久五个方面的性能）；其次，要促进国民经济可持续协调发展。概括地说，就是国计民生。在实现这两个目的同时，房地产业自身得到稳步发展。因此，房地产业转变发展方式，不能脱离目的，必须围绕产业发展的目的进行。

（二）把握房地产业转型发展的基本方向

1. 向协调发展转变。房地产业发展要与整个国家及地区经济和社会发展相适应，与相关产业发展相协调。房地产业向协调发展转变，不能只重速度，更要重质量；不能只讲规模，更要讲究效益。房地产业与国民经济协调发展，就要转变国民经济发展过度依赖房地产业的状况，降低经济运行的风险。房地产业在国民经济中的比重过大，不利于国家产业结构调整和战略性新型产业的发展。我们行业自身对此要有清醒的认识，主动适应调整。房地产业协调发展，还要促进产业内部结构，如住宅与非住宅，住宅销售与租赁、销售物业与持有物业的协调发展，促进中介服务、物业管理等的协调发展。许多企业在自身协调发展上都开始转变，如去年以来，中海地产从传统住宅产业向提高持有型物业的比例转变，提高了风险抵御能力。

2. 向绿色发展转变。在节能减排的国家战略和日益严峻的资源环境约束下，房地产业走绿色发展之路是大趋势。房地产业转向绿色发展，有三个方面，首先要大力推进住宅产业现代化，通过工业化建造方式和产业链组织方式，积极发展省地节能环保型住宅。其次，要推进住宅全装修。近几年，恒大集团所有住宅开发项目都实行了全装修，万科集团去年新开工面积中全装修比例达93%。恒大、万科等企业的做法让我们认识到，推行住宅全装修的障碍，主要不是缺政策，不是缺制度，也不是缺技术，而是企业缺少绿色发展的强烈愿望和社会责任。第三，向绿色发展转变，还要在住宅建造和使用过程中，加大推广低碳技术，促进太阳能等清洁能源、可再生能源应用和资源的循环利用。如万通地产在建立立体城市过程中实践绿色创新，不仅使建筑总能耗下降30%，还建立起废品回收和废品再利用机制，达到零废品的目标。朗诗集团注重实现四个均衡：即绿色目标与商业目标均衡；技术性指标与人性化指标均衡；绿色技术集成解决方案与居住行为方式均衡；一次性建造成本与使用运行成本均衡。通过“四个均衡”，公司既实现了经济效益又获得社会效益。

3. 向和谐发展转变。住房问题事关民生，房地产业在和谐社会建设中肩负着重要任务。房地产业向和谐发展转变，就要坚持以人为本，大力发展中低价位、中小套型普通商品住宅，尽量满足不同区域、不同层次居民的多元化住房需求；要强化住房的消费品属性，弱化投资品属性，回归住房的居住功能；要积极参与保障性住房建设。近年来，恒大集团树立民生地产的发展理念，大力发展中低价位、中小套型普通商品住房，得到社

会认可。重庆地产集团专门成立重庆市公共住房开发建设投资有限公司，组织精兵强将开展公租房建设，实现了“工程质量优、资金保障好、建设速度快、安全无事故”的”四个确保”。首开集团、北京住总、天津泰达、上海地产集团、上海城投控股、南京栖霞建设等一批企业积极参与保障性住房、棚户区和旧城改造项目建设。在这里，我要特别强调，参与保障房建设，虽然不是企业的强制性任务，但同样是房地产企业应尽的社会责任，积极投身保障房建设也能为企业实现稳定发展提供保证。

关于房地产企业社会责任，我想多讲几点。前面讲了，房地产业对群众居住条件和城市面貌的改善、对经济社会的发展，都做出了积极贡献。目前，社会上对房地产开发企业的负面评价较多，房地产行业被认为是暴利行业，开发商被认为是无良商人。主要原因是房价过高造成的，但也有企业履行社会责任不够等原因。我认为，企业家的社会责任，应该包含三个层面：一是法律层面，要合法经营，照章纳税；二是企业层面，要对企业负责，把项目和企业做好，保持企业发展，对股东和员工利益负责；三是社会层面，要积极参与公益事业，履行企业公民责任，保护项目所在城市的环境和文化，对社会和子孙后代负责。我相信，只要做到这三点，房地产开发企业的价值和企业家的社会责任就能体现。

当前，企业家的领军作用，可能会影响到整个企业的转型发展，甚至这种作用有时是决定性的。我希望在座的企业家，内诚于心，外信于人，在转型发展过程中，充分发挥个人魅力和影响力，为企业的长远发展掌好舵。

（三）处理好房地产业转型发展几个方面的关系

一是转型与发展的关系。转变是为了更好地发展，发展又是转变的基本前提。要认识到，不转变，发展就会重量轻质、不可持续；不谋发展，转变就会失去目标和动力。这方面，绿地集团通过区域结构调整、产业结构调整、产品结构调整，形成了“房地产主业突出，能源、金融等相关产业并举”的梯度布局，实现了在发展中促转变，在转变中谋发展的跨越式发展。

二是专业化与多元化发展的关系。要根据企业的优势和特点，确定是专业化还是多元化发展，不能盲目，更不能跟风。如发展商业地产、城市综合体不能“一窝蜂”都上。要立足企业实际，不同的发展阶段，要有不同的发展战略。广义上的多元化，不仅包括住宅、商业地产等不同业态，还包括跨行业的发展。这方面，大连亿达集团扬己所长、专己所精，自主设计了宜居宜业的生态科技创新城，既集聚了金融商贸和绿色住区的功能，又成为高科技的研发基地。

三是大中小企业合作与竞争的关系。大中小企业在转型发展中要注重发挥各自优势，在竞争中合作，在合作中共赢。特别是在产业调整和转型发展时期，更要相互协作，结成共生关系，通过建立战略联盟进行优势互补和资源共享，形成企业相互依存、共同发展的“生态链”。如绿城集团成立房产建设管理有限公司，向中小房地产开发企业提供品牌输出和建设管理服务，并确定“土地资源委托代建”、“投资资本委托代建”和“政府安置房委托代建”三大业务模式，形成了符合自己特色的商业运营模式和增值体系。嘉凯城集团与本土企业合作，帮助政府代建保障性住房。这些都在社会上产生了较好影响。

四是提高技术集成度与增加成本的关系。提高技术集成度，建设长寿命、高品质的住房，一定程度上会增加成本，但有利于产品品质和企业品牌的提升。如雅世集团在雅世合金公寓建造中采用了集成技术，实现了结构与管线的分离、同层排水，虽然增加了建造成本，但从全寿命周期看，降低了使用和维护成本，是值得的。大连永嘉集团从规划设计入手，通过采用国际先进的消能减震技术，使抗震设防标准从地震烈度7度提高到8度，开发的项目受到居民的欢迎，被中国地震局授予国家级“地震安全社区”称号。在今天大会上，他们将向全体代表发起倡议。

三、努力创新房地产业转型发展的途径和方式

转变房地产业发展方式，是理念的变革，模式的转型，路径的创新，同时也是综合性、系统性、战略性的转变。要以改革创新为动力，以优化管理为抓手，努力推动房地产业走上创新驱动、内生增长的良性发展轨道。

（一）推进建造方式创新

转变建造方式，重点是推进住宅产业现代化。关于这个问题，我已讲过多次，这里我再强调，推进住宅产业现代化，关键要实现工业化的生产方式，即设计的标准化、部品部件生产的工厂化、现场施工的装配化和土建装修的一体化。在产业化组织方式上，重点要完善产业链，优化资源配置。要大力发展绿色建筑，降低建筑能耗，推进建筑节能。要全面推进“全装修成品房”建设，取消“毛坯房”。要积极开展性能认定，通过性能认定，促进住宅技术进步，提高住宅综合品质，建造长寿命、高品质的省地节能环保型住宅，向老百姓提供真正的“好房子”。在产业化实践方面，万科集团起到了很好的引领示范作用。通过其研发和应用，带动并培育了一大批规划、设计、施工、部品（件）、设备等相关技术力量和企业，并通过其产业化项目和东莞产业化基地的展示交流，促进了全社会对住宅产业化的认识。天津住宅集团在住宅部品配套开发、集成应用方面也取得了成效。在实施住宅性能认定方面，甘肃天庆、鞍山大德等企业非常积极，这是企业重品质、重责任的体现。

（二）推进产品和业态创新

产品和业态创新是行业发展的持久动力。要根据房地产差异化、多样化和个性化的特征，不断发展新业态和新产品。企业要根据自己的实际，找准市场定位和产品定位。在可能的条件下，有的企业可从单纯依靠住宅开发向兼顾商业地产、旅游地产、工业地产、老年住宅转型；有的企业可从单纯出售型住宅开发向兼顾持有型商业物业和租赁型商品住房转型。在这方面，不少企业积累了一些成功经验。如万达集团开创了集“商业百货、文化娱乐、电影院线”为一体的商业地产模式，丰富了当地群众生活；保利地产顺应老龄化社会发展需要，开发建成了养老地产项目——“西塘安平老年健康生活社区”；绿城集团不仅承接商业代建项目，所承担的政府代建项目包括安置房、人才公寓、城市广场、社会公园、学校配套等多种类型。

（三）推进科技进步和技术创新

科技进步和技术创新是加快房地产业转型发展的重要支撑。要发挥企业在技术创新中的主体作用，增强企

业原始创新、集成创新、引进消化吸收再创新的能力，引导资金、人才、技术等创新资源向企业集聚，提升产业核心竞争力。要建立产学研战略联盟，形成产业链，实现高校和科研院所的科技成果与企业技术进步需求的有效对接，加大科技成果的推广应用，尽快把创新的成果转变为现实生产力。要加强技术集成，通过技术集成和应用，提高住房的质量功能，让老百姓住上长寿命、高品质、绿色低碳的“好房子”。在这方面，浙江宝业集团成立研究院，专注绿色低碳和产业化技术研发，加大住宅产业化技术集成，并与国内外知名部品部件生产企业结成产业联盟，成效显著。金都房产集团建立以科技为先导的开发战略，大力推广应用先进适用技术，努力打造建筑精品；大连大有房屋开发有限公司注重“四节一环保”集成技术，采用一张图纸、一个流程、一套标准、一份订单、一个平台的“五合一”开发模式，为住宅产业化技术集成应用探索出了新路子。

（四）推进融资方式创新

在新形势下，新的房地产开发业态将促使住房金融产品不断创新发展，金融产品的创新也将为房地产项目开发提供新的支持和选择。随着未来房地产资源整合的加速，业态规模对资本要求的加大，要求房地产开发企业拓宽融资渠道，从单一的银行开发贷款向债券融资、股权融资、基金融资、信托产品等新领域延伸。我认为，从行业发展的角度看，当前金融创新最主要的就是想方设法改变居民对房地产的直接投资为间接投资，同时扩大企业融资渠道，解决企业的融资困难。在这方面已经有了一些经验，如金地集团积极探索房地产融资新渠道，把基金业务与传统的房地产业务结合起来，拓宽了资金来源。

（五）推进管理方式创新

管理是企业永恒的主题。品牌化经营、精细化管理，是企业持续健康发展的基础。推进管理方式创新，应围绕以下五个方面展开：一是企业发展战略管理。要从企业实际出发，根据国家产业政策和市场变化，制定适合自己发展的中长期战略规划，发挥企业优势，提升企业竞争力。二是质量和成本管理。百年大计，质量第一。质量是房地产企业生存和发展的基础，成本是企业竞争力的重要体现。要通过标准化和精细化管理，提高质量，降低成本。三是人才管理。要通过多种形式和渠道培养优秀人才，加强职业经理人队伍建设，充分调动人才积极性，发挥人才第一资源对企业转型发展的带动作用。四是信息化管理。要加强信息化建设，完善企业内部信息管理平台，利用信息化技术优化项目管理，积极推进电子商务。五是品牌和文化管理。要把品牌和文化当作企业的“软实力”，通过企业公民的人格精神塑造，培养健康向上、诚实守信的企业品牌，树立良好的社会形象。

以上五个方面，有很多好的做法和经验值得借鉴。如恒大集团重视企业发展战略规划，提前布局二、三线城市和潜力区域，从项目建设的每个环节，从集团公司每个部门到每个项目、每个岗位，实行横向到边，纵向到底的标准化管理，也就是说恒大做到了事事有标准、项项有考核，开发出性价比高、老百姓喜爱的精品住宅。杭州滨江集团推进质量和成本管理，专门成立成本控制部，对公司两大类五个系列产品，根据不同定位，核定出相应的成本考核目标，决算时对低于成本目标的项目予以奖励，超出予以处罚。去年，公司业务人员只有219人，却实现了116亿元的销售，成为国内房地产人均产值最高的企业之一。龙湖集团重视对人才的培养和储备，从清华大学、同济大学选拔优秀后备人才，派到各地分公司培养锻炼。易居中国加强信息化管理，依托互联网整合数据资源，在房地产流通方面发挥了电子商务的平台作用。河南建业集团加强品牌建设，积极投身公益慈善和环保事业，树立了房地产行业健康向上的形象。这方面很多企业都有成功的经验，在此不一一列举。

最后，中国房地产研究会、中国房地产业协会要坚持“服务政府有作为，服务行业有推动，服务会员上水平”的宗旨，充分发挥在推动产业转型方面的作用。两会要推动企业间的战略合作共赢，鼓励强强联合和上下游一体化经营，支持优势企业并购落后企业和困难企业，提高产业集中度和资源配置效率；要积极推动产业化技术标准规范的制定和新技术、新产品、新材料的转化应用；要努力为企业转型争取好的政策环境，加大对转型发展成功经验的交流推广；要通过“广厦奖”的评选、信用评价体系的试点推广，鼓励企业为老百姓建造“好房子”。

转变房地产业发展方式是一项艰巨的任务，也是关系行业发展全局的战略性选择。让我们进一步统一思想，提高认识，增强紧迫性和责任感，以科学发展观为指导，以改革创新为动力，以科技进步为支撑，以强化管理为手段，通过全行业坚持不懈地努力，为促进房地产业加快转型发展作出新的贡献。

资料来源：2011-06-29，中房网

认真组织，做好“广厦奖”评选工作

（2011-08-10~2011-08-11，2011-2012年度“广厦奖”评选工作会议）

召开这次会议的目的是总结“广厦奖”评选工作，讨论修改“广厦奖”管理办法和评选标准，研究部署2012年度“广厦奖”评选工作。

今天上午，大家参观了3个“广厦奖”获奖项目，听取了宁夏回族自治区开展“广厦奖”评选活动的经验介绍，共同讨论了“广厦奖”管理办法、评选标准（修改稿）与宣传方案。会议开得很好。实际上，这既是一次工作会，也是一次现场会和经验交流会。宁夏回族自治区住建厅对“广厦奖”评选工作确实抓得不错，他们的经验介绍和现场观摩的3个项目，都得到了与会代表的好评。我参加了第一组的分组讨论，大家很积极，提了很多很好的建设性意见，很多意见都可以采纳。

下面，我根据前四届“广厦奖”评选活动的情况和刚才各小组讨论汇报的情况，谈几点意见，供大家参考。

一、开展“广厦奖”评选活动的目的和意义

尽管这个问题讲好几年了，但我觉得有必要再讲一讲。从建设部来讲，是为了给老百姓建好房子，引导开发企业真正对社会负责，对老百姓负责，推进产业进步和发展。这些年来采取了一些举措。关于调控房地产市场，加快保障房建设，这里我不多说了。在推进住宅产业进步，为老百姓建好房子方面，开展了以下几项工

作：一是推广康居示范工程，10多年来搞了近200个项目。二是建立了21个产业化基地，包括城市和企业的。三是开展住宅性能认定。四是设立“广厦奖”。“广厦奖”是经国家批准的唯一的房地产行业综合性大奖，是由中国房地产业协会、住房和城乡建设部住宅产业化促进中心共同组织实施的。

首先，设立“广厦奖”是提高我国人居水平，更好地解决群众住房问题的需要。我国房地产业正处于快速发展的历史时期，在大规模开发建设的过程中，必须注重发展的质量和效益，必须树立品牌意识。“广厦奖”的设立，旨在引导广大开发企业在争创“广厦奖”的过程中，并通过“广厦奖”项目的示范带动作用，全面提升开发项目的质量，为老百姓建“好房子”，促进“住有所居”目标的实现。“广厦奖”获奖项目是由地方推荐，消费者满意度较高，经专家评委认定的优秀的房地产项目。推荐条件主要是根据2005年11月30号，建设部和国家质检总局联合发布的《住宅性能评定技术标准》，然后再加上开发规模和群众满意度等其他几个条件，最后由专家组来认定。获得“广厦奖”是开发企业的崇高荣誉，是对企业开发水平、质量和信誉的充分肯定。

什么是“好房子”？我认为，就是达到国家住宅性能评定技术标准的房子，包括适用、经济、环境、安全、耐久五个方面的性能。“广厦奖”参评项目要求必须要经过住宅性能认定。去年，在住宅产业化促进中心在上海组织召开的会上，我就住宅性能认定问题专门讲了一次。在日本等发达国家没有经过性能认定的房子是不能销售的。我们处于发展阶段，实行预售制，多年前房子刚开工就开始卖了，后来提高预售标准，规定多层住宅要封顶才能预售，高层要达到三分之一楼层才能预售。如果规定没有经过性能认定的房子不能卖，开发企业发展不起来。因此我们的性能认定标准是推荐标准，还不是强制的。但发展到现阶段要通过“广厦奖”加大推广性能认定，为老百姓建“好房子”。

其次，开展“广厦奖”评选活动是推进住宅产业化，建设资源节约型环境友好型社会的需要。房地产业是大量消耗资源能源的产业，是节能减排的重点领域。当前，我国住宅产业化水平还较低，住宅建设和使用过程中资源能源消耗大，目前上市销售的住房大多数仍为“毛坯房”，二次装修产生大量建筑垃圾，造成资源浪费和环境污染。“广厦奖”的评选指标，有明确的产业化技术集成及应用要求，也有对住宅全装修的要求。争创“广厦奖”，将促进发展省地节能环保型住宅，推进住宅全装修，加大推广低碳技术，促进太阳能等清洁能源、可再生能源应用和资源的循环利用，从而推动住宅产业化步伐，促进建筑节能减排。

“广厦奖”要求全装修问题，在讨论中意见不一致。有赞成的，有肯定方向对，但认为目前不能搞一票否决。对此我有不同看法。现在全国一年有几万个项目，“广厦奖”是两年评一次，也就100多个项目，难道全装修还做不到？我觉得不应该成为问题。因此，要坚持标准，好中选优。由于“广厦奖”是项目入住一年后才能参评，企业积极性不高，尽管前几届做了很多工作，但实际上在企业里面，在群众中间，特别是在企业里“广厦奖”影响度还不是很大。因此，出于工作考虑，有的想降低标准。我的想法是宁缺毋滥。“广厦奖”既然作为大奖，就要拿出样板来。第一要坚持标准。这一点要统一思想。第二要简化程序。地方反映评选工作程序有点复杂。有的同志建议搞“广厦奖”培育项目。我看这次就可以下达关于后年或大后年“广厦奖”的培育项目。这样“广厦奖”的评选工作，就可以从规划设计抓起，到施工，然后再性能认定。既要简化程序，又要保证办法的科学性和可操作性。第三要鼓励采用新技术。鼓励技术创新和技术进步，除了“四节一环保”方面的技术，甚至还包括提高房屋安全性能方面的。今年五月份我到大连，大连一家开发企业采用新的抗震技术来提高抗震性能，主动将抗震标准由7度提高到8度。我认为很好，这样的项目在评审时应该加分。另外，给地方下的指标名额是指导性指标，不是强制性的。地方报几个都行，不要造成一种误解，好像“广厦奖”凑数。

再次，开展“广厦奖”评选活动是转变房地产业发展方式，提升行业发展水平的需要。由于多年来产业发展过快，房子盖了不愁卖，多数开发企业对转型发展的认识不深，动力不足，动作不快。开展“广厦奖”评选活动，可以促使企业用“广厦奖”标准建设好、管理好每一个项目，提高企业管理水平，加大技术投入，从而顺应我国发展进入新阶段的要求，加快转变长期以来依靠“投资拉动、资源投入、规模膨胀”的粗放式发展模式，实现产业发展向依靠科技进步、资源集约利用、劳动者素质提高和管理创新转变，全面提升产业发展质量和效益。

此外，通过开展“广厦奖”评选活动，还可以抑制社会上的乱评奖现象，促使房地产行业的各类评奖活动的规范。

二、前四届“广厦奖”评选工作的基本情况

从2007年正式启动“广厦奖”评选活动到2010年，“广厦奖”已连续评了四届，共有267个项目获此殊荣。总结前四届“广厦奖”的评选工作，我认为，主要取得了以下几个方面的成绩：

1. “广厦奖”评选活动正式获得了国家的认可。

“广厦奖”是经住建部同意上报，由监察部、国务院纠风办、中央编办、发展改革委、民政部、财政部、人事部、国资委、法制办组成的联席会议审定，于2009年12月30日正式发布的中央单位评比表彰活动保留项目。9部门的联合通告指出：“经中共中央、国务院同意，现将行政等系统中央单位的评比达标表彰活动保留项目予以公布”。清理前全国有70461个奖项，清理后保留2356个，其中中央单位保留377个，“广厦奖”是保留的唯一的房地产行业综合性大奖。应该说，我们能争取到这个奖项不易，希望大家共同维护好，真正使“广厦奖”成为我们行业的品牌。

2. 初步建立起“广厦奖”评选工作的组织体系。

继2006年11月中国房地产业协与部住宅产业化促进中心正式成立“广厦奖”评委会、“广厦奖”专家委员会和“广厦奖”办公室以来，各省、自治区、直辖市房地产协会（开发协会）和住宅产业化机构也相继成立了“广厦奖”省推荐小组和专家小组，同时明确了1-2名联络员。上述机构的建立为“广厦奖”评选活动的开展奠定了组织基础。

四年来，北京、天津、上海、重庆、辽宁、山东、宁夏、新疆等18个省（自治区、直辖市）“广厦奖”评选机构，连续四年都尽职尽责地按要求开展了工作。在组织企业申报、初审及推荐等环节都认真把关，付出了辛勤的劳动，保证了评选活动的顺利进行。为此，中国房地产业协会、部住宅产业化促进中心在2010年10月对北京等上述18个省（自治区、直辖市）“广厦奖”评选机构进行了通报表扬。

3. 严格了标准和程序，坚持了公开、公平、公正的评选原则。

在评选中，我们一是坚持了获奖项目必须是规划设计水平高、环境质量好、工程质量优、住宅性能好的项目；二是坚持以中小套型的普通住宅为主；三是在每次评选后都及时进行总结，针对发现的问题修订完善评选标准与办法。我们在坚持评选标准的同时，也制定了严格的评奖程序，注重了评选全过程的管理。评选严格按照地方初审、专家组评审（含对部分项目的实地考察）、评委会审定、上网公示等程序进行，实行阳光操作，自觉接受社会各界的监督。由于坚持高标准，坚持了程序，保证了“广厦奖”的评选质量。

为了确保项目的质量，北京、辽宁、四川、山西、黑龙江等省（市）还开始按“广厦奖”标准，注重对项目的前期培育，为今后“广厦奖”评选活动奠定了良好的基础。

4. 加强了宣传与推广，扩大了品牌影响力。

在“广厦奖”评选活动中，我们与中央电视台、中国建设报以及网络媒体等密切合作，加强对获奖企业和获奖项目的宣传，扩大社会知名度和影响力。同时，与地方密切合作，积极推广“广厦奖”。为保证推荐项目的质量和调动地方的积极性，经“广厦奖”省（区）评选机构认可，我们在部分城市中进行了“广厦奖”初评的试点。像大连市，按照要求认真进行试点、初评工作有声有色。2009年在层层选拔的基础上，对本市18个优秀项目进行了表彰，并联合大连电视台举办了 “大连杯”颁奖盛典。颁奖盛典充分展现企业“项目品质第一”的理念，突出宣传应用“四节一环保”技术对提升项目品质的重要作用，彰显了“广厦奖”的魅力，颁奖盛典扩大了“广厦奖”的影响，受到了社会各界的广泛好评，取得了良好的宣传效果。

前四届“广厦奖”活动虽然取得了较好的成绩，但总体上仍属于探索阶段，有些问题还需要进一步研究。如，评选标准如何进一步体现科学性与可操作性？如何发挥地方机构在 “广厦奖”评选和性能认定中的作用？如何调动企业参与“广厦奖”活动的积极性，变“要我评”为“我要评”？对参与“广厦奖”项目的设计、施工等单位是否也可授予相应称号？省级机构如何取得当地政府的支持，在本省（区、市）范围内开展与“广厦奖”评选标准相类似的评选活动，以便于“广厦奖”评选相衔接，以及评选工作前移，从规划设计开始就要积累原始资料，等等。这些问题都需要我们在今后的工作中不断研究与完善。

现在“广厦奖”与“鲁班奖”相比，“鲁班奖”在大的建筑企业里面影响度比“广厦奖”大得多。原因一是“鲁班奖”设立时间比较长，有一套完善的评比标准和办法，“广厦奖”2007年才开始。二是“鲁班奖”与特级企业资质挂钩。三是获奖企业参加投标加分。而“广厦奖”没有与资质、市场挂钩。因此如何向“鲁班奖”学习，进一步完善办法，与市场机制结合起来发挥作用，要认真研究。

三、认真组织好2012年度的“广厦奖”评选工作

为做好2012年度的“广厦奖”评选工作，这里我强调几点：

第一，“广厦奖”评选标准和管理办法，要根据与会代表的意见抓紧修改，尽快印发。希望每个小组负责记录的同志，尽快把大家的意见整理汇总，认真研究，吸收合理意见，尽快修订完善。

第二，各省（自治区、直辖市）在推荐“广厦奖”项目时，应与部住宅产业化促进中心事先联系，先经

过性能认定。这样可减少工作的重复，保证推荐项目的质量。推荐的“广厦奖”项目要标注开发单位、设计单位、施工单位、监理单位，让参与的企业都有荣誉感。

第三，“广厦奖”申报项目要坚持以住宅为主，兼顾商业地产、旅游地产等项目；住宅中，要以普通住宅为主，兼顾保障性住房、中高档住宅；要以新建住宅为主，兼顾旧区改造项目；要以城市住宅为主，兼顾新农村建设项目。

第四，“广厦”的含义是老百姓的住房，“广厦奖”就是授予老百姓满意的住房的荣誉。因此，申报“广厦奖”的项目，必须得到消费者的认可和赞许。在“广厦奖”的评选过程中，要更加注重公众的参与，要让用户满意。老百姓不满意的房子，绝不能成为“广厦奖”的得主。

第五，继续做好宣传和推广工作。要进一步完善宣传方案，充分利用广播电视、报纸杂志、网络等媒体，加强“广厦奖”设立宗旨的宣传，加大对获奖项目和企业的宣传力度，使更多的老百姓认识和了解“广厦奖”，使更多的开发企业认可和喜欢上“广厦奖”，争创“广厦奖”，从而不断提高开发水平。

另外，对于会上大家反映的主要意见，一是如何从规划设计入手问题，我刚才讲了，可以提前确定培育项目，提早介入。各省（区、市）培育项目争取一起下达。二是全装修不作为硬指标问题，这个意见不能采纳，原因刚才我已讲了。三是与资质挂钩、提高积极性问题，回去后抓紧向部里汇报，结合资质管理办法修订进行研究。

总的来讲，尽管这次会议时间比较短，各位与会代表为了做好“广厦奖”的评选工作，对如何修改好标准和评选办法，提出了很多的宝贵意见，达到了预期目的。

资料来源：2011-09-15，中国房地产研究会、中国房地产业协会

大力推进住宅产业现代化，加快促进住宅产业转型升级

（2011-09-27，第十届国际住宅产业博览会）

值此“十二五”开局之年，我们迎来了第十届国际住宅产业博览会。十届住博会，展示了我国住宅与房地产业的发展成就，也见证了住宅产业化的发展历程。未来五年，是全面建设小康社会的关键时期，也是住宅与房地产业转型发展的重要战略机遇期。抓住并利用好这一战略机遇期，加快推进住宅产业现代化，对于全面提升我国住宅产业发展质量，提高人民群众居住水平，开创住宅产业科学发展新局面，意义重大。

下面，我就我国住宅产业化推进取得的成就、存在问题以及加快推进住宅产业现代化的对策措施，谈几点看法，供参考。

一、住宅产业化推进取得积极成效

1999年，国务院办公厅转发了建设部等部门《关于推进住宅产业现代化，提高住宅质量的若干意见》

（国办发[1999]72号），系统提出了推进住宅产业化工作的指导思想、主要目标、重点任务和相关政策措施。十多年来，在全行业不懈努力下，通过基础性工作的稳步推进和试点示范的引导，初步建立了符合产业化方向的住宅建筑和部品体系、技术保障体系和质量控制体系，住宅规划设计水平、施工质量、配套设施和居住环境大幅提高。主要表现为：

（一）住宅科技含量和质量明显提高

推进住宅产业化促使住宅在选址规划、设计施工、维护管理等阶段都注重贯彻可持续发展理念，积极促进新技术、新工艺和新产品的开发和应用，鼓励采用节能、环保的材料部品，淘汰了一批不符合资源节约和环境保护要求的材料部品，如实芯黏土砖、实腹钢窗、铸铁水龙头等。同时，加强质量通病治理，严格质量监督管理，住宅的工程质量、功能质量普遍提高。

（二）试点和示范工程推动住宅建设总体水平提升

1. 国家康居示范工程逐步成为住宅建设样板。

1999年开始实施的国家康居示范工程项目对住宅建设管理方式、居住模式、消费理念起到了积极引导作用。截至2010年底，正式列入国家康居示范工程实施计划的项目201个，覆盖全国28个省市区。国家康居示范工程制度的实施，为加快住宅领域的科技成果转化，推动住宅建设的技术进步，提高住宅建设综合质量和整体效益，起到了重要的示范作用。

2. 国家住宅产业化基地带动工业化住宅结构体系初步形成。

到2011年6月底，已批准国家住宅产业基地21家。通过基地的建立，培育了一批集住宅开发、设计、施工、构配件制造和物业服务为一体的综合性住宅产业集团，以住宅建设相关企业合作为基础的产业化联盟开始出现，发挥了现代工业化生产的规模效应。多个国家级住宅产业化基地对住宅工业化结构体系进行了研发和应用，对于预制装配式钢筋混凝土结构体系、钢结构体系、木结构工业化体系的推广应用，起到了很好的示范和带动作用。

3. 住宅性能认定制度促进住宅性能进一步改善。

借鉴发达国家的住宅性能评价制度，我国建立了住宅性能认定制度，颁布了《商品住宅性能认定管理办法》和《住宅性能评定技术标准》。截至2010年底，共有700多个项目通过住宅性能认定预审，有304个项目通过住宅性能认定终审。住宅性能认定制度的实施，使房地产开发企业找到了提高住宅性能的切入点，为消费者评判住宅性能提供了技术依据，有效促进了节能省地型住宅的建设和产业化成套技术的推广，促进了住宅安全、耐久、适用、环境和经济性能的全面提升。

4. 住宅部品认证制度推动部品体系初步建立。

依据国家标准和认证实施规则，我国在建设领域建立了住宅部品认证制度，住宅部品优胜劣汰机制逐步建立。到2010年底，整个部品体系中部品种类达30余种，涉及8000–10000种不同型号的产品，种类和规格更加丰富，部分住宅部品达到了发达国家水平，住宅部品体系初步形成。

（三）各地推进住宅产业化实践取得进展

近几年来，越来越多的地方政府认识到推进住宅产业化是提高住宅质量和生产效率、推动住宅产业科技进步的有效方式，积极进行探索实践。如深圳早在2006年就被确定为全国首个住宅产业化综合试点城市，先后编制了深圳市《住宅产业化模数协调标准》、住宅工业化设计、生产及运输、装配施工及验收标准等，出台了《关于推进住宅产业现代化的若干意见》，开展了保障性住房建设标准等的系列化设计研究。上海市高度重视节能省地型住宅建设，通过上下游资源整合，2011年计划开工建设装配式住宅60万平方米，2013年计划达150万平方米，力争在2015年形成完备的产业化住宅生产链。北京市八部门联合制定了《关于推进本市住宅产业化的指导意见》，2010、2011年分别安排50万平方米、100万平方米的住宅项目进行产业化试点，同时对符合要求的产业化住宅项目实施不大于3%的面积奖励。沈阳市委、市政府把住宅产业化作为新经济增长点，提出通过五到十年努力，基本建立系统完备和技术领先的现代住宅产业体系，全面实现以住宅建设为重点的现代建筑产业化。江苏省大力实施康居示范工程，积极推进住宅性能认定制度和住宅全装修，住宅产业化工作有序推进。

二、住宅产业发展和产业化推进面临的主要问题

尽管我国住宅产业化有了较大发展，但传统的粗放式住宅生产方式仍未实现根本性转变，劳动生产率低、技术创新和集成能力弱、资源和能源消耗大、环境污染严重、可再生能源利用率低、住宅使用寿命短等问题仍较突出，严重制约我国住宅产业总体水平的提升，产业化推进工作任重道远。

（一）对推进住宅产业化工作重要性认识还不高，工作力度亟待加强

当前，不少地方还没建立住宅产业化的工作机构，缺乏产业化发展目标、实施步骤和推进措施，各地发展水平参差不齐，有些地方领导甚至还没有住宅产业化的概念与意识，加上对住宅产业化宣传不够，法规制度不健全，激励政策缺乏，企业动力不足，积极性不高，严重影响了住宅产业化的全面推进。

（二）资源能源消耗较高、环境污染严重

一是住宅建造以现场湿作业砌（浇）筑、手工操作为主，采用工业化方式建造的住宅比例低，与发达国家存在较大差距。我国住宅建设用钢量平均每平方米55公斤，比发达国家高出10至15%，每一立方米混凝土比发达国家要多消耗80公斤水泥。二是商品住房供应以毛坯房为主，土建装修一体化的比例10%左右，二次装修污染和资源浪费严重。三是住宅单位使用能耗为相同气候条件下发达国家的2–3倍，即使全部执行国家规定的65%的节能标准，仍高出50%以上。

（三）尚未建立健全模数化、系列化、标准化的通用部品体系

我国在上世纪60年代初，就制定了“建筑统一模数制”，80年代又制定了《建筑模数协调统一标准》，

对于工业和民用建筑的标准化、工业化起到了积极的推进作用。但由于长期以来对模数协调的研究和应用主要集中在房屋建筑的结构构件及配件的预制及安装方面，而对成千上万的住宅产品、设备和设施开发、生产和安装缺少模数协调的应用和指导，导致住宅部品的开发和引进随意性大，品种和规格杂乱。部品标准化、系列化和模数化程度较低，建筑与部品模数难以协调，部品配套性和通用性较差，严重制约了住宅部品的工厂化生产。

（四）住宅建设劳动生产率和技术配套水平远落后于发达国家

我国建筑材料、部品的工业化水平较低，住宅生产过程中需要大量人工劳动。不少陈旧技术仍在使用，住宅生产方式落后，效率低下，每年人均竣工住宅面积仅30多平方米。而发达国家通过持续地推动住宅产业化，日本人均竣工面积已达到110-120平方米，德国为80-100平方米。此外,我国住宅技术的发展也主要以单项技术推广应用为主，技术上和组织上缺乏有效的集成和整合，难以发挥技术应用的综合效益。

三、必须加快推进住宅产业现代化

住宅产业现代化是住宅产业随着工业化、信息化、低碳化等科技进步而不断发展的变革过程，是以住宅成品为最终目标，以新型住宅建筑体系和与之相配套的住宅部品体系为基础，以科学的组织和管理为手段，借助信息化将住宅生产和消费全过程连接为一个完整的产业链，实现住宅标准化基础上的设计多样化、工厂化生产基础上的施工装配化、模数化基础上的部品通用化、土建装修一体化基础上的低碳化，以提高劳动生产率，提高住宅质量和性能，实现循环利用资源，减少环境负担,建设省地节能环保型住宅的发展目标。

从国外情况看，住宅产业化的推进大都是长期的渐进过程，许多国家通过分层次、分阶段逐步推进住宅产业化，从基础水平到一般水平，再到先进水平。然而，我国经济社会发展面临的形势以及住宅与房地产业的发展现状，决定了我国推进住宅产业化不能沿袭国外的发展路子，不能四平八稳不慌不忙。当前，我国推进住宅产业化既面临资源环境约束不断加剧、转变经济发展方式要求日益紧迫等挑战，同时也有城镇化快速推进、保障性住房大规模建设等机遇。因此，推进住宅产业化作为住宅与房地产业加快转变发展方式的一项重要工作，等不起，慢不得，必须增强危机感，抓住机遇，加快推进。

第一，加快推进住宅产业化是建设资源节约型、环境友好型社会的紧迫要求。

现阶段，我国经济增长与能源消耗的矛盾日趋尖锐，能源资源问题已经成为我国经济社会可持续发展的一个刚性约束问题。去年我国经济总量只占全世界的9.5%，而钢产量6.27亿吨，水泥18.8亿吨，却占世界总产量的一半以上。石油、铁矿石等资源大量依靠进口，能源消费总量达32.5亿吨标准煤，能源消费总量占世界比重的20%左右，远远超过经济总量所占的比重。以大量消耗资源能源实现经济增长的传统模式难以为继。去年，全国政协人口资源环境委员会专门做过调查，我国民用建筑在建材生产、建造和使用过程中，能耗已占全社会总能源消耗的49.5%左右。随着经济社会发展，城镇化推进，第三产业比重提高，建筑能耗总量及比重将持续增加，预计到“十二五”末将达到52%左右。根据联合国政府间气候变化工作组估算,建筑行业到2020年有将基准排放降低29%的潜力，居所有行业之冠，是减排的重点努力方向。住宅产业化在节能、节材、节水和减排方面效益显著，就装配化施工而言，一般节材率可达20%左右、节水率达60%以上，提高施工效率4-5倍，同时可以有效改善施工环境，最大限度减少对周边环境的影响。因此，大力推进住宅产业化是建筑领域节能减排的重要途径，是建设资源节约型、环境友好型社会的紧迫要求。

第二，加快推进住宅产业化是企业转型发展、提高发展质量和市场竞争力的必然要求。

当前和今后一个时期，转型升级、提升品质、开拓新市场、发展省地节能环保型住宅产品，是决定房地产开发企业、建筑部品生产企业能否克服耗能多、成本高，继续稳定健康发展的关键，特别是转型升级是房地产开发企业、建筑部品生产企业的首要任务。而在这一产业调整过程中，住宅产业因为链条长、关联性强，涉及开发、设计、施工和构配件生产等众多相关企业，推进产业化对行业提高劳动生产率，降低成本，降低物耗、能耗产生着重要作用。可以说，通过大力推进住宅产业现代化提升住宅品质和科技水平，不仅与国家转变经济发展方式的要求相吻合，也可推动房地产开发企业、建筑部品生产企业在淘汰落后生产方式的同时，寻求新的市场和新的发展机遇，提高市场竞争力。

第三，加快推进住宅产业化是保质保量完成大规模保障性住房建设任务的客观要求。

回顾发达国家的住宅产业化发展过程，都是抓住公共住房大量建设的机遇，大力推进产业化，实现了住宅生产和技术的重大转变。我国保障性住房由政府主导建设，具有建设规模大、同质同类的特点，而且对质量要求高、工期要求紧，迫切需要采用产业化方式建设。如果通过住宅设计标准化、部品部件生产工厂化、现场施工装配化，可大大缩短保障性住房的设计和现场施工时间。同时，采用工业化生产方式，也可大幅提高预制程度和标准化程度，确保住宅质量和性能。因此，将保障性住房作为推进住宅产业现代化的载体，不仅可以确保建设质量和工期，还可大范围促进住宅产业科技进步。

四、大力推进住宅产业现代化的对策措施

推进住宅产业现代化，是对传统住宅生产方式的变革，是一项系统性、综合性工程，既需要操作层面上的推进，更需要战略层面的规划；既需要技术上的支撑，更需要法规、政策上的保障；既需要市场化的运作，也需要行政力的推动；既需要行业自身的不懈努力，也需要各相关产业的大力配合。

回顾住宅产业化工作十多年的历程，战略层面的推进是基础，也是产业化工作取得突破的关键。我认为，当前在战略层面亟须抓好以下四项工作：

（一）明确发展战略

应加快制定《住宅产业现代化十二五发展规划纲要》，明确产业化发展的指导思想、发展目标、实施步骤和政策措施。说句实话，推进住宅产业化，总体进展上不理想，72号文件确定的一些目标和工作并没有很好地完成，当然原因是多方面。因此，有必要对产业化工作推进十多年来取得的成绩进行系统的总结，对存在的问题进行深入的分析，在此基础上制定新的发展战略，进一步明确分层次、分阶段推进产业化的步骤，这是非常重要的一项工作。否则，发展战略不明确，实施路径不清晰，工作难有大成效。

（二）完善法规政策体系

从长远看，住宅产业发展和产业化推进应依法开展，通过法律形式把住宅工业化方式生产、性能认定、部品认证、节能省地环保要求等法制化，依法保障住宅的质量和性能。应着手开展《住宅建设法》或《住宅品质促进法》的立法研究，在条件成熟时启动国家立法程序。我认为，在当前应开展对72号文件实施情况的评估工作，研究起草《关于加快推进住宅产业现代化进一步提高住宅质量性能的意见》，使产业化工作能够与72号文件的要求衔接并得以加快推进。在此意见中，不仅要明确住宅产业化的发展目标，还要明确促进产业化发展的有关经济技术政策，完善政策支持体系。

（三）健全组织保障体系

要健全产业化推进的工作机制，完善管理体制，加大政府推动力度。首先要有住宅产业化专职机构，明确机构职能，研究制定住宅产业发展规划和政策措施，加强对产业化工作的指导和监督检查，大力推进康居示范工程、住宅性能认定、广厦奖评选、部品认证等工作的实施。

（四）强化技术和部品支撑体系

要进一步完善住宅建设的规划、设计、施工及材料、部品和竣工验收的标准、规范体系，特别要重视住宅节能、节水、节材和室内外环境等标准的制定工作；要重视基础技术和关键技术的研发工作，加强技术集成和配套，加大对节能省地环保型住宅及其成套技术研发的投入，促进科技成果转化推广；要加快建立完善的建筑（住宅）部品体系，统一模数协调标准，实现部品开发、生产和供应的标准化、系列化、通用化。

在操作层面，应重点做好以下几项工作：

（一）加强产业集群和联盟建设，完善产业链

企业是推进住宅产业现代化的主体。要以国家住宅产业化基地为龙头，整合资源优势，完善产业链，打造大规模产业集群，培育一批主业突出、核心能力强的大公司和企业集团，成为产业化推进的“火车头”；要鼓励地方和企业建立住宅产业化技术研发基地、制造基地、物流配送基地和示范园区。鼓励住宅产业链上企业强强联合，建立以住宅为产品，优势互补、风险共担、收益共享的“住宅产业联盟”，共同推进住宅产业化发展。本届住博会期间，国家住宅产业化基地还将共同发起成立技术创新联盟，旨在整合基地资源,加强企业间的技术交流与协作,合力推进住宅产业化的技术研发和应用。

（二）发展工业化住宅建筑体系，提高预制装配化水平

大力推行预制装配式住宅建设方式，以科技密集型的工业化生产方式取代劳动密集型的粗放式生产方式，以高效率的预制装配式干作业取代现场湿作业，以现代的住宅制造取代传统的住宅建造。重点发展预制装配式结构体系，包括预制装配式钢筋混凝土结构体系、钢–混组合结构体系以及钢结构、木结构等新型预制装配式工业化住宅结构体系，研究推广适宜于大空间灵活布局、又便于改造的工业化集合住宅建筑体系，如结构体内

装体分离（CSI）住宅建筑体系等。同时，发展与工业化集合住宅建筑体系相配套的住宅部品体系，加大建筑部品工业化生产比重，全面提升施工现场装配和机械化生产能力。

（三）大力推进住宅全装修

“毛坯房”不是真正意义的商品，是“半成品”，不仅不具有使用功能，而且二次装修又造成大量的资源浪费、环境污染和安全隐患，不符合住宅产业化的发展方向。应区分不同区域和房屋类型，尽快提出禁止“毛坯房”上市交易的时间表，东部地区应率先取消“毛坯房”，新建的保障性住房应尽可能实行成品住宅供应，实现住户“拎包入住”。同时，健全成品住宅质量评定和验收标准，强化质量责任，加大对推行全装修住房意义的宣传。需要说明的是，全装修不是简单地等同于“毛坯房”加装修，“毛坯房”加装修是对成品房建造过程的人为分割。土建装修一体化要从施工图设计开始，而不是土建施工完了才搞装修设计。住宅装修设计应作为施工图设计必不可少的组成部分，在住宅主体施工前完成，以避免装修施工过程中的拆改，实现建筑设计、施工图设计、装修设计“三图统一”。

（四）以保障房为载体，加快推进住宅产业现代化进程

“十二五”期间计划建设3600万套保障性住房，在短时间内集中建设如此量大、面广的保障性安居工程，工程质量和管理面临着前所未有的挑战和压力。因此，抓住保障性住房大规模建设的机遇，既可以加快推进住宅产业化发展，又可以为保障性住房建设的质量和施工效率装上“双保险”。这里，我要提到的是，为确保保障性住房的质量，住房和城乡建设部住宅产业化促进中心前不久建立了保障性住房建设材料部品采购信息平台。这个由政府主导的公益平台，有着严格的产品筛查标准，既有利于保障房建设单位选择放心安全的建材和部品,又为品牌建材部品生产企业进入保障房建设领域开辟了广阔的市场。本届住博会期间将有十家保障房建设单位与十家优秀建材企业公开签订合作意向书，这为发挥采购平台作用,提高保障房质量将起到很好的示范引导作用。

（五）继续做好康居示范工程、性能认定、部品认证推广和“广厦奖”评选工作

进一步发挥康居示范工程、国家住宅产业化基地建设的引领示范作用，推动工业化建筑体系、节能环保技术和部品部件的规模化应用。不断完善住宅性能认定标准，大力宣传推广住宅性能认定制度，进一步提高住宅品质和性能。健全住宅部品认证制度，丰富、更新《通用住宅部品目录》，推广先进、适用、符合标准化和模数化的优良通用部品，淘汰落后部品。通过“广厦奖”评选，推动住宅全装修，推广住宅性能认定，为社会提供更多的性价比高的节能省地环保的“好房子”。

加快推进住宅产业现代化是落实“十二五”规划的切实体现，是构建“两型社会”的必然选择，也是加快房地产业发展方式转变的重要手段和途径。希望大家通过本届住博会的交流合作，为住宅产业的可持续发展共商未来之策，共搭互补之桥。

资料来源：2011-09-27，中国房地产研究会、中国房地产业协会

健全住房保障制度要做好六方面的工作

（2011–10–29，2011（首届）中国保障性住房发展高峰论坛）

大规模推进保障性安居工程建设，是党中央、国务院为推动科学发展、保障和改善民生采取的重大决策。贯彻落实好中央的决策部署，对于解决城镇中低收入家庭住房困难、保持国民经济平稳健康运行、促进社会和谐，都具有重要意义。

住房问题作为民生问题，中央重视，百姓关心，媒体关注。这次新华网联合中国房地产业协会、中国房地产研究会、经济参考报、北京房地产业协会等单位，共同举办以“住有所居·责任先行”为主题的保障房发展高峰论坛，宣传交流各地保障房建设的经验，对保障房的项目建设、融资创新、运营管理等进行专题研讨，是一项很有意义的活动，也是媒体和行业协会社会责任的体现。

我国保障房建设规模大、任务重、工期和质量要求高，保质保量完成保障房建设和管理的任务，进一步完善符合我国国情的住房保障体系，不仅是各级政府的责任，也需要动员社会各界集思广益、群策群力。

我认为，当前推进保障性安居工程建设，健全住房保障制度，应该注意做好以下几个方面工作：

一是要抓好规划设计和质量管理。要充分考虑居民就业、就医、就学、出行等需要，科学合理规划布局，完善配套服务设施。同时要优化户型设计，坚持户型小、功能齐、配套好、质量高、安全可靠，要严把质量关，把保障房建成百姓的“放心房”、“安居房”。

二是要拓宽融资渠道。除了依靠中央财政下达的补助资金和各地配套资金外，要通过金融创新，多方面搭建融资平台，多渠道筹措建设资金，落实信贷、财税支持政策，确保资金投入。

三是要完善准入退出和运行管理机制。要完善住房保障申请、审核、公示、轮候、复核制度，实施部门联动，加大对骗租、骗购的查处。加强对保障性住房使用的动态监管，严格退出机制。

四是要进一步健全符合我国国情的住房保障体系。现在保障房种类教多，廉租住房、公共租赁住房、经济适用住房、棚户区改造安置住房、限价房等，应当研究如何科学确定保障方式、保障范围和保障标准，以降低行政成本，提高保障性资源利用率，建立可持续的符合国家国情的住房保障体系。

五是要抓住机遇推进住宅产业化。我国保障性住房由政府主导建设，具有建设规模大、同质同类等特点。应利用保障房大规模建设的时机，大力推进“住宅设计标准化、部品部件生产工厂化、现场施工装配化、土建装修一体化”，同时，全面推广应用省地、节能、环保等技术、材料和设备，确保住宅质量、性能和施工效率。

六是要加快立法。要加快《基本住房保障法》的立法工作，完善住房保障制度顶层设计，为住房保障的长期化、制度化提供法制保障。

保障性住房建设不仅是重大的民生工程，也是重大的发展工程，又是宏观调控的重大举措。做好这项工作，对社会和谐稳定、对经济平稳运行、对行业健康发展意义重大，具有多重积极效应。因此，我希望大家齐心协力，共同推进这一重大工程的顺利实施。同时特别希望我们的开发企业，积极参与保障性住房的开发建设，履行社会责任，为住有所居目标的实现，为房地产业的健康发展作出贡献。

资料来源：2011–10–29，中房网

顺应调控形势，加强信用建设，引导房地产业健康稳定发展

（2011-12-21，中国房地产研究会五届四次理事会、中国房地产业协会六届三次理事）

在两会与会理事共同努力下，中国房地产研究会五届四次理事会、中国房地产业协会六届三次理事会圆满完成了各项议程。上午，苗乐如同志、朱中一同志分别代表中国房地产研究会、中国房地产业协会作了工作报告，童悦仲同志作了两会财务收支情况的报告，大会审议并通过了增补部分理事、常务理事和关于副秘书长的任免议案。下午，召开了中国房地产诚信企业表彰大会，五个单位做了发言。期间，两会与会副会长分别参加了预备会和大会安排的其他活动。明天，受住房和城乡建设部房地产市场监管司委托，中国房地产业协会还要召开全国一级资质房地产开发企业座谈会和市场形势报告会，请住房和城乡建设部、国家发改委、国土资源部、财政部等有关部门领导和专家作报告，希望大家按照大会议程，继续把会开好。

会议筹备过程中，我提议将两会理事会、诚信表彰会、企业座谈会和形势报告会“三会合一”。一方面，是贯彻中央精简会议的要求；另一方面，是集中精力把明年的形势分析透，把思想统一好，把工作安排实。从大会进展和实际效果看，虽然三个会议的议题不同，但内容充实，环环相扣，与下一步工作都有紧密联系。两会理事会回顾了今年全年的工作，对明年工作进行了安排；诚信表彰会表彰了372家开发企业和部分中介机构，对企业信用评价试点工作进行了总结并对全面推开进行了动员和部署；明天召开的座谈会还将讨论分析宏观经济和房地产市场形势。因时间关系，会上未专门安排对两会理事会工作报告进行讨论，希望大家会下和会后密切联系本地区、本单位的实际，对两会工作报告提出建议和意见。会议结束后，两会秘书处要结合大家的意见把报告修改好并尽快印发，更好地指导明年工作。

下面，结合明年两会工作，我就如何贯彻中央经济工作会议精神，加强行业信用体系建设，深化“三个服务”，谈几点意见，供大家参考。

一、认真贯彻落实中央经济工作会议精神，促进房地产市场健康发展

这次中央经济工作会议是党中央深入分析当前国内外经济形势、全面部署明年经济工作的一次重要会议。会议明确了明年经济工作的总体要求，确定了“稳中求进”的工作主基调。对于做好明年的房地产工作，会议强调，要坚持房地产调控政策不动摇，促进房价合理回归，加快普通商品住房建设，扩大有效供给，促进房地产市场健康发展。对于这次会议精神特别是关于房地产工作的有关要求，两会会员单位和秘书处全体工作人员要认真学习，全面把握，并结合即将召开的全国住房和城乡建设工作会议精神深入贯彻落实。

（一）正确认识中央宏观调控政策

房地产业健康发展对国民经济发展至关重要。市场化改革以来，房地产业对于拉动国民经济增长、改善城市面貌、提高居民居住水平等发挥了重要作用。但在发展过程中也出现了相当一部分地区经济发展过度依赖房地产、房地产过度依赖开发、开发过度依赖住宅建设的问题，加上政策制度和居民价值观的变化，一段时期以

来投机投资性购房需求过大，从而造成房价上涨过快等问题。在此情况下，国家采取了包括限购、限贷在内的一系列调控措施，促进房价合理回归，确保市场健康发展。目前，调控效果开始显现，房价过快上涨势头得到明显遏制，但必须看到，房价回稳的基础并不牢固，制约投资投机性购房需求的制度机制还未建立，房地产业与国民经济良性互动、协调发展的格局还未形成。我们看待房地产调控，不能局限于房地产业本身，而要立足经济社会发展全局，“跳出房地产看房地产”；不能只顾眼前，而要着眼于房地产业的长期持续健康发展。投资特别是投机性购房需求过大带来的危害是严重的，首先会积聚房地产泡沫，引发市场波动，加大金融风险，既威胁到房地产业的健康发展，也影响到国民经济的健康运行。日本上世纪90年代房地产泡沫破灭的教训是深刻的。其次，房地产业的“过度繁荣”对其他实体经济产生“挤出效应”，不利于经济结构调整和战略性新兴产业发展。而且，过高的房价也不利于“住有所居”目标的实现。因此，中央经济工作会议确定坚持房地产调控政策不动摇，是维护经济社会发展大局的需要，是促进房地产市场持续健康发展的需要，也是保障和改善民生的需要。当然，当前调控行政手段多一些，从根本上看，法规制度的完善以及以经济手段为主的调控机制的建立对于房地产业的健康发展是必须的，也是符合市场经济发展规律的。

（二）准确把握房地产业发展趋势

宏观调控并不意味着行业发展的停滞，房价回归也不代表产业下行。恰恰相反，在未来十到二十年时间里，房地产业还有很大的发展空间。中国经济的持续发展需要房地产业，中国的城市化离不开房地产。支撑产业发展的基础是市场需求，我国房地产业发展的市场需求潜力较大，排除投机性购房需求，自住性、改善性购房需求以及商业地产、旅游地产、老年地产、工业地产等足以支撑房地产业持续较快发展。今年我国城镇化率已超过50%，达到65-70%的城镇化水平，还将新增近2.5-3亿城镇居民。就住宅来讲，新增城镇居民住房需求加上旧区拆迁改造住房需求、改善性住房需求，满足这些住房需求，按城镇年均竣工住宅8亿平方米计算，保守估计也需要10年以上时间。“十二五”时期建设3600万套保障性住房，对产业的发展也是极大的支撑。因此，房地产业还将保持相当长的快速发展期。但随着调控的深入，产业发展模式将发生转变，总的趋势就是由重规模速度扩张转向重质量效益发展。首先，一个趋势就是由单一的土地开发模式转向高附加值的全产业链服务，很多企业会更加重视对产业链上资源优化整合，兼并重组、战略协作、优势互补成为常态；第二个趋势就是由单一的房地产开发转向多元化的跨产业经营，房地产业与金融、能源、商业、旅游、工业园区、文化、科技等其他产业加速融合，一业为主，多业并举，“跳出房地产做房地产”；第三个趋势就是由高消耗高排放的粗放式发展模式转向绿色低碳发展。在节能减排国家战略要求和日益严峻的资源环境约束下，房地产业走绿色发展之路是大趋势。准确把握产业发展趋势，顺应产业发展要求，对于保持房地产业持续健康发展意义重大。

（三）积极推进企业转型创新发展

我认为，没有垮掉的行业，只有垮掉的企业。对于房地产企业而言，调控既是挑战，也是机遇。企业发展面临困难，既有政策调控的影响，也有发展战略不对、经营管理不善造成的。面对挑战，积极应对，加快企业转型发展，积极整合资源，探索适合自己的发展模式，企业就会获得更大的发展空间，就会度过寒冬，迎来春天。我在今年6月召开的第三届房地产科学发展论坛上讲过，企业实现转型发展，就必须以改革创新为动力，以优化管理为抓手，推进建造方式创新、产品和业态创新、科技进步和技术创新、融资方式创新和管理方式创新，努力推动企业走上创新驱动、内生增长的良性发展轨道。目前而言，开发企业要从企业实际出发，根据国家产业政策和市场变化，明确企业发展战略，积极参与保障性住房建设，加快推进资源整合，加大推广低碳技术，提高产品质量，提升企业品牌，提高抗风险能力和竞争力。总之，要顺应形势发展要求，自己转，主动调，在转型创新发展上花大气力、下真功夫、求真实效。两会在促进企业资源整合，搭建合作平台，推动技术、产品创新，服务会员单位等方面有许多工作可做。

二、开展企业信用评价，加强信用体系建设

加强社会信用体系建设是建立完善社会主义市场经济体制的基础。“人无信不立”，企业同样如此。近年来，一些房地产开发企业在开发经营中出现虚假广告、捂盘惜售、哄抬房价等不诚信、不守信的情况，既侵害了消费者的权益，又损害了行业整体形象，也不利于企业自身的长远发展。房地产行业的健康发展需要遵循国家政策法规、行业规范和市场准则，也需要诚信自律、诚实守信的执业操守。

（一）组织开展诚信企业推介表彰和企业信用评价试点工作

为加强行业自律和企业诚信建设，2006年中国房地产业协会建立了“诚信建设基金”，每两年开展一次房地产诚信企业推介表彰活动，取得了较好的社会效果。但与此同时，推介表彰也存在一些问题。一是在2009年由中纪委牵头的评比达标表彰项目的清理活动中，诚信企业推介表彰未被列入其中；二是诚信企业推介表彰存在一定局限性，目前推介的房地产开发企业，大企业多、小企业少，一级资质企业多、二、三级资质企业少，而且被推介的是诚信企业，未被推介的也并不是不讲诚信，容易给人造成误解；三是国务院要求加强信用体系建设，大力推动信用信息在全国范围的互联互通，发挥信用信息对失信行为在更大范围的监督和约束。因此，过去的诚信企业推介表彰已经难以满足行业信用体系建设的发展。而且，长远来看，在市场经济条件下，对于企业的资质管理应向资信管理转变。出于以上考虑，今后两会不再进行房地产诚信企业推介表彰，这次是最后一次表彰，取而代之的是加强企业信用管理，开展检验企业综合实力更准、考核企业文化含量更高、评定企业品牌影响力更全面的信用评价工作。

信用是开发企业在开发能力、信贷、纳税、合同履约、产品质量、社会责任等诸方面综合实力的反映，是企业生命力和核心竞争力的重要体现，是行业的社会责任和道德基石。从2008年起，中国房地产业协会和中国房地产研究会就联合清华大学，着手进行了《房地产行业（开发企业）信用评价指标体系》的研究，并在2009年获得商务部批准在行业内开展信用评价工作。目前，两会已在北京、重庆、大连三个城市和5家房地产开发企业中开展了试点工作。通过试点，不仅可以把信用度高、社会责任感强的企业介绍给社会，推荐给消费者，也能引导企业更加诚实守信经营，承担更多企业公民的责任，同时对无信用、不诚信的企业予以曝光。

这次会上，对参与试点的35家房地产开发企业评价结果进行了公示，其中AAA级为27家，AA级8家。需要

说明的是，此次评价试点工作是根据《房地产行业信用评价管理办法》和《房地产行业（开发企业）信用评价指标体系评定办法》，遵循自愿、公平、公正、公开的原则，按照企业自愿参加、社会第三方信用评价机构客观评价、信用评价管理委员会审定评价结果、网上公示、报商务部备案等规范流程进行的。

我认为，通过试点和摸索，目前各地的诚信建设工作体现了五个方面的特点：一是信用体系概括了企业的开发实力、管理和产品水平，包含了企业信用、社会捐助、企业品牌和文化建设等方面的各项成果；二是评选指标不仅看开发量、财务数据等硬性指标，还要看企业的社会信用情况、企业文化建设情况、企业品牌和社会认可度等多项软性指标；三是在指标的设计和分值上，更加注重与国家政策引导的产业方向以及加强精神文明建设进行衔接；四是通过这项工作进一步完善了房地产开发企业的信用档案建立，建立了企业失信惩戒机制；五是一些地方建立了守信激励机制，把房地产信用体系纳入当地的“征信系统”。比如重庆市规定，凡在本届市级及市级以上行业协会企业信用等级评价活动中被评为A级及A级以上的企业，可享受减缴农民工工资保证金和减缴项目资本金等五项优惠政策。

（二）总结试点经验，全面推开企业信用评价工作

为做好企业信用评价工作，两会专门成立了房地产行业信用评价管理委员会和专家委员会，会同北京、重庆、大连三市地方协会，遵循“严肃认真，细致客观，公平公正”的原则，开展了企业信用评价试点工作，积累了经验，为全行业推广奠定了良好的基础。

下一步，要对试点工作认真总结，紧紧依靠各地房协和开发协会，全面推开企业信用评价工作。重点做好以下几项工作：

第一，要在试点基础上，尽快修改完善信用评价管理办法和评价指标体系，使评价工作更具科学性和可操作性。试点过程既是对企业的评价，也是对管理办法和指标体系的检验。要充分吸收专家、地方协会、第三方评价机构等的意见，并加强与商务部的协商沟通，结合行业特点，制定具有行业特色的管理办法和指标体系，更好地指导工作开展。

第二，各地协会要把诚信企业推介表彰工作转为企业信用评价工作，完善组织机构，做好第三方评价机构的选用和评价人员的培训工作，提高人员专业素质，确保评价工作公开、公平和公正。

第三，严格按照评价指标体系评价企业信用等级，加强对企业信用状况的动态监管。积极推动企业信用评价结果应用，发挥信用评价体系的激励和约束作用，动员更多企业参与到信用建设中来，不断改善自身信用状况。

第四，要加大信用评价工作和信用企业的宣传推广力度，利用中房网开设“信用评价结果公示栏”，把信用度高、社会责任感强的企业介绍给社会，推荐给消费者。我了解，中国对外承包工程商会将信用企业资料制作成中英文对照的光盘和手册，在国内洽谈项目和出国考察、展览中发放，取得了很好效果；中国机电产品流通协会与广发银行等金融机构达成协议，对信用企业降低信贷门槛，提高贷款发放数额。这些经验都值得我们学习和借鉴。今后两会信管办、金融委员会要主动联系金融机构，帮助信用企业获得金融支持。此外，两会正在参与的国家职业分类大典“房地产篇目”的修订工作，要与信用评价结合起来，发挥联动作用。

三、深化“三个服务”，做好明年两会工作

我在年初的两会理事会上提出，做好两会工作，必须树立“三个服务”的宗旨，即服务政府有作为，服务行业有推动，服务会员上水平。从近一年的工作情况看，两会的服务意识得到加强，工作有了进步和提高。关于两会明年的工作，理事会工作报告都做了安排，我都同意。我认为，做好明年的各项工作，需要进一步深化“三个服务”，提高服务水平。

（一）转变服务作风

1. 增强责任感。总体上看，两会秘书处包括各分支机构工作人员的积极性主动性得到提高，精神面貌得到改变，但离“关心政务、熟悉业务、处理事务、搞好服务”的要求还有一定差距，还需要加强对政务和业务的学习，增强事业心和责任感，进一步发挥轴的作用，更好地服务政府、服务行业、服务会员。

2. 健全规章制度。近一年来，两会的制度建设、组织建设、文化建设得到了加强，人事、工资、财务等制度逐步建立，岗位责任得到明确，但考核制度和奖惩办法还需进一步完善，以进一步调动大家的积极性。随着舆论监督的加强，社团组织的管理和运行越来越受到社会的关注。因此，要进一步加强两会的规范化建设，建立起科学、民主、规范的社团运行机制，推进行业文明和两会党建工作。

3. 坚持求真务实。求真务实，是党的优良传统，也是做好协会工作的关键。要加强调查研究，深入企业，深入会员单位，了解企业发展情况，反映企业诉求。今年以来，两会会员单位和企业在发展过程中，遇到了不同程度的困难。秘书处和各专业委员会要和地方协会及时沟通合作，帮助企业解决自身难以解决的问题，当好企业的贴心人和行业的代言人。要加强对市场的研究分析，密切关注市场动态，不仅要关注存在的问题，还要及时提出建设性的意见建议，不能坐而论道。

4. 坚持廉洁高效。从事社团工作，虽然没有行政权力，但仍有一些资源，如“广厦奖”评选，企业信用评价，企业测评排序、举办展会等，一定要坚持公开、公平、公正的原则。同时，社团工作也要讲效率，讲究工作方法，突出工作重点。过去我常讲，机关工作讲效率，企业工作讲效益，思想政治工作讲效果。而且，也要贯彻中央勤俭节约精简会议的要求，杜绝铺张浪费，减少文山会海，少开会、开短会。

（二）充实服务内容

两会明年安排的工作很多，我认为，两会活动要围绕以下几个方面开展：

1. 有助于推进政府工作开展。要立足政府当前工作需要，想政府之所想，急政府之所急，围绕政府工作重点和难点开展活动。如住房保障是当前政府工作的重点，两会的课题研究、法律事务委员会的立法研究等要重点关注住房保障问题。住房保障需要研究的问题很多，如顶层制度设计、准入退出机制、规划设计、施工质量、人居环境、投融资以及运营管理等。要针对明年房地产业发展中带有全局性、苗头性的情况和问题进行研究，提出意见和建议供政府部门决策参考，做好政策储备。第四届科学发展论坛已初步确定以保障性住房为主题，论坛将交流各地、各单位建设保障性住房的做法和经验，大力弘扬“责任地产、信用地产”。希望各副会长

单位、常务理事和理事单位对这届论坛给予支持，各地政府、有关管理部门、各省、市、自治区的地方协会、学会，以及各会员单位都可以推荐经验和样板，把这届论坛办成“政府支持、企业认同、群众满意”的活动。

2. 有助于引导行业发展。第三届科学发展论坛的主题是加快推进行业转型发展，加快转变发展方式是“十二五”期间的主题，两会明年的有关活动仍可围绕这一主题开展，如搭建产业合作平台，推进住宅产业化、绿色发展和节能减排等。

3. 有助于解决企业实际问题。两会要反映企业在发展中的困难，帮助企业改进管理，促进转型发展，提升发展质量，真正为企业解决经营管理、融资、政策咨询、人员培训、法律纠纷等方面的实际问题。在这方面，可发挥专业委员会的作用。今年，两会按照新业态的发展，调整和充实了部分专业委员会的职能。我参加了几个专业委员会的调整重组会议，我感觉，凡是得到副会长单位支持的专业委员会，凡是主任委员亲自挂帅的专业委员会，工作启动快、目标抓得准、服务水平高，体现了“企业家办会”的特点，今后，我们在工作中要发挥这一优势，让更多企业家参与两会和专业委员会的工作。一些专业委员会还提出了明年做好服务的新思路。人居环境委员会提出以“特色服务和定制服务”为重点，让“三个服务无处不在”；住宅产业发展和技术委员会提出“多元化+产业链服务”，协助上下游产业打通渠道；城市开发专业委员会开展“个性化一对一服务”的试点，对会员进行管理辅导。这些都是对“三个服务”的丰富和延伸。

（三）完善服务方式

1. 密切协作配合。两个理事会工作上密不可分，秘书处一套班子，但各专业委员会是相对独立的，这就需要协作配合。两会秘书处各部门、各专业委员会都要增强主动协调、配合协作的意识。在活动安排上相互沟通，相互支持，密切配合，整合资源，步调一直，发挥合力。

2. 紧紧依靠地方协（学）会。地方协会、学会是我们开展工作的重要依托，我们是好伙伴，好搭档。明年两会的许多工作都离不开地方协会、学会的支持，如前面讲到的企业信用评价工作，在各地协会支持配合下才能全面推开。还有“广厦奖”评选工作，“广厦奖”两年评一次，今年轮空，明年是“广厦奖”轮空后重新启动的一年，要按照新的标准和办法，会同地方协会，做好“广厦奖”选拔和评审工作，筹备开好“广厦奖”颁奖大会，加大对“广厦奖”的宣传与推广力度，推动企业建设更多绿色低碳的“好房子”。

3. 加强宣传引导。要充分发挥中房网和两会主办刊物的舆论引导作用。经过一年多努力，中房网在联系会员、宣传行业方面发挥出了越来越重要的作用。两会主办杂志要调整办刊思路，加快推进市场化、专业化改革，提高办刊质量，扩大社会影响力，增加效益。明年中房网和两会主办刊物要围绕以下重点工作进行宣传报道：一是要及时宣传国家宏观调控政策；二是要宣传企业转型创新的成功经验；三是要宣传房地产新业态、新产品的先进典型；四是要宣传好信用评价和“广厦奖”的推选工作；五是行业深化改革、完善制度等方面的探索研究。

同志们：两会是会员之家、企业之家，会员单位和企业是两会工作的基础、也是源泉所在，两会的工作离不开全体会员单位的支持和配合，离不开企业的关心和帮助。让我们“话在一起说，事在一起干，办法在一起想，经验在一起交流，困难在一起克服”，齐心协力，共同为促进房地产业健康发展作出贡献。

资料来源：2011-12-27，中国房地产研究会、中国房地产业协会

2011
中国房地产年鉴
THE ALMANAC OF CHINA REAL ESTATE
02
政策汇编
ZHENG CE HUI BIAN

导读 / INTRODUCTION

回顾2011年，在“调结构、稳物价”的大背景下，房地产市场在延续2010年调控政策的技术上，紧盯变化，持续加码。全年房地产调控以1月26日出台的《关于进一步做好房地产市场调控工作有关问题的通知》主要指导方针，从限购、限贷、限价等方面打击市场投资投机需求，遏制房价快速上涨势头。同时，上海、重庆两市房产税试点工作的落地，也为未来房产税的推广提供经验。

全年新开工建设1000万套的保障性安居工程任务，对各级政府的资金投入提出了考验，为此住房和城乡建设部、财政部等有关部门出台了相关政策，为保障性安居工程开工任务的顺利完成提供了助力。

本篇选取国务院、住房和城乡建设部、发展与改革委员会、财政部、国土资源部、商务部、中国人民银行、国家税务总局、中国银行业监督管理委员会等相关部委出台的2011年度对房地产市场的主要调控政策及措施，全面展示2011年国家对房地产市场的调控脉络。

中华人民共和国
国务院

国有土地上房屋征收与补偿条例

中华人民共和国国务院令
第590号

《国有土地上房屋征收与补偿条例》已经2011年1月19日国务院第141次常务会议通过，现予公布，自公布之日起施行。

总　理　温家宝
二〇一一年一月二十一日

国有土地上房屋征收与补偿条例

第一章　总则

第一条　为了规范国有土地上房屋征收与补偿活动，维护公共利益，保障被征收房屋所有权人的合法权益，制定本条例。

第二条　为了公共利益的需要，征收国有土地上单位、个人的房屋，应当对被征收房屋所有权人（以下称被征收人）给予公平补偿。

第三条　房屋征收与补偿应当遵循决策民主、程序正当、结果公开的原则。

第四条　市、县级人民政府负责本行政区域的房屋征收与补偿工作。

市、县级人民政府确定的房屋征收部门（以下称房屋征收部门）组织实施本行政区域的房屋征收与补偿工作。

市、县级人民政府有关部门应当依照本条例的规定和本级人民政府规定的职责分工，互相配合，保障房屋征收与补偿工作的顺利进行。

第五条 房屋征收部门可以委托房屋征收实施单位，承担房屋征收与补偿的具体工作。房屋征收实施单位不得以营利为目的。

房屋征收部门对房屋征收实施单位在委托范围内实施的房屋征收与补偿行为负责监督，并对其行为后果承担法律责任。

第六条 上级人民政府应当加强对下级人民政府房屋征收与补偿工作的监督。

国务院住房城乡建设主管部门和省、自治区、直辖市人民政府住房城乡建设主管部门应当会同同级财政、国土资源、发展改革等有关部门，加强对房屋征收与补偿实施工作的指导。

第七条 任何组织和个人对违反本条例规定的行为，都有权向有关人民政府、房屋征收部门和其他有关部门举报。接到举报的有关人民政府、房屋征收部门和其他有关部门对举报应当及时核实、处理。

监察机关应当加强对参与房屋征收与补偿工作的政府和有关部门或者单位及其工作人员的监察。

第二章 征收决定

第八条 为了保障国家安全、促进国民经济和社会发展等公共利益的需要，有下列情形之一，确需征收房屋的，由市、县级人民政府作出房屋征收决定：

（一）国防和外交的需要；

（二）由政府组织实施的能源、交通、水利等基础设施建设的需要；

（三）由政府组织实施的科技、教育、文化、卫生、体育、环境和资源保护、防灾减灾、文物保护、社会福利、市政公用等公共事业的需要；

（四）由政府组织实施的保障性安居工程建设的需要；

（五）由政府依照城乡规划法有关规定组织实施的对危房集中、基础设施落后等地段进行旧城区改建的需要；

（六）法律、行政法规规定的其他公共利益的需要。

第九条 依照本条例第八条规定，确需征收房屋的各项建设活动，应当符合国民经济和社会发展规划、土地利用总体规划、城乡规划和专项规划。保障性安居工程建设、旧城区改建，应当纳入市、县级国民经济和社会发展年度计划。

制定国民经济和社会发展规划、土地利用总体规划、城乡规划和专项规划，应当广泛征求社会公众意见，经过科学论证。

第十条 房屋征收部门拟定征收补偿方案，报市、县级人民政府。

市、县级人民政府应当组织有关部门对征收补偿方案进行论证并予以公布，征求公众意见。征求意见期限不得少于30日。

第十一条 市、县级人民政府应当将征求意见情况和根据公众意见修改的情况及时公布。

因旧城区改建需要征收房屋，多数被征收人认为征收补偿方案不符合本条例规定的，市、县级人民政府应当组织由被征收人和公众代表参加的听证会，并根据听证会情况修改方案。

第十二条　市、县级人民政府作出房屋征收决定前，应当按照有关规定进行社会稳定风险评估；房屋征收决定涉及被征收人数量较多的，应当经政府常务会议讨论决定。

作出房屋征收决定前，征收补偿费用应当足额到位、专户存储、专款专用。

第十三条　市、县级人民政府作出房屋征收决定后应当及时公告。公告应当载明征收补偿方案和行政复议、行政诉讼权利等事项。

市、县级人民政府及房屋征收部门应当做好房屋征收与补偿的宣传、解释工作。

房屋被依法征收的，国有土地使用权同时收回。

第十四条　被征收人对市、县级人民政府作出的房屋征收决定不服的，可以依法申请行政复议，也可以依法提起行政诉讼。

第十五条　房屋征收部门应当对房屋征收范围内房屋的权属、区位、用途、建筑面积等情况组织调查登记，被征收人应当予以配合。调查结果应当在房屋征收范围内向被征收人公布。

第十六条　房屋征收范围确定后，不得在房屋征收范围内实施新建、扩建、改建房屋和改变房屋用途等不当增加补偿费用的行为；违反规定实施的，不予补偿。

房屋征收部门应当将前款所列事项书面通知有关部门暂停办理相关手续。暂停办理相关手续的书面通知应当载明暂停期限。暂停期限最长不得超过1年。

第三章　补偿

第十七条　作出房屋征收决定的市、县级人民政府对被征收人给予的补偿包括：

（一）被征收房屋价值的补偿；

（二）因征收房屋造成的搬迁、临时安置的补偿；

（三）因征收房屋造成的停产停业损失的补偿。

市、县级人民政府应当制定补助和奖励办法，对被征收人给予补助和奖励。

第十八条　征收个人住宅，被征收人符合住房保障条件的，作出房屋征收决定的市、县级人民政府应当优先给予住房保障。具体办法由省、自治区、直辖市制定。

第十九条　对被征收房屋价值的补偿，不得低于房屋征收决定公告之日被征收房屋类似房地产的市场价格。被征收房屋的价值，由具有相应资质的房地产价格评估机构按照房屋征收评估办法评估确定。

对评估确定的被征收房屋价值有异议的，可以向房地产价格评估机构申请复核评估。对复核结果有异议的，可以向房地产价格评估专家委员会申请鉴定。

房屋征收评估办法由国务院住房城乡建设主管部门制定，制定过程中，应当向社会公开征求意见。

第二十条　房地产价格评估机构由被征收人协商选定；协商不成的，通过多数决定、随机选定等方式确定，具体办法由省、自治区、直辖市制定。

房地产价格评估机构应当独立、客观、公正地开展房屋征收评估工作，任何单位和个人不得干预。

第二十一条　被征收人可以选择货币补偿，也可以选择房屋产权调换。

被征收人选择房屋产权调换的，市、县级人民政府应当提供用于产权调换的房屋，并与被征收人计算、结清被征收房屋价值与用于产权调换房屋价值的差价。

因旧城区改建征收个人住宅，被征收人选择在改建地段进行房屋产权调换的，作出房屋征收决定的市、县级人民政府应当提供改建地段或者就近地段的房屋。

第二十二条　因征收房屋造成搬迁的，房屋征收部门应当向被征收人支付搬迁费；选择房屋产权调换的，产权调换房屋交付前，房屋征收部门应当向被征收人支付临时安置费或者提供周转用房。

第二十三条　对因征收房屋造成停产停业损失的补偿，根据房屋被征收前的效益、停产停业期限等因素确定。具体办法由省、自治区、直辖市制定。

第二十四条　市、县级人民政府及其有关部门应当依法加强对建设活动的监督管理，对违反城乡规划进行建设的，依法予以处理。

市、县级人民政府作出房屋征收决定前，应当组织有关部门依法对征收范围内未经登记的建筑进行调查、认定和处理。对认定为合法建筑和未超过批准期限的临时建筑的，应当给予补偿；对认定为违法建筑和超过批准期限的临时建筑的，不予补偿。

第二十五条　房屋征收部门与被征收人依照本条例的规定，就补偿方式、补偿金额和支付期限、用于产权调换房屋的地点和面积、搬迁费、临时安置费或者周转用房、停产停业损失、搬迁期限、过渡方式和过渡期限等事项，订立补偿协议。

补偿协议订立后，一方当事人不履行补偿协议约定的义务的，另一方当事人可以依法提起诉讼。

第二十六条　房屋征收部门与被征收人在征收补偿方案确定的签约期限内达不成补偿协议，或者被征收房屋所有权人不明确的，由房屋征收部门报请作出房屋征收决定的市、县级人民政府依照本条例的规定，按照征收补偿方案作出补偿决定，并在房屋征收范围内予以公告。

补偿决定应当公平，包括本条例第二十五条第一款规定的有关补偿协议的事项。

被征收人对补偿决定不服的，可以依法申请行政复议，也可以依法提起行政诉讼。

第二十七条　实施房屋征收应当先补偿、后搬迁。

作出房屋征收决定的市、县级人民政府对被征收人给予补偿后，被征收人应当在补偿协议约定或者补偿决定确定的搬迁期限内完成搬迁。

任何单位和个人不得采取暴力、威胁或者违反规定中断供水、供热、供气、供电和道路通行等非法方式迫使被征收人搬迁。禁止建设单位参与搬迁活动。

第二十八条　被征收人在法定期限内不申请行政复议或者不提起行政诉讼，在补偿决定规定的期限内又不搬迁的，由作出房屋征收决定的市、县级人民政府依法申请人民法院强制执行。

强制执行申请书应当附具补偿金额和专户存储账号、产权调换房屋和周转用房的地点和面积等材料。

第二十九条　房屋征收部门应当依法建立房屋征收补偿档案，并将分户补偿情况在房屋征收范围内向被征收人公布。

审计机关应当加强对征收补偿费用管理和使用情况的监督，并公布审计结果。

第四章　法律责任

第三十条　市、县级人民政府及房屋征收部门的工作人员在房屋征收与补偿工作中不履行本条例规定的职责，或者滥用职权、玩忽职守、徇私舞弊的，由上级人民政府或者本级人民政府责令改正，通报批评；造成损失的，依法承担赔偿责任；对直接负责的主管人员和其他直接责任人员，依法给予处分；构成犯罪的，依法追究刑事责任。

第三十一条　采取暴力、威胁或者违反规定中断供水、供热、供气、供电和道路通行等非法方式迫使被征收人搬迁，造成损失的，依法承担赔偿责任；对直接负责的主管人员和其他直接责任人员，构成犯罪的，依法追究刑事责任；尚不构成犯罪的，依法给予处分；构成违反治安管理行为的，依法给予治安管理处罚。

第三十二条　采取暴力、威胁等方法阻碍依法进行的房屋征收与补偿工作，构成犯罪的，依法追究刑事责任；构成违反治安管理行为的，依法给予治安管理处罚。

第三十三条　贪污、挪用、私分、截留、拖欠征收补偿费用的，责令改正，追回有关款项，限期退还违法所得，对有关责任单位通报批评、给予警告；造成损失的，依法承担赔偿责任；对直接负责的主管人员和其他直接责任人员，构成犯罪的，依法追究刑事责任；尚不构成犯罪的，依法给予处分。

第三十四条　房地产价格评估机构或者房地产估价师出具虚假或者有重大差错的评估报告的，由发证机关责令限期改正，给予警告，对房地产价格评估机构并处5万元以上20万元以下罚款，对房地产估价师并处1万元以上3万元以下罚款，并记入信用档案；情节严重的，吊销资质证书、注册证书；造成损失的，依法承担赔偿责任；构成犯罪的，依法追究刑事责任。

第五章　附则

第三十五条　本条例自公布之日起施行。2001年6月13日国务院公布的《城市房屋拆迁管理条例》同时废止。本条例施行前已依法取得房屋拆迁许可证的项目，继续沿用原有的规定办理，但政府不得责成有关部门强制拆迁。

关于进一步做好房地产市场调控工作有关问题的通知

国办发〔2011〕1号

各省、自治区、直辖市人民政府，国务院各部委、各直属机构：

《国务院关于坚决遏制部分城市房价过快上涨的通知》（国发〔2010〕10号，以下简称国发10号文件）印发后，房地产市场出现了积极的变化，房价过快上涨的势头得到初步遏制。为巩固和扩大调控成果，进一步做好房地产市场调控工作，逐步解决城镇居民住房问题，促进房地产市场平稳健康发展，经国务院同意，现就有关问题通知如下：

一、进一步落实地方政府责任

地方政府要切实承担起促进房地产市场平稳健康发展的责任，严格执行国发10号文件及其相关配套政策，切实将房价控制在合理水平。2011年各城市人民政府要根据当地经济发展目标、人均可支配收入增长速度和居民住房支付能力，合理确定本地区年度新建住房价格控制目标，并于一季度向社会公布。各地要继续增加土地有效供应，进一步加大普通住房建设力度；继续完善严格的差别化住房信贷和税收政策，进一步有效遏制投机投资性购房；加快个人住房信息系统建设，逐步完善房地产统计基础数据；继续做好住房保障工作，全面落实好年内开工建设保障性住房和棚户区改造住房的目标任务。

二、加大保障性安居工程建设力度

2011年，全国建设保障性住房和棚户区改造住房1000万套。各地要通过新建、改建、购买、长期租赁等方式，多渠道筹集保障性住房房源，逐步扩大住房保障制度覆盖面。中央将加大对保障性安居工程建设的支持力度。地方人民政府要切实落实土地供应、资金投入和税费优惠等政策，引导房地产开发企业积极参与保障性住房建设和棚户区改造，确保完成计划任务。加强保障性住房管理，健全准入退出机制，切实做到公开、公平、公正。有条件的地区，可以把建制镇纳入住房保障工作范围。

要努力增加公共租赁住房供应。各地要在加大政府投入的同时，完善体制机制，运用土地供应、投资补助、财政贴息或注入资本金、税费优惠等政策措施，合理确定租金水平，吸引机构投资者参与公共租赁住房建设和运营。鼓励金融机构发放公共租赁住房建设和运营中长期贷款。要研究制定优惠政策，鼓励房地产开发企业在普通商品住房建设项目中配建一定比例的公共租赁住房，并持有、经营，或由政府回购。

三、调整完善相关税收政策，加强税收征管

调整个人转让住房营业税政策，对个人购买住房不足5年转手交易的，统一按其销售收入全额征税。税务部门要进一步采取措施，确保政策执行到位。加强对土地增值税征管情况的监督和检查，重点对定价明显超过周边房价水平的房地产开发项目，进行土地增值税清算和稽查。加大应用房地产价格评估技术加强存量房交易税收征管工作的试点和推广力度，坚决堵塞“阴阳合同”产生的税收漏洞。严格执行个人转让房地产所得税征收政策。

四、强化差别化住房信贷政策

对贷款购买第二套住房的家庭，首付款比例不低于60%，贷款利率不低于基准利率的1.1倍。人民银行各分支机构可根据当地人民政府新建住房价格控制目标和政策要求，在国家统一信贷政策的基础上，提高第二套住

房贷款的首付款比例和利率。银行业监管部门要加强对商业银行执行差别化住房信贷政策情况的监督检查，对违规行为要严肃处理。

五、严格住房用地供应管理

各地要增加土地有效供应，认真落实保障性住房、棚户区改造住房和中小套型普通商品住房用地不低于住房建设用地供应总量的70%的要求。在新增建设用地年度计划中，要单列保障性住房用地，做到应保尽保。今年的商品住房用地供应计划总量原则上不得低于前2年年均实际供应量。进一步完善土地出让方式，大力推广“限房价、竞地价”方式供应中低价位普通商品住房用地。房价高的城市要增加限价商品住房用地计划供应量。

加强对企业土地市场准入资格和资金来源的审查。参加土地竞买的单位或个人，必须说明资金来源并提供相应证明。对擅自改变保障性住房用地性质的，要坚决纠正和严肃查处。对已供房地产用地，超过两年没有取得施工许可证进行开工建设的，必须及时收回土地使用权，并处以闲置一年以上罚款。要依法查处非法转让土地使用权的行为，对房地产开发建设投资达不到25%以上的（不含土地价款），不得以任何方式转让土地及合同约定的土地开发项目。

六、合理引导住房需求

各直辖市、计划单列市、省会城市和房价过高、上涨过快的城市，在一定时期内，要从严制定和执行住房限购措施。原则上对已拥有1套住房的当地户籍居民家庭、能够提供当地一定年限纳税证明或社会保险缴纳证明的非当地户籍居民家庭，限购1套住房（含新建商品住房和二手住房）；对已拥有2套及以上住房的当地户籍居民家庭、拥有1套及以上住房的非当地户籍居民家庭、无法提供一定年限当地纳税证明或社会保险缴纳证明的非当地户籍居民家庭，要暂停在本行政区域内向其售房。

已采取住房限购措施的城市，凡与本通知要求不符的，要立即调整完善相关实施细则，并加强对购房人资格的审核工作，确保政策落实到位。尚未采取住房限购措施的直辖市、计划单列市、省会城市和房价过高、上涨过快的城市，要在2月中旬之前，出台住房限购实施细则。其他城市也要根据本地房地产市场出现的新情况，适时出台住房限购措施。

七、落实住房保障和稳定房价工作的约谈问责机制

国务院有关部门要加强对城市人民政府住房保障和稳定房价工作的监督和检查。对于新建住房价格出现过快上涨势头、土地出让中连续出现楼面地价超过同类地块历史最高价，以及保障性安居工程建设进度缓慢、租售管理和后期使用监管不力的，住房城乡建设部、国土资源部、监察部要会同有关部门，约谈省级及有关城市

人民政府负责人。对未如期确定并公布本地区年度新建住房价格控制目标、新建住房价格上涨幅度超过年度控制目标、没有完成保障性安居工程目标任务的，相关省（区、市）人民政府要向国务院作出报告。监察部、住房城乡建设部等部门要视情况，根据有关规定对相关负责人进行问责。对于执行差别化住房信贷、税收政策不到位，房地产相关税收征管不力，以及个人住房信息系统建设滞后等问题，也要纳入约谈和问责范围。

省级人民政府及其有关部门，要参照上述规定，建立健全对辖区内城市落实住房保障和稳定房价工作的约谈问责机制。

八、坚持和强化舆论引导

新闻媒体要对各地稳定房价和住房保障工作好的做法和经验加大宣传力度，深入解读政策措施，引导居民从国情出发理性消费，为促进房地产市场平稳健康发展和加快推进住房保障体系建设提供有力的舆论支持，防止虚假信息或不负责任的猜测、评论误导消费预期。对制造、散布虚假消息的，要追究有关当事人的责任。

国务院办公厅

二〇一一年一月二十六日

土地复垦条例

中华人民共和国国务院令

第592号

《土地复垦条例》已经2011年2月22日国务院第145次常务会议通过，现予公布，自公布之日起施行。

总　理　温家宝

二〇一一年三月五日

土地复垦条例

第一章　总则

第一条　为了落实十分珍惜、合理利用土地和切实保护耕地的基本国策，规范土地复垦活动，加强土地复垦管理，提高土地利用的社会效益、经济效益和生态效益，根据《中华人民共和国土地管理法》，制定本条例。

第二条　本条例所称土地复垦，是指对生产建设活动和自然灾害损毁的土地，采取整治措施，使其达到可供利用状态的活动。

第三条　生产建设活动损毁的土地，按照“谁损毁，谁复垦”的原则，由生产建设单位或者个人（以下称土地复垦义务人）负责复垦。但是，由于历史原因无法确定土地复垦义务人的生产建设活动损毁的土地（以下称历史遗留损毁土地），由县级以上人民政府负责组织复垦。

自然灾害损毁的土地，由县级以上人民政府负责组织复垦。

第四条　生产建设活动应当节约集约利用土地，不占或者少占耕地；对依法占用的土地应当采取有效措施，减少土地损毁面积，降低土地损毁程度。

土地复垦应当坚持科学规划、因地制宜、综合治理、经济可行、合理利用的原则。复垦的土地应当优先用于农业。

第五条　国务院国土资源主管部门负责全国土地复垦的监督管理工作。县级以上地方人民政府国土资源主管部门负责本行政区域土地复垦的监督管理工作。

县级以上人民政府其他有关部门依照本条例的规定和各自的职责做好土地复垦有关工作。

第六条　编制土地复垦方案、实施土地复垦工程、进行土地复垦验收等活动，应当遵守土地复垦国家标准；没有国家标准的，应当遵守土地复垦行业标准。

制定土地复垦国家标准和行业标准，应当根据土地损毁的类型、程度、自然地理条件和复垦的可行性等因素，分类确定不同类型损毁土地的复垦方式、目标和要求等。

第七条　县级以上地方人民政府国土资源主管部门应当建立土地复垦监测制度，及时掌握本行政区域土地资源损毁和土地复垦效果等情况。

国务院国土资源主管部门和省、自治区、直辖市人民政府国土资源主管部门应当建立健全土地复垦信息管理系统，收集、汇总和发布土地复垦数据信息。

第八条　县级以上人民政府国土资源主管部门应当依据职责加强对土地复垦情况的监督检查。被检查的单位或者个人应当如实反映情况，提供必要的资料。

任何单位和个人不得扰乱、阻挠土地复垦工作，破坏土地复垦工程、设施和设备。

第九条　国家鼓励和支持土地复垦科学研究和技术创新，推广先进的土地复垦技术。

对在土地复垦工作中作出突出贡献的单位和个人，由县级以上人民政府给予表彰。

第二章　生产建设活动损毁土地的复垦

第十条　下列损毁土地由土地复垦义务人负责复垦：

（一）露天采矿、烧制砖瓦、挖沙取土等地表挖掘所损毁的土地；

（二）地下采矿等造成地表塌陷的土地；

（三）堆放采矿剥离物、废石、矿渣、粉煤灰等固体废弃物压占的土地；

（四）能源、交通、水利等基础设施建设和其他生产建设活动临时占用所损毁的土地。

第十一条　土地复垦义务人应当按照土地复垦标准和国务院国土资源主管部门的规定编制土地复垦方案。

第十二条　土地复垦方案应当包括下列内容：

（一）项目概况和项目区土地利用状况；

（二）损毁土地的分析预测和土地复垦的可行性评价；

（三）土地复垦的目标任务；

（四）土地复垦应当达到的质量要求和采取的措施；

（五）土地复垦工程和投资估（概）算；

（六）土地复垦费用的安排；

（七）土地复垦工作计划与进度安排；

（八）国务院国土资源主管部门规定的其他内容。

第十三条　土地复垦义务人应当在办理建设用地申请或者采矿权申请手续时，随有关报批材料报送土地复垦方案。

土地复垦义务人未编制土地复垦方案或者土地复垦方案不符合要求的，有批准权的人民政府不得批准建设用地，有批准权的国土资源主管部门不得颁发采矿许可证。

本条例施行前已经办理建设用地手续或者领取采矿许可证，本条例施行后继续从事生产建设活动造成土地损毁的，土地复垦义务人应当按照国务院国土资源主管部门的规定补充编制土地复垦方案。

第十四条　土地复垦义务人应当按照土地复垦方案开展土地复垦工作。矿山企业还应当对土地损毁情况进行动态监测和评价。

生产建设周期长、需要分阶段实施复垦的，土地复垦义务人应当对土地复垦工作与生产建设活动统一规划、统筹实施，根据生产建设进度确定各阶段土地复垦的目标任务、工程规划设计、费用安排、工程实施进度和完成期限等。

第十五条　土地复垦义务人应当将土地复垦费用列入生产成本或者建设项目总投资。

第十六条　土地复垦义务人应当建立土地复垦质量控制制度，遵守土地复垦标准和环境保护标准，保护土壤质量与生态环境，避免污染土壤和地下水。

土地复垦义务人应当首先对拟损毁的耕地、林地、牧草地进行表土剥离，剥离的表土用于被损毁土地的复垦。

禁止将重金属污染物或者其他有毒有害物质用作回填或者充填材料。受重金属污染物或者其他有毒有害物质污染的土地复垦后，达不到国家有关标准的，不得用于种植食用农作物。

第十七条　土地复垦义务人应当于每年12月31日前向县级以上地方人民政府国土资源主管部门报告当年的土地损毁情况、土地复垦费用使用情况以及土地复垦工程实施情况。

县级以上地方人民政府国土资源主管部门应当加强对土地复垦义务人使用土地复垦费用和实施土地复垦工程的监督。

第十八条　土地复垦义务人不复垦，或者复垦验收中经整改仍不合格的，应当缴纳土地复垦费，由有关国土资源主管部门代为组织复垦。

确定土地复垦费的数额，应当综合考虑损毁前的土地类型、实际损毁面积、损毁程度、复垦标准、复垦用途和完成复垦任务所需的工程量等因素。土地复垦费的具体征收使用管理办法，由国务院财政、价格主管部门商国务院有关部门制定。

土地复垦义务人缴纳的土地复垦费专项用于土地复垦。任何单位和个人不得截留、挤占、挪用。

第十九条　土地复垦义务人对在生产建设活动中损毁的由其他单位或者个人使用的国有土地或者农民集体所有的土地，除负责复垦外，还应当向遭受损失的单位或者个人支付损失补偿费。

损失补偿费由土地复垦义务人与遭受损失的单位或者个人按照造成的实际损失协商确定；协商不成的，可以向土地所在地人民政府国土资源主管部门申请调解或者依法向人民法院提起民事诉讼。

第二十条　土地复垦义务人不依法履行土地复垦义务的，在申请新的建设用地时，有批准权的人民政府不得批准；在申请新的采矿许可证或者申请采矿许可证延续、变更、注销时，有批准权的国土资源主管部门不得批准。

第三章　历史遗留损毁土地和自然灾害损毁土地的复垦

第二十一条　县级以上人民政府国土资源主管部门应当对历史遗留损毁土地和自然灾害损毁土地进行调查评价。

第二十二条　县级以上人民政府国土资源主管部门应当在调查评价的基础上，根据土地利用总体规划编制土地复垦专项规划，确定复垦的重点区域以及复垦的目标任务和要求，报本级人民政府批准后组织实施。

第二十三条　对历史遗留损毁土地和自然灾害损毁土地，县级以上人民政府应当投入资金进行复垦，或者按照“谁投资，谁受益”的原则，吸引社会投资进行复垦。土地权利人明确的，可以采取扶持、优惠措施，鼓励土地权利人自行复垦。

第二十四条　国家对历史遗留损毁土地和自然灾害损毁土地的复垦按项目实施管理。

县级以上人民政府国土资源主管部门应当根据土地复垦专项规划和年度土地复垦资金安排情况确定年度复垦项目。

第二十五条　政府投资进行复垦的，负责组织实施土地复垦项目的国土资源主管部门应当组织编制土地复垦项目设计书，明确复垦项目的位置、面积、目标任务、工程规划设计、实施进度及完成期限等。

土地权利人自行复垦或者社会投资进行复垦的，土地权利人或者投资单位、个人应当组织编制土地复垦项目设计书，并报负责组织实施土地复垦项目的国土资源主管部门审查同意后实施。

第二十六条　政府投资进行复垦的，有关国土资源主管部门应当依照招标投标法律法规的规定，通过公开招标的方式确定土地复垦项目的施工单位。

土地权利人自行复垦或者社会投资进行复垦的，土地复垦项目的施工单位由土地权利人或者投资单位、个人依法自行确定。

第二十七条　土地复垦项目的施工单位应当按照土地复垦项目设计书进行复垦。

负责组织实施土地复垦项目的国土资源主管部门应当健全项目管理制度，加强项目实施中的指导、管理和监督。

第四章　土地复垦验收

第二十八条　土地复垦义务人按照土地复垦方案的要求完成土地复垦任务后，应当按照国务院国土资源主管部门的规定向所在地县级以上地方人民政府国土资源主管部门申请验收，接到申请的国土资源主管部门应当会同同级农业、林业、环境保护等有关部门进行验收。

进行土地复垦验收，应当邀请有关专家进行现场踏勘，查验复垦后的土地是否符合土地复垦标准以及土地复垦方案的要求，核实复垦后的土地类型、面积和质量等情况，并将初步验收结果公告，听取相关权利人的意见。相关权利人对土地复垦完成情况提出异议的，国土资源主管部门应当会同有关部门进一步核查，并将核查情况向相关权利人反馈；情况属实的，应当向土地复垦义务人提出整改意见。

第二十九条　负责组织验收的国土资源主管部门应当会同有关部门在接到土地复垦验收申请之日起60个工作日内完成验收，经验收合格的，向土地复垦义务人出具验收合格确认书；经验收不合格的，向土地复垦义务人出具书面整改意见，列明需要整改的事项，由土地复垦义务人整改完成后重新申请验收。

第三十条　政府投资的土地复垦项目竣工后，负责组织实施土地复垦项目的国土资源主管部门应当依照本条例第二十八条第二款的规定进行初步验收。初步验收完成后，负责组织实施土地复垦项目的国土资源主管部门应当按照国务院国土资源主管部门的规定向上级人民政府国土资源主管部门申请最终验收。上级人民政府国土资源主管部门应当会同有关部门及时组织验收。

土地权利人自行复垦或者社会投资进行复垦的土地复垦项目竣工后，由负责组织实施土地复垦项目的国土资源主管部门会同有关部门进行验收。

第三十一条　复垦为农用地的，负责组织验收的国土资源主管部门应当会同有关部门在验收合格后的5年内对土地复垦效果进行跟踪评价，并提出改善土地质量的建议和措施。

第五章　土地复垦激励措施

第三十二条　土地复垦义务人在规定的期限内将生产建设活动损毁的耕地、林地、牧草地等农用地复垦恢复原状的，依照国家有关税收法律法规的规定退还已经缴纳的耕地占用税。

第三十三条　社会投资复垦的历史遗留损毁土地或者自然灾害损毁土地，属于无使用权人的国有土地的，经县级以上人民政府依法批准，可以确定给投资单位或者个人长期从事种植业、林业、畜牧业或者渔业生产。

社会投资复垦的历史遗留损毁土地或者自然灾害损毁土地，属于农民集体所有土地或者有使用权人的国有土地的，有关国土资源主管部门应当组织投资单位或者个人与土地权利人签订土地复垦协议，明确复垦的目标任务以及复垦后的土地使用和收益分配。

第三十四条　历史遗留损毁和自然灾害损毁的国有土地的使用权人，以及历史遗留损毁和自然灾害损毁的农民集体所有土地的所有权人、使用权人，自行将损毁土地复垦为耕地的，由县级以上地方人民政府给予补贴。

第三十五条　县级以上地方人民政府将历史遗留损毁和自然灾害损毁的建设用地复垦为耕地的，按照国家有关规定可以作为本省、自治区、直辖市内进行非农建设占用耕地时的补充耕地指标。

第六章　法律责任

第三十六条　负有土地复垦监督管理职责的部门及其工作人员有下列行为之一的，对直接负责的主管人员和其他直接责任人员，依法给予处分；直接负责的主管人员和其他直接责任人员构成犯罪的，依法追究刑事责任：

（一）违反本条例规定批准建设用地或者批准采矿许可证及采矿许可证的延续、变更、注销的；

（二）截留、挤占、挪用土地复垦费的；

（三）在土地复垦验收中弄虚作假的；

（四）不依法履行监督管理职责或者对发现的违反本条例的行为不依法查处的；

（五）在审查土地复垦方案、实施土地复垦项目、组织土地复垦验收以及实施监督检查过程中，索取、收受他人财物或者谋取其他利益的；

（六）其他徇私舞弊、滥用职权、玩忽职守行为。

第三十七条　本条例施行前已经办理建设用地手续或者领取采矿许可证，本条例施行后继续从事生产建设活动造成土地损毁的土地复垦义务人未按照规定补充编制土地复垦方案的，由县级以上地方人民政府国土资源主管部门责令限期改正；逾期不改正的，处10万元以上20万元以下的罚款。

第三十八条　土地复垦义务人未按照规定将土地复垦费用列入生产成本或者建设项目总投资的，由县级以上地方人民政府国土资源主管部门责令限期改正；逾期不改正的，处10万元以上50万元以下的罚款。

第三十九条　土地复垦义务人未按照规定对拟损毁的耕地、林地、牧草地进行表土剥离，由县级以上地方人民政府国土资源主管部门责令限期改正；逾期不改正的，按照应当进行表土剥离的土地面积处每公顷1万元的罚款。

第四十条　土地复垦义务人将重金属污染物或者其他有毒有害物质用作回填或者充填材料的，由县级以上地方人民政府环境保护主管部门责令停止违法行为，限期采取治理措施，消除污染，处10万元以上50万元以下的罚款；逾期不采取治理措施的，环境保护主管部门可以指定有治理能力的单位代为治理，所需费用由违法者承担。

第四十一条　土地复垦义务人未按照规定报告土地损毁情况、土地复垦费用使用情况或者土地复垦工程实施情况的，由县级以上地方人民政府国土资源主管部门责令限期改正；逾期不改正的，处2万元以上5万元以下的罚款。

第四十二条　土地复垦义务人依照本条例规定应当缴纳土地复垦费而不缴纳的，由县级以上地方人民政府国土资源主管部门责令限期缴纳；逾期不缴纳的，处应缴纳土地复垦费1倍以上2倍以下的罚款，土地复垦义务人为矿山企业的，由颁发采矿许可证的机关吊销采矿许可证。

第四十三条　土地复垦义务人拒绝、阻碍国土资源主管部门监督检查，或者在接受监督检查时弄虚作假的，由国土资源主管部门责令改正，处2万元以上5万元以下的罚款；有关责任人员构成违反治安管理行为的，由公安机关依法予以治安管理处罚；有关责任人员构成犯罪的，依法追究刑事责任。

破坏土地复垦工程、设施和设备，构成违反治安管理行为的，由公安机关依法予以治安管理处罚；构成犯罪的，依法追究刑事责任。

第七章　附则

第四十四条　本条例自公布之日起施行。1988年11月8日国务院发布的《土地复垦规定》同时废止。

关于积极参与保障性住房开发建设有关事项的通知

国资厅发规划〔2011〕28号

各中央企业：

全面推进保障性住房建设，加快解决城镇中低收入家庭的住房困难问题，促进实现“住有所居”的目标，是党中央、国务院作出的重大决策。为贯彻落实国家关于保障性住房开发建设的有关部署，推动中央企业积极参与保障性住房开发建设，现将有关事项通知如下：

一、深刻认识保障性住房开发建设的重要意义

加快建设保障性住房是保障和改善民生、促进社会和谐稳定的必然要求，是调整住房供应结构、促进房地产市场健康发展的重要途径。《国民经济和社会发展第十二个五年规划纲要》明确提出，“十二五”时期要“建设城镇保障性住房和棚户区改造住房3600万套”。中央企业要深刻认识国家推进保障性住房开发建设的重要意义，把积极参与保障性住房开发建设作为企业履行社会责任的重要途径，进一步加大对保障性住房开发建设的投入力度，发挥中央企业的骨干和带头作用。

二、通过多种方式积极参与保障性住房开发建设

按照国务院的有关部署，地方政府是落实和推进保障性住房建设的主体。有关中央企业要及时收集掌握地方政府在保障性住房方面的规划、进度安排、项目资料和政策支持等信息，加强与地方政府有关部门的沟通，争取地方政府的支持，在地方政府的领导下，按照市场化运作方式，通过多种途径参与保障性住房开发建设。

勘察设计企业要充分发挥在人员、资质、经验等方面的优势，主动承接保障性住房的规划和设计。房地产开发企业要抓住各地在保障性住房土地供应、投资补助、财政贴息、融资、税费等方面出台优惠政策的机会，将保障性住房与商业性房地产开发有机结合起来。工程建设企业要利用企业在规模、质量、成本和信誉等方面

的优势，积极承担保障性住房项目的建设任务。建材企业要努力保障各地对保障性住房建设所需建材的供应，提供质优价廉的材料，推广使用新型节能建材。矿区企业要利用有关优惠政策，争取将本企业棚户区改造工作纳入到当地保障性住房建设计划。

三、切实保证保障性住房的质量

在保障性住房开发建设中，要始终树立“质量第一”的意识，强化对开发建设各个环节的过程管理，控制工程造价，保证工期，切实防止质量安全事故的发生。在设计方面，要根据保障性住房的特点，合理优化设计方案，努力做到功能齐全、布局合理、节能环保、经济适用。在项目建设中，要严格按照相关设计文件和技术标准进行施工，使用合格建筑材料，健全质量保证体系。

有关中央企业要加强组织领导，结合本企业实际研究制订参与保障性住房开发建设的实施方案。在开发建设过程中，要注意总结经验、研究问题，并及时将有关情况向国资委报告。

国务院国有资产监督管理委员会办公厅

二〇一一年四月二日

关于保障性安居工程建设和管理的指导意见

国办发〔2011〕45号

各省、自治区、直辖市人民政府，国务院各部委、各直属机构：

大规模推进保障性安居工程建设，是党中央、国务院为推动科学发展、加快转变经济发展方式、保障和改善民生采取的重大举措。为贯彻落实党中央、国务院的决策部署，全面推进保障性安居工程建设，进一步加强和规范保障性住房管理，加快解决中低收入家庭住房困难，促进实现住有所居目标，经国务院同意，现提出如下意见：

一、总体要求和基本原则

（一）总体要求。适应工业化、城镇化快速发展的要求，深入贯彻落实科学发展观，把住房保障作为政府公共服务的重要内容，建立健全中国特色的城镇住房保障体系，合理确定住房保障范围、保障方式和保障标准，完善住房保障支持政策，逐步形成可持续的保障性安居工程投资、建设、运营和管理机制。到“十二五”期末，全国保障性住房覆盖面达到20%左右，力争使城镇中等偏下和低收入家庭住房困难问题得到基本解决，新就业职工住房困难问题得到有效缓解，外来务工人员居住条件得到明显改善。

（二）基本原则。住房保障工作要坚持从我国国情出发，满足基本住房需要；坚持政府主导、政策扶持，引导社会参与；坚持加大公共财政的投入，同时发挥市场机制的作用；坚持经济、适用、环保，确保质量安全；坚持分配过程公开透明，分配结果公平公正；坚持规范管理，不断完善住房保障制度。

二、大力推进以公共租赁住房为重点的保障性安居工程建设

（一）重点发展公共租赁住房。公共租赁住房面向城镇中等偏下收入住房困难家庭、新就业无房职工和在城镇稳定就业的外来务工人员供应，单套建筑面积以40平方米左右的小户型为主，满足基本居住需要。租金标准由市县人民政府结合当地实际，按照略低于市场租金的原则合理确定。发展公共租赁住房，对于完善住房供应和保障体系、引导合理住房消费、缓解群众住房困难，实现人才和劳动力有序流动、促进城镇化健康发展具有十分重要的意义。各地要根据实际情况适当增加公共租赁住房供应，人口净流入量大的大中城市要提高公共租赁住房建设的比重。

要加大政府投资建设力度，综合运用土地供应、资本金注入、投资补助、财政贴息、税费优惠等政策措施，吸引企业和其他机构参与公共租赁住房建设和运营，多渠道增加公共租赁住房供应。政府投资的公共租赁住房项目可以委托企业代建，市县人民政府逐年回购。公共租赁住房项目采取划拨、出让等方式供应土地，事先要规定建设要求、套型结构等，作为土地供应的前置条件。同时，公共租赁住房项目可以规划建设配套商业服务设施，统一管理经营，以实现资金平衡。新建普通商品住房项目，应当规划配建一定比例的公共租赁住房，具体配建比例和管理方式由市县人民政府确定。外来务工人员集中的开发区、产业园区，应当按照集约用地的原则，统筹规划，集中建设单元型或宿舍型公共租赁住房，面向用工单位或园区就业人员出租。坚持谁投资、谁所有的原则，积极探索公共租赁住房投资回收机制。各地要及时制定公共租赁住房管理办法。

城镇低收入住房困难家庭较多、小户型租赁住房房源不足的地区，要加快建设廉租住房，提高实物配租比例。逐步实现廉租住房与公共租赁住房统筹建设、并轨运行。

（二）根据实际情况继续安排经济适用住房和限价商品住房建设。规范发展经济适用住房，严格执行建设标准，单套建筑面积控制在60平方米以内。房价较高的城市，要适当增加经济适用住房、限价商品住房供应。

（三）加快实施各类棚户区改造。棚户区（危旧房）改造要坚持政府主导、市场运作，发挥多方面积极性，改造资金由政府适当补助，住户合理负担。国有林区、垦区和工矿（含煤矿）棚户区改造，企业也要安排一定的资金。棚户区改造要尊重群众意愿，扩大群众参与，切实维护群众合法权益。

（四）加大农村危房改造力度。抓紧编制农村危房改造规划，逐步扩大中央补助地区范围，加大地方政府补助力度。按照统一要求建立和完善农村危房改造农户档案管理信息系统，提高规划设计水平，加强资金和质量监管。

三、落实各项支持政策

（一）确保用地供应。市县人民政府应当依据住房保障规划和保障性安居工程年度建设任务，科学编制土

地供应计划，涉及新增建设用地的要在年度土地利用计划中优先安排、单列指标，做到应保尽保。要提前做好项目储备并落实到具体地块，努力挖潜，充分利用存量建设用地。涉及新增建设用地的，要提前确定地块，开展土地征收等前期工作，确保及时供地。储备土地和收回使用权的国有土地，优先安排用于保障性住房建设。严禁改变保障性住房建设用地用途，擅自改变用途的，要依法从严处理。

（二）增加政府投入。中央继续加大资金补助力度。地方各级人民政府要在财政预算安排中将保障性安居工程放在优先位置，加大财政性资金投入力度。按照“省级负总责、市县抓落实”的原则，加大省级政府统筹力度，确保项目资本金足额及时到位。住房公积金增值收益在提取贷款风险准备金和管理费用后，全部用于廉租住房和公共租赁住房建设。土地出让收益用于保障性住房建设和棚户区改造的比例不低于10%。中央代发的地方政府债券资金要优先安排用于公共租赁住房等保障性安居工程建设。公共预算支出安排不足的地区，要提高土地出让收益和地方政府债券资金安排比重。完不成保障性安居工程建设任务的城市，一律不得兴建和购置政府办公用房。

（三）规范利用企业债券融资。符合规定的地方政府融资平台公司可发行企业债券或中期票据，专项用于公共租赁住房等保障性安居工程建设。地方政府融资平台公司发行企业债券，要优先满足保障性安居工程建设融资需要。承担保障性安居工程建设项目的其他企业，也可以在政府核定的保障性安居工程建设投资额度内，通过发行企业债券进行项目融资。对发行企业债券用于保障性安居工程建设的，优先办理核准手续。

（四）加大信贷支持。在加强管理、防范风险的基础上，银行业金融机构可以向实行公司化运作并符合信贷条件的公共租赁住房项目直接发放贷款。对于政府投资建设的公共租赁住房项目，银行业金融机构可向经过清理整顿符合条件的直辖市、计划单列市及省会城市政府融资平台公司发放贷款，融资平台公司贷款偿付能力不足的，由本级政府统筹安排还款；银行业金融机构也可向经过清理整顿符合条件且经总行评估认可、自身能够确保偿还公共租赁住房项目贷款的地级城市政府融资平台公司发放贷款。其他市县政府投资建设的公共租赁住房项目，可在省级政府对还款来源作出统筹安排后，由省级政府指定一家省级融资平台公司按规定统一借款。借款人和当地政府要确保按期还贷，防范金融风险和债务风险。公共租赁住房建设贷款利率下浮时其下限为基准利率的0.9倍，贷款期限原则上不超过15年。扩大利用住房公积金贷款支持保障性住房建设试点城市的范围，重点支持公共租赁住房建设。

（五）落实税费减免政策。对廉租住房、公共租赁住房、经济适用住房和棚户区改造安置住房，要切实落实现行建设、买卖、经营等环节税收优惠政策，免收城市基础设施配套费等各种行政事业性收费和政府性基金。

四、提高规划建设和工程质量水平

（一）优化规划布局和户型设计。要把保障性住房建设作为城乡规划和土地利用总体规划的重要内容，提出明确要求，合理安排布局，严格执行抗震设防和建筑节能等强制性标准。保障性住房实行分散配建和集中建设相结合。集中建设保障性住房，应当充分考虑居民就业、就医、就学、出行等需要，加快完善公共交通系统，同步配套建设生活服务设施。保障性住房户型设计要坚持户型小、功能齐、配套好、质量高、安全可靠的要求，合理布局，科学利用空间，有效满足各项基本居住功能，鼓励通过公开招标、评比等方式优选户型设计方案。廉租住房、公共租赁住房应当提供简约、环保的基本装修，具备入住条件。

同时，在保障性住房规划设计中，要贯彻省地、节能、环保的原则，落实节约集约用地和节能减排各项措施，全面推广采用节水型器具，配套建设污水处理和生活垃圾分类收集设施。农村危房改造要重视自然采光和通风，大力推广建筑节能技术。

（二）落实工程质量责任。保障性安居工程建设，要严格履行法定的项目建设程序，规范招投标行为，落实项目法人责任制、合同管理制、工程监理制。严格建筑材料验核制度。项目法人对住房建设质量负永久责任，其他参建单位按照工程质量管理规定负相应责任。实行勘察、设计、施工、监理单位负责人和项目负责人责任终身制。推广在住房建筑上设置质量责任永久性标识制度，接受社会监督。

（三）强化工程质量监督。保障性安居工程参建各方要建立健全质量管理体系，切实把加强质量监管贯穿于建设全过程。严格按照法律法规和强制性标准规定进行勘察、设计、施工、监理和验收，加大对工程质量和施工安全的监督检查力度。对存在违法违规行为和工程质量不符合强制性标准的工程项目，要责令整改。

五、建立健全分配和运营监管机制

（一）规范准入审核。市县人民政府要根据当地经济社会发展水平、居民收入、住房状况，合理确定保障对象住房困难、家庭收入（财产）的具体标准，定期调整，并向社会公布。完善住房保障申请、审核、公示、轮候、复核制度。健全住房城乡建设、民政、公安、税务、金融等部门及街道、社区协作配合的家庭住房和经济状况审核机制。保障性住房申请人应当如实申报家庭住房、收入和财产状况，声明同意审核机关调查核实其家庭住房和资产等情况。审核机关调查核实申请人住房、金融资产、车辆等财产的，有关机构应当依法提供便利。严禁以任何形式向不符合住房困难标准的家庭供应保障性住房。切实防范并严厉查处骗租骗购保障性住房、变相福利分房和以权谋私行为。对以虚假资料骗购、骗租保障性住房的，一经查实应立即纠正，并取消其在5年内再次申请购买或租赁保障性住房的资格。建立住房保障诚信档案，完善失信惩戒制度。

（二）严格租售管理。经审核符合条件的家庭，市县人民政府应当在合理的轮候期内安排保障性住房。具体轮候期限由市县人民政府确定并公布。廉租住房租赁补贴应当按月或季度及时发放，确保当年12月25日前全部发放到位。廉租住房、公共租赁住房的租赁合同，应当载明租金、租期以及使用要求。公共租赁住房租赁合同期限一般为3至5年。租赁合同期满后承租人仍符合规定条件的，可以申请续租。经济适用住房和限价商品住房购买不满5年的，不得上市交易。经济适用住房配售时，要明确界定政府与购买人的资产份额，并按照政府回购、适当兼顾保障对象合法权益的原则，确定经济适用住房出售所得价款的分配比例。限价商品住房的上市交易收益调节办法，由市县人民政府制定。

（三）加强使用管理。市县人民政府应当建立住房保障管理信息系统，完善保障性住房和保障对象档案，动态监测住房保障对象家庭人口、住房和经济状况变化情况。建立公众监督机制，落实信息公开，充分发挥社会监督作用。定期检查保障性住房使用情况，对违反规定将保障性住房出售、转借、出租（转租）、闲置、改变用途且拒不整改的，应当按照有关规定或者合同约定收回。对中介机构违规代理出售、出租保障性住房的，应当依法给予处罚。保障性住房的使用人要按有关规定和合同约定使用住房，不得擅自改变房屋结构，影响房屋质量安全和使用功能。保障性住房小区可以实行住户自我管理、自我服务，也可以聘请专业机构提供物业服务。

（四）健全退出机制。廉租住房、公共租赁住房承租人经济状况改善，或通过购置、继承、受赠等方式取得其他住房，不再符合相应的住房保障条件的，应当在规定期限内腾退；逾期不腾退的，应当按市场价格交纳租金。经济适用住房购房人通过购置、继承、受赠等方式取得其他住房，不再符合经济适用住房保障条件的，应当退出经济适用住房，或者通过补交土地收益等价款取得完全产权。对拒不服从退出管理的，可以依照规定或合同约定申请人民法院强制执行。

六、加强组织领导，进一步落实地方政府责任

（一）建立目标责任制。省级人民政府对本地区保障性安居工程工作负总责；市县人民政府具体实施，负责落实项目前期工作、建设资金、土地供应、工程质量监督、保障性住房租售管理和使用监管等。省级人民政府要指导市县人民政府，加强住房保障管理机构和具体实施机构建设，充实工作人员，落实工作经费。要加强组织领导和督促检查，周密部署，精心落实，注意总结经验，优化审批程序，简化办事手续，把保障性安居工程建成廉洁工程、平安工程、放心工程。

（二）统筹安排年度建设任务。要因地制宜，科学编制建设规划，统筹安排年度建设任务，不搞“一刀切”。“十二五”时期全国保障性安居工程建设目标是经济和社会发展的约束性指标。各省、自治区、直辖市要按照目标任务，按需申报，自下而上，编制本地区保障性住房建设规划，将任务分解到年度。要尽快明确2012年保障性安居工程建设任务、投资计划、用地计划、资金来源渠道等。市县人民政府要按照规划编制年度实施计划，并落实到项目，尽早开展前期工作，以便落实资金和土地，确保建设任务按计划顺利实施。市县人民政府要向社会公布年度保障性安居工程建设计划、项目开工和竣工情况，以及项目名称、建设地址、建设方式和建设总套数等。

（三）建立考核问责机制。各地区、各有关部门要加强对保障性安居工程建设的监督检查，全面落实工作任务和各项政策措施。住房城乡建设部等有关部门要制定具体考核办法。住房城乡建设部、监察部等有关部门要建立约谈和问责机制，对项目资金土地不落实、政策措施不到位、建设进度缓慢地区的政府负责人进行约谈。对没有完成年度目标任务的地区，监察部、住房城乡建设部等部门要视情况对其政府负责人进行问责。要严格规范保障性安居工程建设程序，加强资金监管。对在保障性安居工程建设、分配和管理过程中滥用职权、玩忽职守、徇私舞弊、失职渎职的政府及其相关职能部门工作人员，要依法依纪追究责任；涉嫌犯罪的，移送司法机关处理。

国务院办公厅
二〇一一年九月二十八日

政策汇编

02

中华人民共和国
住房和城乡建设部

关于加强和改进住房公积金服务工作的通知

建金〔2011〕9号

各省、自治区住房和城乡建设厅、财政厅，中国人民银行上海总部，各分行、营业管理部，各省会（首府）城市中心支行、副省级城市中心支行，银监会各监管局，直辖市、新疆生产建设兵团住房公积金管理委员会：

近年来，各地按照《住房公积金管理条例》规定，规范业务管理，加强风险防范，加大监督力度，住房公积金各项业务快速发展，对提高个人住房支付能力、改善职工居住条件发挥了重要作用。但仍有部分地区服务工作滞后，服务水平较低，存在业务管理不规范、审批环节多、办理时限长等问题，损害缴存职工合法权益，影响住房公积金制度健康持续发展。为加强和改进住房公积金服务工作，维护缴存职工合法权益，充分发挥住房公积金制度作用，现就有关问题通知如下。

一、优化业务流程，健全服务制度

（一）优化业务流程。各地住房公积金管理中心（以下简称管理中心）要以为缴存职工提供高效便捷服务为出发点，在加强风险防范的基础上，优化缴存、提取、贷款、查询等业务流程，全面推进业务管理信息化建设，减少审批环节，缩短办理时限，提高服务效率。

（二）健全服务制度。全面推行服务承诺、首问负责、一次告知、限时办结等服务制度。管理中心要通过报纸、电视、广播、网络等多种形式，公布住房公积金业务流程、服务标准、办理时限和服务承诺等内容，方便缴存职工办理业务，接受社会和群众监督。

（三）实施“一站式”业务办理。各地管理中心要加强与受托银行、房地产管理等机构协商，联合建立综合性住房公积金业务服务网点，实施“一站式”业务办理，为缴存职工提供“一条龙”服务。

（四）开展预约和上门服务。对住房公积金业务集中、办理批次多的服务项目，或到服务网点办理业务确有困难的缴存职工，管理中心要积极创造条件，开展预约和上门服务。

二、完善服务设施，改善服务环境

（五）合理设置服务网点。管理中心要根据当地住房公积金业务发展需要，按照节俭、实用和便捷的原则，合理设置住房公积金业务服务网点，方便缴存职工就近办理业务。

（六）完善业务服务设施。业务服务网点应科学设置业务办理柜台，配备必要的监控和消防设施。对业务量大的服务网点，要设置自助查询终端和自动叫号系统，合理分流业务，缩短缴存职工等待时间。

（七）营造良好服务环境。业务服务网点要配备休息坐椅、饮水机、书写台和意见箱等服务设施，张贴和放置住房公积金政策规定、业务流程、服务热线等宣传和服务资料，营造整洁美观、秩序良好的服务环境。

三、加快信息化建设，创新服务方式

（八）加快信息化建设。管理中心要抓紧建立住房公积金业务服务网站，开展网上政策咨询、个人查询和投诉举报等业务。有条件的地区要积极探索网上缴存、贷款申请、贷款偿还等业务。

（九）开通住房公积金服务热线。各地要加强与信息产业部门协调，抓紧开通住房公积金服务热线，管理中心要设立专门机构，指定专人负责服务热线的接听、处理和答复工作。推行通过手机短信提示缴存和还贷业务。

（十）建立信息共享机制。各地要积极与房地产管理、人民银行、工商、公安等部门协商，尽快和房地产交易系统、人民银行征信系统、工商登记系统、个人身份核查系统联网，提高业务办理效率。

四、强化人员素质，提升服务质量

（十一）合理配置服务人员。管理中心要将工作重心和收入待遇向一线服务网点倾斜，将业务能力强、作风素质好的人员安排到服务网点工作，保证网点服务人员数量与业务量相匹配。

（十二）规范网点服务行为。管理中心要定期对网点服务人员进行培训，增强服务意识，规范服务行为。网点服务人员应挂牌上岗，着装整齐，仪表整洁，服务热情。

（十三）建立服务激励机制。各地要加强对受托银行服务质量的管理和考核，并将考核结果与委托手续费挂钩。管理中心要将服务工作纳入精神文明创建活动，定期开展文明服务窗口和文明服务个人考核，对先进单位和个人给予表彰。

五、加强监督检查，确保取得实效

（十四）定期开展监督检查。各省、自治区住房城乡建设部门要将管理中心服务工作纳入监管范围，每年定期进行检查和抽查，并将检查和抽查结果作为管理中心年度考核的重要内容。

（十五）加强社会和群众监督。各地要高度重视报纸、电视、广播、网络等新闻媒体监督作用，及时收集和汇总有关住房公积金的意见和建议，及时受理和查处群众投诉举报，维护缴存职工合法权益。

我们在总结各地经验的基础上，制定了《住房公积金服务指引（试行）》（见附件），各地管理中心要根据本通知精神和《住房公积金服务指引（试行）》要求，结合当地实际情况，制定具体实施办法和《住房公积金服务指南》，报省、自治区住房城乡建设、财政、人民银行、银监等部门备案。直辖市和新疆生产建设兵团住房公积金管理中心报住房城乡建设部、财政部、人民银行、银监会备案。

附件：住房公积金服务指引（试行）

中华人民共和国住房和城乡建设部

中华人民共和国财政部

中国人民银行

中国银行业监督管理委员会

二〇一一年一月十九日

附件：住房公积金服务指引（试行）

为推动住房公积金管理中心（以下简称管理中心）服务工作规范化、标准化，促进政务公开，增强服务意识，提高服务效能，方便缴存单位和职工办理住房公积金业务，制定本服务指引。

一、缴存服务

（一）缴存登记

新设立的单位，应自设立之日起30日内办理住房公积金缴存登记。

办理场所：管理中心指定的窗口

办理要件：

1. 单位住房公积金缴存登记表；

2. 组织机构代码证副本原件及复印件；

3. 党政机关、事业单位、社会团体或民办非企业单位出具单位设立批准文件或法人证书副本原件及复印件；企业出具营业执照副本原件及复印件；

4. 管理中心要求提供的其他材料。

办理流程：单位提供要件材料–管理中心审核–办理缴存登记

办理时限：手续齐全情况下，不超过5个工作日。

（二）个人账户设立

单位设立或新录用职工，应自办理缴存登记之日起20日内办理职工账户设立手续。

办理场所：管理中心和受委托银行指定的窗口

办理要件：

1. 个人住房公积金明细账户设立登记表；

2. 设立住房公积金账户的职工身份证复印件；

3. 管理中心要求提供的其他材料。

办理流程：单位提供要件材料–管理中心审核–去受委托银行开立个人账户

办理时限：手续齐全情况下，不超过3个工作日。

（三）变更登记

单位或职工个人基本信息发生变动，应提供相关证明，自发生变更之日起30日内到管理中心办理变更登记。

办理场所：管理中心指定的窗口

办理要件：

单位办理信息变更登记所需材料：

1. 单位住房公积金缴存信息变更登记表；

2. 单位缴存登记事项变更的证明资料及复印件；

3. 管理中心要求提供的其他材料。

职工办理信息变更登记所需材料：

1. 职工住房公积金缴存信息变更登记表；

2. 职工身份证原件及复印件；

3. 管理中心要求提供的其他材料。

办理流程：单位或职工提供要件材料–管理中心审核–办理变更登记

办理时限：手续齐全情况下，当场办理。

（四）注销登记

单位因合并、分立、撤销、破产或者解散而终止的，应自发生之日起30日内办理注销登记。

办理场所：管理中心指定的窗口

办理要件：

1. 单位注销住房公积金缴存登记申请表；

2. 上级单位或主管部门批准撤销、解散或破产的文件，人民法院裁定破产清算的文件，工商部门责令关闭的文件和注销工商登记等文件及复印件；

3. 管理中心要求提供的其他材料。

办理流程：单位提供要件材料–管理中心审核–办理注销登记

办理时限：手续齐全情况下，当场办理。

（五）账户转移

单位调整或职工工作发生变动，单位应为职工办理住房公积金转移手续。转移包括同城转移和异地转移。

办理场所：管理中心和受委托银行指定的窗口

办理要件：

1. 住房公积金转移申请书或异地转移申请书；

2. 管理中心要求提供的其他材料。

办理流程：

1. 同城转移：单位或职工提供要件材料–管理中心审核–受委托银行办理同城转移手续

2. 异地转移：职工提供要件材料–转入地向转出地管理中心出具新账户证明及异地转移联系函–转出地管理中心转账或电汇–转入地管理中心登记个人明细账

办理时限：手续齐全情况下，同城转移不超过3个工作日，异地转移不超过15个工作日。

（六）账户封存与启封

单位破产、撤销或解散；职工与单位终止劳动关系，或与单位保留劳动关系但停止或暂停发放工资，暂时中断缴存住房公积金，且不符合销户提取条件的，单位应到管理中心和受委托银行为职工办理住房公积金封存手续；与原单位终止劳动关系，且无接收单位的职工，其住房公积金明细账户应实行集中封存管理。职工需要恢复缴存住房公积金时，应办理住房公积金启封手续。

办理场所：管理中心和受委托银行指定的窗口

办理要件：

1. 住房公积金汇缴变更清册；

2. 管理中心要求提供的其他材料。

办理流程：单位提供要件材料–管理中心审核–受委托银行办理封存或启封手续

办理时限：手续齐全情况下，不超过3个工作日。

（七）汇、补缴

单位应于每月发放工资之日起5个工作日内或按与管理中心约定的日期，办理住房公积金汇缴手续。单位欠缴住房公积金的，或缓缴住房公积金到期的，应及时补缴住房公积金。

办理场所：管理中心或受委托银行指定的窗口，或者委托受委托银行从单位账户扣划汇缴办理要件：

1. 住房公积金汇补缴书；

2. 付款票据（支票、进账单或汇票等）；

3. 管理中心要求提供的其他材料。

办理流程：

1. 到服务网点窗口汇（补）缴：单位提供要件材料–管理中心或受委托银行审核–到受委托银行办理缴款手续–管理中心登记个人明细账

2. 委托银行扣划汇缴：单位提供要件材料–与管理中心、单位开户银行签订委托扣划协议–受委托银行于约定划款日划款–管理中心登记个人明细账

办理时限：手续齐全情况下，不超过5个工作日。

（八）缴存基数调整

住房公积金缴存基数按照职工本人上一年度月平均工资每年调整一次，缴存基数原则上不应超过职工工作地所在设区城市统计部门公布的上一年度职工月平均工资的2倍或3倍。每年调整时间由管理中心提前对外公告。

办理场所：管理中心指定的窗口，有条件的也可通过网络上传资料办理缴存基数调整业务

办理要件：

1. 住房公积金调整清册；

2. 调整住房公积金缴存比例申请表；

3. 管理中心要求提供的其他材料。

办理流程：单位提供要件材料–管理中心审核–办理缴存基数调整手续

办理时限：手续齐全情况下，不超过5个工作日。

（九）降低缴存比例和缓缴

缴存住房公积金确有困难的单位，经本单位职工代表大会或者工会讨论通过，并经管理中心审核，报住房公积金管理委员会批准后，可以降低缴存比例或者缓缴。待单位经济效益好转后，再提高缴存比例或补缴缓缴。

办理场所：管理中心指定的窗口

办理要件：

1. 经单位职工代表大会、工会或全体职工讨论通过的单位降低住房公积金缴存比例（或缓缴住房公积金）审批表；

2. 缴存住房公积金确有困难的证明资料；

3. 管理中心要求提供的其他材料。

办理流程：单位提供要件材料–管理中心审核–管委会审批或由管委会授权管理中心审批–管理中心办理降低缴存比例或缓缴手续–通知单位执行

办理时限：手续齐全情况下，有管委会授权的，不超过15个工作日；没有管委会授权的，为管委会批准后5个工作日。

二、提取服务

职工有下列情形之一的，可申请提取住房公积金。

1. 购买、建造、翻建、大修自住住房的；
2. 偿还购建自住住房贷款本息的；
3. 租赁自住住房，房租超出家庭工资收入一定比例的；
4. 离休、退休的；
5. 出境定居的；
6. 职工死亡、被宣告死亡的；
7. 享受城镇最低生活保障的；
8. 完全或部分丧失劳动能力，并与单位终止劳动关系的；
9. 管委会依据相关法规规定的其他情形。

办理场所：管理中心或受委托银行指定的窗口，有条件的，经审核可直接转入职工的住房公积金联名卡或银行存折

办理要件：职工符合规定提取条件的，应提供本人身份证、相应证明材料及复印件等。由代办人办理的，提供委托书及代办人身份证。相应的证明材料应包括：

1. 购买新建商品住房的，提供房屋所有权证或经房地产行政主管部门备案的购房合同和付款凭证；
2. 购买二手房的，提供经房地产行政主管部门备案的购房协议或房屋所有权证、契税完税凭证；
3. 建造、翻建住房的，提供规划部门建房、翻建批准文件、支付费用凭证；
4. 大修自住住房的，提供有资质机构出具的房屋安全鉴定证明、房屋权属证明、工程预决算及支付费用凭证；
5. 偿还住房贷款本息的，提供经房地产行政主管部门备案的购房合同、借款合同、银行出具的还款证明；
6. 租赁自住住房的，提供经房管部门登记备案的房屋租赁合同、房租发票、家庭收入证明；
7. 离休、退休的，提供本人离、退休证明或劳动人事部门出具的相关证明；
8. 出境定居的，提供户籍注销证明或出境定居的证明；
9. 死亡、被宣告死亡的，由其合法继承人或受遗赠人提供缴存人死亡证明或被宣告死亡证明、继承人或受遗赠人身份证、继承权或受遗赠权证明、公证书；
10. 享受最低生活保障的，提供民政部门发放的最低生活保障证明；
11. 完全或部分丧失劳动能力，并与单位终止劳动关系的，提供人力资源和社会保障部门出具的劳动能力

鉴定证明、单位解除劳动合同证明或失业证明；

12. 管委会依据相关法规规定的其他情形和材料。

办理流程：职工提供要件材料–管理中心审核–受委托银行支付住房公积金

办理时限：手续齐全情况下，当场办理。需核查事项，自受理提取申请之日起3个工作日内告知结果。提取申请人对管理中心审核意见有异议的，可申请复核。复核申请在5个工作日内给予答复。

三、贷款服务

（一）贷款办理

职工在购买、建造、翻建、大修自住住房时，可申请个人住房公积金贷款。

办理场所：管理中心和受委托银行指定的窗口

办理要件：

1. 个人住房公积金借款申请表；

2. 身份证、军官证等有效身份证明和户口簿、暂住证等有效居留证明；

3. 婚姻状况证明；

4. 经房地产行政主管部门备案的购买自住住房的合同（协议）；建造、翻建自住住房的规划部门批准文件、工程概预算；大修自住住房的房屋权属证明、房屋安全鉴定证明、工程概预算；

5. 已支付总价款规定比例的首付款凭证或者契税完税凭证和二手房估价报告；

6. 管理中心要求提供的其他证明或材料。

办理流程：职工提供要件材料—管理中心审核—签订合同—办理贷款担保抵押 受委托银行发放贷款

办理时限：贷款申请资料齐全，审核时限不超过10个工作日；符合贷款发放条件的，抵押登记后放款时限不超过5个工作日。

（二）提前还贷

借款人可提前归还个人住房公积金贷款。提前还款可采取提前一次性归还全部贷款本息或提前归还部分贷款本金的方式。

办理场所：管理中心或受委托银行指定的窗口

办理要件：

1. 提前还贷申请表；

2. 借款人身份证件；

3. 管理中心要求提供的其他材料。

办理流程：

1. 一次性归还本息：借款人提供要件材料–管理中心或受委托银行审批–到管理中心或受委托银行办理结清手续

2. 提前部分还贷：借款人提供要件材料–确定提前还贷金额、剩余贷款的还款计算方式、提前还款日–管理中心审批–与管理中心或受委托银行签订变更合同–办理还款手续

办理时限：不超过5个工作日。

四、信息查询

查询渠道：办理场所的柜台、客户服务热线（号码）、网上客户服务中心（域名）、自助查询终端等。柜台和自动查询终端查询服务应提供近三年的职工或单位的明细账信息，电话及网络查询服务应提供当年缴存、提取、结息及余额信息。

查询内容：单位和职工可查询住房公积金账户信息及缴存、提取、贷款明细。

查询所需要件：

1. 通过柜台查询的，职工应出示身份证或住房公积金缴存凭证；单位经办人员应出示住房公积金缴存登记证和本人身份证等证件。

2. 通过电话、自助查询终端或网络查询的，职工应输入本人身份证号或本人住房公积金明细账号及密码，单位经办人员应输入单位缴存登记号及密码。

查询时限：通过柜台、电话、自助查询终端申请查询的，应当场予以答复；通过网络查询的，应在5个工作日内予以答复；申请查询超过三年以上住房公积金信息的，应在受理申请后10个工作日内予以答复。单位或职工对查询结果有异议的，可向管理中心申请复核，复核结果应在15个工作日内反馈申请人。

五、政策咨询

咨询渠道：办理场所的柜台或咨询台、客户服务热线（号码）、网上客户服务中心（域名）等。

答复时限：柜台、咨询台及电话咨询当即答复，疑难问题或网上回复时限不超过5个工作日。

六、投诉建议

投诉渠道：办理场所的柜台、意见箱和意见簿、投诉热线（号码）、网上客户服务中心（域名）等。

反馈时限：管理中心收到投诉建议后，在第一时间与投诉人沟通，15个工作日内将办理结果反馈投诉人。

有关要求：

指引中下划线部分由各管理中心依据本地现行的政策文件，对相应内容作具体规定。

文中办理时限为最低标准要求，各地应采取有效措施，积极缩短办理时限。

各地在公布服务指南的同时，应一并公布如下内容：

1. 当地住房公积金服务热线号码、服务时间；

2. 当地管理中心、分中心、管理部服务网点地址、服务时间、联系电话；

3. 受委托银行服务网点地址、服务时间、联系电话；

4. 管理中心投诉电话、受理时间；

5. 管理中心的服务项目均不收费。其他与住房公积金业务相关的收费项目，应公布收费标准、收费依据和收费单位。

房地产经纪管理办法

中华人民共和国住房和城乡建设部
中华人民共和国国家发展和改革委员会令
中华人民共和国人力资源和社会保障部
第8号

《房地产经纪管理办法》已经2010年10月27日住房和城乡建设部第65次部常务会议审议通过，并经国家发展和改革委员会、人力资源和社会保障部同意，现予发布，自2011年4月1日起施行。

住房和城乡建设部部长　姜伟新
国家发展改革委主任　张　平
人力资源社会保障部部长　尹蔚民
二〇一一年一月二十日

房地产经纪管理办法

第一章　总则

第一条　为了规范房地产经纪活动，保护房地产交易及经纪活动当事人的合法权益，促进房地产市场健康发展，根据《中华人民共和国城市房地产管理法》、《中华人民共和国合同法》等法律法规，制定本办法。

第二条　在中华人民共和国境内从事房地产经纪活动，应当遵守本办法。

第三条　本办法所称房地产经纪，是指房地产经纪机构和房地产经纪人员为促成房地产交易，向委托人提供房地产居间、代理等服务并收取佣金的行为。

第四条　从事房地产经纪活动应当遵循自愿、平等、公平和诚实信用的原则，遵守职业规范，恪守职业道德。

第五条　县级以上人民政府建设（房地产）主管部门、价格主管部门、人力资源和社会保障主管部门应当按照职责分工，分别负责房地产经纪活动的监督和管理。

第六条　房地产经纪行业组织应当按照章程实行自律管理，向有关部门反映行业发展的意见和建议，促进房地产经纪行业发展和人员素质提高。

第二章　房地产经纪机构和人员

第七条　本办法所称房地产经纪机构，是指依法设立，从事房地产经纪活动的中介服务机构。

房地产经纪机构可以设立分支机构。

第八条　设立房地产经纪机构和分支机构，应当具有足够数量的房地产经纪人员。

本办法所称房地产经纪人员，是指从事房地产经纪活动的房地产经纪人和房地产经纪人协理。

房地产经纪机构和分支机构与其招用的房地产经纪人员，应当按照《中华人民共和国劳动合同法》的规定签订劳动合同。

第九条　国家对房地产经纪人员实行职业资格制度，纳入全国专业技术人员职业资格制度统一规划和管理。

第十条　房地产经纪人实行全国统一大纲、统一命题、统一组织的考试制度，由国务院住房和城乡建设主管部门、人力资源和社会保障主管部门共同组织实施，原则上每年举行一次。

房地产经纪人协理实行全国统一大纲，由各省、自治区、直辖市人民政府建设（房地产）主管部门、人力资源和社会保障主管部门命题并组织考试的制度，每年的考试次数根据行业发展需要确定。

第十一条　房地产经纪机构及其分支机构应当自领取营业执照之日起30日内，到所在直辖市、市、县人民政府建设（房地产）主管部门备案。

第十二条　直辖市、市、县人民政府建设（房地产）主管部门应当将房地产经纪机构及其分支机构的名称、住所、法定代表人（执行合伙人）或者负责人、注册资本、房地产经纪人员等备案信息向社会公示。

第十三条　房地产经纪机构及其分支机构变更或者终止的，应当自变更或者终止之日起30日内，办理备案变更或者注销手续。

第三章　房地产经纪活动

第十四条　房地产经纪业务应当由房地产经纪机构统一承接，服务报酬由房地产经纪机构统一收取。分支机构应当以设立该分支机构的房地产经纪机构名义承揽业务。

房地产经纪人员不得以个人名义承接房地产经纪业务和收取费用。

第十五条　房地产经纪机构及其分支机构应当在其经营场所醒目位置公示下列内容：

（一）营业执照和备案证明文件；

（二）服务项目、内容、标准；

（三）业务流程；

（四）收费项目、依据、标准；

（五）交易资金监管方式；

（六）信用档案查询方式、投诉电话及12358价格举报电话；

（七）政府主管部门或者行业组织制定的房地产经纪服务合同、房屋买卖合同、房屋租赁合同示范文本；

（八）法律、法规、规章规定的其他事项。

分支机构还应当公示设立该分支机构的房地产经纪机构的经营地址及联系方式。

房地产经纪机构代理销售商品房项目的，还应当在销售现场明显位置明示商品房销售委托书和批准销售商品房的有关证明文件。

第十六条　房地产经纪机构接受委托提供房地产信息、实地看房、代拟合同等房地产经纪服务的，应当与委托人签订书面房地产经纪服务合同。

房地产经纪服务合同应当包含下列内容：

（一）房地产经纪服务双方当事人的姓名（名称）、住所等情况和从事业务的房地产经纪人员情况；

（二）房地产经纪服务的项目、内容、要求以及完成的标准；

（三）服务费用及其支付方式；

（四）合同当事人的权利和义务；

（五）违约责任和纠纷解决方式。

建设（房地产）主管部门或者房地产经纪行业组织可以制定房地产经纪服务合同示范文本，供当事人选用。

第十七条　房地产经纪机构提供代办贷款、代办房地产登记等其他服务的，应当向委托人说明服务内容、收费标准等情况，经委托人同意后，另行签订合同。

第十八条　房地产经纪服务实行明码标价制度。房地产经纪机构应当遵守价格法律、法规和规章规定，在经营场所醒目位置标明房地产经纪服务项目、服务内容、收费标准以及相关房地产价格和信息。

房地产经纪机构不得收取任何未予标明的费用；不得利用虚假或者使人误解的标价内容和标价方式进行价格欺诈；一项服务可以分解为多个项目和标准的，应当明确标示每一个项目和标准，不得混合标价、捆绑标价。

第十九条　房地产经纪机构未完成房地产经纪服务合同约定事项，或者服务未达到房地产经纪服务合同约定标准的，不得收取佣金。

两家或者两家以上房地产经纪机构合作开展同一宗房地产经纪业务的，只能按照一宗业务收取佣金，不得向委托人增加收费。

第二十条　房地产经纪机构签订的房地产经纪服务合同，应当加盖房地产经纪机构印章，并由从事该业务的一名房地产经纪人或者两名房地产经纪人协理签名。

第二十一条　房地产经纪机构签订房地产经纪服务合同前，应当向委托人说明房地产经纪服务合同和房屋买卖合同或者房屋租赁合同的相关内容，并书面告知下列事项：

（一）是否与委托房屋有利害关系；

（二）应当由委托人协助的事宜、提供的资料；

（三）委托房屋的市场参考价格；

（四）房屋交易的一般程序及可能存在的风险；

（五）房屋交易涉及的税费；

（六）经纪服务的内容及完成标准；

（七）经纪服务收费标准和支付时间；

（八）其他需要告知的事项。

房地产经纪机构根据交易当事人需要提供房地产经纪服务以外的其他服务的，应当事先经当事人书面同意并告知服务内容及收费标准。书面告知材料应当经委托人签名（盖章）确认。

第二十二条　房地产经纪机构与委托人签订房屋出售、出租经纪服务合同，应当查看委托出售、出租的房屋及房屋权属证书，委托人的身份证明等有关资料，并应当编制房屋状况说明书。经委托人书面同意后，方可以对外发布相应的房源信息。

房地产经纪机构与委托人签订房屋承购、承租经纪服务合同，应当查看委托人身份证明等有关资料。

第二十三条　委托人与房地产经纪机构签订房地产经纪服务合同，应当向房地产经纪机构提供真实有效的身份证明。委托出售、出租房屋的，还应当向房地产经纪机构提供真实有效的房屋权属证书。委托人未提供规定资料或者提供资料与实际不符的，房地产经纪机构应当拒绝接受委托。

第二十四条　房地产交易当事人约定由房地产经纪机构代收代付交易资金的，应当通过房地产经纪机构在银行开设的客户交易结算资金专用存款账户划转交易资金。

交易资金的划转应当经过房地产交易资金支付方和房地产经纪机构的签字和盖章。

第二十五条　房地产经纪机构和房地产经纪人员不得有下列行为：

（一）捏造散布涨价信息，或者与房地产开发经营单位串通捂盘惜售、炒卖房号，操纵市场价格；

（二）对交易当事人隐瞒真实的房屋交易信息，低价收进高价卖（租）出房屋赚取差价；

（三）以隐瞒、欺诈、胁迫、贿赂等不正当手段招揽业务，诱骗消费者交易或者强制交易；

（四）泄露或者不当使用委托人的个人信息或者商业秘密，谋取不正当利益；

（五）为交易当事人规避房屋交易税费等非法目的，就同一房屋签订不同交易价款的合同提供便利；

（六）改变房屋内部结构分割出租；

（七）侵占、挪用房地产交易资金；

（八）承购、承租自己提供经纪服务的房屋；

（九）为不符合交易条件的保障性住房和禁止交易的房屋提供经纪服务；

（十）法律、法规禁止的其他行为。

第二十六条　房地产经纪机构应当建立业务记录制度，如实记录业务情况。

房地产经纪机构应当保存房地产经纪服务合同，保存期不少于5年。

第二十七条　房地产经纪行业组织应当制定房地产经纪从业规程，逐步建立并完善资信评价体系和房地产经纪房源、客源信息共享系统。

第四章　监督管理

第二十八条　建设（房地产）主管部门、价格主管部门应当通过现场巡查、合同抽查、投诉受理等方式，采取约谈、记入信用档案、媒体曝光等措施，对房地产经纪机构和房地产经纪人员进行监督。

房地产经纪机构违反人力资源和社会保障法律法规的行为，由人力资源和社会保障主管部门依法予以查处。

被检查的房地产经纪机构和房地产经纪人员应当予以配合，并根据要求提供检查所需的资料。

第二十九条　建设（房地产）主管部门、价格主管部门、人力资源和社会保障主管部门应当建立房地产经纪机构和房地产经纪人员信息共享制度。建设（房地产）主管部门应当定期将备案的房地产经纪机构情况通报同级价格主管部门、人力资源和社会保障主管部门。

第三十条　直辖市、市、县人民政府建设（房地产）主管部门应当构建统一的房地产经纪网上管理和服务平台，为备案的房地产经纪机构提供下列服务：

（一）房地产经纪机构备案信息公示；

（二）房地产交易与登记信息查询；

（三）房地产交易合同网上签订；

（四）房地产经纪信用档案公示；

（五）法律、法规和规章规定的其他事项。

经备案的房地产经纪机构可以取得网上签约资格。

第三十一条　县级以上人民政府建设（房地产）主管部门应当建立房地产经纪信用档案，并向社会公示。

县级以上人民政府建设（房地产）主管部门应当将在日常监督检查中发现的房地产经纪机构和房地产经纪人员的违法违规行为、经查证属实的被投诉举报记录等情况，作为不良信用记录记入其信用档案。

第三十二条　房地产经纪机构和房地产经纪人员应当按照规定提供真实、完整的信用档案信息。

第五章　法律责任

第三十三条　违反本办法，有下列行为之一的，由县级以上地方人民政府建设（房地产）主管部门责令限期改正，记入信用档案；对房地产经纪人员处以1万元罚款；对房地产经纪机构处以1万元以上3万元以下罚款：

（一）房地产经纪人员以个人名义承接房地产经纪业务和收取费用的；

（二）房地产经纪机构提供代办贷款、代办房地产登记等其他服务，未向委托人说明服务内容、收费标准等情况，并未经委托人同意的；

（三）房地产经纪服务合同未由从事该业务的一名房地产经纪人或者两名房地产经纪人协理签名的；

（四）房地产经纪机构签订房地产经纪服务合同前，不向交易当事人说明和书面告知规定事项的；

（五）房地产经纪机构未按照规定如实记录业务情况或者保存房地产经纪服务合同的。

第三十四条　违反本办法第十八条、第十九条、第二十五条第（一）项、第（二）项，构成价格违法行为的，由县级以上人民政府价格主管部门按照价格法律、法规和规章的规定，责令改正、没收违法所得、依法处以罚款；情节严重的，依法给予停业整顿等行政处罚。

第三十五条　违反本办法第二十二条，房地产经纪机构擅自对外发布房源信息的，由县级以上地方人民政府建设（房地产）主管部门责令限期改正，记入信用档案，取消网上签约资格，并处以1万元以上3万元以下罚款。

第三十六条　违反本办法第二十四条，房地产经纪机构擅自划转客户交易结算资金的，由县级以上地方人民政府建设（房地产）主管部门责令限期改正，取消网上签约资格，处以3万元罚款。

第三十七条　违反本办法第二十五条第（三）项、第（四）项、第（五）项、第（六）项、第（七）项、第（八）项、第（九）项、第（十）项的，由县级以上地方人民政府建设（房地产）主管部门责令限期改正，记入信用档案；对房地产经纪人员处以1万元罚款；对房地产经纪机构，取消网上签约资格，处以3万元罚款。

第三十八条　县级以上人民政府建设（房地产）主管部门、价格主管部门、人力资源和社会保障主管部门的工作人员在房地产经纪监督管理工作中，玩忽职守、徇私舞弊、滥用职权的，依法给予处分；构成犯罪的，依法追究刑事责任。

第六章　附则

第三十九条　各地可以依据本办法制定实施细则。

第四十条　本办法自2011年4月1日起施行。

关于印发《国有土地上房屋征收评估办法》的通知

建房〔2011〕77号

各省、自治区住房城乡建设厅，直辖市住房城乡建设委员会（房地局），新疆生产建设兵团建设局：

根据《国有土地上房屋征收与补偿条例》，我部制定了《国有土地上房屋征收评估办法》。现印发给你们，请遵照执行。

附件:国有土地上房屋征收评估办法

中华人民共和国住房和城乡建设部

二〇一一年六月三日

附件：

国有土地上房屋征收评估办法

第一条　为规范国有土地上房屋征收评估活动，保证房屋征收评估结果客观公平，根据《国有土地上房屋征收与补偿条例》，制定本办法。

第二条　评估国有土地上被征收房屋和用于产权调换房屋的价值，测算被征收房屋类似房地产的市场价格，以及对相关评估结果进行复核评估和鉴定，适用本办法。

第三条　房地产价格评估机构、房地产估价师、房地产价格评估专家委员会（以下称评估专家委员会）成员应当独立、客观、公正地开展房屋征收评估、鉴定工作，并对出具的评估、鉴定意见负责。

任何单位和个人不得干预房屋征收评估、鉴定活动。与房屋征收当事人有利害关系的，应当回避。

第四条　房地产价格评估机构由被征收人在规定时间内协商选定；在规定时间内协商不成的，由房屋征收部门通过组织被征收人按照少数服从多数的原则投票决定，或者采取摇号、抽签等随机方式确定。具体办法由省、自治区、直辖市制定。

房地产价格评估机构不得采取迎合征收当事人不当要求、虚假宣传、恶意低收费等不正当手段承揽房屋征收评估业务。

第五条　同一征收项目的房屋征收评估工作，原则上由一家房地产价格评估机构承担。房屋征收范围较大的，可以由两家以上房地产价格评估机构共同承担。

两家以上房地产价格评估机构承担的，应当共同协商确定一家房地产价格评估机构为牵头单位；牵头单位应当组织相关房地产价格评估机构就评估对象、评估时点、价值内涵、评估依据、评估假设、评估原则、评估技术路线、评估方法、重要参数选取、评估结果确定方式等进行沟通，统一标准。

第六条　房地产价格评估机构选定或者确定后，一般由房屋征收部门作为委托人，向房地产价格评估机构出具房屋征收评估委托书，并与其签订房屋征收评估委托合同。

房屋征收评估委托书应当载明委托人的名称、委托的房地产价格评估机构的名称、评估目的、评估对象范围、评估要求以及委托日期等内容。

房屋征收评估委托合同应当载明下列事项：

（一）委托人和房地产价格评估机构的基本情况；

（二）负责本评估项目的注册房地产估价师；

（三）评估目的、评估对象、评估时点等评估基本事项；

（四）委托人应提供的评估所需资料；

（五）评估过程中双方的权利和义务；

（六）评估费用及收取方式；

（七）评估报告交付时间、方式；

（八）违约责任；

（九）解决争议的方法；

（十）其他需要载明的事项。

第七条　房地产价格评估机构应当指派与房屋征收评估项目工作量相适应的足够数量的注册房地产估价师开展评估工作。

房地产价格评估机构不得转让或者变相转让受托的房屋征收评估业务。

第八条　被征收房屋价值评估目的应当表述为“为房屋征收部门与被征收人确定被征收房屋价值的补偿提供依据，评估被征收房屋的价值”。

用于产权调换房屋价值评估目的应当表述为“为房屋征收部门与被征收人计算被征收房屋价值与用于产权调换房屋价值的差价提供依据，评估用于产权调换房屋的价值”。

第九条　房屋征收评估前，房屋征收部门应当组织有关单位对被征收房屋情况进行调查，明确评估对象。评估对象应当全面、客观，不得遗漏、虚构。

房屋征收部门应当向受托的房地产价格评估机构提供征收范围内房屋情况，包括已经登记的房屋情况和未经登记建筑的认定、处理结果情况。调查结果应当在房屋征收范围内向被征收人公布。

对于已经登记的房屋，其性质、用途和建筑面积，一般以房屋权属证书和房屋登记簿的记载为准；房屋权属证书与房屋登记簿的记载不一致的，除有证据证明房屋登记簿确有错误外，以房屋登记簿为准。对于未经登记的建筑，应当按照市、县级人民政府的认定、处理结果进行评估。

第十条　被征收房屋价值评估时点为房屋征收决定公告之日。

用于产权调换房屋价值评估时点应当与被征收房屋价值评估时点一致。

第十一条　被征收房屋价值是指被征收房屋及其占用范围内的土地使用权在正常交易情况下，由熟悉情况的交易双方以公平交易方式在评估时点自愿进行交易的金额，但不考虑被征收房屋租赁、抵押、查封等因素的影响。

前款所述不考虑租赁因素的影响，是指评估被征收房屋无租约限制的价值；不考虑抵押、查封因素的影响，是指评估价值中不扣除被征收房屋已抵押担保的债权数额、拖欠的建设工程价款和其他法定优先受偿款。

第十二条　房地产价格评估机构应当安排注册房地产估价师对被征收房屋进行实地查勘，调查被征收房屋状况，拍摄反映被征收房屋内外部状况的照片等影像资料，做好实地查勘记录，并妥善保管。

被征收人应当协助注册房地产估价师对被征收房屋进行实地查勘，提供或者协助搜集被征收房屋价值评估所必需的情况和资料。

房屋征收部门、被征收人和注册房地产估价师应当在实地查勘记录上签字或者盖章确认。被征收人拒绝在实地查勘记录上签字或者盖章的，应当由房屋征收部门、注册房地产估价师和无利害关系的第三人见证，有关情况应当在评估报告中说明。

第十三条　注册房地产估价师应当根据评估对象和当地房地产市场状况，对市场法、收益法、成本法、假设开发法等评估方法进行适用性分析后，选用其中一种或者多种方法对被征收房屋价值进行评估。

被征收房屋的类似房地产有交易的，应当选用市场法评估；被征收房屋或者其类似房地产有经济收益的，应当选用收益法评估；被征收房屋是在建工程的，应当选用假设开发法评估。

可以同时选用两种以上评估方法评估的，应当选用两种以上评估方法评估，并对各种评估方法的测算结果进行校核和比较分析后，合理确定评估结果。

第十四条　被征收房屋价值评估应当考虑被征收房屋的区位、用途、建筑结构、新旧程度、建筑面积以及占地面积、土地使用权等影响被征收房屋价值的因素。

被征收房屋室内装饰装修价值，机器设备、物资等搬迁费用，以及停产停业损失等补偿，由征收当事人协商确定；协商不成的，可以委托房地产价格评估机构通过评估确定。

第十五条　房屋征收评估价值应当以人民币为计价的货币单位，精确到元。

第十六条　房地产价格评估机构应当按照房屋征收评估委托书或者委托合同的约定，向房屋征收部门提供分户的初步评估结果。分户的初步评估结果应当包括评估对象的构成及其基本情况和评估价值。房屋征收部门应当将分户的初步评估结果在征收范围内向被征收人公示。

公示期间，房地产价格评估机构应当安排注册房地产估价师对分户的初步评估结果进行现场说明解释。存在错误的，房地产价格评估机构应当修正。

第十七条　分户初步评估结果公示期满后，房地产价格评估机构应当向房屋征收部门提供委托评估范围内被征收房屋的整体评估报告和分户评估报告。房屋征收部门应当向被征收人转交分户评估报告。

整体评估报告和分户评估报告应当由负责房屋征收评估项目的两名以上注册房地产估价师签字，并加盖房地产价格评估机构公章。不得以印章代替签字。

第十八条　房屋征收评估业务完成后，房地产价格评估机构应当将评估报告及相关资料立卷、归档保管。

第十九条　被征收人或者房屋征收部门对评估报告有疑问的，出具评估报告的房地产价格评估机构应当向其作出解释和说明。

第二十条　被征收人或者房屋征收部门对评估结果有异议的，应当自收到评估报告之日起10日内，向房地产价格评估机构申请复核评估。

申请复核评估的，应当向原房地产价格评估机构提出书面复核评估申请，并指出评估报告存在的问题。

第二十一条　原房地产价格评估机构应当自收到书面复核评估申请之日起10日内对评估结果进行复核。复核后，改变原评估结果的，应当重新出具评估报告；评估结果没有改变的，应当书面告知复核评估申请人。

第二十二条　被征收人或者房屋征收部门对原房地产价格评估机构的复核结果有异议的，应当自收到复核结果之日起10日内，向被征收房屋所在地评估专家委员会申请鉴定。被征收人对补偿仍有异议的，按照《国有土地上房屋征收与补偿条例》第二十六条规定处理。

第二十三条　各省、自治区住房城乡建设主管部门和设区城市的房地产管理部门应当组织成立评估专家委员会，对房地产价格评估机构做出的复核结果进行鉴定。

评估专家委员会由房地产估价师以及价格、房地产、土地、城市规划、法律等方面的专家组成。

第二十四条　评估专家委员会应当选派成员组成专家组，对复核结果进行鉴定。专家组成员为3人以上单数，其中房地产估价师不得少于二分之一。

第二十五条　评估专家委员会应当自收到鉴定申请之日起10日内，对申请鉴定评估报告的评估程序、评估依据、评估假设、评估技术路线、评估方法选用、参数选取、评估结果确定方式等评估技术问题进行审核，出具书面鉴定意见。

经评估专家委员会鉴定，评估报告不存在技术问题的，应当维持评估报告；评估报告存在技术问题的，出具评估报告的房地产价格评估机构应当改正错误，重新出具评估报告。

第二十六条　房屋征收评估鉴定过程中，房地产价格评估机构应当按照评估专家委员会要求，就鉴定涉及的评估相关事宜进行说明。需要对被征收房屋进行实地查勘和调查的，有关单位和个人应当协助。

第二十七条　因房屋征收评估、复核评估、鉴定工作需要查询被征收房屋和用于产权调换房屋权属以及相关房地产交易信息的，房地产管理部门及其他相关部门应当提供便利。

第二十八条　在房屋征收评估过程中，房屋征收部门或者被征收人不配合、不提供相关资料的，房地产价格评估机构应当在评估报告中说明有关情况。

第二十九条　除政府对用于产权调换房屋价格有特别规定外，应当以评估方式确定用于产权调换房屋的市场价值。

第三十条　被征收房屋的类似房地产是指与被征收房屋的区位、用途、权利性质、档次、新旧程度、规模、建筑结构等相同或者相似的房地产。

被征收房屋类似房地产的市场价格是指被征收房屋的类似房地产在评估时点的平均交易价格。确定被征收房屋类似房地产的市场价格，应当剔除偶然的和不正常的因素。

第三十一条　房屋征收评估、鉴定费用由委托人承担。但鉴定改变原评估结果的，鉴定费用由原房地产价格评估机构承担。复核评估费用由原房地产价格评估机构承担。房屋征收评估、鉴定费用按照政府价格主管部门规定的收费标准执行。

第三十二条　在房屋征收评估活动中，房地产价格评估机构和房地产估价师的违法违规行为，按照《国有土地上房屋征收与补偿条例》、《房地产估价机构管理办法》、《注册房地产估价师管理办法》等规定处罚。违反规定收费的，由政府价格主管部门依照《中华人民共和国价格法》规定处罚。

第三十三条　本办法自公布之日起施行。2003年12月1日原建设部发布的《城市房屋拆迁估价指导意见》同时废止。但《国有土地上房屋征收与补偿条例》施行前已依法取得房屋拆迁许可证的项目，继续沿用原有规定。

关于加强房地产经纪管理进一步规范房地产交易秩序的通知

建房〔2011〕68号

各省、自治区住房和城乡建设厅、发展改革委（物价局），直辖市建委（房地局）、发展改革委（物价局）：

为全面落实《国务院办公厅关于进一步做好房地产市场调控工作有关问题的通知》（国办发〔2011〕1号），巩固和扩大调控成果，坚决制止和查处房地产经纪违法违规行为，维护群众合法权益，结合近期实施的《房地产经纪管理办法》、《商品房屋租赁管理办法》等规定，现就有关问题通知如下：

一、加强房地产经纪机构管理。各地要以贯彻落实《房地产经纪管理办法》为契机，依法严肃查处未经备案从事房地产经纪业务、提供或者代办虚假证明材料、协助当事人签订“阴阳合同”、不履行必要告知说明义务，以及不实行明码标价、违规分解收费项目、变相提高收费标准等违法违规行为。对投诉率高、整改不力的房地产经纪机构，要通过限制网签资格、注销备案、公开曝光、记入信用档案等手段进行惩处，并将有关情况通报税收、金融、工商等部门。

二、加强房地产经纪人员管理。房地产经纪服务合同应当加盖房地产经纪机构印章，并由房地产经纪人员签名。通过房地产经纪机构成交的房地产交易，办理交易过户时要提交房地产经纪人员签名的房地产经纪服务合同。未取得房地产经纪人员职业资格的，不得在房地产经纪服务合同上签字；从事辅助工作的人员，要建立实名登记和工作卡制度，挂牌上岗。加大对房地产经纪人员出借证书、虚假注册等违法违规行为的查处力度，建立注册执业人员的诚信记录，并将注册执业人员参加相关培训的情况记入个人执业记录。

三、加强商品房预（销）售行为监管。房地产开发企业和房地产经纪机构要严格按照商品房预（销）售方案和申报价格对外销售。各地对无证售房、捂盘惜售、哄抬房价、发布虚假信息和广告、规避限购政策、违法返本销售和售后包租，以及不按规定明码标价、价外乱收费、价格欺诈等违法违规行为，要依法依规严肃处理；对不按要求公示价格信息、隐瞒真实情况以及群众投诉较多的房地产项目，要及时进行核实处理，情况查实的责令其限期整改，整改期间可暂停网签资格。要加大现场巡查力度，及时发现违法违规和不规范行为，并通过公开曝光、暂缓预售许可等手段加大惩处和监督力度，惩处情况及时通报国土、工商、金融等部门。

四、加强住房租赁市场监管。各地要结合住房租赁行为监管，依法严肃查处房地产经纪机构进行虚假宣传、提供虚假租赁房源、改变房屋内部结构分割出租、隐瞒真实房屋租赁信息，以及为不符合安全、防灾等强制性标准或属于违法建筑的房屋提供租赁经纪服务等违法违规行为。要加大政策宣传和落实力度，采取多种措施控制住房租金过快上涨，维护租赁关系的稳定。

五、建立规范化的日常动态监督管理机制。各地要坚持整顿规范和制度建设并重、专项整治和日常监督并重、加强管理和改善服务并重、受理投诉和主动监管并重，逐步建立规范化的日常动态监督管理机制。在监管理念上，要进一步加强过程监管、行为监管和动态监管；在监管方式上，要进一步加大重点稽查和日常巡查的力度，强化多部门联动，形成监管合力，加大对典型案例及检查结果的曝光力度。要充分发挥举报投诉机制的作用，通过设立举报电话、开通举报信箱等多种方式，提供快速便捷的举报、投诉渠道，及时发现违法违规行为线索。对群众的举报和投诉，要认真接收、快速处理、及时反馈。

六、严格落实监督检查责任。各级房地产、价格主管部门今年5月至11月要集中开展一次专项整治，认真排查房地产经纪违法违规行为，做到“发现一起、查处一起”。各市、县认真制定整治工作方案，明确时间要求，细化工作任务，落实工作责任。省级房地产主管部门、价格主管部门要加强对市、县整治工作的指导和检查。市、县房地产主管部门、价格主管部门要加强协作、沟通和配合，建立健全信息共享、情况通报以及对违法违规行为联合查处机制。

各省、自治区、直辖市建设（房地产）、价格部门要于今年11月底前，将开展专项整治工作的有关情况以及典型案例上报住房城乡建设部、国家发展改革委。

中华人民共和国住房和城乡建设部

中华人民共和国国家发展和改革委员会

二〇一一年五月十一日

关于加强保障性安居工程质量管理的通知

建保〔2011〕69号

各省、自治区住房城乡建设厅，直辖市住房城乡建设委、规划委（局）、房地局，新疆生产建设兵团建设局：

保障性安居工程是“十二五”时期一项标志性民生工程。为加快保障性安居工程建设，加强质量管理，确保工程质量，现通知如下：

一、充分认识保障性安居工程质量的重要性

大规模实施保障性安居工程，是党中央、国务院作出的重要战略部署，是转方式、调结构、惠民生的重大举措。保障性安居工程质量，直接关系人民群众生命财产安全和住房困难家庭居住条件的改善，关系经济发展与社会和谐稳定的大局，涉及面广、公益性强、社会影响大。各地要进一步提高保障性安居工程质量重要性的认识，把加强质量管理摆在实施保障性安居工程的首位，把“质量第一”的原则贯穿到勘察、设计、施工、监理和竣工验收工作的全过程，增强使命感、责任感和紧迫感，强化工程质量管理，切实把保障性安居工程建成质量过硬、人民群众满意、经得起历史检验的德政工程。

二、努力提高保障性安居工程建设管理效能

“十二五”时期全国城镇保障性安居工程建设任务3600万套，是《国民经济和社会发展第十二个五年规划纲要》明确的约束性指标。保障性安居工程建设规模大、分布广、项目多、工期紧，工程质量要求高、管理任务重。创新保障性安居工程建设管理思路和工作方法，提高管理效能，是全面提升工程质量和品质的重要保证，是保质保量完成目标任务的重要措施。各地建设、规划、住房保障等部门要牢牢把握保障性安居工程的建设特点，结合当地实际，建立工程项目审批“绿色通道”，加快办理相关手续，千方百计提高行政审批效率。要统筹安排工程开工建设，科学把握工程建设进度，保证工程建设的合理周期和造价。保障性安居工程参建各方要加大技术革新力度，创新管理措施和工作方式，提高工作效率。要精心规划设计，科学组织施工，严把建筑原材料和部件质量关，严格执行建筑节能强制性标准，抓好工程实施阶段的质量管理，把保障性安居工程建成节能省地环保型工程。

三、切实履行保障性安居工程基本建设程序

保障性安居工程建设，必须严格按照法定程序报批建设，不得擅自变更批准的项目规模和用途。严格执行工程招标投标、施工图审查、施工许可、质量监督、工程监理、竣工验收备案等建设程序，落实项目法人制、招标投标制、工程监理制、合同管理制等规定，依法取得土地使用、规划、施工等许可文件。严格执行施工公示牌制度和永久性标牌制度，主动接受社会监督。全面实行住宅工程质量分户验收制度，未进行分户验收或分户验收不达标的，建设单位不得组织工程竣工验收。建设单位和施工单位要严格按照有关规定，对保障性安居工程质量实施保修。

四、严格执行工程质量管理的法律法规

依法加强质量管理，是保质保量完成保障性安居工程任务的法制保障。保障性安居工程质量管理要严格执行《建筑法》、《建设工程质量管理条例》、《建设工程勘察设计管理条例》、《民用建筑节能条例》等法律法规，全面落实住房城乡建设部《关于进一步强化住宅工程质量管理和责任的通知》（建市〔2011〕68号）和《关于做好住宅工程质量分户验收工作的通知》（建质[2009]291号）等各项规定。工程参建各方要建立健全质量管理体系，切实把加强质量管理贯穿于保障性安居工程建设的全过程。要严格按照工程建设强制性标准的规定进行勘察、设计、施工、监理、验收，确保保障性安居工程符合有关标准规范。各地建设主管部门要把保障性安居工程作为质量监管重点，调整充实监督力量，强化参建各方建设行为和工程质量的监督检查，对存在违法违规行为和工程质量不符合强制性标准的，要责令整改。要积极组织开展保障性安居工程质量通病专项治理，消除质量缺陷，保证使用功能。

五、全面落实保障性安居工程质量责任

要严格落实工程建设各方主体质量责任。建设单位要对保障性安居工程质量全面负责，勘察单位要按照工程建设强制性标准进行勘察，设计单位要根据保障性住房特点精心设计，施工单位要强化质量控制确保施工质量，监理单位要按照监理规范和规定程序履行监理职责，工程质量检测机构要确保各项检测数据真实准确。建设、勘察、设计、施工、监理等单位的法定代表人、工程项目负责人、工程技术负责人、注册执业人员要按照各自职责，对所承担的工程项目在设计使用年限内的质量负终身责任。

各地保障性安居工程领导协调机构和相关主管部门要根据职责分工，切实履行工程质量监督管理职责，把工程质量管理纳入住房保障工作考核、约谈和问责范围。各地住房城乡建设部门要加大监督检查和工程质量责任追究力度，依法严肃查处保障性安居工程建设过程中各种违法违规行为。要建立保障性安居工程质量投诉举报制度，公开举报电话，做好工程质量投诉处理工作，主动接受社会监督。

中华人民共和国住房和城乡建设部

二〇一一年五月十八日

关于开展保障性安居工程建设政策落实情况监督检查工作的通知

建保〔2011〕83号

各省、自治区住房城乡建设厅、监察厅，各直辖市住房城乡建设委、房地局、监察局，新疆生产建设兵团建设局、监察局：

根据中央纪委、中央加快转变经济发展方式监督检查工作领导小组《关于开展加快转变经济发展方式监督检查的意见》（中纪发〔2011〕21号）和加快转变经济发展方式监督检查工作电视电话会议精神，住房城乡建设部、监察部会同有关部门制定了《保障性安居工程建设政策落实情况监督检查工作方案》，现印发给你们，请结合实际，认真组织开展监督检查工作。

一、各地要深入贯彻落实中央加快转变经济发展方式、开展保障性安居工程建设政策落实情况监督检查工作的决策部署，按照《保障性安居工程建设政策落实情况监督检查工作方案》要求，提出本地区监督检查工作方案和年度检查计划，报省级加快转变经济发展方式监督检查工作领导小组审定后实施。

二、省级住房城乡建设部门、监察机关要切实负起监督检查牵头责任，落实各项工作措施，在2011年7月集中组织开展保障性安居工程建设政策落实情况监督检查，并于2011年7月31日前将监督检查工作情况报住房城乡建设部、监察部。2011年9月，住房城乡建设部、监察部将会同有关部门对部分地区进行督促检查。省级住房城乡建设部门要组织开展保障性安居工程专项巡查，加强日常监督检查。

三、各地要加快建立住房保障管理信息系统，完善保障性安居工程建设项目信息库；市县住房城乡建设部门要按规定公开保障性安居工程建设信息，主动接受社会监督。

四、各地要加强舆论引导，正确解读政策措施，宣传保障性安居工程进展情况和工作成效，自觉接受媒体监督，积极营造保障性安居工程建设的良好氛围。

附件：保障性安居工程建设政策落实情况监督检查工作方案

中华人民共和国住房和城乡建设部

中华人民共和国监察部

二〇一一年六月十日

附件：

保障性安居工程建设政策落实情况监督检查工作方案

按照中央加快转变经济发展方式监督检查工作领导小组部署要求，今明两年组织开展保障性安居工程建设政策落实情况监督检查。监督检查工作方案如下：

一、目标任务

通过对保障性安居工程建设政策落实情况的监督检查，督促地方政府切实落实住房保障工作责任，加快保障性安居工程建设，及时发现各地在政策执行过程中存在的主要问题并督促整改，确保中央保障性安居工程建设政策措施落到实处，确保全面完成住房保障工作年度目标任务。

二、责任分工

（一）保障性安居工程建设政策落实情况监督检查工作由住房城乡建设部负责，会同监察部、发展改革委、财政部、国土资源部、农业部、人民银行、审计署、林业局等部门，提出监督检查工作方案、年度检查计划，开展监督检查。各地要建立保障性安居工程建设政策落实情况监督检查工作机制，明确部门职责分工，组织监督检查工作。

（二）根据国务院批准的保障性安居工程协调小组组建方案，各部门主要职责是：住房城乡建设部监督检查住房保障目标任务执行情况。组织保障性住房建设、城市和国有工矿棚户区改造，监管建设工程质量，会同有关部门指导地方加强住房保障规范化管理。发展改革委会同有关部门确定中央预算内投资补助标准和规模，编制和下达中央预算内投资计划；配合有关部门提出煤矿棚户区改造规划和年度工作计划，并负责组织实施。

财政部会同有关部门确定中央补助资金规模和相关支持政策，编制中央财政专项补助资金分配方案并下达补助资金，审核下达中央投资预算并按规定办理资金拨付，加强对中央财政补助资金的监管。国土资源部拟定保障性住房、棚户区改造的土地供应政策，监督落实保障性安居工程用地计划，加强项目用地审批与开发利用管理。监察部会同有关部门监督检查保障性安居工程建设情况，查处政府部门及其工作人员的违纪违法行为。农业部配合有关部门提出垦区棚户区改造规划和年度工作计划，并负责组织实施。人民银行负责制定和实施保障性安居工程项目宏观信贷指导政策，推动银行间债券市场金融产品创新，拓宽保障性安居工程项目融资渠道。审计署负责对保障性安居工程资金筹集、管理、使用和安全运行的审计监督。林业局配合有关部门提出林区棚户区改造规划和年度工作计划，并负责组织实施。

三、监督检查方式

（一）监督检查工作实行全面监督检查和重点抽查相结合。各省、自治区、直辖市的监督检查工作，根据情况分成若干检查组，由政府相关部门厅局级领导任组长，其他有关部门参加，对本地区保障性安居工程进行全面监督检查。全国的监督检查工作，根据情况分成若干检查组，由国务院相关部门部级领导任组长，其他有关部门参加，对部分地区进行重点监督检查。

（二）监督检查工作采取听取汇报、查阅资料、现场检查、座谈交流等方式进行。监督检查组应将监督检查中发现的问题及相应整改建议，向当地人民政府及有关部门反馈。在现场监督检查发现的具体问题，可当场提出整改意见。

四、监督检查内容

监督检查的内容，包括住房城乡建设部代表保障性安居工程协调小组与各地签订住房保障工作目标责任书的目标任务、保障措施落实情况，监督检查的重点是保障性住房和各类棚户区改造住房建设政策落实情况。

（一）工作任务是否得到全面落实，包括任务分解、项目前期准备、项目开工、完成投资、竣工及项目信息公开、项目客观真实性等情况。

（二）政府资金是否及时到位，包括中央补助资金分配、使用、管理情况，地方政府财政预算安排、土地出让收入和住房公积金增值收益安排、地方债券优先用于保障性安居工程建设项目等情况。

（三）建设项目用地是否优先保障供应，包括增加土地有效供应情况；在住房用地供应计划中，单列保障性住房用地情况；项目地块落实等情况。

（四）税费政策是否全面落实，包括税收优惠政策执行情况，各种行政事业性收费和政府性基金等费用减免情况，不应收取税费的免收情况。

（五）基本建设程序和强制性标准是否得到严格执行，包括工程项目前期手续、建设程序是否合法，建设主体、套型标准、配套设施、工程质量是否符合规定和强制性标准，工程建设进度、资料文档是否符合要求等。

（六）保障性住房管理是否公开公平公正，包括准入审核、分配、使用和监管情况，建立健全住房保障机构，以及管理人员、工作经费落实到位等情况。

五、主要措施

（一）认真传达学习中央加快转变经济发展方式监督检查工作领导小组会议和文件精神，贯彻落实中央对加快转变经济发展方式开展监督检查的部署要求，贯彻执行中央加强保障性安居工程建设决策部署和政策措施。

（二）住房城乡建设部会同监察部、发展改革委、财政部、国土资源部、农业部、人民银行、审计署、林业局等部门，共同研究提出监督检查具体方案、工作计划。各省级住房城乡建设部门会同监察机关等有关部门研究提出本地区监督检查具体方案、工作计划。

（三）今明两年围绕加快转变经济发展方式的主题，以中央监督检查组名义，每年组织开展一次对保障性安居工程政策落实情况的监督检查；各地以省级监督检查组名义，每年组织开展保障性安居工程政策落实情况的全面监督检查。同时，各相关部门根据各自职责，结合工作实际，加强日常监督检查。

（四）住房城乡建设部成立保障性安居工程专项巡查工作组，向各地派出专项巡查联络员，协助省级住房城乡建设部门核查保障性安居工程建设进展情况，及时发现问题，督促落实整改。省级住房城乡建设部门要组织开展保障性安居工程专项巡查工作，加强日常监督检查。市县住房城乡建设部门要按规定公开保障性安居工程建设信息，主动接受社会监督。

六、方法步骤

（一）今明两年每年上半年制定年度检查计划，报请加快转变经济发展方式监督检查工作领导小组审定后组织实施。

（二）年度检查正式开始前，对检查人员进行集中动员培训，请有关部门负责同志对检查工作进行动员部署，对有关政策文件进行解读，介绍相关情况，提出督查要求。各监督检查组细化督查方案，确定日程安排，进行任务分工，并与各地协商行程等具体事项。

（三）各检查组对检查过程中掌握的情况、发现的问题及提出的意见建议进行整理汇总，在实地检查结束后7日内形成检查报告。适时召开保障性安居工程政策落实情况监督检查工作会议，听取各组检查情况，向领导小组报告有关检查情况。

（四）检查组对检查中发现的问题，要及时向当地政府及有关部门反馈，提出整改要求，限期整改。对检查中发现的案件线索，要报告检查工作领导小组，并及时移交纪检监察机关，涉嫌犯罪的移交司法机关。检查中发现政策落实不到位、建设进度缓慢的地区，要提请住房城乡建设部门、监察机关会同有关部门，约谈相关政府负责人。

中华人民共和国
发展与改革委员会

关于发布《商品房销售明码标价规定》的通知

发改价检〔2011〕548号

各省、自治区、直辖市及计划单列市、副省级省会城市、新疆生产建设兵团发展改革委、物价局，深圳市市场监督管理局：

为了深入贯彻党中央、国务院关于保持价格总水平基本稳定的要求，落实《国务院关于坚决遏制部分城市房价过快上涨的通知》（国发〔2011〕10号）、《国务院办公厅关于促进房地产市场平稳健康发展的通知》（国办发〔2011〕4号）、《国务院办公厅关于进一步做好房地产市场调控工作有关问题的通知》（国办发〔2011〕1号）精神，切实加强房地产市场价格监管，着力解决商品房销售中存在的标价混乱、信息不透明、价格欺诈等问题，我委在征求各方面意见基础上，制定了《商品房销售明码标价规定》，现印发你们，请按照执行。执行过程中发现新情况、新问题，请及时报告我委（价格监督检查司）。

附件：《商品房销售明码标价规定》

国家发展改革委

二〇一一年三月十六日

商品房销售明码标价规定

第一条　为了规范商品房销售价格行为，建立和维护公开、公正、透明的市场价格秩序，保护消费者和经营者合法权益，根据《中华人民共和国价格法》、原国家发展计划委员会《关于商品和服务实行明码标价的规定》，制定本规定。

第二条　中华人民共和国境内的房地产开发企业和中介服务机构（以下统称商品房经营者）销售新建商品房，应当按照本规定实行明码标价。

中介服务机构销售二手房的明码标价参照本规定执行。

第三条　本规定所称明码标价，是指商品房经营者在销售商品房时按照本规定的要求公开标示商品房价格、相关收费以及影响商品房价格的其他因素。

第四条　各级政府价格主管部门是商品房明码标价的管理机关，依法对商品房经营者执行明码标价和收费公示规定的情况进行监督检查。

第五条　已取得预售许可和销售现房的房地产经营者，要在公开房源时，按照本规定实行明码标价。

第六条　商品房经营者应当在商品房交易场所的醒目位置放置标价牌、价目表或者价格手册，有条件的可同时采取电子信息屏、多媒体终端或电脑查询等方式。采取上述多种方式明码标价的，标价内容应当保持一致。

第七条　商品房销售明码标价应当做到价目齐全，标价内容真实明确、字迹清晰、标示醒目，并标示价格主管部门投诉举报电话。

第八条　商品房销售明码标价实行一套一标。商品房经营者应当对每套商品房进行明码标价。按照建筑面积或者套内建筑面积计价的，还应当标示建筑面积单价或者套内建筑面积单价。

第九条　对取得预售许可或者办理现房销售备案的房地产开发项目，商品房经营者要在规定时间内一次性公开全部销售房源，并严格按照申报价格明码标价对外销售。

第十条　商品房经营者应当明确标示以下与商品房价格密切相关的因素：

（一）开发企业名称、预售许可证、土地性质、土地使用起止年限、楼盘名称、坐落位置、容积率、绿化率、车位配比率。

（二）楼盘的建筑结构、装修状况以及水、电、燃气、供暖、通讯等基础设施配套情况。

（三）当期销售的房源情况以及每套商品房的销售状态、房号、楼层、户型、层高、建筑面积、套内建筑面积和分摊的共有建筑面积。

（四）优惠折扣及享受优惠折扣的条件。

（五）商品房所在地省级价格主管部门规定的其他内容。

第十一条　商品房销售应当公示以下收费：

（一）商品房交易及产权转移等代收代办的收费项目、收费标准。代收代办收费应当标明由消费者自愿选择。

（二）商品房销售时选聘了物业管理企业的，商品房经营者应当同时公示前期物业服务内容、服务标准及收费依据、收费标准。

（三）商品房所在地省级价格主管部门规定的其他内容。

第十二条　对已销售的房源，商品房经营者应当予以明确标示。如果同时标示价格的，应当标示所有已销售房源的实际成交价格。

第十三条　商品房经营者不得在标价之外加价销售商品房，不得收取任何未予标明的费用。

第十四条　商品房经营者在广告宣传中涉及的价格信息，必须真实、准确、严谨。

第十五条　商品房经营者不得使用虚假或者不规范的价格标示误导购房者，不得利用虚假或者使人误解的标价方式进行价格欺诈。

第十六条　商品房经营者不按照本规定明码标价和公示收费，或者利用标价形式和价格手段进行价格欺诈的，由县级以上各级人民政府价格主管部门依据《中华人民共和国价格法》、《价格违法行为行政处罚规定》、《关于商品和服务实行明码标价的规定》、《禁止价格欺诈行为的规定》等法律、法规和规章实施行政处罚。

第十七条　价格主管部门发现商品房经营者明码标价的内容不符合国家相关政策的，要及时移送相关部门处理。

第十八条　省、自治区、直辖市价格主管部门可根据本规定制定商品房销售明码标价实施细则。

第十九条　本规定自2011年5月1日起施行。

关于降低部分建设项目收费标准规范收费行为等有关问题的通知

发改价格〔2011〕534号

住房城乡建设部、环境保护部，各省、自治区、直辖市发展改革委、物价局：

为贯彻落实国务院领导重要批示和全国纠风工作会议精神，进一步优化企业发展环境，减轻企业和群众负担，决定适当降低部分建设项目收费标准，规范收费行为。现将有关事项通知如下：

一、降低保障性住房转让手续费，减免保障性住房租赁手续费。经批准设立的各房屋交易登记机构在办理房屋交易手续时，限价商品住房、棚户区改造安置住房等保障性住房转让手续费应在原国家计委、建设部《关于规范住房交易手续费有关问题的通知》（计价格[2002]121号）规定收费标准的基础上减半收取，即执行与经济适用住房相同的收费标准；因继承、遗赠、婚姻关系共有发生的住房转让免收住房转让手续费；依法进行的廉租住房、公共租赁住房等保障性住房租赁行为免收租赁手续费；住房抵押不得收取抵押手续费。

二、规范并降低施工图设计文件审查费。各地应加强施工图设计审查收费管理，经认定设立的施工图审查机构，承接房屋建筑、市政基础设施工程施工图审查业务收取施工图设计文件审查费，以工程勘察设计收费为基准计费的，其收费标准应不高于工程勘察设计收费标准的6.5%；以工程概（预）算投资额比率计费的，其收费标准应不高于工程概（预）算投资额的2‰；按照建筑面积计费的，其收费标准应不高于2元/平方米。具体收费标准由各省、自治区、直辖市价格主管部门结合当地实际情况，在不高于上述上限的范围内确定。各地现行收费标准低于收费上限的，一律不得提高标准。

三、降低部分行业建设项目环境影响咨询收费标准。各环境影响评价机构对估算投资额100亿元以下的农业、林业、渔业、水利、建材、市政（不含垃圾及危险废物集中处置）、房地产、仓储（涉及有毒、有害及危险品的除外）、烟草、邮电、广播电视、电子配件组装、社会事业与服务建设项目的环境影响评价（编制环境影响报告书、报告表）收费，应在原国家计委、国家环保总局《关于规范环境影响咨询收费有关问题的通知》（计价格[2002]125号）规定的收费标准基础上下调20%收取；上述行业以外的化工、冶金、有色等其他建设项目的环境影响评价收费维持现行标准不变。环境影响评价收费标准中不包括获取相关经济、社会、水文、气象、环境现状等基础数据的费用。

四、降低中标金额在5亿元以上招标代理服务收费标准，并设置收费上限。货物、服务、工程招标代理服务收费差额费率：中标金额在5-10亿元的为0.035%；10-50亿元的为0.008%；50-100亿元为0.006%；100亿元以上为0.004%。货物、服务、工程一次招标（完成一次招标投标全流程）代理服务费最高限额分别为350万元、300万元和450万元，并按各标段中标金额比例计算各标段招标代理服务费。

中标金额在5亿元以下的招标代理服务收费基准价仍按原国家计委《招标代理服务收费管理暂行办法》（[2002]1980号，以下简称《办法》）附件规定执行。按《办法》附件规定计算的收费额为招标代理服务全过程的收费基准价格，但不含工程量清单、工程标底或工程招标控制价的编制费用。

五、适当扩大工程勘察设计和工程监理收费的市场调节价范围。工程勘察和工程设计收费，总投资估算额在1000万元以下的建设项目实行市场调节价；1000万元及以上的建设项目实行政府指导价，收费标准仍按原国家计委、建设部《关于发布〈工程勘察设计收费管理规定〉的通知》（计价格[2002]10号）规定执行。

工程监理收费，对依法必须实行监理的计费额在1000万元及以上的建设工程施工阶段的收费实行政府指导价，收费标准按国家发展改革委、建设部《关于印发〈建设工程监理与相关服务收费管理规定〉的通知》（发改价格[2007]670号）规定执行；其他工程施工阶段的监理收费和其他阶段的监理与相关服务收费实行市场调节价。

六、各地应进一步加大对建设项目及各类涉房收费项目的清理规范力度。要严禁行政机关在履行行政职责过程中，擅自或变相收取相关审查费、服务费，对自愿或依法必须进行的技术服务，应由项目开发经营单位自主选择服务机构，相关机构不得利用行政权力强制或变相强制项目开发经营单位接受指定服务并强制收取费用。

本通知自2011年5月1日起执行。现行有关规定与本通知不符的，按本通知规定执行。

国家发展改革委

二〇一一年三月十六日

关于开展全国高尔夫球场综合清理整治工作的通知

发改社会〔2011〕741号

各省、自治区、直辖市人民政府：

为合理利用和保护土地资源，遏制高尔夫球场的盲目建设，2004年，国务院办公厅印发了《关于暂停新建高尔夫球场的通知》（国办发〔2004〕1号，以下简称《通知》），明确要求暂停新建高尔夫球场，清理已建、在建的高尔夫球场项目。《通知》印发后，盲目建设高尔夫球场的现象基本得到了遏制。但最近一个时期，一些地方无视《通知》和国务院有关文件要求，违规建设高尔夫球场，占用大量耕地和林地资源，造成了极坏的社会影响。为切实加强规范管理，保护耕地和林地资源，坚决制止违规建设高尔夫球场现象，经国务院同意，在全国开展高尔夫球场综合清理整治工作。现就工作安排和要求通知如下：

一、清理整治范围

（一）《通知》印发前未按规定履行立项、规划、用地和环境影响评价等建设审批手续建设的高尔夫球场。

（二）《通知》印发后开工建设的高尔夫球场。

二、清理整治原则

（一）坚决保护耕地和林地资源。所有球场一律不得占用耕地、天然林和国家级公益林地，占用的耕地和林地必须全部退出，尽快进行复耕和恢复森林植被。

（二）重点督办严重违法违规项目。对于占用耕地面积超过球场总面积50%的球场、在自然保护区或饮用水水源地保护区内建设的球场、非法围垦河湖影响防洪安全的球场、非法占用公共资源建设的球场，相关部门和地方政府要重点督办。

（三）从严处理瞒报项目。对未按规定纳入清理整治范围的违规高尔夫球场，一经检查发现，一律予以取缔，并严肃追究有关人员的责任。

三、清理整治要求

严格按照《城乡规划法》、《土地管理法》、《环境保护法》、《水法》、《森林法》等法律法规，开展清理整治工作。对违法违规建设高尔夫球场的行为和有关地方政府部门违规审批、监管不力、执法不严等失职渎职行为，要依法进行查处，并追究相关单位和人员的责任。

对违法违规行为已完全纠正、整治措施全部落实到位的高尔夫球场，可由发展改革、国土资源、环境保护、林业等部门为其重新办理相关手续，并从新从高缴纳相关规费。

四、责任分工

清理整治工作的责任主体为各省、自治区、直辖市人民政府。各地方政府要高度重视，切实加强检查指导工作，尽快研究细化实施方案，组织发展改革、监察、国土、环保、建设、水利、农业、工商、体育、林业、旅游等部门，抽调专门人员成立工作组，对本地区高尔夫球场项目进行逐一核查，对违规球场依法进行处理。清理整治工作完成后，各地方政府要将本地区所有球场名单及违规球场清理整治情况进行汇总，并于2011年6月底前报送国家发展改革委。国务院有关部门将组成联合督查组，对各地清理整治情况进行监督检查。

国家发展改革委将会同有关部门研究提出今后一段时期我国高尔夫球场建设规范发展的意见，在意见公布之前，各地要继续严格执行《通知》等有关文件要求，一律不得擅自批准和开工建设高尔夫球场项目。

国家发展和改革委员会

监察部

国土资源部

环境保护部

住房和城乡建设部

水利部

农业部

国家工商行政管理总局

国家体育总局

国家林业局

国家旅游局

二〇一一年四月十一日

关于开展商品房销售明码标价专项检查的通知

发改办价检〔2011〕1050号

各省、自治区、直辖市及计划单列市、副省级省会城市、新疆生产建设兵团发展改革委、物价局、深圳市市场监督管理局：

3月16日，我委发布了《商品房销售明码标价规定》（发改价检〔2011〕548号），随即印发了《关于贯彻实施〈商品房销售明码标价规定〉有关问题的通知》（发改价检〔2011〕658号）。《商品房销售明码标价规定》从5月1日起已经施行，为了确保该项《规定》得到切实贯彻执行，各地要立即组织开展专项检查。现就有关事项通知如下：

一、进行提醒告诫

各级价格主管部门要组织本辖区内所有房地产开发企业，集中学习解读《价格法》、《价格违法行为行政处罚规定》和《商品房销售明码标价规定》等相关法律、法规、规章和规范性文件，事先提醒告诫，防范销售商品房不明码标价、不按规定明码标价和价格欺诈等违法行为发生。

二、加强工作指导

各级价格主管部门要加强对房地产开发企业的指导，包括销售商品房明码标价应当标示的内容，申报价格和“一套一标”的办法，采用标价牌、价目表、价格手册或者电子信息屏、多媒体终端、电脑查询标示的注意事项等。深入细致地引领、帮助房地产开发企业做好商品房销售明码标价各项工作，让消费者看得明白买得放心。

三、逐一进行检查

各级价格主管部门近期要集中人力和时间，迅速组织开展商品房销售明码标价执行情况专项检查，对本地所有房地产开发企业正在销售的商品房，实行拉网式排查，确保每个新开发的居民住宅小区、每个正对外公开发售的楼盘、每套出售的新建商品房都检查到位，无一遗漏，不留空白。

四、明确检查重点

各级价格主管部门组织开展商品房销售明码标价执行情况专项检查，要重点查处房地产开发企业下列行为：

（一）销售商品房不明码标价；

（二）未在交易场所醒目位置明码标价；

（三）未按规定实行“一套一标”；

（四）未一次性公开全部预售房源；

（五）标示信息不全，没有按照规定内容明码标价、公示相关收费；

（六）在标价和公示的收费之外加价、另行收取未予以标明的费用；

（七）违反公平、公开、自愿选择原则，单独或者串通其他部门、中介机构强制或变相强制收费；

（八）虚假折扣、虚假优惠，或者利用虚假信息、模糊语言、容易使人误解的标价方式进行价格欺诈；

（九）其他违反明码标价规定销售商品房的行为。

五、工作方式方法

各级价格主管部门开展商品房销售明码标价执行情况专项检查，可以采取直接检查、下查一级、交叉检查，依靠群众举报提供线索、从售楼广告寻找线索和主动检查发现线索相结合，明察与暗访相结合，集中统一行动与分散编组检查相结合，约请新闻媒体全程跟踪报道等灵活多样的方式方法，确保专项检查取得实效。

六、依法严厉处罚

各级价格主管部门开展商品房销售明码标价执行情况专项检查，对违反相关规定的要发现一起，查处一起，并依法严惩和公开曝光。房地产开发企业违反明码标价规定未实行“一套一标”，按《价格法》和《价格违法行为行政处罚规定》，每套处5000元罚款。构成价格欺诈的，责令改正，没收违法所得，并处违法所得5倍以下罚款；没有违法所得，处5万元以上50万元以下罚款；情节严重的，要责令停业整顿，或者由工商行政管理机关吊销营业执照。通过严厉惩处，切实保障《商品房销售明码标价规定》贯彻执行。

各地贯彻《商品房销售明码标价规定》取得的经验和发现的问题，请及时报告我委（价检司）。

国家发展改革委办公厅

二〇一一年五月十一日

关于利用债券融资支持保障性住房建设有关问题的通知

发改办财金〔2011〕1388号

各省、自治区、直辖市及计划单列市、新疆生产建设兵团发展改革委：

加快建设保障性住房，是党中央、国务院作出的重大决策，是我国“十二五”时期改善民生的重点工程，也是当前和今后一个时期政府工作的一项重要任务。为如期完成“十二五”规划纲要提出的建设3600万套保障性住房的任务，现就充分发挥企业债券融资对保障性住房建设的支持作用，引导更多社会资金参与保障性住房建设的有关问题通知如下：

一、地方政府投融资平台公司发行企业债券应优先用于保障性住房建设

企业债券具有期限长、利率低的优势，是保障性住房项目市场融资的较好工具。为完成“十二五”规划提出的保障性住房建设任务，各地按《国务院关于加强地方政府融资平台公司管理有关问题的通知》（国发〔2010〕19号）进行规范后继续保留的投融资平台公司申请发行企业债券，募集资金应优先用于各地保障性住房建设。只有在满足当地保障性住房建设融资需求后，投融资平台公司才能发行企业债券用于当地其他项目的建设。

二、支持符合条件的地方政府投融资平台公司和其他企业，通过发行企业债券进行保障性住房项目融资

地方政府投融资平台公司从事包括公租房、廉租房、经济适用房、限价房、棚户区改造等保障性住房项目建设的，如果符合国发〔2010〕19号文要求，以及投融资平台公司发债的各项条件，可申请通过发行企业债券的方式进行保障性住房建设项目的融资。从事或承担公租房、廉租房、经济适用房、限价房、棚户区改造等保障性住房建设项目的其他企业，也可在政府核定的保障性住房建设投资额度内，通过发行企业债券进行项目融资。各地发展改革部门应根据本地实际，优先做好募集资金用于保障性住房项目的企业债券发行申请材料的转报工作，提高工作效率。

三、企业债券募集资金用于保障性住房建设的，优先办理核准手续

为了及时满足保障性住房项目的融资需求，对符合条件的地方政府投融资平台公司和其他企业发行企业债券，用于公租房等保障性住房建设的，发行人可在正式报送发债申请材料前，将保障性住房项目的有关材料先

行报我委预审。发行人正式申请材料上报后，我委将优先办理核准手续，简化审核环节并缩短核准周期。

四、强化中介机构服务，加强信息披露和募集资金用途监管，切实防范风险

为了防范政府性债务风险，承担保障性住房建设任务的投融资平台公司应按照国发〔2010〕19号文进行规范，并符合《国家发展改革委办公厅关于进一步规范地方政府投融资平台公司发行债券行为有关问题的通知》（发改办财金〔2010〕2881号）的有关要求，满足现行法律法规规定的公开发行企业债券的相关条件。

进一步强化中介机构独立、公正、客观、诚信的市场服务功能。承销机构、评级机构、会计师事务所、律师事务所等中介机构应当勤勉尽责，对债券发行人所提供的文件资料内容进行严格核查和验证，保证出具文件的真实性、准确性和完整性，并在债券发行后加强对发行人和投资者的后续服务与管理。

各地发展改革委应加强对发行人募集资金使用方向的引导、监督，保障募集资金的专款专用。要督促发行人落实偿债计划及保障措施，按计划提取偿债基金，进行专户管理，提高资金使用效益，有效防范偿债风险。要督促发行人进一步加强信息披露工作，按照债券交易场所的规定，及时、准确地披露财务报告及有关重大事项。

国家发展改革委办公厅

二〇一一年六月九日

中华人民共和国
财政部、国家税务总局

关于调整个人住房转让营业税政策的通知

财税〔2011〕12号

各省、自治区、直辖市、计划单列市财政厅（局）、地方税务局,西藏、宁夏、青海省（自治区）国家税务局，新疆生产建设兵团财务局：

为了促进房地产市场健康发展，经国务院批准，现将个人住房转让营业税政策通知如下：

一、个人将购买不足5年的住房对外销售的，全额征收营业税；个人将购买超过5年（含5年）的非普通住房对外销售的，按照其销售收入减去购买房屋的价款后的差额征收营业税；个人将购买超过5年（含5年）的普通住房对外销售的，免征营业税。

二、上述普通住房和非普通住房的标准、办理免税的具体程序、购买房屋的时间、开具发票、差额征税扣除凭证、非购买形式取得住房行为及其他相关税收管理规定，按照《国务院办公厅转发建设部等部门关于做好稳定住房价格工作意见的通知》（国办发[2005]26号）、《国家税务总局财政部建设部关于加强房地产税收管理的通知》（国税发[2005]89号）和《国家税务总局关于房地产税收政策执行中几个具体问题的通知》（国税发[2005]172号）的有关规定执行。

三、本通知自发文次日起执行，《财政部国家税务总局关于调整个人住房转让营业税政策的通知》（财税[2009]157号）同时废止。

关于购房人办理退房有关契税问题的通知

财税〔2011〕32号

各省、自治区、直辖市、计划单列市财政厅（局）、地方税务局，新疆生产建设兵团财务局：

根据《中华人民共和国契税暂行条例》（国务院令第224号）及其细则的规定，现对购房单位和个人办理退房有关契税问题明确如下：

对已缴纳契税的购房单位和个人，在未办理房屋权属变更登记前退房的，退还已纳契税；在办理房屋权属变更登记后退房的，不予退还已纳契税。

请遵照执行。

财政部国家税务总局

二〇一一年四月二十六日

关于进一步推进公共建筑节能工作的通知

财建〔2011〕207号

各省、自治区、直辖市、计划单列市财政厅（局）、住房城乡建设厅（委），新疆生产建设兵团财务局、建设局：

近年来，按照国务院节能减排综合性工作方案的统一部署，财政部、住房城乡建设部在全国范围内开展国家机关办公建筑和大型公共建筑的能耗统计、能源审计、能效公示工作，在部分省市开展公共建筑能耗动态监测平台建设试点，取得了良好效果，为节能量审核、制定能耗定额、建立能效交易机制提供有力支撑，充分激发了节能改造市场需求。但当前还存在大型公共建筑能耗水平高、增长势头猛、节能改造进展缓慢等突出问题。为切实加大组织实施力度，充分挖掘公共建筑节能潜力，促进能效交易、合同能源管理等节能服务机制在建筑节能领域应用，财政部、住房城乡建设部将进一步开展公共建筑节能工作，现就有关事项通知如下。

一、明确“十二五”期间公共建筑节能工作目标

建立健全针对公共建筑特别是大型公共建筑的节能监管体系建设，通过能耗统计、能源审计及能耗动态监测等手段，实现公共建筑能耗的可计量、可监测。确定各类型公共建筑的能耗基线，识别重点用能建筑和高能

耗建筑，并逐步推进高能耗公共建筑的节能改造，争取在“十二五”期间，实现公共建筑单位面积能耗下降10%，其中大型公共建筑能耗降低15%。

二、加强新建公共建筑节能管理

（一）严格执行节能标准。新建公共建筑应按照节能省地及绿色生态的要求指导工程建设全过程，要严格执行工程建设节能强制性标准，把能耗标准作为建筑项目核准和备案的强制性门槛，遏制高耗能建筑的建设。新建公共建筑要大力推广绿色设计、绿色施工，广泛采用自然通风、遮阳等被动节能技术。

（二）实行建筑能耗指标控制。要强化公共建筑特别是大型公共建筑建设过程的能耗指标控制，应根据建筑形式、规模及使用功能，在规划、设计阶段引入分项能耗指标，约束建筑体型系数、采暖空调、通风、照明、生活热水等用能系统的设计参数及系统配置，避免建筑外形片面追求“新、奇、特”，用能系统设计指标过大，造成浪费。新建大型公共建筑建成后必须经建筑能效专项测评，凡达不到工程建设节能强制性标准的，有关部门不得办理竣工验收备案手续。

三、深入开展公共建筑节能监管体系建设

各省（区、市）应以大型公共建筑为重点，深入推进公共建筑节能监管体系建设。

（一）推进能耗统计、审计及公示工作。各省（区、市）应对本地区地级及以上城市大型公共建筑进行全口径统计，将单位面积能耗高于平均水平和年总能耗高于1000吨标煤的建筑确定为重点用能建筑，并对50%以上的重点用能建筑进行能源审计。应对单位面积能耗排名在前50%的高能耗建筑，以及具有标杆作用的低能耗建筑进行能效公示。

（二）加强节能监管体系建设。中央财政支持有条件的地方建设公共建筑能耗监测平台，对重点建筑实行分项计量与动态监测，并建立能耗限额标准，强化公共建筑节能运行管理，争取用3年左右完成覆盖不同气候区、不同类型公共建筑的能耗监测系统。要重点加强高校节能监管，提高节能监管体系管理水平。示范省市及高校节能监管体系补助按照《财政部关于印发国家机关办公建筑和大型公共建筑节能专项资金管理暂行办法的通知》（财建[2007]558号）的有关规定执行。2011年度补助资金申请截止时间为6月20日。

（三）实施能耗限额管理。各省（区、市）应在能耗统计、能源审计、能耗动态监测工作基础上，研究制定各类型公共建筑的能耗限额标准，并对公共建筑实行用能限额管理，对超限额用能建筑，采取增加用能成本或强制改造措施。

四、积极推动公共建筑节能改造工作

“十二五”期间，财政部、住房城乡建设部将切实加大支持力度，积极推动重点用能建筑节能改造工

作，有效改变公共建筑能耗较高的局面。

（一）实施重点城市公共建筑节能改造。各地应高度重视公共建筑的节能改造工作。为突出改造效果及政策整体效益，财政部、住房城乡建设部将选择在公共建筑节能监管体系建立健全、节能改造任务明确的地区，启动一批公共建筑节能改造重点城市。到2015年，重点城市公共建筑单位面积能耗下降20%以上，其中大型公共建筑单位建筑面积能耗下降30%以上。改造重点城市在批准后两年内应完成改造建筑面积不少于400万平方米。对改造重点城市，中央财政将给予财政资金补助，补助标准原则上为20元/平方米，并综合考虑节能改造工作量、改造内容及节能效果等因素确定。重点城市节能改造补助额度，根据补助标准与节能改造面积核定，当年拨付补助资金总额的60%，待完成竣工验收，财政部、住房城乡建设部对实际工作量及节能效果审核确认后，拨付后续补助资金。财建[2007]558号文件规定的建筑节能改造贴息政策停止执行。申请公共建筑节能改造重点城市，要制订实施方案（编制大纲见附件1）与资金申请表（附件2）。2011年申报截止日期为6月20日。

（二）推动高校等重点公共建筑节能改造。要充分发挥高校技术、人才、管理优势，积极推动高等学校节能改造示范，高校建筑节能改造示范应不低于20万平方米，单位面积能耗应下降20%以上。申请高校建筑节能改造示范，要编制实施方案（附件3）与资金申请表（附件4），由财政部、住房城乡建设部组织论证后确定。补助标准及资金拨付，按照上述重点城市公共建筑节能改造办法执行。2011年申报截止日期为6月20日。

（三）积极推进中央本级办公建筑节能改造。财政部、住房城乡建设部将会同国务院机关事务管理局等部门共同组织中央本级办公建筑节能改造工作，并给予资金补助，具体补助标准根据改造工作量、节能效果、改造成本等因素核定。

五、大力推进能效交易、合同能源管理等节能机制创新

公共建筑节能工作要充分利用市场机制，大力推进体制机制创新，形成政府推动、社会力量广泛参与的工作局面。

（一）积极发展能耗限额下的能效交易机制。各地应建立基于能耗限额的用能约束机制，同时搭建公共建筑节能量交易平台，使公共建筑特别是重点用能建筑通过节能改造或购买节能量的方式实现能耗降低目标，将能耗控制在限额内，从而激发节能改造需求，培育发展节能服务市场。对能效交易机制已经建立和完善的城市，财政部、住房城乡建设部将在确定公共建筑节能改造重点城市时，向实行能效交易的地区倾斜。

（二）加强建筑节能服务能力建设。各地要在公共建筑节能改造中大力推广运用合同能源管理的方式，要加强第三方的节能量审核评价及建筑能效测评机构能力建设，充分运用现有的节能监管及建筑能效测评体系，客观审核与评估节能量。要加强建筑节能服务市场监管，制定建筑节能服务市场监督管理办法、服务质量评价标准以及公共建筑合同能源管理合同范本。要将重点城市节能改造补助与合同能源管理机制相结合，对投资回收期较长的基础改造及难以有效实现节能收益分享的领域，主要通过财政资金补助的方式推进改造工作。在节能改造效果明显的领域，鼓励采用合同能源管理的方式进行节能改造，并按照《财政部国家发展改革委关于印发合同能源管理项目财政奖励资金管理暂行办法的通知》（财建〔2011〕249号）的规定执行。

六、加强公共建筑节能组织管理

各地要加强对公共建筑节能工作的组织领导，建立住房城乡建设、财政、发展改革、商务、教育、机关事务等主管部门（机构）参加的议事协调机制，统一研究部署节能工作中的重大问题。省级住房城乡建设部门要抓紧制定公共建筑节能运行管理、节能改造等方面的技术标准、导则。各地应在公共建筑节能改造中大力推广应用新型节能技术、材料、产品，带动相关产业发展。要加强对公共建筑节能监管体系建设及节能改造全过程的质量安全监管，在用电分项计量改造、用能设备改造、围护结构节能改造工程中，加强安全控制，强化对计量器具、关键设备、保温材料、门窗等关键材料产品的质量管理，确保工程质量。

附件：1. 公共建筑节能改造重点城市实施方案大纲

2. 公共建筑节能改造重点城市资金申请表

3. 建筑节能改造示范高校实施方案大纲

4. 建筑节能改造示范高校节能改造申请表

中华人民共和国财政部

中华人民共和国住房和城乡建设部

二〇一一年五月四日

关于切实落实保障性安居工程资金加快预算执行进度的通知

财综〔2011〕41号

各省、自治区、直辖市、计划单列市财政厅（局）、住房城乡建设厅（局），新疆生产建设兵团财务局、建设局：

按照《国务院办公厅关于进一步做好房地产市场调控工作有关问题的通知》（国办发〔2011〕1号）要求，为确保完成2011年全国保障性安居工程建设任务，落实保障性安居工程资金，加快保障性安居工程资金预算执行进度，现就有关事项通知如下：

一、切实加大地方公共预算用于保障性安居工程资金规模。保障性安居工程是一项重大民生工程，地方各级财政部门在安排公共预算时，要根据本地区任务，认真测算审核应当由地方政府安排的各类保障性安居工程资金需求，并将其作为重点项目予以保障，不得留有资金缺口。市县财政部门要切实加大公共预算安排用于保障性安居工程资金规模，力争比上年实际安排的资金规模有较大幅度增加。省级财政部门要进一步加大对本地区财政困难市县保障性安居工程资金的支持力度，年度安排的省级保障性安居工程专项补助资金也要比上年明显增加。地方各级财政部门要认真贯彻落实《财政部关于做好发行2011年地方政府债券有关工作的通知》（财预〔2011〕29号）规定，将2011年地方政府债券资金优先用于保障性安居工程，要进一步明确和细化地方政府债券资金安排用于公共租赁住房等保障性安居工程的具体资金数额，加大对保障性安居工程的投入力度。

二、确保住房公积金增值收益按规定用于保障性安居工程。各地要严格执行《住房公积金管理条例》（国务院第350号令）、财政部印发的《住房公积金财务管理办法》（财综字〔1999〕59号）和财政部、国家发展改革委、住房城乡建设部联合印发的《关于保障性安居工程资金使用管理有关问题的通知》（财综〔2010〕95号），经住房公积金管理委员会批准，将计提贷款风险准备金和管理费用后的住房公积金增值收益上缴本级财政部门，由财政部门按规定拨付给住房城乡建设（住房保障）部门，专项用于廉租住房和公共租赁住房建设，着力提高住房公积金增值收益使用效率，充分发挥住房公积金增值收益改善城镇低收入家庭住房困难的作用。

三、进一步明确土地出让收益用于保障性安居工程的具体口径。为确保土地出让收益更多地向保障性安居工程倾斜，市县财政部门应当按照当年实际缴入地方国库的招标、拍卖、挂牌和协议出让国有土地使用权取得的土地出让收入，扣除当年从地方国库中实际支付的征地和拆迁补偿支出、土地出让前期开发支出、计提农业土地开发资金支出、补助被征地农民社会保障支出、保持被征地农民原有生活水平补贴支出、支付破产或改制企业职工安置费支出、支付土地出让业务费支出、缴纳新增建设用地土地有偿使用费等相关项目后，作为计提保障性安居工程资金的土地出让收益口径，严格按照不低于10%的比例安排资金，统筹用于廉租住房、公共租赁住房、城市和国有工矿棚户区改造等保障性安居工程。土地出让收益较多、保障性安居工程资金需求较大、公共预算难以满足相关资金需要的市县，可以根据当地实际情况，进一步提高土地出让收益用于保障性安居工程的比例。

四、全面落实保障性安居工程建设和运营涉及的各项税费优惠政策。市县财政部门要督促相关部门和单位，严格按照国家有关规定，全面落实对保障性安居工程建设免收各项行政事业性收费和政府性基金。廉租住房、城市棚户区改造中的安置住房、经济适用住房以及面向经济适用住房对象供应的公共租赁住房建设用地，要严格按照规定实行行政划拨方式供应，除依法支付土地补偿费、拆迁补偿费外，一律免缴土地出让收入。同时，要继续落实廉租住房、经济适用住房、公共租赁住房以及棚户区改造涉及的营业税、房产税、城镇土地使用税、土地增值税、印花税、契税等税收优惠政策，努力降低保障性安居工程建设和运营成本，切实减轻保障性安居工程建设和运营过程中的经济负担。

五、创新财政支持公共租赁住房建设和运营方式。在2011年全国保障性安居工程建设任务中，公共租赁住房建设任务相对较重，完全依靠各级财政资金投入，难以确保公共租赁住房建设和运营的可持续性。为此，各地要积极创新财政资金支持方式，充分发挥财政资金“四两拨千斤”的作用，放大财政政策效能。市县财政部门要积极运用投资补助、贷款贴息、注入资本金、税费优惠等政策措施，鼓励相关企业参与公共租赁住房建设和运营试点。进一步细化操作方案，明确投资补助、注入资本金资金数额、税费优惠项目以及贷款贴息幅度、贴息年限等政策，探索建立公共租赁住房建设和运营的长效机制。

六、加快各类保障性安居工程资金预算执行进度。2011年中央补助保障性安居工程专项资金已按规定下达各省、自治区、直辖市、计划单列市，各省、自治区、直辖市、计划单列市要严格按照规定于今年5月31日前将中央补助保障性安居工程专项资金，连同省级安排的各类保障性安居工程补助资金一并下达到市县，不得滞留、挤占和挪用。各省、自治区、直辖市、计划单列市财政部门要按月了解和通报本地区各市县保障性安居工程资金预算执行进度。对于预算执行进度较慢的市县，要采取措施督促加快预算执行进度。市县财政部门要积极配合住房城乡建设等部门主动开展工作，廉租住房租赁补贴要争取做到按季或按月发放，确保当年12月25日之前全部发放到位；要督促相关部门加快保障性安居工程项目审批，切实落实保障性安居工程项目建设用地，做好保障性安居工程项目前期准备和项目组织实施工作，根据项目工程进度及时拨付保障性安居工程建设资金；要按月加强对保障性安居工程建设项目进度和资金使用情况的监督管理，提高建设项目投资完成率，推动本地区按期完成当年保障性安居工程建设任务。

七、定期报送保障性安居工程工作进展情况。为及时掌握各地保障性安居工程进度，以及保障性安居工程资金拨付和使用情况，各级财政部门要会同住房城乡建设等部门，严格按照本通知要求，认真填报《保障性安居工程预算资金安排和支出情况表》（附件1）、《中央补助保障性安居工程资金收支情况表》（附件2）、《廉租住房和公共租赁住房保障实施情况表》（附件3）、《经济适用住房和限价商品住房保障实施情况表》（附件4）、《棚户区改造实施情况表》（附件5），并按规定时间于每季度结束后20个工作日内，报送财政部、住房城乡建设部（同时报送电子版），计划单列市有关数据由省级部门汇总报送。

电话：财政部010-68551583；68553554（传真）

住房城乡建设部010-58934220；58934746（传真）

电子邮箱：gaofeng@mof.gov.cn；bzsghc@mail.cin.gov.cn

附件：相关表格

财政部住房城乡建设部

二〇一一年五月二十四日

关于印发《中央农村危房改造补助资金管理暂行办法》的通知

财社〔2011〕88号

各省、自治区、直辖市财政厅（局）、发展和改革委员会、住房和城乡建设厅（局），新疆生产建设兵团财务局、发展和改革委员会、建设局：

为规范和加强中央农村危房改造补助资金管理，切实提高农村危房改造补助资金使用效益，特制定《中央农村危房改造补助资金管理暂行办法》。现印发给你们，请遵照执行。执行中如有问题，请及时反馈。

附件：中央农村危房改造补助资金管理暂行办法

财政部

二〇一一年六月二十二日

附件：

中央农村危房改造补助资金管理暂行办法

第一章　总则

第一条　为规范和加强中央农村危房改造补助资金管理，提高农村危房改造补助资金使用效益，根据国家关于农村危房改造的相关政策、财政部专项补助资金管理和国家发展改革委中央预算内投资管理有关规定，制定本暂行办法。

第二条　本办法所称中央农村危房改造补助资金是指中央设立的用于支持地方开展农村危房改造的专项资金，包括中央财政补助资金和中央预算内投资补助资金两部分。

第三条　中央农村危房改造补助资金分配使用遵循以下原则：

（一）科学合理，公正客观。公平、合理地分配补助资金，避免产生盲目性和随意性。

（二）突出重点，统筹兼顾。在优先支持贫困农户、并向财政困难地区倾斜的同时，整体推进全国农村危房改造。

（三）绩效评价，规范管理。建立绩效评价制度，创新项目实施和资金管理机制。

第四条　地方各级财政、发展改革、住房城乡建设部门要切实落实农村危房改造地方补助资金，加快推进农村危房改造工作。同时，不断创新农村危房改造投入机制，积极引导信贷资金、民间资本等社会各方面资金投入。

第二章　资金申请与资金分配

第五条　省级住房城乡建设、发展改革和财政部门根据各地实际需要，按规定时间提出下一年度危房改造任务和补助资金申请及实施方案，并以正式文件联合上报住房城乡建设部、国家发展改革委和财政部。

第六条　住房城乡建设部、国家发展改革委、财政部根据当年全国农村危房改造规划、中央补助资金预算安排情况以及省级有关部门申报危房改造任务和补助资金情况，统筹考虑各地农村危房户数、农户数、改造成本、改造效果、财力情况等因素，确定各地危房改造任务。

第七条　财政部会同国家发展改革委、住房城乡建设部根据改造任务和补助标准，分配下达中央农村危房改造补助资金。

第八条　省级财政部门会同发展改革、住房城乡建设部门，在接到中央补助资金文件后30天内，根据辖区危房改造任务分配情况，将中央补助资金和本级政府安排的农村危房改造资金，拨付到下级财政部门。市、县级财政部门也要积极安排农村危房改造补助资金，并及时将上级和本级政府安排的补助资金于30日内及时拨付到位。

第九条　县级财政部门、发展改革、住房城乡建设等部门具体负责本地区农村危房改造补助资金的支付、管理以及日常监督检查工作，严格按照规定安排和支付农村危房改造补助资金。

第三章　资金使用管理

第十条　中央农村危房改造补助资金支持对象为，居住在危房中的农村贫困户，优先支持农村分散供养五保户、低保户、贫困残疾人家庭等贫困户危房改造。

第十一条　中央农村危房改造补助资金用途为，符合《住房城乡建设部关于印发<农村危险房屋鉴定技术导则（试行）>的通知》（建村函[2009]69号）等有关文件规定的农村危房翻建、新建和修缮加固等支出，以及农村危房改造建筑节能示范户节能建筑材料购置、节能技术使用、取暖方式改进以及可再生能源利用等方面的支出。

第十二条　中央农村危房改造补助资金实行专项管理、专款专用，不得用于车辆、通讯设备购置及生活补贴等与农村危房改造无关的支出。

第十三条　各地不得在中央补助资金中提取工作经费。地方财政可根据农村危房改造管理工作情况，安排必要的管理工作经费。

第四章　绩效考评

第十四条　中央建立农村危房改造补助资金绩效考评制度，对中央安排的农村危房改造补助资金绩效目标实现程度进行综合性的考核和评价。省级有关部门负责对辖区内农村危房改造项目进行绩效考评。

第十五条　农村危房改造补助资金管理绩效考评的内容包括：

（一）地方资金安排：主要考核省级及以下地方政府安排农村危房改造资金规模以及资金到位情况。

（二）项目资金管理：主要考核有关资金管理制度建设、管理措施等情况。

（三）项目实施效果：主要考核危房改造任务完成和改造质量等情况。

（四）违规违纪行为：主要是被审计、财政监督机构、发改委稽查等部门查出或被新闻媒体曝光并经查实的违纪行为。

绩效考评结果是对各地农村危房改造补助资金管理工作的综合评价，上一年度绩效考评结果将作为下一年度中央补助资金安排的参考因素。

第十六条　省级住房城乡建设、发展改革、财政部门要在每年2月底前联合上报本省（自治区、直辖市）上年度农村危房改造进展情况、绩效考评情况以及中央补助资金使用管理情况。

第五章　监督检查

第十七条　地方各级住房城乡建设部门应会同财政、发展改革部门，建立健全农村危房改造工作监管机制。对农村危房改造补助对象的申请、评议、审核、审批意见和实际补助水平等情况，要实行公示公告制度。

第十八条　各级财政和发展改革部门要建立健全农村危房改造资金违规使用的责任追究制度。对于不按照规定使用和管理农村危房改造资金的，要严格按照《财政违法行为处罚处分条例》（国务院令第427号）和《中央预算内投资补助和贴息项目管理暂行办法》（国家发展改革委令第31号）等有关规定进行处理，并依法追究有关责任人员的行政责任。涉嫌犯罪的，依法追究刑事责任。

第十九条　各级财政、发展改革、住房城乡建设部门要自觉接受社会各界的监督，积极配合有关部门做好审计、稽查等工作。财政部驻各地财政监察专员办事处和各级发改稽查机构将对各地农村危房改造资金管理使用等情况不定期进行抽查。

第六章　附则

第二十条　各省级财政、发展改革、住房城乡建设部门可以根据本办法，结合各地实际，制定农村危房改造实施和资金管理细则。

第二十一条　本办法自下发之日起实施。

关于多渠道筹措资金确保公共租赁住房项目资本金足额到位的通知

财综〔2011〕47号

各省、自治区、直辖市、计划单列市财政厅（局）、住房城乡建设厅（局），新疆生产建设兵团财务局、建设局：

为顺利完成2011年公共租赁住房建设任务，确保各地不因项目资本金不到位而影响公共租赁住房建设融资，现就有关事项通知如下：

一、尽快将公共租赁住房建设任务分解落实到具体项目，确定投资模式并测算项目资本金需求。2011年公共租赁住房建设任务重、时间紧，各地要按照签订的保障性安居工程目标责任书，积极开展各项工作，尽快将公共租赁住房建设任务分解落实到具体项目和地块。同时，对于不同的公共租赁住房项目，要尽快确定具体的投资模式和投资主体。按照《国务院关于调整固定资产投资项目资本金比例的通知》（国发〔2009〕27号）的规定，"保障性住房和普通商品住房项目的最低资本金比例为20%"。为此，各地可按照20%比例，测算公共租赁住房项目资本金需求。

二、按照公共租赁住房投资主体，分别由企业和政府解决项目资本金。按照现行政策规定，公共租赁住房投资可以有多种模式，包括政府直接投资建设、政府组建专门投资公司或利用已有国有房地产开发企业投资建设、在房地产开发项目中配建公共租赁住房由政府回购或无偿收回、政府通过优惠政策引导企业投资建设等。其中，在房地产开发项目中配建以及由企业投资建设的公共租赁住房，其项目资本金由企业按照国家现行政策规定由相关企业自行解决，政府可以通过投资补助、贷款贴息等优惠政策予以支持。政府直接投资和政府组建投资公司建设的公共租赁住房，应当由政府注入项目资本金，其项目资本金资金来源可从中央补助资金、省级补助资金、市县政府公共预算安排的资金、土地出让收益安排的资金、住房公积金增值收益安排的资金，以及地方政府债券资金等渠道筹集。

三、加大政府筹资力度，确保公共租赁住房项目资本金及时足额到位。各地要把公共租赁住房建设摆在优先突出位置，尽最大努力筹集资金，解决好应由政府投资的公共租赁住房项目资本金问题。按照《国务院关于解决城市低收入家庭住房困难的若干意见》（国发〔2007〕24号）确定的"省级负总责，市县抓落实"原则，县级筹资存在困难的，市级要帮助解决（其中，已实施省管县财政管理方式改革地区，由省级帮助解决）；市级筹资存在困难的，省级要帮助解决。各地解决公共租赁住房项目资本金的资金来源，首先要立足于政府预算（包括公共预算、政府性基金预算）安排资金，特别是地方政府债券资金要优先用于公共租赁住房等保障性安居工程。对于公共租赁住房项目资本金仍有缺口的地区，在按规定程序使用年度超收收入时，要相应增加资金投入。市县财政部门要会同住房城乡建设部门，按规定程序将政府预算安排用于公共租赁住房的资金，尽快分解落实到具体建设项目。在确保公共租赁住房项目资本金及时足额到位的前提下，各商业银行应严格按照国务院有关政策规定，加大金融支持力度，对符合条件的公共租赁住房建设项目及时发放贷款。

四、按照工程进度支付建设资金，保障建设资金专款专用。市县财政部门、住房城乡建设部门要督促相关部门加快公共租赁住房项目审批，切实落实项目建设用地，做好项目前期准备和项目组织实施工作，确保按期开工建设。市县财政部门要根据项目工程进度及时支付由政府投资建设的公共租赁住房建设资金。同时，要加强对公共租赁住房建设资金使用情况的监督检查，按月检查项目工程进度，按月监控公共预算和政府性基金预算安排用于公共租赁住房的资金支出进度，保障建设资金专款专用，严禁挤占和挪作他用，确保顺利完成全年公共租赁住房建设目标任务。

财政部　住房城乡建设部

二〇一一年七月一日

关于报送2011年城镇保障性安居工程投资需求与资金筹措情况的通知

财综函〔2011〕50号

各省、自治区、直辖市、计划单列市财政厅（局）、发展改革委、住房城乡建设厅（局），新疆生产建设兵团财务局、发展改革委、建设局：

为切实加快城镇保障性安居工程建设进度，确保完成年度建设任务，请你们报送2011年城镇保障性安居工程投资需求与资金筹措情况。现将有关事项通知如下：

一、报送内容

（一）2011年新开工城镇保障性安居工程投资需求与资金筹措情况

1. 2011年新开工工程套数。指按照各省（自治区、直辖市）与住房城乡建设部签订的2011年住房保障目标责任书，2011年新开工的城镇保障性安居工程套数。

2. 2011年新开工工程总投资。指2011年新开工的城镇保障性安居工程在整个规划建设周期内的投资总额。其中，2011年计划完成投资是指在2011年新开工工程总投资中，2011年当年计划完成的投资数额。

3. 政府投资需求。指在2011年新开工工程总投资中，需要由政府投资的数额，包括政府直接投资或政府补助数额。其中，项目资本金需求是指政府直接投资和政府组建投资公司建设的保障性安居工程，按照《国务院关于调整固定资产投资项目资本金比例的通知》（国发〔2009〕27号）的规定，需要由政府注入的项目资本金。

4. 2011年资金筹措情况。主要包括财政预算安排、企业和个人自筹、社会融资、其他渠道安排资金。

（1）财政预算安排。指各级政府财政预算安排用于保障性安居工程的资金数额，主要包括以下内容：

①公共预算安排资金，指各级政府公共预算安排用于保障性安居工程的资金数额，包括中央补助、省级补助、市县公共预算和地方政府债券安排资金。省级政府利用地方政府债券收入、土地出让收益和住房公积金增值收益安排的省级补助资金，分别填列在相应栏内。

②政府性基金预算安排资金，指地方政府性基金预算安排用于保障性安居工程的资金数额，包括土地出让收益和住房公积金增值收益。其中，土地出让收益是指土地出让收益中安排用于保障性安居工程建设的资金；住房公积金增值收益是指住房公积金增值收益中用于廉租住房和公共租赁住房建设的资金。

（2）企业、个人自筹。包括房地产企业自筹资金、工矿企业自筹资金、棚户区居民个人出资等。

（3）社会融资。主要包括住房公积金贷款、银行开发贷款、非银行金融机构融资。住房公积金贷款，指根据《利用住房公积金支持保障性住房建设试点项目贷款管理办法》（建金〔2010〕101号）规定，试点城市住房公积金管理部门委托商业银行利用住房公积金结余资金，向借款人发放的专项用于经济适用住房、列入保障性住房规划的城市棚户区改造项目安置用房、政府投资的公共租赁住房建设的贷款。银行开发贷款，指开发建设单位与银行签订贷款合同，筹集的可用于保障性安居工程的资金额度，不包括银行的授信额度和融资意向协议额度。其他非银行金融机构融资，指地方政府或投融资平台通过社保基金、保险基金、房地产信托基金等筹集的资金。

（4）其他渠道安排资金。指除各级财政预算、企业个人筹集、社会融资渠道以外，通过其他渠道安排用于保障安居工程建设的资金。

（二）2011年续建城镇保障性安居工程投资需求与资金筹措情况

1. 2011年续建工程套数。指以前年度开工建设、结转到2011年续建的城镇保障性安居工程套数。

2. 2011年续建工程投资需求。指2011年续建的城镇保障性安居工程，在2011年计划完成的投资数额。

3. 政府投资需求。指在2011年续建工程投资需求中，需要由政府投资的数额，包括政府直接投资或政府补助数额。

二、有关要求

（一）认真组织调查摸底。市、县财政部门、发展改革部门、住房城乡建设（住房保障）部门，要按照职责分工，依据2011年城镇保障性安居工程建设计划，对照建设项目清单，逐个项目统计、测算、核准投资需求和资金筹措情况。省级有关部门要加强对市、县调查摸底工作的指导，做好数据审核，确保数据真实、准确、完整。

（二）做好数据汇总分析。省级财政部门、发展改革部门、住房城乡建设（住房保障）部门，要做好对市县上报数据的汇总、分析，结合各地情况，逐个地方核对投资需求情况、资金筹措情况，查找存在的问题，并形成书面报告。

（三）按时报送相关材料。各省（自治区、直辖市）和新疆生产建设兵团要将填报完整的《2011年新开工城镇保障性安居工程投资需求和资金筹措情况表》（附表1）、《2011年续建城镇保障性安居工程投资需求和资金筹措情况表》（附表2）及相应书面报告（均含电子版），于2011年8月10日前报送财政部、国家发展改革委和住房城乡建设部。计划单列市有关数据由省级部门汇总报送。

联系人及联系方式：

财政部：高峰

联系电话：010-68551583；68553554（传真）

电子邮箱：gaofeng@mof.gov.cn

国家发展改革委：刘勤

联系电话：010-68502485；68502480（传真）

电子邮箱：tzscjc-gj@ndrc.gov.cn

住房城乡建设部：翟波

联系电话：010-58934220；58934746（传真）

电子邮箱：bzsghc@mail.cin.gov.cn

附件：1. 2011年新开工城镇保障性安居工程投资需求和资金筹措情况表

2. 2011年续建城镇保障性安居工程投资需求和资金筹措情况表

财政部国家发展改革委住房城乡建设部

二〇一一年七月十二日

政策汇编

05

中华人民共和国 国土资源部

关于切实做好2011年城市住房用地管理和调控重点工作的通知

国土资发〔2011〕2号

各省、自治区、直辖市国土资源厅（国土环境资源厅、国土资源局、国土资源和房屋管理局、规划和国土资源管理局），副省级城市国土资源行政主管部门，新疆生产建设兵团国土资源局，各派驻地方的国家土地督察局：

为贯彻落实《国务院办公厅关于进一步做好房地产市场调控工作有关问题的通知》（国办发〔2011〕1号，以下简称“国办发1号文件”）和全国保障性安居工程工作会议精神，按照国土资源部重点工作安排，现将城市住房用地有关问题通知如下：

一、明确2011年重点任务和基本要求

党中央国务院高度重视房地产市场宏观调控工作，国办发1号文件和全国保障性安居工程工作会议已有总体部署，全国国土资源管理工作会议提出了具体要求，目标明确，任务艰巨，责任重大。各级国土资源主管部门要深入学习领会，统一思想，明确责任，主动作为，切实做好2011年城市住房用地管理和调控工作。

今年的重点任务和基本要求是：“稳供应、保民生”，以保障性安居工程建设所需用地为重点，及时编制公布城市住房用地供应计划并认真实施，确保2011

年1000万套保障性安居工程建设任务落地，确保保障性住房、棚户区改造和中小套型商品房用地不低于住房建设用地总量的70%，确保城市住房用地供应计划总量不低于前2年年均实际供应总量；“控价格、防‘地王’”，坚持招标拍卖挂牌出让制度，进一步完善供地政策，充分发挥土地政策惠民生、稳预期、注重社会效应最大化的管控作用，严防出现高价地，坚决杜绝土地出让中出现楼面地价超过同类地价历史最高价的情况，增加公共租赁住房和中小套型限价商品住房供地，促进房价合理回归；“严监管、促开发”，加强住房建设用地全程监管，实时跟踪土地开发利用情况，加大清理查处违法违规违约行为力度，严厉打击囤地炒地，确保闲置土地及时依法依规处置到位，促进住房用地按期依规开发利用。

二、做好2011年住房用地供应计划编制公布和实施工作

各地要认真总结分析2010年住房用地计划编制实施工作中存在的问题和原因，抓紧编制2011年住房用地供应计划，进一步优化布局，落到拟供地块。3月底前，市县住房用地供应计划（见附件1）要向社会公布，并于4月5日前通过土地市场动态监测与监管系统在线报部，同时抄送各派驻地方国家土地督察局。7月上旬，向社会公布上半年住房用地计划落实情况。2012年1月，向社会公布全年住房用地计划落实情况。各省级国土资源主管部门应分别在4月上旬、7月上旬和明年1月上旬，汇总各地情况及时上报。部将分3次向社会公布各省（区、市）供地计划及落实情况。

2011年住房用地供应计划编制中，要主动与住房建设、规划部门沟通协调，依据下达的安居工程任务、合理住房需求和房价状况，合理确定供地总量，落实规定的各类住房用地和供地政策。房价高的城市要在落实国家下达建设任务所需用地基础上，增加限价商品住房用地和公共租赁住房用地计划供应量。严格控制大户型商品住房供地，严禁向别墅供地。国土资源行政主管部门要会同住房城乡建设（房地产、规划）主管部门共同建立住房建设项目行政审批快速通道，提高行政办事效率，密切跟踪市场形势变化，切实把握好供地时序和节奏，稳步推进计划实施，提高计划完成率。

三、切实保证保障性安居工程用地的供应

部决定今年对保障性安居工程建设用地总量、各类房用地供应计划和新增建设用地指标在住房用地供应计划中实行单列。国家1000万套保障性安居工程建设任务分解下达后，各省级国土资源主管部门要及时与住房城乡建设（房地产、规划、住房保障）主管部门沟通协调，按照其中各类住房的建设套数任务、各类住房平均套型建筑面积以及规划部门提供的平均容积率等规划建设控制指标，认真测算各市县所需总用地面积和各类房用地面积，对其中需使用新增建设用地面积和指标的，在下达各省指标中确保解决。4月上旬前按附表要求报部并抄送各派驻地方国家土地督察局（见附件1、2）。

根据全国保障性安居工程工作会议精神和要求，部决定今年对落实国家1000万套保障性安居工程建设用地实行责任制，由地方各级国土资源主管部门主要领导人负全责，责任制具体实施和考核办法由各省级国土资源

主管部门结合本地实际制定，报部备查，部将各省4月上旬汇总上报的保障性安居工程用地供应计划连同责任人名单一并向全国公示，并采取措施加强检查督促落实。各地应按照已签订分解的保障性安居工程建设任务，尽快协调明确廉租住房、经济适用住房、公共租赁住房、限价商品房和各类棚户区改造住房等五类住房的用地计划并落实到具体地块，要优先安排收回的国有土地和储备土地用于保障性安居工程建设。及时检查用地落实和开发利用情况，主动协调相关部门，共同解决宗地规划建设条件不具备或资金不落实等影响供地的问题。6月底前，各省级国土资源行政主管部门要开展一次检查，督促加快进度，检查情况和发现的问题要及时报部。12月底前总结考核各地落实情况，对未完成国家下达任务的市县要向社会公示，追究责任。

四、坚持完善招拍挂供地政策

各地要进一步统一思想，明确要坚持招标拍卖挂牌制度和公开公平公正竞争原则，要根据中央调控政策要求，进一步完善供地政策，遏制非理性竞争推动地价上涨，促进房价地价合理调整。市县国土资源行政主管部门在供应商品住房用地前，要按照本地区向社会公布的年度新建住房价格控制目标，以及拟供宗地所在区域的房价地价水平，合理确定出让底价的控制区间。认真贯彻落实国办发1号文精神，认真实行“限房价竞地价”、“商品住房用地中配建保障性安居住房”等多种招拍挂供地政策。限价商品住房的建筑套型面积应严格控制在中小套型，供应结果向社会公开，接受社会监督。城市和国有工矿棚户区改造原则上应实行原址改造，尽量安排使用存量建设用地，对其中确属保障性住房建设所需的用地，应以划拨方式供应。对符合国家规定建筑套型面积和保障性租金标准的公共租赁住房用地，可以划拨方式供地；以出让方式供地建公租房的，应实行“定套型面积、竞租金标准、竞地价”的供地政策。

省级国土资源部门要密切关注商品住房用地出让地价变化情况，防范高价地现象向二、三线城市转移，对招拍挂出让中出现溢价率超过50%、成交总价或单价创历史新高的地块，督促市县按要求及时上报《房地产用地交易异常情况一览表》，认真分析原因并在“备注”栏中填写，由省级国土资源主管部门进行约谈，部将视情况派人实地调查并会同相关部门约谈问责。

五、加强对囤地炒地、闲置土地的监测和查处

各级国土资源主管部门要尽快完善土地市场监测监管网络系统，配备专人负责，制订落实加强监管工作制度，落实项目开竣工申报制度，及时实施网上排查和实地核查，对发现的囤地炒地、闲置土地及其他违法违规用地行为，坚决依法依规严肃查处，实现监测监管查处常态化。

各地要严格执行商品住房用地单宗出让面积规定，不得将两宗以上地块捆绑出让，不得“毛地”出让，不得出让容积率小于1的住宅用地；对转让土地及合同约定的土地开发项目时，房地产开发建设投资未达到25%以上的（不含土地价款），不得办理相关土地手续。省级国土资源主管部门要建立土地出让公告审核制度，主管负责人是及时制止违规出让行为的第一责任人，明确专门部门、专人加强对市县出让公告的审查，及时掌握

拟出让宗地的具体情况，对发现的违规供地，应立即责令宗地所在市县撤销公告，重新调整出让方案。已出让的要中止合同，并追究责任。对一年内连续出现两次及以上违规出让的，要追究责任。

为确保今年保障性安居工程建设任务落实，供地政策贯彻执行到位，今年各地要重点加强对保障性安居工程住房用地开发利用的监督管理，严禁改变保障性安居工程住房用地的土地用途或性质，凡以划拨方式取得土地后申请改变用途的，任何部门不得批准，必须收回其土地使用权；擅自改变土地用途的，要依法从严处理。对保障性安居工程住房建成后申请改变住房性质的，在纪检监察机关依法依纪追究相关部门和人员责任前，国土资源主管部门不得为其办理任何土地手续；对擅自改变保障性安居工程住房性质以商品住房销售的，应从严从重处罚，并禁止企业、企业控股股东及控股股东新设立企业参加新的土地购置活动。

各级国土资源主管部门要切实落实责任，采取有效措施，确保国务院和部今年各项调控政策和规定贯彻落实到位。加强与相关部门的沟通协调，共同落实好今年国家提出的新任务和新要求。加强研究分析，敏锐应对地产市场出现的苗头性、倾向性问题，密切关注舆情，加强舆论引导，掌握工作主动权。

二〇一一年二月五日

附件：1．住房用地供应计划汇总表.doc

2．保障性安居工程项目用地计划统计表.doc

关于加快推进农村集体土地确权登记发证工作的通知

国土资发〔2011〕60号

各省、自治区、直辖市国土资源厅（国土环境资源厅、国土资源局、国土资源和房屋管理局、规划和国土资源管理局）、财政厅（局）、农业（农牧、农村经济）厅（局、委、办），新疆生产建设兵团国土资源局、财务局、农业局：

为贯彻落实十七届三中全会精神和《中共中央国务院关于加大统筹城乡发展力度进一步夯实农业农村发展基础的若干意见》（中发〔2011〕1号，以下简称中央1号文件）有关要求，切实加快推进农村集体土地确权登记发证工作，现将有关事项通知如下：

一、充分认识加快农村集体土地确权登记发证的重要意义

《土地管理法》实施以来，各地按照国家法律法规和政策积极开展土地登记工作，取得了显著的成绩，对推进土地市场建设，维护土地权利人合法权益，促进经济社会发展发挥了重要作用。但是，受当时条件的限制，农村集体土地确权登记发证工作总体滞后，有的地区登记发证率还很低，已颁证的农村集体土地所有权大

部分只确权登记到行政村农民集体一级，没有确认到每一个具有所有权的农民集体，这与中央的要求和农村经济社会发展的现实需求不相适应。明晰集体土地财产权，加快推进农村集体土地确权登记发证工作任务十分紧迫繁重。

（一）加快推进农村集体土地确权登记发证工作是维护农民权益、促进农村社会和谐稳定的现实需要。通过农村集体土地确权登记发证，有效解决农村集体土地权属纠纷，化解农村社会矛盾，依法确认农民土地权利，强化农民特别是全社会的土地物权意识，有助于在城镇化、工业化和农业现代化推进过程中，切实维护农民权益。

（二）加快推进农村集体土地确权登记发证工作是落实最严格的耕地保护制度和节约用地制度、提高土地管理和利用水平的客观需要。土地确权登记发证的过程，是进一步查清宗地的权属、面积、用途、空间位置，建立土地登记簿的过程，也是摸清土地利用情况的过程，从而改变农村土地管理基础薄弱的状况，夯实管理和改革的基础，确认农民集体、农民与土地长期稳定的产权关系，将农民与土地物权紧密联系起来，可以进一步激发农民保护耕地、节约集约用地的积极性。

（三）加快推进农村集体土地确权登记发证工作是夯实农业农村发展基础、促进城乡统筹发展的迫切需要。加快农村集体土地确权登记发证，依法确认和保障农民的土地物权，进而通过深化改革，还权赋能，最终形成产权明晰、权能明确、权益保障、流转顺畅、分配合理的农村集体土地产权制度，是建设城乡统一的土地市场的前提，是促进农村经济社会发展、实现城乡统筹的动力源泉。

二、切实加快农村集体土地确权登记发证工作，强化成果应用

各地要认真落实中央1号文件精神，加快农村集体土地所有权、宅基地使用权、集体建设用地使用权等确权登记发证工作，力争到2012年底把全国范围内的农村集体土地所有权证确认到每个具有所有权的集体经济组织，做到农村集体土地确权登记发证全覆盖。要按照土地总登记模式，集中人员、时间和地点开展工作，坚持依法依规、便民高效、因地制宜、急需优先和全面覆盖的原则，注重解决难点问题。

（一）完善相关政策。认真总结在农村集体土地确权登记发证工作方面的经验，围绕地籍调查、土地确权、争议调处、登记发证工作中存在的问题，深入研究，创新办法，细化和完善加快农村集体土地确权登记发证的政策。严禁通过土地登记将违法违规用地合法化。

（二）加快地籍调查。地籍调查是土地登记发证的前提，各地要加快地籍调查，严格按照地籍调查有关规程规范的要求，开展农村集体土地所有权、宅基地使用权、集体建设用地使用权调查工作，查清农村每一宗土地的权属、界址、面积和用途等基本情况。有条件的地方要制作农村集体土地所有权地籍图，以大比例尺地籍调查为基础，制作农村集体土地使用权，特别是建设用地使用权、宅基地使用权地籍图。县级以上城镇以及有条件的一般建制镇、村庄，要建立地籍信息系统，将地籍调查成果上图入库，纳入规范化管理，在此基础上，开展土地总登记及初始登记和变更登记。建立地籍成果动态更新机制，以土地登记为切入点，动态更新地籍调查成果资料，保持调查成果的现势性，确保土地登记结果的准确性。

（三）加强争议调处。要及时调处土地权属争议，建立土地权属争议调处信息库，及时掌握集体土地所有权、宅基地使用权和集体建设用地使用权权属争议动态，有效化解争议，为确权创造条件。

（四）规范已有成果。结合全国土地登记规范化和土地权属争议调处检查工作，凡是农村集体土地所有权证没有确认到具有所有权的农民集体经济组织的，应当确认到具有所有权的农民集体经济组织；已经登记发证的宗地缺失档案资料以及不规范的，尽快补正完善；已经登记的宗地测量精度不够的，及时进行修补测；对于发现登记错误的，及时予以更正。

（五）加强信息化建设。把农村集体土地确权登记发证同地籍信息化建设结合起来，在应用现代信息技术加快确权登记发证的同时，一并将地籍档案数字化，实现确权登记发证成果的信息化管理。建设全国土地登记信息动态监管查询系统，逐步实现土地登记资料网上实时更新，动态管理，建立共享机制，全面提高地籍管理水平，大幅度提高地籍工作的社会化服务程度。

（六）强化证书应用。实行凭证管地用地制度。土地权利证书要发放到权利人手中，严禁以统一保管等名义扣留、延缓发放土地权利证书。各地根据当地实际，可以要求凡被征收的农村集体所有土地，在办理征地手续之前，必须完成农村集体土地确权登记发证，在征地拆迁时，要依据农村集体土地所有证和农村集体土地使用证进行补偿；凡是依法进入市场流转的经营性集体建设用地使用权，必须经过确权登记，做到产权明晰、四至清楚、没有纠纷，没有经过确权登记的集体建设用地使用权一律禁止流转；农用地流转需与集体土地所有权确权登记工作做好衔接，确保承包地流转前后的集体所有性质不改变，土地用途不改变，农民土地承包权益不受损害；对新农村建设和农村建设用地整治涉及宅基地调整的，必须以确权登记发证为前提。

充分发挥农村土地确权登记发证工作成果在规划、耕保、利用、执法等国土资源管理各个环节的基础作用。农村集体土地登记发证与集体建设用地流转、城乡建设用地增减挂钩、农用地流转、土地征收等各项重点工作挂钩。凡是到2012年底未按时完成农村集体土地所有权登记发证工作的，农转用、土地征收审批暂停，农村土地整治项目不予立项。

三、加强组织领导，强化督促落实

（一）加强组织领导。国土资源部会同财政部、农业部成立全国加快推进农村集体土地确权登记发证工作领导小组，办公室设在国土资源部地籍管理司，由成员单位有关方面负责人、联络员及工作人员组成，具体负责推进农村集体土地确权登记发证的日常工作。省级人民政府国土资源部门要牵头成立相应的领导小组，负责本地区工作的组织和实施。市（县）政府是农村集体土地登记的法定主体，市（县）成立以政府领导为组长的工作领导小组，国土资源部门承担领导小组的日常工作，负责编制实施方案，分解任务，落实责任，明确进度，定期检查，抓好落实。农村集体土地所有权确权登记发证应当覆盖到本行政区内全部集体土地。

（二）周密部署安排。各省要抓紧摸清本地区集体土地确权登记发证现状，研究制定具体工作方案，明确年度工作目标和任务，加强人员培训，落实责任制，加快农村集体土地所有权、宅基地使用权、集体建设用地使用权等确权登记颁证工作，2012年底基本完成把农村集体土地所有权证确认到每个具有所有权的农民集体经济组织的任务。

建立全国农村集体土地确权登记发证工作进度汇总统计分析和通报制度。请省级领导小组办公室于2011年6月底将本地区农村集体土地确权登记发证工作进展情况报办公室，此后按季度定期上报工作进度情况，并逐步建立网上动态上报机制，办公室将采取多种方式加强督促检查。

（三）切实保障经费。相关地方政府要按照中央1号文件要求，统筹安排，将农村集体土地确权登记发证有关工作经费足额纳入财政预算，保障工作开展。

（四）加强土地登记代理机构队伍建设。借助土地登记代理机构等专业力量，提高确权登记发证的效率和规范化程度。

（五）宣传动员群众。各地要通过报纸、电视、广播、网络等媒体，大力宣传农村集体土地确权登记发证的重要意义、工作目标和法律政策，创造良好的舆论环境和工作氛围。争取广大农民群众和社会各界的理解支持，充分发挥农村基层组织在登记申报、土地确权、纠纷调处等工作中的重要作用，调动广大农民群众参与的积极性。国土资源部将适时召开加快推进农村集体土地确权登记发证工作现场会，总结、推广、宣传典型经验，为全国提供示范典型。

国土资源部财政部农业部

二〇一一年五月六日

关于坚持和完善土地招标拍卖挂牌出让制度的意见

国土资发〔2011〕63号

各省、自治区、直辖市国土资源厅（国土环境资源厅、国土资源局、国土资源和房屋管理局、规划和国土资源管理局），副省级城市国土资源主管部门，新疆生产建设兵团国土资源局：

去年以来，各地按照中央和部关于房地产市场调控政策要求，在坚持土地招标拍卖挂牌（以下简称招拍挂）制度基础上，积极探索创新城市住房用地出让政策，促进地价房价合理调整，取得了积极成效。为进一步落实《国务院办公厅关于进一步做好房地产市场调控工作有关问题的通知》（国办发〔2011〕1号）的要求，完善招拍挂的供地政策，加强土地出让政策在房地产市场调控中的积极作用，现提出以下意见。

一、正确把握土地招拍挂出让政策的调控作用

国有土地使用权招拍挂出让制度是市场配置国有经营性建设用地的基本制度。它充分体现了公开公平公正竞争和诚实信用的市场基本原则，建立了反映市场供求关系、资源稀缺程度、环境损害成本的价格形成机制，

完全符合社会主义市场经济体制的基本方向。坚持国有经营性建设用地招拍挂出让制度和在房地产市场运行正常条件下按“价高者得”原则取得土地，符合市场优化配置土地资源的基本原则，符合法律政策要求，同时在抑制行政权力干预市场，从源头上防治土地出让领域腐败中发挥了重要作用。

当前，部分城市商品住房价格居高不下，户型结构和保障性安居工程用地布局不合理，少数规划的商品住房优质地块和二、三线城市商品住房土地出让存在着地价非理性上涨的可能。为进一步落实中央关于房地产市场调控各项政策和工作要求，积极主动发挥招拍挂出让土地政策的稳定市场、优化结构、促进地价房价合理调整、保障住房用地的作用，当前和今后一个时期，各级国土资源主管部门必须从完善土地市场机制、健全土地宏观调控体系、实施节约优先战略的基本要求出发，以“保民生、促稳定”为重点，坚持土地招拍挂出让基本制度，创新和完善有效实现中央调控政策要求的土地出让政策和措施，主动解决商品住房建设项目供地、开发利用和监管中出现的新情况、新问题，实现土地经济效益与社会综合效益的统一、市场配置与宏观调控的统一，促进城市房地产市场健康发展。

二、完善住房用地招拍挂计划公示制度

市、县在向社会公布年度住房用地出让计划的基础上，建立计划出让地块开发建设的宗地条件公布机制，根据出让进度安排，进一步细化拟出让地块、地段的规划和土地使用条件，定期向社会发布细化的商品住房和保障性安居工程各类房屋建设用地信息，同时明确意向用地者申请用地的途径和方式，公开接受用地申请。单位和个人对列入出让计划的具体地块有使用意向并提出符合规定的申请后，应及时组织实施土地招拍挂出让。公示保障性安居工程项目划拨用地时，一并向社会公示申请用地单位，接受社会监督。

三、调整完善土地招拍挂出让政策

各地要根据当地土地市场、住房建设发展阶段，对需要出让的宗地，选择恰当的土地出让方式和政策，落实政府促进土地合理布局，节约集约利用，有效合理调整地价房价，保障民生，稳定市场预期的目标。

（一）限定房价或地价，以挂牌或拍卖方式出让政策性住房用地

以“限房价、竞地价”方式出让土地使用权的，市、县国土资源主管部门应在土地出让前，会同住房建设、物价、规划行政主管部门，按相关政策规定确定住房销售条件，根据拟出让宗地所在区域商品住房销售价格水平，合理确定拟出让宗地的控制性房屋销售价格上限和住房套型面积标准，以此作为土地使用权转让的约束性条件，一并纳入土地出让方案，报经政府批准后，以挂牌、拍卖方式公开出让土地使用权，符合条件、承诺地价最高且不低于底价的为土地使用权竞得人。出让成交后，竞得人接受的宗地控制性房屋销售价格、成交地价、土地使用权转让条件及违约处罚条款等，均应在成交确认书和出让合同中明确。

以“限地价、竞房价”方式出让土地使用权的，市、县国土资源主管部门应在土地出让前，根据拟出让宗

地的征地拆迁安置补偿费、土地前期开发成本、同一区域基准地价和市场地价水平、土地使用权转让条件、房屋销售价格和政府确定的房价控制目标等因素，综合确定拟出让宗地的出让价格，同时应确定房价的最高控制价（应低于同区域、同条件商品住房市场价），一并纳入土地出让方案，报经政府批准后，以挂牌、拍卖方式公开出让土地使用权，按照承诺销售房价最低者（开发商售房时的最高售价）确定为土地竞得人。招拍挂成交后，竞得人承诺的销售房价、成交地价、土地使用权转让条件及违约处罚条款等，均应在成交确认书和出让合同中明确。

（二）限定配建保障性住房建设面积，以挂牌或拍卖方式出让商品住房用地

以“商品住房用地中配建保障性住房”方式出让土地使用权的，市、县国土资源主管部门应会同住房建设、规划、房屋管理和住房保障等部门确定拟出让宗地配建廉租房、经济适用房等保障性住房的面积、套数、建设进度、政府收回条件、回购价格及土地面积分摊办法等，纳入出让方案，经政府批准后，写入出让公告及文件，组织实施挂牌、拍卖。土地出让成交后，成交价款和竞得人承诺配建的保障性住房事项一并写入成交确认书和出让合同。

（三）对土地开发利用条件和出让地价进行综合评定，以招标方式确定土地使用权人

以“土地利用综合条件最佳”为标准出让土地使用权，市、县国土资源主管部门应依据规划条件和土地使用标准按照宗地所在区域条件、政府对开发建设的要求，制定土地出让方案和评标标准，在依法确定土地出让底价的基础上，将土地价款及交付时间、开发建设周期、建设要求、土地节约集约程度、企业以往出让合同履行情况等影响土地开发利用的因素作为评标条件，合理确定各因素权重，会同有关部门制定标书，依法依纪，发布公告，组织招投标。经综合评标，以土地利用综合条件最佳确定土地使用者。确定中标人后，应向社会公示并将上述土地开发利用条件写入中标通知书和出让合同。

四、大力推进土地使用权出让网上运行

出让国有建设用地使用权涉及的出让公告、出让文件、竞买人资格、成交结果等，都应在部门户网站和各地国土资源主管部门的网上公开发布。积极推行国有经营性建设用地网上挂牌出让方式。市、县国土资源主管部门可以通过网上发布出让公告信息，明确土地开发利用、竞买人资格和违约处罚等条件，组织网上报价竞价并确定竞得人。网上挂牌出让成交后，市、县国土资源主管部门要按照国有土地招拍挂出让规范，及时与竞得人签订纸质件的成交确认书和出让合同。对竞得人需要进行相关资料审查的，建立网上成交后的审查制度，发现受让人存在违法违规行为或不具有竞买资格时，挂牌出让不成交，应重新组织出让，并对违规者进行处罚。

五、完善土地招拍挂出让合同

市、县国土资源主管部门要依据现行土地管理法律政策，对附加各类开发建设销售条件的政策性商品住房用地的出让，增加出让合同条款，完善出让合同内容，严格供后监管。政策性商品住房用地出让成交后，竞得人或中标人应当按照成交确认书或中标通知书的要求，按时与国土资源主管部门签订出让合同。建房套数、套型、面积比例、容积率、项目开竣工时间、销售对象条件、房屋销售价格上限、受让人承诺的销售房价、土地转让条件、配建要求等规划、建设、土地使用条件以及相应的违约责任，应当在土地出让合同或住房建设和销售合同中明确。

为保证政策性商品住房用地及时开发利用，市、县国土资源主管部门可以在出让合同中明确约定不得改变土地用途和性质、不得擅自提高或降低规定的建设标准、保障性住房先行建设和先行交付、不得违规转让土地使用权等内容，对违反规定或约定的，可在出让合同中增加“收回土地使用权并依法追究责任”等相关内容。

各地应当加强对政策性商品住房用地出让合同履行情况的监督检查，对违反合同约定的，应会同有关部门依法处罚，追究违约责任。

各省级国土资源主管部门要切实加强对市、县住房供地政策制度和组织实施工作的指导和监管，及时发现和解决出现的问题。也可按照本意见，探索其他用途土地出让方式和土地出让各环节的制度创新，进一步完善国有土地使用权招拍挂出让制度，保障和促进中央关于房地产市场调控政策的落实。

关于坚持和完善土地招标拍卖挂牌出让制度的意见

国土资发〔2011〕63号

各省、自治区、直辖市国土资源厅（国土环境资源厅、国土资源局、国土资源和房屋管理局、规划和国土资源管理局），副省级城市国土资源主管部门，新疆生产建设兵团国土资源局：

去年以来，各地按照中央和部关于房地产市场调控政策要求，在坚持土地招标拍卖挂牌（以下简称招拍挂）制度基础上，积极探索创新城市住房用地出让政策，促进地价房价合理调整，取得了积极成效。为进一步落实《国务院办公厅关于进一步做好房地产市场调控工作有关问题的通知》（国办发〔2011〕1号）的要求，完善招拍挂的供地政策，加强土地出让政策在房地产市场调控中的积极作用，现提出以下意见。

一、正确把握土地招拍挂出让政策的调控作用

国有土地使用权招拍挂出让制度是市场配置国有经营性建设用地的基本制度。它充分体现了公开公平公正

竞争和诚实信用的市场基本原则，建立了反映市场供求关系、资源稀缺程度、环境损害成本的价格形成机制，完全符合社会主义市场经济体制的基本方向。坚持国有经营性建设用地招拍挂出让制度和在房地产市场运行正常条件下按“价高者得”原则取得土地，符合市场优化配置土地资源的基本原则，符合法律政策要求，同时在抑制行政权力干预市场，从源头上防治土地出让领域腐败中发挥了重要作用。

当前，部分城市商品住房价格居高不下，户型结构和保障性安居工程用地布局不合理，少数规划的商品住房优质地块和二、三线城市商品住房土地出让存在着地价非理性上涨的可能。为进一步落实中央关于房地产市场调控各项政策和工作要求，积极主动发挥招拍挂出让土地政策的稳定市场、优化结构、促进地价房价合理调整、保障住房用地的作用，当前和今后一个时期，各级国土资源主管部门必须从完善土地市场机制、健全土地宏观调控体系、实施节约优先战略的基本要求出发，以“保民生、促稳定”为重点，坚持土地招拍挂出让基本制度，创新和完善有效实现中央调控政策要求的土地出让政策和措施，主动解决商品住房建设项目供地、开发利用和监管中出现的新情况、新问题，实现土地经济效益与社会综合效益的统一、市场配置与宏观调控的统一，促进城市房地产市场健康发展。

二、完善住房用地招拍挂计划公示制度

市、县在向社会公布年度住房用地出让计划的基础上，建立计划出让地块开发建设的宗地条件公布机制，根据出让进度安排，进一步细化拟出让地块、地段的规划和土地使用条件，定期向社会发布细化的商品住房和保障性安居工程各类房屋建设用地信息，同时明确意向用地者申请用地的途径和方式，公开接受用地申请。单位和个人对列入出让计划的具体地块有使用意向并提出符合规定的申请后，应及时组织实施土地招拍挂出让。公示保障性安居工程项目划拨用地时，一并向社会公示申请用地单位，接受社会监督。

三、调整完善土地招拍挂出让政策

各地要根据当地土地市场、住房建设发展阶段，对需要出让的宗地，选择恰当的土地出让方式和政策，落实政府促进土地合理布局，节约集约利用，有效合理调整地价房价，保障民生，稳定市场预期的目标。

（一）限定房价或地价，以挂牌或拍卖方式出让政策性住房用地

以“限房价、竞地价”方式出让土地使用权的，市、县国土资源主管部门应在土地出让前，会同住房建设、物价、规划行政主管部门，按相关政策规定确定住房销售条件，根据拟出让宗地所在区域商品住房销售价格水平，合理确定拟出让宗地的控制性房屋销售价格上限和住房套型面积标准，以此作为土地使用权转让的约束性条件，一并纳入土地出让方案，报经政府批准后，以挂牌、拍卖方式公开出让土地使用权，符合条件、承诺地价最高且不低于底价的为土地使用权竞得人。出让成交后，竞得人接受的宗地控制性房屋销售价格、成交地价、土地使用权转让条件及违约处罚条款等，均应在成交确认书和出让合同中明确。

以"限地价、竞房价"方式出让土地使用权的，市、县国土资源主管部门应在土地出让前，根据拟出让宗地的征地拆迁安置补偿费、土地前期开发成本、同一区域基准地价和市场地价水平、土地使用权转让条件、房屋销售价格和政府确定的房价控制目标等因素，综合确定拟出让宗地的出让价格，同时应确定房价的最高控制价（应低于同区域、同条件商品住房市场价），一并纳入土地出让方案，报经政府批准后，以挂牌、拍卖方式公开出让土地使用权，按照承诺销售房价最低者（开发商售房时的最高售价）确定为土地竞得人。招拍挂成交后，竞得人承诺的销售房价、成交地价、土地使用权转让条件及违约处罚条款等，均应在成交确认书和出让合同中明确。

（二）限定配建保障性住房建设面积，以挂牌或拍卖方式出让商品住房用地

以"商品住房用地中配建保障性住房"方式出让土地使用权的，市、县国土资源主管部门应会同住房建设、规划、房屋管理和住房保障等部门确定拟出让宗地配建廉租房、经济适用房等保障性住房的面积、套数、建设进度、政府收回条件、回购价格及土地面积分摊办法等，纳入出让方案，经政府批准后，写入出让公告及文件，组织实施挂牌、拍卖。土地出让成交后，成交价款和竞得人承诺配建的保障性住房事项一并写入成交确认书和出让合同。

（三）对土地开发利用条件和出让地价进行综合评定，以招标方式确定土地使用权人

以"土地利用综合条件最佳"为标准出让土地使用权，市、县国土资源主管部门应依据规划条件和土地使用标准按照宗地所在区域条件、政府对开发建设的要求，制定土地出让方案和评标标准，在依法确定土地出让底价的基础上，将土地价款及交付时间、开发建设周期、建设要求、土地节约集约程度、企业以往出让合同履行情况等影响土地开发利用的因素作为评标条件，合理确定各因素权重，会同有关部门制定标书，依法依纪，发布公告，组织招投标。经综合评标，以土地利用综合条件最佳确定土地使用者。确定中标人后，应向社会公示并将上述土地开发利用条件写入中标通知书和出让合同。

四、大力推进土地使用权出让网上运行

出让国有建设用地使用权涉及的出让公告、出让文件、竞买人资格、成交结果等，都应在部门户网站和各地国土资源主管部门的网上公开发布。积极推行国有经营性建设用地网上挂牌出让方式。市、县国土资源主管部门可以通过网上发布出让公告信息，明确土地开发利用、竞买人资格和违约处罚等条件，组织网上报价竞价并确定竞得人。网上挂牌出让成交后，市、县国土资源主管部门要按照国有土地招拍挂出让规范，及时与竞得人签订纸质件的成交确认书和出让合同。对竞得人需要进行相关资料审查的，建立网上成交后的审查制度，发现受让人存在违法违规行为或不具有竞买资格时，挂牌出让不成交，应重新组织出让，并对违规者进行处罚。

五、完善土地招拍挂出让合同

市、县国土资源主管部门要依据现行土地管理法律政策，对附加各类开发建设销售条件的政策性商品住房用地的出让，增加出让合同条款，完善出让合同内容，严格供后监管。政策性商品住房用地出让成交后，竞得人或中标人应当按照成交确认书或中标通知书的要求，按时与国土资源主管部门签订出让合同。建房套数、套型、面积比例、容积率、项目开竣工时间、销售对象条件、房屋销售价格上限、受让人承诺的销售房价、土地转让条件、配建要求等规划、建设、土地使用条件以及相应的违约责任，应当在土地出让合同或住房建设和销售合同中明确。

为保证政策性商品住房用地及时开发利用，市、县国土资源主管部门可以在出让合同中明确约定不得改变土地用途和性质、不得擅自提高或降低规定的建设标准、保障性住房先行建设和先行交付、不得违规转让土地使用权等内容，对违反规定或约定的，可在出让合同中增加“收回土地使用权并依法追究责任”等相关内容。

各地应当加强对政策性商品住房用地出让合同履行情况的监督检查，对违反合同约定的，应会同有关部门依法处罚，追究违约责任。

各省级国土资源主管部门要切实加强对市、县住房供地政策制度和组织实施工作的指导和监管，及时发现和解决出现的问题。也可按照本意见，探索其他用途土地出让方式和土地出让各环节的制度创新，进一步完善国有土地使用权招拍挂出让制度，保障和促进中央关于房地产市场调控政策的落实。

关于加强保障性安居工程用地管理有关问题的通知

国土资电发〔2011〕53号

各省、自治区、直辖市国土资源厅(国土环境资源厅、国土资局、国土资源和房屋管理局、规划和国土资源管理局)，各派驻地方的国家土地督察局：

近年来，各级国土资源管理部门围绕落实党中央、国务院确定的房地产调控和保障性住房建设目标任务，采取积极有效肇政策措施，调整优化土地供应和利用结构，千方百计增加住房用地供应总量，优先满足保障性住房用地供应，对于加大保障性住房和普通商品住房有效供给，稳定房地产市场预期，促进房地产市场和土地市场规范发展等，发挥了积极作用。但是，目前一些地方在落实2011年保障性安居工程建设和房地产市场调控任务时，为缓解土地供求矛盾，多渠道、多位置布置保障性安居工程，出现了擅自利用农村集体土地和企业自用土地建设公共租赁住房以及建设销售“小产权房”等倾向性问题。

为认真贯彻落实《国务院办公厅关于进一步做好房地产市场调控工作有关问题的通知》（国办发〔2011〕1

号），进一步加强保障性安居工程用地管理，依法依规确保保障性安居工程用地的供应，现就有关问题通知如下：

一、采取得力措施，确保保障性安居工程用地及时供应

各级国土资源管理部门要进一步加大工作力度，切实做到保障性安居工程用地应保尽保、及时供应。市县国土资源管理部门要全力抓好保障性安居工程用地计划的实施管理，主动加强与相关部门的协调配合，保证项目及时落地。要优先安排收回的国有土地和储备土地用于保障性安居工程建设；对涉及使用新增建设用地的，要提前做好土地征收、补偿安置等前期工作，确保保障性安居工程项目及时供地、及时开工建设。省级国土资源管理部门要建立健全保障性安居工程用地审核绿色通道，简化程序，缩短审核报批周期，提高报批效率。

省级国土资源管理部门要加强对市县保障性安居工程用地计划实施工作的指导和监管，建立定期检查、责任考核追究制度，督促市县建立健全分工负责和绩效考核制度，及时发现和帮助解决影响保障性安居工程用地供应与管理方面出现的各种问题。对于保障性安居工程用地落实不到位的，要追究责任。

二、规范土地供应管理，严格控制保障性安居工程建设标准

规范用地合同管理，严格控制住房套型面积标准，以有限的土地资源增加住房有效供应。市、县国土资源管理部门要会同有关部门严把保障性安居工程各类房型建设标准。公共租赁住房套型建筑面积应控制在60平方米以内，以40平方米为主。套型建筑面积标准、廉租住房、公共租赁住房只租不售及违约处罚条款等必须在《国有建设用地使用权出让合同》或《国有建设用地划拨决定书》中明确约定，强化履约监管。

三、严禁擅自利用农村集体土地兴建公共租赁住房

各地要严格执行国务院《关于严格执行有关农村集体建设用地法律和政策的通知》(国办发<2007>71等)，坚决制止乱占滥用耕地的建设行为，严禁擅自利用农村集体建设用地若建公共租赁住房。对于商品住房价格较高、建设用地紧缺的个别直辖市，确需利用农村集体建设用地进行公共租赁住房建设试点的，城市人民政府必须按照控制规模、优化布局、集体自建、只租不售、土地所有权和使用权不得流转的原则，制订试点方案，由省级人民政府审核同意，报国土资源部审核批准后方可试点。未经批准，一律不得利用农村集体建设用地建设公共租赁房。

四、严格规范企业利用自用土地兴建保障性住房行为

严格执行企业利用自有土地兴建住房的政策规定，距离城区较远住房困难职工较多的独立工矿企业，为解决内部员工住房困难，在符合城市规划前提下利用自有土地建设保障性住房的，应向国土资源管理部门申报，

经城市人民政府批准后，纳入市、县住房用地供应计划。末履行申报程序的，市、县国土资源管理部门不得批准其用地，也不得进行土地用途的变更登记。利用自有土地建设保障性住房的，其建设标准和供应对象等，必须按照国务院《关于解决城市低收入家庭经房困难的若干意见》(国发〔2007〕24号)的规定，纳入城市保障性住房管理。对符合国发〔2007〕24号文降规定条件的企业建设公共租赁住房已纳入当地公共租赁住房规划、计划的，国土资源管理部门应按照法律规定办理相关手续。

五、坚决制止和严肃查处“小产权房”等违法违规行为

各级国土资源管理部门要严格执行有关农村集体建设用地法律和政策，切实加大土地执法力度，主动会同关部门，及时调查发现和查处利用集体土地建设“小产权房”行为；对于已建、已售“小产权房”用地不得受理其土地登记，不得以任何方式补办土地审批手续。已查清是违法占用农村集体土地建设“小产权房”的，应一律停建停售：依法依规分类调：查处理。各地要进一步强化土地执法监管措施，有效预防和杜绝借新农村建设、保障性安居工程建设等违法占用农村集体土地建设“小产权”房的行为。

各省、自治区、直辖市国土资源主管部门要深入实际、采取有效措施，既要确保住房用地供应、管理和调控政策落实到位，又要严格依法依规使用土地，维护正常的土地市场秩序。

关于切实做好征地拆迁管理工作的紧急通知

国土资电发〔2011〕72号

各省、自治区、直辖市国土资源厅（国土环境资源厅、国土资源局、国土资源和房屋管理局、规划和国土资源管理局），新疆生产建设兵团国土资源局：

近期，各地在加快工业化、城镇化建设中，一些地方因征地拆迁引发的恶性事件时有发生，社会反响强烈。为严格规范征地拆迁管理、坚决防范查处强征强拆等违法行为，切实维护群众合法权益，现就有关事项紧急通知如下：

一、进一步提高认识，认真贯彻落实中央有关规定要求

做好征地拆迁补偿安置工作，关系国家经济建设发展、农民群众切身利益和社会和谐稳定，党中央、国务院对此高度重视。2010年5月，国务院办公厅下发《关于进一步严格征地拆迁管理工作切实维护群众合法权益的紧急通知》（国办发明电〔2010〕15号），强调征地拆迁要严格执行有关规定，坚决纠正违法违规征地拆

迁行为。2011年3月，中纪委办公厅下发《关于加强监督检查进一步规范征地拆迁行为的通知》（中纪办发〔2011〕8号），要求加强对征地拆迁政策规定执行情况的监督检查。特别是国务院颁发《国有土地上房屋征收与补偿条例》以来，进一步增强了广大干部群众依法依规做好农村集体土地征收拆迁的自觉性。但是，各地在加快发展中，用地需求猛增，土地征收拆迁任务加重，因各种原因引发的违法违规土地征收拆迁行为，有增加趋势。各级国土资源部门要从切实维护人民群众利益、构建和谐社会的高度，认真领会并贯彻落实好中央一系列规定要求，一把手亲自抓。要配合政府和有关部门，从本省（区、市）实际情况出发，完善征地拆迁补偿安置的政策措施；督促市、县政府切实履行“对征地拆迁管理工作负总责”的责任，加强对各地征地拆迁工作的指导监督，切实做好征地拆迁补偿安置工作。

二、严格征地拆迁管理，维护被征地农民利益

部《关于进一步做好征地管理工作的通知》（国土资发〔2010〕96号）中对提高征地补偿标准、采取多元安置途径、做好农民房屋拆迁补偿安置工作、规范征地程序等提出了明确要求，各级国土资源部门在征地拆迁中要认真执行，加强管理。实施征地拆迁，必须在政府的统一组织领导下依法规范进行。征地中拆迁农民房屋要给予合理补偿，并因地制宜采取迁建安置、货币安置或实物补偿等多种安置方式，妥善解决好农户生产生活用房问题。要严格履行规定程序，征地前及时组织征地公告，并就征地补偿安置标准和政策征求群众意见。群众有意见的，要认真反复做好政策宣传解释和群众思想疏导工作，得到群众的理解和支持，不得强行实施征地拆迁；对于群众提出的合理要求，必须妥善予以解决。征地经依法批准后，要依法规范实施，确保征地补偿费用及时足额支付到位，防止出现拖欠、截留、挪用问题。

三、及时化解矛盾纠纷，妥善处理征地拆迁突发事件

各级国土资源部门要建立健全征地拆迁矛盾纠纷排查调处机制，认真做好征地拆迁中矛盾纠纷化解工作。在征地拆迁前，要分析评估易引发不稳定风险的环节和因素，提出预防和化解不稳定风险的对策措施。征地拆迁实施中要加强监管，及时发现出现的苗头性、倾向性问题，做好有关沟通协调工作，做到早发现、早处理，避免矛盾积累激化。要建立应急预案，对征地拆迁突发事件，要及时分析原因，主动向政府报告，积极采取措施妥善解决，防止简单粗暴压制群众，引发恶性和群体性事件。要积极探索创新土地征收拆迁中做好宣传引导、化解不同意见及组织实施的有效途径和办法，认真做好征地拆迁群众信访工作，深入到问题反映较多的地方去接访、下访，主动倾听群众诉求，及时改进工作，把问题解决在初始阶段。

四、开展全面检查，坚决纠正违法违规征地拆迁行为

省级国土资源主管部门要迅速组织，对本省（区、市）内各项建设正在实施的征地拆迁开展一次全面自查

自纠，重点检查征地拆迁程序是否严格规范、补偿标准是否符合规定要求、安置是否落实，是否存在违法违规强制征地拆迁行为等。对发现存在程序不合法、补偿不到位、被拆迁人居住条件未得到保障或违法违规强制征地拆迁等行为的，必须立即予以制止，并采取有力措施进行整改，整改到位前，不得继续实施征地拆迁。对发现的违法违规征地拆迁行为，要依法依规严肃查处。

各省（区、市）要认真按照本通知规定要求，在全面梳理的基础上抓紧完善和落实征地拆迁相关制度规定，有关完善落实情况连同全面检查整改结果汇总形成报告，于2011年7月底前报部。

关于严格落实异常交易地块上报制度有关问题的函

各省、自治区、直辖市国土资源厅（国土环境资源厅、国土资源局、国土资源和房屋管理局、规划和国土资源管理局），新疆生产建设兵团国土资源局：

为强化房地产用地市场监测，严格落实《关于切实做好2011年城市住房用地管理和调控重点工作的通知》（国土资发〔2011〕2号）要求，建立健全异常交易地块上报制度，现将有关问题通知如下：

一、城市范围。需上报异常交易地块的城市范围为全国所有县级及以上城市。

二、上报对象。需上报的异常交易地块为各类房地产用地。凡在土地市场动态监测监管系统中归入“住宅用地”和“商服用地”，并符合“招拍挂出让中溢价率超过50%、成交总价或单价创历史新高”条件的，均需要填报，其地价分别对应于城市地价动态监测系统中的居住地价和商业地价。

三、溢价率的确定。溢价率是指成交价与出让底价差额占出让底价的百分比。当起拍（始）价低于出让底价时，成交价与起拍（始）价差额占起拍（始）价的百分比大于50%的；或无底价拍卖时，成交价与起拍（始）价差额占起拍（始）价的百分比大于50%的，也应按规定上报。

四、上报期限。在成交确认书签订（中标通知书发出）后2个工作日内，市、县国土资源主管部门要通过国土资源部门户网站的中国土地市场网页下载并填写《房地产用地交易异常情况一览表》，按要求以电子邮件、传真等形式分别上报国土资源部和省（区、市）国土资源主管部门。个别填表需耗时较长的，可以延长至5个工作日内。

请各省级国土资源部门迅速将本通知要求传达到县（市、区）国土资源部门，各县（市、区）国土资源部门要对照国土资发〔2011〕2号文和本通知要求，对2011年以来的成交地块进行清理，对漏报的地块，应在6月30日前补充上报。

二零一一年五月二十六日

国土资源部关于开展国有建设用地使用权网上交易试点工作的意见

国土资发〔2011〕118号

各省、自治区、直辖市及省级城市国土资源主管部门，新疆生产建设兵团国土资源局：

《中共国土资源部党组关于国土资源系统开展“两整治一改革”专项行动的通知》（国土资发）【2010】45号）对推行国有土地使用权网上交易（以下简称网上交易）提出了明确要求，部分地方积极探索推进网上交易，取得了一定成效。为认真总结各地成果经验，积极稳妥推进工作，部决定开展网上交易试点，并提出以下意见。

一、充分认识推进网上交易的重要意义

在坚持国有建设用地使用权招标拍卖挂牌出让制度基础上，通过互联网进行土地交易，是对国有土地使用权出让制度的改革创新。推进网上交易是部“两整治一改革”专项行动的明确要求和重点内容，是运用科技信息手段提高国有土地出让市场管理和监督水平的重要举措，对建立公开、公平、公正的市场环境、降低交易成本、加强内部监督、强化社会监督、推进廉政建设具有重要作用。

二、试点目的和原则

通过开展网上交易试点，研究探索网上交易的技术方法和工作规范，总结实践经验和教训，为在全国范围内推进奠定基础，积累经验，创造条件。同时，以点带面，示范引领，鼓励有条件的地区积极跟进，促进市、县土地交易工作深入开展，试点工作应坚持改革探索与依法行政相结合、制度创新与科技手段相结合、公开公平公正与便民高效相结合的原则。

三、试点范围

部直接部署的试点，范围确定在已经推行网上交易的地区。其中，宁夏回族自治区作为省级网上交易试点，湖南省长沙市、辽宁省大连市和抚顺市作为地市级试点，湖南省长沙县和宁乡县作为县级试点。

各省、市、区国土资源主管部门可统一组织，积极支持土地管理工作，基础较好、信息化管理水平较高、有相对成熟的网上交易系统、网上交易有第三方监管、有较强的改革创新意识和工作积极性的市县，开展网上交易试点。市县开展网上交易试点前，必须制定试点工作方案，报经省级国土资源主管部门批准后，报国土资源部备案。

四、试点内容

承担试点任务的地方，应当建立国有建设用地使用权拍卖和挂牌网上交易系统，应用互联网技术，实现竞买人网上报、竞价，并实时确认成交结果，工作内容主要包括：

（一）、结合网络运行的特点和土地出让信息化工作推进的客观需要，分别开展拍卖和挂牌网上操作可行性研究；

（二）、根据土地拍卖和挂牌出让基本程序，分析研究实现网上竞买申请、报价、竞价、成交确认及资格审查等环节信息化技术和方法，确认网上交易指标体系，研发网上交易系统软件；

（三）、结合土地出让制度及实践创新情况，制定网上交易规范；

（四）、建立网络运行安全和风险防范机制。建立与银行、公安等部门联合工作机制，研究解决资金安全、网路安全和交易过程意外事故处理等问题，建立预控和风险防范机制。在实行网上交易前，要对网络安全和纠纷诉讼等方面进行全面评估。做好预案；

（五）、研究建立网上交易监管机制，研究建立网上交易监管办法，建立网上交易监管系统，实现上级国土资源主管部门对下级网上交易的实时监控、监管。

五、试点期限

网上交易试点期限定为一年，部确定为试点的地区，试点工作期限自本意见下发之日起算，由省级国土资源主管部门批复的其他试点地区，原则上应当与部直接部署的试点地区同期完成试点工作。

六、试点的组织保障

网上交易试点工作，必须坚持以政府为主导，国土资源主管部门具体组织实施，有关部门积极参与的联动机制。在试点工作过程中，要积极争取党委、政府的支持和相关部门的配合，确保试点工作顺利开展。

省级国土资源主管部门负责辖区内试点工作的管理、监督和评估，及时总结试点工作中好经验、好做法，发现和研究解决试点工作中出现的新情况新问题，及时报部。部对全国网上交易试点工作进行跟踪指导，根据推进情况和实际需要，适时组织开展试点评估和检查。

七、试点评估和验收

省级国土资源主管部门在试点工作中期，要组织对试点实施情况进行评估，并形成评估报告报部，并形成评估报告报部。试点评估报告应包括试点进展情况、社会反映、主要问题和改进建议等内容。

省级国土资源主管部门要在试点方案确定的试点期限一个月内，组织开展总结验收工作，并形成验收报告报部，试点地区在实施试点过程中形成的规范性文件、自评报告、总结报告等与试点相关的文件，一并报部备案。

二〇一一年八月十五日

关于《闲置土地处置办法（修订草案）》公开征求意见的通知

为加大闲置土地处置力度，促进土地节约集约利用，国土资源部起草了《闲置土地处置办法（修订草案）》（征求意见稿）。为提高规章质量，现将全文公布，征求社会各界意见。该规章同时在“中国政府法制信息网”上进行公布。

有关单位和社会各界人士可以在2012年1月15日前，通过三种方式提出意见：

一是登陆中国法制信息网（网址：http://www.chinalaw.gov.cn），进入首页左侧的“部门规章草案意见征集系统”提出意见。

二是通过信函方式将意见寄至：北京市西城区阜内大街64号国土资源部政策法规司（邮编100812），并在信封上注明“闲置土地处置办法征求意见”字样。

三是通过电子邮件方式将意见发送至：ytang@mail.mlr.gov.cn

二〇一一年十二月二十一日

闲置土地处置办法（修订草案）

（征求意见稿）

第一章　总则

第一条　为有效处置和充分利用闲置土地，规范土地市场行为，促进节约集约用地，根据《中华人民共和国土地管理法》、《中华人民共和国城市房地产管理法》及有关法律、行政法规，制定本办法。

第二条　本办法所称闲置土地，是指土地使用者依法取得国有建设用地使用权后，未经原批准用地的人民政府批准，超过约定、规定的期限未动工开发建设的国有建设用地。

具有下列情形之一的，也可以认定为闲置土地：

（一）国有建设用地有偿使用合同或者划拨决定书未约定、规定动工开发建设日期，自国有建设用地有偿使用合同生效或者划拨决定书核发之日起满1年未动工开发建设的；

（二）已动工开发建设但开发建设面积占应动工开发建设总面积不足1/3或者已投资额占总投资额不足25%，且未经原批准用地的人民政府批准，中止开发建设连续满1年的；

（三）法律、行政法规规定的其他情形。

第三条　闲置土地处置应当符合土地利用总体规划和城乡规划，遵循盘活存量、以用为先、依法处置、信息公开的原则。

第四条　县级以上地方国土资源主管部门在本级人民政府的领导下，负责本辖区内闲置土地的调查认定和处置工作的组织实施。

第五条　县级以上地方国土资源主管部门应当建立闲置土地监督检查制度，及时发现和预防闲置土地，跟踪监管闲置土地处置利用情况。

单位和个人可以对闲置土地进行举报和反映情况，了解闲置土地处置进展。

第二章　调查和认定

第六条　县级以上地方国土资源主管部门在监督检查中发现单位或者个人涉嫌闲置土地的，应当及时调查核实。必要时，可以采取下列调查措施：

（一）询问当事人及其他证人；

（二）现场勘测、拍照、摄像；

（三）查阅、复制被调查单位或者个人的有关用地审批文件、土地权利文件和资料；

（四）要求被调查单位或者个人就有关土地权利的问题作出说明。

第七条　土地使用者应当配合调查，按要求提供土地开发利用情况、闲置原因以及相关说明等材料。

第八条　经调查核实，土地使用者的行为符合本办法第二条规定，构成闲置土地的，县级以上地方国土资源主管部门应当下达《责令限期动工通知书》，督促土地使用者及时纠正。土地使用者在接到《责令限期动工通知书》后，应当在3个月内动工开发建设。

第九条　《责令限期动工通知书》应当载明下列事项：

（一）土地使用者的姓名或者名称、地址；

（二）相关土地的基本情况；

（三）构成土地闲置的事实、依据和责任；

（四）限期动工时间；

（五）其他要求纠正事项。

第十条　有下列情形之一，属于因政府、政府有关部门的行为造成动工延迟的，土地使用者应当在接到《责令限期动工通知书》15日内，向土地所在地市、县国土资源主管部门提出申请。经审查属实的，市、县国土资源主管部门应当在30日内向土地使用者出具书面证明材料。

（一）因政府调整城乡规划，造成土地使用者不能按国有建设用地有偿合同和划拨决定书约定的用途、规划和建设条件开发的；

（二）因政府未按国有建设用地有偿使用合同和划拨决定书约定的期限、条件将出让宗地交付给受让人，致使项目不具备动工开发建设条件的；

（三）因政府供应土地存在权利不清，致使土地使用者无法动工开发建设的；

（四）因国家政策要求，需对约定的规划和建设条件进行修改，致使土地使用者动工开发延迟的；

（五）因政府、政府有关部门提出停止动工的，但因土地使用者违法行为导致的除外；

（六）因政府、政府有关部门其他行为，致使土地使用者动工开发延迟的。

第十一条　因不可抗力、司法查封、诉讼、仲裁或者军事管制、文物保护等原因导致无法按原来约定、规定的期限动工开发建设的，依照本办法第十条规定办理。

第十二条　土地使用者在接到《责令限期动工通知书》后，未在规定期限内动工纠正和提出证明材料的，县级以上地方国土资源主管部门应当向土地使用者下达《闲置土地认定通知书》。

第十三条　《闲置土地认定通知书》应当载明下列事项：

（一）土地使用者的姓名或者名称、地址；

（二）相关土地的基本情况；

（三）认定土地闲置的事实、依据及原因；

（四）其他需要说明的事项。

第十四条　《闲置土地认定通知书》下达后，县级以上地方国土资源主管部门应当通过门户网站等形式向社会公开闲置土地的位置、土地使用者名称、闲置时间等信息；属于政府或者政府有关部门的行为导致的，应当书面告知有关政府或者政府部门，并同时公开闲置原因。

闲置土地在没有合理利用或者依法收回前，相关信息应当长期公示。省级以上国土资源主管部门应当及时汇总地方闲置土地信息，并在门户网站上公示。

第三章　处置和利用

第十五条　《闲置土地认定通知书》下达后，县级以上地方国土资源主管部门应当与土地使用者协商，共同拟订闲置土地处置方案，报本级人民政府批准后组织实施。

闲置土地设有抵押权或者被司法机关采取查封等限制土地权利措施的，县级以上地方国土资源主管部门应当书面通知相关抵押权人参与闲置土地处置方案的拟订工作，并征求有关司法机关的意见。

第十六条　闲置土地处置方案可以选择下列方式：

（一）延长动工开发建设期限。签订补充协议，重新按规定约定动工、竣工期限和违约责任。延长动工期限最长不得超过1年；

（二）改变土地用途。按新用途重新办理相关用地手续，并按新用途核算、收缴或者退还土地价款。改变用途后的土地利用必须符合土地利用总体规划和城乡规划；

（三）安排临时使用。待原项目具备开发建设条件，土地使用者重新开发建设。临时使用期限最长不得超过2年；

（四）协议有偿收回国有建设用地使用权；

（五）置换土地。对已缴清土地价款、落实项目资金，且因规划调整造成闲置的，可以为土地使用者置换其他价值相当、用途相同的国有建设用地进行开发建设。涉及出让土地的，应当重新签订土地出让合同，并在合同中注明为置换土地。置换土地可以按规定采取协议方式出让。

第十七条　县级以上地方国土资源主管部门与土地使用者协商未能就处置方式达成一致的，按照下列方式处理：

（一）土地闲置满1年的，由县级以上地方国土资源主管部门报经本级人民政府批准后，向土地使用者下达《征缴土地闲置费决定书》，按土地出让或者划拨土地价款的20%征缴土地闲置费；

（二）未动工开发建设，土地闲置满2年的，由县级以上地方国土资源主管部门按照《土地管理法》第37条和《城市房地产管理法》第26条的规定，报经有批准权的人民政府批准后，向土地使用者下达《收回国有建设用地使用权决定书》，无偿收回土地使用权。闲置土地设有抵押权的，同时抄送相关土地抵押权人。

第十八条　对因本办法第十条、第十一条规定情形造成的闲置土地，县级以上地方国土资源主管部门应当与土地使用者协商达成一致后，按本办法第十五条规定程序处置。处置方式可以采取本办法第十六条规定的方式。省、自治区、直辖市还可以根据地方实际规定其他处置方式。

第十九条　县级以上地方国土资源主管部门在按照本办法第十七条规定作出征缴土地闲置费、收回国有建设用地使用权决定前，应当书面告知土地使用者有申请听证的权利。土地使用者要求举行听证的，应当按照《国土资源听证规定》的规定依法组织听证。

第二十条　《征缴土地闲置费决定书》和《收回国有建设用地使用权决定书》应当包括以下内容：

（一）土地使用者的姓名或者名称、地址；

（二）违反法律、法规或者规章的事实和证据；

（三）决定的种类和依据；

（四）决定的履行方式和期限；

（五）申请行政复议或者提起行政诉讼的途径和期限；

（六）作出决定的行政机关名称和作出决定的日期。

《征缴土地闲置费决定书》和《收回国有建设用地使用权决定书》必须盖有批准权人民政府的印章。

第二十一条　土地使用者应当自《征缴土地闲置费决定书》送达之日起15日内，按规定缴纳土地闲置费；自《收回国有建设用地使用权决定书》送达之日起30日内，到县级以上地方国土资源主管部门办理土地使用权注销登记，交回土地证书。土地使用者不服的，可以依法申请行政复议或者提起行政诉讼。

第二十二条　土地使用者逾期不申请行政复议、不提起行政诉讼，也不履行相关义务的，县级以上地方国土资源主管部门可以采取下列措施：

（一）逾期不办理土地使用权注销登记，不交回土地证书的，直接公告注销土地使用权登记和土地证书；

（二）申请人民法院强制执行。

第二十三条　县级以上地方国土资源主管部门在制定土地利用总体规划、安排土地利用年度计划、国有建设用地供应计划时，应当根据本行政区域内闲置土地的状况以及各项建设对土地的需求，优先安排闲置土地。

用地单位或者个人能够使用闲置土地的，应当优先使用闲置土地。

第二十四条　对依法收回的闲置土地，可以采取以下方式利用：

（一）依据国家土地供应政策，确定新的土地使用者开发利用；

（二）纳入政府土地储备；

（三）对耕作条件未被破坏且近期无法安排建设项目的，由县级以上地方国土资源主管部门委托有关单位组织恢复耕种。

第二十五条　闲置土地依法处置后土地权属和土地用途发生变化的，应当依照有关规定办理土地变更登记。

第四章　预防和监管

第二十六条　县级以上地方国土资源主管部门申请农用地转用批准后，必须在2年内实施具体征地或者用地行为；已经实施征地的，必须在2年内供地。

在土地利用总体规划确定的城市建设用地范围内供应土地，必须依法履行完成农村集体土地征收、国有土地使用权收回及国有土地上房屋征收手续，安置补偿义务履行到位，他项权利依法解除，具备动工开发所必需的基本条件。

对没有明确的地块位置、土地用途、容积率、建筑密度等规划条件的，国有土地使用权不得出让。

第二十七条　国有建设用地使用权有偿使用合同和划拨决定书应当就项目开工、竣工时间和违约责任等作出明确约定。土地使用者应当按照要求向县级以上地方国土资源主管部门申报项目开工、开发进度、竣工等情况，在现场上牌公示项目开工、竣工时间和土地开发利用标准。

政府或者政府有关部门因未履行国有建设用地有偿使用合同和划拨决定书约定、规定的义务或者违法行政行为造成项目动工迟延的，应当依法承担违约责任。

第二十八条　县级以上国土资源主管部门应当将土地使用者闲置土地的信息抄送金融等部门，纳入相关部门的信用信息基础数据库。

在闲置土地处置完毕前，县级以上国土资源主管部门不得受理该土地使用者新的用地申请和被认定为闲置土地的转让、出租、抵押登记申请。

第二十九条　省、自治区、直辖市国土资源主管部门可以根据情况，对闲置土地情况严重、闲置土地利用未达到规定标准的地区，适度核减新增建设用地计划指标，暂停新增建设用地农转用审批。

第五章　法律责任

第三十条　县级以上国土资源主管部门及其工作人员违反本办法规定，有下列情形之一的，依法给予处分；构成犯罪的，依法追究刑事责任：

（一）农用地转用批准后，在2年内未实施具体征地或者用地行为；已实施征地，满2年未供地的；

（二）在土地权利不清、手续不齐、安置补偿义务履行不到位、他项权利未依法解除的情况下违规供应土地的；

（三）擅自同意改变国有建设用地使用权有偿使用合同和划拨决定书约定、规定的土地使用条件的；

（四）擅自办理闲置土地使用者新的用地申请和闲置土地的转让、出租、抵押登记手续的。

第三十一条　县级以上国土资源主管部门及其工作人员在闲置土地调查、认定和处置工作中，存在超越、滥用法定职权、事实调查认定不清楚、法律依据错误、行政裁量明显不当、徇私枉法、收受贿赂、违反法定程序等情形的，应当依法给予处分；构成犯罪的，依法追究刑事责任。

第六章　附则

第三十二条　本办法中有关用语的含义：

未动工：是指依据已批准的施工图建筑基础未达到±0.00标高的情形下停止开发建设的行为。

应动工开发建设总面积：是指土地使用者依照土地有偿使用合同或者划拨决定书的约定和规划设计条件，应当在规定时间内完成开发建设的建筑面积，不包括绿地面积。

已投资额、总投资额：均不含土地使用权出让价款和向国家缴纳的相关税费。

第三十三条　闲置集体建设用地的调查、认定和处置，参照本办法有关规定执行。县级以上地方国土资源主管部门在拟定处置方案时，应当会同集体建设用地所在地的集体经济组织，与土地使用者协商。收回的集体建设用地，交由集体建设用地所在地的集体经济组织处置。

第三十四条　本办法自发布之日起施行。1999年4月28日国土资源部公布的《闲置土地处置办法》同时废止。本办法施行前已进入处置程序的闲置土地，继续沿用原有规定。

关于严格规范城乡建设用地增减挂钩试点工作的通知

国土资发〔2011〕224号

各省、自治区、直辖市及计划单列市国土资源主管部门，新疆生产建设兵团国土资源局，各派驻地方的国家土地督察局，部机关各司局及有关直属事业单位：

为了全面贯彻落实《国务院关于严格规范城乡建设用地增减挂钩试点切实做好农村土地整治工作的通知》（国发〔2010〕47号）精神，完善城乡建设用地增减挂钩（以下简称增减挂钩）制度政策，正确引导、严格规范增减挂钩试点工作，统筹促进城乡发展和新农村建设，现将有关事项通知如下：

一、充分认识严格规范增减挂钩试点工作的重要性

2006年以来，部根据《国务院关于深化改革严格土地管理的决定》（国发〔2004〕28号）提出的“鼓励农村建设用地整理，城镇建设用地增加要与农村建设用地减少相挂钩”的要求，组织开展了增减挂钩试点工作。几年来，试点地区在推进社会主义新农村建设中，结合农村新居建设和危旧房改造等，依据现阶段土地管理要求和城乡发展的实际，积极开展增减挂钩试点，探索统筹城乡建设用地整治和合理调整使用，有效促进了耕地保护和节约集约用地，有力推动了农业现代化和城乡统筹发展。

进一步认识增减挂钩试点的重大意义。根据土地利用总体规划、城乡规划并和新农村及各项建设规划相衔接，积极主动、严格规范地开展增减挂钩试点，是有效推进“三农”发展和城镇化的现实可靠的载体和抓手；是落实中央以城带乡、以工促农方针，统筹城乡发展的重要平台；是引导资源、技术和项目向农村流动，加快社会主义新农村建设的重要途径；是在保障工业化、城镇化、新农村发展中，优化城乡建设用地布局、推进节约集约用地、促进科学发展的重大举措；是严格保护耕地和提高耕地质量、促进耕地集约经营和发展现代农业

的有效手段；是坚持家庭承包政策为基础，促进农民分工就业和增加收入的政策创新。各地必须高度重视，积极宣传，正确引导，努力创造保障和促进开展增减挂钩试点的良好社会氛围。

正确把握基本要求。各地必须坚持以统筹城乡发展为导向，以促进耕地保护和农业现代化建设、促进农村小城镇和中心村及各业经济发展、促进农村生产生活条件改善和环境保护为目标，以切实维护农民权益、促进农民增收致富为出发点和落脚点，落实最严格的耕地保护和节约用地制度，坚持依法推动、规范运作、民主公开、量力而行。要坚决防止片面追求增加城镇建设用地指标的倾向，坚决防止擅自扩大增减挂钩试点规模，坚决防止侵害农民权益，确保增减挂钩试点健康有序推进。

二、统筹安排增减挂钩试点

统筹规划，有序推进。开展增减挂钩试点，要以土地利用总体规划确定的城镇建设用地范围内的城郊结合部新城区建设、近郊有条件乡村的小城镇和中心村建设、远郊有条件的集中民居新村建设为重点，统筹安排，确定增减挂钩试点的规模、布局、时序和项目，做好与城乡建设、基础设施布局、环境保护、产业发展等相关规划的协调衔接，以保障和促进农业增产、农民增收和农村发展。省级要编制好增减挂钩专项规划，并报部批准实施；市、县要编制好增减挂钩项目区实施方案，逐级上报省（区、市）审批，报部备案。今后，部批准增减挂钩试点，包括土地整治示范建设中的增减挂钩项目在内，将以地方增减挂钩规划、项目区实施方案编制和实施情况作为重要依据。

因地制宜，量力而行。开展增减挂钩试点，要与当地经济社会发展条件和水平相适应，与同步推进城镇化、工业化和农业现代化相协调，与新农村建设、社区管理、基础设施和产业布局等相配套。要以农民自愿且不额外增加农民负担为前提，通过用地结构调整和布局优化平衡项目区建设资金，支持小城镇和中心村新建新区发展经济，切实改善和提高农民生产生活条件。要选择基层组织凝聚力强、国土资源管理严格规范、各项基础业务扎实的地区开展试点工作。

三、严格把握增减挂钩试点条件

坚持严格审批、严控范围。开展增减挂钩试点，必须在符合土地利用总体规划和土地整治规划、纳入土地利用年度计划的前提下，经部批准。未经批准，不得以各种名义擅自开展增减挂钩和建设用地置换活动。农村内部乡村、村村挂钩推进小城镇和中心村建设的试点项目，也必须经省级人民政府批准，并控制在国家下达的增减挂钩指标内，纳入试点管理。

坚持严格标准、从严管理。已经开展增减挂钩试点的地区，要抓紧按照国发〔2010〕47号文件、《城乡建设用地增减挂钩试点和农村土地整治有关问题的处理意见》（国土资发〔2011〕80号）以及本通知的有关规定，在认真严肃整改存在问题的基础上，将试点项目上图入库，报部审定。对在国家下达增减挂钩指标外，自行开展增减挂钩或建设用地置换的，经严肃整改符合增减挂钩试点规范要求的，作出分年度核销指标的计划安排，报部审定后，逐年纳入增减挂钩试点管理。凡不符合试点规范要求且未开工的项目应一律撤销。

坚持项目管理、封闭运行。试点市、县国土资源部门要按照建新与拆旧相对应的原则设置项目区，合理确定拆旧建新规模和比例。严禁跨县级行政区域设置挂钩项目区。各地开展增减挂钩试点的范围和规模，必须严格控制在部下达的年度增减挂钩指标规模之内，严禁擅自扩大增减挂钩指标规模或循环使用计划指标。

四、切实维护农民土地合法权益

充分尊重农民主体地位。开展增减挂钩试点，必须充分尊重农民意愿，维护农村集体组织和农民的主体地位。确定增减挂钩项目，必须严格按照有关规定履行农村重大事项议事制度，依法听证、公示，凡涉及土地所有权、使用权、土地承包经营权等权属调整和利用分配的，必须先行确权登记；在土地互换和开发经营方式、旧房拆迁、新居建设等方面要提供多种选择；项目报批时，必须附具征求集体组织和农民意见情况、听证和公示相关材料，做到整治前农民愿意、整治中农民参与、整治后农民满意。凡集体组织和农民不同意的，不得强行开展。严禁强拆强建，严禁强迫农民住高楼。

确保收益返还农村。使用增减挂钩指标的土地出让净收益要及时全部返还用于改善农民生活条件和支持农村集体发展生产。农民新居和新村基础设施、公益事业建设所需资金，不得增加农民负担，主要应由增减挂钩指标调剂使用的收益平衡，让农民真正享受到增减挂钩试点带来的实惠。各省（区、市）要研究制定增减挂钩指标使用的土地出让收益管理办法，确定收益的来源、构成和分配，明确受益主体，规范收益分配和用途；要建立地价评估、资产审计机制，实行公示制度，确保收益返还和使用管理的公开、公平和公正。

加强农村集体土地权属管理。开展增减挂钩试点，必须按照明晰产权、维护权益的原则，做好土地确权登记。要按照确权在先的要求，对土地利用现状和权属状况进行调查、核实，做到地类和面积准确，界址和权属清楚。增减挂钩试点涉及的土地，原则上应维持原有土地权属不变；对土地互换的，要引导相关权利人本着互利互惠的原则，平等协商解决，有争议的要依法做好调处工作。对权属有争议又调处不能达成一致意见的，不得开展增减挂钩试点。增减挂钩试点实施后，要依法及时办理土地变更登记手续，发放土地权利证书及农村土地承包经营权证等，依法保障农民土地的用益物权。

五、规范增减挂钩试点管理

优先保障“三农”建设。增减挂钩拆旧腾出的农村建设用地，首先要复垦为耕地，并尽可能与周边耕地集中连片，实施水、路、林配套建设，确保复垦的耕地不低于建新占用的耕地数量质量，有条件的，应积极建设高标准基本农田。规划为建设用地的，要优先保证农民旧房改造、新居建设、环境建设、农村基础设施和公共服务配套设施建设以及农村非农产业发展用地。项目建新地块建设用地必须严格控制在批准下达的增减挂钩指标规模内。

严格增减挂钩项目考核。增减挂钩试点以项目区为主体组织实施，确保项目区实施后建设用地面积不扩大，耕地数量有增加、质量有提高。要加强复垦耕地的后期管护，确保复垦耕地有效利用。试点市、县要对增减挂钩指标的使用、拆旧复垦等情况负责，试点省级国土资源部门每年年底要对增减挂钩试点项目实施情况进行考核，考核结果作为安排下一年度增减挂钩指标的依据，考核不合格的必须限期整改，整改合格前，不得向项目所在市、县下达新的增减挂钩指标，不得安排新的增减挂钩项目。

强化增减挂钩试点全程管理。各试点地区要对增减挂钩指标的下达、使用和核销实行全程监管。各级国土资源主管部门要结合国土资源遥感监测“一张图”和综合监管平台建设，加强增减挂钩试点项目管理信息化建设；完善增减挂钩试点项目在线备案制度，对项目的批准和实施情况，要实时上图入库，并实行网络直报备案，向社会公示，自觉接受社会公众监督。

地方各级国土资源部门要切实加强对增减挂钩试点的组织管理，形成地方政府主导，国土资源主管部门搭建平台，相关部门积极参与、各司其职的责任机制，共同推进增减挂钩试点工作。试点地区国土资源主管部门要主动加强增减挂钩试点研究，注意总结土地制度创新和促进农村经济社会健康持续发展的典型经验和成功做法，探索新机制、新方法。各派驻地方的国家土地督察机构要加强监督检查。部将进一步加强政策调研和工作指导，及时研究解决工作中的问题，适时组织现场观摩，加强宣传引导，不断完善制度措施，保障增减挂钩试点健康有序推进。

此文件有效期为6年。

国土资源部

二〇一一年十二月二十六日

政策汇编

06

中华人民共和国 商务部

关于支持商圈融资发展的指导意见

商秩发〔2011〕253号

各省、自治区、直辖市、计划单列市及新疆生产建设兵团商务主管部门，各省、自治区、直辖市、计划单列市银监局，各省、自治区、直辖市融资性担保机构监管部门，国家开发银行，各政策性银行、国有商业银行、股份制商业银行，邮政储蓄银行：

为缓解中小商贸企业融资难题，深化银商合作，搞活流通、扩大消费，根据商务部、财政部、人民银行、银监会、保监会《关于推动信用销售健康发展的意见》（商秩发[2009]88号）有关精神，现就支持商圈融资发展提出如下意见：

一、充分认识发展商圈融资的重要意义

发展商圈融资是缓解中小商贸企业融资困难的重大举措。改革开放以来，我国以商品交易市场、商业街区、物流园区、电子商务平台等为主要形式的商圈发展迅速，已成为我国中小商贸服务企业生存与发展的重要载体。据不完全统计，全国现有亿元以上交易额的商品交易市场达4500多个，100亿元以上的商品交易市场达70多个，已建、在建和规划中的物流园区近600个，规模以上电子商务平台约2.3万家。但是，由于商圈内多数商贸经营主体属中小企业，抵押物少、信用记录不健全，融资难问题较为突出，亟须探索适应中小商贸服务企业特点的融资新模式。发展商圈融资有助于增强中小商贸经营主体的融资能力，缓解融资困难，促进中小商贸企业健康发展；有

助于促进商圈发展，增强经营主体集聚力，提升产业关联度，整合产业价值链，推进商贸服务业结构调整和升级，从而带动税收、就业增长和区域经济发展，实现搞活流通、扩大消费的战略目标。同时，也有助于银行业金融机构和融资性担保机构等培养长期稳定的优质客户群体，扩大授信规模，降低融资风险。

二、推广适合商圈特点的融资模式

（一）支持银行开展商圈融资业务。银行业监管部门要鼓励和引导银行业金融机构按照风险可控、经营可持续原则合理布局商圈营业网点。银行业金融机构要根据商贸主体特点创新融资产品和工具，并针对商圈融资特点完善审批流程、提高审批效率，加强对商圈各经营主体的金融服务。

（二）积极发展商圈担保融资。融资性担保机构监管部门要鼓励经营情况良好、风险控制能力强且获得经营许可证的融资性担保机构入驻商圈，大力开展针对商贸经营主体的融资担保业务；支持融资性担保机构与商圈、再担保机构及银行业金融机构按照约定建立风险分担机制。

（三）大力促进供应链融资。商务主管部门要鼓励集中仓储的商圈建立物流监管平台；引导第三方物流监管服务商开展仓单、存货质押监管业务。银行业金融机构要在有效整合利用供应链内企业信息的基础上，开展动产质押融资业务，发展供应链融资等金融产品。

（四）深入探索其他融资模式。研究推动商铺经营权、租赁权质押融资试点。商务主管部门要鼓励商圈内有条件的商贸企业通过发行企业集合债券等多种形式，参与融资租赁、借助主板和创业板上市等方式筹资，拓宽融资途径。

三、建立商圈与金融机构的合作机制

（一）促进实体商圈与各类融资机构开展合作。商务主管部门要会同银行业监管部门、融资性担保机构监管部门，鼓励实体商圈管理机构与银行业金融机构、融资性担保机构、融资租赁公司、典当行、商业保理公司等融资机构建立各种形式的合作，支持商圈向融资机构提供各类信用信息，开辟融资机构获取经营主体信息的征信通道，降低征信成本。同时，帮助融资机构宣传相关融资业务和产品，促进其发展。

（二）推动虚拟商圈与金融机构合作。商务主管部门要会同银行业监管部门、融资性担保机构监管部门，鼓励各类网络商城、社区、网络交易平台搭建虚拟商圈，并在商圈内开展经营主体信用认证和评价。银行业监管部门、融资性担保机构监管部门要指导银行业金融机构和融资性担保机构利用认证评价信息和经过授权获得的网上交易信息，科学评价网络经营主体信用状况，并向其提供安全、便捷的金融服务。

四、创造良好的融资服务环境

（一）研究制订本地区支持政策和措施。商务主管部门要会同银行业监管部门、融资性担保机构监管部门，进一步摸清行政区域内商圈融资的基本情况、发展趋势、需求及特点，建立商圈基本信息档案，研究制订促进本地区商圈融资发展的具体政策。

（二）加大财政资金支持力度。商务主管部门要会同银行业监管部门和融资性担保机构监管部门，参考中小商贸企业发展专项资金补助对象、标准和范围，结合本地区商圈内企业和为商圈服务的银行业金融机构、融资性担保机构、信用公共服务平台和商业信用服务机构实际情况，制订相应的政策支持方案，积极争取地方财政资金支持，确保各项工作资金到位。

（三）指导商圈建立经营主体信用档案。商务主管部门要指导有条件的商圈管理机构为经营主体建立包括基本信息、经营状况、违约失信、行政处罚等信息的信用档案，实现对商圈发展情况的动态管理，提高商圈的组织化程度和信用管理水平。

（四）提升商贸经营主体的综合管理水平。商务主管部门要指导商圈管理机构开展多种形式的信用管理培训，提升经营主体的信用管理水平；协助开展贸易信用保险、商业保理业务宣讲活动，鼓励经营主体运用市场化工具防范信用风险。同时，鼓励和支持商业信用服务机构为经营主体服务，帮助其加强信用制度建设，建立规范的财务制度、交易记录和风险管理机制，提高信用等级。

（五）增强商圈整体风险防控能力。商务主管部门要积极推进非营利性的信用公共服务平台建设，支持其为商圈内经营主体提供服务。支持商圈参与省级或区域性企业征信平台建设，加强与有关部门、行业协会以及征信机构的沟通联系，建立商圈信用交易信息共享机制，解决经营主体因信用信息封闭、分散、不对称，无法有效判断交易伙伴信用状况的问题。鼓励有条件的商圈管理机构建立客户资信管理系统、信用销售管理系统，提高经营主体识别风险、防范风险的能力。

（六）引入信用服务机构。商务主管部门要指导商圈管理机构引入信用调查和评价、商账管理、咨询培训等信用服务机构，使商圈内经营主体得到有力的信用支持，开拓其融资渠道，促进商业信用与金融信用的有效结合。

（七）广泛开展诚信宣传教育。商务主管部门要在商圈内广泛开展诚信经营示范创建活动，促进商圈内经营主体诚信自律，提高商圈信用水平。

（八）规范金融机构竞争秩序。银行业监管部门、融资性担保机构监管部门要督促银行业金融机构和融资性担保机构在商圈内开展合理有序竞争，创造和谐的市场环境。

发展商圈融资，意义十分重大。各地商务主管部门、银行业监管部门、融资性担保机构监管部门，要高度重视商圈融资工作，加强组织领导，创新工作方法，加大宣传推广力度，及时总结经验、报送信息，努力营造良好的融资服务环境，有效提高中小商贸企业的竞争力。请各省、自治区、直辖市银监局、融资性担保机构监管部门，将本意见速转发至辖内派出机构、银行业金融机构和融资性担保机构。

中华人民共和国商务部、银监会

中华人民共和国
中国人民银行、中国银行业监督管理委员会、中国保险监督管理委员会

关于认真做好公共租赁住房等保障性安居工程金融服务工作的通知

银发〔2011〕193号

中国人民银行上海总部，各分行、营业管理部、省会（首府）城市中心支行、副省级城市中心支行，各银监局，国家开发银行，各政策性银行、国有商业银行、股份制商业银行，中国邮政储蓄银行：

为贯彻落实《国务院办公厅关于进一步做好房地产市场调控工作有关问题的通知》（国办发〔2011〕1号）精神，发挥好金融对公共租赁住房等保障性安居工程建设的支持作用，现就有关问题通知如下：

一、对于政府投资建设的公共租赁住房项目，凡是实行公司化管理、商业化运作、项目资本金足额到位、项目自身现金流能够满足贷款本息偿还要求的，各银行业金融机构应按照信贷风险管理的有关要求，直接发放贷款给予支持。

二、对于不符合本通知第一条要求的，各银行业金融机构可按下列要求予以支持：

（一）直辖市、计划单列市、省会（首府）城市政府投资建设的公共租赁住房项目，各银行业金融机构可在符合《国务院关于加强地方政府融资平台公司管理有关问题的通知》（国发〔2010〕19号）规定的前提下，向资本金充足、治理结构完善、运作规范、自身经营性收入能够覆盖贷款本息的政府融资平台公司发放贷款。融资平台公司公共租赁住房贷款偿付能力不足的，由本级政府统筹安排还款。在同一个城市只能有一家融资平台公司承贷公共租赁住房贷款。

（二）地级市政府投资建设的公共租赁住房项目，各银行业金融机构可向符合上述条件且经银行业金融机构总行评估后认可、自身能够确保偿还公共租赁住房项目贷款的地级市政府融资平台发放贷款。其他市县政府投资建设的公共租赁住房项目，可在省级政府对还款来源作出统筹安排后，由省级政府指定一家省级融资平台公司按规定统一借款。

三、政府投资建设的公共租赁住房项目须符合国家关于最低资本金比例的政策规定，贷款利率按中国人民银行利率政策执行，利率下浮时其下限为基准利率的0.9倍，贷款期限原则上不超过15年，具体由借贷双方协商确定。项目建成后，贷款一年两次还本，利随本清。鼓励银行业金融机构以银团贷款形式发放贷款。

四、政府以外的其他机构投资建设并持有且纳入政府总体规划的公共租赁住房项目，各银行业金融机构可按照商业原则发放贷款。

五、公共租赁住房项目若改变租赁关系，所获得的资金应首先用于归还公共租赁住房贷款。

六、经济适用住房、廉租住房、棚户区改造等其他保障性安居工程贷款，按照人民银行、银监会联合发布的《经济适用住房开发贷款管理办法》（银发〔2008〕13号文印发）、《廉租住房建设贷款管理办法》（银发〔2008〕355号文印发）和《中国人民银行中国银行业监督管理委员会关于做好城市和国有工矿棚户区改造金融服务工作的通知》（银发〔2010〕37号）等现行政策执行，各银行业金融机构应在加强风险管理的基础上加大支持力度。

七、各银行业金融机构要制定和完善公共租赁住房等保障性安居工程贷款管理办法，加强贷款管理，对负责公共租赁住房建设的地方政府融资平台公司实行名单制管理，自主决策、自担风险，并采取切实措施确保贷款资金用于保障性安居工程项目。

八、各银行业金融机构要完善公共租赁住房等保障性安居工程贷款统计制度，全面掌握贷款项目的立项、审批、开工、资本金到位、项目施工、信贷资金流向等情况，加强动态监测。对因贷款条件不落实而不能支持的项目，要逐个分析具体原因，提出可行的解决办法，相关信息应按月向当地人民银行分支机构和银监局报送。

九、人民银行分支机构、银监局要密切关注当地公共租赁住房等保障性安居工程实施进展，将当年在建、新开工项目清单以适当方式向辖区内银行业金融机构发布；要动态监测公共租赁住房等保障性安居工程贷款发放情况，及时将银行业金融机构遇到的具体问题向相关部门反映。

请人民银行上海总部，各分行、营业管理部、省会（首府）城市中心支行、副省级城市中心支行及各银监局将本通知联合转发至辖区内城市商业银行、农村商业银行、农村合作银行、城乡信用社及外资银行。

二〇一一年八月四日

外商直接投资人民币结算业务管理办法

中国人民银行公告〔2011〕第23号

为进一步扩大人民币在跨境贸易和投资中的使用，规范银行和境外投资者办理外商直接投资人民币结算业务，中国人民银行制定了《外商直接投资人民币结算业务管理办法》(见附件)，现予公布实施。

中国人民银行

二〇一一年十月十三日

外商直接投资人民币结算业务管理办法

第一章　总则

第一条　为扩大人民币在跨境贸易和投资中的使用范围，规范银行业金融机构(以下简称银行)办理外商直接投资人民币结算业务，根据《中华人民共和国中国人民银行法》、《人民币银行结算账户管理办法》(中国人民银行令〔2003〕第5号发布)等有关法律、行政法规、规章，制定本办法。

第二条　银行办理外商直接投资人民币结算业务，适用本办法。

第三条　境外企业、经济组织或个人(以下统称境外投资者)以人民币来华投资应当遵守中华人民共和国外商直接投资法律规定。

第四条　中国人民银行根据本办法对外商直接投资人民币结算业务实施管理。

第二章　业务办理

第五条　境外投资者办理外商直接投资人民币结算业务，可以按照《人民币银行结算账户管理办法》、《境外机构人民币银行结算账户管理办法》(银发〔2010〕249号文印发)等银行结算账户管理规定，申请开立境外机构人民币银行结算账户。其中，与投资项目有关的人民币前期费用资金和通过利润分配、清算、减资、股权转让、先行回收投资等获得的用于境内再投资人民币资金应当按照专户专用原则，分别开立人民币前期费用专用存款账户和人民币再投资专用存款账户存放，账户不得办理现金收付业务。

第六条　银行应当在审核境外投资者提交的支付命令函、资金用途说明、资金使用承诺书等材料后，为其办理前期费用向境内人民币银行结算账户的支付。外商投资企业设立后，剩余前期费用应当转入按本办法第八条规定开立的人民币资本金专用存款账户或原路退回。

第七条　外商投资企业(含新设和并购)在领取营业执照后10个工作日内，应当向注册地中国人民银行分支机构提交以下材料，申请办理企业信息登记。

（一）外商投资企业批准证书复印件；

（二）营业执照副本、组织机构代码证。

外商投资合伙企业无需提交前述第（一）项材料。

外商投资企业注册地中国人民银行分支机构应当在收到申请材料之日起10个工作日内完成企业信息登记手续。

已登记外商投资企业发生名称、经营期限、出资方式、合作伙伴及合资合作方式等基本信息变更，或发生增资、减资、股权转让或置换、合并或分立等重大变更的，应当在经工商行政管理部门变更登记或备案后15个工作日内将上述变更情况报送注册地中国人民银行分支机构。

第八条　外商投资企业应当按照《人民币银行结算账户管理办法》等银行结算账户管理规定，向银行提交营业执照等材料，申请开立人民币银行结算账户。其中，境外投资者汇入的人民币注册资本或缴付人民币出资应当按照专户专用原则，开立人民币资本金专用存款账户存放，该账户不得办理现金收付业务。

境外投资者以人民币并购境内企业设立外商投资企业的，被并购境内企业的中方股东应当按照《人民币银行结算账户管理办法》等银行结算账户管理规定，申请开立人民币并购专用存款账户，专门用于存放境外投资者汇入的人民币并购资金，该账户不得办理现金收付业务。

境外投资者以人民币向境内外商投资企业的中方股东支付股权转让对价款的，中方股东应当按照《人民币银行结算账户管理办法》等银行结算账户管理规定，申请开立人民币股权转让专用存款账户，专门用于存放境外投资者汇入的人民币股权转让对价款，该账户不得办理现金收付业务。

第九条　境外投资者在办理境外人民币投资资金汇入业务时，应当向银行提交国家有关部门的批准或备案文件等有关材料。银行应当进行认真审核，可以登入人民币跨境收付信息管理系统查询有关信息。

对于房地产业外商投资企业办理外商直接投资人民币资本金汇入业务时，银行还需登陆商务部网站，验证该企业是否通过商务部备案。

第十条　外商投资企业应当根据有关规定，委托会计师事务所对境外投资者缴付的注册资本、出资和股权收购人民币资金的实收情况进行验资询证。会计师事务所在向账户开户银行进行询证后，可以出具验资报告。

开户银行应当积极配合会计师事务所的工作，在收到银行询证函之后，认真核对有关数据资料，明确签署意见，加盖对外具有法定证明效力的业务专用章，并在收到询证函之日起5个工作日内回函。

第十一条　银行应当依据相关外商直接投资业务管理规定，监督外商投资企业依法使用人民币资本金，审查通过人民币资本金专用存款账户办理的资金支付业务。银行不得为未完成验资手续的人民币资本金专用存款账户办理人民币资金对外支付业务。

第十二条　境外投资者将其所得的人民币利润汇出境内的，银行在审核外商投资企业有关利润处置决议及纳税证明等有关材料后可直接办理。

第十三条　境外投资者将因减资、转股、清算、先行回收投资等所得人民币资金汇出境内的，银行应当在审核国家有关部门的批准或备案文件和纳税证明后为其办理人民币资金汇出手续。

第十四条　境外投资者将因人民币利润分配、先行回收投资、清算、减资、股权转让等所得人民币资金用于境内再投资或增加注册资本的，境外投资者可以将人民币资金存入人民币再投资专用存款账户，按照本办法办理有关结算业务。银行应当在审核国家有关部门的核准或备案文件和纳税证明后办理人民币资金对外支付。

第十五条　外商投资性公司、外商投资创业投资企业、外商股权投资企业和以投资为主要业务的外商投资合伙企业在境内依法以人民币开展投资业务的，其所投资企业应当按照《人民币银行结算账户管理办法》等银行结算账户管理规定，申请开立人民币资本金专用存款账户，专门用于存放人民币注册资本或出资资金并办理相关资金结算业务，该账户不得办理现金收付业务。

第十六条　境外投资者同时使用人民币资金和外汇资金出资的，银行应当按照本办法办理人民币资金结算手续，按照外汇管理有关规定办理外汇资金结算手续。人民币与外币的折算汇率为注册验资日当日中国人民银行公布的人民币汇率中间价。

第十七条　外商投资企业向其境外股东、集团内关联企业和境外金融机构的人民币借款和外汇借款应当合并计算总规模。

第十八条　外商投资企业应当按照《人民币银行结算账户管理办法》第十二条规定，凭人民币贷款合同，申请开立人民币一般存款账户，专门用于存放从境外借入的人民币资金。

第十九条　银行应当对外商投资企业人民币注册资本金和人民币借款资金使用的真实性和合规性进行审查，监督外商投资企业依法使用人民币资金。在办理结算业务过程中，银行应当根据有关审慎监管规定，要求企业提供支付命令函、资金用途证明等材料，并进行认真审核。

第二十条　外商投资企业用人民币偿还境外人民币借款本息的，可以凭贷款合同和支付命令函、纳税证明等材料直接到银行办理。

第三章　监督管理

第二十一条　银行应当认真履行信息报送义务，及时、准确、完整地向人民币跨境收付信息管理系统报送依据本办法开立的境外机构人民币银行结算账户、人民币资本金专用存款账户、人民币并购专用存款账户、人民币股权转让专用存款账户和人民币一般存款账户的开立信息，以及通过上述账户办理的跨境和境内人民币资金收入和支付信息。

第二十二条　银行应当按照《人民币银行结算账户管理办法》、《人民币银行结算账户管理办法实施细则》(银发〔2005〕16号文印发)和《境外机构人民币银行结算账户管理办法》等银行结算账户管理规定，为境外投资者、外商投资企业及其中方股东等存款人办理人民币银行结算账户业务。

第二十三条　在办理外商直接投资人民币结算业务时，银行和外商投资企业应当按照《国际收支统计申报办法》等有关规定办理国际收支申报。

第二十四条　银行在办理外商直接投资人民币结算业务时，应当按照《中华人民共和国反洗钱法》和中国人民银行的有关规定，切实履行反洗钱和反恐融资义务，预防利用外商直接投资人民币结算进行洗钱、恐怖融资等违法犯罪活动。银行应当收集境外投资者所在地的反洗钱和反恐融资信息，了解实际控制投资的自然人和投资真实受益人，评估投资的洗钱和恐怖融资风险，并采取适当的风险管理措施。

第二十五条　中国人民银行和有关部门建立必要的信息共享和管理机制，加大事后检查力度，有效监管外商直接投资人民币结算业务活动。

第二十六条　中国人民银行会同有关部门对银行、外商投资企业的外商直接投资人民币结算业务活动进行现场检查和非现场检查，以及资金使用的延伸检查，督促银行切实履行交易真实性审核、信息报送、反洗钱等职责。

第二十七条　银行、外商投资企业违反本办法有关规定的，中国人民银行会同有关部门可以依法对其进行通报批评或处罚；情节严重的，可以暂停或禁止银行、外商投资企业继续开展跨境人民币业务。

第二十八条　银行在办理外商直接投资人民币结算业务时违反有关审慎监管规定的，由有关部门依法进行处理；违反有关人民币银行结算账户和反洗钱、反恐融资等管理规定的，由中国人民银行依法进行处理。

第四章　附则

第二十九条　本办法由中国人民银行负责解释。

第三十条　本办法自发布之日起施行。此前有关规定，与本办法不一致的，以本办法为准。

最高人民法院

关于审理涉及农村集体土地行政案件若干问题的规定

《最高人民法院关于审理涉及农村集体土地行政案件若干问题的规定》已于2011年5月9日由最高人民法院审判委员会第1522次会议通过，现予公布，自2011年9月5日起施行。

二〇一一年八月七日

法释〔2011〕20号

最高人民法院关于审理涉及农村集体土地行政案件若干问题的规定

（2011年5月9日最高人民法院审判委员会第1522次会议通过）

为正确审理涉及农村集体土地的行政案件，根据《中华人民共和国物权法》、《中华人民共和国土地管理法》和《中华人民共和国行政诉讼法》等有关法律规定，结合行政审判实际，制定本规定。

第一条　农村集体土地的权利人或者利害关系人（以下简称土地权利人）认为行政机关作出的涉及农村集体土地的行政行为侵犯其合法权益，提起诉讼的，属于人民法院行政诉讼的受案范围。

第二条　土地登记机构根据人民法院生效裁判文书、协助执行通知书或者仲裁机构的法律文书办理的土地权属登记行为，土地权利人不服提起诉讼的，人民法院不予受理，但土地权利人认为登记内容与有关文书内容不一致的除外。

第三条　村民委员会或者农村集体经济组织对涉及农村集体土地的行政行为不起诉的，过半数的村民可以以集体经济组织名义提起诉讼。

农村集体经济组织成员全部转为城镇居民后，对涉及农村集体土地的行政行为不服的，过半数的原集体经济组织成员可以提起诉讼。

第四条　土地使用权人或者实际使用人对行政机关作出涉及其使用或实际使用的集体土地的行政行为不服的，可以以自己的名义提起诉讼。

第五条　土地权利人认为土地储备机构作出的行为侵犯其依法享有的农村集体土地所有权或使用权，向人民法院提起诉讼的，应当以土地储备机构所隶属的土地管理部门为被告。

第六条　土地权利人认为乡级以上人民政府作出的土地确权决定侵犯其依法享有的农村集体土地所有权或者使用权，经复议后向人民法院提起诉讼的，人民法院应当依法受理。

法律、法规规定应当先申请行政复议的土地行政案件，复议机关作出不受理复议申请的决定或者以不符合受理条件为由驳回复议申请，复议申请人不服的，应当以复议机关为被告向人民法院提起诉讼。

第七条　土地权利人认为行政机关作出的行政处罚、行政强制措施等行政行为侵犯其依法享有的农村集体土地所有权或者使用权，直接向人民法院提起诉讼的，人民法院应当依法受理。

第八条　土地权属登记（包括土地权属证书）在生效裁判和仲裁裁决中作为定案证据，利害关系人对该登记行为提起诉讼的，人民法院应当依法受理。

第九条　涉及农村集体土地的行政决定以公告方式送达的，起诉期限自公告确定的期限届满之日起计算。

第十条　土地权利人对土地管理部门组织实施过程中确定的土地补偿有异议，直接向人民法院提起诉讼的，人民法院不予受理，但应当告知土地权利人先申请行政机关裁决。

第十一条　土地权利人以土地管理部门超过两年对非法占地行为进行处罚违法，向人民法院起诉的，人民法院应当按照行政处罚法第二十九条第二款的规定处理。

第十二条　征收农村集体土地时涉及被征收土地上的房屋及其他不动产的，土地权利人可以请求依照物权法第四十二条第二款的规定给予补偿。

征收农村集体土地时未就被征收土地上的房屋及其他不动产进行安置补偿，补偿安置时房屋所在地已纳入城市规划区，土地权利人请求参照执行国有土地上房屋征收补偿标准的，人民法院一般应予支持，但应当扣除已经取得的土地补偿费。

第十三条　在审理土地行政案件中，人民法院经当事人同意进行协调的期间，不计算在审理期限内。当事人不同意继续协商的，人民法院应当及时审理，并恢复计算审理期限。

第十四条　县级以上人民政府土地管理部门根据土地管理法实施条例第四十五条的规定，申请人民法院执行其作出的责令交出土地决定的，应当符合下列条件：

（一）征收土地方案已经有权机关依法批准；

（二）市、县人民政府和土地管理部门已经依照土地管理法和土地管理法实施条例规定的程序实施征地行为；

（三）被征收土地所有权人、使用人已经依法得到安置补偿或者无正当理由拒绝接受安置补偿，且拒不交出土地，已经影响到征收工作的正常进行；

（四）符合《最高人民法院关于执行《中华人民共和国行政诉讼法>若干问题的解释》第八十六条规定的条件。

人民法院对符合条件的申请，应当予以受理，并通知申请人；对不符合条件的申请，应当裁定不予受理。

第十五条　最高人民法院以前所作的司法解释与本规定不一致的，以本规定为准。

政策汇编

09

上　海　市

关于印发《上海市开展对部分个人住房征收房产税试点的暂行办法》的通知

沪府发〔2011〕3号

各区、县人民政府，市政府各委、办、局：

根据国务院第136次常务会议有关精神，市政府决定，自2011年1月28日起，本市开展对部分个人住房征收房产税试点。现将《上海市开展对部分个人住房征收房产税试点的暂行办法》印发给你们，请认真按照执行。

实施房产税改革是党的十七届五中全会作出的一项重要部署，是“十二五”时期我国税制改革的一项重要内容。各区县、各部门要高度重视，细致工作，密切配合，确保本市对部分个人住房征收房产税的试点顺利进行。

二○一一年一月二十七日

上海市开展对部分个人住房征收房产税试点的暂行办法

为进一步完善房产税制度，合理调节居民收入分配，正确引导住房消费，有效配置房地产资源，根据国务院第136次常务会议有关精神，市政府决定开展对部分个人住房征收房产税试点。现结合本市实际，制定本暂行办法。

一、试点范围

试点范围为本市行政区域。

二、征收对象

征收对象是指本暂行办法施行之日起本市居民家庭在本市新购且属于该居民家庭第二套及以上的住房（包括新购的二手存量住房和新建商品住房，下同）和非本市居民家庭在本市新购的住房（以下统称“应税住房”）。

除上述征收对象以外的其他个人住房，按国家制定的有关个人住房房产税规定执行。

新购住房的购房时间，以购房合同网上备案的日期为准。

居民家庭住房套数根据居民家庭（包括夫妻双方及其未成年子女，下同）在本市拥有的住房情况确定。

三、纳税人

纳税人为应税住房产权所有人。

产权所有人为未成年人的，由其法定监护人代为纳税。

四、计税依据

计税依据为参照应税住房的房地产市场价格确定的评估值，评估值按规定周期进行重估。试点初期，暂以应税住房的市场交易价格作为计税依据。

房产税暂按应税住房市场交易价格的70%计算缴纳。

五、适用税率

适用税率暂定为0.6%。

应税住房每平方米市场交易价格低于本市上年度新建商品住房平均销售价格2倍（含2倍）的，税率暂减为0.4%。

上述本市上年度新建商品住房平均销售价格，由市统计局每年公布。

六、税收减免

（一）本市居民家庭在本市新购且属于该居民家庭第二套及以上住房的，合并计算的家庭全部住房面积

（指住房建筑面积，下同）人均不超过60平方米（即免税住房面积，含60平方米）的，其新购的住房暂免征收房产税；人均超过60平方米的，对属新购住房超出部分的面积，按本暂行办法规定计算征收房产税。

合并计算的家庭全部住房面积为居民家庭新购住房面积和其他住房面积的总和。

本市居民家庭中有无住房的成年子女共同居住的，经核定可计入该居民家庭计算免税住房面积；对有其他特殊情形的居民家庭，免税住房面积计算办法另行制定。

（二）本市居民家庭在新购一套住房后的一年内出售该居民家庭原有唯一住房的，其新购住房已按本暂行办法规定计算征收的房产税，可予退还。

（三）本市居民家庭中的子女成年后，因婚姻等需要而首次新购住房、且该住房属于成年子女家庭唯一住房的，暂免征收房产税。

（四）符合国家和本市有关规定引进的高层次人才、重点产业紧缺急需人才，持有本市居住证并在本市工作生活的，其在本市新购住房、且该住房属于家庭唯一住房的，暂免征收房产税。

（五）持有本市居住证满3年并在本市工作生活的购房人，其在本市新购住房、且该住房属于家庭唯一住房的，暂免征收房产税；持有本市居住证但不满3年的购房人，其上述住房先按本暂行办法规定计算征收房产税，待持有本市居住证满3年并在本市工作生活的，其上述住房已征收的房产税，可予退还。

（六）其他需要减税或免税的住房，由市政府决定。

七、收入用途

对房产税试点征收的收入，用于保障性住房建设等方面的支出。

八、征收管理

（一）房产税由应税住房所在地的地方税务机关负责征收。

（二）房产税税款自纳税人取得应税住房产权的次月起计算，按年计征，不足一年的按月计算应纳房产税税额。

（三）凡新购住房的，购房人在办理房地产登记前，应按地方税务机关的要求，主动提供家庭成员情况和由市房屋状况信息中心出具的其在本市拥有住房相关信息的查询结果。地方税务机关根据需要，会同有关部门对新购住房是否应缴纳房产税予以审核认定，并将认定结果书面告知购房人。应税住房发生权属转移的，原产权人应缴清房产税税款。

交易当事人须凭地方税务机关出具的认定结果文书，向登记机构办理房地产登记；不能提供的，登记机构不予办理房地产登记。

（四）纳税人应按规定如实申报纳税并提供相关信息，对所提供的信息资料承担法律责任。

纳税人未按规定期限申报纳税的，由地方税务机关向其追缴税款、滞纳金，并按规定处以罚款。

（五）应税住房房产税的征收管理除本暂行办法规定外，按《中华人民共和国税收征收管理法》等有关规定执行。具体征收管理办法，由市地税局负责制定。

九、部门职责

（一）建立工作机制

市政府成立由市财政、地税、住房保障房屋管理、建设交通、规划国土资源、公安、民政、人力资源社会保障、统计等部门组成的房产税试点工作机构，建立健全工作机制，推进房产税试点工作。

（二）协同征收管理

市住房保障房屋管理、建设交通、规划国土资源、财政、公安、民政、人力资源社会保障、统计等部门要积极配合地方税务机关建立应税住房房产税征收控管机制，根据本市对部分个人住房征收房产税试点的需要，提供相关信息，共同做好应税住房的认定工作。

（三）实现信息共享

市地税、住房保障房屋管理、建设交通、规划国土资源、财政、公安、民政、人力资源社会保障、统计等部门要共同建立全市统一的房地产信息管理平台，实现个人住房信息数据库信息共享。

十、评估机制

房产税税基评估工作在市政府统一领导下，由市地税、财政、住房保障房屋管理、规划国土资源等部门共同组织实施。

十一、其他事项

本暂行办法未涉及的其他事项，按国家和本市的有关规定执行。

本市开展对部分个人住房征收房产税试点中的具体规定，由市财政局、市地税局、市住房保障房屋管理局等部门制订，并报市政府同意后公布执行。

本暂行办法自2011年1月28日起施行。

政策汇编

10

重　庆　市

关于开展对部分个人住房征收房产税改革试点的暂行办法

重庆市人民政府令第247号

市人民政府同意《重庆市关于开展对部分个人住房征收房产税改革试点的暂行办法》和《重庆市个人住房房产税征收管理实施细则》，现予公布，自2011年1月28日起施行。

市　长　黄奇帆

二〇一一年一月二十七日

重庆市关于开展对部分个人住房征收房产税改革试点的暂行办法

为调节收入分配，引导个人合理住房消费，根据国务院第136次常务会议有关精神，重庆市人民政府决定在部分区域开展对部分个人住房征收房产税改革试点。现结合我市实际情况，制定本暂行办法。

一、试点区域

试点区域为渝中区、江北区、沙坪坝区、九龙坡区、大渡口区、南岸区、北碚区、渝北区、巴南区（以下简称主城九区）。

二、征收对象

（一）试点采取分步实施的方式。首批纳入征收对象的住房为：

1. 个人拥有的独栋商品住宅。

2. 个人新购的高档住房。高档住房是指建筑面积交易单价达到上两年主城九区新建商品住房成交建筑面积均价2倍（含2倍）以上的住房。

3. 在重庆市同时无户籍、无企业、无工作的个人新购的第二套（含第二套）以上的普通住房。

新购住房是指《暂行办法》施行之日起购买的住房（包括新建商品住房和存量住房）。新建商品住房购买时间以签订购房合同并提交房屋所在地房地产交易与权属登记中心的时间为准，存量住房购买时间以办理房屋权属转移、变更登记手续时间为准。

（二）未列入征税范围的个人高档住房、多套普通住房，将适时纳入征税范围。

三、纳税人

纳税人为应税住房产权所有人。产权人为未成年人的，由其法定监护人纳税。产权出典的，由承典人纳税。产权所有人、监护人、承典人不在房产所在地的，或者产权未确定及租典纠纷未解决的，由代管人或使用人纳税。

应税住房产权共有的，共有人应主动约定纳税人，未约定的，由税务机关指定纳税人。

四、计税依据

应税住房的计税价值为房产交易价。条件成熟时，以房产评估值作为计税依据。

独栋商品住宅和高档住房一经纳入应税范围，如无新的规定，无论是否出现产权变动均属纳税对象，其计税交易价和适用的税率均不再变动。

属于本办法规定的应税住房用于出租的，按本办法的规定征收房产税，不再按租金收入征收房产税。

五、税率

（一）独栋商品住宅和高档住房建筑面积交易单价在上两年主城九区新建商品住房成交建筑面积均价3倍以下的住房，税率为0.5%；3倍（含3倍）至4倍的，税率为1%；4倍（含4倍）以上的税率为1.2%。

（二）在重庆市同时无户籍、无企业、无工作的个人新购第二套（含第二套）以上的普通住房，税率为0.5%。

六、应纳税额的计算

（一）个人住房房产税应纳税额的计算。

应纳税额=应税建筑面积×建筑面积交易单价×税率

应税建筑面积是指纳税人应税住房的建筑面积扣除免税面积后的面积。

（二）免税面积的计算。

扣除免税面积以家庭为单位，一个家庭只能对一套应税住房扣除免税面积。

纳税人在本办法施行前拥有的独栋商品住宅，免税面积为180平方米；新购的独栋商品住宅、高档住房，免税面积为100平方米。纳税人家庭拥有多套新购应税住房的，按时间顺序对先购的应税住房计算扣除免税面积。

在重庆市同时无户籍、无企业、无工作的个人的应税住房均不扣除免税面积。

七、税收减免与缓缴税款

（一）对农民在宅基地上建造的自有住房，暂免征收房产税。

（二）在重庆市同时无户籍、无企业、无工作的个人拥有的普通应税住房，如纳税人在重庆市具备户籍、有企业、有工作任一条件的，从当年起免征税，如已缴纳税款的，退还当年已缴税款。

（三）因自然灾害等不可抗力因素，纳税人纳税确有困难的，可向地方税务机关申请减免税和缓缴税款。

八、征收管理

（一）个人住房房产税的纳税义务发生时间为取得住房的次月。税款按年计征，不足一年的按月计算应纳税额。

（二）个人住房房产税由应税住房所在地的地方税务机关负责征收。

（三）纳税人应按规定如实申报纳税并提供相关信息。

（四）个人住房房产税的征收管理依照《中华人民共和国税收征收管理法》的规定执行。

九、收入使用

个人住房房产税收入全部用于公共租赁房的建设和维护。

十、配套措施

（一）上两年主城九区新建商品住房成交建筑面积均价按照政府职能部门发布的年度均价计算确定。

（二）有关部门要配合征收机关应用房地产评估技术建立存量住房交易价格比对系统，对各类存量个人住房进行评估，并作为计税参考值。对存量住房交易价明显偏低且无正当理由的，按计税参考值计税。

（三）财政、税务、国土房管、户籍、工商、民政、人力社保等主管部门要共同搭建房地产信息平台，抓紧建设个人住房信息系统。

（四）各相关管理部门要积极配合税务部门建立个人住房房产税征收控管机制。对个人转让应税住房不能提供完税凭证的，不予办理产权过户等相关手续。

（五）纳税人在规定期限内不缴或少缴应纳税款的，由地方税务机关责令限期缴纳，逾期仍未缴纳的，地方税务机关可以书面通知纳税人开户银行或者其他金融机构从其存款中扣缴税款、滞纳金及罚款。

（六）欠税公告后仍不缴纳的，纳税人欠缴个人住房房产税情况纳入个人征信系统管理。

十一、本办法由重庆市人民政府解释。

十二、本办法从2011年1月28日起施行。

重庆市个人住房房产税征收管理实施细则

第一章　总　则

第一条　为加强和规范个人住房房产税的征管，保证税款及时足额入库，依据《重庆市关于开展对部分个人住房征收房产税改革试点的暂行办法》（以下称《暂行办法》），结合本市实际情况，制定本实施细则。

第二条　本实施细则所称个人住房房产税是以《暂行办法》确定的住房为征税对象，向产权所有人征收的一种财产税。

第二章　试点区域

第三条　个人住房房产税在主城九区行政区域范围征收，即渝中区、江北区、沙坪坝区、九龙坡区、大渡口区、南岸区、北碚区、渝北区、巴南区，含北部新区、高新技术开发区、经济技术开发区。

第三章　征收对象

第四条　个人住房房产税的征收对象为个人拥有的独栋商品住宅，个人新购的高档住房，在重庆市同时无户籍、无企业、无工作的个人新购的第二套（含）以上的普通住房。未列入征税范围的个人高档住房、多套普通住房，将适时纳入征税范围。

独栋商品住宅是指房地产商品房开发项目中在国有土地上依法修建的独立、单栋且与相邻房屋无共墙、无连接的成套住宅。

高档住房是指建筑面积交易单价达到上两年主城九区新建商品住房成交建筑面积均价2倍（含）以上的住房。

新购住房是指《暂行办法》施行之日起购买的住房，包括新建商品住房和存量住房。新建商品住房购买时间以签订购房合同并提交房屋所在地房地产交易与权属登记中心的时间为准，存量住房购买时间以办理房屋权属转移、变更登记手续时间为准。

第四章　纳税人

第五条　个人住房房产税的纳税人为应税住房产权所有人。产权人为未成年人的，由其法定监护人纳税；产权出典的，由承典人纳税；产权所有人、监护人、承典人不在房产所在地的，或者产权未确定及租典纠纷未解决的，由代管人或使用人纳税。

应税住房产权共有的，共有人应主动约定纳税人，未约定的，由税务机关指定纳税人。

第五章　计税依据

第六条　应税住房的计税价值为房产交易价，待条件成熟时按房产评估值征税。

凡纳入征收对象的应税住房用于出租的，按《暂行办法》规定征收缴纳房产税，不再以租金收入计征房产税。

第七条　独栋商品住宅和高档住房一经纳入应税范围，如无新的规定，无论产权是否转移、变更均属征税对象，其计税交易价和适用的税率均不再变动。

第六章　税率

第八条　独栋商品住宅和高档住房建筑面积交易单价达到上两年主城九区新建商品住房成交建筑面积均价3倍以下的住房，税率为0.5%；3倍（含）至4倍的，税率为1%；4倍（含）以上的税率为1.2%。

在重庆市同时无户籍、无企业、无工作的个人新购第二套（含）以上的普通住房，税率为0.5%。

第七章　应纳税额的计算

第九条　个人住房房产税应纳税额的计算，公式：应纳税额=应税建筑面积×建筑面积交易单价×税率

应税建筑面积是指纳税人应税住房的建筑面积扣除免税面积后的面积。

第十条　免税面积的计算。纳税人在《暂行办法》施行前拥有的独栋商品住宅，免税面积为180平方米；新购的独栋商品住宅、高档住房，免税面积为100平方米。

免税面积以家庭为单位进行扣除，一个家庭只能对一套应税住房扣除免税面积。

纳税人家庭拥有多套应税住房的，按时间顺序对先购的一套应税住房计算扣除免税面积；其中：纳税人家庭拥有多套《暂行办法》施行前的独栋商品住宅，允许纳税人选择一套应税住房计算扣除免税面积。

在重庆市同时无户籍、无企业、无工作的个人的应税住房均不扣除免税面积。

第八章　税收减免与缓缴税款

第十一条　纳税人因有特殊困难，不能按期缴纳税款的，由纳税人申请并经税务机关批准，可以延期缴纳当年税款，但是最长不得超过三个月。

第十二条　在重庆市同时无户籍、无企业、无工作的个人拥有的普通应税住房，如纳税人在重庆市具备

户籍、有企业、有工作任一条件的，从当年起免征税，如已缴纳税款的，退还当年已缴税款。

第十三条　因不可抗力因素造成应税房产毁损的，由纳税人申请并经税务机关审批，当年可酌情减征或免征个人住房房产税。

第九章　征收管理

第十四条　个人住房房产税的纳税义务时间为房产权属登记日期的次月起。税款按年计征，不足一年的按月计算应纳税额。

第十五条　个人住房房产税纳税期限为每年的10月1—31日。

应税住房转让的，在办理产权过户手续时一并征收当年个人住房房产税。

第十六条　个人住房房产税的纳税地点为住房所在地。纳税人有多处应税房产，且又不在同一地方的，应按住房的坐落地点，分别向住房所在地税务机关申报缴纳个人住房房产税。

第十七条　国土房管部门应在《暂行办法》施行之日起3个月内将存量独栋商品住宅的基础信息传递给当地税务机关。基础信息包括：房屋所有权人、所有权人身份证件号码、产权共有情况、联系电话，房屋坐落、建筑面积、房地产项目（楼盘）名称、楼栋号，合同交易价格、房产权属登记日期等。

国土房管部门实时将新购独栋商品住宅、高档住房和身份证件号码非本市的个人新购住房的合同签订时间、房产权属登记日期、身份证件号码非本市的个人在重庆拥有住房情况等基础信息传递给当地税务机关。

第十八条　税务机关应及时建立“一户式”个人住房房产税征收档案。

第十九条　税务机关通过纳税人提供的户口簿，确定应税住房的家庭人员。家庭人员以纳税人共同户籍记载的人员为准。

第二十条　税务机关按照征收范围内纳税人及家庭人员拥有住房情况，确定扣除免税面积。

第二十一条　税务机关依据身份证件号码非本市的个人提供的重庆市户籍，或者营业执照，或者机关、团体、企业、事业等单位出具的工作证明，确定其是否为纳税人。

第二十二条　税务机关于每年8月31日前将应税住房的坐落地址、计税依据、应纳税额、申报期限等通过直接送达、邮寄、公告等方式通知纳税人。

第二十三条　纳税人应在规定的申报期限内主动向应税住房所在地税务机关，报送纳税申报表，提供减免税要件和其他纳税资料，如实办理纳税申报。

纳税人可以直接到税务机关办理纳税申报，也可以按照规定采取邮寄、数据电文或者其他方式办理纳税申报和报送事项。

第二十四条　税务机关将纳税人申报情况与征收档案信息比对，核实纳税人实际应纳税额，进行税款征收，并向纳税人开具完税凭证。

第二十五条　税务机关根据有利于税收源泉控管和方便纳税的原则，可以依法委托有关单位代征个人住房房产税，并发给委托代征证书。

受托代征单位以税务机关的名义依法征收税款，纳税人不得拒绝；纳税人拒绝的，受托代征单位应当及时报告税务机关。

第二十六条　纳税人未按照规定期限缴纳税款的，税务机关除责令限期缴纳外，从滞纳税款之日起，按日加收滞纳税款万分之五的滞纳金。

第二十七条　纳税人不进行纳税申报，不缴或者少缴应纳税款的，由税务机关追缴其不缴或者少缴的税款、滞纳金，并处不缴或者少缴的税款百分之五十以上五倍以下的罚款。

第二十八条　纳税人在规定期限内不缴或者少缴应纳的税款，由税务机关责令限期缴纳，逾期仍未缴纳的，税务机关可以书面通知纳税人开户银行或者其他金融机构从其存款中扣缴税款、滞纳金及罚款。

第二十九条　欠缴个人住房房产税的纳税人需要出境的，应当在出境前向税务机关结清应纳税款、滞纳金或者提供担保。未结清税款、滞纳金，又不提供担保的，税务机关可以通知出境管理机关阻止其出境。

第三十条　税务机关可以依法在办税场所或者通过网络、报刊、电视、广播等新闻媒体对欠税的纳税人进行定期公告，公告后仍不缴纳的，纳税人欠缴个人住房房产税情况纳入个人征信系统管理。

第三十一条　税务机关根据征管工作需要，可以对纳税人的申报纳税情况进行检查，纳税人必须接受税务机关依法进行的税务检查，如实反映情况，提供有关资料，不得拒绝、隐瞒。

第三十二条　税务机关可以依法查阅、调取应税住房所有人与纳税相关的资料、凭证，有关单位和个人有义务如实提供。

第三十三条　税务机关有义务为纳税人的纳税情况、应税房产情况及其他个人隐私信息保密，除税收违法行为信息外，不得对外泄露纳税人的相关信息。

第十章　配套措施

第三十四条　上两年主城九区新建商品住房成交建筑面积均价以国土房管部门公布为准。

第三十五条　税务机关将纳税人欠税信息传递给国土房管部门，由国土房管部门对欠税的住房予以交易限制。交易限制待纳税人缴清欠税后解除。

第三十六条　各相关管理部门要积极配合税务机关建立个人住房房产税征收控管机制。对纳税人转让应税住房不能提供完税凭证的，不予办理产权过户等相关手续。

第三十七条　税务机关应加强与财政、国土房管、户籍、工商、民政、人力社保、建设等管理部门的协作配合，及时获取第三方的涉税信息资料，推进个人住房房产税征收管理工作。

第三十八条　全市各级政府部门应当利用网络、电视、广播、报刊、短信等方式，宣传个人住房房产税，普及纳税知识，无偿为纳税人提供纳税咨询服务。

第十一章　附则

第三十九条　本实施细则未尽事宜，依照《中华人民共和国税收征收管理法》及其相关法律规定执行。

第四十条　本实施细则从2011年1月28日起执行。

2011
中国房地产年鉴
THE ALMANAC OF CHINA REAL ESTATE
03
基础数据
JI CHU SHU JU

导读 / INTRODUCTION

房地产市场基础数据是国家制定房地产调控政策的基本依据，也是房地产企业经营决策的重要参考。

本篇“基础数据“主要来源于国家统计局以及各地方统计局公报，少部分来源于中国房地产决策咨询系统（CRIC）；另有少部分为企业数据和房地产上市企业的数据。全国性的数据不包括港、澳、台地区相关数据。2011年基础数据中重点城市数据由2010年的三十五个重点城市拓展到四十个。

数据篇中的内容主要包括2011年全国宏观经济情况、全国及三十一个省、自治区及直辖市数据和全国四十个重点城市的房地产数据。

一、全国宏观经济数据

表3-1　　2011年全国宏观经济月度数据

	1月	2月	3月	4月	5月	6月	7月	8月	9月	10月	11月	12月
工业增加值同比增幅（%）	——	14.9	14.8	13.4	13.3	15.1	14.0	13.5	13.8	13.2	12.4	12.8
固定资产投资额（亿元）	——	17444	22021	23251	27539	34312	27853	28188	31594	29163	28087	32481
进口总额（亿美元）	1442.8	1040.4	1520.6	1442.6	1441.1	1397.1	1436.4	1555.6	1551.59	1404.58	1599.4	1582
进口总额同比增幅（%）	51.0	19.4	27.3	21.8	28.4	19.3	22.9	30.2	20.9	28.7	22.1	11.8
出口总额（亿美元）	1507.3	967.4	1522	1556.9	1571.6	1619.8	1751.3	1733.2	1696.73	1574.91	1744.6	1747.2
出口总额同比增幅（%）	37.7	2.4	35.8	29.9	19.4	17.9	20.4	24.5	17.1	15.9	13.8	13.4
社会消费品零售总额(亿元）	15249	13769	13588	13649	14697	14565	14408	14705	15865	16546	16129	17740
社会消费品零售总额同比增幅（%）	19.9	11.6	17.4	17.1	16.9	17.7	17.2	17.0	17.7	17.2	17.3	18.1
新增贷款总额（亿）	10400	5356	9794	7396	5516	6339	4926	5485	4700	5868	5622	6405
新增贷款同比增幅（%）	–25.18	–23.5	33.03	–4.44	–13.73	5.05%	–4.9%	0.61	–14.3	–0.15	1.4	33.24
PPI同比增幅（%）	4.9	7.2	7.3	6.8	6.8	7.1	7.5	7.3	6.5	5.0	2.7	1.7
CPI同比增幅（%）	6.6	4.9	5.4	5.3	5.5	6.4	6.5	6.2	6.1	5.5	4.2	4.1
PMI（%）	52.9	52.2	53.4	52.9	52	50.9	50.7	50.9	51.2	50.4	49	50.3

数据来源：国家统计局

表3-2　　2011年宏观经济月度累计数据

	1–2月	1–3月	1–4月	1–5月	1–6月	1–7月	1–8月	1–9月	1–10月	1–11月	1–12月
工业增加值累计增幅（%）	14.1	14.4	14.2	14.0	14.3	14.3	14.2	14.2	14.1	14.0	13.9
固定资产投资额（亿元）	17444	39465	62716	90255	124567	152420	18068	212274	241365	269452	301933
同比增幅（%）	24.9	25.0	25.4	25.8	25.6	25.4	25.0	24.9	24.9	24.5	23.8
进口总额累计（亿美元）	2483.8	4006.4	5450.2	6894.1	8293.7	9731.7	11299	12851.7	14256.8	15856.1	17434.6
同比增幅（%）	36.0	32.6	29.6	29.4	27.6	26.9	27.5	26.7	26.9	26.4	24.9
出口总额累计（亿美元）	2474.4	3996.4	5553	7123.8	8743	10493.8	12226.3	13922.7	15497	17240.1	18986
同比增幅（%）	21.3	26.5	27.4	25.5	24.0	23.4	23.6	22.7	22.0	21.1	20.3
消费品零售总额(亿元）	29018.1	42921.8	56571	71268	85833	100241	114946	130811	147357	163486	181226
同比增幅（%）	15.8	16.3	16.5	16.6	16.8	16.8	16.9	17.0	17.0	17.0	17.1
新增贷款总额累计（亿）	15756	22550	29946	35462	41700	46626	52111	56800	62998	68290	74700
同比增幅（%）	–24.62	–13.30	–11.27	–11.66	–9.69	–9.47	–8.5	–9.71	–15.8	–8.25	–5.72

数据来源：国家统计局、中国海关总署

表 3-3　2011年国内生产总值各季度增长数据

	1季度	2季度	3季度	4季度
同比增长幅度	9.7%	9.5%	9.1%	8.9%

数据来源：国家统计局

表3-4　2011年国内生产总值数据

	1季度	1-2季度	1-3季度	1-4季度
国内生产总值	97101.2	205775.4	321219.1	471563.7
同比增长幅度	9.7%	9.6%	9.4%	9.2%

数据来源：国家统计局

二、2011年全国房地产数据表

表3-5　2011年全国房地产月度数据

	2月	3月	4月	5月	6月	7月	8月	9月	10月	11月	12月
房地产开发投资额（亿元）	4250	4596	4494	5397	7513	5623	5908	6444	5698	5560	6257
商品住宅开发投资额（亿元）	3014	3239	3244	3793	5351	4148	3158	4670	4044	4025	4451
房屋新开工面积（亿平方米）	1.91	2.07	1.70	1.93	2.33	1.58	1.67	1.59	1.26	1.16	1.5
房屋施工面积（亿平方米）	29.15	3.59	2.51	2.5	2.82	1.85	1.84	1.82	1.40	1.65	1.67
房屋竣工面积(亿平方米)	0.70	0.58	0.43	0.45	0.6	0.48	0.46	0.64	0.63	0.96	2.99
住宅竣工面积(亿平方米)	0.54	0.48	0.35	0.35	0.49	0.39	0.37	0.51	0.51	0.79	2.39
全国商品房销售面积（万平方米）	8143	9500	7255	8034	11487	7618	7817	11435	8364	9941	20352
住宅销售面积（万平方米）	7282	8567	6496	7197	10263	6754	6985	10064	7367	8668	17391
全国商品房销售额（亿元）	5242	4910	3926	4542	5969	4263	4412	6048	4514	5221	10072
住宅销售额（亿元）	4471	4136	3249	3809	4992	3487	3611	4939	3724	4164	8038
国房景气指数（当月）	102.90	102.98	103.19	103.20	101.75	101.50	101.12	100.41	100.27	99.87	98.89

数据来源：国家统计局

表3-6

2011年全国房地产月度累计数据

	1-2月	1-3月	1-4月	1-5月	1-6月	1-7月	1-8月	1-9月	1-10月	1-11月	1-12月
房地产开发投资额（亿元）	4250	8846	13340	18737	26250	31873	37781	44225	49923	55483	61740
同比增幅（%）	35.2	34.2	34.3	34.7	32.9	33.6	33.2	32	31.1	29.9	27.9
住宅开发投资额（亿元）	3014	6253	9497	13290	18641	22789	27118	31788	35832	39857	44308
同比增幅（%）	34.9	38.3	38.6	37.8	36.1	36.4	36.4	35.2	34.3	32.8	30.2
房屋新开工面积（亿平方米）	1.91	3.98	5.68	7.61	9.94	11.52	13.19	14.78	16	17.5	19.0
同比增幅（%）	27.9	23.2	24.3	23.7	23.5	24.9	25.8	23.7	21.7	20.5	16.2
房屋施工面积（亿平方米）	29.15	32.74	35.25	37.75	40.57	42.42	44.26	46.08	47.48	49.13	50.8
同比增幅（%）	39.0	35.2	33.2	32.4	31.5	30.8	30.5	29.7	28.4	27.9	25.3
房屋竣工面积(亿平方米)	0.70	1.28	1.71	2.16	2.76	3.24	3.71	4.35	4.97	5.93	8.9
同比增幅（%）	13.9	15.3	14.0	12.5	13.1	13.3	14.7	17.8	18.5	22.3	13.3
住宅竣工面积(亿平方米)	0.54	1.02	1.37	1.72	2.21	2.60	2.97	3.48	3.99	4.78	7.17
同比增幅（%）	12.1	14.6	14.2	12.4	12.8	12.6	13.6	16.6	17.6	21.5	13.0
全国商品房销售面积（万平方米）	8143	17643	24898	32932	44419	52037	59854	71289	79653	89594	109946
同比增幅（%）	13.8	14.9	6.3	9.1	12.9	13.6	13.6	12.9	10.0	8.5	4.9
住宅销售面积（万平方米）	7282	15849	22345	29542	39805	46559	53540	63604	70971	79639	97030
同比增幅（%）	13.2	14.3	5.8	8.5	12.1	12.9	13.1	12.1	9.0	7.5	3.9
全国商品房销售额（亿元）	5242	10152	14078	18620	24589	28852	33264	39312	43826	49047	59119
同比增幅（%）	27.4	27.3	13.3	18.1	24.1	26.1	25.9	23.2	18.5	16.0	12.1
住宅销售额（亿元）	4471	8607	11856	15665	20657	24144	27755	32694	36417	40581	48619
同比增幅（%）	26.2	25.9	11.0	16.0	22.3	24.5	24.4	21.2	16.3	13.7	10.2

数据来源：国家统计局

三、全国及三十一个省、自治区及直辖市房地产开发投资数据

表3-7

2011年全国房地产开发投资月度累计数据

单位：亿元

	1-2月	1-3月	1-4月	1-5月	1-6月	1-7月	1-8月	1-9月	1-10月	1-11月	1-12月
房地产开发投资	4250.37	8846.36	13340.16	18737.23	26250.45	31873.03	37780.84	44224.84	49922.82	55483.03	61739.78
住宅投资	3013.7	6253.13	9497.31	13290.41	18640.67	22789.38	27117.98	31787.77	35832.12	39856.64	44308.43
办公楼	193.31	361.42	540.62	748.14	1067.92	1285.98	1507.63	1741.95	2028.29	2278.38	2543.53
商业投资	506.63	1058.21	1546.64	2193.13	3147.49	3806.89	4508.61	5259.37	5927.26	6613.57	7370.21

数据来源：国家统计局

表3-8　　三十一个省、自治区及直辖市2011年房地产开发投资数据

单位：亿元

	投资总额	住宅	经济适用房	比去年同期增长（%）		
				投资总额	住宅	经济适用房
全国投资额	61739.78	44308.43	1095.63	27.9	30.2	2.5
东部地区	35606.66	25214.76	583.64	27.2	31.1	-2.4
北京	3036.33	1778.31	51.05	4.7	17.9	4.2
天津	1080.04	678.98	59.04	24.6	20.1	-53.1
河北	3069.55	2296.31	24.55	35.5	28.6	-10.3
辽宁	4487.56	3413.44	45.72	29.5	37.6	-9.2
上海	2170.31	1398.75	99.32	9.6	13.7	-15.5
江苏	5552.69	4085.85	127.88	29.2	29.4	29.3
浙江	4137.25	2699.82	49.88	36.7	31.2	49.2
福建	2402.61	1591.56	16.42	32.1	63.2	-0.5
山东	4108.08	3202.04	52.84	26.4	27.5	7.4
广东	4899.19	3495.43	47.50	33.9	37.7	92.6
海南	663.05	574.27	9.08	41.7	37.7	125.6
中部地区	13197.33	9831.79	254.70	25.5	25.3	3.7
山西	789.92	615.03	16.36	33.4	34.5	-27.2
吉林	1165.39	903.60	33.39	26.5	23.5	-7.8
黑龙江	1219.37	938.82	20.38	44.6	42.8	65.9
安徽	2590.07	1884.16	46.99	15.0	18.1	67.7
江西	852.69	656.91	1.91	20.6	20.6	-83.2
河南	2620.01	2022.06	70.24	23.9	20.0	13.5
湖北	2063.21	1327.21	42.90	27.5	27.6	6.4
湖南	1896.66	1484.01	22.54	29.1	30.8	-31.7
西部地区	12935.79	9261.88	257.29	32.8	33.3	14.0
内蒙古	1650.02	1112.02	51.93	47.3	42.1	32.8
广西	1500.46	1073.59	19.74	24.4	22.2	-9.5
重庆	2015.09	1438.45	55.16	24.4	31.8	-6.5
四川	2836.71	1998.11	5.86	29.3	30.1	-3.1
贵州	878.67	579.97	27.93	57.8	76.5	38.6
云南	1272.72	873.90	14.58	41.3	33.5	16.9
西藏	5.13	3.74	0.33	-42.7	-46.5	476.7
陕西	1420.53	1180.11	42.82	22.5	25.8	27.2
甘肃	362.88	258.06	26.00	36.2	37.3	49.7
青海	144.77	90.20	0.43	33.8	19.9	-77.8
宁夏	330.55	235.80	2.99	29.9	25.9	-28.5
新疆	518.26	417.93	9.52	49.0	48.4	-4.2

数据来源：国家统计局

四、全国及三十一个省、自治区及直辖市房地产资金来源状况

表3-9　　2011年全国房地产开发资金来源月度累计状况

单位：亿元

	1–2月	1–3月	1–4月	1–5月	1–6月	1–7月	1–8月	1–9月	1–10月	1–11月	1–12月
本年资金来源	12173.08	19268.05	25361.73	32340.01	40990.87	47851.63	54738.05	61947.19	68428.77	75208.36	83245.94
国内贷款	2679.15	3836.84	4800.06	5803.43	7022.68	8017.97	8888.83	9749.25	10552.37	11376.09	12563.79
利用外资	86.28	144.01	222.10	265.72	438.42	499.97	633.50	678.55	714.49	764.47	813.63
自筹资金	4184.18	7126.29	9486.35	12485.79	16462.97	19293.39	22253.11	25534.82	28201.35	31091.52	34093.40
其他资金	5223.47	8160.91	10853.22	13785.07	17066.79	20040.31	22962.62	25984.56	28960.56	31976.28	35775.12

数据来源：国家统计局

表3-10　　三十一个省、自治区及直辖市2011年房地产开发资金来源

单位：亿元

	资金总额	国内贷款	利用外资	自筹资金	其他资金
全国投资额	83245.94	12563.79	813.63	34093.40	35775.12
东部地区	49945.10	8655.23	534.38	18917.03	21838.46
北京	5358.09	1167.95	2.60	1746.18	2441.36
天津	1997.82	521.53	12.48	645.44	818.37
河北	3437.76	277.64	14.52	2001.75	1143.85
辽宁	5607.39	762.26	199.02	2820.67	1825.44
上海	3206.93	741.18	43.55	1192.87	1229.32
江苏	7912.88	1543.22	85.65	2432.98	3851.04
浙江	6029.57	1085.61	43.86	1838.29	3061.81
福建	3326.51	399.36	17.66	1401.88	1507.61
山东	5263.75	704.70	27.37	2351.55	2080.14
广东	6889.45	1218.65	81.41	2162.76	3426.63
海南	924.95	143.12	6.25	322.68	452.90
中部地区	15985.91	1711.02	138.23	7851.56	6285.10
山西	840.49	68.76	/	377.14	394.59
吉林	1190.35	53.60	5.03	709.92	421.80
黑龙江	1536.48	59.53	3.35	1045.60	428.00
安徽	3149.47	339.38	7.34	1497.06	1305.70

续表

	资金总额	国内贷款	利用外资	自筹资金	其他资金
江西	1118.26	135.20	6.08	464.12	512.86
河南	2845.25	271.30	6.69	1654.38	912.89
湖北	2801.02	453.49	43.90	1198.02	1105.61
湖南	2504.59	329.76	65.84	905.32	1203.66
西部地区	**17314.93**	**2197.54**	**141.02**	**7324.81**	**7651.56**
内蒙古	1794.69	65.16	/	1502.18	227.35
广西	1691.20	241.59	7.11	679.96	762.54
重庆	3295.69	695.08	59.92	853.72	1686.98
四川	4029.00	449.20	66.64	1639.08	1874.08
贵州	1271.26	175.95	4.47	544.92	545.92
云南	1648.09	129.50	0.90	773.24	744.45
西藏	9.66	2.40	/	2.61	4.64
陕西	1929.28	231.17	0.24	701.50	996.36
甘肃	390.65	67.02	/	169.81	153.82
青海	148.67	17.13	1.53	79.36	50.65
宁夏	433.18	50.87	/	147.39	234.92
新疆	673.57	72.45	0.22	231.03	369.86

数据来源：国家统计局

五、全国及三十一个省、自治区及直辖市土地开发及购置数据

表3-11　　2011年全国土地开发及购置月度累计数据

单位：万平方米

	1-2月	1-3月	1-4月	1-5月	1-6月	1-7月	1-8月	1-9月	1-10月	1-11月	1-12月
土地购置面积	3780.35	8180.78	11970.03	16638.24	21909.8	25089.04	28117.24	31184.02	33747.96	37153.41	40972.95
土地购置费用	529.59	1555.45	2493.80	3571.35	5015.72	6044.59	7232.53	8442.37	9423.32	10477.72	11412.82
待开发土地面积	19046.94	22674.44	24634.45	27118.07	29631.62	30622.3	31768.79	32865.82	33504.97	35186.63	35659.18

数据来源：国家统计局

表3-12　　三十一个省、自治区及直辖市2011年土地开发及购置数据

单位：亿元、万平方米

	土地购置费	本年购置土地面积	比去年同期增长（%）	
			土地购置费	本年购置土地面积
全国总计	**11412.82**	**40972.95**	**14.1**	**2.6**
东部地区	**7704.59**	**19728.54**	**11.17**	**5.2**
北京	1301.23	507.04	0.7	-41.0
天津	85.15	596.59	-36.5	-8.6
河北	410.14	2737.89	11.4	-9.5
辽宁	523.13	3307.12	3.0	5.5
上海	418.10	562.76	-6.9	30.1
江苏	1259.43	2409.68	31.1	17.2
浙江	1338.62	1987.59	17.6	1.4
福建	793.95	1288.38	3.8	-16.4
山东	690.24	3641.96	15.0	27.8
广东	817.50	2289.69	28.9	32.6
海南	67.11	399.83	37.3	-22.6
中部地区	**2059.46**	**11257.12**	**21.4**	**-2.3**
山西	91.95	654.85	-0.6	-25.1
吉林	182.10	1280.25	45.3	48.7
黑龙江	152.60	1703.71	68.3	45.1
安徽	521.67	2601.91	0.9	6.2
江西	155.65	1002.29	41.6	29.0
河南	300.21	1534.80	2.4	-46.4
湖北	375.71	1414.23	29.1	-0.6
湖南	279.57	1065.08	58.3	-2.8
西部地区	**1648.77**	**9987.29**	**17.4**	**3.2**
内蒙古	196.52	1692.70	51.3	-15.1
广西	232.55	907.43	54.4	-24.3
重庆	374.76	1676.12	0.9	23.7
四川	420.84	961.51	14.1	-7.8
贵州	66.28	911.07	8.8	-9.3
云南	129.87	1425.38	7.1	38.2
西藏	0.48	5.77	-72.3	97.9
陕西	98.61	488.71	-8.2	-11.5
甘肃	39.63	287.52	35.3	0.3
青海	18.85	140.31	90.8	30.9
宁夏	28.08	520.54	30.1	-5.2
新疆	42.30	970.24	34.9	74.0

数据来源：国家统计局

六、全国及三十一个省、自治区及直辖市房地产建设数据

表3-13　　2011年全国房地产建设月度累计数据

单位：万平方米

	1-2月	1-3月	1-4月	1-5月	1-6月	1-7月	1-8月	1-9月	1-10月	1-11月	1-12月
商品房施工面积	**291472.98**	**327401.76**	**352471.62**	**377516.04**	**405737.56**	**424195.25**	**442615.96**	**460785.55**	**474785.67**	**491311.06**	**507959.39**
其中：住宅	224048.85	251713.82	270474.01	289145.94	310795.17	325047.87	339162.74	353099.46	363711.55	376013.98	388438.59
办公楼	9309.47	10295.69	11245.84	12046.63	12848.27	13398.26	13962.60	14559.72	14982.58	15518.64	15949.87
商业营业用房	31783.14	35602.29	38639.66	41918.24	45089.77	47188.31	49322.96	51224.98	52841.5	54657.78	56278.18
商品房新开工面积	**19082.79**	**39842.43**	**56840.51**	**76118.16**	**99442.59**	**115169.16**	**131880.67**	**147774.69**	**160362.19**	**174951.75**	**190082.70**
其中：住宅	14838.49	31025.29	44088.66	58698.97	76865.75	89117.85	102089.35	114480	124114.71	134939.76	146034.57
办公楼	555.51	1058.18	1539.01	2102.23	2769.65	3146.88	3604.71	4043.18	4438.55	4860.76	5360.94
商业营业用房	1959.98	4007.18	5912.98	8197.25	10674.37	12475.41	14287.67	15887.93	17275.32	18999.28	20670.72
商品房竣工面积	**6951.52**	**12831.51**	**17126.97**	**21620.51**	**27558.03**	**32445.43**	**37094.98**	**43455.98**	**49720.67**	**59326.17**	**89244.25**
其中：住宅	5366.25	10229.08	13685	17238.04	22059.02	26017.29	29742.13	34845.18	39952.81	47767.41	71692.33
办公楼	227.68	366.95	486.41	488.89	729.44	836.46	929.72	1092.73	1222.48	1409.07	2179.42
商业营业用房	801.22	1308.62	1771.61	2243.01	2871.14	3359.22	3889.63	4550.47	5207.72	6157.15	9045.27

数据来源：国家统计局

表3-14　　三十一个省、自治区及直辖市2011年商品房建设数据

单位：万平方米

	施工面积	新开工面积	竣工面积	比去年同期增长（%）		
				施工面积	新开工面积	竣工面积
全国	**507959.39**	**190082.70**	**89244.25**	**25.3**	**16.2**	**13.3**
东部地区	262005.40	94717.56	45578.01	25.1	17.2	11.3
北京	12065.38	4246.05	2245.24	17.1	42.8	-5.9
天津	9075.39	3484.21	2105.32	26.7	19.7	0.3
河北	26835.37	11298.70	5145.32	29.6	17.3	42.3
辽宁	34511.89	12425.86	6359.15	28.6	-1.8	41.4
上海	12983.32	3644.06	2240.62	14.9	20.2	15.4
江苏	40738.08	14721.11	8040.88	16.0	7.1	-7.5
浙江	30318.08	10216.94	4423.32	27.5	30.3	7.5
福建	19212.77	7033.35	2614.88	35.4	50.3	16.6
山东	36293.30	14029.44	6226.85	29.2	13.8	22.7
广东	36311.94	11968.66	5800.52	23.9	20.8	2.5
海南	3659.88	1649.19	375.91	35.6	45.2	-38.3
中部地区	**119260.50**	**49007.73**	**23898.91**	**24.4**	**17.2**	**13.6**
山西	9325.63	2838.30	2084.20	22.7	2.0	73.1
吉林	8963.42	4749.81	1656.17	26.8	34.7	-18.4
黑龙江	12065.32	7195.27	2992.61	60.2	43.3	13.1
安徽	20744.07	8308.17	3063.87	17.7	13.0	1.2
江西	8210.88	3308.49	1777.42	13.6	41.1	-2.2
河南	25280.95	9823.23	5307.13	24.0	14.1	19.9
湖北	13923.90	5605.60	3083.54	20.1	-2.1	21.3
湖南	20746.32	7178.86	3933.97	23.5	11.4	17.5
西部地区	**126693.49**	**46357.41**	**19767.33**	**26.6**	**13.0**	**17.9**
内蒙古	16738.10	8537.91	2453.11	42.0	36.2	6.8
广西	14448.23	3760.22	2183.90	19.9	-20.8	39.6
重庆	20397.24	6824.36	3424.33	19.0	8.1	30.4
四川	27315.44	8473.27	4308.71	29.1	9.6	8.6
贵州	10395.27	2912.81	1462.44	31.5	1.5	39.5
云南	10597.88	4984.70	1450.76	20.6	34.6	-5.5
西藏	48.73	4.53	21.69	-35.2	-73.2	78.1
陕西	12179.97	3843.17	1104.45	22.4	17.5	22.7
甘肃	3810.00	1546.59	655.99	21.7	10.8	9.6
青海	1659.03	532.33	505.91	16.5	-24.0	89.0
宁夏	4040.83	1954.46	942.77	37.4	8.1	0.6
新疆	5422.77	2983.06	1253.27	36.2	37.0	23.7

数据来源：国家统计局

表3-15　三十一个省、自治区及直辖市2011年住宅建设数据

单位：万平方米

	施工面积	新开工面积	竣工面积	比去年同期增长（%）		
				施工面积	新开工面积	竣工面积
全国	**388438.59**	**146034.57**	**71692.33**	**23.4**	**12.9**	**13.0**
东部地区	**194081.66**	**71003.05**	**35299.17**	**23.8**	**14.2**	**11.1**
北京	7168.12	2596.05	1316.13	16.1	25.8	-12.2
天津	6435.79	2374.29	1641.68	25.8	17.1	2.4
河北	21483.03	9017.52	4250.37	25.2	14.6	35.8
辽宁	26742.21	9896.26	5259.86	29.3	0.3	42.5
上海	8386.26	2473.60	1549.66	14.7	17.2	11.0
江苏	30469.01	11158.20	6147.76	15.6	5.4	-6.2
浙江	20023.78	6674.46	2986.62	24.1	27.8	6.7
福建	13719.68	4828.29	1993.32	29.8	42.0	16.2
山东	29014.62	11305.66	5197.97	27.7	10.4	21.7
广东	27452.39	9242.84	4611.54	23.4	18.1	0.5
海南	3186.79	1435.49	344.26	37.2	46.4	-33.2
中部地区	**95665.44**	**39438.37**	**20142.46**	**22.9**	**15.6**	**14.1**
山西	7727.98	2418.95	1867.13	23.6	6.5	88.4
吉林	7144.34	3780.22	1371.31	24.1	30.6	-19.1
黑龙江	9593.72	5734.93	2396.04	57.1	40.4	9.0
安徽	16058.40	6428.52	2422.58	16.0	10.9	0.6
江西	6781.84	2684.43	1513.22	11.8	37.2	-2.4
河南	20576.45	8158.35	4646.63	21.7	11.8	20.6
湖北	11058.67	4480.39	2647.50	20.6	0.6	24.3
湖南	16724.04	5752.59	3278.05	21.4	7.2	15.9
西部地区	**98691.48**	**35593.14**	**16250.71**	**23.2**	**7.7**	**15.9**
内蒙古	11298.24	5988.45	1939.20	36.6	33.9	3.8
广西	11497.68	2951.41	1836.76	17.7	-24.4	36.8
重庆	15923.84	5214.42	2826.78	15.9	-1.0	29.7
四川	21596.31	6562.20	3520.09	24.9	4.6	3.8
贵州	7780.42	2179.78	1106.85	30.3	-3.1	34.0
云南	7973.23	3618.18	1182.14	13.2	22.2	-6.1
西藏	36.28	0.04	19.28	-47.0	-99.7	67.6
陕西	10488.13	3364.05	972.79	22.2	17.6	21.7
甘肃	3141.26	1289.98	554.45	22.8	10.3	10.6
青海	1359.46	447.77	435.22	15.3	-21.3	79.8
宁夏	3059.76	1457.54	762.20	33.9	0.9	2.1
新疆	4536.88	2519.31	1095.24	36.7	36.0	27.4

数据来源：国家统计局

表3-16　　三十一个省、自治区及直辖市2011年办公楼建设数据

单位：万平方米

	施工面积	新开工面积	竣工面积	比去年同期增长（%）		
				施工面积	新开工面积	竣工面积
全国	**15949.87**	**5360.94**	**2179.42**	**31.3**	**46.2**	**20.0**
东部地区	**10572.70**	**3471.29**	**1620.55**	**30.8**	**52.5**	**20.6**
北京	1422.66	489.40	245.17	34.9	140.7	23.6
天津	687.88	278.26	146.72	73.4	34.6	43.3
河北	572.14	253.58	111.16	48.8	72.0	206.2
辽宁	611.63	116.18	73.16	4.9	-46.1	-2.8
上海	1158.34	225.72	174.33	5.0	53.1	15.7
江苏	1362.12	507.13	239.26	16.4	40.3	-25.0
浙江	1967.10	593.55	290.53	33.1	24.8	45.5
福建	769.11	300.38	56.70	69.8	63.7	61.1
山东	759.82	373.36	113.51	58.9	131.0	29.7
广东	1218.97	311.83	169.15	28.8	94.3	40.9
海南	42.92	21.89	0.88	19.4	55.5	-95.4
中部地区	**2436.28**	**835.98**	**273.84**	**24.4**	**26.1**	**0.4**
山西	172.92	29.50	23.66	-4.6	-49.2	13.8
吉林	161.50	69.08	16.08	54.3	183.3	26.2
黑龙江	122.68	74.93	20.62	63.0	82.0	-15.0
安徽	498.18	148.53	58.06	-4.5	-9.1	16.4
江西	130.64	60.50	6.79	14.4	44.7	-71.0
河南	755.96	252.65	66.72	48.0	47.7	18.8
湖北	317.47	101.20	45.46	32.5	0.6	-10.6
湖南	276.91	99.57	36.44	31.6	59.7	5.0
西部地区	**2940.90**	**1053.68**	**285.02**	**39.8**	**44.7**	**43.1**
内蒙古	675.56	266.26	31.91	39.1	-6.8	9.8
广西	246.72	101.07	19.12	34.8	69.2	46.9
重庆	386.84	154.44	44.77	56.3	170.0	49.1
四川	598.48	140.72	61.78	44.8	9.5	75.7
贵州	171.87	20.08	31.77	15.1	-31.3	73.0
云南	319.66	173.42	26.94	106.5	210.4	61.1
西藏	0.76	/	0.20	-41.9	/	/
陕西	248.77	76.91	14.57	8.3	102.0	23.6
甘肃	60.68	23.03	7.91	19.1	99.8	-0.3
青海	26.29	6.51	4.59	11.2	-62.3	18.7
宁夏	102.33	50.67	23.35	38.0	138.4	34.7
新疆	102.94	40.55	18.12	14.0	75.1	14.2

数据来源：国家统计局

表3-17　　三十一个省、自治区及直辖市2011年商业营业用房建设数据

单位：万平方米

	施工面积	新开工面积	竣工面积	比去年同期增长（%）		
				施工面积	新开工面积	竣工面积
全国	56278.18	20670.72	9045.27	26.1	18.3	9.2
东部地区	29494.29	9822.62	4622.79	21.4	11.0	2.8
北京	1187.48	306.43	232.43	-3.4	26.4	-14.5
天津	1031.65	436.57	154.27	2.7	7.0	-34.4
河北	2885.03	1199.31	468.85	46.4	20.8	57.3
辽宁	5028.99	1577.01	720.10	27.2	-14.1	33.7
上海	1365.89	240.00	231.80	5.6	-19.5	31.4
江苏	5503.92	1836.81	1063.34	13.1	5.4	-12.7
浙江	3197.38	1041.92	466.82	22.1	21.6	-17.4
福建	1956.68	824.57	266.03	53.6	81.4	60.9
山东	4074.98	1349.82	595.27	24.2	6.7	16.7
广东	3062.86	917.97	403.03	16.8	33.3	-15.1
海南	199.42	92.20	20.83	10.2	38.4	-53.0
中部地区	12958.07	5399.20	2404.39	26.4	20.6	9.6
山西	831.91	199.31	104.79	8.1	-31.2	-23.4
吉林	1110.16	615.94	172.98	37.0	46.4	-23.0
黑龙江	1378.01	830.38	424.25	59.8	43.9	39.9
安徽	2790.02	1125.75	464.22	20.9	16.5	8.1
江西	869.58	365.43	200.04	18.5	46.1	15.0
河南	2413.57	866.24	418.18	23.6	14.1	13.1
湖北	1609.56	693.53	263.74	26.9	5.6	-2.9
湖南	1955.26	702.61	356.18	26.1	26.0	25.0
西部地区	13825.82	5448.90	2018.09	37.1	31.5	26.9
内蒙古	3062.00	1573.30	371.26	51.0	43.7	20.9
广西	1342.48	309.84	188.58	20.9	-21.5	54.7
重庆	1956.25	708.12	298.79	26.2	63.3	30.2
四川	2393.79	833.06	378.90	50.2	31.3	33.4
贵州	1293.82	413.58	195.66	42.3	35.8	52.2
云南	1272.57	611.10	150.77	36.1	56.0	-4.4
西藏	11.69	4.50	2.21	153.5	326.6	227.1
陕西	889.59	239.77	88.79	25.7	4.5	44.0
甘肃	391.25	157.51	82.03	17.8	-1.9	35.8
青海	164.48	43.73	41.41	15.8	-37.1	128.5
宁夏	507.76	250.01	113.77	40.7	16.5	-7.1
新疆	540.14	304.38	105.92	31.4	41.9	7.6

数据来源：国家统计局

七、全国及三十一个省、自治区及直辖市房地产销售数据

表3-18　　全国房地产销售数据[1]

单位：万平方米、亿元

	2006年	2007年	2008年	2009年	2010年	2011年
商品房销售面积	**60628.14**	**76192.70**	**62088.94**	**93713.04**	**104349.11**	**109945.56**
其中：住宅	54392.13	69103.79	55886.47	85294.42	93051.56	97030.26
办公楼	1205.50	1454.19	1110.67	1513.30	1882.00	2007.90
商业营业用房	4199.73	4552.94	3852.07	5222.29	6921.46	7878.19
商品房销售额	**20509.68**	**29603.87**	**24071.41**	**43994.54**	**52478.72**	**59119.09**
其中：住宅	17038.01	25323.48	20424.06	38157.21	43953.33	48619.39
办公楼	983.12	1265.24	954.66	1617.84	2148.81	2501.74
商业营业用房	2224.32	2649.38	2286.38	3601.36	5354.02	6702.46

数据来源：国家统计局

表3-19　　三十一个省、自治区及直辖市2011年商品房销售面积

单位：万平方米

	总面积	现房面积	期房面积	比去年同期增长（%）		
				总面积	现房面积	期房面积
全国	**109945.56**	**26745.17**	**83200.39**	**4.9**	**0.3**	**6.5**
东部地区	**51052.25**	**12155.84**	**38896.41**	**0.1**	**-4.6**	**1.6**
北京	1440.04	329.06	1110.98	-12.2	-20.0	-9.5
天津	1643.11	455.98	1187.13	8.5	7.7	8.8
河北	5901.36	1464.26	4437.10	26.6	48.0	20.8
辽宁	7561.39	2401.74	5159.65	11.2	7.2	13.2
上海	1771.30	633.28	1138.03	-14.1	1.5	20.8
江苏	7982.67	1344.43	6638.24	-15.8	-31.8	-11.7
浙江	3827.08	582.51	3244.57	-20.5	-18.5	-20.9
福建	2696.16	271.92	2424.24	4.7	-21.5	8.7
山东	9579.60	2025.75	7553.85	3.1	-20.2	11.8
广东	7761.34	2491.08	5270.26	6.0	6.3	5.9
海南	888.19	155.83	732.35	3.9	12.9	2.2

1　刊误声明：《2010中国房地产年鉴》中对应的全国房地产销售数据存在纰误，现予纠正。

续表

	总面积	现房面积	期房面积	比去年同期增长（%）		
				总面积	现房面积	期房面积
中部地区	29311.92	8502.68	20809.24	11.3	4.5	14.3
山西	1263.19	481.04	782.15	7.0	39.4	-6.4
吉林	2364.25	589.42	1774.82	-0.7	-37.5	23.3
黑龙江	3395.42	1061.84	2333.58	24.8	37.7	19.7
安徽	4581.55	610.03	3971.52	10.3	-11.5	14.6
江西	2335.36	584.02	1751.34	-5.4	-33.1	9.7
河南	6304.41	2171.84	4132.56	15.6	13.7	16.7
湖北	4190.09	1596.35	2593.74	19.4	28.8	14.3
湖南	4877.65	1408.14	3469.51	9.1	3.2	11.7
西部地区	29581.39	6086.65	23494.74	8.0	5.0	8.7
内蒙古	3620.12	1619.42	2000.70	18.4	2.7	35.2
广西	2934.05	459.98	2474.07	5.0	9.4	4.2
重庆	4533.50	803.40	3730.10	5.1	30.5	0.8
四川	6664.70	1266.37	5398.33	4.5	5.4	3.9
贵州	1889.95	284.11	1605.84	9.2	29.2	6.3
云南	3107.12	430.07	2677.05	5.0	-5.7	6.9
西藏	19.36	13.19	6.17	0.4	7.6	-12.1
陕西	3068.63	260.74	2807.89	18.5	-18.3	23.6
甘肃	815.89	251.87	564.02	7.8	-0.1	11.8
青海	348.20	58.10	290.10	23.9	27.6	23.2
宁夏	842.89	257.59	585.29	-9.9	-13.7	-8.2
新疆	1736.98	381.80	1355.18	11.0	1.4	14.0

数据来源：国家统计局

表3-20　　三十一个省、自治区及直辖市2011年商品房销售金额

单位：亿元

	总销售额	现房销售额	期房销售额	比去年同期增长（%）		
				销售总额	现房销售额	期房销售额
全国	59119.09	12267.75	46851.34	12.1	11.3	12.4
东部地区	34628.05	7254.59	27373.46	3.8	5.0	3.5
北京	2425.80	508.88	1916.93	-16.8	-18.5	-16.3
天津	1473.11	387.80	1085.32	18.2	17.4	18.5
河北	2350.04	522.98	1827.07	42.4	68.5	36.4

续表

	总销售额	现房销售额	期房销售额	比去年同期增长（%）		
				销售总额	现房销售额	期房销售额
辽宁	3576.31	1077.70	2498.61	16.7	21.3	14.9
上海	2568.88	740.36	1828.52	−13.8	−4.3	−17.2
江苏	5186.00	709.76	4476.24	−6.4	−25.4	−2.5
浙江	3728.16	427.31	3300.85	−16.4	−6.3	−17.5
福建	2070.94	164.31	1906.63	28.5	−19.8	35.6
山东	4259.17	766.18	3492.99	16.2	−14.0	25.9
广东	6199.18	1842.96	4356.22	13.1	32.0	6.7
海南	790.44	106.34	684.10	5.9	28.7	3.0
中部地区	**11895.36**	**2819.08**	**9076.28**	**29.4**	**22.9**	**31.5**
山西	434.67	137.86	296.81	5.6	59.8	−8.8
吉林	1040.08	226.67	813.41	19.7	−18.5	37.7
黑龙江	1357.51	367.20	990.31	34.1	50.6	28.9
安徽	2183.10	235.08	1948.02	25.0	−0.9	29.0
江西	953.57	223.05	730.52	22.8	−12.5	40.0
河南	2201.22	581.92	1619.30	32.7	32.6	32.7
湖北	1872.99	591.48	1281.51	42.6	52.6	38.4
湖南	1852.22	455.82	1396.40	31.7	24.3	34.3
西部地区	12595.68	2194.08	10401.60	23.9	20.4	24.6
内蒙古	1360.82	537.49	823.33	26.4	14.0	36.0
广西	1111.68	143.72	967.95	11.7	11.2	11.8
重庆	2146.09	306.74	1839.35	16.2	22.3	15.2
四川	3270.85	559.76	2711.09	23.6	47.9	19.5
贵州	734.70	95.69	639.01	26.5	42.6	24.3
云南	1133.61	147.63	985.98	21.3	−4.1	26.3
西藏	6.69	4.93	1.75	19.8	35.2	−9.3
陕西	1517.23	87.15	1430.08	55.8	−4.2	62.0
甘肃	276.95	84.79	192.16	20.3	21.0	20.0
青海	114.16	15.75	98.41	35.2	26.0	36.8
宁夏	314.53	88.22	226.31	1.7	−1.0	2.8
新疆	608.38	122.20	486.18	25.9	16.8	28.5

数据来源：国家统计局

表3-21　　三十一个省、自治区及直辖市2011年住宅销售面积

单位：万平方米

	销售面积	现房面积	期房面积	比去年同期增长（%）		
				销售面积	现房面积	期房面积
全国	97030.26	21849.05	75181.22	3.9	-0.9	5.4
东部地区	44466.13	9688.52	34777.61	0.0	-4.7	1.4
北京	1034.96	172.26	862.70	-13.9	-21.0	-12.3
天津	1454.84	371.33	1083.51	11.7	22.1	8.5
河北	5311.77	1269.22	4042.55	22.8	44.4	17.3
辽宁	6631.84	1969.62	4662.22	10.3	3.1	13.6
上海	1473.72	476.85	996.87	-12.8	3.8	-19.0
江苏	6789.64	972.34	5817.31	-16.3	-34.5	-12.2
浙江	3006.06	331.69	2674.37	-21.6	-14.7	-22.4
福建	2207.49	149.33	2058.16	3.2	-26.3	6.3
山东	8745.79	1776.68	6969.12	3.5	-20.2	12.0
广东	6969.10	2064.85	4904.24	6.4	5.0	6.9
海南	840.92	134.35	706.57	0.8	6.2	-0.2
中部地区	26157.72	7244.69	18913.02	9.3	2.4	12.2
山西	1150.62	432.42	718.20	7.5	47.4	-7.6
吉林	2060.73	442.97	1617.76	-2.1	-45.1	24.5
黑龙江	2914.45	854.02	2060.43	22.2	38.0	16.6
安徽	3970.33	465.36	3504.97	9.0	-16.1	13.5
江西	2084.95	489.55	1595.40	-8.0	-38.1	8.2
河南	5747.77	1955.55	3792.22	12.9	13.1	12.7
湖北	3784.68	1409.78	2374.90	16.9	29.9	10.4
湖南	4444.17	1195.04	3249.13	7.3	-0.2	10.4
西部地区	26406.42	4915.84	21490.58	5.7	2.3	6.5
内蒙古	3000.38	1301.89	1698.49	16.8	/	34.0
广西	2724.00	397.28	2326.72	4.5	10.3	3.6
重庆	4063.42	589.35	3474.08	1.9	31.7	-1.8
四川	5944.35	1026.37	4917.97	1.6	1.1	1.7
贵州	1705.92	243.52	1462.4	6.9	30..8	3.7
云南	2716.42	345.39	2371.03	2.2	-8.1	3.9
西藏	18.40	12.24	6.16	-1.9	3.5	-11.1
陕西	2885.85	225.12	2660.73	16.7	-25.1	22.5
甘肃	734.38	216.15	518.23	6.1	-1.6	9.7
青海	332.11	50.4	281.71	24.7	27.3	24.2
宁夏	701.86	199.85	502.01	-14.1	-12.8	-14.6
新疆	1579.33	308.28	1271.05	8.9	-3.2	12.3

数据来源：国家统计局

表3-22

三十一个省、自治区及直辖市2011年住宅销售金额

单位：亿元

	销售总额	现房销售额	期房销售额	比去年同期增长（%）		
				销售总额	现房销售额	期房销售额
全国	48619.39	8899.18	39720.21	10.2	10.8	10.1
东部地区	28362.59	5207.39	23155.20	3.0	5.4	2.4
北京	1606.04	261.74	1344.30	-22.1	-27.4	-20.9
天津	1242.27	282.82	959.44	20.1	25.3	18.6
河北	1998.08	415.87	1582.22	34.2	57.6	29.2
辽宁	3010.84	806.53	2204.31	16.4	14.5	17.1
上海	1981.91	460.65	1521.26	-18.0	-17.4	-18.2
江苏	4125.75	439.97	3685.78	-9.1	-32.4	-5.1
浙江	2924.97	232.88	2692.08	-18.2	6.3	-19.8
福建	1627.14	97.36	1529.79	25.2	-22.6	30.3
山东	3760.14	631.91	3128.23	16.8	-14.5	26.2
广东	5326.19	1485.93	3840.25	16.0	46.2	7.5
海南	759.27	91.72	667.55	3.4	19.8	1.5
中部地区	9767.16	2133.23	7633.92	24.4	20.4	25.5
山西	372.32	115.02	257.30	4.2	72.7	-11.5
吉林	863.62	146.44	717.18	17.4	-33.9	39.4
黑龙江	1080.22	258.17	822.05	29.7	54.9	23.4
安徽	1736.81	157.82	1579.00	22.3	-4.9	25.9
江西	789.96	154.34	635.62	17.8	-27.8	39.2
河南	1790.97	472.83	1318.14	23.1	31.7	20.3
湖北	1566.32	482.68	1083.64	38.0	65.7	28.5
湖南	1566.93	345.94	1221.00	25.6	20.8	27.0
西部地区	10489.64	1558.55	8931.08	20.3	17.7	20.7
内蒙古	997.57	371.12	626.45	30.2	8.7	47.4
广西	973.48	104.36	869.12	10.4	7.8	10.7
重庆	1825.41	195.45	1629.96	13.3	39.8	10.8
四川	2727.35	428.34	2299.01	17.0	43.2	13.2
贵州	595.27	72.86	522.41	18.7	44.1	15.8
云南	921.80	97.77	824.03	19.8	-9.0	24.5
西藏	6.07	4.33	1.75	17.2	30.1	-5.9
陕西	1353.91	66.71	1287.20	49.3	-17.9	55.9
甘肃	235.55	66.37	169.18	15.8	18.6	14.8
青海	103.28	12.40	90.88	34.0	23.2	35.6
宁夏	237.74	58.64	179.10	-6.3	-1.6	-7.8
新疆	512.20	80.21	431.99	23.0	1.3	28.1

数据来源：国家统计局

表3-23　　三十一个省、自治区及直辖市2011年办公楼销售面积

单位：万平方米

	总面积	现房面积	期房面积	比去年同期增长（%）		
				总面积	现房面积	期房面积
全国	2007.9	581.49	1426.41	6.2	2.7	7.7
东部地区	1299.61	408.82	890.79	-1.9	2.0	-3.7
北京	211.42	44.93	166.5	1.6	-22.1	10.6
天津	42.8	16.54	26.26	21.3	-45.1	406.6
河北	60.7	10.91	49.79	54.9	84.3	49.6
辽宁	54.08	29.43	24.65	-16.4	30.2	-41.5
上海	147.4	66.42	80.98	-9.5	8.5	-20.4
江苏	217.12	72.71	144.41	3.4	10.0	0.4
浙江	226.18	54.67	171.52	-16.9	-0.9	-20.9
福建	110.02	18.34	91.68	33.8	12.8	39.0
山东	69.36	32.88	36.48	-15.9	18.0	-33.2
广东	154.4	56.01	98.39	-5.3	2.3	-9.1
海南	6.1	5.98	0.13	11.5	82.5	-94.3
中部地区	375.87	101.15	274.72	51.9	12.9	74.1
山西	14.28	5.56	8.72	32.7	32.5	32.8
吉林	8.94	0.77	8.17	15.4	-70.2	58.2
黑龙江	8.05	5.52	2.53	-3.9	6.7	-21.1
安徽	88.31	27.07	61.24	1.2	85.2	-15.7
江西	20.76	4.74	16.02	9.1	-57.6	104.5
河南	150.93	28.5	122.43	148.3	90.4	167.2
湖北	34.57	12.18	22.38	42.9	-39.9	472.0
湖南	50.05	16.8	33.25	71.0	1.0	163.1
西部地区	332.41	71.51	260.9	4.8	-5.3	8.0
内蒙古	45.12	17.01	28.11	51.0	69.9	41.5
广西	16.68	2.2	14.48	-10.2	-40.9	-2.6
重庆	43.88	11.79	32.08	-29.9	-57.7	-7.6
四川	85.44	11.41	74.03	1.9	60.9	-3.5
贵州	27.03	8.19	18.84	2.9	223.0	-20.6
云南	41.68	1.82	39.86	93.9	-75.1	181.0
西藏						
陕西	38.77	4.04	34.73	-3.2	49.3	-7.0
甘肃	8.2	3.29	4.91	44.5	-15.5	176.3
青海	0.57	0.38	0.2	-42.3		-79.4
宁夏	9.27	2.76	6.51	-39.8	-62.0	-19.8
新疆	15.79	8.62	7.17	27.8	184.3	-23.1

数据来源：国家统计局

表3-24　　三十一个省、自治区及直辖市2011年办公楼销售金额

单位：亿元

	销售总额	现房销售额	期房销售额	比去年同期增长（%）		
				销售总额	现房销售额	期房销售额
全国	2501.74	667.67	1834.07	16.1	19.0	15.0
东部地区	1919.66	564.02	1355.65	9.1	18.9	5.4
北京	500.96	103.91	397.04	2.8	-0.9	3.8
天津	53.55	21.06	32.49	9.5	-48.7	315.4
河北	41.90	6.16	35.73	128.4	151.6	124.8
辽宁	32.37	20.97	11.40	-38.3	57.6	-70.9
上海	371.81	175.77	196.04	20.8	71.1	-4.3
江苏	211.48	64.49	147.00	26.6	36.9	22.5
浙江	265.33	52.73	212.60	-11.6	-1.9	-13.7
福建	115.57	12.37	103.20	61.0	58.3	61.3
山东	54.23	20.86	33.37	-0.5	9.8	-5.9
广东	266.61	79.93	186.68	7.3	-0.9	11.3
海南	5.85	5.76	0.09	65.8	270.1	-95.3
中部地区	309.52	57.55	251.97	97.7	28.1	125.7
山西	10.13	3.53	6.60	71.4	31.7	104.5
吉林	8.11	0.31	7.80	219.5	-39.3	284.8
黑龙江	3.92	2.40	1.52	9.5	-2.8	36.8
安徽	58.83	14.86	43.97	8.6	110.8	-6.7
江西	18.95	2.09	16.86	20.7	-77.7	165.5
河南	138.59	21.18	117.41	175.5	224.4	168.2
湖北	27.94	5.11	22.83	108.7	-53.7	
湖南	43.06	8.07	34.98	293.1	53.0	
西部地区	272.55	46.10	226.45	14.1	10.5	14.8
内蒙古	27.46	8.55	18.90	47.5	60.2	42.4
广西	13.84	0.99	12.85	-4.8	-39.2	-0.5
重庆	51.28	9.11	42.17	-14.1	-43.9	-3.0
四川	83.07	10.20	72.87	12.0	182.3	3.3
贵州	16.33	4.87	11.46	18.9	492.0	-11.3
云南	22.07	2.00	20.07	52.5	-69.7	154.7
西藏						
陕西	33.52	1.84	31.68	51.7	46.2	52.1
甘肃	6.36	1.73	4.63	195.5	42.1	396.1
青海	0.18	0.07	0.10	-19.0		-49.9
宁夏	6.73	1.63	5.09	-17.2	-50.1	4.9
新疆	11.73	5.10	6.63	5.7	197.3	-29.3

数据来源：国家统计局

表3-25　　三十一个省、自治区及直辖市2011年商业营业用房销售面积

单位：万平方米

	总面积	现房面积	期房面积	比去年同期增长（%）		
				总面积	现房面积	期房面积
全国	7878.19	3035.71	4842.48	12.6	-0.5	22.8
东部地区	3626.16	1376.45	2249.71	-2.2	-12.3	5.2
北京	108.69	55.47	53.22	-23.5	-27.2	-19.1
天津	104.50	54.93	49.57	0.8	-11.3	18.8
河北	368.05	147.53	220.52	76.0	108.5	59.4
辽宁	592.27	294.03	298.24	16.1	15.3	17.0
上海	95.57	48.91	46.65	-24.0	-26.1	-21.7
江苏	842.59	255.52	587.07	-14.7	-29.6	-6.1
浙江	375.48	119.71	255.77	-18.2	-38.4	-3.5
福建	180.18	45.37	134.81	2.2	-17.6	11.1
山东	604.25	176.05	428.20	-0.5	-26.0	15.8
广东	328.29	164.10	164.19	-11.7	-9.4	-13.9
海南	26.30	14.83	11.47	89.0	85.7	93.5
中部地区	2262.02	918.41	1343.61	28.6	15.4	39.6
山西	81.26	33.81	47.45	-3.7	-7.1	-1.1
吉林	237.90	125.59	112.31	8.0	13.1	2.8
黑龙江	362.84	153.04	209.80	54.6	35.8	72.0
安徽	482.31	104.44	377.87	23.8	-0.7	32.8
江西	183.26	76.97	106.29	21.5	30.4	15.8
河南	332.08	160.76	171.32	34.8	16.1	58.7
湖北	287.75	126.46	161.29	56.0	16.8	111.8
湖南	294.64	137.35	157.29	18.9	9.9	28.0
西部地区	1990.00	740.85	1249.15	30.2	7.9	48.4
内蒙古	394.41	229.77	164.65	11.6	13.7	8.9
广西	120.78	41.00	79.78	11.6	3.8	16.1
重庆	266.32	106.61	159.71	37.1	7.7	67.7
四川	403.85	126.38	277.46	37.2	10.6	54.1
贵州	125.27	23.80	101.47	54.8	-4.5	81.2
云南	250.94	53.63	197.31	37.5	-1.6	54.0
西藏	0.95	0.95		82.9	117.9	
陕西	112.65	20.80	91.85	77.8	59.9	82.4
甘肃	62.08	30.17	31.91	16.2	8.9	24.0
青海	14.81	6.62	8.19	12.1	16.4	8.9
宁夏	114.53	46.56	67.96	27.3	-15.7	96.0
新疆	123.42	54.57	68.85	30.7	8.7	55.7

数据来源：国家统计局

表3-26　　三十一个省、自治区及直辖市2011年商业营业用房销售金额

单位：亿元

	销售总额	现房销售额	期房销售额	比去年同期增长（%）		
				销售总额	现房销售额	期房销售额
全国	6702.46	2157.82	4544.65	23.7	6.6	33.8
东部地区	3561.57	1139.98	2421.59	5.9	-6.4	12.8
北京	270.85	110.98	159.88	-15.1	-13.6	-16.1
天津	138.58	73.37	65.21	26.8	67.8	-0.6
河北	259.93	87.92	172.00	119.7	153.8	105.6
辽宁	411.08	191.38	219.71	23.5	32.8	16.4
上海	181.66	82.88	98.78	-8.4	-7.8	-8.9
江苏	794.57	187.05	607.52	1.9	-20.5	11.6
浙江	443.77	114.71	329.06	-9.1	-27.7	-0.1
福建	253.57	34.67	218.90	40.4	-23.3	61.7
山东	387.78	99.73	288.05	11.9	-17.1	27.4
广东	400.78	148.74	252.03	-17.0	-30.3	-6.5
海南	19.00	8.57	10.43	123.0	93.2	155.3
中部地区	1625.89	543.69	1082.20	55.5	29.1	73.4
山西	47.25	17.14	30.11	3.8	15.7	-2.0
吉林	145.34	73.39	71.95	30.5	51.8	14.3
黑龙江	225.65	86.06	139.58	65.0	42.2	83.0
安徽	374.28	58.02	316.26	43.4	-0.9	56.2
江西	130.13	62.50	67.63	61.5	116.2	30.8
河南	247.51	80.22	167.29	80.6	24.8	129.7
湖北	241.76	84.50	157.26	70.0	6.9	148.9
湖南	213.99	81.86	132.13	63.6	23.0	105.8
西部地区	1515.00	474.14	1040.86	50.1	23.4	66.6
内蒙古	262.98	134.14	128.84	3.9	30.1	-14.0
广西	100.78	32.68	68.10	33.4	28.0	36.2
重庆	216.58	75.00	141.57	39.3	-9.5	94.9
四川	366.12	83.84	282.28	100.0	52.6	120.3
贵州	108.03	14.95	93.08	90.3	5.2	118.8
云南	159.91	40.87	119.03	35.0	21.5	40.3
西藏	0.61	0.61		50.6	86.7	
陕西	114.23	14.51	99.71	188.0	98.0	208.4
甘肃	32.51	15.89	16.62	38.8	24.5	56.0
青海	10.42	3.00	7.42	48.9	27.7	59.6
宁夏	64.75	25.01	39.75	47.3	1.4	105.9
新疆	78.09	33.63	44.46	49.3	49.5	49.1

数据来源：国家统计局

八、全国四十重点城市土地开发及购置数据

表3-27　　全国四十重点城市2007～2011年土地购置面积

单位：万平方米

	2007	2008	2009	2010	2011
全国	40609.18	36785.37	31906.10	40969.53	40972.95
北京	391.55	823.44	625.01	858.75	507.04
天津	916.44	512.76	444.78	652.46	596.59
石家庄	186.33	232.06	252.62	657.36	448.6
太原	140.81	240.76	181.6	193.67	143.85
呼和浩特	355.87	351.01	224.97	412.23	215.86
沈阳	1928.89	1549.85	475.73	1314	755.89
大连	354.72	205	427.04	624.31	588.51
长春	633.87	435.38	485.17	499.55	722.13
哈尔滨	317.53	348.12	375.83	388.58	678.45
上海	141.44	271.47	185.3	432.44	562.76
南京	518.9	269.58	284.92	150.8	41.96
无锡	——	408.06	173.42	192.23	240.46
苏州	——	169.566	342.57	430.93	186.6
杭州	528.32	425.72	375.67	435.9	226.57
宁波	178.83	164.94	196.14	286.72	220.44
温州	——	30.91	72.30	18.38	123.46
合肥	481.94	288.71	324.46	325.54	449.69
福州	211.08	96.91	295.89	332.39	286.14
厦门	118.65	157.41	210.45	309.92	52.16
南昌	136.4	100.41	153.27	164.45	208.93
济南	217.51	222.32	128.14	531.98	193.81
青岛	589.36	357.82	301.83	478.81	684.29
郑州	244.32	434.39	424.4	717.95	216.4
武汉	502.87	321.15	228.78	274.55	251.28
长沙	973.23	965.48	392.6	288.48	341.95
广州	280.57	186.37	565.64	156.9	338.85
深圳	34.1	28.67	30.42	13.87	39.3
南宁	350.47	282.77	149.4	189.58	161.52
北海	——	212.33	90.00	61.73	169.57
海口	97.88	172.51	72.75	53.91	18.94
三亚	——	1.32	——	22.98	14.75
重庆	1737.74	1164.41	1227.79	1369.22	1676.12
成都	528.97	278.81	217.8	218.25	195.79
贵阳	453.46	273.56	184.28	596.11	331.54
昆明	417.49	649.29	536.97	325.72	350.65
西安	217.83	327.29	227.36	395.18	230.54
兰州	160.86	122.9	197.09	119.71	100.44
西宁	88.95	71.37	135.17	87.91	99.74
银川	103.83	61.47	109.54	106.85	162.36
乌鲁木齐	220.51	127.27	56.92	108.69	105.92

数据来源：国家统计局

表3-28 全国四十重点城市2011年月度累计土地购置面积

单位：万平方米

	1–3月	1–4月	1–5月	1–6月	1–7月	1–8月	1–9月	1–10月	1–11月	1–12月
合计	2510.91	3437.08	4779.79	6200.89	7337.16	8530.67	9657.76	10317.74	11448.57	12939.85
北京	71.97	113.00	193.81	235.81	259.62	331.75	376.52	431.54	502.46	507.04
天津	28.39	30.49	75.94	118.56	192.12	201.32	209.70	209.70	209.70	596.59
石家庄	175.36	195.10	228.54	242.07	261.73	334.59	356.10	429.41	441.64	448.60
太原	14.28	14.28	20.18	30.53	41.98	74.59	77.13	102.04	103.26	143.85
呼和浩特	28.70	29.82	89.12	155.7	159.74	185.28	210.86	215.86	215.86	215.86
沈阳	190.43	242.53	351.92	426.57	538.22	637.72	689.92	725.51	778.82	755.89
大连	162.63	166.31	212.46	413.73	435.64	529.3	560.97	577.64	583.75	588.51
长春		0.86	171.14	277.82	330.55	377.4	599.56	680.9	697.73	722.13
哈尔滨	75.44	118.18	151.08	317.2	350.65	488.85	520.22	604.20	653.73	678.45
上海	151.84	210.14	251.37	261.95	328.00	347.99	394.37	468.90	524.13	562.76
南京	117.99	153.58	193.49	99.36	153.48	28.96	88.94	31.04	44.54	41.96
无锡	53.07	62.05	107.14	144.05	154.86	196.77	203.29	201.02	207.87	240.46
苏州	119.76	82.89	129.07	157.99	155.80	178.49	126.75	100.00	132.02	186.6
杭州	17.47	51.61	68.00	89.57	100.77	123.86	136.66	141.12	206.56	226.57
宁波	33.41	45.82	55.12	59.78	62.90	64.07	94.39	107.24	101.45	220.44
温州	12.81	15.01	22.27	42.28	54.94	69.81	74.55	95.40	101.29	123.46
合肥	97.48	211.96	288.29	305.61	331.74	375.02	397.37	409.43	425.18	449.69
福州	16.12	29.97	49.96	86.19	101.57	111.39	178.84	186.79	208.58	286.14
厦门		38.93	42.09	42.09	42.09	38.93	38.93	38.93	52.16	52.16
南昌	23.38	66.89	78.66	125.44	136.56	155.51	182.02	182.37	202.78	208.93
济南	51.71	116.92	121.8	160.53	178.39	180.05	180.05	182.58	182.58	193.81
青岛	200.95	310.52	363.19	394.97	450.36	485.44	574.41	582.91	642.76	684.29
郑州	100.81	123.26	166.4	174.11	182.64	192.17	201.01	201.01	211.22	216.4
武汉	54.82	62.97	73.33	121.70	122.24	177.97	193.92	193.84	210.06	251.28
长沙	25.34	49.91	128.19	148.2	174.37	272.99	299.75	311.44	335.38	341.95
广州	19.86	19.91	22.01	28.47	32.25	36.42	62.58	135.33	323.43	338.85
深圳	5.91	8.18	8.18	10.60	11.40	14.73	19.43	28.11	35.52	39.30
南宁	17.26	21.93	33.33	105.32	117.35	123.8	123.80	138.19	159.38	161.52
北海	16.93	36.87	52.37	60.85	63.69	63.69	70.97	79.27	169.57	169.57
海门	3.55	13.74	16.03	16.03	18.94	18.94	18.94	18.94	18.94	18.94
三亚	——	——	——	——	——	1.95	1.95	1.95	8.35	14.75
重庆	414.13	443.6	554.68	721.63	921.97	995.97	1046.41	1160.99	1316.97	1676.12
成都	101.36	103.46	109.07	125.46	130.94	136.58	147.13	168.41	177.77	195.79
贵阳	35.03	100.01	115.98	89.61	222.54	291.17	365.90	319.81	327.02	331.54
昆明	45.79	67.07	87.05	134.73	140.48	212.42	297.57	304.04	330.73	350.65
西安	9.60	29.97	43.32	118.24	150.95	185.88	190.78	191.06	210.83	230.54
兰州	9.66	15.38	43.07	51.88	61.23	75.84	84.43	94.52	100.81	100.44
西宁	2.00	7.67	29.88	36.22	63.49	95.52	97.13	97.13	99.74	99.74
银川	——	20.60	20.6	24.27	43.95	55.05	87.84	87.84	112.05	162.36
乌鲁木齐	5.68	5.68	11.66	45.75	57.02	62.49	76.70	81.32	81.96	105.92

数据来源：国家统计局

表3-29　　全国四十重点城市2007～2011年土地购置费

单位：亿元

	2007	2008	2009	2010	2011
全国	4866.04	5794.79	6039.26	9992.11	11412.82
北京	293.21	638.95	587.71	1292.75	1301.23
天津	68.23	100.34	88.37	134.08	85.15
石家庄	50.00	34.00	59.73	71.89	74.30
太原	17.56	31.69	37.23	40.51	48.44
呼和浩特	21.17	20.84	21.40	30.71	41.50
沈阳	113.62	149.99	154.92	237.29	201.74
大连	42.23	45.86	85.72	121.28	114.40
长春	44.66	42.77	54.25	86.63	137.74
哈尔滨	29.20	60.16	53.09	54.10	99.25
上海	131.02	187.00	214.85	449.27	418.10
南京	117.92	121.92	125.82	220.19	212.21
无锡	——	103.76	71.13	145.34	238.8
苏州	——	184.06	147.83	223.57	324.10
杭州	162.05	190.66	243.83	408.98	520.55
宁波	135.95	79.16	108.60	218.81	175.31
温州	——	82.96	99.44	102.34	177.14
合肥	76.45	89.98	102.78	199.71	178.33
福州	165.84	60.93	89.77	292.42	389.53
厦门	178.82	130.34	132.56	250.34	185.58
南昌	18.69	20.39	18.24	46.00	59.92
济南	33.06	95.96	95.92	159.84	108.35
青岛	57.60	53.95	103.36	149.24	196.04
郑州	37.74	92.36	78.7	140.10	97.25
武汉	76.03	56.63	103.92	219.43	285.39
长沙	85.88	79.03	60.53	102.35	160.39
广州	108.3	113.17	140.79	154.31	204.83
深圳	62.22	65.98	45.25	60.99	111.03
南宁	43.87	33.57	28.88	42.46	73.32
北海	——	9.20	10.67	20.91	36.27
海口	12.29	5.65	4.71	4.89	4.99
三亚	——	5.89	8.88	13.67	20.31
重庆	146.81	178.72	238.11	371.44	374.76
成都	293.5	229.10	146.98	231.26	244.41
贵阳	20.60	15.32	18.59	32.35	28.18
昆明	43.64	48.49	72.93	48.33	58.94
西安	38.14	66.06	54.39	87.45	59.02
兰州	14.52	15.56	16.18	16.26	22.16
西宁	4.68	5.51	17.24	8.86	17.19
银川	8.09	4.17	8.09	8.65	14.64
乌鲁木齐	14.42	10.88	7.48	10.1	11.96

数据来源：国家统计局

表3-30　全国四十重点城市2011年月度累计土地购置费

单位：亿元

	1–3月	1–4月	1–5月	1–6月	1–7月	1–8月	1–9月	1–10月	1–11月	1–12月
合计	892.33	1428.33	2068.44	2905.42	3612.14	4422.27	5233.96	5927.30	6548.47	7112.76
北京	157.29	255.61	384.40	516.96	685.92	870.87	984.87	1077.20	1249.99	1301.23
天津	4.06	23.83	34.04	70.01	72.64	82.66	87.92	90.15	94.57	85.15
石家庄	11.25	16.20	25.14	31.77	36.73	43.55	49.27	56.23	66.39	74.30
太原	3.24	5.06	6.42	13.89	21.29	27.00	36.04	37.77	39.58	48.44
呼和浩特	0.65	0.92	3.93	18.42	20.41	26.88	34.76	39.24	40.77	41.50
沈阳	9.03	22.46	43.12	96.05	120.28	140.04	167.28	186.56	194.41	201.74
大连	7.27	12.21	23.29	49.49	58.70	66.83	72.83	87.85	108.48	114.40
长春	——	1.08	21.67	46.03	61.09	73.98	111.74	132.21	136.13	137.74
哈尔滨	0.56	5.38	14.54	26.51	33.58	50.59	63.96	73.18	77.06	99.25
上海	96.58	119.44	140.06	164.34	196.22	216.08	261.62	348.11	418.00	418.10
南京	74.78	93.73	115.07	127.56	140.97	156.86	179.14	199.49	210.97	212.21
无锡	43.54	55.37	83.84	107.83	134.53	161.64	189.24	210.21	220.75	238.80
苏州	70.59	92.91	131.83	173.09	214.73	232.37	266.69	295.12	301.81	324.10
杭州	21.66	67.14	83.78	130.19	214.89	284.95	343.55	400.06	446.85	520.55
宁波	27.37	45.15	59.83	84.71	91.56	110.09	126.08	145.18	160.86	175.31
温州	16.13	50.44	75.15	78.45	57.55	83.44	106.76	144.31	153.24	177.14
合肥	50.50	50.71	70.38	84.31	106.00	124.34	139.88	153.98	172.90	178.33
福州	36.39	60.26	100.64	147.32	162.30	192.17	279.45	310.33	336.76	389.53
厦门	30.32	44.83	56.9	92.24	112.31	145.66	162.69	179.63	182.51	185.58
南昌	3.42	4.62	10.37	18.29	22.71	26.59	34.37	35.79	36.55	59.92
济南	26.52	35.41	50.87	78.21	87.67	91.58	98.65	101.74	106.37	108.35
青岛	20.38	46.38	77.88	105.15	124.07	141.52	158.47	170.58	186.58	196.04
郑州	16.73	25.57	34.35	48.34	56.56	60.14	70.36	75.22	88.90	97.25
武汉	33.28	61.30	62.89	93.42	122.21	148.5	194.06	219.37	238.83	285.39
长沙	17.60	29.25	43.97	67.49	89.88	97.63	114.07	138.52	149.65	160.39
广州	6.45	19.26	32.60	53.41	78.19	119.5	131.74	139.32	145.05	204.83
深圳	7.39	11.36	16.26	26.69	38.01	43.43	51.86	65.71	87.38	111.03
南宁	7.25	17.97	24.33	34.40	41.38	53.49	54.74	63.41	68.51	73.32
北海	5.98	13.07	17.01	28.60	30.73	31.11	32.40	33.21	35.95	36.27
海口	0.13	0.13	1.35	3.23	3.23	3.23	3.23	3.40	3.76	4.99
三亚	1.33	1.33	2.43	6.43	7.16	8.44	10.93	13.51	20.30	20.31
重庆	41.39	62.37	85.32	119.08	164.16	228.61	272.44	323.11	348.12	374.76
成都	31.25	37.62	69.17	81.26	106.15	145.26	176.76	210.76	224.9	244.41
贵阳	1.72	1.99	4.35	1.66	6.19	18.86	27.94	20.89	25.11	28.18
昆明	4.13	17.04	30.03	22.40	21.26	29.40	38.28	40.01	50.88	58.94
西安	4.3	13.24	17.58	33.03	37.55	40.53	47.25	49.29	57.02	59.02
兰州	0.74	1.78	3.77	7.83	10.33	14.36	18.60	20.66	21.33	22.16
西宁	0.71	2.34	4.14	8.86	12.03	16.10	16.40	17.03	17.19	17.19
银川	0.19	1.05	1.18	1.77	2.90	5.14	6.47	7.50	12.13	14.64
乌鲁木齐	0.25	2.52	4.57	6.7	8.06	8.86	11.18	11.39	11.95	11.96

数据来源：国家统计局

九、全国四十重点城市房地产开发投资数据

表3-31　　全国四十重点城市2007～2011年房地产开发投资额

单位：亿元

	2007	2008	2009	2010	2011
全国	25279.65	30579.82	36231.71	48267.07	61739.78
北京	1995.82	1908.74	2337.71	2901.07	3036.33
天津	505.30	653.72	735.18	866.64	1080.04
石家庄	197.14	281.76	374.97	538.00	789.86
太原	94.82	121.60	165.01	241.09	312.08
呼和浩特	129.83	177.07	178.29	254.35	344.49
沈阳	730.36	1010.91	1188.70	1450.08	1684.72
大连	407.83	495.82	578.94	768.02	1107.46
长春	259.50	352.89	443.93	542.76	666.42
哈尔滨	187.42	215.76	278.75	360.74	562.00
上海	1307.53	1366.87	1464.18	1980.68	2170.31
南京	445.97	508.17	595.68	748.35	871.43
无锡	—	449.72	463.37	611.76	872.99
苏州	—	718.08	724.34	935.80	1199.13
杭州	518.79	596.63	704.68	956.20	1302.27
宁波	332.89	307.75	374.51	557.27	712.87
温州	—	219.39	253.34	271.09	480.55
合肥	385.01	565.30	670.36	802.65	880.29
福州	376.47	309.80	361.80	670.69	956.45
厦门	345.74	323.96	267.42	396.13	436.31
南昌	125.60	163.3	198.25	230.15	279.66
济南	193.21	274.12	332.56	484.50	527.16
青岛	322.35	373.14	459.48	602.44	782.72
郑州	298.76	429.95	513.83	775.16	923.64
武汉	459.75	570.36	778.59	1017.4	1274.17
长沙	412.99	469.47	497.36	683.98	887.47
广州	703.80	762.43	817.34	983.66	1306.74
深圳	461.04	440.49	437.46	458.47	590.21
南宁	187.46	199.30	226.73	317.50	377.16
北海	—	39.24	58.12	97.34	135.40
海口	60.10	71.25	78.00	103.79	145.14
三亚	—	76.18	97.89	132.84	178.84
重庆	849.90	991.00	1238.91	1620.26	2015.09
成都	909.93	912.51	945.14	1278.34	1595.64
贵阳	135.41	170.10	210.33	310.47	467.36
昆明	224.72	261.83	369.43	440.75	625.97
西安	387.33	540.10	696.34	842.34	1002.67
兰州	74.45	92.51	98.61	118.28	159.67
西宁	31.60	44.72	63.84	95.40	117.29
银川	55.11	68.40	85.10	144.32	176.19
乌鲁木齐	76.80	93.28	101.01	141.63	189.28

数据来源：国家统计局

表3-32 全国四十重点城市2011年月度累计房地产开发投资额

单位：亿元

	1–3月	1–4月	1–5月	1–6月	1–7月	1–8月	1–9月	1–10月	1–11月	1–12月
合计	4804.45	7114.44	9973.09	13902.46	16922.1	20094.75	23586.46	26753.25	29715.75	33223.46
北京	415.75	628.1	915.63	1239.46	1563.80	1881.71	2196.16	2484.68	2790.10	3036.33
天津	153.14	249.95	350.86	539.1	615.14	703.82	801.01	863.78	952.39	1080.04
石家庄	98.95	148.84	220.26	333.86	424.50	501.54	570.31	648.33	727.28	789.86
太原	21.67	37.62	59.06	92.20	126.66	157.49	191.72	222.97	255.52	312.08
呼和浩特	7.15	20.22	49.70	114.24	144.60	200.10	258.99	316.63	340.00	344.49
沈阳	104.44	221.00	395.58	725.06	930.40	1134.40	1352.71	1497.75	1581.75	1684.72
大连	83.47	125.38	231.14	403.62	485.76	579.49	738.63	869.20	1005.84	1107.46
长春	0.80	11.38	71.27	255.12	333.87	422.73	545.56	629.57	661.18	666.42
哈尔滨	5.61	25.29	58.84	115.78	161.43	208.43	295.99	366.46	431.31	562.00
上海	468.4	613.63	760.79	924.8	1112.47	1288.83	1483.65	1747.00	1995.79	2170.31
南京	199.2	270.75	352.52	420.16	487.26	564.10	643.23	729.61	797.18	871.43
无锡	185.06	245.47	319.06	397.76	479.32	556.81	633.09	720.40	783.19	872.99
苏州	238.72	330.4	432.59	552.40	681.71	785.53	901.26	1010.96	1095.80	1199.13
杭州	161.03	251.81	331.34	444.39	596.74	732.50	854.70	978.25	1118.31	1302.27
宁波	136.45	198.25	250.98	330.04	377.35	444.80	513.96	584.64	647.87	712.87
温州	63.04	121.11	171.13	198.03	203.49	256.22	309.43	375.60	415.96	480.55
合肥	207.41	276.46	380.47	465.22	558.34	672.27	763.05	811.48	847.95	880.29
福州	134.41	190.42	274.33	381.78	443.55	527.02	676.30	751.81	838.75	956.45
厦门	70.69	103.95	140.42	207.72	247.20	301.25	338.97	378.61	406.96	436.31
南昌	35.86	57.61	79.61	103.71	130.08	152.04	177.99	195.79	209.48	279.66
济南	120.93	158.92	216.01	292.41	331.56	365.11	405.66	442.82	487.30	527.16
青岛	105.59	180.30	268.78	360.66	434.75	504.51	583.92	643.65	712.55	782.72
郑州	128.43	206.61	287.73	398.82	475.40	542.2	650.22	716.21	828.08	923.64
武汉	197.01	282.35	357.39	562.75	652.12	757.38	871.48	980.43	1080.27	1274.17
长沙	161.27	227.78	306.89	393.13	474.63	553.55	641.16	728.44	807.50	887.47
广州	162.44	236.30	328.60	447.95	562.59	688.15	815.27	947.18	1031.05	1306.74
深圳	86.03	126.18	170.27	217.31	273.02	314.16	369.11	430.22	506.24	590.21
南宁	59.09	90.06	121.55	176.04	203.32	236.08	268.41	301.99	338.70	377.16
北海	36.09	46.81	61.86	80.64	92.15	98.87	111.75	120.57	127.09	135.40
海口	19.69	31.86	41.06	56.28	68.56	70.07	91.78	105.42	121.25	145.14
三亚	33.97	33.97	59.48	74.09	95.27	111.43	128.29	145.6	163.80	178.84
重庆	332.08	488.06	651.93	832.11	1003.15	1195.78	1381.08	1594.48	1775.45	2015.09
成都	267.16	372.9	516.76	684.06	814.17	965.23	1110.19	1258.42	1411.57	1595.64
贵阳	71.78	107.76	140.83	183.57	227.03	285.53	342.02	381.96	429.89	467.36
昆明	79.97	131.63	180.29	238.88	273.55	318.74	379.92	429.22	497.53	625.97
西安	121.61	191.76	286.69	452.82	550.75	638.22	735.91	818.67	898.71	1002.67
兰州	11.72	20.77	36.71	53.95	68.90	84.74	104.27	120.27	137.93	159.67
西宁	4.26	14.38	26.14	44.31	69.01	88.04	98.90	108.78	116.67	117.29
银川	5.93	18.86	34.49	49.45	66.36	87.51	109.78	133.27	159.28	176.19
乌鲁木齐	8.15	19.53	34.11	58.84	82.18	110.36	140.62	162.13	182.27	189.28

数据来源：国家统计局

表3-33　　全国四十重点城市2007～2011年住宅开发投资额

单位：亿元

	2007	2008	2009	2010	2011
全国	18010.25	22081.26	25618.74	34038.14	44308.43
北京	991.66	940.56	906.62	1508.95	1778.31
天津	342.82	459.33	494.86	565.39	678.98
石家庄	141.39	195.87	284.50	412.25	548.70
太原	25.54	73.89	116.75	185.16	246.53
呼和浩特	96.48	139.49	126.93	254.35	257.70
沈阳	558.91	729.50	802.12	1004.34	1262.79
大连	321.30	401.63	477.24	575.65	869.69
长春	203.82	288.74	347.39	427.46	502.53
哈尔滨	120.05	133.63	220.28	288.56	421.43
上海	837.53	843.63	918.68	1229.83	1398.75
南京	316.65	410.03	439.41	570.62	637.52
无锡	——	296.86	300.65	430.21	582.95
苏州	——	515.01	514.66	667.20	882.57
杭州	383.56	449.29	509.82	676.27	800.81
宁波	205.67	194.00	237.64	323.12	396.06
温州	——	153.13	174.29	193.13	324.25
合肥	296.89	439.39	468.19	550.13	636.44
福州	269.64	239.16	252.19	384.28	687.51
厦门	258.66	209.63	182.10	207.43	254.53
南昌	107.88	136.61	158.66	171.27	206.10
济南	162.54	220.64	255.71	364.56	402.33
青岛	234.60	271.81	313.75	450.99	570.78
郑州	225.27	338.07	394.16	555.75	627.37
武汉	331.17	424.97	498.04	595.33	737.31
长沙	340.87	368.87	392.90	516.16	684.73
广州	473.4	514.38	502.24	548.45	780.81
深圳	331.73	314.98	289.78	304.89	393.35
南宁	123.82	130.73	158.46	228.12	263.37
北海	——	26.23	36.78	66.95	95.08
海口	39.78	52.93	67.90	82.57	116.70
三亚	——	73.98	93.72	124.40	160.79
重庆	521.82	619.53	789.02	1091.49	1438.45
成都	611.36	602.12	634.43	804.29	1039.75
贵阳	78.72	96.72	136.52	165.02	306.28
昆明	184.70	211.25	289.52	326.62	419.58
西安	306.74	412.25	568.30	842.34	833.37
兰州	58.78	58.37	51.76	67.00	89.05
西宁	63.58	37.58	47.49	64.11	68.09
银川	39.25	49.83	63.98	101.62	120.72
乌鲁木齐	45.63	78.44	80.51	112.80	154.64

数据来源：国家统计局

表3-34　　全国四十重点城市2011年月度累计住宅开发投资额

单位：亿元

	1–3月	1–4月	1–5月	1–6月	1–7月	1–8月	1–9月	1–10月	1–11月	1–12月
合计	3245.20	4846.99	6749.87	9378.86	11536.50	13749.82	16159.50	18215.84	20290.40	22676.70
北京	252.54	416.88	541.91	686.85	917.62	1151.30	1350.47	1455.66	1636.21	1778.31
天津	87.06	141.90	203.92	317.67	362.95	419.46	486.83	524.14	591.40	678.98
石家庄	56.04	92.84	146.94	233.36	298.39	356.77	404.72	454.14	509.93	548.70
太原	18.01	29.95	47.61	72.78	103.74	130.70	151.91	175.15	201.71	246.53
呼和浩特	5.40	14.53	36.58	84.13	106.10	149.90	195.24	235.17	254.18	257.70
沈阳	72.68	159.92	290.88	532.82	695.60	849.15	1010.06	1120.49	1183.92	1262.79
大连	60.32	92.44	180.33	308.84	372.68	448.22	573.70	676.47	784.54	869.69
长春	0.40	6.34	51.97	185.54	248.82	316.05	406.37	474.38	499.39	502.53
哈尔滨	4.49	18.65	42.89	86.12	119.60	152.83	221.25	278.18	330.84	421.43
上海	293.10	383.32	473.53	599.01	716.85	821.11	952.00	1101.57	1280.84	1398.75
南京	146.20	197.08	260.17	308.75	359.95	413.22	473.15	539.12	586.47	637.52
无锡	121.82	170.83	214.20	266.30	327.65	379.60	424.72	482.06	526.93	582.95
苏州	177.97	242.84	319.37	403.20	495.26	585.59	670.75	746.12	812.75	882.57
杭州	111.81	166.43	216.28	283.62	373.72	460.77	546.50	624.30	701.39	800.81
宁波	79.98	116.51	145.37	189.62	218.70	253.51	290.61	334.06	368.94	396.06
温州	44.03	84.76	118.39	138.51	139.47	173.15	206.73	253.31	278.96	324.25
合肥	145.65	194.85	268.82	330.17	402.29	482.08	543.84	583.13	608.83	636.44
福州	94.79	141.57	199.41	286.29	331.10	389.63	480.82	524.75	590.85	687.51
厦门	45.27	61.88	79.02	113.41	140.99	169.65	197.19	221.55	235.20	254.53
南昌	25.35	41.93	57.92	74.38	92.57	107.52	129.20	143.85	155.75	206.10
济南	94.30	127.38	172.26	229.67	260.70	285.21	316.00	343.00	374.07	402.33
青岛	71.46	127.77	198.68	263.76	314.94	367.90	429.94	470.59	520.56	570.78
郑州	85.84	131.46	182.12	255.14	307.11	357.00	440.41	489.62	564.35	627.37
武汉	122.43	169.55	215.24	323.70	378.74	449.62	507.86	572.84	623.83	737.31
长沙	127.58	179.57	241.57	308.06	366.34	421.03	491.52	560.43	617.69	684.73
广州	100.29	139.58	192.08	256.32	324.36	416.27	492.38	563.80	617.16	780.81
深圳	55.66	85.41	109.35	140.96	183.07	211.41	250.23	287.70	340.55	393.35
南宁	41.99	61.10	82.24	121.98	139.70	158.29	180.77	204.75	233.29	263.37
北海	28.74	34.56	44.38	51.71	60.86	66.33	76.36	83.42	87.89	95.08
海口	16.37	26.34	34.13	47.90	59.20	66.07	77.10	83.60	95.20	110.70
三亚	30.87	30.87	53.78	66.71	87.41	100.74	115.99	130.36	147.66	160.79
重庆	227.32	343.50	459.20	572.02	704.73	839.91	966.35	1111.24	1254.24	1438.45
成都	181.13	248.48	335.23	445.37	539.02	628.63	717.49	809.56	913.09	1039.75
贵阳	40.27	61.94	83.20	112.53	145.42	174.05	209.99	238.84	278.61	306.28
昆明	57.82	92.24	120.58	163.33	187.06	212.22	251.55	282.97	330.53	419.58
西安	98.65	158.31	236.37	376.03	453.95	527.08	605.80	677.01	744.94	833.37
兰州	8.04	14.59	23.03	33.71	43.35	53.07	63.36	70.48	80.18	89.05
西宁	2.01	7.80	15.63	23.70	39.34	50.72	57.17	62.87	67.74	68.09
银川	4.26	13.27	23.42	33.68	45.93	60.26	75.98	91.44	109.24	120.72
乌鲁木齐	7.27	17.50	29.85	51.16	71.23	93.81	117.12	133.73	150.57	154.64

数据来源：国家统计局

表3-35

全国四十重点城市2007～2011年房地产开发国内贷款

单位：亿元

	2007	2008	2009	2010	2011
全国	6960.98	7256.55	11292.69	12540.48	12563.79
北京	1063.21	889.37	2367.77	1439.08	1167.95
天津	274.62	284.49	363.18	539.59	521.53
石家庄	27.52	34.86	71.38	52.83	87.67
太原	10.62	8.45	34.16	49.70	40.13
呼和浩特	6.75	4.71	8.62	10.21	16.67
沈阳	83.22	84.34	183.24	256.34	180.32
大连	138.56	130.89	168.70	210.03	365.32
长春	19.64	13.57	41.50	47.36	42.92
哈尔滨	19.54	20.10	57.87	35.23	46.47
上海	558.43	549.55	637.14	819.57	741.18
南京	158.97	243.07	296.18	287.31	355.1
无锡	——	130.70	166.80	244.12	237.26
苏州	——	290.19	390.16	528.54	450.02
杭州	314.72	345.68	432.46	465.43	451.73
宁波	63.06	52.42	92.35	157.19	177.08
温州	——	40.29	63.65	38.59	65.16
合肥	57.34	64.53	142.14	142.30	162.88
福州	113.86	107.20	107.93	147.16	121.94
厦门	227.28	87.14	140.86	146.43	127.28
南昌	59.33	47.53	61.28	79.92	82.49
济南	39.12	36.21	95.23	75.32	116.27
青岛	113.88	158.69	232.17	321.76	323.61
郑州	47.00	67.06	105.71	116.41	95.67
武汉	147.20	180.08	313.29	292.88	312.85
长沙	95.91	107.43	141.69	208.29	218.31
广州	267.72	209.31	306.51	375.00	352.37
深圳	168.72	289.15	258.83	199.89	220.02
南宁	40.66	50.91	49.88	76.42	90.53
北海	——	1.86	7.35	11.56	16.09
海口	12.87	14.39	27.17	40.87	58.6
三亚	——	15.18	42.26	53.86	44.28
重庆	251.83	245.62	332.24	584.72	695.08
成都	230.03	194.53	251.39	314.14	326.98
贵阳	57.21	43.52	80.58	96.40	104.36
昆明	66.39	57.80	99.98	103.69	77.07
西安	75.74	91.57	182.35	189.22	189.17
兰州	22.36	23.16	22.95	35.86	39.85
西宁	8.18	9.82	12.93	26.81	16.41
银川	8.49	11.75	19.62	42.12	32.55
乌鲁木齐	13.03	9.52	27.45	35.05	45.81

数据来源：国家统计局

表3-36　　全国四十重点城市2011年月度累计房地产开发国内贷款

单位：亿元

	1-3月	1-4月	1-5月	1-6月	1-7月	1-8月	1-9月	1-10月	1-11月	1-12月
合计	2597.73	3274.46	4005.43	4840.30	5534.55	6152.46	6746.39	7321.46	7939.95	8816.96
北京	285.56	398.27	484.18	583.26	659.26	735.18	880.42	950.93	1025.22	1167.95
天津	164.99	208.35	260.19	289.52	349.41	367.89	395.88	421.10	437.51	521.53
石家庄	33.76	35.74	41.77	56.63	57.89	62.61	70.93	79.54	82.77	87.67
太原	8.59	9.84	14.28	19.32	29.30	36.21	34.97	35.17	35.99	40.13
呼和浩特	4.60	4.72	5.17	10.76	12.10	14.29	15.80	16.62	16.67	16.67
沈阳	25.33	38.58	72.44	117.93	133.28	153.69	163.66	172.89	175.95	180.32
大连	68.95	94.79	108.65	168.11	212.00	259.21	286.86	327.46	345.65	365.32
长春	0.30	6.36	12.12	18.40	19.91	23.10	33.88	37.22	41.64	42.92
哈尔滨	——	3.65	4.25	6.17	18.06	31.10	31.77	40.17	44.97	46.47
上海	350.39	412.86	456.02	494.98	548.61	601.93	599.48	630.34	696.38	741.18
南京	122.13	138.56	161.83	215.67	226.54	250.01	266.97	292.10	315.41	355.10
无锡	91.27	105.65	121.04	134.08	154.11	162.80	173.06	192.04	208.95	237.26
苏州	151.93	196.73	221.92	255.03	286.38	312.80	347.67	381.71	407.10	450.02
杭州	95.54	117.04	163.09	216.61	266.31	304.11	340.79	361.86	404.27	451.73
宁波	50.22	61.72	81.33	98.55	112.62	120.92	133.89	149.86	163.30	177.08
温州	14.22	22.97	29.91	33.79	38.74	44.19	47.56	53.97	56.92	65.16
合肥	45.05	54.27	81.89	93.20	100.63	117.51	144.19	155.97	159.89	162.88
福州	31.19	41.43	47.93	61.39	72.27	81.54	89.81	101.59	115.99	121.94
厦门	71.88	76.61	79.92	88.33	96.48	97.26	102.08	116.67	117.24	127.28
南昌	18.58	28.00	33.12	55.81	61.17	70.43	72.48	73.22	80.78	82.49
济南	24.29	29.70	29.92	40.97	53.24	65.85	72.13	77.67	86.99	116.27
青岛	89.67	133.81	171.73	210.21	223.34	243.60	274.97	285.93	304.40	323.61
郑州	27.13	39.19	51.67	59.98	63.83	73.32	79.88	82.80	89.84	95.67
武汉	98.41	130.49	145.07	165.93	183.95	201.38	220.52	244.82	275.38	312.85
长沙	83.66	98.96	109.73	128.58	150.37	158.70	173.41	180.83	194.01	218.31
广州	64.15	79.27	124.48	148.82	180.24	194.22	220.89	237.80	268.63	352.37
深圳	55.63	70.99	80.31	107.25	129.69	148.44	156.13	178.10	193.79	220.02
南宁	35.83	37.14	45.85	52.38	57.12	61.64	70.39	73.13	83.06	90.53
北海	7.41	7.55	8.39	9.33	10.37	11.52	11.69	12.66	13.15	16.09
海口	11.66	20.94	24.01	26.86	36.00	40.26	41.64	47.69	51.37	58.60
三亚	7.71	7.71	15.94	16.79	20.44	29.97	31.73	32.45	37.74	44.28
重庆	164.68	214.31	284.73	354.30	417.88	464.54	495.35	563.86	647.56	695.08
成都	156.47	165.00	198.34	212.68	229.00	242.25	254.57	269.48	293.61	326.98
贵阳	28.48	32.47	52.85	60.22	69.40	79.17	86.41	90.19	93.71	104.36
昆明	30.90	37.78	37.87	52.55	59.08	60.16	65.39	69.80	71.85	77.07
西安	54.69	70.77	87.14	114.41	124.72	139.27	156.92	170.62	182.58	189.17
兰州	11.86	14.79	16.73	18.73	20.87	27.74	32.28	34.54	36.04	39.85
西宁	7.89	9.90	12.55	12.55	14.39	15.85	15.91	16.26	16.41	16.41
银川	——	10.45	12.88	14.56	17.18	20.23	24.31	28.89	29.55	32.55
乌鲁木齐	2.84	7.11	14.20	15.65	19.37	27.59	29.85	33.53	37.73	45.81

数据来源：国家统计局

表3-37 全国四十重点城市2007～2011年房地产开发利用外资

单位：亿元

	2007	2008	2009	2010	2011
全国	649.99	726.33	469.73	795.56	813.63
北京	39.93	38.87	29.82	13.90	2.60
天津	21.07	24.10	11.49	8.34	12.48
石家庄	0.47	0.05	——	2.50	——
太原	0.64	0.00	——	——	——
呼和浩特	0.98	0.00	——	——	——
沈阳	72.86	76.35	83.64	101.50	121.11
大连	15.11	29.50	10.34	32.46	18.72
长春	0.05	2.05	0.41	0.04	4.77
哈尔滨	1.87	1.11	1.10	/	2.70
上海	74.05	71.33	25.40	96.05	43.55
南京	30.45	0.63	9.51	19.62	15.66
无锡	——	14.64	6.63	12.93	12.90
苏州	——	57.69	15.30	25.08	12.75
杭州	——	0.00	6.23	10.50	17.37
宁波	2.96	9.81	5.00	3.85	9.25
温州	——	2.62	——	0.43	3.67
合肥	8.87	11.92	15.46	3.02	3.71
福州	14.27	11.42	9.44	1.52	10.33
厦门	0.36	19.05	0.78	8.79	0.84
南昌	3.65	3.12	2.68	——	3.29
济南	1.81	4.22	4.07	7.28	0.49
青岛	17.80	6.36	1.65	7.63	18.97
郑州	4.74	11.27	——	——	5.00
武汉	15.48	10.11	15.2	96.75	42.80
长沙	8.11	4.12	1.85	0.94	60.38
广州	37.15	24.59	13.91	46.72	48.15
深圳	11.78	1.49	1.39	10.33	2.06
南宁	1.29	1.63	0.2	4.54	0.06
北海	——	——	——	——	0.07
海口	0.29	4.14	0.03	——	——
三亚		1.60	1.57	——	3.16
重庆	14.91	48.53	37.02	83.93	59.92
成都	65.52	90.13	12.52	33.14	66.64
贵阳	2.17	1.14	0.11	0.70	4.41
昆明	0.96	4.25	0.40	0.50	0.14
西安	4.34	1.81	5.17	5.56	0.00
兰州	——	0.10	——	——	——
西宁	——	0.00	——	2.32	1.53
银川	0.46	0.00	——	——	——
乌鲁木齐	——	0.00	——	——	609.49

数据来源：国家统计局

表3-38

全国四十重点城市2011年月度累计房地产开发利用外资

单位：亿元

	1–3月	1–4月	1–5月	1–6月	1–7月	1–8月	1–9月	1–10月	1–11月	1–12月
合计	112.78	172.19	206.49	338.92	382.51	492.52	527.94	545.89	581.51	609.49
北京	1.38	1.69	0.88	0.92	2.60	2.60	2.60	2.60	2.60	2.60
天津	2.16	4.93	6.59	7.30	7.89	8.09	7.45	7.62	8.12	12.48
石家庄	——	——	——	——	——	——	——	——	——	——
太原	——	——	——	——	——	——	——	——	——	——
呼和浩特	——	——	——	——	——	——	——	——	——	——
沈阳	28.57	54.09	64.37	102.2	111.49	115.23	122.53	125.29	125.90	121.11
大连	1.61	1.76	1.76	2.83	3.81	13.79	17.29	17.92	17.92	18.72
长春	——	——	——	0.04	0.04	0.06	0.06	4.77	4.77	4.77
哈尔滨	——	——	0.40	0.80	1.20	1.60	2.00	2.00	2.60	2.70
上海	11.65	26.84	26.84	29.16	29.68	29.68	30.31	31.07	41.76	43.55
南京	3.59	4.59	5.52	5.52	7.8	9.16	12.26	15.66	15.66	15.66
无锡	1.96	2.36	2.66	9.74	12.9	12.90	12.9	12.9	12.90	12.90
苏州	1.59	8.15	8.55	9.94	10.54	10.64	12.64	12.64	12.74	12.75
杭州	0.51	0.72	0.72	3.95	3.95	4.86	4.86	4.86	17.37	17.37
宁波	1.14	1.71	2.29	3.44	4.24	5.35	6.15	6.17	6.80	9.25
温州	——	——	——	——	——	——	——	——	——	3.67
合肥	1.4	1.52	1.71	1.81	2.11	2.21	2.41	2.81	3.31	3.71
福州	——	——	——	——	——	——	10.33	10.33	10.33	10.33
厦门	0.84	0.84	0.84	0.84	1.06	1.06	1.06	1.16	1.16	0.84
南昌	3.29	3.29	3.29	3.29	3.29	3.29	3.29	3.29	3.29	3.29
济南	0.49	0.49	0.49	0.49	0.49	0.49	0.49	0.49	0.49	0.49
青岛	2.98	5.39	8.42	8.49	8.6	10.24	10.24	10.24	10.26	18.97
郑州	1.25	1.55	1.95	3.00	5.00	5.00	5.00	5.00	5.00	5.00
武汉	8.93	9.23	8.93	9.43	10.61	38.89	39.86	39.86	42.80	42.80
长沙	0.32	0.53	0.57	59.16	59.31	59.34	59.38	59.43	60.38	60.38
广州	5.93	6.42	10.01	13.43	13.61	45.00	45.24	46.22	47.78	48.15
深圳	0.21	0.21	0.29	2.06	2.06	2.06	2.06	2.06	2.06	2.06
南宁	——	——	——	——	——	——	——	0.06	0.06	0.06
北海	——	——	——	0.91	0.91	0.91	0.91	0.07	0.07	0.07
海口	——	——	——	——	——	——	——	——		
三亚	——	——	3.16	3.16	3.16	3.16	3.16	3.16	3.16	3.16
重庆	1.00	1.00	1.10	4.35	19.03	54.21	55.2	55.49	55.49	59.92
成都	31.91	33.8	44.08	50.01	52.55	47.17	52.17	56.64	60.64	66.64
贵阳		0.99	0.99	0.99	2.94	3.91	4.41	4.41	4.41	4.41
昆明	0.09	0.09	0.09	0.14	0.09	0.09	0.14	0.14	0.14	0.14
西安	0.00	0.00	0.00	0.00	0.00	0.00	0.00	0.00	0.00	0.00
兰州	——	——	——	——	——	——	——	——	——	——
西宁	——	——	——	1.53	1.53	1.53	1.53	1.53	1.53	1.53
银川	——	——	——	——	——	——	——	——	——	——
乌鲁木齐	——	——	——	——	——	——	——	——	——	——

数据来源：国家统计局

十、全国四十重点城市房地产建设数据

表3-39　　全国四十重点城市2007～2011年房屋施工面积

单位：万平方米

	2007	2008	2009	2010	2011
全国	235881.61	274149.01	319649.54	405538.91	507959.39
北京	10438.65	10014.32	9719.08	10300.86	12065.38
天津	4836.49	5704.27	6052.16	7160.74	9075.39
石家庄	983.25	1110.84	2344.60	4237.68	4967.99
太原	1167.36	1314.67	1780.36	2366.52	2859.89
呼和浩特	1567.12	1787.12	1832.92	2461.13	3531.92
沈阳	5019.85	5848.51	6847.89	8851.45	10289.91
大连	2747.66	3328.63	3489.06	5060.54	6201.04
长春	2010.11	2183.48	2377.10	3089.42	4087.87
哈尔滨	1502.22	1610.76	1922.84	2911.04	4528.17
上海	10766.72	10390.67	9961.60	11295.03	12983.32
南京	3582.75	4098.63	4366.07	4517.97	5644.43
无锡	——	3333.96	3260.25	4474.59	5162.64
苏州	——	7036.91	6929.95	8019.55	8218.73
杭州	5006.20	4953.68	5121.49	6227.05	7739.69
宁波	3013.50	3057.97	3104.34	3820.70	5295.67
温州	——	2390.57	2320.22	2507.50	3226.07
合肥	3142.04	3808.63	4751.29	5338.63	5645.79
福州	2375.35	2486.23	2635.06	3599.46	4989.92
厦门	2838.78	3367.26	3094.96	3088.53	3592.70
南昌	1525.59	1825.93	1782.03	2146.18	2609.87
济南	1218.89	1571.51	2130.54	2363.53	3520.89
青岛	3223.76	3704.72	4309.94	5058.40	5690.39
郑州	3684.36	4864.18	5207.27	6255.49	7425.82
武汉	3195.41	3798.10	4487.38	5068.42	5961.06
长沙	3270.34	4220.10	6172.75	6687.29	7685.55
广州	5185.43	5500.37	5505.56	6464.12	7704.34
深圳	3160.95	3276.30	3112.36	2939.94	3082.46
南宁	2116.34	2190.07	2620.22	3147.52	3608.46
北海	——	367.00	423.44	841.83	1304.32
海口	692.05	650.04	673.25	874.24	1189.42
三亚	——	400.79	515.79	584.95	636.53
重庆	10578.84	11639.27	13052.60	17138.50	20397.24
成都	6570.30	7391.80	8317.09	9778.90	12664.51
贵阳	1936.45	2464.18	3088.57	3982.84	4794.03
昆明	1847.46	2011.11	2694.49	3547.50	4184.81
西安	2915.95	3526.47	5708.63	6697.39	8215.57
兰州	983.96	991.45	1256.06	1467.21	1686.70
西宁	537.13	579.49	723.64	1146.00	1276.21
银川	715.15	876.81	1067.68	1605.26	2141.05
乌鲁木齐	841.79	966.35	1203.93	1499.77	1710.37

数据来源：国家统计局

表3-40　　全国四十重点城市2011年月度累计房屋施工面积

单位：万平方米

	1-3月	1-4月	1-5月	1-6月	1-7月	1-8月	1-9月	1-10月	1-11月	1-12月
合计	154699.3	163802.7	174468.8	184757.1	191487.7	199393.6	206443.0	212701.6	220242.2	227596.1
北京	7608.3	8297.7	8926.2	9517.4	9839.1	10499.5	10906.5	11204.5	11682.9	12065.4
天津	5943.0	6222.7	6501.7	6831.6	6917.7	6969.8	7120.5	7269.7	7454.7	9075.4
石家庄	2996.1	3375.7	3857.7	4217.6	4398.9	4495.7	4609.7	4725.9	4932.6	4968.0
太原	1633.6	1838.2	2021.8	2226.7	2411.0	2525.1	2610.9	2682.3	2671.3	2859.9
呼和浩特	610.1	1057.9	1646.9	2151.7	2490.4	2647.6	2949.4	3418.7	3466.0	3531.9
沈阳	7537.9	7982.9	8296.1	8725.1	8997.2	9365.2	9787.9	10203.8	10369.4	10289.9
大连	4673.0	4774.6	4962.8	5292.2	5439.2	5776.2	5872.5	5962.2	6113.9	6201.0
长春	2137.9	2176.2	2502.0	2911.3	3056.0	3350.9	3777.0	4093.6	4116.7	4087.9
哈尔滨	1582.6	1907.4	2555.1	3011.1	3192.3	3639.7	3839.0	4035.2	4358.4	4528.2
上海	9752.1	10110.0	10459.9	10759.5	11042.8	11640.1	11934.8	12193.7	12587.4	12983.3
南京	3940.9	4361.9	4737.2	4863.9	5077.0	5193.1	5212.4	5305.8	5451.1	5644.4
无锡	3813.7	4043.2	4063.0	4296.8	4471.3	4583.9	4755.9	4830.6	4936.5	5162.6
苏州	6520.9	6580.2	6822.6	7124.4	7499.6	7625.6	7833.5	7996.5	8105.4	8218.7
杭州	5569.9	5858.8	6072.0	6392.9	6638.6	6872.5	6940.0	7058.5	7566.2	7739.7
宁波	3811.2	3942.3	4071.0	4402.8	4583.3	4684.2	4940.6	5001.9	5085.5	5295.7
温州	2447.3	2580.8	2702.3	2748.5	2810.1	2914.8	2973.7	3046.2	3187.1	3226.1
合肥	3320.8	3707.0	4137.9	4303.9	4430.3	5028.5	5292.4	5442.1	5566.0	5645.8
福州	3364.8	3499.0	3689.3	3865.1	3926.3	4091.6	4437.5	4501.4	4671.5	4989.9
厦门	2803.4	2868.7	2946.3	3143.2	3223.0	3396.0	3424.6	3495.2	3513.5	3592.7
南昌	1953.5	2020.9	2147.6	2242.3	2295.1	2388.9	2487.7	2567.0	2616.0	2609.9
济南	2494.7	2654.8	2898.8	3073.7	3107.0	3207.1	3266.2	3341.5	3413.7	3520.9
青岛	4159.0	4443.6	4689.2	4836.6	4991.1	5166.0	5304.2	5362.3	5584.4	5690.4
郑州	5338.8	5709.1	5903.4	6270.3	6458.1	6638.4	6808.8	6923.7	7154.0	7425.8
武汉	3020.7	3403.0	3952.5	4467.6	4893.4	5139.1	5310.4	5471.6	5614.7	5961.1
长沙	5707.1	5993.3	6277.8	6449.0	6623.6	6857.5	7077.5	7278.5	7480.1	7685.6
广州	5796.2	5987.0	6099.8	6244.3	6367.7	6528.0	6861.5	7067.2	7541.2	7704.3
深圳	2380.7	2482.6	2529.3	2606.9	2671.8	2727.5	2756.9	2829.6	2966.3	3082.5
南宁	2743.3	2843.0	2927.9	3184.6	3222.3	3271.6	3377.3	3435.3	3542.7	3608.5
北海	944.1	985.1	1031.3	1095.6	1107.5	1126.3	1154.2	1184.4	1302.5	1304.3
海口	674.0	674.0	879.8	908.7	926.6	983.3	996.0	1038.0	1126.0	1109.4
三亚	444.7	444.7	480.8	493.8	499.7	545.2	584.0	614.0	615.3	636.5
重庆	14959.6	15459.1	16523.2	16917.2	17369.1	17825.4	18580.5	19195.2	19740.0	20397.2
成都	8454.7	8868.4	9214.8	9923.7	10324.4	10755.5	11051.4	11491.3	12036.5	12664.5
贵阳	3840.1	3924.3	4202.0	4283.2	4378.5	4466.2	4588.6	4707.5	4771.3	4794.0
昆明	2146.8	2360.9	2602.1	2895.4	3068.2	3184.0	3349.7	3665.1	4002.5	4184.8
西安	5895.3	6005.1	6258.4	6844.3	7273.8	7410.1	7476.2	7574.1	8107.8	8215.6
兰州	1062.1	1218.6	1313.7	1394.3	1425.3	1481.0	1570.1	1612.5	1667.0	1686.7
西宁	946.9	980.5	1048.5	1094.8	1131.6	1216.0	1234.7	1273.3	1276.2	1276.2
银川	1233.7	1308.4	1396.2	1445.5	1512.7	1660.6	1790.5	1978.6	2130.9	2141.1
乌鲁木齐	435.8	851.6	1120.1	1299.5	1396.2	1516.0	1597.3	1623.5	1717.5	1710.4

数据来源：国家统计局

表3-41

全国四十重点城市2007～2011年住宅施工面积

单位：万平方米

	2007	2008	2009	2010	2011
全国	186454.97	216671.36	250804.25	314942.59	388438.59
北京	5914.49	5538.23	5551.88	6167.02	7168.12
天津	3744.87	4306.33	4517.83	5117.60	6435.79
石家庄	880.45	919.34	1912.77	3487.13	3889.87
太原	873.72	1061.47	1477.53	1922.21	2378.23
呼和浩特	1256.87	1462.19	1452.39	1901.16	2540.16
沈阳	4019.81	4410.34	5068.49	6634.19	7705.61
大连	2141.87	2637.48	2812.98	4010.24	4924.65
长春	1584.16	1781.42	1895.76	2454.11	3145.87
哈尔滨	1155.06	1288.49	1605.80	2408.05	3525.34
上海	7642.79	6872.10	6550.73	7313.85	8386.26
南京	2848.70	3180.05	3188.18	3174.48	4035.64
无锡	——	2659.53	2398.87	3416.34	3677.40
苏州	——	5189.80	5024.23	5806.63	6028.9
杭州	3895.92	3631.53	3658.83	4249.18	4924.07
宁波	1948.66	1967.18	1911.64	2235.78	2961.69
温州	——	1754.98	1665.17	1789.09	2246.28
合肥	2539.96	3083.33	3679.42	4005.80	4100.74
福州	2034.15	2131.69	2244.38	2908.55	3853.62
厦门	1935.08	2095.85	1945.70	1891.48	2154.92
南昌	1291.19	1541.40	1483.99	1743.33	2100.18
济南	1045.40	1330.25	1761.41	1868.37	2608.14
青岛	2464.72	2740.39	3057.98	3602.77	4003.56
郑州	2817.41	3717.89	3939.56	4582.79	5338.39
武汉	2659.57	3222.14	3580.99	3811.68	4500.77
长沙	2609.32	3485.66	5103.35	5445.71	6056.72
广州	3594.99	3659.65	3420.09	3983.84	4848.07
深圳	2185.53	2210.36	2087.47	2025.14	2089.87
南宁	1622.91	1669.80	1952.83	2378.66	2661.53
北海	——	312.73	380.38	747.41	1124.19
海口	546.30	501.94	556.47	674.91	953.99
三亚	——	380.03	461.44	518.63	548.73
重庆	8179.29	9166.21	10338.12	13744.78	15923.84
成都	5434.57	6064.84	6676.52	7550.32	9390.52
贵阳	1543.12	1987.67	2356.36	2967.72	3561.52
昆明	1554.92	1679.61	2158.32	2835.63	2974.30
西安	2376.82	2977.50	4901.59	5777.71	7074.47
兰州	744.92	779.62	968.98	1119.44	1320.25
西宁	469.51	510.88	605.16	934.01	1027.80
银川	517.99	625.37	783.60	1202.26	1590.45
乌鲁木齐	730.80	822.97	988.13	1230.37	1408.35

数据来源：国家统计局

表3-42 全国四十重点城市2011年月度累计住宅施工面积

单位：万平方米

	1–3月	1–4月	1–5月	1–6月	1–7月	1–8月	1–9月	1–10月	1–11月	1–12月
合计	112948.6	119480.3	127123.8	134572.1	139444.8	145175.0	150265.0	154657.2	160076.7	165188.8
北京	4488.9	4906.0	5210.0	5572.5	5828.4	6299.6	6584.1	6742.6	6988.1	7168.1
天津	4046.4	4283.6	4465.7	4693.9	4759.8	4795.6	4923.7	5066.5	5214.4	6435.8
石家庄	2363.4	2643.5	3045.3	3338.2	3491.0	3569.4	3661.5	3730.7	3883.8	3889.9
太原	1359.8	1534.8	1662.7	1839.4	1994.9	2097.8	2156.5	2218.4	2212.7	2378.2
呼和浩特	435.3	797.0	1220.5	1593.9	1874.5	2010.1	2237.6	2451.7	2491.0	2540.2
沈阳	5527.0	5868.3	6120.6	6442.8	6681.8	6955.0	7329.1	7603.7	7740.3	7705.6
大连	3716.7	3788.5	3951.3	4226.3	4325.8	4596.5	4666.5	4725.5	4852.4	4924.7
长春	1665.5	1681.9	1943.2	2284.8	2395.6	2600.0	2899.4	3176.1	3194.4	3145.9
哈尔滨	1262.4	1524.1	2043.5	2391.4	2510.7	2831.1	2987.6	3154.1	3414.7	3525.3
上海	6220.7	6473.5	6714.3	6906.0	7068.7	7435.2	7606.9	7781.4	8073.6	8386.3
南京	2769.2	3084.3	3345.8	3449.5	3626.6	3719.3	3730.8	3796.2	3880.8	4035.6
无锡	2881.7	3037.9	2975.3	3103.5	3210.5	3282.2	3424.7	3473.1	3557.0	3677.4
苏州	4807.2	4825.9	4986.9	5231.0	5470.9	5555.8	5715.9	5850.1	5935.5	6028.9
杭州	3756.4	3935.1	4063.1	4219.0	4345.7	4440.8	4474.3	4556.6	4823.6	4924.1
宁波	2203.0	2283.5	2360.9	2565.6	2639.0	2691.6	2801.4	2837.0	2866.6	2961.7
温州	1701.5	1801.1	1888.3	1917.7	1953.7	2030.7	2070.2	2124.1	2225.5	2246.3
合肥	2428.4	2683.5	3029.3	3146.8	3232.5	3676.9	3883.1	3987.0	4065.7	4100.7
福州	2713.4	2826.2	2952.4	3102.0	3138.1	3241.4	3457.7	3496.8	3636.6	3853.6
厦门	1644.6	1689.5	1724.7	1838.9	1891.6	2018.4	2038.0	2094.3	2087.7	2154.9
南昌	1552.9	1604.8	1721.3	1797.4	1840.5	1921.9	1999.8	2066.3	2107.6	2100.2
济南	1844.0	1946.8	2121.8	2255.1	2281.7	2359.8	2402.7	2464.0	2522.3	2608.1
青岛	2889.2	3108.8	3282.8	3388.2	3495.5	3632.9	3740.5	3776.4	3929.7	4003.6
郑州	3854.8	4050.4	4184.3	4454.3	4585.6	4736.1	4863.0	4960.5	5158.1	5338.4
武汉	2356.7	2654.3	3015.4	3347.5	3602.5	3880.0	3980.3	4099.6	4194.2	4500.8
长沙	4582.6	4824.1	5041.0	5165.7	5304.7	5463.7	5633.4	5782.7	5914.3	6056.7
广州	3521.3	3620.1	3697.0	3768.3	3839.0	3973.3	4224.7	4378.5	4730.7	4848.1
深圳	1581.4	1658.4	1698.0	1763.7	1817.9	1862.4	1890.9	1937.0	2009.6	2089.9
南宁	2020.2	2098.2	2169.6	2318.4	2349.5	2389.7	2481.8	2539.6	2607.2	2661.5
北海	836.1	865.7	899.9	951.1	960.4	978.3	1001.8	1029.8	1121.5	1124.2
海口	553.5	553.5	739.9	760.4	778.0	805.9	819.5	834.2	906.7	954.0
三亚	396.7	396.7	428.6	435.4	438.7	471.0	500.9	529.1	530.2	548.7
重庆	11948.0	12325.0	12995.7	13339.3	13685.1	14030.0	14615.4	15049.5	15474.3	15923.8
成都	6455.7	6765.9	7029.0	7515.2	7809.4	8095.6	8254.9	8582.0	8982.3	9390.5
贵阳	2830.2	2906.2	3158.5	3226.9	3309.6	3371.3	3435.2	3499.6	3562.1	3561.5
昆明	1778.2	1851.0	2003.2	2154.1	2272.7	2330.8	2439.6	2648.3	2854.6	2974.3
西安	5060.2	5140.9	5366.3	5893.9	6274.9	6377.4	6434.3	6518.4	6970.8	7074.5
兰州	836.5	959.4	1025.5	1090.3	1109.0	1155.0	1235.8	1271.6	1323.7	1320.3
西宁	757.8	791.2	846.0	888.3	920.3	990.0	1004.7	1025.5	1027.8	1027.8
银川	935.5	992.7	1061.3	1098.4	1149.8	1241.8	1336.7	1459.4	1587.4	1590.5
乌鲁木齐	366.3	698.5	935.0	1096.9	1180.8	1261.1	1320.2	1339.6	1417.3	1408.4

数据来源：国家统计局

表3-43

全国四十重点城市2007～2011年办公用房施工面积

单位：万平方米

	2007	2008	2009	2010	2011
全国	8292.51	9190.53	9984.75	12139.78	15949.87
北京	1364.57	1287.18	1132.19	1054.84	1422.66
天津	208.12	307.37	348.46	396.61	687.88
石家庄	8.47	20.76	61.99	129.34	202.93
太原	79.18	50.76	46.91	87.15	73.12
呼和浩特	68.25	100.45	72.36	99.24	158.14
沈阳	146.95	194.29	255.94	329.22	321.23
大连	33.78	58.92	90.02	106.52	120.31
长春	39.95	53.58	75.41	83.42	123.44
哈尔滨	19.22	21.87	15.83	28.37	77.94
上海	935.23	1084.47	958.64	1103.18	1158.34
南京	152.51	151.00	137.62	191.54	263.92
无锡	——	94.11	138.20	142.08	248.66
苏州	——	227.10	273.44	378.37	304.82
杭州	335.67	394.64	458.53	563.63	788.54
宁波	266.31	214.46	219.61	334.39	473.36
温州	——	81.77	74.05	72.65	96.34
合肥	206.23	220.27	302.89	365.81	315.99
福州	33.32	30.15	29.69	95.48	191.15
厦门	196.99	221.77	210.29	262.60	340.84
南昌	34.12	20.03	38.50	80.40	99.82
济南	35.67	81.23	96.69	72.33	200.00
青岛	152.33	171.60	181.68	166.93	186.13
郑州	250.60	290.71	270.51	409.45	518.05
武汉	113.64	115.78	159.50	170.29	254.70
长沙	77.21	92.06	105.74	93.64	146.88
广州	419.38	455.78	467.16	525.10	658.65
深圳	189.65	201.55	189.09	182.36	194.57
南宁	58.31	46.24	75.75	75.54	91.77
北海	——	2.89	0.78	3.88	3.56
海口	21.31	34.95	14.56	29.67	33.30
三亚	——	0.68	0.88	1.35	3.78
重庆	256.26	232.18	210.29	247.56	386.84
成都	149.52	173.11	261.97	370.29	539.05
贵阳	79.10	68.67	88.61	97.81	115.79
昆明	35.55	58.42	72.35	117.72	251.18
西安	178.14	189.31	221.46	205.42	205.68
兰州	32.79	31.15	40.47	40.25	47.14
西宁	11.26	7.74	7.93	23.61	24.16
银川	38.87	46.65	62.75	62.48	69.77
乌鲁木齐	21.93	48.40	56.96	53.75	47.71

数据来源：国家统计局

表3-44　　全国四十重点城市2011年月度累计办公用房施工面积

单位：万平方米

	1-3月	1-4月	1-5月	1-6月	1-7月	1-8月	1-9月	1-10月	1-11月	1-12月
合计	7775.57	8298.50	8872.20	9382.53	9780.66	10156.86	10506.31	10838.12	11189.94	11448.12
北京	830.17	920.65	1146.03	1202.12	1216.82	1254.96	1278.52	1335.77	1404.37	1422.66
天津	427.74	443.26	493.76	532.79	532.79	533.57	539.92	539.92	553.58	687.88
石家庄	132.62	147.05	152.73	163.12	167.17	172.13	175.82	180.55	188.40	202.93
太原	46.83	52.42	70.51	75.81	72.96	73.44	68.64	72.14	72.14	73.12
呼和浩特	44.09	46.51	63.58	87.26	97.38	100.03	113.63	157.15	158.14	158.14
沈阳	305.42	307.97	315.32	319.61	321.75	339.01	341.51	341.51	346.19	321.23
大连	83.53	83.53	87.46	101.46	105.18	108.41	108.48	118.15	119.32	120.31
长春	75.87	75.87	76.44	77.75	86.23	89.56	107.57	114.60	114.63	123.44
哈尔滨	24.05	43.80	48.67	58.85	59.71	64.36	64.36	65.30	66.15	77.94
上海	942.16	959.85	970.78	986.00	1025.10	1067.47	1116.86	1167.97	1172.99	1158.34
南京	168.31	189.48	245.01	242.86	246.49	249.37	250.87	257.26	263.42	263.92
无锡	171.87	203.88	206.09	212.45	230.62	232.72	240.17	241.05	241.15	248.66
苏州	247.79	274.52	274.46	259.28	292.17	297.62	300.99	301.18	301.23	304.82
杭州	532.82	543.64	560.26	605.80	638.29	703.58	718.60	718.60	782.82	788.54
宁波	325.43	337.41	351.59	361.58	387.86	395.58	450.18	454.79	456.57	473.36
温州	81.52	83.07	84.33	86.95	87.25	87.40	88.89	88.81	91.15	96.34
合肥	209.83	258.12	262.27	262.08	275.91	286.21	289.27	301.96	314.06	315.99
福州	90.05	97.69	110.76	122.26	123.17	153.49	173.55	182.77	186.26	191.15
厦门	289.93	289.94	303.12	334.89	334.89	348.89	337.57	331.17	341.70	340.84
南昌	73.71	73.85	77.80	81.14	87.53	87.53	97.72	98.53	100.12	99.82
济南	153.87	180.63	182.01	196.39	196.39	196.39	196.39	196.20	199.38	200.00
青岛	144.35	144.79	155.72	155.72	155.99	156.21	167.94	174.67	182.13	186.13
郑州	368.27	425.78	438.75	472.12	497.16	501.61	511.86	512.83	515.56	518.05
武汉	94.42	107.78	138.36	146.57	234.60	232.29	241.74	241.04	255.84	254.70
长沙	87.51	93.61	97.32	104.05	101.25	116.61	118.20	121.65	134.99	146.88
广州	532.86	549.10	562.04	574.49	596.46	596.44	622.06	646.29	649.52	658.65
深圳	160.82	160.95	160.96	161.26	161.46	161.46	162.84	168.84	187.12	194.57
南宁	67.48	67.40	67.40	87.85	89.28	89.86	91.33	91.63	91.77	91.77
北海	3.50	3.50	3.50	3.50	3.50	3.50	3.50	3.56	3.56	3.56
海口	5.51	5.51	6.05	6.34	6.34	19.23	19.23	32.13	33.30	33.30
三亚	0.50	0.50	0.50	1.62	1.62	3.75	3.78	3.78	3.78	3.78
重庆	221.14	230.80	234.67	263.03	280.66	304.40	343.51	372.87	383.18	386.84
成都	373.45	383.40	386.06	447.30	457.71	471.78	474.71	504.06	519.21	539.05
贵阳	97.89	97.62	97.61	97.67	100.23	107.72	119.95	120.02	120.19	115.79
昆明	84.55	119.64	132.30	169.68	182.10	201.20	204.45	207.89	244.60	251.18
西安	162.08	164.33	164.35	173.75	175.85	183.68	187.39	187.39	205.68	205.68
兰州	28.63	31.96	38.78	40.42	41.40	41.95	42.05	42.15	42.15	47.14
西宁	19.74	19.74	20.41	20.41	20.41	22.93	22.93	24.16	24.16	24.16
银川	44.21	47.56	49.54	50.13	50.49	56.63	59.00	67.42	67.57	69.77
乌鲁木齐	21.25	31.40	34.92	36.13	38.50	43.90	50.35	50.40	51.87	47.71

数据来源：国家统计局

表3-45　　全国四十重点城市2007～2011年商业用房施工面积

单位：万平方米

	2007	2008	2009	2010	2011
全国	25937.69	16224.13	34439.58	44615.72	56278.18
北京	1482.09	1429.84	1323.38	1229.33	1187.48
天津	530.72	601.71	682.35	1004.27	1031.65
石家庄	63.33	129.77	248.23	459.24	599.41
太原	176.98	160.82	137.00	208.66	202.17
呼和浩特	192.45	148.11	205.52	335.33	558.24
沈阳	644.26	879.72	1222.41	256.09	1715.92
大连	322.05	397.28	358.96	525.82	643.56
长春	284.14	242.41	253.70	330.30	501.05
哈尔滨	250.31	194.23	185.33	256.09	462.21
上海	1131.86	1222.53	1112.33	1292.96	1365.89
南京	311.64	395.71	525.20	546.72	568.18
无锡	——	413.51	479.36	644.92	899.58
苏州	——	1095.33	1047.60	1142.88	1147.58
杭州	358.20	354.67	364.55	464.58	604.4
宁波	298.48	297.95	333.97	417.64	624.8
温州	——	201.61	210.86	206.14	263.09
合肥	222.79	312.96	477.48	578.48	707.68
福州	153.83	144.00	156.43	227.64	353.31
厦门	206.97	220.32	206.86	208.83	250.87
南昌	110.88	153.17	173.76	205.00	245.31
济南	76.99	95.37	160.85	268.66	343.88
青岛	352.08	412.41	584.18	661.63	752.99
郑州	434.99	557.91	564.57	658.33	782.09
武汉	233.39	208.19	354.53	466.58	681.76
长沙	294.12	272.69	344.61	389.49	529.83
广州	518.09	617.32	756.49	866.20	858.73
深圳	337.42	346.45	328.27	298.62	325.14
南宁	208.77	217.57	272.72	290.77	331.11
北海	——	33.76	22.91	45.31	76.08
海口	87.56	74.99	57.54	64.25	75.95
三亚	——	10.92	27.12	35.06	35.42
重庆	1301.23	1248.64	1344.49	1549.77	1956.25
成都	470.25	491.53	516.36	634.98	1008.18
贵阳	195.18	214.92	276.13	318.10	437.98
昆明	148.57	141.20	277.72	280.41	428.26
西安	262.63	252.39	366.12	427.23	542.12
兰州	116.67	100.66	123.28	157.17	158.15
西宁	45.72	49.78	77.53	112.70	120.90
银川	130.48	161.19	129.33	180.12	230.32
乌鲁木齐	68.84	63.66	89.71	116.12	105.39

数据来源：国家统计局

表3-46

全国四十重点城市2011年月度累计商业用房施工面积

单位：万平方米

	1–3月	1–4月	1–5月	1–6月	1–7月	1–8月	1–9月	1–10月	1–11月	1–12月
合计	15895.27	16836.21	18149.42	19158.53	19905.29	20834.18	21548.61	22331.55	23044.25	23712.90
北京	877.20	916.57	940.17	1009.89	1024.84	1054.49	1067.02	1091.34	1149.18	1187.48
天津	856.10	864.99	895.93	933.53	951.10	961.85	966.45	972.20	992.28	1031.65
石家庄	344.55	399.40	456.33	493.89	503.75	510.34	526.55	565.55	598.05	599.41
太原	117.12	129.55	151.87	163.16	172.58	176.23	187.81	191.71	192.43	202.17
呼和浩特	85.52	149.75	244.85	323.36	359.65	371.29	403.89	541.36	543.03	558.24
沈阳	1283.99	1365.41	1396.23	1483.11	1509.25	1575.31	1596.20	1728.61	1747.65	1715.92
大连	504.76	511.88	523.33	547.98	569.06	598.13	620.03	633.23	640.57	643.56
长春	231.95	248.85	292.32	325.87	346.25	402.98	480.32	495.86	498.49	501.05
哈尔滨	139.26	160.70	225.29	269.62	303.89	400.39	414.90	425.42	443.73	462.21
上海	1079.05	1106.87	1139.34	1174.10	1195.49	1268.92	1290.55	1314.20	1341.37	1365.89
南京	466.43	485.89	494.19	501.57	509.71	515.73	517.72	526.91	544.44	568.18
无锡	531.64	565.81	610.17	682.95	731.35	771.51	777.02	797.02	807.75	899.58
苏州	895.90	913.44	966.62	1025.11	1066.92	1087.21	1117.53	1132.12	1143.49	1147.58
杭州	404.33	424.02	443.74	476.98	500.44	519.63	531.34	542.97	590.46	604.40
宁波	427.17	432.23	438.75	473.07	499.05	514.69	561.42	567.43	587.68	624.80
温州	215.93	219.69	225.02	228.41	241.49	244.28	249.20	253.85	257.38	263.09
合肥	418.38	475.56	508.22	538.48	549.64	648.84	665.95	693.25	698.02	707.68
福州	209.33	212.93	228.85	229.20	248.98	267.43	320.73	329.64	345.05	353.31
厦门	216.42	221.71	225.92	234.59	237.75	246.16	240.71	243.42	246.24	250.87
南昌	208.38	222.76	226.66	235.98	238.80	244.91	248.34	252.35	258.12	245.31
济南	276.40	278.53	300.61	301.16	306.80	319.23	330.28	331.78	336.41	343.88
青岛	563.65	589.20	622.78	643.32	666.97	687.63	701.05	711.73	736.37	752.99
郑州	560.11	642.59	663.72	695.24	714.03	720.82	733.31	740.91	755.51	782.09
武汉	244.31	287.52	436.05	510.44	580.32	581.45	600.57	606.43	620.32	681.76
长沙	347.00	362.30	382.95	393.81	413.14	455.95	467.15	485.43	503.25	529.83
广州	729.91	760.98	766.58	805.36	825.84	828.67	844.03	835.87	856.48	858.73
深圳	253.50	257.29	263.17	267.57	276.26	279.23	282.13	287.01	315.99	325.14
南宁	272.83	275.60	278.11	301.43	305.38	310.92	317.18	302.84	325.96	331.11
北海	48.66	51.24	58.01	61.65	63.79	64.57	65.60	65.85	75.31	76.08
海口	38.70	38.70	48.66	52.32	52.32	55.78	55.78	57.40	66.25	75.95
三亚	21.02	21.02	23.00	23.00	23.00	33.08	33.49	35.32	35.32	35.42
重庆	1303.34	1363.04	1684.97	1563.71	1611.30	1642.54	1709.00	1796.29	1866.32	1956.25
成都	577.20	603.47	615.66	675.69	708.45	774.77	849.40	885.55	925.19	1008.18
贵阳	305.68	308.45	326.64	332.56	346.69	354.76	391.24	424.44	438.51	437.98
昆明	111.71	174.40	199.33	279.75	298.06	331.14	338.44	369.90	422.38	428.26
西安	394.73	400.00	414.62	445.58	479.86	492.64	496.78	502.62	537.50	542.12
兰州	90.60	110.60	122.21	129.09	134.09	137.95	143.65	147.45	147.45	158.15
西宁	98.23	98.12	102.28	105.96	109.15	113.57	115.77	120.30	120.90	120.90
银川	121.41	131.30	140.93	147.12	156.06	182.99	194.40	224.68	228.94	230.32
乌鲁木齐	22.87	53.84	65.31	72.91	73.77	86.14	95.70	101.31	104.46	105.39

数据来源：国家统计局

表3-47　　全国四十重点城市2007～2011年房屋新开工面积

单位：万平方米

	2007	2008	2009	2010	2011
全国	94590.20	97573.90	115385.34	163776.67	190082.70
北京	2557.40	2337.22	2246.60	2974.24	4246.05
天津	2114.31	2440.24	2555.50	2911.66	3484.21
石家庄	394.61	317.45	1371.97	1290.15	1821.97
太原	220.86	246.37	444.65	687.02	704.23
呼和浩特	735.14	578.34	483.15	1263.00	1837.73
沈阳	2923.06	2364.82	2451.10	3655.44	2951.48
大连	1187.93	1112.07	1131.91	1837.30	1464.64
长春	1205.84	1116.26	1217.29	1283.89	1980.83
哈尔滨	671.47	833.99	1151.94	1589.49	2466.68
上海	2251.75	2586.57	2490.63	3030.59	3644.06
南京	1089.90	937.04	1157.46	1702.26	2082.05
无锡	——	1233.41	1331.24	1927.764	1927.76
苏州	——	2124.01	1516.65	2120.08	2120.08
杭州	1168.79	1254.12	1081.12	1929.08	2490.57
宁波	986.00	764.03	812.03	1406.02	1886.78
温州	——	479.89	566.98	1021.05	1021.05
合肥	1051.94	1152.17	1477.09	1750.70	1893.40
福州	778.85	539.45	545.85	1451.48	1630.50
厦门	1006.82	421.57	249.27	722.45	1073.07
南昌	643.62	517.92	359.87	509.10	862.96
济南	398.19	482.75	504.56	971.81	1220.82
青岛	1278.83	1143.50	1329.88	1712.39	1813.09
郑州	1399.95	1370.06	1443.96	1811.77	1790.67
武汉	1174.11	1447.28	1651.17	2626.27	2097.84
长沙	1359.90	1632.69	1781.30	2302.41	2328.38
广州	1529.08	1193.92	1073.79	1955.49	2143.32
深圳	876.40	752.60	492.40	470.96	628.47
南宁	669.14	541.07	701.86	967.56	857.62
北海	——	133.15	217.63	495.41	495.41
海口	200.03	196.28	206.02	240.68	433.77
三亚	——	137.75	135.01	209.96	206.96
重庆	3555.87	3508.62	3813.68	6312.64	6824.36
成都	2078.81	1784.37	1413.62	2698.23	3188.42
贵阳	580.67	771.33	719.08	1350.31	1079.28
昆明	785.48	629.63	1092.02	1300.62	1914.67
西安	727.60	900.30	1693.38	2043.82	2280.07
兰州	199.82	259.77	395.08	406.19	385.21
西宁	258.93	219.84	405.98	552.06	347.44
银川	355.71	441.72	560.06	959.43	949.78
乌鲁木齐	523.56	548.20	539.48	719.71	546.95

数据来源：国家统计局

表3-48

全国四十重点城市2011年月度累计房屋新开工面积

单位：万平方米

	1-3月	1-4月	1-5月	1-6月	1-7月	1-8月	1-9月	1-10月	1-11月	1-12月
合计	14399.99	20259.43	27427.33	35856.24	41198.03	48186.53	54081.22	59533.50	65981.76	73122.60
北京	577.24	911.69	1309.96	1827.82	2129.09	2788.69	3145.03	3467.59	3917.71	4246.05
天津	440.35	589.29	794.03	944.62	996.60	1033.69	1136.37	1210.96	1337.10	3484.21
石家庄	451.66	678.72	751.15	1133.21	1236.29	1409.58	1521.62	1656.02	1777.83	1821.97
太原	98.32	138.90	163.79	318.07	439.08	483.25	531.96	612.46	578.95	704.23
呼和浩特	131.85	236.89	457.00	761.78	980.58	1145.27	1434.75	1783.87	1795.58	1837.73
沈阳	393.33	749.61	1106.22	1421.97	1717.23	2060.29	2473.45	2801.58	2912.43	2951.48
大连	270.97	341.61	492.92	658.03	760.56	1084.87	1182.57	1269.62	1414.61	1464.64
长春	12.19	50.47	376.28	785.60	930.35	1227.64	1653.74	1970.32	1993.44	1980.83
哈尔滨	137.70	325.37	658.98	999.71	1181.83	1459.89	1668.81	1875.86	2298.73	2466.68
上海	976.27	1253.65	1526.88	1752.20	1977.53	2392.63	2648.35	2902.91	3294.98	3644.06
南京	429.43	829.09	1194.13	1318.85	1528.54	1631.49	1650.95	1744.35	1889.60	2082.05
无锡	640.91	786.67	958.19	1163.53	1293.21	1393.09	1559.74	1624.48	1730.40	1927.76
苏州	693.84	908.52	1184.04	1237.37	1551.12	1665.05	1754.60	1916.15	2000.51	2120.08
杭州	528.44	798.29	975.19	1276.84	1490.31	1686.76	1763.62	1864.88	2351.37	2490.57
宁波	618.50	749.54	878.14	1199.88	1320.75	1413.95	1574.36	1633.98	1718.31	1886.78
温州	261.87	391.11	508.88	549.97	607.65	711.98	769.87	841.53	982.09	1021.05
合肥	506.15	698.43	1018.21	1160.14	1256.76	1478.63	1593.54	1721.08	1823.82	1893.40
福州	225.55	316.06	485.65	661.34	718.08	907.11	1248.82	1302.95	1480.39	1630.50
厦门	261.42	365.75	460.20	645.43	702.89	860.63	889.98	969.47	981.59	1073.07
南昌	162.33	198.87	325.49	420.23	472.99	556.99	655.84	735.13	784.10	862.96
济南	474.30	603.54	774.39	895.05	929.68	1011.56	1039.79	1094.44	1161.05	1220.82
青岛	366.80	648.50	849.43	996.45	1126.76	1289.73	1427.89	1481.55	1708.65	1813.09
郑州	321.77	474.61	588.30	884.48	1061.21	1193.74	1329.65	1444.13	1590.25	1790.67
武汉	256.58	381.73	626.93	1045.92	1152.07	1671.93	1646.64	1793.07	1880.86	2097.84
长沙	428.43	681.05	953.71	1085.25	1259.65	1501.08	1724.58	1904.61	2130.72	2328.38
广州	510.27	699.20	812.01	956.06	1075.58	1232.90	1576.49	1777.30	1979.77	2143.32
深圳	159.82	214.41	254.14	303.89	348.57	381.39	401.55	464.29	562.72	628.47
南宁	141.09	205.43	347.27	542.86	582.87	605.47	712.91	730.99	806.62	857.62
北海	139.61	196.40	237.08	299.47	311.36	325.46	353.52	372.63	489.67	495.41
海口	56.01	56.01	233.59	285.17	290.27	312.74	316.79	354.89	411.91	433.77
三亚	49.39	49.39	74.47	91.68	98.08	113.15	174.95	201.07	202.22	206.96
重庆	2094.39	2343.04	2731.71	3665.33	4131.26	4496.70	5055.04	5519.51	6052.79	6824.36
成都	475.52	720.25	899.28	1327.96	1627.81	1957.20	2168.10	2479.70	2720.37	3188.42
贵阳	283.17	363.29	577.94	656.73	727.16	767.51	856.84	971.78	1044.78	1079.28
昆明	210.68	370.76	475.93	608.38	664.09	876.26	1096.32	1352.91	1776.85	1914.67
西安	332.14	473.08	628.62	1034.12	1372.20	1607.40	1664.92	1749.62	2199.29	2280.07
兰州	130.55	162.28	202.21	231.36	252.73	272.00	310.25	330.04	355.54	385.21
西宁	13.61	51.68	119.78	165.99	202.81	287.24	305.94	344.54	347.44	347.44
银川	64.90	144.99	223.83	273.12	340.35	471.13	599.21	787.37	939.68	949.78
乌鲁木齐	12.62	101.28	191.40	270.40	352.07	420.45	461.83	473.83	557.05	546.95

数据来源：国家统计局

表3-49　　全国四十重点城市2007～2011年住宅新开工面积

单位：万平方米

	2007	2008	2009	2010	2011
全国	78135.98	79889.1	92463.47	129467.93	146034.57
北京	1639.94	1565.30	1380.28	2063.40	2596.45
天津	1611.91	1889.22	1904.46	2026.89	2374.29
石家庄	365.32	272.07	1130.27	1047.59	1394.79
太原	189.83	222.52	366.19	555.61	610.14
呼和浩特	623.77	516.83	364.40	1901.16	1295.43
沈阳	2483.69	1879.29	1879.75	2916.66	2293.46
大连	1003.22	957.31	920.93	1416.46	1175.16
长春	980.59	937.42	972.61	1059.36	1508.65
哈尔滨	536.01	680.97	957.22	1299.20	1872.34
上海	1633.94	1762.01	1721.02	2111.11	2473.60
南京	941.94	751.59	803.45	1236.75	1530.23
无锡	——	1013.56	970.02	1430.25	1334.50
苏州	——	1626.96	1152.46	2118.72	1617.10
杭州	879.84	914.91	760.41	1267.43	1451.95
宁波	610.00	488.02	502.10	776.99	1058.91
温州	——	341.95	400.82	384.94	699.80
合肥	864.43	949.78	1097.41	1327.34	1383.19
福州	678.92	458.08	474.99	1119.54	1173.18
厦门	759.84	282.66	135.34	421.56	658.71
南昌	568.46	467.84	279.59	416.69	662.76
济南	348.75	389.61	371.17	758.87	829.94
青岛	950.12	867.67	951.43	1319.03	1316.01
郑州	1118.62	1040.02	1158.78	1315.10	1300.12
武汉	1038.12	1232.98	1247.61	1931.53	1583.01
长沙	1093.54	1403.40	1464.90	1899.02	1777.03
广州	1160.25	756.45	682.55	1313.76	1477.10
深圳	621.91	471.80	328.04	355.17	417.49
南宁	550.79	417.41	515.39	767.78	614.43
北海	——	123.46	198.65	367.89	414.75
海口	170.51	148.30	174.57	167.43	355.68
三亚	——	126.69	119.09	171.73	171.93
重庆	2903.82	2857.70	2989.72	5268.76	5214.42
成都	1764.19	1466.63	1162.27	1980.06	2259.54
贵阳	484.24	631.09	553.05	1106.11	821.73
昆明	686.97	518.57	811.09	1016.51	1203.81
西安	611.46	762.64	1467.03	1771.33	2004.25
兰州	172.48	224.63	301.20	318.38	292.28
西宁	227.09	200.75	332.02	441.26	285.50
银川	269.28	355.17	420.51	743.33	702.89
乌鲁木齐	479.33	470.69	472.88	617.69	454.89

数据来源：国家统计局

表3-50　　全国四十重点城市2011年月度累计住宅新开工面积

单位：万平方米

	1-3月	1-4月	1-5月	1-6月	1-7月	1-8月	1-9月	1-10月	1-11月	1-12月
合计	10444.51	14790.57	19849.96	25988.52	29856.76	35111.87	39453.64	43363.14	47936.61	52661.44
北京	328.71	571.29	777.97	1066.01	1286.47	1789.74	2010.53	2198.10	2445.21	2596.45
天津	355.72	469.55	586.45	687.16	734.09	762.09	863.46	937.09	1043.94	2374.29
石家庄	329.62	502.71	532.13	851.68	933.43	1101.65	1192.37	1277.83	1357.72	1394.79
太原	88.79	126.75	151.03	287.10	384.76	426.35	456.02	527.22	495.76	610.14
呼和浩特	94.04	162.80	319.49	518.07	686.42	829.66	1051.04	1248.01	1258.20	1295.43
沈阳	297.09	585.20	859.40	1096.63	1353.99	1611.05	1977.66	2179.17	2274.43	2293.46
大连	209.21	263.89	401.52	550.58	625.49	872.80	956.60	1013.10	1134.29	1175.16
长春	9.88	26.29	287.58	629.24	740.04	946.83	1246.26	1522.97	1541.26	1508.65
哈尔滨	93.31	239.00	503.22	772.39	902.64	1120.77	1286.17	1455.98	1764.63	1872.34
上海	677.21	874.12	1056.92	1195.41	1329.47	1588.69	1752.30	1896.85	2187.02	2473.60
南京	311.19	608.29	855.65	957.49	1133.68	1215.58	1227.11	1292.51	1377.15	1530.23
无锡	499.52	572.07	678.25	789.88	883.53	946.93	1089.78	1128.87	1212.84	1334.50
苏州	548.25	713.25	897.61	977.04	1160.33	1241.16	1309.90	1441.93	1515.56	1617.10
杭州	346.61	537.07	659.74	815.98	923.78	1001.28	1039.27	1109.52	1369.20	1451.95
宁波	331.84	412.27	489.65	694.32	760.42	813.05	921.89	956.93	987.96	1058.91
温州	162.99	261.32	348.43	374.52	407.75	484.40	523.53	577.41	678.34	699.80
合肥	370.54	485.84	742.83	851.58	916.19	1091.43	1170.85	1278.48	1346.62	1383.19
福州	167.24	253.97	366.85	524.50	556.94	678.88	892.63	931.05	1077.36	1173.18
厦门	154.18	224.61	267.61	373.95	408.85	518.83	545.64	599.23	592.59	658.71
南昌	101.21	123.99	240.45	320.00	363.05	434.90	512.89	579.80	621.04	662.76
济南	271.84	344.16	471.44	559.59	593.09	662.24	680.13	725.92	778.68	829.94
青岛	256.92	471.93	606.21	711.22	809.89	942.49	1049.98	1086.20	1244.01	1316.01
郑州	238.61	336.18	410.02	623.39	755.98	860.15	952.45	1049.66	1174.52	1300.12
武汉	208.14	318.73	422.07	757.27	816.11	1244.87	1214.82	1326.49	1387.96	1583.01
长沙	347.51	561.90	770.18	872.92	1015.56	1175.26	1352.00	1489.38	1648.04	1777.03
广州	353.58	450.08	526.98	597.93	668.20	799.17	1056.78	1207.14	1365.65	1477.10
深圳	83.46	126.36	161.03	203.62	241.53	266.11	283.48	319.37	383.23	417.49
南宁	105.12	164.10	276.52	377.18	410.81	427.88	521.68	536.34	584.19	614.43
北海	122.71	167.96	200.77	252.52	261.62	274.68	298.50	316.90	408.08	414.75
海口	43.62	43.62	204.30	245.54	250.18	260.52	273.57	290.03	330.08	355.68
三亚	45.40	45.40	66.40	77.41	81.66	93.54	144.65	168.94	169.93	171.93
重庆	1661.21	1856.75	2119.10	2769.07	3142.28	3422.43	3866.47	4240.73	4644.15	5214.42
成都	359.31	536.78	649.14	973.22	1184.01	1413.41	1540.15	1770.04	1943.78	2259.54
贵阳	222.49	294.31	488.55	555.10	602.17	632.13	684.45	744.70	794.56	821.73
昆明	180.14	270.46	311.78	399.57	397.30	576.99	719.05	909.05	1143.93	1203.81
西安	285.59	406.03	539.40	899.35	1191.01	1410.79	1457.25	1528.70	1922.63	2004.25
兰州	103.95	128.55	157.95	181.18	192.66	209.38	242.08	258.08	281.14	292.28
西宁	12.77	48.90	103.69	145.98	177.95	247.71	262.39	283.20	285.50	285.50
银川	53.22	117.34	177.01	214.12	265.56	354.26	449.15	571.86	699.86	702.89
乌鲁木齐	11.80	86.74	164.59	238.81	307.84	352.80	378.73	388.37	456.60	454.89

数据来源：国家统计局

表3-51　　全国四十重点城市2007～2011年办公用房新开工面积

单位：万平方米

	2007	2008	2009	2010	2011
全国	2136.57	2284.20	2813.57	3678.01	5360.94
北京	264.82	159.75	255.96	203.29	489.40
天津	56.55	141.25	179.63	206.73	278.26
石家庄	0.83	10.15	31.80	26.22	102.87
太原	3.36	5.89	7.78	29.79	4.37
呼和浩特	25.76	25.98	12.62	60.71	90.75
沈阳	59.56	33.84	99.10	97.50	54.63
大连	16.22	14.97	11.73	31.91	6.56
长春	17.84	12.73	22.00	11.02	41.67
哈尔滨	2.87	19.11	9.16	18.36	58.71
上海	201.06	262.64	164.93	147.39	225.72
南京	17.44	18.54	16.54	66.72	108.63
无锡	——	17.14	64.07	31.61	81.29
苏州	——	62.26	44.39	114.05	85.46
杭州	73.63	101.08	105.63	152.07	269.55
宁波	97.17	26.01	45.47	165.29	122.09
温州	——	21.24	11.40	8.05	25.28
合肥	54.95	53.23	105.28	102.00	80.36
福州	7.00	5.05	2.88	54.35	92.01
厦门	18.72	18.69	41.47	94.51	84.56
南昌	5.70	2.16	20.87	31.58	47.66
济南	13.09	19.55	27.39	29.20	126.90
青岛	56.41	36.71	38.03	19.43	57.62
郑州	72.46	66.90	47.08	144.93	120.32
武汉	25.71	35.28	77.75	60.76	70.47
长沙	21.16	11.95	22.88	28.06	59.61
广州	38.00	94.59	90.52	89.11	163.83
深圳	40.06	46.61	31.79	15.26	25.89
南宁	17.13	3.12	20.64	5.93	29.49
北海	——	0.30	0.39	1.94	0.04
海口	5.14	21.94	0.69	10.21	14.79
三亚	——	0.68	0.05	0.47	3.34
重庆	53.49	22.33	62.98	57.20	154.44
成都	27.11	30.71	52.22	119.57	122.14
贵阳	3.46	11.61	18.81	15.37	9.56
昆明	6.49	25.02	34.66	42.68	149.92
西安	16.88	45.57	35.64	32.90	52.54
兰州	1.78	0.89	6.57	5.61	12.88
西宁	7.69	1.40	3.38	17.22	4.42
银川	16.60	17.14	32.89	16.62	25.56
乌鲁木齐	1.99	31.50	17.00	10.25	8.85

数据来源：国家统计局

表3-52　　全国四十重点城市2011年月度累计办公用房新开工面积

单位：万平方米

	1-3月	1-4月	1-5月	1-6月	1-7月	1-8月	1-9月	1-10月	1-11月	1-12月
合计	694.78	969.48	1383.28	1802.73	2062.61	2330.68	2606.51	2905.62	3198.92	3562.43
北京	45.36	58.66	174.75	256.84	288.18	309.61	325.22	384.67	448.40	489.40
天津	7.97	15.61	66.12	88.66	88.66	88.65	88.65	88.65	92.31	278.26
石家庄	48.68	60.75	60.93	72.83	74.30	74.41	77.56	85.73	92.10	102.87
太原		0.39	0.39	3.25	0.39	0.39	0.39	3.89	3.89	4.37
呼和浩特	5.37	5.37	6.16	27.22	37.34	39.99	51.09	89.76	90.75	90.75
沈阳	10.66	13.11	24.87	29.16	31.30	50.86	53.36	53.36	53.36	54.63
大连	——	——	——	——	1.22	4.17	4.25	5.25	6.41	6.56
长春	0.07	0.07	0.65	1.95	10.43	13.77	31.78	38.81	38.84	41.67
哈尔滨	10.90	29.69	29.69	39.06	39.92	45.57	45.57	46.51	47.03	58.71
上海	54.60	71.30	78.10	90.04	116.40	144.19	176.62	227.75	233.75	225.72
南京	29.01	37.13	86.73	88.31	91.20	94.08	95.58	101.97	108.13	108.63
无锡	46.66	78.67	93.98	93.61	87.09	88.45	95.90	98.81	98.91	81.29
苏州	17.98	45.62	56.44	50.96	81.05	83.38	81.84	82.03	82.08	85.46
杭州	51.16	58.03	63.60	107.04	140.34	186.00	201.22	201.22	268.59	269.55
宁波	45.28	57.25	71.43	81.42	89.61	95.12	102.34	106.77	107.90	122.09
温州	13.02	13.02	13.44	16.07	16.37	16.50	17.99	17.99	20.22	25.28
合肥	26.51	35.57	38.72	38.91	52.74	54.56	57.60	66.33	78.43	80.36
福州	6.50	5.65	18.73	24.46	25.37	55.68	74.50	83.63	87.12	92.01
厦门	7.30	7.30	25.24	57.01	57.01	83.97	72.09	72.26	82.79	84.56
南昌	7.63	7.77	11.72	15.06	21.45	21.45	31.64	32.45	34.04	47.66
济南	85.75	112.51	113.89	123.66	123.66	123.66	123.66	123.71	126.90	126.90
青岛	10.82	14.06	27.21	27.21	27.48	27.70	39.44	46.16	53.63	57.62
郑州	11.24	13.51	42.44	78.68	96.28	100.73	110.98	111.68	114.42	120.32
武汉	16.59	25.44	30.90	43.19	50.06	57.67	64.91	69.20	69.76	70.47
长沙	3.74	9.85	13.55	20.20	14.43	29.95	30.93	34.38	47.72	59.61
广州	42.64	61.12	74.06	86.24	101.02	101.02	126.65	150.88	154.11	163.83
深圳	8.01	8.01	8.01	8.31	8.51	8.51	9.89	15.89	18.44	25.89
南宁	——	——	——	26.21	27.63	27.93	29.40	29.40	29.49	29.49
北海	0.04	0.04	0.04	0.04	0.04	0.04	0.04	0.04	0.04	0.04
海口	——	——	0.08	0.83	0.83	0.83	0.83	13.72	14.79	14.79
三亚	0.06	0.06	0.06	1.18	1.18	3.31	3.34	3.34	3.34	3.34
重庆	38.67	40.42	41.40	65.55	79.97	87.80	124.48	129.81	143.59	154.44
成都	25.16	32.13	37.63	51.35	59.51	69.99	79.16	98.85	105.76	122.14
贵阳	1.34	0.96	0.96	1.03	3.07	3.29	9.61	9.68	9.68	9.56
昆明	0.52	29.10	41.64	46.96	71.85	75.70	94.20	97.50	131.59	149.92
西安	13.08	15.34	15.36	24.08	26.87	31.92	35.61	35.61	52.54	52.54
兰州	2.45	2.65	8.12	9.07	10.05	10.60	10.60	10.62	10.62	12.88
西宁	——	——	0.67	0.67	0.67	3.18	3.18	4.42	4.42	4.42
银川	——	3.35	5.33	5.92	6.28	12.42	14.79	23.21	23.36	25.56
乌鲁木齐	——	——	0.26	0.48	2.84	3.60	9.64	9.69	9.69	8.85

数据来源：国家统计局

表3-53　　全国四十重点城市2007～2011年商业用房新开工面积

单位：万平方米

	2007	2008	2009	2010	2011
全国	8979.87	9321.15	12352.16	17460.98	20670.72
北京	253.79	287.07	228.45	242.42	306.43
天津	260.41	210.53	315.17	407.83	436.57
石家庄	14.51	31.00	138.97	157.60	217.29
太原	16.68	13.80	24.53	60.23	28.84
呼和浩特	71.57	16.11	73.61	182.14	322.94
沈阳	286.57	322.60	395.46	495.94	462.44
大连	93.86	70.90	117.67	204.99	154.66
长春	132.59	116.34	137.92	125.37	275.90
哈尔滨	96.14	91.31	115.30	148.53	273.75
上海	202.89	248.80	205.92	298.10	240.00
南京	54.64	77.49	159.19	147.47	170.82
无锡	——	144.21	204.91	206.43	385.94
苏州	——	299.23	184.74	308.39	233.68
杭州	92.74	93.15	78.05	161.73	234.21
宁波	113.16	85.86	81.75	135.06	224.23
温州	——	43.95	47.58	38.29	85.55
合肥	70.89	90.98	171.09	177.00	241.04
福州	37.82	35.23	23.30	91.42	155.35
厦门	61.31	11.80	32.52	44.98	63.58
南昌	39.97	30.72	44.63	38.73	99.17
济南	16.53	52.43	53.82	125.99	59.69
青岛	185.03	107.40	186.27	172.31	215.40
郑州	139.35	138.57	118.50	157.59	161.62
武汉	68.84	57.88	163.65	274.66	310.46
长沙	114.89	69.29	92.42	130.43	199.86
广州	112.51	149.53	95.33	192.38	141.66
深圳	72.94	84.90	61.05	38.69	64.46
南宁	33.03	60.36	73.60	59.60	75.02
北海	——	5.27	5.47	19.32	27.83
海口	15.95	13.63	17.16	10.39	26.93
三亚	——	7.56	11.16	9.33	6.59
重庆	316.68	325.37	404.15	433.68	708.12
成都	95.78	107.43	84.19	214.80	281.39
贵阳	48.05	53.62	63.33	78.02	142.22
昆明	57.59	37.74	156.35	106.29	221.89
西安	61.40	58.17	112.75	148.60	114.10
兰州	15.77	17.35	30.44	48.87	39.54
西宁	17.94	15.00	49.86	49.13	25.30
银川	53.09	51.60	48.28	107.50	98.03
乌鲁木齐	29.61	26.78	28.04	50.87	22.61

数据来源：国家统计局

表3-54

全国四十重点城市2011年月度累计商业用房新开工面积

单位：万平方米

	1-3月	1-4月	1-5月	1-6月	1-7月	1-8月	1-9月	1-10月	1-11月	1-12月
合计	1288.94	1847.29	2678.15	3503.29	4125.77	4783.37	5346.75	5978.82	6683.90	7555.13
北京	40.90	50.63	65.94	133.88	145.61	177.93	210.80	226.00	281.58	306.43
天津	41.41	54.82	75.58	90.24	93.22	98.26	98.63	99.43	113.56	436.57
石家庄	46.41	75.16	115.48	141.58	152.73	155.15	171.13	199.21	228.36	217.29
太原	5.45	2.27	2.69	9.72	18.95	19.26	25.61	26.99	26.98	28.84
呼和浩特	20.33	40.61	77.77	145.31	175.73	187.32	216.45	319.33	319.51	322.94
沈阳	63.40	112.63	160.24	218.79	249.75	301.12	324.58	445.40	456.85	462.44
大连	35.19	46.12	52.77	64.52	75.89	116.02	126.05	147.00	153.89	154.66
长春	1.08	17.98	61.45	95.00	115.38	172.11	249.45	264.99	267.62	275.90
哈尔滨	13.15	20.49	63.58	89.04	123.83	158.06	173.32	185.92	257.53	273.75
上海	62.05	80.59	94.57	115.59	131.41	175.62	186.41	212.49	229.97	240.00
南京	36.06	72.66	99.70	105.15	112.93	118.95	120.48	129.66	147.14	170.82
无锡	58.13	92.27	123.60	191.31	225.96	265.07	269.74	288.29	299.03	385.94
苏州	67.80	79.95	133.65	112.34	163.01	180.62	199.64	217.98	224.87	233.68
杭州	45.59	62.55	76.69	108.17	128.71	149.37	162.07	173.49	218.34	234.21
宁波	88.75	93.81	100.33	125.56	139.52	151.27	163.89	169.56	189.61	224.23
温州	38.00	43.61	48.77	51.30	63.86	66.78	71.79	75.87	79.67	85.55
合肥	67.91	120.55	148.46	166.41	175.58	203.51	219.79	231.87	233.94	241.04
福州	29.43	31.20	47.79	47.18	66.81	85.26	138.37	141.22	155.84	155.35
厦门	26.21	31.81	37.80	45.98	48.30	56.34	51.57	55.72	58.54	63.58
南昌	47.57	60.99	64.89	73.60	76.43	82.24	85.67	89.25	95.02	99.17
济南	33.58	35.40	37.67	37.50	37.59	44.13	50.51	52.03	56.71	59.69
青岛	45.55	74.58	101.29	121.84	138.51	153.31	166.73	173.56	198.56	215.40
郑州	31.45	65.76	70.27	92.42	104.74	111.25	123.80	131.48	139.57	161.62
武汉	14.41	16.82	146.13	182.59	219.53	240.06	241.97	247.48	266.37	310.46
长沙	26.13	38.35	55.42	66.75	82.13	124.71	136.18	156.58	178.04	199.86
广州	35.19	64.01	69.28	107.29	117.70	122.19	137.87	129.72	138.94	141.66
深圳	12.43	16.02	20.90	24.77	30.00	32.39	35.29	40.82	57.98	64.46
南宁	7.07	10.96	15.99	36.13	39.79	42.02	48.28	49.91	70.31	75.02
北海	4.16	6.80	11.76	15.42	17.57	17.95	18.98	18.80	27.78	27.83
海口	4.31	4.31	15.62	18.52	18.52	21.66	21.66	21.70	25.03	26.03
三亚	1.36	1.36	3.44	3.44	3.44	3.53	4.66	6.49	6.49	6.59
重庆	160.09	189.79	271.29	369.46	424.02	453.52	491.03	532.55	610.02	708.12
成都	28.79	40.38	49.55	73.21	104.04	139.89	183.51	207.94	230.72	281.39
贵阳	23.15	25.67	41.37	47.97	61.34	65.66	92.26	125.31	139.88	142.22
昆明	5.62	23.46	43.22	66.49	86.90	101.49	112.19	125.39	213.91	221.89
西安	6.22	11.85	21.02	43.72	75.31	83.03	87.50	92.75	110.24	114.10
兰州	9.34	13.56	17.36	19.65	22.44	23.36	28.40	30.12	30.12	39.54
西宁	0.85	2.53	6.69	10.36	13.56	17.97	20.17	24.70	25.30	25.30
银川	4.41	12.77	22.40	28.60	37.54	50.71	62.12	92.40	96.65	98.03
乌鲁木齐	0.04	2.19	5.74	6.51	7.54	14.28	18.19	19.42	22.54	22.61

数据来源：国家统计局

表3-55　　全国四十重点城市2007～2011年商品房竣工面积

单位：万平方米

	2007	2008	2009	2010	2011
全国	58235.88	58502.01	70218.76	75960.97	89244.25
北京	2891.65	2557.99	2678.55	2386.71	2245.24
天津	1723.86	1769.23	1902.06	2098.55	2105.32
石家庄	176.35	212.11	268.20	499.05	1088.11
太原	114.60	154.25	149.83	129.58	226.37
呼和浩特	216.31	252.61	456.25	462.78	404.98
沈阳	1290.13	1291.65	1293.55	1393.22	2017.68
大连	428.31	748.56	549.65	570.97	949.38
长春	532.21	482.42	580.66	963.73	748.06
哈尔滨	698.24	467.28	529.32	500.78	526.75
上海	3380.12	2475.04	2104.98	1941.25	2240.62
南京	682.97	1058.58	1422.53	1039.57	1169.09
无锡	——	711.39	677.52	1001.65	813.33
苏州	——	1481.24	1488.10	1594.70	1280.55
杭州	947.77	893.24	763.95	1100.18	1135.00
宁波	634.07	777.69	665.08	642.47	881.10
温州	——	479.89	341.11	306.32	417.58
合肥	603.65	411.63	600.55	794.61	654.89
福州	474.07	256.19	485.90	345.81	588.93
厦门	378.59	618.27	711.08	680.41	605.41
南昌	371.01	331.06	365.21	399.12	440.23
济南	226.45	172.20	467.22	245.75	594.54
青岛	640.70	657.27	814.24	1020.51	905.86
郑州	665.41	691.78	642.97	944.62	1485.98
武汉	933.37	869.83	945.05	919.40	1064.06
长沙	699.90	745.38	1314.71	1392.55	1452.40
广州	853.71	943.76	961.24	1094.59	1263.20
深圳	630.46	629.73	402.01	344.43	343.36
南宁	419.77	436.57	439.71	519.41	512.45
北海	——	75.30	47.09	9.03	95.65
海口	130.02	109.49	80.03	111.40	33.17
三亚	——	66.56	119.18	130.03	86.85
重庆	2253.07	2367.94	2907.05	2626.59	3424.33
成都	1061.87	964.75	1636.85	1577.86	1573.20
贵阳	230.98	307.59	740.05	532.60	621.72
昆明	337.52	445.64	690.14	590.78	515.46
西安	483.30	353.88	542.81	463.65	633.97
兰州	228.05	144.00	215.09	206.97	175.97
西宁	161.03	210.67	146.23	195.75	417.57
银川	311.32	340.98	428.14	458.18	525.27
乌鲁木齐	270.58	300.38	339.95	253.90	303.90

数据来源：国家统计局

表3-56

全国四十重点城市2011年月度累计商品房竣工面积

单位：万平方米

	1-3月	1-4月	1-5月	1-6月	1-7月	1-8月	1-9月	1-10月	1-11月	1-12月
合计	5566.57	6935.94	8856.96	11252.84	13220.09	15002.86	17019.95	19349.14	22713.56	36567.53
北京	236.73	297.50	401.98	543.67	630.13	831.09	901.73	1095.94	1367.61	2245.24
天津	128.93	175.95	216.29	412.35	431.24	467.01	551.11	583.86	714.39	2105.32
石家庄	89.59	156.18	240.39	391.65	400.97	428.58	462.12	570.87	748.92	1088.11
太原	51.88	51.88	51.88	51.88	54.06	54.59	84.35	98.21	106.85	226.37
呼和浩特	27.50	40.86	52.89	88.02	90.66	95.94	102.82	235.79	352.04	404.98
沈阳	86.02	134.83	190.10	338.02	434.02	490.43	669.70	841.11	1012.63	2017.68
大连	161.64	208.90	247.52	329.09	365.25	371.96	439.14	449.35	477.22	949.38
长春	——	7.21	52.52	118.40	142.56	171.99	225.47	304.62	398.10	748.06
哈尔滨	1.85	6.47	28.19	34.71	44.77	66.91	102.19	116.59	163.19	526.75
上海	356.11	519.37	683.13	837.49	1036.09	1256.86	1440.08	1502.77	1672.19	2240.62
南京	193.25	281.07	353.15	422.59	512.65	541.57	587.42	606.77	723.47	1169.09
无锡	217.66	228.40	267.38	364.33	391.88	443.62	482.60	550.94	664.49	813.33
苏州	220.10	245.80	334.31	397.48	524.64	695.19	743.68	804.77	906.38	1280.55
杭州	203.32	255.77	317.87	423.35	531.63	600.23	644.02	694.12	747.93	1135.00
宁波	110.13	141.04	201.89	209.28	307.95	316.79	334.63	405.11	532.35	881.10
温州	93.00	134.07	165.27	171.90	185.65	190.09	222.25	236.62	245.65	417.58
合肥	104.56	117.50	146.85	240.55	290.06	343.68	428.64	477.47	542.55	654.89
福州	48.94	50.45	77.45	120.40	138.37	152.35	205.02	213.73	252.92	588.93
厦门	102.47	127.60	232.01	291.08	334.32	339.69	409.77	481.01	501.62	605.41
南昌	69.74	90.31	93.88	133.86	140.73	163.57	247.11	313.18	319.47	440.23
济南	110.56	111.56	134.51	140.70	163.93	186.36	279.19	300.90	323.84	594.54
青岛	102.92	150.97	183.71	268.37	313.15	379.92	428.23	447.52	561.03	905.86
郑州	45.95	67.10	95.84	164.05	241.07	282.48	305.88	402.96	416.04	1485.98
武汉	129.38	181.36	246.05	359.34	423.05	456.67	521.11	580.88	672.23	1064.06
长沙	417.63	496.84	675.26	777.91	858.84	918.91	937.53	1042.82	1204.29	1452.40
广州	205.83	221.55	239.74	269.66	330.09	349.71	386.77	460.38	631.02	1263.20
深圳	132.62	165.70	182.80	199.39	233.20	251.62	270.83	274.31	306.21	343.36
南宁	128.78	139.78	181.85	204.53	240.17	282.34	290.63	328.66	346.90	512.45
北海	9.44	23.39	26.83	32.64	39.18	48.51	51.83	59.76	68.53	95.65
海口	10.15	10.15	11.99	11.99	11.99	11.99	11.99	21.40	20.10	33.17
三亚	36.20	36.20	38.00	38.00	43.51	51.53	61.81	75.11	81.94	86.85
重庆	892.55	1066.49	1190.22	1405.18	1539.33	1636.53	1789.44	2073.19	2456.49	3424.33
成都	503.09	581.39	677.20	739.13	793.78	851.01	955.04	993.71	1102.35	1573.20
贵阳	35.14	36.42	88.72	108.95	201.16	263.26	277.97	282.90	295.30	621.72
昆明	157.18	162.19	162.48	166.53	254.32	300.83	337.90	375.89	382.14	515.46
西安	107.49	118.79	208.63	215.90	245.25	363.21	368.77	380.57	398.77	633.97
兰州	0.63	1.03	1.03	30.99	44.04	51.99	70.82	98.01	131.83	175.97
西宁	2.45	4.04	17.34	26.23	48.93	54.67	71.00	197.63	373.73	417.57
银川	19.23	26.78	54.84	75.51	78.57	100.78	170.04	207.78	287.06	525.27
乌鲁木齐	15.89	63.01	84.97	97.72	128.89	138.38	149.33	161.93	195.80	303.90

数据来源：国家统计局

表3-57　　全国四十重点城市2007～2011年住宅竣工面积

单位：万平方米

	2007	2008	2009	2010	2011
全国	47767.25	47749.73	57694.43	61215.72	71692.33
北京	1853.95	1462.39	1613.23	1498.48	1316.13
天津	1418.11	1462.39	1580.82	1603.65	1641.68
石家庄	162.89	184.31	216.71	429.00	882.51
太原	89.60	135.62	121.36	99.39	205.15
呼和浩特	199.46	224.43	369.33	349.09	334.03
沈阳	1090.60	1077.64	1075.75	1107.70	1637.41
大连	356.30	630.11	472.15	461.29	803.77
长春	469.34	414.34	503.76	798.54	622.9
哈尔滨	500.70	394.41	448.15	421.31	450.99
上海	2752.45	1763.33	1508.81	1396.05	1549.66
南京	578.56	891.17	1170.60	737.43	864.15
无锡	——	589.55	522.30	789.53	601.09
苏州	——	1131.91	1102.00	1117.16	923.61
杭州	772.09	693.54	582.14	802.29	770.09
宁波	398.92	552.49	422.41	371.09	512.5
温州	——	455.38	246.62	225.22	297.92
合肥	506.74	356.53	477.66	579.38	479.47
福州	411.80	227.07	423.59	294.57	505.87
厦门	241.36	373.99	475.62	433.63	370.92
南昌	347.39	297.09	326.61	314.04	381.43
济南	180.45	164.61	374.01	204.10	451.34
青岛	548.23	495.77	644.42	732.72	658.71
郑州	538.57	569.13	530.19	751.86	1237.84
武汉	811.62	768.23	824.58	733.48	921.98
长沙	583.09	631.34	1104.64	1160.47	1196.57
广州	674.85	673.92	715.68	774.69	831.68
深圳	434.70	443.77	269.54	251.11	247.29
南宁	344.41	352.04	361.03	433.34	408.49
北海	——	67.52	44.43	8.06	82.22
海口	111.78	84.05	71.71	79.71	28.13
三亚	——	64.60	113.92	110.67	74.66
重庆	1769.19	1951.35	2384.51	2179.81	2826.78
成都	862.71	817.90	1377.06	1301.21	1194.15
贵阳	184.54	255.00	641.83	410.89	457.07
昆明	263.99	369.16	585.71	455.19	416.28
西安	422.47	339.19	453.49	412.44	558.55
兰州	191.23	123.97	165.89	155.90	143.06
西宁	138.51	191.64	128.06	172.99	355.1
银川	257.17	261.78	342.64	338.64	403.77
乌鲁木齐	242.18	267.00	295.16	195.88	259.38

数据来源：国家统计局

表3-58　　全国四十重点城市2011年月度累计住宅竣工面积

单位：万平方米

	1-3月	1-4月	1-5月	1-6月	1-7月	1-8月	1-9月	1-10月	1-11月	1-12月
合计	4243.33	5266.20	6691.97	8520.63	9970.83	11322.07	12883.17	14685.78	17278.89	27904.35
北京	94.24	134.94	179.00	273.78	330.19	453.94	510.09	618.34	799.99	1316.13
天津	122.00	166.64	182.02	337.46	355.80	380.45	452.82	481.58	591.47	1641.68
石家庄	77.85	129.17	206.17	322.26	327.73	354.54	387.39	478.32	627.36	882.51
太原	48.63	48.63	48.63	48.63	50.53	50.96	79.54	92.22	98.46	205.15
呼和浩特	22.80	35.63	45.61	79.09	81.73	87.00	93.28	194.74	300.21	334.03
沈阳	59.47	102.19	152.04	266.58	354.42	407.43	505.70	654.58	815.40	1637.41
大连	146.59	182.94	217.69	280.85	312.37	316.52	381.71	391.82	411.94	803.77
长春	——	5.41	44.03	99.59	119.90	149.34	196.46	259.95	340.00	622.90
哈尔滨	1.26	5.17	26.88	32.31	40.15	57.23	89.67	101.56	137.59	450.99
上海	258.23	366.12	489.12	577.32	687.45	817.58	934.04	996.32	1111.70	1549.66
南京	155.70	206.50	257.37	301.25	379.56	399.63	437.71	451.46	528.49	864.15
无锡	172.46	173.30	200.40	277.49	299.47	343.77	376.56	420.47	514.15	601.09
苏州	150.37	170.94	217.80	268.15	349.52	474.10	519.28	560.81	634.61	923.61
杭州	158.45	194.60	220.37	304.07	377.75	424.87	461.52	495.39	530.44	770.09
宁波	73.09	96.85	135.74	136.89	192.60	192.97	205.42	255.76	307.02	512.50
温州	70.13	97.73	121.71	126.96	136.56	139.77	165.22	171.90	176.21	297.92
合肥	75.06	86.38	110.53	140.66	178.05	217.25	286.29	329.68	389.14	479.47
福州	41.69	42.93	68.80	110.73	114.98	126.99	169.89	176.77	214.64	505.87
厦门	66.71	64.47	124.63	175.86	209.46	211.54	244.95	284.31	297.31	370.92
南昌	54.13	74.29	77.87	112.63	119.24	137.57	218.93	275.71	279.47	381.43
济南	89.87	90.87	111.85	117.61	139.38	155.91	222.72	243.52	255.02	451.34
青岛	78.03	120.26	144.87	191.62	232.10	285.25	324.64	341.78	427.96	658.71
郑州	43.61	58.59	80.09	137.69	201.51	238.92	261.11	323.72	330.17	1237.84
武汉	101.83	149.62	212.92	314.40	365.36	408.86	440.06	477.19	539.54	921.98
长沙	348.95	416.67	564.30	639.91	708.73	763.85	772.73	866.04	1005.16	1196.57
广州	118.56	127.92	139.74	160.09	195.85	206.03	237.86	296.64	403.14	831.68
深圳	91.45	119.46	130.88	141.38	175.19	188.41	207.62	211.10	226.63	247.29
南宁	107.27	116.82	149.11	169.59	191.63	223.34	230.45	257.17	270.37	408.49
北海	8.96	22.48	25.93	31.13	35.63	43.18	46.10	53.70	57.15	82.22
海口	10.15	10.15	11.78	11.78	11.78	11.78	11.78	18.86	23.76	28.13
三亚	26.92	26.92	28.11	28.11	33.01	40.95	49.94	63.25	69.95	74.66
重庆	719.92	847.66	947.47	1143.24	1253.29	1325.55	1436.65	1671.74	2006.67	2826.78
成都	357.42	416.06	488.13	542.78	591.39	633.83	719.62	751.05	837.78	1194.15
贵阳	26.14	27.02	70.91	88.89	138.14	183.94	196.95	201.16	211.53	457.07
昆明	132.30	134.47	134.76	137.47	202.73	239.40	270.21	291.53	297.67	416.28
西安	97.87	108.93	187.66	194.09	221.58	338.78	344.29	347.27	362.31	558.55
兰州	0.63	1.03	1.03	27.98	37.08	43.56	60.56	85.31	115.70	143.06
西宁	2.29	3.68	14.32	22.91	39.80	44.70	60.53	177.43	329.63	355.10
银川	18.72	25.57	46.99	61.20	64.26	79.14	138.99	170.07	235.71	403.77
乌鲁木齐	13.57	54.16	74.74	86.22	114.92	123.25	133.88	145.59	167.49	259.38

数据来源：国家统计局

表3-59　　全国四十重点城市2007～2011年办公用房竣工面积

单位：万平方米

	2007	2008	2009	2010	2011
全国	1511.34	1647.97	1606.55	1748.44	2179.42
北京	314.83	364.60	316.59	198.42	245.17
天津	49.54	48.18	83.67	102.42	146.72
石家庄	1.20	8.29	2.73	12.04	23.09
太原	7.61	2.53	5.15	5.30	1.00
呼和浩特	4.60	6.26	30.32	16.58	9.21
沈阳	40.04	26.58	15.42	21.12	25.54
大连	8.68	8.08	7.84	23.25	28.93
长春	9.36	13.20	5.29	7.63	8.79
哈尔滨	13.98	2.74	3.88	4.60	3.88
上海	138.89	205.67	135.02	1150.69	174.33
南京	30.88	28.12	24.07	54.36	51.64
无锡	——	10.84	21.48	21.49	34.90
苏州	——	35.29	30.44	85.64	37.01
杭州	40.76	41.61	25.07	61.34	103.92
宁波	60.93	44.76	45.36	61.28	80.19
温州	——	16.11	8.61	2.64	14.46
合肥	35.17	17.78	42.35	35.35	35.99
福州	2.62	2.18	5.00	1.38	3.60
厦门	43.91	66.04	25.70	25.14	44.70
南昌	5.35	2.58	0.08	15.53	3.91
济南	7.55	0.58	52.32	4.21	45.89
青岛	17.91	31.23	32.35	36.41	21.31
郑州	34.41	39.59	17.06	35.89	45.74
武汉	37.18	20.51	17.53	32.39	24.05
长沙	5.24	12.15	28.34	17.59	18.12
广州	34.87	84.37	44.68	64.83	122.21
深圳	32.38	27.55	25.05	32.05	20.97
南宁	6.29	6.38	4.78	10.07	3.05
北海	——	0.43	0.06	——	——
海口	3.62	2.80	——	10.90	——
三亚	——	——	——	0.68	0.13
重庆	45.17	45.18	46.36	30.03	44.77
成都	16.72	13.28	35.04	26.10	48.15
贵阳	5.16	4.54	16.88	8.89	26.80
昆明	11.43	13.22	22.48	8.85	24.62
西安	10.96	3.10	24.09	7.63	11.34
兰州	2.14	6.49	11.21	4.07	7.08
西宁	3.70	——	1.54	3.86	4.21
银川	7.97	15.73	11.54	15.27	21.14
乌鲁木齐	4.36	2.02	10.69	10.63	6.16

数据来源：国家统计局

表3-60　　全国四十重点城市2011年月度累计办公用房竣工面积

单位：万平方米

	1-3月	1-4月	1-5月	1-6月	1-7月	1-8月	1-9月	1-10月	1-11月	1-12月
合计	265.53	342.65	452.47	541.32	629.95	696.40	781.22	857.77	990.82	1572.73
北京	48.83	49.32	81.19	86.25	92.62	101.76	124.28	137.80	167.92	245.17
天津	0.21	0.21	0.21	0.21	0.22	0.22	5.25	5.25	5.43	146.72
石家庄		5.42	5.42	6.28	6.52	6.52	6.52	6.52	7.88	23.09
太原										1.00
呼和浩特			0.05	0.05	0.05	0.05	0.05	7.40	9.21	9.21
沈阳	4.11	4.16	4.16	4.16	4.73	4.73	9.53	9.72	10.46	25.54
大连	0.18	0.18	0.18	0.18	0.18	2.75	3.10	3.10	5.53	28.93
长春	——	——	——	1.23	1.23	1.23	1.85	5.77	5.88	8.79
哈尔滨	——	——	——	——	——	0.36	0.36	0.36	2.21	3.88
上海	23.95	42.77	60.37	82.96	101.17	125.35	136.93	136.98	158.89	174.33
南京	13.60	27.55	31.99	37.47	37.74	38.48	38.70	39.17	41.20	51.64
无锡	18.69	22.91	24.66	27.00	27.00	28.05	28.05	28.05	33.77	34.90
苏州	12.75	10.84	15.75	18.24	20.47	32.19	32.19	33.85	34.51	37.01
杭州	10.08	15.55	34.70	34.70	47.42	50.46	50.46	56.75	60.17	103.92
宁波	3.60	3.84	5.95	10.86	19.95	25.44	27.13	27.13	43.19	80.19
温州	0.05	1.16	1.18	1.18	1.18	1.18	1.18	4.25	5.16	14.46
合肥	15.48	16.04	18.82	35.19	37.44	37.60	38.88	38.88	38.88	35.99
福州	1.57	1.57	1.57	1.57	1.57	1.57	1.78	1.78	1.78	3.60
厦门	8.06	26.98	33.94	33.94	36.77	38.94	39.13	41.79	41.79	44.70
南昌	——	0.20	0.20	2.93	2.93	2.93	2.93	3.91	3.91	3.91
济南	6.14	6.14	6.14	6.14	6.14	6.14	6.14	6.14	11.73	45.89
青岛	9.30	9.30	9.69	9.69	9.72	9.72	9.78	10.11	12.68	21.31
郑州	——	——	——	7.13	7.13	7.13	7.13	22.27	22.27	45.74
武汉	0.62	2.02	2.06	2.98	2.98	2.98	14.91	16.47	24.60	24.05
长沙	4.11	4.11	4.25	11.74	12.01	12.03	12.62	12.65	13.49	18.12
广州	36.43	38.43	41.63	44.78	47.13	47.13	47.13	47.13	73.55	122.21
深圳	8.46	8.46	13.07	13.07	13.07	13.07	13.07	13.07	13.07	20.97
南宁	1.20	1.20	1.20	1.20	1.86	1.86	1.86	1.86	1.85	3.05
北海	——	——	——	——	——	——	——	——	——	——
海口	0.12	——	——	——	——	——	——	——	——	——
三亚	6.09	0.12	0.12	0.12	0.12	0.12	0.12	0.12	0.13	0.13
重庆	20.64	10.63	15.49	15.89	17.37	17.37	40.12	41.51	38.17	44.77
成都	5.02	22.14	27.05	28.05	29.35	32.95	33.32	36.02	36.02	48.15
贵阳	——	5.17	5.17	5.17	15.26	15.11	15.11	15.16	15.16	26.80
昆明	6.22	——	——	——	16.50	16.50	16.50	24.07	24.07	24.62
西安	——	6.22	6.22	6.22	6.28	6.28	6.28	8.38	9.50	11.34
兰州	——	——	——	——	1.07	1.07	1.17	1.17	1.17	7.08
西宁	——	——	0.05	0.35	0.35	0.35	0.85	6.34	4.09	4.21
银川	——	——	——	4.39	4.39	6.79	6.79	6.79	8.82	21.14
乌鲁木齐	——	——	——	——	——	——	——	——	2.65	6.16

数据来源：国家统计局

表3-61　　全国四十重点城市2007～2011年商业用房竣工面积

单位：万平方米

	2007	2008	2009	2010	2011
全国	5923.40	5488.58	6515.36	7931.40	9045.27
北京	315.10	313.11	322.45	271.92	232.43
天津	133.59	187.72	115.85	235.29	154.27
石家庄	9.74	18.97	16.34	39.29	115.77
太原	14.38	7.99	17.32	19.14	12.85
呼和浩特	10.90	16.16	33.65	72.84	44.80
沈阳	109.95	127.31	164.77	202.86	261.89
大连	29.49	54.85	42.26	55.31	72.11
长春	34.47	40.91	50.19	99.43	61.09
哈尔滨	142.19	50.72	51.23	48.61	37.63
上海	256.46	221.56	201.05	176.41	231.80
南京	34.28	74.47	104.38	116.20	105.95
无锡	——	70.52	96.69	125.25	118.33
苏州	——	197.77	230.49	249.88	180.34
杭州	75.07	48.58	60.57	96.59	89.27
宁波	83.50	51.57	58.95	73.19	82.41
温州	——	35.77	38.05	26.75	40.61
合肥	28.91	13.97	56.95	120.77	92.16
福州	32.77	9.36	17.33	23.37	31.28
厦门	33.64	56.36	41.63	31.88	59.83
南昌	13.22	24.53	32.20	51.43	41.47
济南	26.09	4.04	21.87	17.98	41.10
青岛	47.02	55.40	76.14	154.50	120.01
郑州	56.25	55.48	59.83	79.20	123.84
武汉	56.76	43.93	40.58	96.44	69.34
长沙	59.13	54.70	69.28	68.21	85.93
广州	67.63	72.65	86.26	131.46	110.86
深圳	73.74	59.79	32.20	25.27	36.39
南宁	24.07	36.68	21.66	25.93	51.80
北海	——	5.97	1.31	0.97	8.80
海口	10.18	12.13	4.91	10.53	1.78
三亚	——	0.70	1.35	8.89	8.64
重庆	270.47	215.56	258.40	229.44	298.79
成都	105.36	55.59	64.56	80.84	109.59
贵阳	27.21	30.41	40.75	58.20	64.59
昆明	31.42	29.44	54.84	55.69	36.94
西安	40.57	10.12	54.79	23.82	44.74
兰州	19.41	7.06	23.09	31.37	17.56
西宁	17.37	15.16	14.40	15.32	34.11
银川	36.26	52.83	57.05	65.88	66.59
乌鲁木齐	17.43	19.14	15.96	28.48	17.37

数据来源：国家统计局

表3-62　　全国四十重点城市2011年月度累计商业用房竣工面积

单位：万平方米

	1-3月	1-4月	1-5月	1-6月	1-7月	1-8月	1-9月	1-10月	1-11月	1-12月
合计	509.98	656.75	838.03	1082.93	1306.56	1487.27	1645.26	1914.79	2190.36	3415.06
北京	45.62	53.87	64.24	72.08	86.79	103.21	94.05	123.53	145.54	232.43
天津	5.27	7.18	32.14	35.28	35.36	42.44	47.55	48.51	54.66	154.27
石家庄	2.55	6.23	13.04	41.33	44.23	44.96	45.62	58.47	78.34	115.77
太原	1.65	1.65	1.65	1.65	1.93	2.03	2.30	2.58	4.61	12.85
呼和浩特	1.32	1.59	1.71	3.36	3.36	3.36	3.72	22.55	25.99	44.80
沈阳	22.11	25.72	26.87	59.91	62.78	66.19	118.08	135.32	143.96	261.89
大连	10.96	18.32	21.04	36.84	37.94	37.94	38.55	38.65	41.83	72.11
长春	——	1.50	4.37	12.37	13.57	13.57	16.16	25.06	36.24	61.09
哈尔滨	——	0.28	0.28	0.28	2.08	5.74	6.94	8.86	12.17	37.63
上海	31.91	49.91	57.73	74.64	116.07	157.30	169.81	181.89	190.95	231.80
南京	7.68	26.76	30.75	39.37	47.08	51.27	53.65	58.34	68.83	105.95
无锡	25.64	31.32	39.56	41.55	44.66	45.77	48.49	68.28	72.23	118.33
苏州	35.83	39.96	63.63	72.43	93.18	112.26	113.74	122.14	133.70	180.34
杭州	9.18	13.28	19.29	23.23	30.34	35.70	36.72	45.35	47.72	89.27
宁波	10.96	13.03	21.78	22.02	29.49	31.24	32.34	36.62	63.02	82.41
温州	7.47	14.70	17.57	17.86	19.33	20.32	22.75	25.26	26.43	40.61
合肥	12.68	13.09	14.35	55.83	61.05	69.40	71.21	76.56	78.93	92.16
福州	1.07	1.14	1.22	1.41	13.33	13.85	18.11	18.77	18.90	31.28
厦门	5.77	5.86	12.04	12.50	14.61	14.92	37.44	53.06	58.29	59.83
南昌	14.78	14.98	14.98	16.67	16.92	21.01	23.20	29.59	32.13	41.47
济南	10.70	10.70	11.17	11.35	12.81	13.40	21.00	21.64	23.95	41.10
青岛	10.69	13.73	19.48	37.92	40.86	50.18	56.01	57.46	69.05	120.01
郑州	1.32	7.48	13.12	16.57	22.28	25.60	26.06	37.02	41.15	123.84
武汉	7.50	9.61	11.85	17.67	18.25	20.20	27.31	46.70	54.75	69.34
长沙	17.91	17.96	30.17	37.50	42.52	44.59	44.73	48.41	59.62	85.93
广州	18.75	21.03	21.26	24.11	32.12	32.55	33.99	38.88	47.34	110.86
深圳	12.94	17.88	18.35	23.10	23.10	24.79	24.79	24.79	32.21	36.39
南宁	12.64	13.49	15.15	15.64	25.99	28.94	29.14	36.97	37.65	51.80
北海	0.14	0.44	0.44	0.77	1.66	2.39	2.72	2.98	8.30	8.80
海口	——	——	0.22	0.22	0.22	0.22	0.22	0.45	1.45	1.78
三亚	6.82	6.82	6.82	6.82	6.96	7.04	8.33	8.33	8.45	8.64
重庆	101.41	128.26	142.57	152.53	164.42	181.42	189.33	214.10	236.77	298.79
成都	39.92	47.09	51.63	53.36	55.26	59.58	64.72	66.11	69.18	109.59
贵阳	2.60	2.72	2.82	3.06	33.57	38.87	39.25	39.88	40.23	64.59
昆明	9.64	11.44	11.44	12.54	15.07	22.67	26.83	30.21	30.32	36.94
西安	3.40	3.64	9.76	10.60	11.63	12.40	12.44	18.17	19.06	44.74
兰州	——	——	——	2.86	4.48	5.21	6.80	8.48	9.74	17.56
西宁	0.16	0.36	2.88	2.88	7.57	8.14	8.14	9.84	28.48	34.11
银川	0.37	0.67	7.28	9.09	9.09	11.19	17.40	19.29	24.86	66.59
乌鲁木齐	0.60	3.06	3.35	3.74	4.60	5.41	5.62	5.72	13.33	17.37

数据来源：国家统计局

十一、全国四十重点城市房地产销售数据

表3-63　　全国四十重点城市2007～2011年商品房销售面积

单位：万平方米

	2007	2008	2009	2010	2011
全国	76192.70	62088.94	93713.00	104349.11	109945.56
北京	2176.57	1335.37	2362.25	1639.53	1440.04
天津	1552.26	1252.04	1590.02	1564.52	1643.11
石家庄	369.15	292.65	340.66	469.31	900.27
太原	161.80	169.17	183.04	258.82	206.16
呼和浩特	225.89	331.08	374.99	471.60	576.37
沈阳	1462.04	1465.05	1532.93	1746.52	2178.15
大连	828.24	821.93	1152.68	1215.33	910.24
长春	508.51	571.41	715.72	863.08	880.95
哈尔滨	748.95	586.13	704.06	881.75	953.10
上海	3694.96	2296.12	3372.45	2055.53	1771.30
南京	1137.88	699.34	1187.27	823.17	767.70
无锡	——	537.35	1007.93	1008.23	654.41
苏州	——	1007.36	2181.01	1453.54	1155.92
杭州	1150.66	716.38	1441.18	988.34	829.81
宁波	767.21	434.12	815.18	688.34	641.25
温州	——	173.33	313.96	228.46	135.51
合肥	1028.35	921.90	1297.95	1004.91	1246.60
福州	645.63	344.10	690.13	597.83	622.18
厦门	497.70	408.04	529.29	426.77	438.26
南昌	478.99	335.48	494.69	520.84	498.80
济南	318.13	361.42	439.77	531.49	594.06
青岛	833.29	769.15	1261.86	1360.69	1027.95
郑州	1097.90	699.64	1200.61	1558.72	1556.71
武汉	1135.41	732.07	1086.99	1207.97	1323.51
长沙	985.09	822.59	1407.30	1680.21	1500.17
广州	1473.59	1079.68	1375.42	1405.13	1251.48
深圳	555.11	466.71	762.15	465.59	512.15
南宁	628.84	484.79	731.74	666.48	696.48
北海	——	107.15	175.55	179.63	161.52
海口	172.99	168.93	190.68	209.76	225.55
三亚	——	77.27	114.51	140.83	163.69
重庆	3552.92	2872.19	4002.89	4314.39	4533.50
成都	2243.27	1273.54	2693.10	2559.28	2713.45
贵阳	436.62	412.56	818.16	801.56	828.29
昆明	912.76	560.16	821.93	1242.48	1114.92
西安	833.92	758.84	1256.02	1587.81	1796.03
兰州	268.98	178.35	241.89	228.21	184.61
西宁	139.55	105.46	154.68	217.10	260.83
银川	299.70	253.81	437.71	464.94	390.35
乌鲁木齐	446.46	263.63	479.15	431.78	439.80

数据来源：国家统计局

表3-64　　全国四十重点城市2011年月度累计商品房销售面积

单位：万平方米

	1–3月	1–4月	1–5月	1–6月	1–7月	1–8月	1–9月	1–10月	1–11月	1–12月
合计	7062.22	9579.38	12453.03	16346.58	19168.60	22129.21	25951.1	29012.48	32428.85	39725.17
北京	264.87	365.27	451.46	554.97	673.07	787.24	915.84	1007.49	1107.83	1440.04
天津	304.19	415.07	563.72	671.37	744.49	855.78	1004.32	1149.99	1270.76	1643.11
石家庄	119.65	165.74	239.67	397.84	404.08	492.03	588.27	639.93	742.82	900.27
太原	28.04	37.58	48.9	64.38	81.51	108.66	129.57	154.47	176.58	206.16
呼和浩特	19.34	60.53	97.35	133.63	171.97	246.42	287.56	402.77	510.82	576.37
沈阳	224.21	340.63	517.63	831.74	1031.65	1213.35	1456.13	1629.46	1856.67	2178.15
大连	122.46	204.68	270.75	409.08	453.21	526.12	612.55	672.99	724.05	910.24
长春	20.77	68.85	118.64	210.16	298.66	380.66	449.89	542.69	616.87	880.95
哈尔滨	32.89	105.75	187.19	325.63	410.04	475.5	568.59	640.23	719.00	953.10
上海	371.28	526.55	699.69	869.87	1035.22	1185.5	1306.75	1417.54	1497.96	1771.30
南京	164.31	221.22	301.16	374.98	418.72	462.16	542.20	601.44	660.31	767.70
无锡	164.59	212.73	262.6	308.16	365.34	406.16	456.88	514.07	568.29	654.41
苏州	280.72	388.94	488.51	596.73	708.94	791.29	874.46	972.52	1066.32	1155.92
杭州	184.59	236.36	299.15	349.68	407.24	452.5	523.25	571.03	627.75	829.81
宁波	120.22	149.51	182.09	232.95	283.69	316.03	389.71	424.49	456.56	641.25
温州	40.34	45.76	56.91	61.96	71.97	93.24	97.90	105.18	116.99	135.51
合肥	312.35	380.73	450.03	525.17	588.25	790.33	906.67	1004.16	1091.58	1246.60
福州	126.34	167.37	202.77	283.47	319.46	361.07	441.86	468.64	521.35	622.18
厦门	98.26	130.98	168.07	198.06	224.90	255.4	297.19	344.96	372.31	438.26
南昌	75.62	108.36	142.84	185.31	239.84	285.16	365.42	400.41	422.82	498.80
济南	96.85	121.57	159.53	219.73	276.25	337.64	417.06	491.4	548.88	594.06
青岛	186.99	244.81	310.29	414.62	486.66	569.76	737.79	806.43	889.82	1027.95
郑州	197.61	281.89	360.93	505.79	581.43	680.82	847.23	959.74	1119.34	1556.71
武汉	211.78	300.36	348.96	453.5	497.95	555.79	637.72	701.26	828.00	1323.51
长沙	372.77	518	665.09	795.16	931.53	1033.98	1144.61	1241.22	1374.74	1500.17
广州	248.17	319.34	404.79	524.95	633.41	729.31	880.59	969.05	1073.51	1251.48
深圳	119.55	146	166.83	205.89	233.97	270.76	300.33	349.17	400.82	512.15
南宁	138.77	173.36	227.89	311.46	344.09	403.71	476.97	518.4	575.48	696.48
北海	22.65	29.82	47.77	59.17	64.76	76.18	95.18	106.06	111.25	161.52
海口	42.1	42.1	65.39	75.89	88.74	100.36	137.46	158.29	187.13	225.55
三亚	34.34	34.34	50	56.61	64.15	72.33	93.17	132.84	155.37	163.69
重庆	899.05	1198.16	1488.03	1906.61	2219.52	2500.52	2918.02	3272.43	3687.11	4533.50
成都	560.64	685.47	931.47	1195.67	1441.06	1614.36	1815.41	2035.12	2340.75	2713.45
贵阳	173.04	205.13	265.52	382.13	453.02	530.98	607.45	661.24	707.83	828.29
昆明	303.77	326.52	358.38	479.45	491.56	539.16	633.23	667.94	697.54	1114.92
西安	215.19	332.72	467.5	676.54	803.61	924.91	1149.25	1314.57	1495.63	1796.03
兰州	35.01	47.72	57.2	76.77	89.61	100.73	124.81	134.39	154.53	184.61
西宁	34.02	64.32	85.38	115.86	141.69	154.07	206.37	227.89	254.62	260.83
银川	40.87	78.08	107.73	134.37	165.13	187.38	209.32	250.69	295.22	390.35
乌鲁木齐	54.01	97.06	135.23	171.3	228.21	261.85	304.13	349.9	403.60	439.80

数据来源：国家统计局

表3-65

全国四十重点城市2007～2011年住宅销售面积

单位：万平方米

	2007	2008	2009	2010	2011
全国	69103.79	55886.47	85294.42	93051.56	97030.26
北京	1731.48	1031.43	1880.45	1201.39	1034.96
天津	1405.51	1135.35	1461.47	1352.61	1454.84
石家庄	353.38	286.51	324.44	446.43	769.38
太原	146.97	147.43	168.67	235.49	181.19
呼和浩特	213.33	307.34	309.10	394.46	511.14
沈阳	1358.11	1307.18	1369.31	1516.06	1952.14
大连	783.91	770.07	1093.41	1126.68	833.42
长春	468.76	517.42	653.91	786.19	786.62
哈尔滨	667.81	503.89	626.70	809.89	881.62
上海	3279.17	1965.86	2928.04	1685.35	1473.72
南京	1064.52	655.27	1114.03	754.82	680.89
无锡	——	456.96	883.33	1008.23	529.07
苏州	——	830.26	1881.86	1453.54	941.19
杭州	1042.82	627.48	1300.99	797.59	682.43
宁波	631.47	343.74	651.97	492.59	444.34
温州	——	141.12	272.50	228.46	113.38
合肥	939.23	863.01	1180.33	863.86	1066.31
福州	592.53	320.68	648.28	531.10	536.87
厦门	369.56	169.64	401.30	238.68	263.77
南昌	460.34	326.46	463.63	489.30	435.69
济南	289.41	320.32	403.50	477.31	536.79
青岛	769.73	689.78	1151.15	1209.87	917.54
郑州	1005.20	625.27	1085.14	1428.61	1300.67
武汉	1069.89	683.24	1041.39	1091.49	1169.26
长沙	934.68	767.12	1358.48	1624.04	1385.56
广州	1280.87	933.05	1253.60	1111.66	1027.31
深圳	500.35	413.65	717.39	413.80	482.85
南宁	585.47	443.47	685.08	601.83	598.85
北海	——	101.71	168.88	179.63	157.49
海口	163.87	161.60	182.29	199.70	196.83
三亚	——	76.95	113.80	140.83	162.35
重庆	3310.13	2669.93	3771.22	3986.31	4063.42
成都	2101.73	1191.36	2531.99	2289.92	2320.29
贵阳	405.65	390.56	760.39	733.55	733.72
昆明	847.63	494.32	751.22	1097.42	928.33
西安	782.91	710.47	1202.12	1523.24	1687.08
兰州	255.28	170.75	221.97	206.81	164.22
西宁	133.05	100.78	148.08	206.78	250.27
银川	264.50	222.69	382.75	404.32	318.36
乌鲁木齐	422.58	236.10	453.95	394.89	396.91

数据来源：国家统计局

表3-66　　全国四十重点城市2011年月度累计住宅销售面积

单位：万平方米

	1–3月	1–4月	1–5月	1–6月	1–7月	1–8月	1–9月	1–10月	1–11月	1–12月
合计	6190.39	8369.53	10902.06	14315.97	16769.91	19357.73	22641.43	25299.17	28247.51	34371.09
北京	192.22	259.57	312.32	389.23	473.49	541.92	632.07	696.71	772.12	1034.96
天津	270.58	365.85	484.06	577.37	643.34	738.72	877.48	1011.90	1117.75	1454.84
石家庄	94.17	139.55	208.13	338.12	339.20	416.87	499.10	544.73	639.40	769.38
太原	23.61	32.45	42.04	56.53	71.85	97.26	116.00	138.25	157.69	181.19
呼和浩特	19.03	56.02	92.05	126.52	162.27	222.99	262.49	363.15	462.90	511.14
沈阳	194.00	292.90	456.97	748.36	933.80	1100.84	1331.80	1492.52	1693.03	1952.14
大连	109.06	186.01	247.06	372.27	413.30	483.28	566.53	624.71	671.09	833.42
长春	17.14	59.75	104.73	187.38	264.44	341.71	405.05	492.97	559.93	786.62
哈尔滨	27.44	96.27	175.51	308.13	386.73	448.48	538.11	607.06	680.13	881.62
上海	305.55	426.70	561.99	711.22	857.91	970.43	1062.58	1144.83	1211.70	1473.72
南京	150.49	197.23	263.06	326.73	362.15	402.78	476.05	531.59	584.66	680.89
无锡	129.83	169.61	209.90	249.59	290.35	325.52	367.39	415.27	461.15	529.07
苏州	217.99	307.84	387.63	476.88	560.16	632.09	702.28	789.82	871.17	941.19
杭州	159.10	199.54	253.34	292.81	342.19	375.42	431.67	469.64	512.46	682.43
宁波	94.05	112.16	139.25	168.40	194.44	217.41	252.83	274.71	298.98	444.34
温州	35.93	39.56	50.32	54.71	61.49	78.05	80.95	87.25	97.89	113.38
合肥	279.30	337.79	400.08	459.06	509.92	693.54	801.32	874.91	944.16	1066.31
福州	116.89	155.09	184.92	241.69	275.72	315.08	383.97	408.56	448.35	536.87
厦门	63.53	73.91	94.18	118.41	137.61	160.57	181.96	211.61	230.43	263.77
南昌	66.43	98.39	129.23	168.65	214.46	252.21	320.32	353.57	374.53	435.69
济南	85.68	107.45	140.74	197.46	249.89	305.01	374.47	443.56	498.46	536.79
青岛	162.22	216.00	274.15	368.19	435.33	508.29	663.82	723.83	801.44	917.54
郑州	185.53	255.26	316.55	443.47	505.74	592.62	718.79	800.82	948.48	1300.67
武汉	193.13	278.41	326.34	421.82	451.16	514.58	583.29	647.07	742.39	1169.26
长沙	350.81	489.99	632.52	744.15	877.39	969.99	1077.48	1166.67	1289.14	1385.56
广州	208.12	265.99	338.20	443.88	533.38	613.27	734.39	811.17	887.57	1027.31
深圳	111.43	137.17	156.82	188.32	215.79	250.84	279.86	324.16	374.97	482.85
南宁	130.06	159.97	207.19	281.97	310.38	365.67	417.42	454.32	501.00	598.85
北海	22.53	29.66	47.50	58.82	64.35	74.91	93.58	102.83	107.87	157.49
海口	40.11	40.11	62.55	72.56	85.14	96.01	125.66	146.18	161.69	196.83
三亚	34.16	34.16	49.81	56.41	63.95	71.70	92.27	131.90	154.37	162.35
重庆	842.56	1119.69	1389.69	1755.95	2041.20	2300.73	2682.29	2989.08	3350.32	4063.42
成都	491.95	596.62	819.93	1050.32	1265.88	1410.82	1570.91	1752.77	2001.22	2320.29
贵阳	155.62	184.60	236.26	343.25	410.62	474.02	535.63	581.99	622.64	733.72
昆明	256.99	275.11	319.02	425.81	435.47	475.22	547.15	574.31	598.90	928.33
西安	202.69	313.90	443.50	644.77	763.46	880.20	1086.19	1239.89	1414.72	1687.08
兰州	33.20	44.89	53.54	72.31	83.58	93.01	114.09	121.90	140.51	164.22
西宁	32.14	60.37	80.98	108.31	133.86	145.85	196.86	218.10	244.34	250.27
银川	32.67	60.31	81.53	103.83	131.62	150.90	169.18	206.13	243.31	318.36
乌鲁木齐	52.14	93.42	128.45	162.29	216.91	248.93	288.15	328.71	374.66	396.91

数据来源：国家统计局

表3-67　　全国四十重点城市2007～2011年办公用房销售面积

单位：万平方米

	2007	2008	2009	2010	2011
全国	1454.19	1110.67	1513.30	1882.00	2007.90
北京	265.67	139.37	255.77	208.15	211.42
天津	42.95	29.30	29.55	35.29	42.80
石家庄	2.97	0.27	1.47	8.15	12.10
太原	8.41	9.63	5.17	4.04	7.44
呼和浩特	3.92	4.35	8.86	8.76	14.64
沈阳	10.46	15.67	15.40	25.07	12.19
大连	3.63	4.24	7.94	19.96	5.70
长春	4.59	7.29	4.42	4.04	7.88
哈尔滨	6.01	2.63	12.83	2.54	2.26
上海	150.93	145.87	203.00	162.89	147.40
南京	34.49	15.34	23.53	14.78	38.28
无锡	——	10.74	15.31	29.18	29.14
苏州	——	17.52	59.86	66.51	38.42
杭州	51.71	49.43	71.73	102.33	70.36
宁波	47.68	25.37	57.06	67.39	66.91
温州	——	13.80	11.27	6.67	5.24
合肥	36.92	20.85	40.16	65.30	52.49
福州	1.37	2.58	3.55	18.00	30.23
厦门	70.02	56.25	22.00	54.75	50.24
南昌	1.85	0.66	5.79	12.57	16.36
济南	4.46	19.56	8.21	23.38	16.05
青岛	22.25	16.77	31.17	27.80	15.82
郑州	37.30	31.54	54.25	50.94	130.46
武汉	7.73	7.81	9.61	20.88	25.10
长沙	13.38	8.75	10.99	11.39	37.93
广州	67.73	57.77	47.26	112.28	115.76
深圳	20.87	5.59	19.63	15.00	9.90
南宁	8.96	4.45	4.73	11.06	10.87
北海	——	0.66	——	——	0.08
海口	4.47	1.34	3.22	5.44	1.81
三亚	——	——	——	——	——
重庆	39.20	34.87	29.15	62.60	43.88
成都	36.79	24.49	57.86	77.90	79.89
贵阳	13.66	6.70	19.77	23.05	22.70
昆明	9.40	19.15	19.81	18.31	39.82
西安	28.11	29.62	18.23	35.46	31.58
兰州	2.28	2.57	4.87	3.71	7.28
西宁	1.60	0.92	1.38	1.00	0.38
银川	9.57	6.18	10.38	13.73	8.81
乌鲁木齐	6.56	3.72	4.16	11.31	11.02

数据来源：国家统计局

表3-68　　全国四十重点城市2011年月度累计办公用房销售面积

单位：万平方米

	1-3月	1-4月	1-5月	1-6月	1-7月	1-8月	1-9月	1-10月	1-11月	1-12月
合计	268.66	375.90	473.31	608.07	709.26	838.25	1015.09	1112.79	1212.34	1470.66
北京	32.53	44.08	63.66	73.89	92.37	125.19	152.12	169.14	182.07	211.42
天津	2.5	7.53	9.22	19.05	19.64	20.49	19.09	19.44	22.52	42.80
石家庄	4.89	4.89	4.89	5.04	5.84	6.07	7.06	7.44	8.2	12.10
太原	2.32	2.88	3.59	3.98	4.68	4.79	5.90	7.06	7.22	7.44
呼和浩特	0.21	3.22	3.22	4.19	4.45	7.23	7.23	12.14	13.94	14.64
沈阳	1.68	3.18	4.09	5.85	6.03	6.81	8.10	8.24	8.46	12.19
大连	2.86	3.22	3.26	3.26	3.26	3.33	3.46	3.46	3.46	5.70
长春	0.02	0.44	0.44	4.87	5.68	5.69	5.78	5.86	6.17	7.88
哈尔滨	——	——	——	——	0.06	——	——	——	0.1	2.26
上海	33.58	52.65	62.73	74.51	80.95	104.25	122.45	137.85	144.05	147.40
南京	4.03	9.45	18.56	24.48	25.93	27.78	32.27	34.49	37.24	38.28
无锡	8.83	11.37	13.47	16.08	19.38	20.85	23.98	24.64	25.64	29.14
苏州	11.87	15.96	20.85	22.37	26.72	28.64	32.21	34.10	35.66	38.42
杭州	12.46	17.05	21.9	26.17	30.57	37.51	47.65	52.73	58.71	70.36
宁波	9.89	16.2	17.57	21.3	31.52	34.38	45.89	48.27	52.02	66.91
温州	0.37	0.44	0.46	0.61	0.75	4.75	5.04	5.16	5.23	5.24
合肥	13.39	20.47	24.26	30.5	35.82	41.59	43.76	48.59	49.84	52.49
福州	2.21	2.54	3.35	14.86	15.11	15.68	21.19	21.16	27.96	30.23
厦门	6.27	10.54	19.42	20.35	21.24	24.6	31.06	37.77	39.86	50.24
南昌	4.72	4.72	5.63	6.48	9.03	9.03	15.22	15.57	15.57	16.36
济南	2.11	3.36	4.51	4.71	6.3	9.45	13.12	14.60	15.12	16.05
青岛	5.99	6.48	7.37	7.68	8.25	9.34	12.53	13.51	14.36	15.82
郑州	4.15	12.45	22.09	32.77	41.76	47.61	65.99	82.76	86.91	130.46
武汉	2.92	3.19	3.44	6.04	13.6	13.8	16.95	10.90	14.84	25.10
长沙	6.29	7.79	8.6	17.2	17.31	24.06	24.58	24.70	24.85	37.93
广州	20.04	27.8	31.47	37.15	43.25	49.79	65.93	71.67	88.35	115.76
深圳	3.08	3.28	3.53	8.66	8.73	8.8	8.90	9.00	9.4	9.90
南宁	0.81	1.08	4.7	5.01	5.33	5.1	5.11	5.69	9.34	10.87
北海	0.04	0.04	0.04	0.04	0.04	0.04	0.04	0.08	0.08	0.08
海口	0.41	0.41	1.13	1.19	1.32	1.32	1.81	1.81	1.81	1.81
三亚	——	——	——	——	——	——	——	——	——	——
重庆	8.5	11.11	15.07	17.82	21.14	24.04	26.10	26.67	27.54	43.88
成都	26.92	30.4	40.34	47.36	52.92	56.38	60.85	65.58	75.71	79.89
贵阳	7.51	7.67	11.06	16.96	18.14	20.49	21.20	21.67	22.6	22.70
昆明	18.78	19.07	3.69	7.94	8.02	12.95	29.97	30.61	31.12	39.82
西安	4.53	7.44	9.77	13.11	15.98	17.38	20.60	25.70	28.78	31.58
兰州	0.16	0.44	0.71	1	2.16	2.77	3.98	5.20	5.24	7.28
西宁	0.38	0.38	0.38	0.38	0.38	0.38	0.38	0.38	0.38	0.38
银川	1.01	1.9	2.91	3.01	3.03	3.24	3.30	4.25	5.76	8.81
乌鲁木齐	0.42	0.77	1.96	2.22	2.54	2.66	4.30	4.91	6.22	11.02

数据来源：国家统计局

表3-69

全国四十重点城市2007～2011年商业用房销售面积

单位：万平方米

	2007	2008	2009	2010	2011
全国	4552.94	3852.07	5222.29	6921.46	7878.19
北京	134.82	112.41	157.07	142.07	108.69
天津	91.40	74.89	60.85	103.64	104.50
石家庄	12.80	5.78	6.83	7.64	88.54
太原	6.35	7.10	9.14	14.65	15.74
呼和浩特	8.21	16.33	50.33	51.80	35.33
沈阳	82.20	121.40	121.27	167.31	171.50
大连	27.91	35.54	41.98	50.65	47.74
长春	26.33	35.32	46.23	59.55	66.87
哈尔滨	56.23	66.87	49.46	49.41	49.02
上海	198.38	117.27	126.49	125.56	95.57
南京	31.07	23.87	41.85	43.42	35.02
无锡	——	64.92	107.20	122.04	93.87
苏州	——	137.31	199.89	211.57	158.87
杭州	37.68	26.46	53.17	70.19	56.39
宁波	50.18	40.65	59.44	73.07	89.75
温州	——	10.39	20.41	20.41	13.67
合肥	43.68	33.22	57.44	63.28	113.86
福州	26.61	11.03	22.00	28.38	20.23
厦门	22.38	8.84	14.16	18.91	15.67
南昌	12.84	7.45	19.84	16.23	45.03
济南	16.68	8.11	11.89	13.73	14.11
青岛	32.85	41.93	60.55	89.56	67.60
郑州	50.76	39.28	57.09	59.70	97.40
武汉	46.42	20.69	25.57	50.37	86.45
长沙	31.70	39.32	28.52	32.66	51.25
广州	72.61	44.50	53.82	119.33	67.46
深圳	30.64	33.58	18.07	21.89	18.79
南宁	23.22	17.45	20.96	17.40	37.41
北海	——	4.64	5.22	4.11	2.68
海口	4.47	5.54	4.76	3.93	13.23
三亚	——	0.20	0.66	0.03	0.75
重庆	169.63	126.53	157.15	194.25	266.32
成都	77.86	38.36	53.23	71.77	161.50
贵阳	15.76	14.20	28.60	28.17	54.51
昆明	34.49	30.84	31.43	53.60	87.33
西安	18.82	16.14	33.01	22.80	57.69
兰州	11.29	4.87	13.75	16.72	12.71
西宁	4.56	3.60	4.71	8.92	9.47
银川	23.96	23.81	41.74	37.51	53.35
乌鲁木齐	14.82	17.75	17.93	20.29	19.13

数据来源：国家统计局

表3-70

全国四十重点城市2011年月度累计商业用房销售面积

单位：万平方米

	1–3月	1–4月	1–5月	1–6月	1–7月	1–8月	1–9月	1–10月	1–11月	1–12月
合计	383.49	536.5	711.19	934.33	1128.00	1297.35	1543.46	1764.81	2014.47	2604.99
北京	24.86	39.79	48.05	54.29	62.50	69.16	75.30	81.28	88.02	108.69
天津	14.08	16.06	44.31	48.01	53.85	68.15	78.34	88.62	97.22	104.50
石家庄	18.41	18.47	23.73	43.84	48.15	57.66	65.24	68.39	73.37	88.54
太原	2.12	2.25	2.82	3.43	4.53	5.75	6.35	7.65	10.08	15.74
呼和浩特	0.10	1.28	2.08	2.91	5.04	8.31	8.99	16.49	21.44	35.33
沈阳	15.14	28.96	39.82	57.47	70.52	82.09	92.15	103.49	123.43	171.50
大连	7.30	11.98	13.59	19.30	21.69	23.78	26.60	28.70	32.69	47.74
长春	2.02	5.46	9.34	12.15	20.50	23.30	26.89	30.53	36.48	66.87
哈尔滨	3.13	6.57	8.30	12.20	16.22	19.85	22.69	25.12	29.43	49.02
上海	20.11	30.82	44.68	51.39	60.26	66.84	72.48	83.33	91.55	95.57
南京	8.16	11.76	15.55	18.36	23.22	23.72	25.69	26.75	29.53	35.02
无锡	25.15	30.82	38.26	41.49	54.10	58.22	63.92	72.49	79.80	93.87
苏州	46.89	59.19	72.29	88.39	111.35	119.38	127.41	134.95	143.18	158.87
杭州	9.31	14.56	17.90	21.81	25.13	28.39	31.92	35.87	42.91	56.39
宁波	8.32	10.52	12.57	28.44	39.62	43.90	66.83	76.51	78.65	89.75
温州	2.65	4.08	4.38	4.75	7.55	8.02	9.49	10.23	10.93	13.67
合肥	14.74	17.72	20.36	27.01	32.49	43.27	48.91	67.42	83.89	113.86
福州	4.50	4.96	5.83	10.97	11.78	11.95	13.78	14.39	16.89	20.23
厦门	2.60	3.60	4.51	5.88	6.59	7.09	9.02	11.82	14.76	15.67
南昌	4.25	4.97	7.61	9.45	14.97	22.50	28.38	29.65	31.03	45.03
济南	2.39	3.11	4.17	5.41	6.44	7.18	10.77	13.31	13.75	14.11
青岛	14.79	17.15	21.59	28.88	30.73	37.13	45.35	50.42	54.15	67.60
郑州	6.85	12.85	20.63	27.87	32.07	36.76	58.32	71.58	76.15	97.40
武汉	10.12	12.30	11.79	17.92	19.13	22.25	31.34	36.81	57.25	86.45
长沙	9.83	14.17	17.42	21.82	23.91	26.49	28.87	35.17	41.66	51.25
广州	15.24	17.75	24.40	29.45	39.36	43.88	51.51	55.82	60.49	67.46
深圳	4.80	5.32	6.23	8.66	9.21	10.63	11.07	15.51	15.86	18.79
南宁	2.53	3.92	5.22	10.86	11.95	13.25	16.48	18.93	21.74	37.41
北海	0.05	0.07	0.18	0.24	0.29	1.14	1.45	2.03	2.03	2.68
海口	0.52	0.52	0.91	1.22	1.27	1.94	8.86	9.06	10.33	13.23
三亚	——	——	——	0.01	0.01	0.23	0.49	0.49	0.50	0.75
重庆	31.25	46.18	57.68	84.38	99.21	112.00	133.85	163.07	194.54	266.32
成都	18.68	29.69	37.13	46.22	60.77	71.60	90.21	103.00	134.46	161.50
贵阳	4.77	5.82	9.87	11.55	15.00	25.22	35.47	42.08	46.56	54.51
昆明	12.90	16.29	18.79	27.43	29.25	30.97	33.19	36.05	37.28	87.33
西安	5.18	7.35	9.43	13.20	17.21	18.73	32.18	37.51	39.86	57.69
兰州	1.61	2.33	2.86	3.36	3.74	4.83	6.62	7.17	8.66	12.71
西宁	0.98	2.98	3.43	6.46	6.74	7.13	8.42	8.70	9.20	9.47
银川	6.49	12.92	20.16	23.75	26.07	28.57	31.65	34.84	39.51	53.35
乌鲁木齐	0.70	1.96	3.32	4.09	5.57	6.11	6.98	9.59	15.19	19.13

数据来源：国家统计局

表3-71　　全国四十重点城市2007～2011年商品房销售额

单位：亿元

	2007	2008	2009	2010	2011
全国	29603.87	24071.41	43994.54	52478.72	59119.09
北京	2514.65	1658.31	3259.66	2915.36	2425.8
天津	899.32	753.16	1094.85	1281.91	1473.11
石家庄	100.35	78.39	129.55	182.34	433.09
太原	62.20	65.56	87.71	186.37	146.51
呼和浩特	58.64	90.45	146.03	193.51	240.2
沈阳	539.32	604.69	684.36	945.05	1281.93
大连	461.14	474.57	720.32	856.04	732.85
长春	165.33	198.98	296.42	446.91	540.16
哈尔滨	228.69	222.34	297.59	468.26	529.31
上海	3089.35	1895.45	4330.22	2959.94	2568.88
南京	603.51	355.88	853.07	787.38	714.72
无锡	——	——	631.25	775.31	567.92
苏州	——	——	1408.97	1184.35	1049.19
杭州	875.69	612.13	1511.45	1396.77	1083.92
宁波	481.69	320.56	732.98	775.39	678.91
温州	——	——	426.54	307.31	229.09
合肥	342.05	333.65	548.77	593.34	788.75
福州	334.35	194.98	457.61	502.96	627.81
厦门	410.59	238.86	420.82	379.12	448.1
南昌	170.43	116.11	186.72	237.80	294.45
济南	119.61	154.45	215.79	332.64	398.59
青岛	433.36	390.28	703.67	895.29	771.04
郑州	392.34	279.49	515.20	772.70	887.96
武汉	529.56	350.01	579.22	694.73	955.86
长沙	325.87	273.36	513.58	742.33	882.07
广州	1218.20	955.86	1286.15	1674.99	1583.19
深圳	779.91	591.09	1113.88	892.55	1084.97
南宁	214.06	191.32	333.45	342.84	370.63
北海	——	——	57.32	75.94	72.91
海口	61.09	77.29	102.35	168.12	150.08
三亚	——	——	127.24	243.88	209.25
重庆	967.31	800.00	1377.76	1846.94	2146.09
成都	957.13	626.71	1329.00	1519.33	1811.32
贵阳	126.77	129.85	307.49	353.46	417.18
昆明	286.41	215.05	317.96	455.06	525.84
西安	281.79	317.56	488.55	707.00	1100.6
兰州	79.80	55.40	87.36	96.51	82.37
西宁	33.78	29.17	44.85	72.25	95.18
银川	75.38	78.45	162.60	186.45	176.63
乌鲁木齐	119.87	86.27	168.21	196.37	229.79

数据来源：国家统计局

表3-72

全国四十重点城市2011年月度累计商品房销售额

单位：亿元

	1-3月	1-4月	1-5月	1-6月	1-7月	1-8月	1-9月	1-10月	1-11月	1-12月
合计	5711.97	7714.28	10098.55	13027.06	15335.99	17807.21	20721.59	23101.61	25705.82	30806.25
北京	515.60	688.40	872.69	1059.73	1265.06	1507.55	1694.75	1873.34	2047.31	2425.80
天津	245.39	340.20	472.92	562.55	628.87	744.78	894.41	1026.52	1136.94	1473.11
石家庄	48.46	72.56	112.22	187.19	193.55	251.32	288.34	314.72	369.87	433.09
太原	18.89	26.33	35.46	47.70	57.85	71.88	86.95	103.13	117.78	146.51
呼和浩特	8.56	27.27	50.00	70.13	83.12	109.89	131.37	172.26	209.61	240.2
沈阳	133.88	206.26	311.26	483.72	591.99	702.05	846.85	952.22	1092.45	1281.93
大连	103.30	169.49	227.91	325.81	363.34	415.78	490.26	548.49	597.27	732.85
长春	14.20	47.68	82.07	147.36	207.71	261.47	304.16	359.18	394.66	540.16
哈尔滨	17.52	61.02	110.83	184.73	234.04	277.79	332.72	373.80	418.55	529.31
上海	573.74	780.97	1050.59	1293.06	1561.06	1798.17	1990.14	2166.75	2312.80	2568.88
南京	159.91	222.79	307.60	373.52	417.44	461.76	523.02	574.33	629.13	714.72
无锡	140.73	181.39	224.46	268.21	317.90	354.80	396.65	446.52	492.73	567.92
苏州	250.86	359.25	452.37	551.85	648.94	722.97	803.45	889.36	966.65	1049.19
杭州	268.50	343.73	428.47	502.06	586.85	647.92	719.21	778.86	854.51	1083.92
宁波	129.55	167.41	209.84	270.44	332.66	374.32	458.36	503.12	536.96	678.91
温州	66.80	70.81	88.80	95.89	113.25	148.37	156.13	171.25	193.77	229.09
合肥	186.62	235.19	284.12	335.05	375.89	486.95	551.08	609.70	666.18	788.75
福州	132.90	175.64	211.17	307.30	344.34	389.33	462.36	495.22	539.20	627.81
厦门	102.05	123.91	155.37	193.55	221.56	253.06	296.05	348.95	380.53	448.10
南昌	37.3	51.82	70.60	98.27	140.22	168.01	216.67	239.33	249.81	294.45
济南	57.68	77.89	103.57	144.96	185.10	226.93	279.25	325.18	363.36	398.59
青岛	127.03	162.63	211.90	300.20	354.53	428.71	554.57	614.27	677.23	771.04
郑州	116.16	165.88	220.17	307.12	353.32	415.79	535.90	618.22	692.73	887.96
武汉	144.12	203.7	229.86	297.89	336.60	390.76	434.48	493.68	633.01	955.86
长沙	199.35	277.93	354.83	439.66	520.42	583.99	647.39	703.16	787.97	882.07
广州	304.24	395.02	493.17	639.47	766.55	893.69	1111.67	1206.93	1320.67	1583.19
深圳	221.00	264.6	305.12	387.39	454.51	546.81	632.06	721.39	841.27	1084.97
南宁	75.65	91.65	124.43	170.39	193.68	221.71	258.66	277.79	315.13	370.63
北海	9.20	12.80	20.42	24.95	27.26	33.06	42.62	47.50	50.13	72.91
海口	33.49	33.49	49.76	64.78	72.34	84.46	98.18	111.45	127.93	150.08
三亚	55.47	55.47	89.42	100.64	111.15	118.97	139.69	167.98	185.05	209.25
重庆	432.63	590.99	738.37	929.42	1085.66	1217.82	1412.58	1578.44	1763.43	2146.09
成都	375.45	456.97	646.24	830.84	937.04	1060.31	1207.70	1354.59	1574.88	1811.32
贵阳	89.31	104.39	133.88	189.53	225.59	264.83	303.71	332.11	360.22	417.18
昆明	122.3	151.9	177.89	227.34	249.66	279.29	331.10	347.00	363.17	525.84
西安	117.03	183.67	262.38	386.91	493.93	568.25	702.89	809.99	928.73	1100.60
兰州	14.4	19.91	23.91	31.13	36.14	41.36	52.84	57.69	69.54	82.37
西宁	11.99	23.27	30.95	41.71	50.85	56.85	74.44	82.98	92.21	95.18
银川	21.87	39.06	53.27	65.46	78.82	92.98	103.80	122.58	139.72	176.63
乌鲁木齐	28.83	50.92	70.26	89.14	117.22	132.47	155.13	181.63	212.73	229.79

数据来源：国家统计局

表3-73　全国四十重点城市2007～2011年住宅销售额

单位：亿元

	2007	2008	2009	2010	2011
全国	25323.50	20424.06	38157.21	43953.33	48619.39
北京	1845.97	1201.37	2486.77	2060.52	1606.04
天津	781.04	635.57	965.36	1069.75	1242.27
石家庄	93.44	75.81	121.14	169.78	338.55
太原	52.57	52.43	75.88	165.93	121.83
呼和浩特	52.45	77.21	100.53	143.88	199.78
沈阳	478.71	504.07	574.59	774.55	1095.96
大连	424.67	432.55	675.13	761.55	660.82
长春	146.38	172.89	262.36	400.72	469.50
哈尔滨	196.52	177.13	259.91	419.07	471.38
上海	2706.30	1608.47	3620.23	2395.35	1981.91
南京	533.42	313.59	767.90	696.45	572.95
无锡	——	——	538.70	627.99	427.75
苏州	——	——	1196.56	923.51	852.74
杭州	775.27	523.76	1374.00	1137.29	860.74
宁波	384.61	241.46	591.18	577.83	473.17
温州	——	——	383.84	266.00	191.61
合肥	297.97	298.5	483.38	475.17	600.42
福州	290.32	173.01	417.55	418.17	511.62
厦门	329.17	169.29	358.57	276.63	341.22
南昌	161.52	109.71	168.64	211.9	230.08
济南	107.36	136.46	193.55	291.14	358.37
青岛	392.94	328.22	619.64	776.81	658.00
郑州	334.55	228.09	439.88	656.55	610.16
武汉	483.14	319.79	541.37	606.01	791.38
长沙	298.30	245.52	479.95	701.91	759.87
广州	1023.79	793.25	1126.8	1180.03	1169.38
深圳	668.95	530.41	1032.28	784.30	1007.28
南宁	191.65	164.97	305.75	298.01	307.38
北海	——	——	54.45	73.17	70.28
海口	55.49	72.42	96.94	161.14	131.17
三亚	——	——	126.93	243.82	206.63
重庆	856.73	704.82	1231.71	1610.64	1825.41
成都	880.59	580.12	1234.33	1334.38	1464.24
贵阳	106.30	111.92	265.55	310.48	334.07
昆明	255.96	177.69	273.78	373.99	422.66
西安	251.74	288.14	450.71	661.27	977.30
兰州	74.53	51.72	77.69	84.04	66.52
西宁	30.77	26.96	41.62	66.10	86.03
银川	61.74	62.89	129.63	153.70	127.98
乌鲁木齐	108.38	73.10	152.32	169.00	195.66

数据来源：国家统计局

表3–74

全国四十重点城市2011年月度累计住宅销售额

单位：亿元

	1–3月	1–4月	1–5月	1–6月	1–7月	1–8月	1–9月	1–10月	1–11月	1–12月
合计	4735.81	6328.79	8274.17	10678.83	12543.68	14494.74	16794.20	18716.08	20790.57	24820.10
北京	365.66	473.68	582.06	719.89	856.66	990.93	1105.80	1223.31	1332.02	1606.04
天津	203.37	283.98	389.25	465.84	523.10	616.15	746.53	864.46	956.05	1242.27
石家庄	33.97	57.83	93.53	143.32	146.23	190.22	218.52	240.97	288.03	338.55
太原	14.90	21.70	28.78	39.69	48.15	61.42	74.13	87.57	97.98	121.83
呼和浩特	8.14	24.07	46.13	64.65	75.70	94.72	115.36	150.09	184.01	199.78
沈阳	110.56	166.26	259.82	412.38	508.55	605.17	739.78	833.56	951.65	1095.96
大连	86.08	146.84	201.11	289.51	324.47	374.17	445.58	501.19	543.51	660.82
长春	11.75	40.84	71.75	129.59	183.08	233.03	271.48	322.16	352.52	469.50
哈尔滨	14.22	54.08	102.15	172.01	216.60	256.25	308.00	345.94	386.39	471.38
上海	450.44	587.44	786.51	982.77	1209.38	1359.41	1499.25	1620.24	1736.06	1981.91
南京	139.82	185.55	236.73	286.93	323.16	363.05	411.42	456.19	501.12	572.95
无锡	106.37	139.20	172.11	208.58	240.07	269.87	302.48	341.63	377.77	427.75
苏州	195.02	284.47	358.59	438.91	511.77	575.57	643.42	719.84	786.61	852.74
杭州	227.78	280.57	349.61	407.90	473.94	516.35	567.23	612.80	666.23	860.74
宁波	102.71	127.96	165.87	198.99	229.96	261.04	313.59	340.16	365.47	473.17
温州	61.10	64.54	82.06	88.10	101.07	124.99	129.76	142.75	163.43	191.61
合肥	161.97	200.35	240.73	275.17	307.44	403.02	458.01	497.81	534.18	600.42
福州	117.16	156.55	187.78	248.64	282.47	324.77	383.20	408.49	437.54	511.62
厦门	84.67	96.52	118.34	151.80	176.13	203.36	230.05	264.65	289.22	341.22
南昌	30.50	44.45	60.00	83.99	115.68	135.11	171.40	192.43	202.02	230.08
济南	50.99	68.59	91.50	129.84	166.04	202.39	248.01	290.34	326.82	358.37
青岛	104.36	136.45	180.19	253.57	303.69	368.88	480.94	530.68	586.86	658.00
郑州	97.81	129.14	162.93	226.95	258.46	303.69	360.39	406.77	467.68	610.16
武汉	130.06	186.64	212.69	272.95	297.82	349.69	384.34	445.57	537.60	791.38
长沙	175.30	248.75	322.07	395.68	471.21	526.08	585.48	630.83	700.99	759.87
广州	231.16	298.70	376.41	493.63	579.01	672.49	827.81	901.34	977.98	1169.38
深圳	198.85	239.91	277.95	342.13	405.36	493.79	574.93	655.34	773.36	1007.28
南宁	69.55	83.04	108.87	148.47	169.67	195.55	223.52	240.07	270.49	307.38
北海	9.13	12.70	20.19	24.64	26.87	31.89	40.77	45.55	48.10	70.28
海口	32.08	32.08	46.88	61.45	68.73	78.37	88.07	100.89	112.08	131.17
三亚	55.06	55.06	88.99	100.20	110.71	117.78	138.01	166.20	183.26	206.63
重庆	395.71	530.08	660.93	819.77	955.87	1072.82	1237.69	1375.73	1531.20	1825.41
成都	311.09	372.95	539.13	704.93	785.28	883.81	983.73	1102.69	1266.68	1464.24
贵阳	73.99	91.66	112.72	161.35	191.89	218.09	245.24	265.07	286.10	334.07
昆明	100.81	124.75	149.20	187.54	206.72	227.64	274.43	286.43	299.85	422.66
西安	106.37	167.68	240.78	354.82	450.63	518.84	638.70	730.07	839.72	977.30
兰州	13.20	18.08	21.43	28.15	32.02	35.29	43.99	47.40	57.68	66.52
西宁	10.62	20.17	27.36	36.23	45.07	50.36	66.38	74.63	83.34	86.03
银川	15.87	27.56	36.63	45.85	57.38	66.56	74.75	90.12	103.01	127.98
乌鲁木齐	27.59	47.95	64.43	82.04	107.67	122.14	142.03	164.12	185.93	195.66

数据来源：国家统计局

表3-75　　全国四十重点城市2007～2011年办公用房销售额

单位：亿元

	2007	2008	2009	2010	2011
全国	1265.20	954.66	1617.84	2148.81	2501.74
北京	402.54	230.72	431.14	487.32	500.96
天津	31.83	28.67	32.90	48.90	53.55
石家庄	1.73	0.24	0.54	4.03	11.44
太原	4.26	6.56	3.30	2.79	7.28
呼和浩特	1.61	1.68	4.24	5.06	7.08
沈阳	5.64	10.38	11.77	17.39	9.17
大连	2.37	2.26	4.14	28.42	7.42
长春	2.37	3.10	1.86	1.84	7.73
哈尔滨	2.02	0.95	5.94	1.65	1.55
上海	214.67	172.29	438.43	307.67	371.81
南京	40.90	19.92	29.53	19.02	74.01
无锡	——	——	10.35	25.88	25.99
苏州	——	——	43.99	53.77	32.47
杭州	53.84	57.90	74.82	154.91	117.11
宁波	35.89	26.88	53.53	74.38	72.86
温州	——	——	12.37	10.88	13.02
合肥	15.75	11.94	18.69	44.59	41.52
福州	0.47	2.01	2.44	29.63	49.65
厦门	34.80	32.04	15.16	38.00	41.51
南昌	0.82	0.47	3.29	12.13	15.76
济南	2.49	10.41	4.13	17.43	13.93
青岛	16.77	15.11	30.32	23.57	18.65
郑州	17.62	16.13	26.74	47.53	131.43
武汉	4.41	4.91	5.03	11.98	24.79
长沙	7.19	4.48	6.22	5.13	37.47
广州	85.81	72.56	71.27	189.55	221.14
深圳	49.12	10.65	40.99	34.28	25.03
南宁	4.72	2.62	3.04	9.09	9.26
北海	——	——	——	——	0.06
海口	2.58	0.78	1.60	3.52	4.47
三亚	——	——	——	——	——
重庆	16.41	16.28	15.08	59.70	51.28
成都	21.44	14.07	34.03	72.29	80.45
贵阳	6.50	3.20	9.15	12.52	14.77
昆明	4.62	10.08	11.70	13.86	21.48
西安	13.01	17.12	9.62	21.29	30.82
兰州	0.77	0.92	2.58	1.67	5.99
西宁	0.49	0.30	0.49	0.22	0.07
银川	3.06	2.34	5.63	7.72	6.65
乌鲁木齐	3.18	2.55	3.03	10.69	9.74

数据来源：国家统计局

表3-76　　全国四十重点城市2011年月度累计办公用房销售额

单位：亿元

	1-3月	1-4月	1-5月	1-6月	1-7月	1-8月	1-9月	1-10月	1-11月	1-12月
合计	394.25	561.17	753.55	930.65	1097.72	1345.38	1579.11	1728.17	1887.04	2169.39
北京	78.92	105.97	157.24	182.61	229.54	313.96	364.14	406.07	452.89	500.96
天津	2.01	8.20	10.82	18.71	19.40	20.53	25.08	25.48	28.68	53.55
石家庄	5.18	5.18	5.18	5.28	5.50	5.66	6.33	6.64	8.37	11.44
太原	2.40	2.94	3.50	3.94	4.60	4.70	5.84	6.90	7.11	7.28
呼和浩特	0.34	1.81	1.81	2.48	2.66	4.25	4.25	5.74	6.37	7.08
沈阳	1.20	2.37	3.12	4.89	5.05	5.65	6.82	6.90	7.15	9.17
大连	5.20	5.46	5.55	5.55	5.55	5.65	5.94	5.94	5.94	7.42
长春	0.02	0.49	0.49	4.99	6.03	6.05	6.14	6.24	6.59	7.73
哈尔滨	——	——	——	——	0.12	——	——	——	0.13	1.55
上海	78.45	128.90	165.25	197.96	213.16	282.98	320.70	357.69	371.02	371.81
南京	8.03	16.58	41.49	51.22	53.48	56.40	64.13	67.69	72.10	74.01
无锡	6.72	8.51	10.73	13.16	16.02	17.40	20.01	20.54	21.78	25.99
苏州	10.28	13.64	16.95	18.41	21.83	23.79	26.82	28.56	29.78	32.47
杭州	24.47	36.68	45.33	51.50	63.70	75.51	89.21	95.78	105.09	117.11
宁波	11.12	18.65	20.11	23.39	39.94	41.25	50.43	53.02	56.09	72.86
温州	0.54	0.73	0.77	1.12	1.45	11.79	12.51	12.83	13.00	13.02
合肥	9.96	15.40	18.81	24.22	27.68	32.11	34.08	37.66	38.41	41.52
福州	5.28	5.63	6.79	21.79	22.62	24.12	31.65	36.81	44.68	49.65
厦门	4.89	8.13	13.84	14.60	15.21	16.57	24.40	31.49	32.87	41.51
南昌	3.94	3.94	5.19	6.30	8.27	8.27	14.81	15.12	15.12	15.76
济南	1.89	2.94	3.70	3.89	6.00	9.27	11.65	12.65	13.01	13.93
青岛	8.45	8.84	9.64	10.03	11.38	13.20	15.11	16.08	17.08	18.65
郑州	7.17	18.57	29.78	44.77	54.61	63.57	82.35	97.97	103.89	131.43
武汉	2.39	2.49	2.73	3.89	14.52	14.71	16.29	6.89	15.39	24.79
长沙	5.83	6.92	7.45	10.86	12.30	21.66	21.99	22.09	22.28	37.47
广州	39.18	53.50	60.39	71.76	87.86	102.19	133.44	146.78	169.74	221.14
深圳	8.45	9.01	9.39	21.95	22.13	22.34	22.56	22.84	23.96	25.03
南宁	0.64	1.26	5.92	6.45	6.79	6.19	6.20	6.75	8.96	9.26
北海	0.04	0.04	0.04	0.04	0.04	0.04	0.04	0.06	0.06	0.06
海口	0.38	0.38	1.31	1.35	1.51	2.96	4.45	4.47	4.47	4.47
三亚	——	——	——	——	——	——	——	——	——	——
重庆	7.50	12.67	18.86	21.36	25.42	27.74	32.59	33.19	34.22	51.28
成都	34.32	38.50	48.58	48.82	54.16	56.76	60.72	64.68	76.15	80.45
贵阳	8.95	4.27	6.42	9.85	10.93	12.23	12.77	13.38	14.67	14.77
昆明	4.40	4.62	3.62	5.81	6.03	11.36	13.88	14.50	15.05	21.48
西安	4.21	5.04	7.52	11.62	15.08	16.54	20.15	24.97	28.55	30.82
兰州	0.12	0.31	0.62	0.86	1.48	2.04	3.54	4.47	4.51	5.99
西宁	0.07	0.07	0.07	0.07	0.07	0.07	0.07	0.07	0.07	0.07
银川	0.94	1.65	2.28	2.36	2.38	2.54	2.59	3.41	4.58	6.65
乌鲁木齐	0.36	0.86	2.29	2.79	3.23	3.35	5.40	5.80	7.19	9.74

数据来源：国家统计局

表3-77 全国四十重点城市2007～2011年商业用房销售额

单位：亿元

	2007	2008	2009	2010	2011
全国	2649.38	2286.38	3601.36	5354.02	6702.46
北京	237.07	192.76	299.86	318.99	270.85
天津	81.16	77.43	54.49	109.31	138.58
石家庄	5.19	2.33	5.70	5.58	71.76
太原	5.35	4.80	8.49	16.30	15.68
呼和浩特	4.45	10.64	38.42	37.00	27.13
沈阳	49.46	81.11	86.25	130.30	151.72
大连	27.36	33.57	35.80	50.45	52.54
长春	13.58	18.64	28.07	38.71	53.78
哈尔滨	24.05	39.62	25.18	36.04	46.70
上海	131.19	77.51	192.73	197.57	181.66
南京	26.31	20.11	51.10	65.64	58.43
无锡	——	——	81.71	119.84	111.96
苏州	——	——	158.67	187.94	157.67
杭州	35.79	23.23	55.13	94.20	93.48
宁波	45.66	39.87	64.79	91.93	111.96
温州	——	——	25.88	26.40	22.83
合肥	26.86	21.93	41.22	69.38	142.39
福州	35.34	16.32	30.59	43.45	44.47
厦门	35.98	13.06	24.39	33.04	32.41
南昌	6.61	5.79	12.63	12.33	47.34
济南	7.81	5.38	13.06	18.33	16.26
青岛	21.40	37.07	49.42	82.32	80.05
郑州	39.38	34.10	47.01	59.88	135.46
武汉	38.85	16.76	28.54	58.54	114.95
长沙	19.31	21.65	24.36	31.25	73.72
广州	69.16	55.52	72.09	235.76	138.85
深圳	58.52	38.51	33.62	55.08	51.74
南宁	14.80	17.68	18.08	19.04	37.96
北海	——	——	2.52	2.28	2.41
海口	2.97	3.92	3.56	3.20	9.25
三亚	——	——	0.28	0.06	1.77
重庆	87.10	68.73	112.28	155.46	216.58
成都	48.23	26.13	46.58	66.70	201.81
贵阳	13.43	14.29	29.72	25.15	58.83
昆明	19.17	21.73	25.02	41.94	62.51
西安	15.18	11.01	27.07	21.46	80.56
兰州	4.48	2.71	6.76	10.61	9.69
西宁	2.47	1.88	2.65	5.81	8.80
银川	10.33	12.97	26.36	22.38	38.71
乌鲁木齐	7.67	9.14	11.35	14.69	20.41

数据来源：国家统计局

表3-78　　全国四十重点城市2011年月度累计商业用房销售额

单位：亿元

	1-3月	1-4月	1-5月	1-6月	1-7月	1-8月	1-9月	1-10月	1-11月	1-12月
合计	477.09	680.33	894.01	1178.82	1416.18	1637.77	1963.2	2231.67	2544.67	3193.67
北京	63.1	96.89	118.6	137.76	156.03	175.59	194.93	211.81	227.33	270.85
天津	20.03	23.52	47.81	52.07	59.04	79.92	94.27	106.61	120.66	138.58
石家庄	8.74	8.8	12.74	35.24	38.45	51.96	57.73	60.74	66.28	71.76
太原	1.59	1.69	2.59	3.47	4.5	5.10	6.06	7.61	11.57	15.68
呼和浩特	0.09	1.39	2.07	2.98	4.67	8.52	8.99	12.65	15.03	27.13
沈阳	14.14	28.42	38.59	54.58	65.07	76.35	85.05	95.58	113.66	151.72
大连	9.38	14.43	17.24	22.83	25.1	27.34	30.00	32.42	38.62	52.54
长春	1.56	4.95	8.12	10.59	15.43	18.52	21.56	25.13	29.34	53.78
哈尔滨	2.35	5.67	7.09	9.85	13.45	17.61	20.29	23.28	26.99	46.70
上海	37.9	55.88	82.14	93.62	111.17	122.30	133.75	152.31	173.28	181.66
南京	11.4	19	26.72	31.98	36.81	37.99	42.74	45.16	50.40	58.43
无锡	27.34	33.33	41.26	46.09	61.27	66.96	73.58	83.74	92.55	111.96
苏州	44.18	59.07	73.65	91.04	111.22	119.31	128.43	135.78	144.33	157.67
杭州	14.2	22.98	29.37	36.99	43.22	48.70	54.94	62.09	74.33	93.48
宁波	9.77	12.56	14.87	38.11	51.31	58.48	78.99	94.18	98.73	111.96
温州	4.51	4.75	5.14	5.77	9.7	10.43	12.76	14.47	15.84	22.83
合肥	12.64	17.55	22.63	32.56	37.38	47.93	54.92	69.96	89.19	142.39
福州	8.66	10	11.37	26.57	28.22	28.69	32.59	33.40	38.87	44.47
厦门	5.31	7.25	8.72	10.97	12.42	13.65	18.57	26.38	30.74	32.41
南昌	2.79	3.34	5.3	7.31	15.26	23.61	29.37	30.56	31.40	47.34
济南	3.03	4.06	5.26	7.52	8.83	9.96	13.39	14.97	15.47	16.26
青岛	13.04	15.79	20.02	30.97	32.72	38.71	49.78	57.90	63.25	80.05
郑州	10.76	17.61	26.27	34.47	39.2	47.03	91.57	111.81	118.26	135.46
武汉	10.29	12.87	12.11	18.7	20.81	24.31	31.39	38.38	69.34	114.95
长沙	16.27	20.14	23.06	28.09	31.62	30.81	34.36	44.39	55.50	73.72
广州	30.38	35.22	45.94	57.66	78.92	90.60	111.03	117.13	124.79	138.85
深圳	13.24	15.21	17.3	22.82	26.51	30.03	33.92	42.55	43.01	51.74
南宁	3.8	4.68	6.37	11.04	11.93	13.93	17.21	18.68	20.72	37.96
北海	0.03	0.03	0.17	0.24	0.31	1.10	1.76	1.82	1.83	2.41
海口	0.71	0.71	1.23	1.57	1.67	2.67	5.15	5.47	6.42	9.25
三亚	——	——	——	0.01	0.01	0.69	1.14	1.14	1.15	1.77
重庆	23.59	40.15	49.2	70.89	84.86	95.15	115.50	136.85	160.05	216.58
成都	23.54	36.76	48.32	60.54	77.22	88.07	125.39	137.91	173.04	201.81
贵阳	4.46	5.89	11.5	14.1	18.82	29.05	37.71	45.52	51.07	58.83
昆明	11.65	15.85	18.05	25.54	28.29	31.30	33.06	35.00	36.20	62.51
西安	4.96	8.78	11.71	17.76	23.97	27.55	37.65	47.86	52.71	80.56
兰州	1.06	1.5	1.83	2.08	2.59	3.99	5.26	5.78	7.30	9.69
西宁	1.1	2.82	3.31	5.13	5.43	6.13	7.70	8.00	8.52	8.80
银川	4.91	9.03	13.37	16.05	17.65	22.37	24.78	27.23	29.80	38.71
乌鲁木齐	0.61	1.77	2.99	3.27	5.09	5.40	5.92	9.42	17.11	20.41

数据来源：国家统计局

表3-79 全国四十重点城市2007～2011年商品房销售均价

单位：元/平方米

	2007	2008	2009	2010	2011
全国	3885	3877	4695	5029	5377
北京	11553	12418	13799	17782	16845
天津	5794	6015	6886	8194	8965
石家庄	2718	2679	3803	3885	4811
太原	3844	3875	4792	7201	7107
呼和浩特	2596	2732	3894	4103	4167
沈阳	3689	4127	4464	5411	5885
大连	5568	5774	6249	7044	8051
长春	3251	3482	4142	5178	6132
哈尔滨	3053	3793	4227	5311	5554
上海	8361	8255	12840	14400	14503
南京	5304	5089	7185	9565	9310
无锡	——	——	6263	7690	8678
苏州	——	——	6460	8148	9077
杭州	7610	8545	10488	14132	13062
宁波	6278	7384	8992	11265	10587
温州	——	——	13586	13451	16906
合肥	3326	3619	4228	5904	6327
福州	5179	5666	6631	8413	10090
厦门	8250	5854	7951	8883	10225
南昌	3558	3461	3774	4566	5903
济南	3760	4273	4907	6259	6710
青岛	5201	5074	5576	6580	7501
郑州	3574	3995	4291	4957	5704
武汉	4664	4781	5329	5751	7222
长沙	3308	3323	3649	4418	5880
广州	8267	8853	9351	11921	12651
深圳	14050	12665	14615	19170	21185
南宁	3404	3946	4557	5144	5321
北海	——	——	3265	4228	4514
海口	3531	4575	5368	8015	6654
三亚	——	——	11112	17317	12783
重庆	2723	2785	3442	4281	4734
成都	4267	4921	4935	5937	6675
贵阳	2903	3147	3758	4410	5037
昆明	3138	3839	3868	3663	4716
西安	3379	4185	3890	4453	6128
兰州	2967	3106	3612	4229	4462
西宁	2421	2766	2900	3328	3649
银川	2515	3091	3715	4010	4525
乌鲁木齐	2685	3272	3511	4548	5225

数据来源：根据国家统计局数据整理

表3-80　　全国四十重点城市2011年月度累计商品房销售均价

单位：元/平方米

	1-3月	1-4月	1-5月	1-6月	1-7月	1-8月	1-9月	1-10月	1-11月	1-12月
合计	8088	8053	8109	7969	8001	8047	7985	7963	7927	7755
北京	19466	18846	19330	19095	18795	19150	18505	18594	18480	16845
天津	8067	8196	8389	8379	8447	8703	8906	8926	8947	8965
石家庄	4050	4378	4682	4705	4790	5108	4901	4918	4979	4811
太原	6737	7006	7252	7409	7097	6615	6711	6676	6670	7107
呼和浩特	4426	4505	5136	5248	4833	4459	4568	4277	4103	4167
沈阳	5971	6055	6013	5816	5738	5786	5816	5844	5884	5885
大连	8435	8281	8418	7964	8017	7903	8004	8150	8249	8051
长春	6837	6925	6918	7012	6955	6869	6761	6619	6398	6132
哈尔滨	5327	5770	5921	5673	5708	5842	5852	5839	5821	5554
上海	15453	14832	15015	14865	15080	15168	15230	15285	15440	14503
南京	9732	10071	10214	9961	9969	9991	9646	9549	9528	9310
无锡	8550	8527	8548	8704	8701	8735	8682	8686	8670	8678
苏州	8936	9237	9260	9248	9154	9137	9188	9145	9065	9077
杭州	14546	14543	14323	14358	14410	14319	13745	13640	13612	13062
宁波	10776	11197	11524	11609	11726	11844	11762	11852	11761	10587
温州	16559	15474	15604	15476	15736	15913	15948	16282	16563	16906
合肥	5975	6177	6313	6380	6390	6161	6078	6072	6103	6327
福州	10519	10494	10414	10841	10779	10783	10464	10567	10342	10090
厦门	10386	9460	9244	9772	9851	9908	9962	10116	10221	10225
南昌	4933	4782	4943	5303	5846	5892	5929	5977	5908	5903
济南	5956	6407	6492	6597	6700	6721	6696	6617	6620	6710
青岛	6793	6643	6829	7240	7285	7524	7517	7617	7611	7501
郑州	5878	5885	6100	6072	6077	6107	6325	6442	6189	5704
武汉	6805	6782	6587	6569	6760	7031	6813	7040	7645	7222
长沙	5348	5365	5335	5529	5587	5648	5656	5665	5732	5880
广州	12259	12370	12183	12182	12102	12254	12624	12455	12302	12651
深圳	18486	18123	18289	18815	19426	20195	21046	20660	20989	21185
南宁	5451	5287	5460	5471	5629	5492	5423	5359	5476	5321
北海	4062	4292	4275	4217	4209	4340	4478	4479	4506	4514
海口	7955	7955	7610	8536	8152	8416	7142	7041	6836	6654
三亚	16153	16153	17884	17778	17327	16448	14993	12645	11910	12783
重庆	4812	4932	4962	4875	4891	4870	4841	4823	4783	4734
成都	6697	6667	6938	6949	6502	6568	6652	6656	6728	6675
贵阳	5161	5089	5042	4960	4980	4988	5000	5023	5089	5037
昆明	4026	4652	4964	4742	5079	5180	5229	5195	5206	4716
西安	5438	5520	5612	5719	6146	6144	6116	6162	6210	6128
兰州	4113	4172	4180	4055	4033	4106	4234	4293	4500	4462
西宁	3524	3618	3625	3600	3589	3690	3607	3641	3621	3649
银川	5351	5003	4945	4872	4773	4962	4959	4890	4733	4525
乌鲁木齐	5338	5246	5196	5204	5136	5059	5101	5191	5271	5225

数据来源：根据国家统计局数据整理

表3-81　　全国四十重点城市2007～2011年住宅销售均价

单位：元/平方米

	2007	2008	2009	2010	2011
全国	3665	3655	4474	4724	5011
北京	10661	11648	13224	17151	15518
天津	5557	5598	6605	7909	8539
石家庄	2644	2646	3734	3803	4400
太原	3577	3556	4499	7046	6724
呼和浩特	2459	2512	3252	3648	3909
沈阳	3525	3856	4196	5109	5614
大连	5417	5617	6175	6759	7929
长春	3123	3341	4012	5097	5969
哈尔滨	2943	3515	4147	5174	5347
上海	8253	8182	12364	14213	13448
南京	5011	4786	6893	9227	8415
无锡	——	——	6099	6229	8085
苏州	——	——	6358	6354	9060
杭州	7434	8347	10561	14259	12613
宁波	6091	7024	9068	11730	10649
温州	——	——	14086	11643	16900
合肥	3172	3459	4095	5501	5631
福州	4900	5395	6441	7874	9530
厦门	8907	9979	8935	11590	12936
南昌	3509	3361	3637	4331	5281
济南	3710	4260	4797	6100	6676
青岛	5105	4758	5383	6421	7171
郑州	3328	3648	4054	4596	4691
武汉	4516	4680	5199	5552	6768
长沙	3191	3201	3533	4322	5484
广州	7993	8502	8989	10615	11383
深圳	13370	12823	14389	18954	20861
南宁	3273	3720	4463	4952	5133
北海	——	——	3224	4073	4463
海口	3386	4481	5318	8069	6664
三亚	——	——	11154	17313	12727
重庆	2588	2640	3266	4040	4492
成都	4190	4869	4875	5827	6311
贵阳	2620	2866	3492	4233	4553
昆明	3020	3595	3644	3408	4553
西安	3215	4056	3749	4341	5793
兰州	2920	3029	3500	4064	4051
西宁	2313	2675	2811	3197	3437
银川	2334	2824	3387	3801	4020
乌鲁木齐	2565	3096	3355	4280	4930

数据来源：根据国家统计局数据整理

表3-82

全国四十重点城市2011年月度累计住宅销售均价

单位：元/平方米

	1–3月	1–4月	1–5月	1–6月	1–7月	1–8月	1–9月	1–10月	1–11月	1–12月
合计	7650	7562	7590	7459	7480	7488	7417	7398	7360	7221
北京	19023	18249	18637	18495	18092	18286	17495	17558	17251	15518
天津	7516	7762	8041	8068	8131	8341	8508	8543	8553	8539
石家庄	3607	4144	4494	4239	4311	4563	4378	4424	4505	4400
太原	6311	6687	6846	7021	6701	6315	6391	6334	6213	6724
呼和浩特	4277	4297	5011	5110	4665	4248	4395	4133	3975	3909
沈阳	5699	5676	5686	5510	5446	5497	5555	5585	5621	5614
大连	7893	7894	8140	7777	7851	7742	7865	8023	8099	7929
长春	6855	6835	6851	6916	6923	6820	6702	6535	6296	5969
哈尔滨	5182	5618	5820	5582	5601	5714	5724	5699	5681	5347
上海	14742	13767	13995	13818	14097	14008	14110	14153	14327	13448
南京	9291	9408	8999	8782	8923	9014	8642	8582	8571	8415
无锡	8193	8207	8200	8357	8268	8290	8233	8227	8192	8085
苏州	8946	9241	9251	9204	9136	9106	9162	9114	9029	9060
杭州	14317	14061	13800	13931	13850	13754	13140	13048	13001	12613
宁波	10921	11409	11912	11817	11827	12007	12403	12383	12224	10649
温州	17005	16314	16308	16103	16437	16014	16030	16361	16695	16900
合肥	5799	5931	6017	5994	6029	5811	5716	5690	5658	5631
福州	10023	10094	10155	10288	10245	10308	9980	9998	9759	9530
厦门	13328	13059	12565	12820	12799	12665	12643	12506	12551	12936
南昌	4591	4518	4643	4980	5394	5357	5351	5442	5394	5281
济南	5951	6383	6501	6576	6645	6636	6623	6546	6557	6676
青岛	6433	6317	6573	6887	6976	7257	7245	7332	7323	7171
郑州	5272	5059	5147	5118	5111	5125	5014	5079	4931	4691
武汉	6734	6704	6517	6471	6601	6796	6589	6886	7241	6768
长沙	4997	5077	5092	5317	5371	5424	5434	5407	5438	5484
广州	11107	11230	11130	11121	10855	10966	11272	11112	11019	11383
深圳	17845	17490	17724	18167	18785	19685	20543	20217	20625	20861
南宁	5348	5191	5255	5265	5467	5348	5355	5284	5399	5133
北海	4052	4282	4251	4189	4176	4257	4357	4430	4459	4463
海口	7939	7939	7495	8460	8073	8163	7009	6902	6932	6604
三亚	16118	16118	17866	17763	17312	16427	14957	12600	11871	12727
重庆	4697	4734	4756	4669	4683	4663	4614	4603	4570	4492
成都	6324	6251	6575	6712	6203	6265	6262	6291	6330	6311
贵阳	4755	4965	4771	4701	4673	4601	4579	4555	4595	4553
昆明	3923	4535	4677	4404	4747	4790	5016	4987	5007	4553
西安	5248	5342	5429	5503	5902	5895	5880	5888	5936	5793
兰州	3976	4028	4003	3893	3831	3794	3856	3888	4105	4051
西宁	3304	3341	3379	3345	3367	3453	3372	3422	3411	3437
银川	4858	4570	4493	4416	4360	4411	4418	4372	4234	4020
乌鲁木齐	5292	5133	5016	5055	4964	4907	4929	4993	4963	4930

数据来源：根据国家统计局数据整理

表3-83　　全国四十重点城市2007~2011年办公用房销售均价

单位：元/平方米

	2007	2008	2009	2010	2011
全国	8700	8595	10691	11418	12459
北京	15152	16554	16857	23412	23695
天津	7411	9785	11134	13857	12512
石家庄	5825	8889	3673	4945	9455
太原	5065	6812	6383	6906	9785
呼和浩特	4107	3862	4786	5776	4836
沈阳	5392	6624	7643	6937	7523
大连	6529	5330	5214	14238	13018
长春	5163	4252	4208	4554	9810
哈尔滨	3361	3612	4630	6496	6858
上海	14223	11811	21598	18888	25225
南京	11859	12986	12550	12869	19334
无锡	——	——	6760	8869	8919
苏州	——	——	7349	8084	8451
杭州	10412	11714	10431	15138	16644
宁波	7527	10595	9381	11037	10889
温州	——	——	10976	16312	24847
合肥	4266	5727	4654	6828	7910
福州	3431	7791	6873	16461	16424
厦门	4970	5696	6891	6941	8262
南昌	4432	7121	5682	9650	9633
济南	5583	5322	5030	7455	8679
青岛	7537	9010	9727	8478	11789
郑州	4724	5114	4929	9331	10074
武汉	5705	6287	5234	5738	9876
长沙	5374	5120	5660	4504	9879
广州	12669	12560	15080	16882	19103
深圳	23536	19052	20881	22853	25283
南宁	5268	5888	6427	8219	8519
北海	——	——	——	——	7500
海口	5772	5821	4969	6471	24696
三亚	——	——	——	——	——
重庆	4186	4669	5173	9537	11686
成都	5828	5745	5881	9280	10070
贵阳	4758	4776	4628	5432	6507
昆明	4915	5264	5906	7570	5394
西安	4628	5780	5277	6004	9759
兰州	3377	3580	5298	4501	8228
西宁	3063	3261	3551	2200	1842
银川	3197	3786	5424	5623	7548
乌鲁木齐	4848	6855	7284	9452	8838

数据来源：根据国家统计局数据整理

表3-84　　全国四十重点城市2011年月度累计办公用房销售均价

单位：元/平方米

	1–3月	1–4月	1–5月	1–6月	1–7月	1–8月	1–9月	1–10月	1–11月	1–12月
合计	15921	15305	15477	16050	15556	15530	15565	14751	15921	15305
北京	24700	24714	24850	25079	23938	24008	24874	23695	24700	24714
天津	11735	9822	9878	10020	13138	13107	12735	12512	11735	9822
石家庄	10593	10476	9418	9325	8966	8925	10207	9455	10593	10476
太原	9749	9899	9829	9812	9898	9773	9848	9785	9749	9899
呼和浩特	5621	5919	5978	5878	5878	4728	4570	4836	5621	5919
沈阳	7628	8359	8375	8297	8420	8374	8452	7523	7628	8359
大连	17025	17025	17025	16967	17168	17168	17168	13018	17025	17025
长春	11136	10246	10616	10633	10623	10648	10681	9810	11136	10246
哈尔滨	——	——	——	——	——	——	13000	6858	——	——
上海	26343	26568	26332	27144	26190	25948	25756	25225	26343	26568
南京	22355	20923	20625	20302	19873	19626	19361	19334	22355	20923
无锡	7966	8184	8266	8345	8344	8336	8495	8919	7966	8184
苏州	8129	8230	8170	8307	8327	8375	8351	8451	8129	8230
杭州	20699	19679	20837	20131	18722	18164	17900	16644	20699	19679
宁波	11446	10981	12671	11998	10989	10984	10782	10889	11446	10981
温州	16739	18361	19333	24821	24821	24864	24857	24847	16739	18361
合肥	7754	7941	7728	7721	7788	7751	7707	7910	7754	7941
福州	20269	14664	14970	15383	14936	17396	15980	16424	20269	14664
厦门	7127	7174	7161	6736	7856	8337	8246	8262	7127	7174
南昌	9218	9722	9158	9158	9731	9711	9711	9633	9218	9722
济南	8204	8259	9524	9810	8880	8664	8604	8679	8204	8259
青岛	13080	13060	13794	14133	12059	11902	11894	11789	13080	13060
郑州	13481	13662	13077	13352	12479	11838	11954	10074	13481	13662
武汉	7936	6440	10676	10659	9611	6321	10371	9876	7936	6440
长沙	8663	6314	7106	9002	8946	8943	8966	9879	8663	6314
广州	19190	19316	20314	20524	20240	20480	19212	19103	19190	19316
深圳	26601	25346	25349	25386	25348	25378	25489	25283	26601	25346
南宁	12596	12874	12739	12137	12133	11863	9593	8519	12596	12874
北海	10000	10000	10000	10000	10000	7500	7500	7500	10000	10000
海口	11503	11345	11430	22424	24586	24606	24606	24606	11503	11345
三亚	——	——	——	——	——	——	——	——	——	——
重庆	12515	11987	12025	11539	12487	12445	12426	11686	12515	11987
成都	12043	10308	10234	10067	9979	9863	10058	10070	12043	10308
贵阳	5805	5808	6025	5969	6024	6174	6491	6507	5805	5808
昆明	9810	7317	7519	8772	4631	4737	4836	5394	9810	7317
西安	7697	8863	9437	9517	9782	9716	9920	9759	7697	8863
兰州	8732	8600	6852	7365	8894	8596	8607	8228	8732	8600
西宁	1842	1842	1842	1842	1842	1842	1842	1842	1842	1842
银川	7835	7841	7855	7840	7848	8024	7951	7548	7835	7841
乌鲁木齐	11684	12568	12717	12594	12558	11813	11559	8838	11684	12568

数据来源：根据国家统计局数据整理

表3-85　　全国四十重点城市2007～2011年商业用房销售均价

单位：元/平方米

	2007	2008	2009	2010	2011
全国	5819	5935	6896	7735	8508
北京	17584	17148	19091	22453	24919
天津	8880	10339	8955	10547	13261
石家庄	4055	4031	8346	7304	8105
太原	8425	6761	9289	11126	9962
呼和浩特	5420	6516	7634	7143	7679
沈阳	6017	6681	7112	7788	8847
大连	9803	9446	8528	9961	11005
长春	5158	5277	6072	6500	8042
哈尔滨	4277	5925	5091	7294	9527
上海	6613	6610	15237	15735	19008
南京	8468	8425	12210	15117	16685
无锡	——	——	7622	9820	11927
苏州	——	——	7938	8883	9924
杭州	9498	8779	10369	13421	16577
宁波	9099	9808	10900	12581	12475
温州	——	——	12680	12935	16701
合肥	6149	6601	7176	10964	12506
福州	13281	14796	13905	15310	21982
厦门	16077	14774	17225	17472	20683
南昌	5148	7772	6366	7597	10513
济南	4682	6634	10984	13350	11524
青岛	6514	8841	8162	9192	11842
郑州	7758	8681	8234	10030	13908
武汉	8369	8101	11162	11622	13297
长沙	6091	5506	8541	9568	14384
广州	9525	12476	13395	19757	20583
深圳	19099	11468	18605	25162	27536
南宁	6374	10132	8626	10943	10147
北海	——	——	4828	5547	8993
海口	6644	7076	7479	8142	6992
三亚	——	——	4242	20000	23600
重庆	5135	5432	7145	8003	8132
成都	6194	6812	8751	9294	12496
贵阳	8522	10063	10392	8928	10793
昆明	5558	7046	7961	7825	7158
西安	8066	6822	8201	9412	13964
兰州	3968	5565	4916	6346	7624
西宁	5417	5222	5626	6513	9293
银川	4311	5447	6315	5966	7256
乌鲁木齐	5175	5149	6330	7240	10669

数据来源：根据国家统计局数据整理

表3-86

全国四十重点城市2011年月度累计商业用房销售均价

单位：元/平方米

	1-3月	1-4月	1-5月	1-6月	1-7月	1-8月	1-9月	1-10月	1-11月	1-12月
合计	12571	12617	12555	12624	12719	12645	12632	12260	12571	12617
北京	24683	25375	24965	25389	25887	26059	25827	24919	24683	25375
天津	10790	10846	10964	11727	12033	12030	12411	13261	10790	10846
石家庄	5369	8038	7985	9011	8849	8881	9034	8105	5369	8038
太原	9184	10117	9934	8870	9543	9948	11478	9962	9184	10117
呼和浩特	9952	10241	9266	10253	10000	7671	7010	7679	9952	10241
沈阳	9691	9497	9227	9301	9230	9236	9208	8847	9691	9497
大连	12686	11829	11572	11497	11278	11296	11814	11005	12686	11829
长春	8694	8716	7527	7948	8018	8231	8043	8042	8694	8716
哈尔滨	——	——	——	——	——	——	——	——	——	——
上海	18384	18218	18448	18297	18453	18278	18927	19008	18384	18218
南京	17183	17418	15853	16016	16637	16882	17067	16685	17183	17418
无锡	10784	11109	11325	11501	11511	11552	11598	11927	10784	11109
苏州	10188	10300	9988	9994	10080	10062	10080	9924	10188	10300
杭州	16408	16960	17199	17154	17212	17310	17322	16577	16408	16960
宁波	11830	13400	12951	13321	11820	12310	12553	12475	11830	13400
温州	11735	12147	12848	13005	13446	14145	14492	16701	11735	12147
合肥	11115	12055	11505	11077	11229	10377	10632	12506	11115	12055
福州	19503	24221	23956	24008	23650	23211	23014	21982	19503	24221
厦门	19335	18656	18847	19252	20588	22318	20827	20683	19335	18656
南昌	6965	7735	10194	10493	10349	10307	10119	10513	6965	7735
济南	12614	13900	13711	13872	12433	11247	11251	11524	12614	13900
青岛	9273	10724	10648	10426	10977	11484	11681	11842	9273	10724
郑州	12734	12368	12223	12794	15701	15620	15530	13908	12734	12368
武汉	10271	10435	10878	10926	10016	10427	12112	13297	10271	10435
长沙	13238	12874	13225	11631	11902	12622	13322	14384	13238	12874
广州	18828	19579	20051	20647	21555	20984	20630	20583	18828	19579
深圳	27769	26351	28784	28250	30641	27434	27119	27536	27769	26351
南宁	12203	10166	9983	10513	10443	9868	9531	10147	12203	10166
北海	9444	10000	10690	9649	12138	8966	9015	8993	9444	10000
海门	13516	12869	13150	13763	5813	6038	6215	6992	13516	12069
三亚	——	——	——	——	——	——	——	——	——	——
重庆	8530	8401	8554	8496	8629	8392	8227	8132	8530	8401
成都	13014	13098	12707	12300	13900	13389	12869	12496	13014	13098
贵阳	11651	12208	12547	11519	10632	10817	10969	10793	11651	12208
昆明	9606	9311	9672	10107	9961	9709	9710	7158	9606	9311
西安	12418	13455	13928	14709	11700	12759	13224	13964	12418	13455
兰州	6399	6190	6925	8261	7946	8061	8430	7624	6399	6190
西宁	9650	7941	8056	8597	9145	9195	9261	9293	9650	7941
银川	6632	6758	6770	7830	7829	7816	7542	7256	6632	6758
乌鲁木齐	9006	7995	9138	8838	8481	9823	11264	10669	9006	7995

数据来源：根据国家统计局数据整理

十二、2011年全国七十大中城市住宅销售价格变动情况

1. 1月份70个大中城市住宅销售价格指数变动情况

表3-87　　2011年1月份70个大中城市住宅销售价格指数

城市	新建住宅价格指数			城市	新建住宅价格指数		
	环比	同比	定基		环比	同比	定基
北京	100.8	106.8	102.4	唐山	100.0	103.8	101.1
天津	100.9	106.7	103.1	秦皇岛	100.8	110.4	105.8
石家庄	100.8	111.5	106.3	包头	100.0	108.0	103.9
太原	100.2	102.1	100.8	丹东	100.5	112.3	108.2
呼和浩特	100.1	106.8	102.8	锦州	100.8	108.1	103.6
沈阳	100.4	108.8	104.2	吉林	101.7	109.2	105.7
大连	100.0	106.6	103.3	牡丹江	101.5	109.9	106.4
长春	100.4	106.9	102.6	无锡	100.8	103.4	101.9
哈尔滨	100.2	107.3	103.6	扬州	101.0	104.9	102.8
上海	100.9	101.5	100.8	徐州	101.0	103.4	101.8
南京	100.7	103.9	100.8	温州	100.1	100.7	100.3
杭州	101.6	100.8	100.1	金华	100.0	107.6	102.4
宁波	100.1	103.7	101.5	蚌埠	100.1	106.3	102.1
合肥	100.3	106.4	101.9	安庆	100.0	110.1	104.4
福州	100.7	104.1	101.9	泉州	100.2	99.8	99.7
厦门	101.5	105.0	103.8	九江	100.0	105.6	102.3
南昌	101.8	108.8	105.8	赣州	101.0	112.3	106.5
济南	100.2	105.6	102.6	烟台	100.7	105.4	103.2
青岛	100.4	105.8	103.2	济宁	100.9	104.5	102.9
郑州	101.2	109.3	104.5	洛阳	102.1	105.8	104.2
武汉	101.0	107.1	102.7	平顶山	101.2	105.8	104.1
长沙	101.8	109.9	105.2	宜昌	100.1	110.1	102.3
广州	101.7	100.1	102.7	襄樊	100.6	109.0	104.4
深圳	102.0	103.1	102.3	岳阳	102.2	114.2	108.9
南宁	101.3	102.4	101.6	常德	101.7	106.4	104.2
海口	100.5	121.6	102.5	惠州	100.9	104.9	102.8
重庆	99.9	107.9	103.4	湛江	100.9	106.2	102.9
成都	101.4	104.9	103	韶关	101.9	104.3	103.7
贵阳	100.2	104.7	102.6	桂林	102.1	105.7	104.5
昆明	101.0	105.6	104.6	北海	100.4	105.5	101.1
西安	101.1	105.6	102.2	三亚	100.4	119.1	100.8
兰州	101.2	111.8	106.8	泸州	99.5	101.8	100.1
西宁	100.5	109.4	105.1	南充	98.3	99.7	99.5
银川	100.8	102.9	101.4	遵义	101.0	104.6	103.4
乌鲁木齐	101.6	109.2	105.5	大理	100.0	102.8	101.1

数据来源：国家统计局

注：同比以去年同月价格为100，环比以上月价格为100，定基以2010年为100。

表3-88

2011年1月份70个大中城市新建商品住宅价格指数

城市	新建商品住宅价格指数			城市	新建商品住宅价格指数		
	环比	同比	定基		环比	同比	定基
北京	101.0	109.1	103	唐山	100.0	104.1	101.2
天津	101.0	107.6	103.5	秦皇岛	100.9	111.5	106.5
石家庄	100.8	111.7	106.5	包头	100.0	108.1	103.9
太原	100.2	102.2	100.8	丹东	100.6	112.3	108.2
呼和浩特	100.1	107.0	102.9	锦州	100.8	108.1	103.6
沈阳	100.4	109.8	104.6	吉林	101.7	109.5	105.9
大连	100.0	106.6	103.3	牡丹江	101.5	110	106.5
长春	100.4	107.1	102.7	无锡	100.9	103.6	102.1
哈尔滨	100.2	107.6	103.7	扬州	101.1	104.9	102.9
上海	101.1	101.8	101.0	徐州	101.0	103.5	101.9
南京	100.9	104.2	101.0	温州	100.1	100.8	100.3
杭州	101.7	100.9	100.2	金华	100.0	107.6	102.4
宁波	100.1	103.9	101.6	蚌埠	100.1	106.5	102.1
合肥	100.4	106.5	102.0	安庆	100.0	110.1	104.4
福州	100.7	104.2	101.9	泉州	100.2	99.8	99.7
厦门	101.6	105.1	103.9	九江	100.0	106.0	102.4
南昌	101.9	108.9	105.9	赣州	101.0	112.4	106.6
济南	100.2	105.6	102.6	烟台	100.7	105.5	103.2
青岛	100.4	106	103.4	济宁	100.9	104.6	103.0
郑州	101.3	109.6	104.6	洛阳	102.1	105.9	104.3
武汉	101.1	107.4	102.8	平顶山	101.2	105.9	104.2
长沙	101.8	110.0	105.3	宜昌	100.1	110.2	102.3
广州	101.7	100.1	102.7	襄樊	100.6	109.0	104.4
深圳	102.0	103.1	102.3	岳阳	102.2	122.0	112.9
南宁	101.3	102.5	101.7	常德	101.7	106.5	104.2
海口	100.6	121.6	102.5	惠州	100.9	104.9	102.8
重庆	99.9	108.1	103.5	湛江	100.9	106.2	102.9
成都	101.4	105.0	103.0	韶关	101.9	104.4	103.8
贵阳	100.2	104.8	102.7	桂林	102.2	105.8	104.6
昆明	101.2	105.9	104.9	北海	100.4	105.5	101.1
西安	101.1	106.1	102.3	三亚	100.4	119.1	100.8
兰州	101.2	112.0	106.9	泸州	99.5	101.8	100.1
西宁	100.5	109.4	105.1	南充	98.3	99.7	99.5
银川	100.9	103.1	101.5	遵义	101.2	105.2	103.8
乌鲁木齐	101.6	109.2	105.5	大理	100.0	102.8	101.1

数据来源：国家统计局

表3-89　　2011年1月份70个大中城市二手住宅价格指数

城市	二手住宅价格指数			城市	二手住宅价格指数		
	环比	同比	定基		环比	同比	定基
北京	100.3	102.6	101.2	唐山	102.1	103	102.3
天津	100.1	103.3	101.4	秦皇岛	99.9	104.1	102
石家庄	100.1	103.1	101.9	包头	100.8	100.8	100.8
太原	100.2	106	102.2	丹东	100.3	102.5	101.3
呼和浩特	100.3	103.2	101.9	锦州	100	100.2	100.1
沈阳	100.2	107.7	103.1	吉林	100	105.3	102.1
大连	100.4	108.1	102.7	牡丹江	103.3	111.1	105.4
长春	100.3	100.7	100.7	无锡	100.9	103.1	101.9
哈尔滨	100.2	103.4	101.8	扬州	100.5	105.2	102.8
上海	100.5	101.7	100.6	徐州	100.4	100.8	100.5
南京	100.7	99.6	100.3	温州	102.1	118.5	108.6
杭州	100.3	104.4	101.5	金华	100.6	103.3	99.9
宁波	100.2	97.1	98.7	蚌埠	100.2	106.7	103
合肥	100.3	107.5	102.7	安庆	100.5	104.6	102.8
福州	100.3	100.3	100.6	泉州	100.1	99.9	100
厦门	100.6	100.8	100.6	九江	101.8	107	103.7
南昌	100.8	103.2	102.5	赣州	100.6	102.8	101.3
济南	100.5	102.3	102	烟台	100.2	104.1	102.1
青岛	100.7	105.9	103.1	济宁	101.7	106.8	105.9
郑州	100.2	107.1	104	洛阳	100.5	108.6	103.5
武汉	100.4	105.8	102.1	平顶山	102.5	102.5	102.5
长沙	100.2	102.2	101.1	宜昌	100.4	101.9	101.7
广州	101.2	102.9	102.3	襄樊	100.3	106.3	104
深圳	100.6	101.3	101.6	岳阳	101.5	113.7	108.4
南宁	100.3	103.6	101.7	常德	101.4	109.1	104.4
海口	100	99.4	97.7	惠州	101.4	102.7	103.4
重庆	99.9	101.4	100.6	湛江	100.6	109.8	104.1
成都	102.2	102.1	101.7	韶关	100.6	101.1	100.8
贵阳	100.5	107.4	104.3	桂林	100.8	106	103.2
昆明	100.5	103.7	102.6	北海	100	100.9	99.9
西安	100.3	103.6	103	三亚	100.7	114.8	102.4
兰州	100	116	108.8	泸州	99.7	98.6	98.6
西宁	101.9	107.4	104.8	南充	101.1	100.9	101.6
银川	100	103.3	100.6	遵义	101.1	111.7	106.8
乌鲁木齐	100.4	109.8	106	大理	100	105.2	104.6

数据来源：国家统计局

2. 2月份70个大中城市住宅销售价格指数变动情况

表3-90　　2011年2月份70个大中城市住宅销售价格指数

城市	新建住宅价格指数			城市	新建住宅价格指数		
	环比	同比	定基		环比	同比	定基
北京	100.4	106.8	102.8	唐山	100.1	102.2	101.2
天津	100.9	106.7	103.9	秦皇岛	100.7	111.1	106.6
石家庄	100.2	111.5	106.5	包头	100.5	108.5	104.4
太原	99.6	101.6	100.4	丹东	100.2	114.3	108.4
呼和浩特	100.6	106.9	103.4	锦州	100.5	107.5	104.1
沈阳	100	108.6	104.2	吉林	100	109.2	105.7
大连	100.4	106.8	103.7	牡丹江	100.7	110.3	107.1
长春	99.6	106.8	102.2	无锡	99.9	102.9	101.8
哈尔滨	99.4	106.6	103	扬州	100.8	105.3	103.6
上海	100.9	102.3	101.8	徐州	100.4	103.7	102.3
南京	100.5	103.7	101.3	温州	100	101.1	100.3
杭州	100.8	101.6	100.9	金华	100.2	107.8	102.6
宁波	100.4	104.1	101.9	蚌埠	101	104.9	103.1
合肥	100.5	105.1	102.4	安庆	100	109.5	104.4
福州	101.5	105.2	103.3	泉州	100.5	100	100.2
厦门	101.4	106.4	105.3	九江	100.6	104.7	102.9
南昌	101	109.6	106.8	赣州	100.1	109.9	106.7
济南	100.4	105.7	103	烟台	100.6	105.5	103.7
青岛	99.6	104.6	102.8	济宁	100.3	104.6	103.2
郑州	101.4	110.3	106	洛阳	101.1	106.6	105.3
武汉	100.5	106.4	103.1	平顶山	101	106.8	105.1
长沙	100.9	108.9	106.1	宜昌	100.1	105.9	102.3
广州	100.6	100.6	103.3	襄樊	100.9	109.3	105.3
深圳	101	103.2	103.2	岳阳	99.4	112.1	108.3
南宁	99.9	101.6	101.5	常德	100.5	106.3	104.6
海口	100.2	104.2	102.7	惠州	100.5	104.6	103.4
重庆	100.4	106.2	103.8	湛江	100.9	106.2	103.8
成都	100.5	104.9	103.5	韶关	100.5	104.8	104.2
贵阳	100.6	105	103.2	桂林	100.5	106.1	105
昆明	100.5	107.8	105.1	北海	100.8	104.5	101.9
西安	100.4	105.8	102.6	三亚	100.4	100.2	101.2
兰州	100.4	111.4	107.2	泸州	100.3	101.4	100.4
西宁	100.3	109.5	105.4	南充	99.6	99.3	99
银川	99.8	102.6	101.2	遵义	101	105.3	104.4
乌鲁木齐	101.1	109.7	106.7	大理	100	102.2	101.1

数据来源：国家统计局

注：同比以去年同月价格为100，环比以上月价格为100，定基以2010年为100。

表3-91　　2011年2月份70个大中城市新建商品住宅价格指数

城市	新建商品住宅价格指数			城市	新建商品住宅价格指数		
	环比	同比	定基		环比	同比	定基
北京	100.5	108.4	103.5	唐山	100.1	102.4	101.3
天津	101	107.6	104.5	秦皇岛	100.8	112.4	107.3
石家庄	100.2	111.7	106.6	包头	100.6	108.8	104.6
太原	99.6	101.7	100.4	丹东	100.2	114.3	108.5
呼和浩特	100.7	107.2	103.5	锦州	100.5	107.5	104.1
沈阳	100	109.5	104.6	吉林	100	109.5	105.9
大连	100.4	106.8	103.7	牡丹江	100.7	110.4	107.2
长春	99.6	107	102.2	无锡	100	103.2	102.1
哈尔滨	99.4	106.9	103.1	扬州	100.8	105.4	103.7
上海	101.1	102.8	102.1	徐州	100.5	103.9	102.4
南京	100.7	104.2	101.7	温州	100	101.2	100.3
杭州	100.9	101.8	101	金华	100.2	107.8	102.7
宁波	100.5	104.3	102	蚌埠	101	105	103.1
合肥	100.6	105.1	102.5	安庆	100	109.5	104.4
福州	101.5	105.3	103.4	泉州	100.5	100.1	100.2
厦门	101.4	106.6	105.4	九江	100.6	105	103.1
南昌	101	109.8	106.9	赣州	100.1	110	106.7
济南	100.4	105.7	103	烟台	100.6	105.6	103.8
青岛	99.6	104.8	102.9	济宁	100.3	104.8	103.3
郑州	101.5	110.6	106.2	洛阳	101.1	106.7	105.4
武汉	100.5	106.8	103.3	平顶山	101	106.9	105.2
长沙	100.9	109	106.2	宜昌	100.1	106	102.4
广州	100.6	100.6	103.3	襄樊	100.9	109.3	105.3
深圳	101	103.3	103.3	岳阳	99	118.3	111.7
南宁	99.9	101.7	101.6	常德	100.5	106.4	104.7
海口	100.2	104.2	102.7	惠州	100.5	104.6	103.4
重庆	100.4	106.3	103.9	湛江	100.9	106.2	103.8
成都	100.5	104.9	103.5	韶关	100.5	104.9	104.3
贵阳	100.6	105.1	103.3	桂林	100.5	106.2	105.1
昆明	100.6	108.2	105.5	北海	100.8	104.5	101.9
西安	100.4	106.3	102.7	三亚	100.4	100.3	101.2
兰州	100.4	111.6	107.4	泸州	100.3	101.4	100.4
西宁	100.3	109.5	105.4	南充	99.6	99.3	99
银川	99.7	102.8	101.3	遵义	101.1	105.9	104.9
乌鲁木齐	101.1	109.8	106.7	大理	100	102.2	101.1

数据来源：国家统计局

表3-92 2011年2月份70个大中城市二手住宅价格指数

城市	二手住宅价格指数			城市	二手住宅价格指数		
	环比	同比	定基		环比	同比	定基
北京	100.4	102.9	101.5	唐山	100.2	102.6	102.5
天津	100.3	103.4	101.8	秦皇岛	99.9	104	101.9
石家庄	100.1	103.8	102	包头	100	100.8	100.8
太原	100.6	106.1	102.8	丹东	100.2	102.8	101.5
呼和浩特	100.2	102.9	102.1	锦州	100	100.3	100.2
沈阳	100.6	107.9	103.6	吉林	100	105.3	102.1
大连	100.6	107	103.3	牡丹江	101.1	111.1	106.5
长春	100.1	100.8	100.8	无锡	100.8	103.9	102.8
哈尔滨	100	103	101.8	扬州	100.1	105.3	102.9
上海	100.4	102	101	徐州	100.4	101.2	100.9
南京	100.5	100	100.8	温州	100.9	119.7	109.6
杭州	100.2	104.6	101.7	金华	100.2	102.9	100.1
宁波	99.9	97.1	98.6	蚌埠	100.4	106.9	103.3
合肥	100	105.7	102.7	安庆	100.2	104.5	103
福州	101.7	102.3	102.3	泉州	100	100	100
厦门	100	100.9	100.6	九江	100.4	106.1	104
南昌	100.5	103.8	103	赣州	100.3	102.8	101.5
济南	100.2	102.7	102.2	烟台	100.6	103.8	102.7
青岛	100	105.9	103.1	济宁	100.3	107.5	106.3
郑州	100.1	107.9	104.1	洛阳	100.6	108.7	104.1
武汉	100.2	104.7	102.3	平顶山	101.3	103.9	103.9
长沙	100	101.3	101.1	宜昌	100.1	101.8	101.7
广州	100.6	103.4	102.9	襄樊	100.1	106.5	104.1
深圳	102.6	104.5	104.2	岳阳	100	112.9	108.3
南宁	100.4	103.7	102.1	常德	100.4	107.8	104.8
海口	100	90.6	97.7	惠州	100.8	103.5	104.3
重庆	100	101.3	100.6	湛江	100.2	108.8	104.3
成都	100.3	102.4	102	韶关	100.1	101.2	100.9
贵阳	100.3	107.4	104.6	桂林	98.3	101.6	101.4
昆明	100.3	104.4	102.9	北海	102	102.2	101.9
西安	100	105	103	三亚	99.2	102.2	101.6
兰州	100	114.6	108.8	泸州	100.3	98.4	98.9
西宁	100.5	107.8	105.3	南充	100	101.7	101.6
银川	100.1	102.9	100.7	遵义	100.8	111.8	107.6
乌鲁木齐	100.4	109.7	106.4	大理	100	105.8	104.6

数据来源：国家统计局

3. 3月份70个大中城市住宅销售价格指数变动情况

表3-93　　2011年3月份70个大中城市住宅销售价格指数

城市	新建住宅价格指数			城市	新建住宅价格指数		
	环比	同比	定基		环比	同比	定基
北京	100	104.9	102.8	唐山	100.2	101.8	101.4
天津	100.5	106.6	104.4	秦皇岛	99.4	110	106
石家庄	100.9	111.5	107.5	包头	99.8	108.3	104.2
太原	100.3	101.6	100.6	丹东	100.8	115.4	109.2
呼和浩特	100.3	106.4	103.7	锦州	100.4	106.9	104.5
沈阳	100.5	107.7	104.7	吉林	99.5	107.7	105.2
大连	100.6	106.3	104.3	牡丹江	100	109.7	107.1
长春	100.7	106.7	102.9	无锡	100.8	103.3	102.6
哈尔滨	100.5	106.8	103.5	扬州	100.9	105.7	104.5
上海	100.2	101.7	102	徐州	100.9	103.4	103.1
南京	100.5	101.5	101.9	温州	100	101.1	100.3
杭州	99.9	101.4	100.7	金华	100.8	105	103.4
宁波	99.4	103.2	101.3	蚌埠	100.6	104.2	103.7
合肥	100	103.4	102.5	安庆	99.9	107.9	104.3
福州	100.3	104.7	103.7	泉州	100.6	100	100.7
厦门	100.3	106.6	105.6	九江	100.9	104.7	103.8
南昌	100	108.6	106.8	赣州	99.1	108.3	105.7
济南	100.5	106.1	103.5	烟台	100.8	106	104.6
青岛	100.4	104.4	103.2	济宁	100.1	104.7	103.3
郑州	99.8	106.7	105.7	洛阳	100.3	106.5	105.6
武汉	100.4	105.5	103.5	平顶山	99.3	106	104.4
长沙	100.5	108.1	106.6	宜昌	100.7	105.5	103
广州	100.3	102.7	103.6	襄樊	100.6	108.6	105.9
深圳	100	103.1	103.3	岳阳	99.1	106.3	107.2
南宁	100.8	102.2	102.3	常德	100.1	105.9	104.7
海口	99.9	100.6	102.6	惠州	100.4	104.9	103.8
重庆	100.6	105.6	104.4	湛江	100.8	106.7	104.5
成都	100	104.4	103.5	韶关	100.1	104.8	104.3
贵阳	100.6	105.3	103.8	桂林	100.8	107.1	105.8
昆明	100.2	107.4	105.3	北海	100.7	103.6	102.6
西安	100.9	104.9	103.5	三亚	100.4	99.4	101.6
兰州	99.5	110.9	106.7	泸州	100	100.7	100.5
西宁	100.2	109.2	105.5	南充	100.2	99.5	99.3
银川	100.7	102.5	101.9	遵义	100.3	105.3	104.7
乌鲁木齐	100.7	110.1	107.4	大理	100	102.2	101.1

数据来源：国家统计局

注：同比以去年同月价格为100，环比以上月价格为100，定基以2010年为100。

表3-94　　2011年3月份70个大中城市新建商品住宅价格指数

城市	新建商品住宅价格指数			城市	新建商品住宅价格指数		
	环比	同比	定基		环比	同比	定基
北京*	100	106.2	103.5	唐山	100.2	102	101.5
天津	100.5	107.5	105	秦皇岛	99.4	111.1	106.7
石家庄	100.9	111.7	107.6	包头	99.7	108.5	104.3
太原	100.3	101.7	100.7	丹东	100.8	115.4	109.3
呼和浩特	100.3	106.6	103.8	锦州	100.4	106.9	104.5
沈阳	100.5	108.5	105.1	吉林	99.5	107.9	105.4
大连	100.6	106.3	104.3	牡丹江	100	109.8	107.1
长春	100.7	106.9	103	无锡	100.8	103.5	102.9
哈尔滨	100.6	107.1	103.7	扬州	100.9	105.8	104.6
上海	100.2	102	102.3	徐州	100.9	103.5	103.3
南京	100.7	102.1	102.5	温州	100	101.1	100.3
杭州	99.9	101.6	100.9	金华	100.8	105.1	103.4
宁波	99.4	103.3	101.4	蚌埠	100.6	104.3	103.7
合肥	100	103.4	102.6	安庆	99.9	107.9	104.3
福州	100.3	104.8	103.7	泉州	100.6	100.1	100.8
厦门	100.3	106.8	105.8	九江	101	105	104.1
南昌	100	108.8	106.9	赣州	99.1	108.4	105.8
济南	100.5	106.1	103.5	烟台	100.8	106.1	104.6
青岛	100.4	104.5	103.3	济宁	100.1	104.8	103.4
郑州	99.8	106.9	105.9	洛阳	100.3	106.6	105.7
武汉	100.4	105.8	103.7	平顶山	99.3	106.1	104.4
长沙	100.5	108.2	106.7	宜昌	100.7	105.6	103.1
广州	100.3	102.7	103.7	襄樊	100.6	108.6	106
深圳	100	103.1	103.3	岳阳	98.5	108.9	110
南宁	100.8	102.3	102.4	常德	100.1	105.9	104.8
海口	99.9	100.7	102.7	惠州	100.4	104.9	103.8
重庆	100.6	105.7	104.5	湛江	100.8	106.7	104.5
成都	100	104.4	103.6	韶关	100.1	104.9	104.4
贵阳	100.6	105.3	103.9	桂林	100.8	107.3	105.9
昆明	100.1	107.8	105.6	北海	100.7	103.6	102.6
西安	101	105.3	103.7	三亚	100.4	99.4	101.6
兰州	99.5	111.1	106.8	泸州	100.1	100.7	100.5
西宁	100.2	109.2	105.5	南充	100.2	99.5	99.3
银川	100.8	102.7	102.1	遵义	100.3	105.9	105.2
乌鲁木齐	100.7	110.1	107.5	大理	100	102.2	101.1

数据来源：国家统计局

*本表所列北京市“新建商品住宅价格指数”与北京市有关部门发布的“新建普通住房价格”在统计口径、统计标准等方面均有不同。

表3-95　　2011年3月份70个大中城市二手住宅价格指数

城市	二手住宅价格指数			城市	二手住宅价格指数		
	环比	同比	定基		环比	同比	定基
北京	99.9	101.9	101.4	唐山	100.2	102.7	102.7
天津	100.6	102.8	102.3	秦皇岛	100.3	103.4	102.2
石家庄	100	102.7	102	包头	100.3	101.1	101.1
太原	100.3	104.9	103.1	丹东	99.9	102.7	101.4
呼和浩特	100.4	103.3	102.5	锦州	100	100.3	100.2
沈阳	100.5	107.4	104.1	吉林	101.2	105.2	103.4
大连	99.9	105.3	103.2	牡丹江	100.1	109.1	106.6
长春	100.1	100.9	100.9	无锡	100.4	104.1	103.2
哈尔滨	100	102.6	101.8	扬州	100.2	104.4	103.1
上海	100.4	100.5	101.4	徐州	100	101.1	100.9
南京	100.5	99.9	101.4	温州	99.8	117.2	109.3
杭州	100.1	103.7	101.8	金华	101.1	100.2	101.2
宁波	100	96.6	98.5	蚌埠	100.2	105.7	103.6
合肥	100.1	104.4	102.8	安庆	100.1	104.4	103.1
福州	99.8	102	102	泉州	100	100	100.1
厦门	100.7	100	101.3	九江	100	104.8	104
南昌	100.5	104	103.4	赣州	99.8	102	101.4
济南	100.2	102.8	102.5	烟台	100.3	103.5	103
青岛	100	103.7	103.1	济宁	100.1	107.6	106.4
郑州	100.2	106.7	104.3	洛阳	100.8	107.3	105
武汉	99.8	103.1	102	平顶山	101.1	105	105
长沙	100	101.1	101.1	宜昌	100.1	101.5	101.9
广州	99.5	102.5	102.4	襄樊	100.5	106.2	104.6
深圳	100.6	104.8	104.8	岳阳	100.1	111.6	108.4
南宁	99.3	102.4	101.5	常德	100.5	107.2	105.3
海口	99.8	91.7	97.5	惠州	101	105.3	105.3
重庆	100.4	101.5	101	湛江	100.2	108.1	104.6
成都	99.8	101.9	101.8	韶关	100.2	101.2	101.1
贵阳	100.3	107.1	104.9	桂林	99.8	102.4	101.2
昆明	100.2	105.2	103.2	北海	100.9	102.4	102.8
西安	99.9	103.7	102.9	三亚	100.2	96.6	101.8
兰州	94.2	108.4	102.4	泸州	100.1	98.2	99.1
西宁	99.6	106.6	104.9	南充	99.9	101.2	101.6
银川	100.5	101.4	101.2	遵义	100.1	110.6	107.8
乌鲁木齐	101	111	107.5	大理	100	106	104.6

数据来源：国家统计局

4．4月份70个大中城市住宅销售价格指数变动情况

表3-96　　2011年4月份70个大中城市住宅销售价格指数

城市	新建住宅价格指数			城市	新建住宅价格指数		
	环比	同比	定基		环比	同比	定基
北京*	100.1	102.8	102.9	唐山	100.1	101.5	101.5
天津	100.2	104.9	104.6	秦皇岛	100.6	107.9	106.7
石家庄	100.2	106.7	107.7	包头	100.3	105.2	104.5
太原	100.2	101.3	100.9	丹东	100.2	111.1	109.4
呼和浩特	100.8	105	104.5	锦州	100.8	107.2	105.3
沈阳	100.7	107.3	105.4	吉林	100.7	108.2	105.9
大连	100.6	105.6	104.9	牡丹江	99.4	108.7	106.4
长春	100.5	104.1	103.4	无锡	100.5	103.1	103.1
哈尔滨	100.1	105.6	103.6	扬州	100.1	105.5	104.6
上海	100.3	101.3	102.3	徐州	100.6	103.8	103.8
南京	99.9	100.2	101.8	温州	100	100.1	100.3
杭州	100.1	98.8	100.8	金华	100.2	102.6	103.6
宁波	100.4	101.9	101.7	蚌埠	100.2	103.6	103.9
合肥	100.4	101.7	102.8	安庆	99.9	104.9	104.2
福州	100.5	104	104.2	泉州	100.2	100.2	101
厦门	100.4	106.4	106.1	九江	100.7	104.8	104.5
南昌	100.2	106.1	107.1	赣州	99.8	107.9	105.5
济南	100.5	105.6	104	烟台	100.6	106	105.1
青岛	100.5	104.1	103.7	济宁	100.3	104.4	103.7
郑州	100.5	107.7	106.3	洛阳	100.5	106.5	106.1
武汉	100.4	104.3	103.9	平顶山	99.6	105.2	103.9
长沙	100.5	107.1	107.2	宜昌	100.6	103.8	103.7
广州	100.7	103.8	104.4	襄樊	100.3	107.8	106.3
深圳	100.7	103.1	104	岳阳	99.8	105.2	107.1
南宁	100.5	102	102.8	常德	100.5	105.4	105.2
海口	100	100.7	102.7	惠州	100.4	105.5	104.2
重庆	100.3	105.3	104.7	湛江	100.3	106	104.9
成都	99.9	103.5	103.4	韶关	100.7	105.5	105
贵阳	100.5	105.4	104.3	桂林	100	106.9	105.8
昆明	100.1	106.9	105.4	北海	100.6	103	103.2
西安	100.6	103.8	104.1	三亚	99.9	99.1	101.5
兰州	100	107.5	106.7	泸州	100.2	100.7	100.7
西宁	100.3	107.7	105.8	南充	100.1	99.5	99.4
银川	100.4	102.3	102.4	遵义	99.9	104.7	104.5
乌鲁木齐	100.4	109.3	107.8	大理	100	101	101.1

数据来源：国家统计局

注：环比以上月价格为100，同比以去年同月价格为100，定基以2010年为100。

表3-97　　2011年4月份70个大中城市新建商品住宅价格指数

城市	新建商品住宅价格指数			城市	新建商品住宅价格指数		
	环比	同比	定基		环比	同比	定基
北京*	100.1	103.4	103.6	唐山	100.2	101.7	101.7
天津	100.2	105.6	105.2	秦皇岛	100.7	108.8	107.4
石家庄	100.2	106.8	107.9	包头	100.3	105.4	104.7
太原	100.2	101.3	100.9	丹东	100.2	111.3	109.5
呼和浩特	100.8	105.2	104.7	锦州	100.8	107.2	105.3
沈阳	100.7	108	105.9	吉林	100.7	108.5	106.1
大连	100.6	105.6	105	牡丹江	99.4	108.8	106.5
长春	100.5	104.2	103.5	无锡	100.6	103.4	103.4
哈尔滨	100.1	105.8	103.7	扬州	100.1	105.6	104.7
上海	100.3	101.5	102.7	徐州	100.6	104	104
南京	99.9	100.7	102.4	温州	100	100.1	100.3
杭州	100.1	98.8	101	金华	100.2	102.6	103.7
宁波	100.4	102	101.8	蚌埠	100.2	103.7	104
合肥	100.4	101.9	103	安庆	99.9	105.1	104.2
福州	100.5	104	104.2	泉州	100.2	100.3	101.1
厦门	100.4	106.6	106.2	九江	100.7	105	104.8
南昌	100.2	106.2	107.2	赣州	99.8	108	105.5
济南	100.5	105.6	104	烟台	100.6	106.1	105.2
青岛	100.5	104.3	103.9	济宁	100.4	104.6	103.8
郑州	100.5	107.9	106.4	洛阳	100.5	106.6	106.2
武汉	100.4	104.6	104.1	平顶山	99.6	105.3	104
长沙	100.5	107.2	107.3	宜昌	100.6	103.8	103.7
广州	100.7	103.8	104.4	襄樊	100.3	107.9	106.3
深圳	100.7	103.2	104.1	岳阳	99.9	107.7	109.9
南宁	100.5	102.1	102.9	常德	100.5	105.5	105.3
海口	100	100.7	102.7	惠州	100.4	105.5	104.2
重庆	100.3	105.4	104.8	湛江	100.3	106	104.9
成都	99.9	103.5	103.4	韶关	100.7	105.7	105.2
贵阳	100.5	105.6	104.5	桂林	100	107	106
昆明	100.1	107.3	105.7	北海	100.6	103	103.2
西安	100.6	104.1	104.4	三亚	99.9	99.1	101.5
兰州	100	107.6	106.8	泸州	100.2	100.7	100.7
西宁	100.3	107.7	105.8	南充	100.1	99.5	99.4
银川	100.5	102.5	102.6	遵义	99.8	105.3	105
乌鲁木齐	100.4	109.4	107.9	大理	100	101	101.1

数据来源：国家统计局

*本表所列北京市“新建商品住宅价格指数”与北京市有关部门发布的“新建普通住房价格”在统计口径、统计标准等方面均有不同。

表3-98　　2011年4月份70个大中城市二手住宅价格指数

城市	二手住宅价格指数			城市	二手住宅价格指数		
	环比	同比	定基		环比	同比	定基
北京	100.1	99.3	101.5	唐山	101	103.4	103.7
天津	99.8	101.2	102.1	秦皇岛	100	102.4	102.2
石家庄	100.3	102.4	102.3	包头	100.3	101.4	101.4
太原	100.7	105	103.9	丹东	99.5	101.6	100.9
呼和浩特	100.2	102.8	102.6	锦州	100	100.3	100.2
沈阳	100.1	105	104.2	吉林	100.7	105.1	104.1
大连	100.3	104	103.6	牡丹江	100.1	107.2	106.7
长春	100.4	101.3	101.3	无锡	100.6	104.3	103.8
哈尔滨	100	102.1	101.8	扬州	100.1	104	103.2
上海	100.6	100.2	102	徐州	99.3	100.3	100.2
南京	100	99.5	101.4	温州	99.5	108.5	108.8
杭州	99.7	100.1	101.5	金华	99.7	100.5	100.9
宁波	99.9	96.3	98.5	蚌埠	100.5	104.7	104.1
合肥	100	103.1	102.8	安庆	100.3	103.7	103.4
福州	99.2	101.2	101.3	泉州	99.8	99.8	99.9
厦门	100.6	99.2	101.9	九江	100	104.4	104
南昌	100.4	103.9	103.9	赣州	100.1	101.1	101.5
济南	100.1	103.3	102.6	烟台	100.2	103.6	103.2
青岛	100.1	102.7	103.2	济宁	100	107.2	106.3
郑州	99.9	105.3	104.2	洛阳	100.7	106.9	105.7
武汉	100.2	102.3	102.2	平顶山	100.5	105.5	105.5
长沙	100	100.9	101.1	宜昌	100	101.2	101.9
广州	101	103.4	103.4	襄樊	100.2	106.1	104.8
深圳	100.5	104.1	105.4	岳阳	100	108.7	108.5
南宁	100.6	102.7	102	常德	100.5	106.5	105.8
海口	99.3	93.1	96.8	惠州	99.5	104.8	104.8
重庆	99.8	101.1	100.9	湛江	100.1	106.9	104.7
成都	100.4	101.6	102.2	韶关	100.2	101.3	101.2
贵阳	100.3	106.9	105.2	桂林	100.1	101.7	101.3
昆明	100.3	104.2	103.5	北海	100	102.2	102.8
西安	100.2	104.3	103.1	三亚	99.5	97	101.3
兰州	99.1	105	101.5	泸州	100.6	98.6	99.7
西宁	100	106	104.9	南充	100	101.2	101.5
银川	100.8	101.4	102	遵义	100.2	110.5	108
乌鲁木齐	100.4	110	107.9	大理	99.1	107.5	103.6

数据来源：国家统计局

5．5月份70个大中城市住宅销售价格指数变动情况

表3–99　　2011年5月份70个大中城市住宅销售价格指数

城市	新建住宅价格指数			城市	新建住宅价格指数		
	环比	同比	定基		环比	同比	定基
北京*	100.1	102.1	103	唐山	100.1	101.5	101.7
天津	99.7	103.4	104.3	秦皇岛	100.3	107.7	107.0
石家庄	100.2	106.9	107.9	包头	100.1	104.8	104.6
太原	100.4	101.1	101.2	丹东	100.3	109.7	109.7
呼和浩特	100.4	104.7	104.9	锦州	100.2	106.2	105.5
沈阳	100.5	106.6	105.9	吉林	100.1	107.5	106.0
大连	100.4	105.9	105.4	牡丹江	100.3	107.8	106.8
长春	100.4	102.6	103.8	无锡	99.4	102.4	102.5
哈尔滨	100.0	104.7	103.6	扬州	100.0	104.9	104.6
上海	100.2	101.4	102.4	徐州	100.4	104.1	104.1
南京	100.0	100.3	101.8	温州	100.4	100.4	100.7
杭州	100.0	99.0	100.9	金华	100.1	102.3	103.8
宁波	100.3	102.0	102.0	蚌埠	100.0	103.3	103.9
合肥	99.7	100.3	102.5	安庆	99.8	104.6	103.9
福州	99.9	103.8	104.0	泉州	100.0	100.2	101
厦门	100.0	106.4	106.1	九江	99.8	103.4	104.4
南昌	100.3	107.1	107.4	赣州	99.8	106.3	105.3
济南	100.2	105.4	104.2	烟台	100.0	105.8	105.1
青岛	100.3	104.4	104	济宁	100.2	104.6	103.9
郑州	100.2	106.8	106.5	洛阳	100.2	106.9	106.3
武汉	100.2	103.1	104.1	平顶山	100.1	104.4	104.1
长沙	100.5	107.7	107.7	宜昌	100.6	103.8	104.3
广州	100.3	105.1	104.7	襄樊	100.3	106.9	106.6
深圳	100.4	103.7	104.4	岳阳	99.9	105.1	107.0
南宁	100.0	102.0	102.8	常德	100.3	105.7	105.5
海口	100.0	100.6	102.6	惠州	100.5	105.5	104.7
重庆	100.2	105.3	104.9	湛江	100.3	105.4	105.2
成都	100.2	103.7	103.6	韶关	100.6	106.1	105.7
贵阳	100.1	105.0	104.4	桂林	100.2	105.3	106.0
昆明	100.1	106.8	105.6	北海	99.7	101.5	102.9
西安	100.1	103.5	104.2	三亚	100.3	97.9	101.8
兰州	100.1	107.7	106.8	泸州	100.2	100.7	100.9
西宁	100.4	107.6	106.2	南充	100.1	99.1	99.5
银川	100.2	102.4	102.6	遵义	100.3	105.4	104.8
乌鲁木齐	100.5	109.1	108.3	大理	100.0	100.8	101.1

数据来源：国家统计局

注：同比以去年同月价格为100，环比以上月价格为100，定基以2010年为100。

表3–100　　2011年5月份70个大中城市新建商品住宅价格指数

城市	新建商品住宅价格指数			城市	新建商品住宅价格指数		
	环比	同比	定基		环比	同比	定基
北京*	100.2	102.6	103.8	唐山	100.1	101.7	101.8
天津	99.7	103.8	104.9	秦皇岛	100.3	108.6	107.7
石家庄	100.2	107.1	108.1	包头	100.1	105.0	104.7
太原	100.4	101.2	101.3	丹东	100.3	109.8	109.8
呼和浩特	100.4	104.9	105.1	锦州	100.2	106.2	105.5
沈阳	100.5	107.1	106.4	吉林	100.1	107.8	106.2
大连	100.4	106.0	105.4	牡丹江	100.3	107.9	106.8
长春	100.4	102.7	103.9	无锡	99.3	102.6	102.8
哈尔滨	100.0	104.9	103.7	扬州	100.0	105.0	104.7
上海	100.2	101.6	102.9	徐州	100.4	104.3	104.4
南京	100.0	100.9	102.4	温州	100.4	100.5	100.7
杭州	100.0	99.0	101.0	金华	100.1	102.3	103.8
宁波	100.3	102.1	102.1	蚌埠	100.0	103.3	104.0
合肥	99.7	100.4	102.6	安庆	99.7	104.6	103.9
福州	99.9	103.9	104.1	泉州	100.0	100.3	101.1
厦门	100.0	106.6	106.3	九江	99.8	103.6	104.6
南昌	100.3	107.2	107.6	赣州	99.8	106.3	105.3
济南	100.2	105.4	104.2	烟台	100.0	105.9	105.2
青岛	100.3	104.6	104.2	济宁	100.2	104.7	104.0
郑州	100.2	107.0	106.6	洛阳	100.2	107.1	106.4
武汉	100.2	103.3	104.4	平顶山	100.1	104.5	104.1
长沙	100.5	107.8	107.8	宜昌	100.6	103.9	104.4
广州	100.3	105.1	104.8	襄樊	100.3	107.0	106.6
深圳	100.4	103.8	104.4	岳阳	99.9	107.5	109.6
南宁	100.0	102.1	102.9	常德	100.3	105.8	105.6
海口	100.0	100.7	102.7	惠州	100.5	105.5	104.7
重庆	100.2	105.4	105.0	湛江	100.3	105.4	105.2
成都	100.2	103.7	103.7	韶关	100.6	106.2	105.8
贵阳	100.1	105.2	104.6	桂林	100.2	105.5	106.1
昆明	100.2	107.3	105.9	北海	99.7	101.5	102.9
西安	100.1	103.8	104.5	三亚	100.3	97.9	101.8
兰州	100.1	107.8	106.9	泸州	100.2	100.7	100.9
西宁	100.4	107.6	106.2	南充	100.1	99.1	99.5
银川	100.2	102.6	102.8	遵义	100.3	106.1	105.3
乌鲁木齐	100.5	109.1	108.4	大理	100.0	100.8	101.1

数据来源：国家统计局

*本表所列北京市“新建商品住宅价格指数”与北京市有关部门发布的“新建普通住房价格”在统计口径、统计标准等方面均有不同。

表3-101　2011年5月份70个大中城市二手住宅价格指数

城市	二手住宅价格指数			城市	二手住宅价格指数		
	环比	同比	定基		环比	同比	定基
北京	99.8	100.6	101.4	唐山	100.1	103.5	103.8
天津	99.9	101.9	102.0	秦皇岛	99.9	102.5	102.2
石家庄	100.5	103.0	102.8	包头	100.3	101.7	101.7
太原	100.4	104.1	104.3	丹东	100.2	102.2	101.1
呼和浩特	100.1	102.4	102.7	锦州	100.0	100.3	100.2
沈阳	100.0	103.9	104.2	吉林	100.2	104.7	104.3
大连	100.6	103.7	104.2	牡丹江	99.6	105.5	106.4
长春	100.4	101.8	101.7	无锡	100.5	104.7	104.4
哈尔滨	100.0	101.6	101.8	扬州	100.1	103.5	103.3
上海	100.2	100.5	102.3	徐州	100.3	100.4	100.5
南京	99.5	100.2	100.9	温州	99.5	108.5	108.3
杭州	99.8	100.4	101.3	金华	99.8	100.4	100.7
宁波	100.0	98.0	98.5	蚌埠	99.7	104.1	103.8
合肥	100.0	102.2	102.8	安庆	100.1	103.6	103.5
福州	99.0	100.0	100.2	泉州	100.0	99.9	99.9
厦门	100.3	100.3	102.2	九江	99.6	102.9	103.6
南昌	100.6	104.5	104.5	赣州	98.9	100.3	100.4
济南	100.2	103.5	102.8	烟台	100.1	103.8	103.3
青岛	100.0	102.7	103.2	济宁	99.9	106.8	106.2
郑州	99.8	103.9	104.0	洛阳	100.4	105.7	106.1
武汉	99.9	101.6	102.1	平顶山	100.2	105.7	105.7
长沙	100.1	101.1	101.2	宜昌	100.2	102.9	102.1
广州	99.8	103.3	103.2	襄樊	100.1	105.6	104.9
深圳	100.3	104.7	105.7	岳阳	100.1	110.4	108.5
南宁	99.9	102.5	101.9	常德	100.5	106.8	106.3
海口	99.6	99.4	97.6	惠州	100.1	106.5	104.9
重庆	100.0	101.0	100.8	湛江	100.2	105.9	104.9
成都	99.9	101.5	102.1	韶关	100.7	101.9	101.9
贵阳	100.3	106.7	105.5	桂林	100.3	102.7	101.6
昆明	100.1	105.9	103.6	北海	100.0	102.2	102.8
西安	99.2	103.5	102.3	三亚	100.0	100.3	98.5
兰州	99.1	102.6	100.6	泸州	100.5	98.9	100.2
西宁	100.7	106.2	105.7	南充	99.9	101.2	101.4
银川	100.6	102.1	102.6	遵义	100.3	111.2	108.4
乌鲁木齐	99.9	109.5	107.7	大理	100.0	107.0	103.6

数据来源：国家统计局

6. 6月份70个大中城市住宅销售价格指数变动情况

表3–102　　2011年6月份70个大中城市住宅销售价格指数

城市	新建住宅价格指数			城市	新建住宅价格指数		
	环比	同比	定基		环比	同比	定基
北京*	100.0	102.2	103.1	唐山	100.0	101.5	101.7
天津	99.8	103.9	104.1	秦皇岛	100.1	107.7	107.1
石家庄	100.2	107.6	108.2	包头	100.1	104.7	104.6
太原	100.3	101.1	101.5	丹东	100.1	107.6	108.6
呼和浩特	100.2	104.8	105.1	锦州	100.2	105.3	105.7
沈阳	100.4	106.4	106.4	吉林	100.1	105.7	106.1
大连	100.2	105.9	105.6	牡丹江	100.1	107.4	106.9
长春	100.3	102.9	104.1	无锡	100.0	102.4	102.6
哈尔滨	100.3	104.3	103.9	扬州	100.0	104.6	104.6
上海	100.1	102.2	102.6	徐州	100.0	104.1	104.2
南京	99.9	100.7	101.7	温州	100.2	100.6	100.9
杭州	100.0	99.3	101.1	金华	100.1	103.9	103.9
宁波	100.1	102.1	102.0	蚌埠	100.0	103.2	103.9
合肥	100.0	100.6	102.6	安庆	100.0	104.3	103.9
福州	99.9	103.8	104.0	泉州	100.0	100.3	101.0
厦门	99.9	106.5	106.0	九江	99.9	103.8	104.2
南昌	100.2	108.2	107.7	赣州	100.0	105.4	105.3
济南	100.3	104.5	104.6	烟台	99.7	105.3	104.8
青岛	100.2	104.6	104.2	济宁	99.9	104.0	103.8
郑州	100.3	106.4	106.8	洛阳	100.2	108.1	106.5
武汉	100.2	103.2	104.4	平顶山	100.2	104.2	104.2
长沙	100.4	108.2	108.2	宜昌	100.2	102.9	104.5
广州	100.2	105.4	104.9	襄樊	100.3	106.7	106.9
深圳	100.1	104.6	104.5	岳阳	100.1	105.2	107.0
南宁	99.8	101.6	102.6	常德	100.2	106.0	105.7
海口	100.0	100.7	102.7	惠州	100.1	105.2	104.9
重庆	100.0	105.8	104.9	湛江	100.1	104.7	105.3
成都	99.9	103.6	103.5	韶关	100.1	106.1	105.7
贵阳	100.0	104.6	104.3	桂林	99.9	105.8	105.9
昆明	100.2	106.7	105.7	北海	99.9	101.7	102.8
西安	100.1	103.8	104.3	三亚	99.9	98.0	101.6
兰州	100.2	108.2	107.0	泸州	100.1	100.8	101.0
西宁	100.3	107.2	106.5	南充	100.1	99.1	99.6
银川	100.4	102.7	103.0	遵义	100.3	105.8	105.1
乌鲁木齐	100.4	109.2	108.7	大理	100.0	100.9	101.1

数据来源：国家统计局

注：同比以去年同月价格为100，环比以上月价格为100，定基以2010年为100。

表3-103　　2011年6月份70个大中城市新建商品住宅价格指数

城市	新建商品住宅价格指数			城市	新建商品住宅价格指数		
	环比	同比	定基		环比	同比	定基
北京*	100.1	102.7	103.9	唐山	100	101.6	101.8
天津	99.8	104.4	104.7	秦皇岛	100.2	108.6	107.9
石家庄	100.2	107.8	108.4	包头	100.1	104.9	104.8
太原	100.3	101.1	101.6	丹东	100.1	108	109.1
呼和浩特	100.2	105	105.2	锦州	100.2	105.3	105.7
沈阳	100.4	106.8	106.9	吉林	100.1	105.9	106.3
大连	100.2	106	105.7	牡丹江	100.1	107.5	107
长春	100.3	103	104.3	无锡	100	102.6	102.8
哈尔滨	100.3	104.5	104.1	扬州	100	104.7	104.7
上海	100.1	102.6	103	徐州	100	104.3	104.4
南京	99.8	101.2	102.2	温州	100.2	100.7	100.9
杭州	100	99.3	101.1	金华	100.1	104	103.9
宁波	100.1	102.2	102.2	蚌埠	100	103.2	104
合肥	100	100.7	102.7	安庆	100	104.3	103.9
福州	99.9	103.8	104	泉州	100	100.3	101
厦门	99.9	106.7	106.2	九江	99.9	104	104.5
南昌	100.3	108.4	107.9	赣州	100	105.5	105.3
济南	100.3	104.5	104.6	烟台	99.7	105.3	104.9
青岛	100.2	104.8	104.4	济宁	99.9	104.2	103.9
郑州	100.3	106.6	107	洛阳	100.2	108.2	106.6
武汉	100.2	103.4	104.6	平顶山	100.2	104.3	104.3
长沙	100.4	108.3	108.3	宜昌	100.2	103	104.5
广州	100.2	105.4	105	襄樊	100.3	106.8	106.9
深圳	100.1	104.7	104.6	岳阳	100.1	107.5	109.6
南宁	99.8	101.6	102.7	常德	100.2	106.1	105.8
海口	100	100.7	102.7	惠州	100.1	105.2	104.9
重庆	100	106	105	湛江	100.1	104.7	105.3
成都	99.9	103.6	103.5	韶关	100.1	106.2	105.9
贵阳	100	104.8	104.5	桂林	99.9	105.9	106
昆明	100.2	107.2	106.2	北海	99.9	101.7	102.8
西安	100.1	104.1	104.6	三亚	99.9	98	101.6
兰州	100.2	108.4	107.1	泸州	100.1	100.8	101
西宁	100.3	107.2	106.5	南充	100.1	99.1	99.6
银川	100.4	102.9	103.2	遵义	100.4	106.5	105.8
乌鲁木齐	100.4	109.3	108.8	大理	100	100.9	101.1

数据来源：国家统计局

*本表所列北京市“新建商品住宅价格指数”与北京市有关部门发布的“新建普通住房价格”在统计口径、统计标准等方面均有不同。

表3-104　　2011年6月份70个大中城市二手住宅价格指数

城市	二手住宅价格指数			城市	二手住宅价格指数		
	环比	同比	定基		环比	同比	定基
北京	99.9	101.4	101.3	唐山	100.5	104.4	104.3
天津	99.8	101.8	101.7	秦皇岛	100.2	102.9	102.4
石家庄	100.4	103.3	103.2	包头	100.2	101.9	101.9
太原	100.2	103.8	104.5	丹东	99.9	101.4	101.0
呼和浩特	100.5	103.1	103.2	锦州	100.0	100.3	100.2
沈阳	100.1	103.6	104.4	吉林	100.5	104.1	104.8
大连	100.4	103.8	104.7	牡丹江	99.6	104.6	105.9
长春	100.4	102.2	102.0	无锡	100.2	104.7	104.5
哈尔滨	100.0	102.0	101.7	扬州	100.0	103.4	103.4
上海	100.2	102.4	102.5	徐州	99.5	99.8	100.0
南京	99.4	100.6	100.3	温州	99.7	108.3	107.9
杭州	100.0	100.5	101.3	金华	99.9	100.3	100.6
宁波	99.8	99.3	98.3	蚌埠	100.2	103.9	104.0
合肥	100.2	103.4	103.0	安庆	100.1	103.6	103.6
福州	99.9	99.7	100.1	泉州	100.1	100.0	100.0
厦门	100.6	103.9	102.8	九江	99.8	103.8	103.4
南昌	99.7	104.4	104.2	赣州	100.0	100.2	100.5
济南	100.1	103.4	102.9	烟台	100.2	103.9	103.5
青岛	100.0	103.1	103.2	济宁	99.9	107.9	106.2
郑州	99.8	102.8	103.8	洛阳	100.4	105.8	106.5
武汉	100.2	101.7	102.3	平顶山	100.7	106.4	106.4
长沙	100.0	101.2	101.2	宜昌	100.0	102.9	102.1
广州	100.1	103.4	103.3	襄樊	100.1	105.5	105.1
深圳	100.0	106.0	105.7	岳阳	100.0	109.7	108.5
南宁	100.2	102.4	102.1	常德	100.5	107.3	106.9
海口	99.3	99.5	98.0	惠州	100.3	107.4	105.2
重庆	99.9	100.7	100.8	湛江	100.4	105.3	105.4
成都	100.1	101.3	102.2	韶关	100.1	102.0	102.0
贵阳	100.3	106.7	105.8	桂林	100.1	102.0	101.7
昆明	100.1	105.5	103.8	北海	99.7	102.4	102.5
西安	100.4	104.1	102.7	三亚	99.9	101.7	98.4
兰州	100.0	102.1	100.6	泸州	100.3	99.6	100.5
西宁	100.4	106.4	106.0	南充	100.0	101.7	101.4
银川	100.5	102.6	103.1	遵义	100.6	111.8	109.0
乌鲁木齐	100.3	109.4	108.0	大理	99.5	107.6	103.1

数据来源：国家统计局

7. 7月份70个大中城市住宅销售价格指数变动情况

表3-105　　2011年7月份70个大中城市住宅销售价格指数

城市	新建住宅价格指数			城市	新建住宅价格指数		
	环比	同比	定基		环比	同比	定基
北京	100.0	101.9	103.1	唐山	100.1	101.5	101.8
天津	100.3	104.2	104.5	秦皇岛	100.1	107.5	107.2
石家庄	100.2	107.7	108.4	包头	99.8	103.9	104.4
太原	100.2	101.2	101.8	丹东	100.0	108.6	108.6
呼和浩特	100.3	105.0	105.4	锦州	99.9	104.8	105.6
沈阳	100.3	106.2	106.7	吉林	100.2	105.5	106.3
大连	100.1	106.0	105.7	牡丹江	100.2	107.4	107.1
长春	100.3	103.2	104.4	无锡	99.9	102.6	102.5
哈尔滨	100.1	104.0	104.0	扬州	99.9	104.3	104.5
上海	100.0	102.5	102.6	徐州	100.1	104.0	104.3
南京	99.9	101.4	101.6	温州	100.1	100.8	101.0
杭州	99.9	100.0	101.0	金华	100.1	103.9	104.0
宁波	99.7	101.4	101.7	蚌埠	100.0	103.1	103.9
合肥	100.1	103.0	102.6	安庆	100.1	103.0	104.0
福州	100.0	103.8	103.9	泉州	100.1	101.1	101.0
厦门	100.0	106.5	106.0	九江	99.9	104.5	104.1
南昌	100.0	109.3	107.7	赣州	100.0	105.2	105.3
济南	100.0	103.9	104.6	烟台	100.1	104.9	105.0
青岛	100.2	104.8	104.4	济宁	99.8	103.5	103.6
郑州	100.0	105.7	106.8	洛阳	100.1	108.1	106.6
武汉	100.1	103.3	104.4	平顶山	100.1	104.3	104.3
长沙	100.1	108.4	108.3	宜昌	100.4	103.2	104.8
广州	100.0	106.4	104.9	襄阳	100.0	106.1	106.9
深圳	100.0	104.7	104.5	岳阳	100.4	105.5	107.4
南宁	99.9	102.8	102.5	常德	100.2	106.2	105.9
海口	99.8	100.7	102.4	惠州	100.0	105.2	104.9
重庆	99.8	105.6	104.6	湛江	100.0	104.4	105.3
成都	99.7	103.5	103.2	韶关	100.4	106.6	106.2
贵阳	100.2	104.4	104.5	桂林	100.2	106.0	106.1
昆明	99.9	106.1	105.7	北海	100.0	101.8	102.8
西安	100.1	104.0	104.4	三亚	100.0	98.9	101.6
兰州	100.1	108.2	107.1	泸州	100.8	101.5	101.8
西宁	100.1	106.5	106.7	南充	100.6	100.2	100.2
银川	100.2	102.9	103.2	遵义	100.1	105.7	105.2
乌鲁木齐	100.3	108.9	109.0	大理	100.5	102.4	101.5

数据来源：国家统计局

注：同比以去年同月价格为100，环比以上月价格为100，定基以2010年为100。

表3-106　　2011年7月份70个大中城市新建商品住宅价格指数

城市	新建商品住宅价格指数			城市	新建商品住宅价格指数		
	环比	同比	定基		环比	同比	定基
北京*	100.0	102.4	103.9	唐山	100.2	101.6	102.0
天津	100.3	104.7	105.0	秦皇岛	100.1	108.3	108.0
石家庄	100.2	107.9	108.6	包头	99.8	104.1	104.6
太原	100.2	101.3	101.8	丹东	100.0	109.0	109.1
呼和浩特	100.3	105.2	105.5	锦州	99.9	104.8	105.6
沈阳	100.3	106.6	107.2	吉林	100.2	105.7	106.5
大连	100.1	106.1	105.8	牡丹江	100.2	107.5	107.1
长春	100.3	103.3	104.6	无锡	99.9	102.8	102.7
哈尔滨	100.1	104.1	104.2	扬州	99.9	104.4	104.6
上海	100.0	102.9	103.0	徐州	100.1	104.2	104.5
南京	99.9	101.9	102.1	温州	100.1	100.8	101.0
杭州	99.9	100.0	101.0	金华	100.1	103.9	104.0
宁波	99.7	101.5	101.8	蚌埠	100.0	103.2	104.0
合肥	100.1	103.1	102.7	安庆	100.1	103.0	104.0
福州	100.0	103.8	104.0	泉州	100.1	101.2	101.1
厦门	100.0	106.7	106.1	九江	99.9	104.8	104.4
南昌	100.0	109.4	107.9	赣州	100.0	105.3	105.3
济南	100.0	103.9	104.6	烟台	100.1	105.0	105.0
青岛	100.2	105.0	104.5	济宁	99.8	103.6	103.7
郑州	100.0	105.9	107.0	洛阳	100.1	108.3	106.7
武汉	100.1	103.5	104.7	平顶山	100.1	104.4	104.4
长沙	100.1	108.5	108.4	宜昌	100.4	103.3	104.9
广州	100.0	106.4	105.0	襄阳	100.0	106.2	106.9
深圳	100.0	104.7	104.5	岳阳	100.5	108.0	110.2
南宁	99.9	102.8	102.6	常德	100.2	106.3	105.9
海口	99.8	100.7	102.5	惠州	100.0	105.2	104.9
重庆	99.8	105.7	104.7	湛江	100.0	104.4	105.3
成都	99.7	103.5	103.2	韶关	100.4	106.7	106.3
贵阳	100.2	104.6	104.7	桂林	100.2	106.2	106.3
昆明	99.9	106.5	106.0	北海	100.0	101.8	102.8
西安	100.1	104.2	104.7	三亚	100.0	98.9	101.6
兰州	100.1	108.4	107.2	泸州	100.8	101.5	101.9
西宁	100.1	106.5	106.7	南充	100.6	100.3	100.2
银川	100.2	103.1	103.4	遵义	100.1	106.4	105.9
乌鲁木齐	100.3	109.0	109.1	大理	100.5	102.4	101.6

数据来源：国家统计局

*本表所列北京市“新建商品住宅价格指数”与北京市有关部门发布的“新建普通住房价格”在统计口径、统计标准等方面均有不同。

表3-107　　2011年7月份70个大中城市二手住宅价格指数

城市	二手住宅价格指数			城市	二手住宅价格指数		
	环比	同比	定基		环比	同比	定基
北京	100.1	101.8	101.3	唐山	100.2	104.6	104.5
天津	99.9	101.3	101.6	秦皇岛	100.1	103.0	102.5
石家庄	100.1	103.5	103.3	包头	100.1	102.0	102.0
太原	100.1	103.6	104.6	丹东	100.0	101.2	101.0
呼和浩特	100.4	103.8	103.6	锦州	100.0	100.0	100.2
沈阳	100.0	103.4	104.4	吉林	100.0	104.1	104.8
大连	100.4	104.2	105.1	牡丹江	99.9	104.5	105.8
长春	100.1	102.3	102.2	无锡	100.2	104.7	104.8
哈尔滨	100.0	102.1	101.7	扬州	99.9	103.0	103.3
上海	100.3	103.8	102.8	徐州	99.9	99.7	99.9
南京	99.7	100.8	100.0	温州	99.5	107.9	107.4
杭州	99.9	100.7	101.2	金华	99.7	101.1	100.3
宁波	99.8	99.2	98.1	蚌埠	100.0	103.3	104.0
合肥	100.3	102.7	103.3	安庆	99.8	103.3	103.3
福州	99.0	99.6	99.1	泉州	100.0	100.0	100.0
厦门	100.2	104.7	103.0	九江	99.4	103.0	102.8
南昌	99.7	104.4	103.9	赣州	99.7	99.9	100.2
济南	100.1	103.4	102.9	烟台	100.2	103.9	103.7
青岛	100.0	103.1	103.2	济宁	99.9	107.3	106.0
郑州	100.0	103.2	103.7	洛阳	100.2	105.7	106.8
武汉	100.2	101.9	102.5	平顶山	100.3	106.7	106.7
长沙	100.1	101.3	101.2	宜昌	100.0	102.9	102.1
广州	100.2	103.6	103.5	襄阳	100.1	105.6	105.2
深圳	99.5	106.4	105.2	岳阳	100.0	109.2	108.6
南宁	100.2	102.1	102.3	常德	100.4	107.0	107.3
海口	99.8	100.6	97.8	惠州	99.9	107.1	105.1
重庆	100.0	100.7	100.8	湛江	100.3	104.6	105.7
成都	99.4	100.8	101.6	韶关	100.7	102.7	102.7
贵阳	100.3	106.3	106.1	桂林	100.4	102.3	102.1
昆明	100.1	105.0	103.9	北海	99.7	102.3	102.2
西安	100.4	104.3	103.0	三亚	100.1	101.4	98.5
兰州	99.8	101.0	100.4	泸州	100.3	100.6	100.7
西宁	100.2	106.1	106.2	南充	100.1	101.9	101.6
银川	100.5	103.1	103.6	遵义	99.9	110.1	108.9
乌鲁木齐	100.4	108.7	108.4	大理	100.2	105.1	103.3

数据来源：国家统计局

8. 8月份70个大中城市住宅销售价格指数变动情况

表3-108　　2011年8月份70个大中城市住宅销售价格指数

城市	新建住宅价格指数			城市	新建住宅价格指数		
	环比	同比	定基		环比	同比	定基
北京*	100.0	101.9	103.1	唐山	100.0	101.5	101.8
天津	100.1	103.4	104.5	秦皇岛	99.8	106.9	107.1
石家庄	100.0	107.6	108.4	包头	100.2	104.1	104.7
太原	100.0	101.2	101.8	丹东	99.9	107.3	107.8
呼和浩特	100.1	104.2	105.4	锦州	99.8	104.3	105.4
沈阳	100.3	106.0	107.1	吉林	100.1	105.2	106.4
大连	99.8	104.9	105.5	牡丹江	99.8	106.4	106.9
长春	100.3	103.4	104.7	无锡	99.9	102.4	102.4
哈尔滨	100.0	102.3	104.0	扬州	100.1	104.0	104.5
上海	100.0	102.8	102.6	徐州	100.0	103.9	104.3
南京	99.8	101.4	101.4	温州	100.0	100.7	101.0
杭州	100.0	101.8	101.0	金华	100.0	103.7	104.0
宁波	100.0	101.2	101.7	蚌埠	100.0	104.1	103.9
合肥	100.0	103.0	102.7	安庆	100.0	102.3	104.0
福州	100.1	103.8	104.0	泉州	100.0	101.6	101.0
厦门	100.0	106.5	106.0	九江	100.1	104.8	104.3
南昌	100.0	109.1	107.7	赣州	99.7	104.9	105.0
济南	99.6	103.2	104.2	烟台	99.7	104.2	104.6
青岛	99.9	104.6	104.2	济宁	100.0	103.3	103.6
郑州	100.3	106.0	107.1	洛阳	100.3	106.5	106.9
武汉	100.2	103.8	104.7	平顶山	100.2	104.5	104.5
长沙	100.3	108.7	108.6	宜昌	100.4	103.6	105.2
广州	100.0	107.0	105.0	襄阳	100.0	105.7	106.9
深圳	100.0	104.9	104.4	岳阳	100.1	107.6	107.8
南宁	100.0	103.5	102.6	常德	100.1	106.2	105.9
海口	99.8	101.3	102.3	惠州	100.0	105.0	104.9
重庆	99.6	104.2	104.1	湛江	100.0	104.2	105.3
成都	100.1	102.9	103.3	韶关	99.9	106.5	106.1
贵阳	100.1	104.3	104.6	桂林	100.0	106.3	106.1
昆明	100.0	106.4	105.7	北海	99.9	102.1	102.7
西安	100.0	103.6	104.4	三亚	100.0	101.6	101.6
兰州	99.9	106.9	106.9	泸州	100.2	101.7	102.0
西宁	100.1	106.3	106.8	南充	100.0	100.7	100.2
银川	100.0	102.8	103.2	遵义	100.1	105.6	105.4
乌鲁木齐	100.2	108.8	109.2	大理	100.0	101.5	101.5

数据来源：国家统计局

注：同比以去年同月价格为100，环比以上月价格为100，定基以2010年为100。

表3-109　2011年8月份70个大中城市新建商品住宅价格指数

城市	新建商品住宅价格指数			城市	新建商品住宅价格指数		
	环比	同比	定基		环比	同比	定基
北京*	100.0	102.4	103.9	唐山	100.0	101.6	102.0
天津	100.1	103.8	105.1	秦皇岛	99.8	107.7	107.8
石家庄	100.0	107.8	108.6	包头	100.3	104.3	104.9
太原	100.0	101.3	101.9	丹东	99.9	107.4	108.5
呼和浩特	100.1	104.4	105.6	锦州	99.8	104.3	105.4
沈阳	100.3	106.4	107.5	吉林	100.1	105.4	106.6
大连	99.8	104.9	105.6	牡丹江	99.8	106.5	107.0
长春	100.3	103.5	104.9	无锡	99.9	102.5	102.6
哈尔滨	100.0	102.4	104.2	扬州	100.1	104.1	104.6
上海	100.0	103.2	103.0	徐州	100.0	104.1	104.5
南京	99.8	101.8	101.9	温州	100.0	100.8	101.0
杭州	100.0	101.8	101.0	金华	100.0	103.7	104.0
宁波	100.0	101.2	101.8	蚌埠	100.0	104.2	104.0
合肥	100.0	103.1	102.8	安庆	100.0	102.3	104.0
福州	100.1	103.9	104.0	泉州	100.0	101.7	101.1
厦门	100.0	106.7	106.1	九江	100.1	105.1	104.5
南昌	100.0	109.3	107.9	赣州	99.7	104.9	105.1
济南	99.6	103.2	104.2	烟台	99.7	104.3	104.7
青岛	99.9	104.8	104.4	济宁	100.0	103.4	103.7
郑州	100.3	106.2	107.3	洛阳	100.3	106.6	107.0
武汉	100.2	104.0	105.0	平顶山	100.2	104.5	104.6
长沙	100.3	108.8	108.7	宜昌	100.4	103.7	105.3
广州	100.0	107.1	105.0	襄阳	100.0	105.8	106.9
深圳	100.0	105.0	104.5	岳阳	100.1	107.6	109.4
南宁	100.0	103.6	102.7	常德	100.1	106.3	106.0
海口	99.8	101.3	102.3	惠州	100.0	105.0	104.9
重庆	99.5	104.3	104.2	湛江	100.0	104.2	105.3
成都	100.1	102.9	103.3	韶关	99.9	106.6	106.2
贵阳	100.1	104.4	104.8	桂林	100.0	106.5	106.2
昆明	100.1	106.8	106.1	北海	99.9	102.1	102.7
西安	100.0	103.8	104.7	三亚	100.0	101.6	101.6
兰州	99.9	107.0	107.1	泸州	100.2	101.8	102.0
西宁	100.1	106.3	106.8	南充	100.0	100.8	100.2
银川	100.0	102.9	103.4	遵义	100.2	106.3	106.0
乌鲁木齐	100.2	108.9	109.3	大理	100.0	101.5	101.6

数据来源：国家统计局

*本表所列北京市“新建商品住宅价格指数”与北京市有关部门发布的“新建普通住房价格”在统计口径、统计标准等方面均有不同。

表3-110　　2011年8月份70个大中城市二手住宅价格指数

城市	二手住宅价格指数			城市	二手住宅价格指数		
	环比	同比	定基		环比	同比	定基
北京	100.0	101.9	101.3	唐山	100.2	104.7	104.7
天津	99.7	101.3	101.4	秦皇岛	99.9	102.5	102.3
石家庄	100.2	103.3	103.5	包头	100.1	102.1	102.1
太原	100.2	103.8	104.9	丹东	100.0	101.5	102.3
呼和浩特	100.2	104.0	103.8	锦州	100.0	100.0	100.2
沈阳	100.7	104.0	105.1	吉林	100.0	103.8	104.8
大连	100.0	103.9	105.1	牡丹江	99.8	104.1	105.5
长春	100.2	102.5	102.4	无锡	99.8	104.2	104.6
哈尔滨	100.0	102.1	101.7	扬州	99.8	102.6	103.1
上海	100.1	103.7	102.9	徐州	99.6	99.4	99.5
南京	99.7	101.3	99.8	温州	99.6	106.1	106.9
杭州	99.6	100.4	100.9	金华	99.8	101.1	100.1
宁波	99.7	98.9	97.8	蚌埠	100.1	103.1	104.0
合肥	100.4	102.8	103.7	安庆	99.8	102.8	103.1
福州	99.4	98.9	98.5	泉州	100.0	100.1	100.0
厦门	100.1	105.0	103.1	九江	99.6	102.1	102.4
南昌	98.7	102.8	102.5	赣州	99.5	99.4	99.7
济南	100.2	103.2	103.1	烟台	100.2	103.6	104.0
青岛	99.8	102.9	103.0	济宁	99.9	106.7	105.9
郑州	100.0	105.3	103.7	洛阳	100.3	106.9	107.1
武汉	99.9	102.0	102.4	平顶山	100.1	106.8	106.8
长沙	100.1	101.4	101.3	宜昌	100.0	102.8	102.1
广州	100.7	104.7	104.3	襄阳	100.2	105.5	105.4
深圳	100.0	106.8	105.1	岳阳	99.2	107.5	108.1
南宁	99.1	100.8	101.4	常德	100.2	106.4	107.6
海口	99.9	100.7	97.7	惠州	100.0	106.9	105.1
重庆	99.8	100.4	100.6	湛江	100.4	104.2	106.1
成都	100.0	101.5	101.6	韶关	100.4	103.1	103.1
贵阳	100.2	105.8	106.3	桂林	100.1	102.4	102.2
昆明	99.9	102.9	103.8	北海	100.0	102.3	102.2
西安	100.0	102.1	103.1	三亚	100.0	97.8	98.5
兰州	100.0	100.8	100.4	泸州	99.9	101.0	100.7
西宁	100.1	105.9	106.3	南充	100.1	102.1	101.7
银川	100.2	103.2	103.8	遵义	99.2	107.7	108.1
乌鲁木齐	100.1	108.1	108.6	大理	100.0	103.5	103.3

数据来源：国家统计局

9．9月份70个大中城市住宅销售价格指数变动情况

表3-111　　2011年9月份70个大中城市住宅销售价格指数

城市	新建住宅价格指数			城市	新建住宅价格指数		
	环比	同比	定基		环比	同比	定基
北京	100.0	101.8	103.1	唐山	100.0	101.4	101.8
天津	99.8	103.1	104.3	秦皇岛	100.0	104.9	107.0
石家庄	100.1	106.5	108.5	包头	100.0	103.2	104.7
太原	100.1	101.4	101.9	丹东	99.7	105.1	107.5
呼和浩特	100.0	104.0	105.4	锦州	99.8	103.2	105.2
沈阳	100.1	105.4	107.2	吉林	100.0	104.6	106.3
大连	100.0	104.3	105.6	牡丹江	100.0	105.2	106.9
长春	100.0	103.2	104.7	无锡	100.0	102.1	102.4
哈尔滨	100.1	102.2	104.1	扬州	100.0	103.7	104.5
上海	100.0	103.1	102.6	徐州	100.0	103.8	104.3
南京	99.9	101.2	101.4	温州	98.7	99.5	99.7
杭州	99.9	101.2	100.9	金华	100.0	102.3	104.0
宁波	99.9	100.2	101.6	蚌埠	100.0	103.8	103.9
合肥	100.0	102.6	102.6	安庆	99.9	101.3	103.9
福州	100.1	103.1	104.1	泉州	100.1	101.5	101.1
厦门	100	105.7	106	九江	100.0	104.1	104.3
南昌	99.9	107.5	107.6	赣州	100.1	103.4	105.1
济南	100.1	102.1	104.3	烟台	100.0	103.7	104.7
青岛	100.1	104.7	104.3	济宁	100.0	103.1	103.6
郑州	100.2	105.6	107.3	洛阳	100.3	106.7	107.2
武汉	100	103.7	104.7	平顶山	100.2	104.7	104.7
长沙	100.3	108.1	109.0	宜昌	100.0	103.4	105.2
广州	100.0	106.3	105.0	襄阳	100.0	105.1	106.9
深圳	100.0	104.5	104.4	岳阳	99.9	105.1	107.7
南宁	99.9	103.1	102.4	常德	99.8	105.2	105.7
海口	99.9	101.3	102.2	惠州	100.0	103.9	104.9
重庆	99.6	102.2	103.7	湛江	100.1	103.8	105.4
成都	100.0	102.8	103.2	韶关	100.0	106.1	106.1
贵阳	100.2	104.0	104.8	桂林	100.2	106.3	106.3
昆明	100.3	105.4	106.0	北海	99.9	101.7	102.6
西安	100.2	103.3	104.6	三亚	100.0	101.3	101.6
兰州	100.2	105.3	107.1	泸州	100.2	101.8	102.2
西宁	100.2	104.5	107.0	南充	100.0	100.7	100.2
银川	100.3	103.0	103.5	遵义	99.9	104.9	105.3
乌鲁木齐	100.2	108.5	109.4	大理	100.2	101.4	101.7

数据来源：国家统计局

注：同比以去年同月价格为100，环比以上月价格为100，定基以2010年为100。

表3-112　　2011年9月份70个大中城市新建商品住宅价格指数

城市	新建商品住宅价格指数			城市	新建商品住宅价格指数		
	环比	同比	定基		环比	同比	定基
北京*	100.0	102.3	103.9	唐山	100.0	101.5	102.0
天津	99.7	103.5	104.8	秦皇岛	100.0	105.4	107.8
石家庄	100.1	106.7	108.7	包头	100.0	103.4	104.9
太原	100.1	101.4	102.0	丹东	99.7	105.8	108.2
呼和浩特	100.0	104.1	105.6	锦州	99.8	103.2	105.2
沈阳	100.1	105.6	107.6	吉林	100.0	104.8	106.5
大连	100.0	104.3	105.6	牡丹江	100.0	105.3	107.0
长春	100.0	103.3	104.9	无锡	99.9	102.3	102.5
哈尔滨	100.1	102.2	104.3	扬州	100.0	103.8	104.6
上海	100.0	103.7	103.1	徐州	100.0	104.1	104.5
南京	99.9	101.6	101.8	温州	98.6	99.4	99.7
杭州	99.9	101.2	100.9	金华	100.0	102.4	104.0
宁波	99.9	100.2	101.6	蚌埠	100.0	103.9	104.0
合肥	100.0	102.7	102.7	安庆	99.9	101.3	103.9
福州	100.1	103.2	104.1	泉州	100.1	101.6	101.1
厦门	100.0	105.9	106.2	九江	100.0	104.3	104.5
南昌	99.9	107.7	107.8	赣州	100.1	103.4	105.1
济南	100.1	102.1	104.3	烟台	100.0	103.8	104.7
青岛	100.1	104.9	104.4	济宁	100.0	103.2	103.7
郑州	100.2	105.8	107.5	洛阳	100.3	106.8	107.3
武汉	100.0	103.9	105.0	平顶山	100.2	104.7	104.8
长沙	100.3	108.2	109.1	宜昌	100.0	103.5	105.3
广州	100.0	106.4	105.1	襄阳	100.0	105.2	106.9
深圳	100.0	104.6	104.5	岳阳	99.8	105.9	109.2
南宁	99.9	103.2	102.5	常德	99.8	105.3	105.8
海口	99.9	101.3	102.2	惠州	100.0	103.9	104.9
重庆	99.6	102.3	103.8	湛江	100.1	103.8	105.4
成都	100.0	102.8	103.3	韶关	100.0	106.2	106.2
贵阳	100.2	104.2	105.0	桂林	100.2	106.5	106.5
昆明	100.3	106.0	106.5	北海	99.9	101.7	102.6
西安	100.2	103.5	104.9	三亚	100.0	101.3	101.6
兰州	100.2	105.5	107.2	泸州	100.2	101.9	102.2
西宁	100.2	104.5	107.0	南充	100.0	100.7	100.2
银川	100.3	103.1	103.7	遵义	99.9	105.5	105.9
乌鲁木齐	100.2	108.6	109.5	大理	100.2	101.4	101.8

数据来源：国家统计局

*本表所列北京市“新建商品住宅价格指数”与北京市有关部门发布的“新建普通住房价格”在统计口径、统计标准等方面均有不同。

表3-113　　2011年9月份70个大中城市二手住宅价格指数

城市	二手住宅价格指数			城市	二手住宅价格指数		
	环比	同比	定基		环比	同比	定基
北京	99.6	101.2	101.0	唐山	100.1	104.8	104.9
天津	100.0	100.8	101.4	秦皇岛	100.1	101.2	102.5
石家庄	99.6	102.9	103.1	包头	100.3	102.4	102.4
太原	100.3	103.8	105.2	丹东	100.0	101.0	102.2
呼和浩特	100.1	104.0	104.0	锦州	100.0	100.0	100.2
沈阳	100.1	103.6	105.2	吉林	100.0	103.4	104.8
大连	99.9	103.9	105.1	牡丹江	99.7	103.6	105.3
长春	100.1	102.6	102.5	无锡	100.1	104.0	104.7
哈尔滨	100.0	101.1	101.7	扬州	99.9	102.0	103.0
上海	100.1	103.4	103.0	徐州	100.0	99.4	99.5
南京	99.4	100.6	99.2	温州	98.3	98.8	105.1
杭州	99.6	100.0	100.5	金华	99.5	100.2	99.6
宁波	100.0	98.4	97.8	蚌埠	100.1	102.9	104.2
合肥	100.2	102.1	103.9	安庆	99.9	102.4	103.0
福州	99.1	97.8	97.6	泉州	100.0	100.1	100.0
厦门	100.0	103.6	103.1	九江	99.9	101.6	102.3
南昌	99.3	101.6	101.8	赣州	99.7	99.0	99.3
济南	99.9	102.4	103.0	烟台	100.0	103.4	104.0
青岛	99.9	102.8	102.9	济宁	100.1	105.9	106.0
郑州	100.1	103.4	103.8	洛阳	100.3	105.8	107.4
武汉	99.7	101.3	102.1	平顶山	100.0	106.8	106.8
长沙	100.0	101.3	101.4	宜昌	100.0	102.7	102.1
广州	100.6	105.4	105.0	襄阳	100.1	104.3	105.5
深圳	99.8	104.9	104.9	岳阳	99.1	105.6	107.1
南宁	100.0	100.5	101.4	常德	100.1	106.5	107.7
海口	99.6	100.3	97.3	惠州	100.0	105.8	105.1
重庆	99.9	100.2	100.5	湛江	100.1	103.4	106.2
成都	99.8	101.8	101.4	韶关	100.0	103.1	103.1
贵阳	100.3	105.4	106.7	桂林	99.9	101.7	102.1
昆明	100.5	102.1	104.3	北海	100.0	102.3	102.2
西安	99.9	101.9	103.0	三亚	100.0	97.5	98.5
兰州	100.0	97.3	100.4	泸州	100.0	101.5	100.7
西宁	100.1	105.6	106.4	南充	99.8	102.0	101.5
银川	100.1	103.2	103.9	遵义	100.1	105.1	108.2
乌鲁木齐	100.2	107.4	108.8	大理	100.0	100.1	103.3

数据来源：国家统计局

10. 10月份70个大中城市住宅销售价格指数变动情况

表3-114　　2011年10月份70个大中城市住宅销售价格指数

城市	新建住宅价格指数			城市	新建住宅价格指数		
	环比	同比	定基		环比	同比	定基
北京*	100.0	101.7	103.0	唐山	100.0	101.3	101.8
天津	99.7	102.9	104.0	秦皇岛	99.9	103.7	106.9
石家庄	99.8	105.2	108.3	包头	99.9	102.0	104.5
太原	99.9	101.3	101.8	丹东	99.9	102.4	107.4
呼和浩特	99.9	103.3	105.3	锦州	100.0	102.6	105.2
沈阳	100.0	103.9	107.2	吉林	99.9	104.3	106.2
大连	100.0	103.8	105.6	牡丹江	99.9	104.5	106.9
长春	100.0	102.6	104.8	无锡	99.8	101.6	102.2
哈尔滨	100.0	101.0	104.1	扬州	99.8	103.2	104.3
上海	99.8	102.9	102.3	徐州	99.8	103.4	104.1
南京	99.6	100.7	100.9	温州	95.4	94.8	95.1
杭州	99.6	101.5	100.5	金华	100.0	101.9	104.0
宁波	99.6	99.8	101.2	蚌埠	100.0	103.6	103.9
合肥	99.9	101.9	102.5	安庆	100.0	101.3	104.0
福州	100.0	103.1	104.1	泉州	100.0	101.8	101.1
厦门	100.0	105.7	106.0	九江	99.6	102.5	103.9
南昌	99.7	105.6	107.3	赣州	100.0	102.3	105.1
济南	99.5	102.1	103.8	烟台	99.8	102.9	104.4
青岛	99.8	101.6	104.0	济宁	100.0	102.5	103.6
郑州	100.0	104.7	107.3	洛阳	100.1	105.2	107.3
武汉	99.8	103.2	104.5	平顶山	100.1	103.3	104.8
长沙	100.0	107.3	109.0	宜昌	99.6	102.8	104.8
广州	99.8	106.1	104.8	襄阳	100.0	104.9	106.9
深圳	99.9	104.4	104.3	岳阳	99.9	105.0	107.6
南宁	100.0	102.8	102.4	常德	99.9	104.5	105.7
海口	99.9	100.5	102.0	惠州	100.1	102.8	105.0
重庆	99.8	101.2	103.4	湛江	100.1	104.0	105.5
成都	100.0	102.4	103.2	韶关	100.2	105.9	106.3
贵阳	100.2	103.6	105.0	桂林	100.1	105.8	106.5
昆明	100.1	103.4	106.2	北海	99.8	101.6	102.4
西安	100.0	103.3	104.6	三亚	100.0	101.4	101.6
兰州	100.2	103.0	107.3	泸州	100.1	102.0	102.3
西宁	100.2	103.9	107.2	南充	99.9	100.6	100.1
银川	100.1	103.0	103.6	遵义	100.1	104.5	105.4
乌鲁木齐	100.2	107.5	109.6	大理	100	100	101.7

数据来源：国家统计局

注：同比以去年同月价格为100，环比以上月价格为100，定基以2010年为100。

表3-115　　2011年10月份70个大中城市新建商品住宅价格指数

城市	新建商品住宅价格指数			城市	新建商品住宅价格指数		
	环比	同比	定基		环比	同比	定基
北京*	99.9	102.2	103.8	唐山	100.0	101.4	102.0
天津	99.7	103.2	104.5	秦皇岛	99.8	104.1	107.7
石家庄	99.8	105.3	108.5	包头	99.8	102.1	104.7
太原	99.9	101.3	101.9	丹东	99.9	103.1	108.1
呼和浩特	99.9	103.4	105.4	锦州	100.0	102.6	105.2
沈阳	100.0	104.0	107.6	吉林	99.9	104.5	106.5
大连	100.0	103.8	105.6	牡丹江	99.9	104.6	106.9
长春	100.1	102.7	104.9	无锡	99.7	101.7	102.3
哈尔滨	100.0	101.1	104.3	扬州	99.8	103.3	104.4
上海	99.7	103.4	102.8	徐州	99.8	103.6	104.3
南京	99.4	101.0	101.2	温州	95.1	94.5	94.8
杭州	99.6	101.5	100.5	金华	100.0	101.9	104.1
宁波	99.6	99.8	101.2	蚌埠	100.1	103.6	104.0
合肥	99.9	102.0	102.6	安庆	100.0	101.3	104.0
福州	100.0	103.2	104.1	泉州	100.0	101.9	101.1
厦门	100.0	105.8	106.2	九江	99.6	102.6	104.1
南昌	99.7	105.8	107.4	赣州	100.0	102.3	105.2
济南	99.5	102.1	103.8	烟台	99.8	103.0	104.5
青岛	99.8	101.7	104.2	济宁	100.0	102.6	103.8
郑州	100.0	104.8	107.5	洛阳	100.1	105.3	107.4
武汉	99.8	103.4	104.8	平顶山	100.1	103.3	104.9
长沙	100.0	107.4	109.1	宜昌	99.6	102.9	104.8
广州	99.8	106.2	104.9	襄阳	100.0	104.9	107.0
深圳	99.9	104.5	104.3	岳阳	99.9	105.7	109.0
南宁	100.0	102.9	102.5	常德	99.9	104.6	105.8
海口	99.9	100.5	102.0	惠州	100.1	102.8	105.0
重庆	99.8	101.3	103.5	湛江	100.1	104.0	105.5
成都	100.0	102.4	103.2	韶关	100.2	106.1	106.4
贵阳	100.2	103.7	105.2	桂林	100.1	105.9	106.6
昆明	100.2	103.8	106.7	北海	99.8	101.6	102.4
西安	100.0	103.4	105.0	三亚	100.0	101.4	101.6
兰州	100.2	103.1	107.4	泸州	100.1	102.1	102.3
西宁	100.2	103.9	107.2	南充	99.9	100.6	100.1
银川	100.1	103.2	103.7	遵义	100.1	105.0	106.0
乌鲁木齐	100.2	107.6	109.6	大理	100.0	100.1	101.8

数据来源：国家统计局

*本表所列北京市“新建商品住宅价格指数”与北京市有关部门发布的“新建普通住房价格”在统计口径、统计标准等方面均有不同。

表3-116　　2011年10月份70个大中城市二手住宅价格指数

城市	二手住宅价格指数			城市	二手住宅价格指数		
	环比	同比	定基		环比	同比	定基
北京	99.5	100.4	100.5	唐山	100.1	104.9	105.0
天津	99.5	100.2	100.8	秦皇岛	99.7	100.5	102.2
石家庄	98.5	100.8	101.5	包头	100.0	102.4	102.4
太原	100.1	103.6	105.3	丹东	100.0	100.6	102.3
呼和浩特	100.0	103.8	104.0	锦州	100.0	100.0	100.2
沈阳	99.9	102.8	105.0	吉林	100.0	103.2	104.8
大连	99.9	103.0	104.9	牡丹江	99.5	102.9	104.7
长春	99.7	102.3	102.2	无锡	100.3	104.2	105.1
哈尔滨	99.4	99.9	101.0	扬州	99.9	101.6	102.9
上海	99.8	103.3	102.8	徐州	99.8	99.2	99.3
南京	99.5	99.3	98.7	温州	95.6	95.1	100.5
杭州	98.5	98.1	99.0	金华	100.0	100.0	99.6
宁波	99.8	98.7	97.6	蚌埠	100.1	102.5	104.3
合肥	99.4	101.4	103.2	安庆	99.6	101.9	102.5
福州	99.3	97.0	96.9	泉州	99.7	99.7	99.7
厦门	100.0	103.7	103.2	九江	99.8	100.6	102.0
南昌	99.5	100.9	101.3	赣州	99.9	98.8	99.2
济南	99.9	102.3	102.9	烟台	99.7	102.8	103.7
青岛	99.6	101.5	102.6	济宁	100.0	104.9	106.0
郑州	100.0	101.5	103.7	洛阳	100.1	105.3	107.6
武汉	99.8	100.7	101.9	平顶山	100.0	106.8	106.8
长沙	100.0	101.2	101.4	宜昌	100.0	101.7	102.1
广州	99.5	103.9	104.5	襄阳	100.1	104.1	105.6
深圳	100.0	104.9	105.0	岳阳	99.8	103.3	106.9
南宁	99.9	100.1	101.3	常德	100.2	105.6	107.9
海口	99.7	100.5	97.0	惠州	100.0	102.7	105.1
重庆	99.7	99.8	100.2	湛江	100.0	103.0	106.2
成都	99.8	101.9	101.3	韶关	100.0	102.9	103.1
贵阳	100.5	104.4	107.2	桂林	99.9	100.5	102.1
昆明	99.8	101.8	104.1	北海	100.0	102.3	102.2
西安	99.9	101.3	103.0	三亚	99.9	97.4	98.4
兰州	100.1	95.4	100.6	泸州	100.0	101.9	100.7
西宁	99.6	104.3	106.0	南充	100.1	102.0	101.6
银川	100.1	103.3	103.9	遵义	100.4	104.3	108.6
乌鲁木齐	100.1	106.1	108.9	大理	100.0	98.9	103.3

数据来源：国家统计局

11. 11月份70个大中城市住宅销售价格指数变动情况

表3-117　　2011年11月份70个大中城市住宅销售价格指数

城市	新建住宅价格指数			城市	新建住宅价格指数		
	环比	同比	定基		环比	同比	定基
北京*	99.7	101.3	102.7	唐山	100.0	100.7	101.8
天津	99.7	102.0	103.7	秦皇岛	99.8	102.5	106.6
石家庄	99.8	104.3	108.0	包头	99.8	101.0	104.4
太原	100.0	101.2	101.8	丹东	99.9	101.1	107.3
呼和浩特	99.9	103.0	105.2	锦州	100.1	102.7	105.3
沈阳	99.4	103.0	106.5	吉林	99.9	103.5	106.2
大连	100.0	102.5	105.5	牡丹江	100.0	103.5	106.9
长春	99.7	102.4	104.5	无锡	99.5	100.9	101.7
哈尔滨	99.7	100.6	103.8	扬州	99.7	102.5	104.0
上海	99.7	102.4	102.0	徐州	99.5	102.8	103.5
南京	99.5	100.3	100.4	温州	100.0	94.8	95.0
杭州	99.7	101.3	100.2	金华	100.0	101.7	104.0
宁波	99.4	99.2	100.6	蚌埠	99.9	102.2	103.8
合肥	99.8	101.4	102.3	安庆	99.9	101.2	103.9
福州	99.9	102.8	104.0	泉州	99.9	101.7	101.0
厦门	99.8	103.5	105.8	九江	99.5	101.6	103.3
南昌	99.5	103.1	106.7	赣州	99.9	101.3	105.1
济南	99.8	101.4	103.6	烟台	99.7	102.3	104.1
青岛	99.7	101.2	103.7	济宁	99.8	101.8	103.5
郑州	99.7	103.8	107.0	洛阳	100.0	105.0	107.3
武汉	99.9	102.8	104.4	平顶山	100.1	103.1	104.9
长沙	99.7	106.0	108.6	宜昌	99.7	102.4	104.5
广州	99.7	106.0	104.5	襄阳	99.7	103.7	106.6
深圳	99.7	104.1	103.9	岳阳	99.7	102.2	107.3
南宁	100.0	102.4	102.4	常德	99.8	103.4	105.5
海口	99.7	99.8	101.7	惠州	100.0	103.0	105.0
重庆	99.9	100.1	103.3	湛江	100.0	103.9	105.4
成都	99.8	101.9	103.1	韶关	100.0	104.8	106.3
贵阳	100.2	103.3	105.2	桂林	99.8	105.4	106.3
昆明	99.8	102.7	106.0	北海	99.9	101.6	102.3
西安	99.9	103.1	104.5	三亚	99.8	101.1	101.4
兰州	100.1	102.7	107.4	泸州	100.0	101.8	102.3
西宁	100.1	103.0	107.3	南充	99.9	99.6	100.0
银川	100.0	103.0	103.6	遵义	100.0	104.1	105.4
乌鲁木齐	100.0	105.5	109.6	大理	100.0	100.6	101.7

数据来源：国家统计局

注：同比以去年同月价格为100，环比以上月价格为100，定基以2010年为100。

表3-118　　2011年11月份70个大中城市新建商品住宅价格指数

城市	新建商品住宅价格指数			城市	新建商品住宅价格指数		
	环比	同比	定基		环比	同比	定基
北京*	99.6	101.6	103.4	唐山	100.0	100.8	101.9
天津	99.6	102.2	104.1	秦皇岛	99.7	102.7	107.4
石家庄	99.8	104.4	108.2	包头	99.8	101.1	104.5
太原	100.0	101.3	101.9	丹东	99.9	101.8	108.0
呼和浩特	99.9	103.1	105.4	锦州	100.1	102.7	105.3
沈阳	99.4	103.1	106.9	吉林	99.9	103.6	106.4
大连	100.0	102.5	105.5	牡丹江	100.0	103.6	106.9
长春	99.7	102.5	104.7	无锡	99.4	100.9	101.7
哈尔滨	99.7	100.6	104.0	扬州	99.7	102.6	104.1
上海	99.6	102.8	102.4	徐州	99.4	103.0	103.7
南京	99.3	100.3	100.5	温州	100.0	94.5	94.8
杭州	99.7	101.3	100.2	金华	100.0	101.7	104.0
宁波	99.4	99.2	100.6	蚌埠	99.9	102.2	103.9
合肥	99.7	101.5	102.4	安庆	99.9	101.2	103.9
福州	99.9	102.8	104.0	泉州	99.9	101.8	101.1
厦门	99.8	103.6	106.0	九江	99.5	101.7	103.5
南昌	99.4	103.3	106.8	赣州	99.9	101.3	105.1
济南	99.8	101.4	103.6	烟台	99.7	102.3	104.2
青岛	99.7	101.3	103.9	济宁	99.8	101.9	103.6
郑州	99.7	103.9	107.2	洛阳	100.0	105.1	107.4
武汉	99.8	103.0	104.6	平顶山	100.1	103.1	105.0
长沙	99.7	106.0	108.7	宜昌	99.7	102.4	104.5
广州	99.7	106.1	104.6	襄阳	99.7	103.7	106.6
深圳	99.7	104.1	104.0	岳阳	99.5	100.2	108.5
南宁	100.0	102.5	102.5	常德	99.8	103.5	105.5
海口	99.7	99.8	101.7	惠州	100.0	103.0	105.0
重庆	99.8	100.1	103.4	湛江	100.0	103.9	105.4
成都	99.8	101.9	103.1	韶关	100.0	104.9	106.4
贵阳	100.2	103.5	105.4	桂林	99.8	105.5	106.4
昆明	99.8	103.1	106.5	北海	99.9	101.6	102.3
西安	99.9	103.3	104.8	三亚	99.8	101.1	101.4
兰州	100.1	102.8	107.5	泸州	100.0	101.8	102.3
西宁	100.1	103.0	107.3	南充	99.9	99.6	100.0
银川	100.0	103.1	103.7	遵义	100.0	104.6	106.0
乌鲁木齐	100.0	105.5	109.6	大理	100.0	100.7	101.7

数据来源：国家统计局

*本表所列北京市“新建商品住宅价格指数”与北京市有关部门发布的“新建普通住房价格”在统计口径、统计标准等方面均有不同。

表3-119　　2011年11月份70个大中城市二手住宅价格指数

城市	二手住宅价格指数			城市	二手住宅价格指数		
	环比	同比	定基		环比	同比	定基
北京	99.3	99.2	99.7	唐山	99.7	104.6	104.6
天津	98.3	98.4	99.1	秦皇岛	99.5	99.8	101.7
石家庄	98.7	98.9	100.2	包头	100.1	102.4	102.5
太原	100.0	103.6	105.3	丹东	100.0	101.0	102.3
呼和浩特	100.0	102.7	104.0	锦州	100.0	100.0	100.2
沈阳	99.3	102.0	104.3	吉林	99.9	102.9	104.7
大连	97.8	100.4	102.6	牡丹江	99.3	102.0	104.0
长春	99.1	100.8	101.3	无锡	99.8	103.9	104.9
哈尔滨	98.8	98.4	99.8	扬州	99.8	101.0	102.7
上海	99.5	102.6	102.3	徐州	98.0	97.3	97.4
南京	99.4	98.8	98.1	温州	98.8	94.4	99.3
杭州	99.1	97.1	98.0	金华	97.8	97.9	97.4
宁波	99.8	98.8	97.3	蚌埠	99.9	101.9	104.2
合肥	98.3	99.7	101.5	安庆	98.6	100.0	101.1
福州	99.4	96.3	96.3	泉州	99.9	99.6	99.6
厦门	99.5	102.9	102.7	九江	99.7	100.1	101.8
南昌	98.0	98.5	99.3	赣州	100.0	98.7	99.2
济南	99.9	102.0	102.8	烟台	99.8	102.2	103.5
青岛	99.3	100.6	101.9	济宁	99.5	102.7	105.5
郑州	100.0	100.3	103.7	洛阳	100.1	105.1	107.7
武汉	99.7	100.3	101.6	平顶山	99.8	106.5	106.5
长沙	99.9	101.0	101.2	宜昌	100.0	101.0	102.1
广州	99.2	102.9	103.7	襄阳	100.0	103.0	105.5
深圳	99.2	104.5	104.2	岳阳	99.9	101.9	106.8
南宁	100.3	100.3	101.6	常德	100.1	105.1	108.0
海口	99.7	99.6	96.7	惠州	100.1	103.2	105.2
重庆	99.9	99.7	100.1	湛江	100.0	102.9	106.2
成都	99.3	101.3	100.6	韶关	100.0	102.9	103.2
贵阳	100.3	104.3	107.5	桂林	100.0	100.1	102.1
昆明	99.7	101.4	103.7	北海	99.8	102.1	102.0
西安	99.9	101.1	102.9	三亚	99.1	96.2	97.6
兰州	99.7	93.6	100.3	泸州	99.8	102.0	100.5
西宁	100.2	103.8	106.2	南充	99.7	101.5	101.3
银川	99.6	102.9	103.6	遵义	99.6	102.2	108.1
乌鲁木齐	99.9	103.9	108.8	大理	100.0	99.2	103.3

数据来源：国家统计局

12. 12月份70个大中城市住宅销售价格指数变动情况

表3-120　　2011年12月份70个大中城市住宅销售价格指数

城市	新建住宅价格指数			城市	新建住宅价格指数		
	环比	同比	定基		环比	同比	定基
北京	99.9	101.0	102.6	唐山	100.0	100.6	101.7
天津	99.7	101.2	103.4	秦皇岛	99.9	101.5	106.6
石家庄	99.9	102.4	108.0	包头	99.7	100.2	104.1
太原	100.0	101.2	101.7	丹东	99.8	100.1	107.7
呼和浩特	99.8	102.3	105.0	锦州	99.9	102.4	105.2
沈阳	99.8	102.4	106.2	吉林	99.9	101.9	106.0
大连	99.9	102.2	105.5	牡丹江	100.0	101.9	106.9
长春	99.7	101.9	104.2	无锡	99.9	100.5	101.6
哈尔滨	99.7	100.2	103.5	扬州	99.8	102.0	103.8
上海	99.7	101.8	101.7	徐州	99.6	102.3	103.2
南京	99.5	99.7	99.9	温州	98.1	93.1	93.3
杭州	99.3	101.0	99.5	金华	99.7	101.2	103.7
宁波	99.5	98.8	100.1	蚌埠	99.7	101.5	103.5
合肥	99.6	100.3	101.9	安庆	99.7	99.2	103.6
福州	99.9	102.7	103.9	泉州	100.0	101.5	101.0
厦门	99.8	103.2	105.6	九江	99.4	100.4	102.7
南昌	99.5	102.1	106.1	赣州	100.0	99.6	105.0
济南	99.7	100.8	103.3	烟台	99.8	101.4	103.8
青岛	99.7	100.5	103.4	济宁	99.8	101.3	103.3
郑州	99.5	103.2	106.5	洛阳	99.7	104.7	106.9
武汉	99.7	102.3	104.0	平顶山	99.9	101.8	104.8
长沙	99.5	104.6	108.1	宜昌	100.0	102.2	104.4
广州	99.6	103.1	104.1	襄阳	99.8	102.6	106.4
深圳	99.5	103.1	103.4	岳阳	99.7	100.3	106.9
南宁	99.8	101.9	102.3	常德	99.7	102.6	105.1
海口	99.8	99.6	101.6	惠州	99.9	103.0	104.9
重庆	99.7	99.4	103.0	湛江	100.0	103.4	105.4
成都	99.9	101.3	102.9	韶关	100.0	104.3	106.2
贵阳	100.1	102.8	105.2	桂林	99.8	103.7	106.1
昆明	100.0	102.3	106.0	北海	99.8	101.4	102.1
西安	100.0	103.4	104.5	三亚	100.0	100.9	101.4
兰州	100.0	101.7	107.3	泸州	100.0	101.7	102.3
西宁	99.9	102.6	107.2	南充	99.9	98.8	99.9
银川	100.1	103.1	103.7	遵义	100.0	102.9	105.3
乌鲁木齐	100.0	105.5	109.6	大理	100.0	100.6	101.7

数据来源：国家统计局

注：同比以去年同月价格为100，环比以上月价格为100，定基以2010年为100。

表3-121　　2011年12月份70个大中城市新建商品住宅价格指数

城市	新建商品住宅价格指数			城市	新建商品住宅价格指数		
	环比	同比	定基		环比	同比	定基
北京*	99.8	101.3	103.3	唐山	100.0	100.7	101.9
天津	99.7	101.3	103.8	秦皇岛	99.9	101.6	107.3
石家庄	99.9	102.5	108.2	包头	99.7	100.2	104.2
太原	100.0	101.2	101.8	丹东	99.8	100.1	107.7
呼和浩特	99.8	102.3	105.2	锦州	99.9	102.4	105.2
沈阳	99.8	102.4	106.7	吉林	99.8	102.0	106.2
大连	99.9	102.2	105.5	牡丹江	100.0	102.0	107.0
长春	99.7	102.0	104.3	无锡	99.9	100.4	101.6
哈尔滨	99.7	100.2	103.7	扬州	99.8	102.0	103.9
上海	99.6	102.0	102.0	徐州	99.6	102.5	103.3
南京	99.3	99.7	99.8	温州	98.0	92.6	92.9
杭州	99.3	101.0	99.4	金华	99.7	101.3	103.7
宁波	99.5	98.7	100.1	蚌埠	99.7	101.5	103.6
合肥	99.6	100.3	101.9	安庆	99.7	99.2	103.6
福州	99.9	102.8	104.0	泉州	100.0	101.6	101.1
厦门	99.8	103.3	105.7	九江	99.3	100.4	102.8
南昌	99.4	102.2	106.2	赣州	100.0	99.6	105.1
济南	99.7	100.8	103.3	烟台	99.8	101.4	103.9
青岛	99.6	100.5	103.5	济宁	99.8	101.3	103.4
郑州	99.5	103.2	106.7	洛阳	99.7	104.8	107.0
武汉	99.7	102.5	104.2	平顶山	99.9	101.9	104.9
长沙	99.5	104.6	108.2	宜昌	100.0	102.2	104.5
广州	99.6	103.1	104.2	襄阳	99.8	102.6	106.4
深圳	99.5	103.2	103.5	岳阳	99.4	97.7	107.9
南宁	99.8	102.0	102.4	常德	99.7	102.6	105.2
海口	99.8	99.6	101.6	惠州	99.9	103.0	104.9
重庆	99.7	99.4	103.0	湛江	100.0	103.4	105.4
成都	99.9	101.3	102.9	韶关	100.0	104.4	106.4
贵阳	100.1	102.9	105.5	桂林	99.8	103.8	106.2
昆明	100.0	102.7	106.4	北海	99.8	101.4	102.1
西安	100.0	103.6	104.8	三亚	100.0	100.9	101.4
兰州	100.0	101.7	107.4	泸州	100.0	101.7	102.3
西宁	99.9	102.6	107.2	南充	99.9	98.8	99.9
银川	100.1	103.2	103.8	遵义	100.0	103.3	106.0
乌鲁木齐	100.0	105.5	109.6	大理	100.0	100.7	101.9

数据来源：国家统计局

*本表所列北京市“新建商品住宅价格指数”与北京市有关部门发布的“新建普通住房价格”在统计口径、统计标准等方面均有不同。

表3-122　　2011年12月份70个大中城市二手住宅价格指数

城市	二手住宅价格指数			城市	二手住宅价格指数		
	环比	同比	定基		环比	同比	定基
北京	99.2	98.0	98.9	唐山	99.8	104.3	104.5
天津	99.7	97.6	98.8	秦皇岛	99.6	99.3	101.3
石家庄	99.0	97.5	99.2	包头	99.1	101.5	101.5
太原	99.9	103.2	105.2	丹东	100.0	101.2	102.3
呼和浩特	100.0	102.4	104.0	锦州	100.0	100.0	100.2
沈阳	100.0	101.4	104.3	吉林	99.8	102.4	104.6
大连	99.7	100.0	102.3	牡丹江	99.1	101.0	103.0
长春	99.2	100.0	100.4	无锡	100.0	103.8	104.9
哈尔滨	99.7	98.0	99.5	扬州	99.5	99.9	102.2
上海	99.6	101.7	101.9	徐州	99.7	96.9	97.0
南京	99.1	97.5	97.2	温州	95.1	88.7	94.4
杭州	98.6	95.6	96.7	金华	99.0	97.1	96.4
宁波	99.3	98.2	96.7	蚌埠	99.9	101.3	104.1
合肥	98.8	97.9	100.2	安庆	99.3	98.1	100.4
福州	99.0	95.1	95.3	泉州	99.7	99.3	99.3
厦门	99.0	101.6	101.7	九江	99.5	99.4	101.2
南昌	99.6	97.3	98.8	赣州	100.0	98.5	99.1
济南	99.8	101.0	102.6	烟台	99.9	101.4	103.4
青岛	99.3	98.8	101.1	济宁	99.6	101.0	105.2
郑州	99.4	99.3	103.1	洛阳	99.6	104.2	107.3
武汉	99.6	99.6	101.2	平顶山	99.7	106.3	106.3
长沙	99.9	100.2	101.2	宜昌	100.0	100.9	102.2
广州	99.6	102.1	103.3	襄阳	100.0	101.8	105.5
深圳	99.6	102.7	103.7	岳阳	99.9	100.0	106.7
南宁	99.5	99.7	101.2	常德	100.2	105.0	108.2
海口	99.2	98.2	95.9	惠州	100.0	103.1	105.2
重庆	100.0	99.5	100.2	湛江	100.0	102.7	106.2
成都	99.7	100.7	100.3	韶关	100.0	102.8	103.1
贵阳	100.1	103.8	107.7	桂林	100.0	99.7	102.1
昆明	99.5	101.1	103.2	北海	100.0	102.1	102.0
西安	99.9	100.0	102.8	三亚	97.8	93.9	95.5
兰州	98.7	91.0	99.0	泸州	99.7	101.3	100.2
西宁	100.0	103.2	106.2	南充	99.8	100.6	101.1
银川	99.5	102.4	103.1	遵义	100.1	102.4	108.2
乌鲁木齐	99.6	102.8	108.4	大理	100.0	98.8	103.3

数据来源：国家统计局

十三、2011年国内房地产贷款余额变化情况

表3-123　　2011年国内房地产贷款余额变化情况

	2011Q1	2011Q2	2011Q3	2011Q4
地产开发贷余额（亿）	8368	7968	7887	7680
房产开发贷款余额（万亿）	2.49	2.62	2.64	2.72
个人购房贷款余额（万亿）	6.48	6.26	6.94	7.14
保障性住房开发贷款余额（亿）	2274	——	2808	3499
地产开发贷余额同比	12.50%	0.50%	-4.80%	-7.90%
房产开发贷款余额同比	18.60%	18.40%	14.90%	17.10%
个人购房贷款余额同比	22.80%	18.10%	16.80%	15.5%

数据来源：中国人民银行

截至2011 年年末，主要金融机构（含外资）房地产贷款余额为10.73万亿元，同比增长13.9%，比上年末回落13.5 个百分点。其中，地产开发贷款余额为7680 亿元，同比下降7.9%，上年末为同比增长24.7%；房产开发贷款余额为2.72 万亿元，同比增长17.1%，比上年末低5.9个百分点；个人购房贷款余额7.14 万亿元，同比增长15.5%，比上年末低14.0 个百分点。年末，房地产贷款余额占各项贷款余额的20.1%。从贷款新增量看，2011年新增房地产贷款1.26 万亿元，同比少增7704 亿元。保障性安居工程信贷支持力度不断加强。

2011 年，全国城镇保障性住房和棚户区改造住房开工量已超过1000 万套，完成了年初新开工计划的目标任务。截至2011 年年末，全国保障性住房开发贷款余额3409 亿元，占全部房产开发贷款余额的12.5%，全年累计增加1751 亿元，占同期房产开发贷款新增额的50.1%，比年初提高31.7个百分点。此外，利用住房公积金贷款支持保障性住房建设试点工作稳步推进，截至2011 年年末，审批通过项目贷款400.29 亿元，商业银行受住房公积金管理中心委托，已在29 个城市发放项目贷款265.88 亿元。金融机构还通过信托产品、理财产品、保险直投、各类债券、商业票据、融资租赁等多元化的金融工具，对保障性安居工程建设给予了积极支持。

数据来源：中国人民银行

十四、历年地方财政收入和土地出让金情况

1. 近十年我国地方财政收入和土地出让金比较

表3-124　　2001～2011年我国地方财政收入和土地出让金比较

单位：亿元，%

	地方财政收入	增幅	土地出让金	增幅	出让金收入占地方财政收入比重
2001年	7803.30	——	1295.89	——	16.6
2002年	8515.00	9.1	2416.79	86.5	28.4
2003年	9849.98	15.7	5421.00	124.3	55.0

续表

	地方财政收入	增幅	土地出让金	增幅	出让金收入占地方财政收入比重
2004年	11893.37	20.7	6412.00	18.3	53.9
2005年	15100.76	27.0	5884.00	-8.2	39.0
2006年	18303.58	21.2	7676.89	30.5	41.9
2007年	23572.62	28.8	11947.95	55.6	50.7
2008年	28649.79	21.5	9600.00	-19.7	33.5
2009年	32581.00	13.7	15910.20	65.7	48.8
2010年	35382.97	8.6	2.9万亿	70.4	76.6
2011年	5.24万亿	48.1	3.15万亿	8.62	60.1

资料来源：国土资源部、国家统计局、财政部和相关媒体

十五、2011年房地产重点上市公司股票价格涨跌幅排名

表3-125　　沪市房地产企业涨幅TOP10

单位：元，%

排名	证券代码	证券简称	2010年收盘价	2011年收盘价	涨跌幅	最高价	最低价
1	600603	ST兴业	6.79	9.33	37.41%	10.62	6.79
2	600759	正和股份	5.23	6.69	27.92%	9.54	4.98
3	600614	鼎立股份	9.17	10.61	15.70%	19.38	8.32
4	600766	ST园城	7.54	8.70	15.38%	12.74	6.77
5	600275	ST昌鱼	4.78	5.20	8.79%	7.05	4.29
6	600724	宁波富达	5.90	6.28	6.44%	10.36	5.41
7	600162	香江控股	4.95	5.04	1.82%	6.90	4.32
8	600266	北京城建	12.21	12.39	1.47%	16.60	10.48
9	600240	华业地产	7.45	7.46	0.13%	14.25	6.67
10	600617	ST联华	11.36	11.33	-0.26%	14.63	10.24

数据来源:上海证券交易所

表3-126　　沪市房地产企业跌幅TOP10

单位：元，%

排名	证券代码	证券简称	2010年收盘价	2011年收盘价	涨跌幅	最高价	最低价
1	600415	小商品城	17.52	7.84	-77.63%	18.64	6.55
2	600252	中恒集团	17.69	10.62	-70.04%	22.85	9.97
3	600620	天宸股份	5.59	3.19	-56.06%	7.61	3.06
4	600679	金山开发	13.32	6.03	-54.73%	14.49	5.82
5	600503	华丽家族	14.87	7.10	-52.25%	25.39	5.75

续表

排名	证券代码	证券简称	2010年收盘价	2011年收盘价	涨跌幅	最高价	最低价
6	600704	物产中大	16.13	7.84	-51.39%	20.95	6.98
7	600113	浙江东日	9.16	4.58	-50.00%	10.08	4.43
8	600175	美都控股	5.29	2.71	-48.77%	5.67	2.61
9	600807	天业股份	13.84	7.36	-46.82%	19.48	6.56
10	600675	中华企业	6.92	3.73	-46.10%	8.91	3.67

数据来源:上海证券交易所

表3-127　深市房地产企业涨幅TOP10

单位：元，%

排名	证券代码	证券简称	2010年收盘价	2011年收盘价	涨跌幅	最高价	最低价
1	000656	金科股份	9.25	11.80	27.57%	15.94	8.66
2	000024	招商地产	15.95	18.00	12.85%	20.50	15.50
3	000005	世纪星源	3.67	3.86	5.18%	4.46	3.39
4	000573	粤宏远A	3.94	3.81	-3.30%	5.48	3.60
5	000402	金融街	6.61	6.05	-8.47%	7.92	5.81
6	000002	万科A	8.22	7.47	-9.12%	9.34	6.88
7	000011	深物业A	6.83	6.17	-9.66%	14.16	5.98
8	000711	天伦置业	14.15	11.71	-17.24%	18.79	10.02
9	000517	荣安地产	6.44	5.11	-20.65%	10.21	4.99
10	000042	深长城	17.35	13.75	-20.75%	24.52	13.25

数据来源:深圳证券交易所

表3-128　深市房地产企业跌幅TOP10

单位：元，%

排名	证券代码	证券简称	2010年收盘价	2011年收盘价	涨跌幅	最高价	最低价
1	000979	中弘股份	9.81	5.45	-69.12%	11.05	4.92
2	002344	海宁皮城	54.88	22.63	-58.76%	55.30	19.71
3	000836	鑫茂科技	10.17	4.50	-55.75%	10.49	4.24
4	002305	南国置业	11.66	5.16	-55.75%	17.49	4.50
5	000558	莱茵置业	7.40	3.30	-55.41%	11.38	3.16
6	000897	津滨发展	5.21	2.36	-54.70%	6.14	2.26
7	000540	中天城投	13.73	6.37	-53.61%	18.98	6.07
8	000046	泛海建设	8.98	4.32	-51.89%	10.27	3.17
9	000918	嘉凯城	7.82	3.88	-50.38%	9.58	3.65
10	002208	合肥城建	10.98	5.58	-49.18%	12.58	5.30

数据来源:深圳证券交易所

表3-129 港市内地房地产企业涨跌幅TOP15

单位：元，%

排名	证券代码	证券简称	2010年收盘价	2011年收盘价	涨跌幅	最高价	最低价
1	0337	盛高置地	3.800	1.290	-66.05%	4.550	1.260
2	3900	绿城中国	8.600	3.370	-60.81%	10.160	3.150
3	1238	宝龙地产	2.540	1.040	-59.06%	2.740	0.910
4	0755	上海证大	0.285	0.124	-56.49%	0.320	0.119
5	1207	上置集团	0.780	0.345	-55.77%	0.830	0.310
6	1813	合景泰富	5.920	2.620	-55.74%	7.050	2.280
7	0563	上实城市开发	2.920	1.400	-52.05%	3.470	0.950
8	0754	合生创展集团	8.360	4.030	-51.79%	9.780	3.750
9	0845	恒盛地产	2.670	1.360	-49.06%	3.030	0.970
10	1777	花样年控股	1.330	0.680	-48.87%	1.470	0.570
11	0604	深圳控股	2.710	1.390	-48.71%	2.900	1.190
12	0917	新世界中国	2.920	1.550	-46.92%	3.240	1.530
13	0258	汤臣集团	3.360	1.830	-45.54%	3.500	1.580
14	0588	北京北辰实业	2.110	1.150	-45.50%	2.250	0.980
15	0680	南海控股	0.060	0.033	-45.00%	0.062	0.027

数据来源：香港证券交易所

十六、2011年企业销售排行榜

表3-130 2011年度中国房地产开发企业销售面积TOP20

单位：万平方米

排名	企业名称	2011年销售面积
1	恒大地产	1220
2	万科地产	1060
3	绿地集团	808
4	碧桂园	684
5	保利地产	647
6	中海地产	566
7	万达集团	392
8	龙湖地产	339
9	雅居乐	301
10	华润置地	300
11	世茂房地产	244
12	佳兆业	222
13	保利香港	218
14	富力地产	212

续表

排名	企业名称	2011年销售面积
15	金地集团	212
16	荣盛发展	210
17	远洋地产	203
18	中信地产	196
19	金科集团	181
20	新城控股	166

资料来源：中国房地产决策咨询系统（CRIC）

表3-131　2011年度中国房地产开发企业销售金额TOP20　单位：亿元

排名	企业名称	2011销售金额
1	万科集团	1210
2	恒大集团	808
3	绿地集团	776
4	保利地产	732
5	中海地产	720
6	万达集团	560
7	碧桂园	430
8	龙湖集团	381
9	华润置地	366
10	世茂房地产	315
11	雅居乐	310
12	绿城中国	300
13	金地集团	290
14	富力地产	287
15	远洋地产	265
16	中信地产	255
17	招商地产	210
18	融创中国	193
19	融侨集团	185
20	华侨城	180

资料来源：中国房地产决策咨询系统（CRIC）

2011
中国房地产年鉴
THE ALMANAC OF CHINA REAL ESTATE
04
市场情况
SHI CHANG QING KUANG

导读 / INTRODUCTION

2011年在限购、限贷、限价三重政策压力之下，房价快速上涨势头得到遏制。全年1000万套保障性安居工程的顺利开工，也为住房双体系的发展打下了坚实基础。

考虑到房地产市场地域性强、差异性大，本篇中我们选取了北京、上海、广州、深圳、南京、杭州、天津、武汉、成都、重庆、宁波、合肥、长春、大连、兰州、青岛、沈阳、海口、厦门、长沙等20个重点城市，对各城市开发投资、市场变化、成交结构、项目排行等市场要素进行深入分析。我们力图通过对20个城市的分析，基本展示2011年全国房地产市场的整体状况。

“市场情况”中数据来源于国家统计局和中国房地产决策咨询系统（CRIC），其中少数空白是因为统计数据当时尚未发布。全国性的数据不包含港澳台地区相关数据。

一、全国房地产市场总体情况

1. 开发投资

2011全年，全国房地产开发投资61739.78亿元，同比增长27.9%。住宅开发投资总额是44308.43亿元，同比增长30.2%。从增长幅度看，住宅投资大于房地产投资。房地产开发投资全年表现平稳，除一季度季节性因素外，二、三、四季度都保持了1.7万亿左右的投资规模。

从历年数据演变看，2006年房地产开发投资为1.9万亿元，2008年为3万亿元，2010年为4.83万亿元，2011全年我国房地产投资为6.17万亿。在2011年增加的房地产开发投资中，保障性安居工程是一个重要因素。房地产投资仍然是我国全社会固定资产投资的重要组成部分。

全国40个重点城市（主要是直辖市、省会城市和计划单列城市）房地产开发投资总额是33323.46亿元，同比增长24.1%；住宅开发投资总额是22676.70亿元，同比增长27.1%。

综上比较，可以得出结论：一是40个重点城市的房地产和住宅投资增幅都小于全国房地产和住宅投资的增幅，差距是3-4个百分点；二是如果排除40个重点城市，全国其他城市的房地产和住宅投资的增幅还要高；三是房地产政策调控的作用40个重点城市大于全国。

表4-1　　011年各季度房地产开发投资及增长情况（累计）

单位：亿元，%

	2011:Q1			2011:Q1-2			2011:Q1-3			2011:Q1-4		
	投资额	同比	占比	投资额	同比	占比	投资额	同比	占比	投资额	同比	占比
房地产投资	8846.36	34.10	100	26250.45	32.90	100	44224.84	32.00	100	61740	27.90	100
住宅	6253.13	37.40	70.69	18640.67	36.10	71.01	31787.77	35.20	71.88	44308	30.20	71.77
#办公楼	361.42	19.10	4.09	1067.92	26.20	4.07	1741.95	34.00	3.94	2544	40.7	4.12
#商业营业用房	1058.21	40.20	11.96	3147.49	38.60	11.99	5259.37	36.10	11.89	7370	30.5	11.94
*东部地区	5464.75	34.10	61.77	15437.66	30.20	58.81	25475.91	29.20	57.61	35607	27.20	57.67
*中部地区	1647.08	39.30	18.62	5413.22	35.70	20.62	9417.45	33.10	21.29	13197	25.50	21.38
*西部地区	1734.52	39.00	19.61	5399.57	38.50	20.57	9931.47	38.80	22.46	12936	32.80	20.95

数据来源：国家统计局

从区域发展看，前三个季度中、西部地区房地产投资，无论是同比还是环比，增幅都远大于东部地区。但进入第四季度，中、西部区域的发展势头明显放缓，而东部地区则保持了相对稳健的发展。

从投资结构看，各分类市场的占比在季度累计数据中变化不大；区域市场方面，东部地区逐季下降，而中部地区则逐季上升，西部基本平稳。总体看，东部地区的投资依然超过半壁江山。

2011年房地产投资各季同比增幅前高后低，高位回调的发展态势，明显异于往年。主要原因是紧缩性调控政策确实已经从市场层面影响到了投资层面，去年开工项目顺延的追加投资因素也逐步消退，开发投资开始实质性、季度周期的环比下跌。

2. 商品房供给

2011全年，全国房地产新开工面积为190083万平方米，同比增长16.2%，其中住宅新开工146035万平方米，同比增长12.9%；全国房地产竣工面积为89244万平方米，同比增长13.3%，其中住宅竣工72692万平方米，同比增长13%；2011年末，全国房地产在建施工面积为507959万平方米，同比增长25.3%，其中住宅施工面积为388439万平方米，同比增长23.4%。

2011全年，房屋新开工、施工、竣工三项指标都实现了两位数以上的同比增长，但前两者的数据明显高于后者，说明不少房地产企业都在拉长开发周期，缩短开发战线，选择恰当时机向市场推盘。

表4-2 2011年各季度房屋建设情况（累计）

单位：万平方米

		2011:Q1		2011:Q1-2		2011:Q1-3		2011:Q1-4	
		面积	同比	面积	同比	面积	同比	面积	同比
新开工面积	全国	39842	23.4%	99443	23.6%	147775	23.7%	190083	16.20%
	#住宅	31025	19.6%	76867	20.7%	114480	21.3%	146035	12.90%
	#办公楼	1058	62.0%	2770	48.3%	4043	50.1%	5361	46.20%
	#商业营业用房	4007	19.8%	10674	19.5%	15888	22.4%	20671	18.30%
施工面积	全国	327402	35.2%	405738	31.6%	460786	29.7%	507959	25.30%
	#住宅	251714	34.4%	310795	30.0%	353010	28.1%	388439	23.40%
	#办公楼	10296	25.0%	12848	31.2%	14560	32.4%	15950	31.30%
	#商业营业用房	35602	34.7%	45090	31.3%	51225	29.9%	56278	26.10%
竣工面积	全国	12832	15.4%	27558	12.8%	43456	17.8%	89244	13.30%
	#住宅	10229	14.8%	22059	12.3%	34845	16.6%	71692	13.00%
	#办公楼	367	36.7%	729	35.5%	1093	48.4%	2179	20.00%
	#商业营业用房	1309	10.7%	2871	12.5%	4550	17.7%	9045	9.20%

数据来源：国家统计局

3. 商品房销售

2011年，商品房销售面积为109946万平方米，同比增长4.9%；销售金额为59119亿元，同比增长12.1%。住宅销售面积达97030万平方米，同比增长3.9%；销售金额为48619亿元，同比增长10.2%。

2006年我国住宅销售面积全年为55422.95万平方米，2008年为59280.35万平方米，2010年为93051.56万平方米。

40个重点城市中，商品房销售面积同比下降1.6%，同比下降的城市有20个；住宅销售面积同比下降2.8%，同比下降的有22个城市。

商品房销售金额增幅大于销售面积增幅，表明商品房的市场价格依然上涨，但涨幅有所下降；从均价角度来计算，2011年我国商品房均价为5377元/平方米，2010年商品房均价为5029元/平方米，今年商品房价格上涨6.9%。这既有CPI上涨和地价上涨的原因，也有一些地方房价实际上涨的原因。

分区域看，全年中部地区的发展比较突出，销售面积和销售金额同比都出现两位数增长。中西部商品房销售面积占比已经达到53%，比重较前三季度进一步提升。中西部销售金额占比为41%，东部地区依然是高房价的集中区，不过西部地区销售金额增幅明显高于面积增幅，显示成交均价明显提升。

2011年商品住房均价为5010元/平方米，2010年商品住房均价为4723元/平方米，今年商品住房均价同比增幅为6.1%。

表4-3　　2011年各季度商品房销售情况（累计）

单位：万平方米，亿元

	2011:Q1		2011:Q1-2		2011:Q1-3		2011:Q1-4	
	面积	同比	面积	同比	面积	同比	面积	同比
全国商品房	17643	14.9%	44419	12.9%	71289	12.9%	109946	4.90%
#住宅	15849	14.3%	39805	12.1%	63604	12.1%	97030	3.90%
#办公楼	347	15.6%	795	8.9%	1326	17.0%	2008	6.20%
#商业营业用房	1046	14.1%	2762	18.6%	4624	19.3%	7878	12.60%
*东部地区	8905	8.1%	22072	10.9%	34523	10.2%	51052	0.10%
*中部地区	3997	29.1%	10665	16.3%	17612	17.5%	29312	11.30%
*西部地区	4741	17.7%	11682	13.5%	19153	13.9%	29581	8.00%
	金额	同比	金额	同比	金额	同比	金额	同比
全国商品房	10152	27.3%	24589	24.1%	39312	23.2%	59119	12.10%
#住宅	8607	25.9%	20657	22.3%	32694	21.2%	48619	10.20%
#办公楼	447	42.7%	1051	27.6%	1781	35.1%	2502	16.10%
#商业营业用房	920	28.4%	2420	36.0%	4071	33.8%	6702	23.70%
*东部地区	6511	17.6%	15223	16.9%	23865	16.0%	34628	3.80%
*中部地区	1622	53.8%	4342	38.4%	7220	37.7%	11895	29.40%
*西部地区	2019	45.9%	5025	37.4%	8226	35.1%	12596	23.90%

数据来源：国家统计局

40个重点城市商品房销售量是39725.17万平方米，同比回落1.6%，销售金额30806.25亿元，同比增长3.5%。与此对应，全国商品房销售量和销售金额同比增幅分别为4.9%和12.1%。

40个重点城市商品住房销售量是34371.09万平方米，同比回落2.8%，销售金额24820.1亿元，同比增长0.9%。与此对应，全国商品住房销售量和销售金额同比增幅分别为3.9%和10.2%。

综上，可以得出如下数据关系：一是40个重点城市的商品房和商品住房销售量增幅都小于全国商品房和商品住房销售量增幅，差距是6.5-6.7个百分点；二是40个重点城市的商品房和商品住房销售金额增幅都小于全国商品房和商品住房销售金额增幅，差距是8.6–9.3个百分点；三是全国商品房均价增幅为6.9%，40重点城市商品房均价增幅为5.2%；四是全国商品住房均价增幅为6.1%，40重点城市商品住房均价增幅为3.8%。

结论是40个重点城市（主要为直辖市、省会城市和计划单列市）调控成效明显，商品房的销售量增幅、销售额增幅、均价增幅全面低于全国水平。

4. 保障性安居工程

2011年，由于各级领导的高度重视，各有关部门的密切配合，保障性安居工程建设推进顺利。全年提前完成了1000万套保障性安居工程的开工建设任务，还完成265万户农村危房改造任务；实际开工建设保障性安居工程1043万套，基本建成432万套。

5. 商品房价格

国家统计局发布的70城市房屋价格指数变动情况显示，12月末仅有2个城市价格出现环比上涨；价格指数同比下跌的城市有8个，持平的有3个，涨幅回调的有59个，且绝大部分城市房价涨幅都在5%以内。总体看，四季度末房价回调态势更加明显。

取3、6、9、12月份作为四个季度房价指数的观察点，除了太原、上海、合肥、青岛、广州、深圳等23个城市，其房价指数有上下波动迹象外，其余大部分城市则呈现价格指数同比涨幅逐季回落或下跌的态势。12月份房价指数与3月份相比，同比增幅下调前五名为：丹东、兰州、石家庄、安庆、赣州，降幅在8.5–15.3%之间。比较而言，北京、上海、广州、深圳四个一线城市，价格同比涨幅回调的是北京，但也仅为3.9%，深圳为0，上海和广州的价格指数也基本稳定，涨幅都已经落到2%左右，这说明一线城市价格指数涨幅已经基本稳定。

表4–4　　70大中城市新建住宅2011年价格指数同比变化情况

城市	3月	6月	9月	12月	城市	3月	6月	9月	12月
北京	104.9	102.2	101.8	101	唐山	101.8	101.5	101.4	100.6
天津	106.6	103.9	103.1	101.2	秦皇岛	110	107.7	104.9	101.5
石家庄	111.5	107.6	106.5	102.4	包头	108.3	104.7	103.2	100.2
太原	101.6	101.1	101.4	101.2	丹东	115.4	107.6	105.1	100.1
呼和浩特	106.4	104.8	104	102.3	锦州	106.9	105.3	103.2	102.4
沈阳	107.7	106.4	105.4	102.4	吉林	107.7	105.7	104.6	101.9
大连	106.3	105.9	104.3	102.2	牡丹江	109.7	107.4	105.2	101.9
长春	106.7	102.9	103.2	101.9	无锡	103.3	102.4	102.1	100.5
哈尔滨	106.8	104.3	102.2	100.2	扬州	105.7	104.6	103.7	102

续表

城市	3月	6月	9月	12月	城市	3月	6月	9月	12月
上海	101.7	102.2	103.1	101.8	徐州	103.4	104.1	103.8	102.3
南京	101.5	100.7	101.2	99.7	温州	101.1	100.6	99.5	93.1
杭州	101.4	99.3	101.2	101	金华	105	103.9	102.3	101.2
宁波	103.2	102.1	100.2	98.8	蚌埠	104.2	103.2	103.8	101.5
合肥	103.4	100.6	102.6	100.3	安庆	107.9	104.3	101.3	99.2
福州	104.7	103.8	103.1	102.7	泉州	100	100.3	101.5	101.5
厦门	106.6	106.5	105.7	103.2	九江	104.7	103.8	104.1	100.4
南昌	108.6	108.2	107.5	102.1	赣州	108.3	105.4	103.4	99.6
济南	106.1	104.5	102.1	100.8	烟台	106	105.3	103.7	101.4
青岛	104.4	104.6	104.7	100.5	济宁	104.7	104	103.1	101.3
郑州	106.7	106.4	105.6	103.2	洛阳	106.5	108.1	106.7	104.7
武汉	105.5	103.2	103.7	102.3	平顶山	106	104.2	104.7	101.8
长沙	108.1	108.2	108.1	104.6	宜昌	105.5	102.9	103.4	102.2
广州	102.7	105.4	106.3	103.1	襄樊	108.6	106.7	105.1	102.6
深圳	103.1	104.6	104.5	103.1	岳阳	106.3	105.2	105.1	100.3
南宁	102.2	101.6	103.1	101.9	常德	105.9	106	105.2	102.6
海口	100.6	100.7	101.3	99.6	惠州	104.9	105.2	103.9	103
重庆	105.6	105.8	102.2	99.4	湛江	106.7	104.7	103.8	103.4
成都	104.4	103.6	102.8	101.3	韶关	104.8	106.1	106.1	104.3
贵阳	105.3	104.6	104	102.8	桂林	107.1	105.8	106.3	103.7
昆明	107.4	106.7	105.4	102.3	北海	103.6	101.7	101.7	101.4
西安	104.9	103.8	103.3	103.4	三亚	99.4	98	101.3	100.9
兰州	110.9	108.2	105.3	101.7	泸州	100.7	100.8	101.8	101.7
西宁	109.2	107.2	104.5	102.6	南充	99.5	99.1	100.7	98.8
银川	102.5	102.7	103	103.1	遵义	105.3	105.8	104.9	102.9
乌鲁木齐	110.1	109.2	108.5	105.5	大理	102.2	100.9	101.4	100.6

数据来源：国家统计局

6. 银行贷款

中国人民银行数据显示，房地产贷款增速总体回落，其中保障性住房开发贷款增量占比提高。

四季度末，主要金融机构及农村合作金融机构、城市信用社、外资银行人民币房地产贷款余额10.73万亿元，同比增长13.9%，比上年末回落13.5个百分点；全年累计增加1.26万亿元，同比少增7704亿元，即同比下降38%。全年增量占同期各项贷款增量的17.5%，比上年水平低9.4个百分点。

四季度末，地产开发贷款余额7680亿元，同比下降7.9%。房产开发贷款余额2.72万亿元，同比增长

17.1%，比上年末低5.9个百分点。

四季度末，保障性住房开发贷款余额3499亿元，全年累计增加1751亿元，占同期房产开发贷款增量的50.1%，比年初水平提高31.7个百分点。保障房资金来源除了银行渠道外，财政拨款、公积金增值收益、政府债券等也是重要资金来源。

综合看，在总量上，房地产贷款在减少，增幅下降，占银行总体贷款比重下降；房贷结构组成上，保障房开发贷款为主，商品房开发贷款为辅。银行对房地产业的贷款导向已经发生质的变化。

7. 资金来源

除一季度外，其余三个季度的资金来源总量差异不大，平均2.1万亿左右，第四季度环比微增1.6%，同比下降3.1%。资金结构方面，第四季度自筹资金同比增长12.9%，其他三个资金渠道同比增幅均为负，其中，利用外资同比降幅达到60.7%，且其占资金比重也较二、三季度有明显的下滑。值得注意的是，国内贷款第四季度的占比达到15.7%，较三季度提高2.69个百分点，较二季度提高1个百分点。

表4-5　　2011年各季度开发企业资金来源情况（单季）

单位：亿元

		资金来源总量	#国内贷款	#利用外资	#自筹资金	#其他资金
2011:Q1	金额	19268.05	3836.84	144.01	7126.29	8160.91
	同比	18.60%	4.40%	45.20%	27.20%	18.70%
	环比	-12.38%	22.10%	-58.07%	-6.01%	-25.28%
	比重	100%	19.90%	0.70%	37.00%	42.40%
2011:Q2	金额	21722.82	3185.84	294.41	9336.68	8905.88
	同比	24.35%	9.89%	95.37%	37.15%	17.01%
	环比	12.74%	-16.97%	104.44%	31.02%	9.13%
	比重	100%	14.67%	1.35%	42.98%	41.00%
2011:Q3	金额	20956.32	2726.57	240.13	9071.85	8917.77
	同比	24.85%	-3.52%	19.19%	35.13%	26.60%
	环比	-3.53%	-14.42%	-18.28%	-2.83%	0.14%
	比重	100%	13.01%	1.15%	43.29%	42.55%
2011:Q4	金额	21299	2815	135	8558	9790
	同比	-3.1%	-10.4%	-60.7%	12.9%	-10.4%
	环比	1.6%	3.3%	-43.9%	-5.7%	9.8%
	比重	100%	15.7%	1.1%	41.2%	41.9%

数据来源：根据国家统计局数据整理

从年度数据看，2011年开发企业资金来源总量为8.32万亿元，同比增加14.1%，增幅较为上半年和前三季度出现了明显回落。各资金来源中，国内贷款和利用外资增幅最小，自筹资金和其他资金有明显增长。与上半年及前三季度相比，利用外资增幅回落最为明显，主要原因是外资在中国的投资也逐步受到政策限制。

各路资金来源比重方面，国内贷款各季累计占比逐季走低，利用外资占比基本稳定，自筹资金占比持续上升，其他资金占比稳中有升。

表4-6　　2011年各季度开发企业资金来源情况（累计）

单位：亿元

	2011:Q1			2011:Q1-2			2011:Q1-3			2011:Q1-4		
	金额	同比	比重	金额	同比	比重	金额	同比	比重	金额	同比	比重
资金来源	19268	18.6%	100%	40991	21.6%	100%	61947	22.7%	100.00%	83246	14.1%	100%
#国内贷款	3837	4.4%	19.9%	7023	6.8%	17.1%	9749	3.7%	15.7%	12564	0.0%	15.1%
#利用外资	144	45.2%	0.7%	438.	75.5%	1.1%	679	50.1%	1.1%	814	2.9%	1.0%
#自筹资金	7126	27.2%	37.0%	16463	32.7%	40.2%	25535	33.5%	41.2%	34093	28.0%	41.0%
#其他资金	8161	18.7%	42.4%	17067	17.8%	41.6%	25985	20.7%	42.0%	35775	8.6%	43.0%

数据来源：国家统计局

8. 全国房地产景气指数

2011年全国房地产景气指数呈现先升后降态势。5月份为全年最高点103.19，此后开始连续下跌。12月全国房地产开发景气指数为98.89，连续两个月跌破100大关，比上年同期回落2.91点。该指数已经连续7个月下滑。

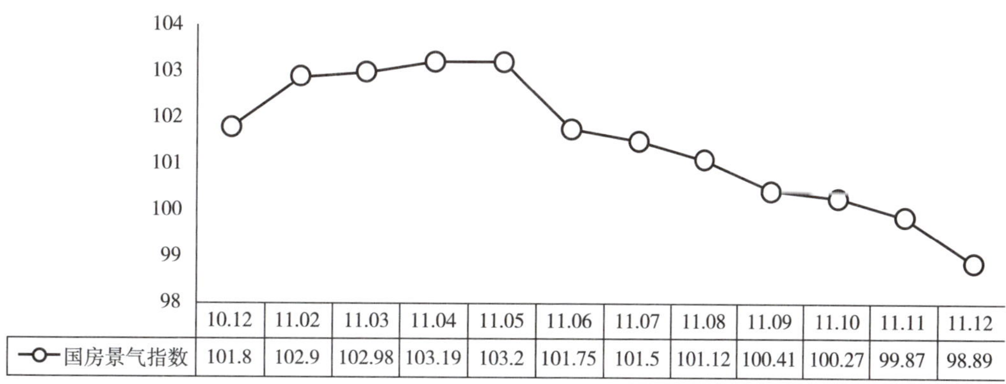

图4-1　2011年国房景气指数走势图表

数据来源：国家统计局

二、全国土地市场总体情况

1. 全国土地供应情况

2011年我国住房用地供应计划编制总量和实际落实用地量均创历史新高，用地结构进一步优化。其中，保障性安居工程用地供应大幅增加，有力保障了1000万套保障性住房建设用地的顺利落地。

2011年，全国各地编制住房用地计划21.8万公顷，是2010年计划的1.2倍。截至2011年12月31日，全国31个省（区、市）和新疆生产建设兵团落实住房用地计划13.59万公顷，同比增加7.6%，计划落实率62.3%。其中，商品住房用地计划落实10.5万公顷，超过前2年年均实际供应量28.5%。全国保障性住房、棚户区改造住房和中小套型普通商品房“三类”住房用地实际落实10.88万公顷，占全年住房用地实际落实总量的80.04%。

2011年，全国保障性安居工程用地供应大幅增加，1000万套保障性住房任务下达分解后，各地测算用地需求约4.18万公顷，2011年10月各地已落实用地4.26万公顷，截至2011年12月31日，共落实用地4.81万公顷，同比增长46.2%，全面保障了1000万套保障性住房的用地需求。保障性住房用地结构进一步优化，与2010年相比2011年落实公租房和限价商品房用地大幅度增长。公共租赁房用地占保障性安居工程用地总量的9.4%，是2010年的23.7倍；限价商品房用地占保障性安居工程用地总量的7.9%，是2010年的2.6倍。

2. 全国土地购置情况

2011年全国土地购置面积达到40973万平方米，同比去年增长2.6%，而2010年较2009年增幅为28.4%，2011年土地购置面积增幅已经大幅回落。从区域土地购置面积情况看，东、西两区增幅为正，中部地区出现负增长，这是今年各季度各区域累计同比中出现的唯一负指标。

2011年全国土地购置费金额同比增长14.1%，2010年同比增幅则达到65.9%，2011年增幅回落明显。

2011年商品房价格增幅为6.9%，商品住宅价格增幅为6.1%。2011年土地价格增幅为11.29%。全国2011年度土地购置费用11412.82亿元，土地购置面积40972.95万平方米，均价为2785.45元/平方米；2010年度土地购置费用9999.92亿元，土地购置面积39953.10万平方米，均价为2502.92元/平方米。

2011年十地均价涨幅为11.29%,高于当年商品房和商品住房均价涨幅4.4–5.2个百分点。

表4–7 2011年各季度土地购置面积及费用情况（累计）

单位：万平方米、亿元

		2011:Q1		2011:Q1–2		2011:Q1–3		2011:Q1–4	
		面积	同比	面积	同比	面积	同比	面积	同比
土地购置面积	全国	8180.78	32.70%	21909.8	18.4%	31184.02	7.20%	40973	2.6%
	#东部地区	4661.38	42.80%	10496.89	16.0%	14357.28	1.10%	19728.54	5.2%
	#中部地区	1870.57	26.10%	6085.21	22.1%	8832.67	8.80%	11257.12	–2.3%
	#西部地区	1648.82	16.10%	5327.69	19.4%	7994.07	18.30%	9987.29	3.2

续表

		2011:Q1		2011:Q1-2		2011:Q1-3		2011:Q1-4	
		金额	同比	金额	同比	金额	同比	金额	同比
土地购置费用	全国	1555.45	29.30%	5015.72	18.8%	8442.37	18.70%	11412.82	14.1%
	#东部地区	1082.55	22.30%	3480.08	14.8%	5709.33	15.70%	7704.59	11.7%
	#中部地区	264.34	73.50%	8310.1	35.7%	1466.84	22.20%	2059.46	21.4%
	#西部地区	208.56	26.10%	704.55	22.2%	1266.2	29.50%	1648.77	17.4%

数据来源：国家统计局

从季度走势看，2011年第二季度购置面积达到高点，三、四季度较二季度回落了三成左右，且同比去年分别下降了12.4%和17.6%。土地购置费除一季度外，其余三个季度绝对量相差不是太大，二、三季度都在3400亿左右，四季度环比回落一成左右。单位地价第四季度环比第三季度呈现出下跌态势。但是，2011年第四季度单位地价和2010年同期相比，仍然上升11.58%；2011年全年单位地价和2010年比较增长11.29%。

各季度地价同比增幅为正，但第四季度地价环比为负，说明相对2010年，2011年的单位地价仍在上涨，但年末单位地价已经出现了疲态，开始环比下跌，高位回调。

表4-8　　2011年各季度土地购置面积及费用情况（单季）

单位：万平方米、亿元，%

		2011:Q1			2011:Q2			2011:Q3			2011:Q4		
		面积	同比	环比	面积	同比	环比	面积	同比	环比	面积	同比	环比
土地购置面积	全国	8181	32.7	-31.2	13729	11.3	67.8	9274	-12.4	-32.5	9789	-17.6	5.6
	#东部地区	4661	42.8	-13.6	5835	0.8	25.2	3860	-25.1	-33.9	5371	-0.4	39.1
	#中部地区	1871	26.1	-49.0	4215	20.3	125.3	2747	-12.3	-34.8	2424	-34.0	-11.8
	#西部地区	1649	16.1	-41.6	3679	20.8	123.1	2666	16.1	-27.5	1993	-29.4	-25.2
		金额	同比	环比	金额	同比	环比	金额	同比	环比	金额	同比	环比
土地购置费用	全国	1555	29.3	-46.0	3460	14.7	122.5	3427	18.6	-1.0	2970	3.1	-13.3
	#东部地区	1083	22.3	-44.7	2398	11.7	121.5	2229	17.3	-7.0	1995	1.9	-10.5
	#中部地区	264	73.5	-46.7	467	1.5	28.1	636	8.1	36.2	593	19.5	-6.8
	#西部地区	209	26.1	-51.2	496	20.7	137.8	562	40.0	13.2	383	-10.4	-31.9

数据来源：根据国家统计局数据整理

3. 三十大重点城市土地供应情况

2011年全年，全国30大重点城市土地市场[1]土地供应总量同比微跌，但土地成交则受宏观调控的影响明

1　全国30个重点城市：北京、天津、太原、青岛、济南、大连、沈阳、长春、上海、杭州、南京、南昌、厦门、合肥、苏州、无锡、常州、宁波、扬州、广州、深圳、海口、南宁、武汉、长沙、郑州、重庆、成都、贵阳、西安

显，地方政府财政收入同比缩水达两成。从土地供应、成交节奏来看，由于上半年土地成交不甚理想，地方政府从7月开始加快了推地的步伐。为了减少土地流拍，积极放宽土地出让条件，调整土地出让底价，直接带动第四季度的土地成交小高峰。从成交结构来看，2011年商业地块尤受青睐，一方面，地方政府希望通过商业地块的开发来带动相关区域周边配套的发展；另一方面，商业地产相对住宅受调控政策影响较少。因此，今年的高总价和单价土地多现商业地块。

供应总量同比下跌4%，下半年集中推地

2011年，土地供应的占地面积为27268.71万平方米，同比下降8%，建筑面积为61178.19万平方米，同比下降4%，供应土地幅数为5701幅，同比增长17%。从近三年的全国土地供应总量走势情况来看，2010年是土地供应的小高峰，2011年的土地供应总量相较去年同期有所下降。

供应量的同比下降和供应幅数的同比上涨，反映出2011年土地供应的单幅占地面积有所下降。地方政府合理控制推地的单幅规模，以降低单幅土地总价，减少企业拿地风险，是应对企业拿地积极性较低所采取的有力举措。

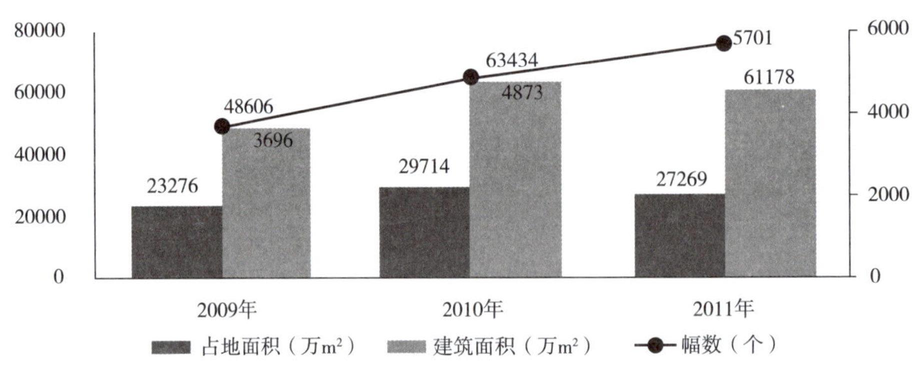

图4-2 全国经营性土地年度供应情况

数据来源：中国房地产决策咨询系统（CRIC）

从2011年全国土地市场的月度供应节奏来看， 2月份2470.37万平方米的供地规模为全年最低点，从7月开始，地方政府明显加大了推地的力度，至年底的月平均供应量都在6200万平方米以上，而1–6月的月度供应量均值仅为3800万平方米左右。下半年的11月份达到了全年土地供应的最高值，单月土地供应的建筑面积为7381.83万平方米，占全年土地供应的12%，同比下降16%。结合2010年的土地供应节奏来看，近两年来，土地供应基本都是集中在下半年放量。

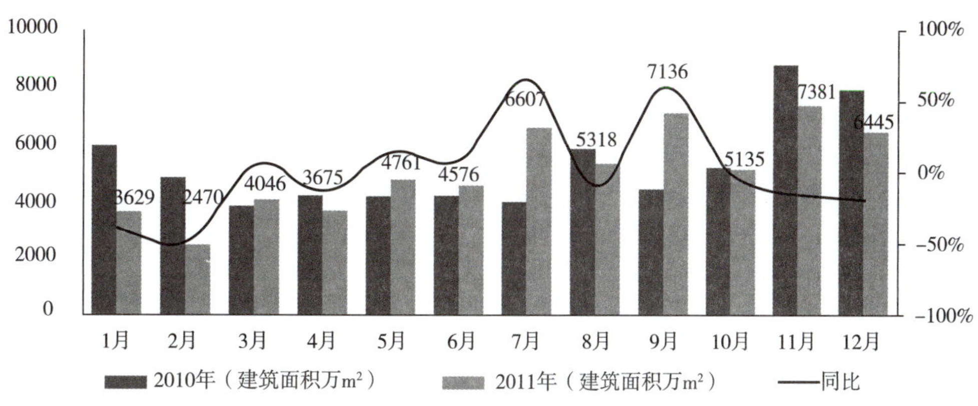

图4-3　全国经营性土地月度供应情况

数据来源：中国房地产决策咨询系统（CRIC）

供应结构以综合用地为主，商业是关注热点

在2011年的土地供应结构分布上，综合性地块仍旧是地方政府推地的主力。从土地供应的建筑面积分布情况来看，综合性地块体量占全国土地供应总量的五成左右，其次是纯住宅用地，占比接近三成，纯商业（商服）用地由于其土地属性的制约，一般来说单幅地块的建筑规模都较小，但这一比重在今年也不容小觑，保持18%左右；从土地供应幅数的分布情况来看，综合性地块虽处于首位，但总量优势相较不太明显，另外，今年受到宏观调控影响，典型企业多提出战略转型，涉足商业领域，同时，地方政府也依行就市，加大了商业地块的供应量，以至于商业地块的供应幅数达到26%，同纯住宅和综合性地块形成三足鼎立的局面。

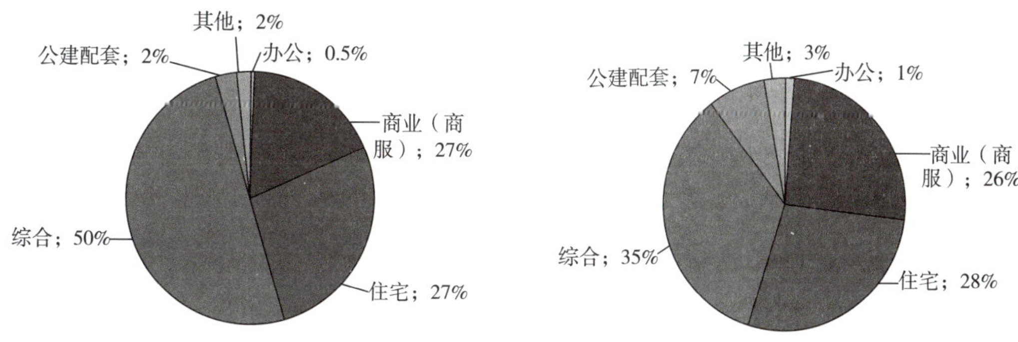

图4-4　全国经营性土地供应用途分布情况

数据来源：中国房地产决策咨询系统（CRIC）

4. 三十大重点城市土地成交情况

成交总量较去年低两成，第四季度是土地成交量的高峰

2011年的土地成交占地面积为21780.2万平方米，同比下降9%，建筑面积为41567.31万平方米，同比下降19%，成交土地幅数为3919幅，同比增长5%。2011年土地成交面积的下降幅度远超过成交幅数，较小体量的地块更受市场青睐。

从2009年至今的全国土地成交总量走势情况来看，呈现两头低中间高的态势，2010年是近三年的土地成交高峰期。

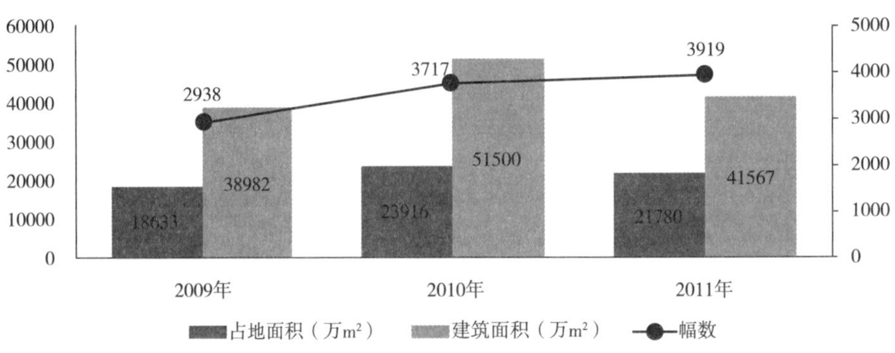

图4-5　全国经营性土地年度成交情况

数据来源：中国房地产决策咨询系统（CRIC）

从2011年全国土地市场的月度成交走势来看，第四季度是全年土地成交的高峰期。其中，12月份6079万平方米的土地成交量是全年最高值，占全年土地成交的15%，同比下跌23%。随着2011年宏观调控的日益加剧，土地市场日渐冷清，第三季度土地供应量开始加大，政府多方调整拿地策略，比如放宽付款进度要求、降低土地出让起始价、改拍卖为挂牌、拆分地块、取消配建保障房等等，带动土地市场在年底回暖。

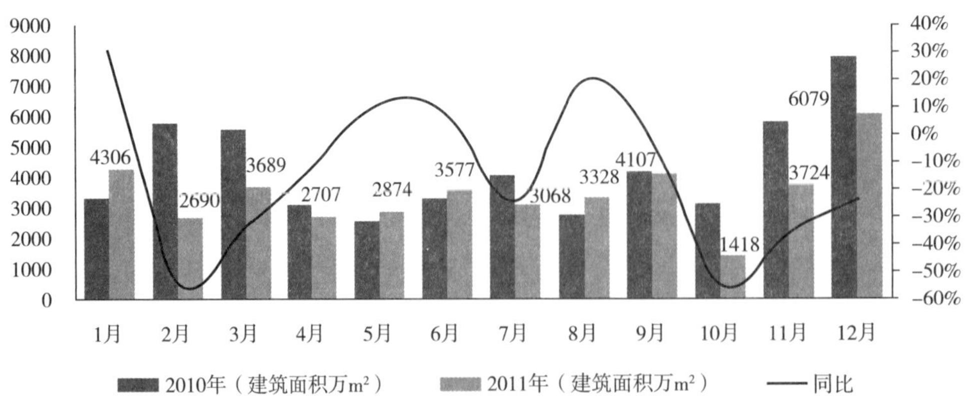

图4-6　全国经营性土地月度成交情况

数据来源：中国房地产决策咨询系统（CRIC）

综合性地块是成交的主力，其次是纯住宅和商业用地

2011年的土地成交结构中，综合性地块是成交的主力，全国经营性土地用途的占比情况几乎和供应用途结构保持一致。从土地成交的建筑面积分布情况来看，综合性地块体量占全国土地成交总量的51%，其次是纯住宅用地；从土地成交幅数的分布情况来看，综合性地块、纯住宅、纯商业地块的成交幅数接近，三者的比值形成三分天下的局面。

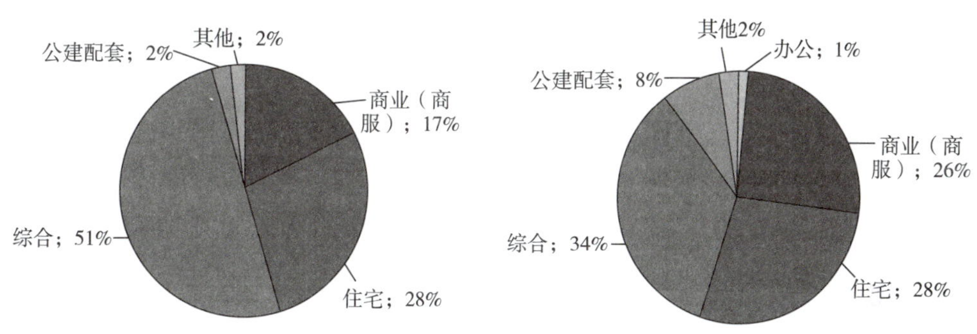

图4-7　全国经营性土地成交用途分布情况

数据来源：中国房地产决策咨询系统（CRIC）

5. 三十大重点城市土地价格情况

总金额较去年同期下降23%，楼板价出现回调

2011年全国经营性土地的成交总额为9454亿元，同比下跌21%，和成交建筑面积的同比下跌幅度几乎保持一致。从近三年的土地成交金额来看，由于2011年受调控的影响，地方政府的土地财政虽同比明显缩水，但仍高于2009年。从楼板价的走势来看，近两年稳定在2300元/平方米左右，2011年楼板价较2010年已出现回调。

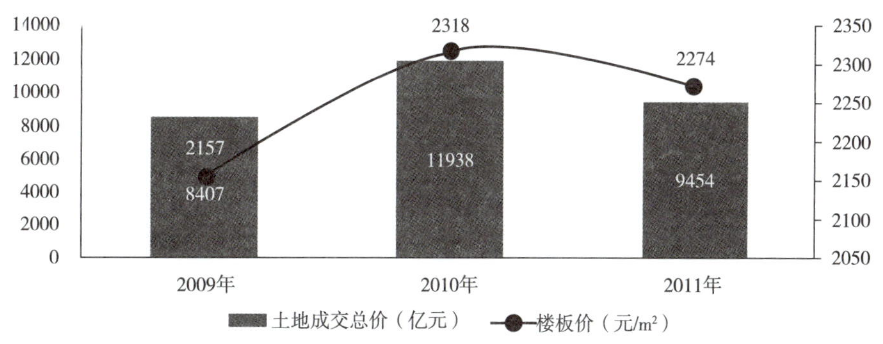

图4-8　全国经营性土地年度成交金额、成交楼板价走势情况

数据来源：中国房地产决策咨询系统（CRIC）

从2011年全国土地市场的月度成交总金额走势来看，下半年的土地成交金额比上半年高出29%，这主要由于今年的土地供应量集中在下半年。从季度走势来看，第四季度是全年土地成交金额的高峰期，单月来看，成交金额顶峰出现在12月份，月度1207亿元的总金额占全年土地成交总额的13%，同比下降36%。从楼板价的月度走势来看，第二季度的土地成本相对处于低谷，其次是11、12月份，随着土地供应的放量，政府开始调整土地出让价格，加上临近年底，拿地企业间鲜见竞争对手，底价成交进一步降低了土地成本，12月份楼板价仅有1986元/平方米，同比下跌16%，较全年平均楼板价低了13%。

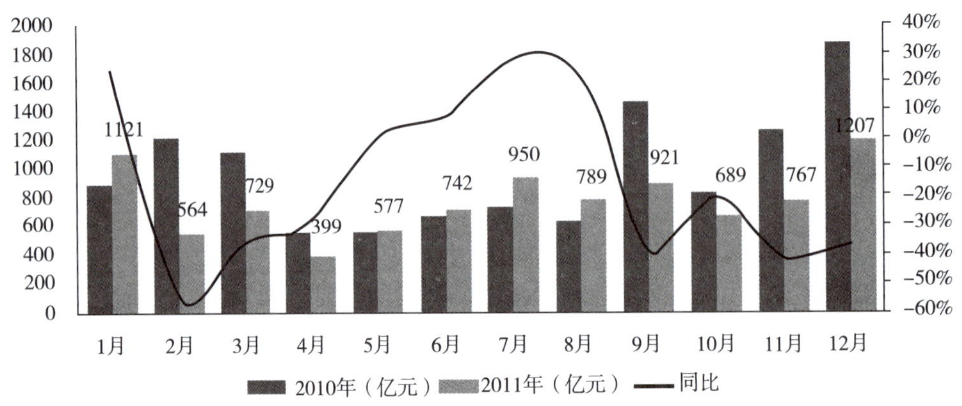

图4-9　全国经营性土地月度金额走势情况

数据来源：中国房地产决策咨询系统（CRIC）

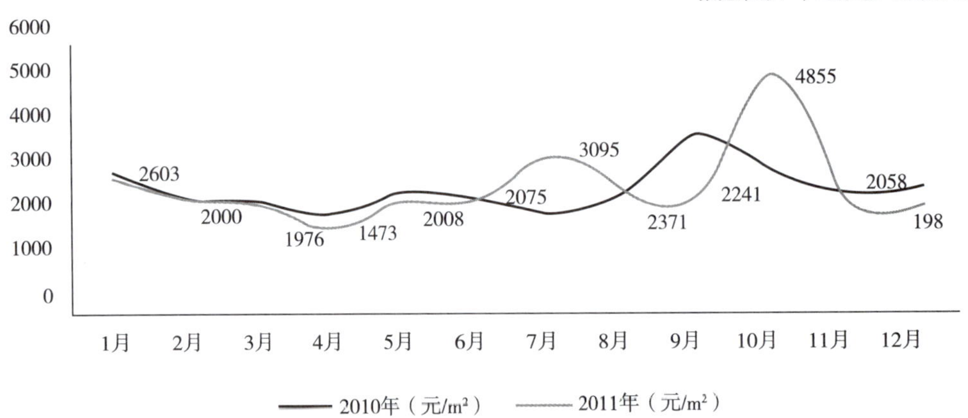

图4-10　全国经营性土地月度楼板价走势情况

数据来源：中国房地产决策咨询系统（CRIC）

TOP20土地排行榜

从TOP20土地排行榜来看，2011年土地总价排行榜的入榜门槛为29亿元，高总价城市多以一线城市为主，尤其是北京，有6幅地块上榜。从前三甲地块来看，重庆、长沙两地推出的核心地块由于大体量导致高总价。

其中，榜首的重庆渝中区地块为底价成交，说明二线重点城市的地方政府对于核心区土地的一种新态度，即关注产业聚集对经济的带动作用和长远的税收贡献，而不是短期的土地收益。

土地单价排行榜的入榜门槛为19213元/平方米，从TOP3单价地块来看，前两位都来自北京，均是二环内的稀缺性商业用地。从进榜的拿地企业来看，获取高价土地的开发商多是今年销售业绩较好，或是具有国资背景的企业，这些企业的共同特征是资金优势明显。

表4-9　全国经营性土地TOP20总价排行榜

排名	城市	土地名称	成交日期	土地价格(亿元)	开发商
1	重庆	渝中区渝中组团D分区4-1/02号	2011-11-28	65.36	重庆嘉德置业
2	深圳	K202-0014	2011-6-30	64.39	招商局蛇口工业区有限公司
3	长沙	芙蓉区东牌楼地块	2011-1-31	56.37	九龙仓集团
4	青岛	崂山区四姜片区村庄改造项目	2011-1-6	56.02	青岛海信房地产
5	南京	扬子江大道以南，江东南路以北地块	2011-3-3	44.72	海峡城地块项目建设有限公司
6	大连	大金(2011)-100号地	2011-11-15	36.10	大连德泰
7	北京	朝阳区东三环北京商务中心区（CBD）核心区Z10地块	2011-7-8	34.50	北大方正、联通租赁、安邦财产保险和中国中信投标联合体
8	北京	丰台区郭公庄车辆段项目五期1518-632地块U2交通设施用地兼容居住、公建（配建“公共租赁住房”）	2011-9-16	33.51	北京万科、北京市基础设施投资和北京京投置地联合体
9	南京	滨江大道以南，江山大街东、西两侧	2011-5-10	33.00	南京青奥城建设;南京奥体建设联合体
10	青岛	李沧区河南、南庄社区A-1-1-1、A-1-1-2、A-1-12-1、A-1-12-2、A-2-1、A-2-2-1、A-2-2-3、A-2-3、4345-02地块	2011-2-25	32.86	青岛中海华业
11	南京	麒麟科技创新园科技研发综合体地	2011-11-1	31.98	南京启迪科技园
12	上海	杨行镇西城区北块G-2-1地块（A块）	2011-1-30	31.34	远洋地产
13	北京	朝阳区东三环北京商务中心区（CBD）核心区Z12地块	2011-7-8	30.80	泰康人寿、中信房地产、协海峡信用担保和中国中信联合体
14	广州	荔湾区大坦沙铁路以北地块	2011-11-28	30.71	广州市地下铁道总公司 广州市辉兆商务服务有限公司
15	北京	朝阳区来广营乡土地储备项目B1—B3组团居住及商业金融项目	2011-12-16	30.67	上海拓丰投资咨询、天津融创与北京融创恒基地产联合体
16	上海	闵行区虹桥商务区核心区一期02号	2011-8-30	30.67	红星美凯龙；深圳市盛世万象；沈阳首源投资
17	上海	闵行区虹桥商务区核心区一期05号	2011-8-3	30.54	龙湖地产;福运投资
18	北京	朝阳区崔各庄乡大望京村环境整治土地储备项目2号地	2011-4-15	30.41	北京昆泰、中航投资与北京融侨置业联合体
19	天津	津西解（挂）2011-188号	2011-9-16	29.90	天津保利融创投资有限公司
20	北京	北京市东城区王府井大街西侧商业金融用地（王府井品牌中心项目）	2011-8-15	29.10	北京市东王府井发展有限公司

数据来源：中国房地产决策咨询系统（CRIC）

表4-10

全国经营性土地TOP20单价排行榜

排名	城市	土地名称	成交日期	楼板价(元/平方米)	受让方
1	北京	崇文菜市场（含西侧地）地块	2011-6-27	43712	广州市丰璟房地产
2	北京	北京市东城区王府井大街西侧商业金融用地（王府井品牌中心项目）	2011-8-15	34200	王府井发展
3	常州	常州市武进区淹城地块2	2011-12-22	33333	常州市武进城市建设投资
4	常州	常州市钟楼区县直街西侧地块	2011-3-18	32621	常州新世纪商城
5	苏州	平江区平四路机床电器厂、林机厂地块	2011-1-7	30290	中华企业
6	常州	常州市武进区淹城地块1	2011-12-22	25000	常州市武进城市建设投资
7	常州	常州市武进区武宜路西侧地块1	2011-12-22	25000	常州市春秋淹城建设投资
8	常州	常州市武进区武宜路西侧地块2	2011-12-22	25000	常州市武进城市建设投资
9	西安	JK3-16-9	2011-6-22	23988	陕西忠伟物业管理
10	北京	朝阳区东三环商务中心区（CBD）核心区Z10地块	2011-7-8	23000	北大方正、联通租赁、安邦财产保险和中国中信联合体
11	北京	朝阳区东三环商务中心区（CBD）核心区Z13地块	2011-7-8	22136	国寿投资、中国人寿、北京万洋世纪创业和北京万通地产联合体
12	北京	朝阳区东三环商务中心区（CBD）核心区Z12地块	2011-7-8	22000	泰康人寿、中信房地产、海峡信用担保、中国中信
13	上海	浦兴社区Y000902编制单元19-04地块	2011-2-12	21362	上海景瑞投资
14	北京	朝阳区东三环商务中心区（CBD）核心区Z2b地块	2011-7-8	21110	三星生命保险株式会社三星物产株式会社投标
15	北京	东三环商务中心区（CBD）核心区Z2a地块	2011-7-8	20800	阳光财产保险、阳光人寿保险和阳光保险集团联合体
16	杭州	杭政储出[2011]35号	2011-10-14	20567	杭州苏宁电器
17	北京	东三环商务中心区（CBD）核心区Z1a地块	2011-7-8	20017	中国国际期货
18	天津	津和成（挂）2010-278号	2011-1-19	19849	瑞尔斯泰德股权投资基金
19	上海	浦东新区世博会地区B片区B02A-02地块	2011-11-11	19602	国新控股
20	上海	浦东新区世博会地区B片区B03C-02地块	2011-10-26	19213	中国中化

数据来源：中国房地产决策咨询系统（CRIC）

6．十个典型城市[2]土地市场情况

2011年，近五成的十大典型城市中，供应、成交量均出现下滑。从典型城市的供应和成交节奏来看，第四季度是高峰期，其中，成都有六成以上的土地供应、成交都出现在四季度；从土地价格走势来看，2011年也有近八成的典型城市，土地总额同比下滑，上海、北京尤甚。平均楼板价走势看，一线城市的拿地成本在调控下开始下滑。

供应：天津居典型城市供应之首，成渝四季度供地占比超五成

从2011年十大典型城市的土地供应量来看，天津、武汉、重庆占据前三位。天津的年度土地供应建筑面积为4572万平方米，居十大典型城市之首。2011年有近半的典型城市年度供应同比出现下跌，其中，成都的同比跌幅最大，达58%，其次是北京、杭州等地。

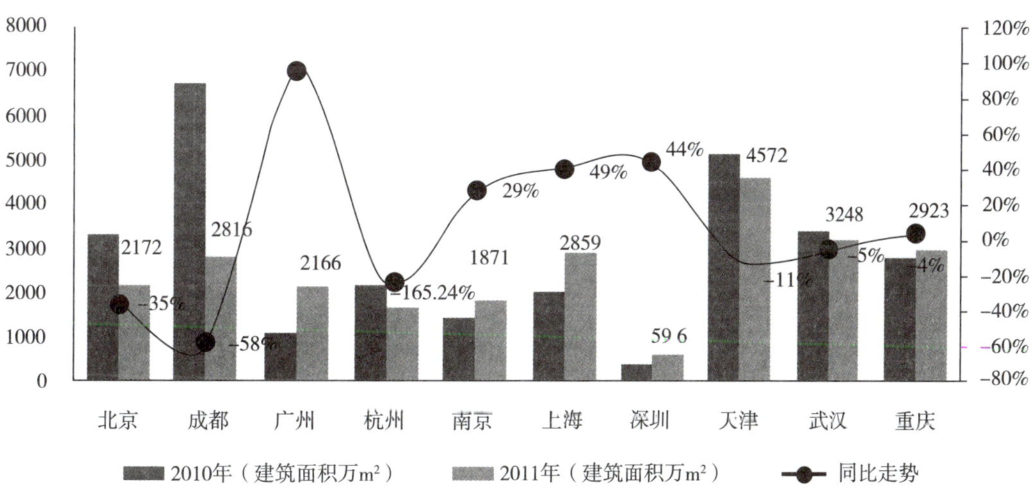

图4–11　十大典型城市年度土地供应情况

数据来源：中国房地产决策咨询系统（CRIC）

从2011年十大典型城市的土地供应节奏来看，第一季度约占城市土地供应的13%左右，第二季度是21%，第三季度约32%。其中，上海全年约有50%的土地供应都集中在第三季度放量。第四季度则是十大城市全年土地供应的高峰期，占比为34%，在成都、重庆两地，四季度的土地供应量占全年比重都超过了五成。

2　10个典型城市：北京、成都、广州、杭州、南京、上海、深圳、天津、武汉、重庆

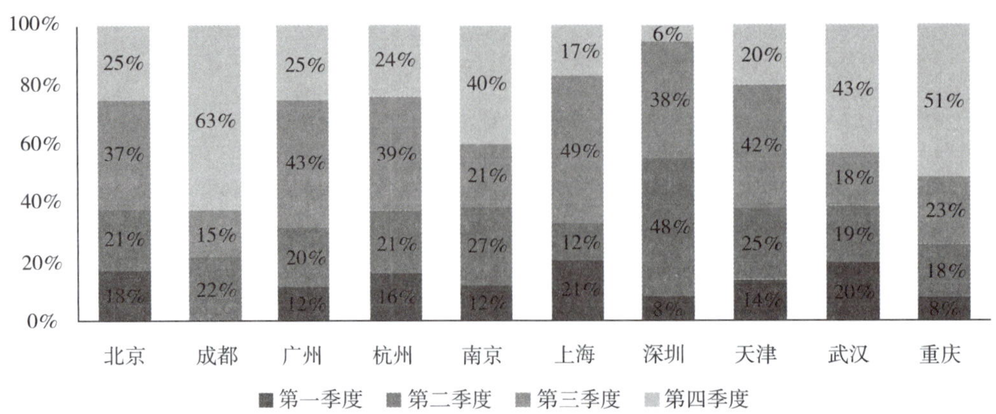

图4-12　十大典型城市季度土地供应占比情况

数据来源：中国房地产决策咨询系统（CRIC）

表4-11　　十大典型城市月度土地供应情况（建筑面积）

单位：万平方米

	1月	2月	3月	4月	5月	6月	7月	8月	9月	10月	11月	12月
北京	136	0	245	21	184	244	249	370	179	94	405	45
成都	0	0	0	131	251	230	261	74	85	451	632	701
广州	51	64	139	162	118	153	148	191	596	378	26	140
杭州	118	47	100	88	143	115	352	82	219	142	125	127
南京	4	112	109	241	129	131	46	25	330	297	246	202
上海	284	112	202	107	132	111	773	477	160	288	121	91
深圳	9	0	38	0	173	111	228	0	0	19	6	11
天津	445	89	103	514	267	345	710	566	633	100	511	291
武汉	541	0	101	185	408	31	57	229	294	502	314	584
重庆	191	1	44	29	243	243	257	119	293	264	618	621
总计	1779	425	1081	1478	2048	1714	3081	2133	2789	2535	3004	2812

数据来源：中国房地产决策咨询系统（CRIC）

成交：八成典型城市成交面积同比下滑，成都跌幅近五成

从2011年十大典型城市的土地建筑面积成交来看，TOP3城市为天津、武汉、成都。天津、武汉由于土地供应量基数的缘故，直接带动了城市成交的放量。其中，天津的年度土地成交建筑面积为3521万平方米，同比下降21%。十大典型城市中，仅有上海、深圳两个城市的年度成交建筑面积同比上升，成都同比跌幅将近五成，武汉的同比下滑幅度也达到38%。

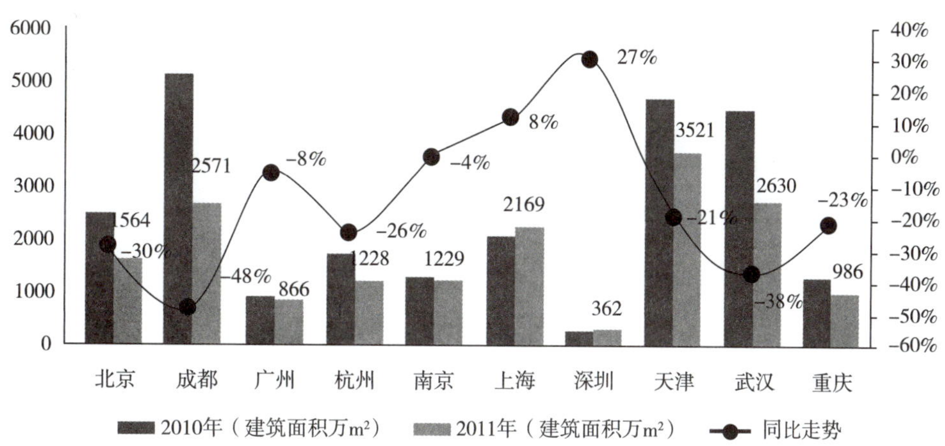

图4-13　十大典型城市年度土地成交情况

数据来源：中国房地产决策咨询系统（CRIC）

2011年十大典型城市的土地成交节奏相对供应节奏来说，表现较为平稳。第一季度约占典型城市土地成交量的26%左右，第二季度这一比值大概是19%。2月份是十大典型城市土地成交总量的最低值。而到第四季度则达到土地成交量的最高值，为28%。从城市来看，重庆由于有五成的土地供应都集中在四季度，因此其四季度的成交占比也居各城市之首，达到46%。

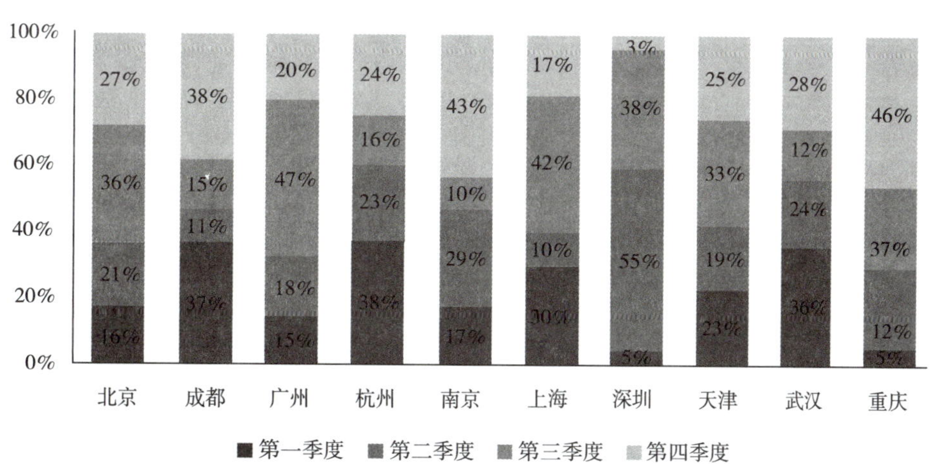

图4-14　十大典型城市季度土地成交占比情况

数据来源：中国房地产决策咨询系统（CRIC）

表4-12　　十大典型城市月度土地建筑面积成交情况

单位：万平方米

	1月	2月	3月	4月	5月	6月	7月	8月	9月	10月	11月	12月
北京	104	98	54	92	86	143	168	196	196	36	177	215
成都	642	306	0	0	111	164	251	48	77	5	564	402
广州	44	3	79	100	31	23	20	155	234	7	133	38
杭州	297	108	58	72	116	94	112	48	34	55	133	102
南京	54	49	111	97	150	115	103	0	22	37	248	243
上海	263	133	250	50	34	143	117	463	338	84	213	82
深圳	6	6	4	4	24	170	57	27	54	0	10	0
天津	321	265	222	92	259	321	382	222	543	138	261	494
武汉	297	240	409	94	153	388	0	189	120	49	1	688
重庆	54	0	0	8	0	109	223	53	86	66	182	205
总计	2082	1208	1187	610	964	1671	1433	1402	1702	478	1921	2468

数据来源：中国房地产决策咨询系统（CRIC）

价格：一线城市拿地成本下降，上海楼板价同比下滑27%

2011年十大典型城市的土地成交金额中，前三位的城市为上海、北京、天津。占据首位的上海年度土地总收入为1090亿元，同比去年下降了21%，而北京的土地总金额为982亿元，同比下跌37%。十大典型城市中，仅有深圳、重庆土地金额同比有所上升。

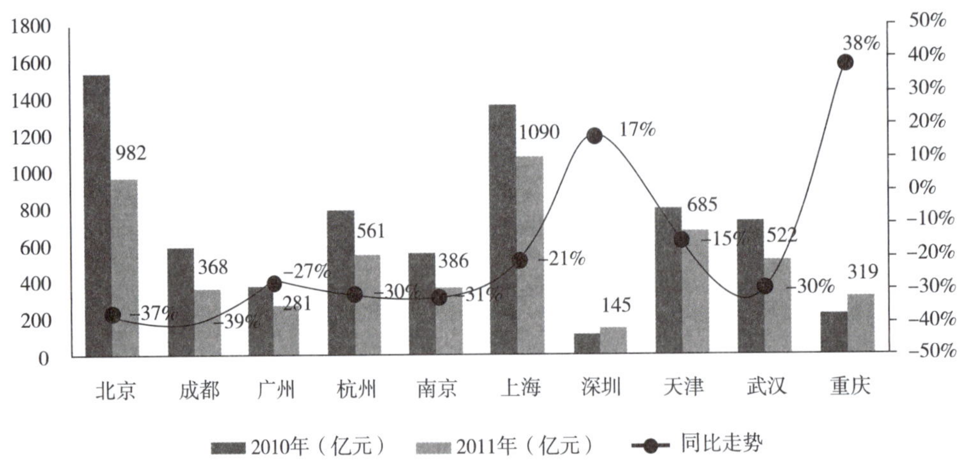

图4-15　十大典型城市年度土地金额走势情况

数据来源：中国房地产决策咨询系统（CRIC）

2011年十大典型城市的土地金额按季度来看，集中在第三季度，为31%。北京、广州的三季度土地金额占比表现突出，都接近其城市全年土地财政收入的五成。其次是第四季度，约占十大典型城市年度金额的30%。从城市角度看，重庆四季度的土地总额约占六成。十大城市全年土地金额的最低谷是第二季度，大概在18%左右，重庆二季度的金额占比仅8%，远低于18%的平均值。

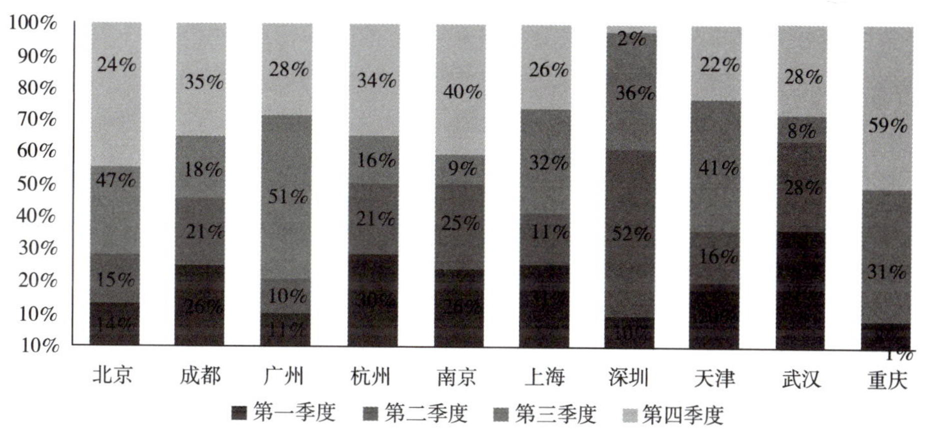

图4-16　十大典型城市季度土地金额占比情况

数据来源：中国房地产决策咨询系统（CRIC）

从2011年十大典型城市的楼板价走势来看，北京以6281元/平方米的平均楼板价处于首位，其次是上海。从同比情况来看，今年典型城市的企业拿地成本有所下降，近六成的城市平均楼板价出现下滑，其中四个一线城市，北上广深的平均楼板价均有跌幅。十大典型城市中，下滑幅度最大的是上海，2011年的平均楼板价为5025元/平方米，同比下滑27%。其次是南京和广州。

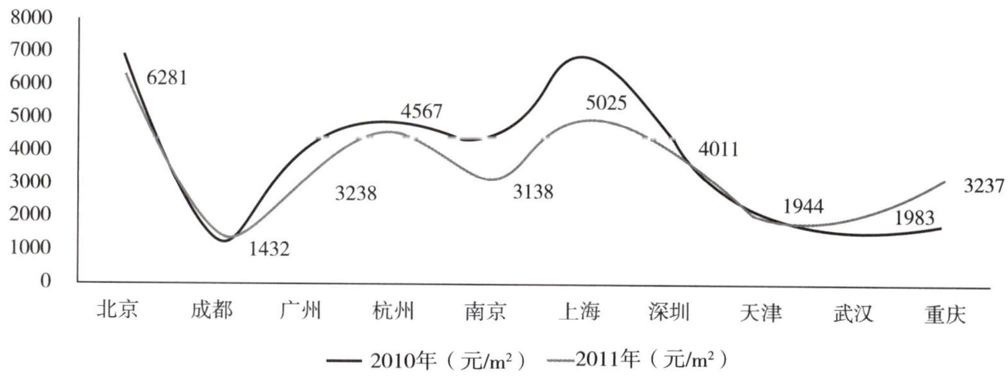

图4-17　十大典型城市年度楼板价走势情况

数据来源：中国房地产决策咨询系统（CRIC）

表4-13 十大典型城市月度土地金额情况

单位：亿元

	1月	2月	3月	4月	5月	6月	7月	8月	9月	10月	11月	12月
北京	53	64	18	57	36	53	251	89	120	22	87	132
成都	67	27	0	0	40	37	32	10	25	0	59	70
广州	6	0	24	19	7	3	14	41	88	14	59	5
杭州	99	46	21	48	43	27	52	27	8	86	87	18
南京	21	30	49	34	37	28	31	0	4	27	71	55
上海	140	88	110	11	13	93	43	195	116	136	84	60
深圳	7	4	3	4	7	64	6	25	21	0	3	0
天津	77	25	38	21	42	46	85	47	151	43	34	76
武汉	48	61	82	29	30	84	0	26	15	13	1	132
重庆	4	0	0	2	0	23	63	14	23	34	95	61
总计	522	345	346	225	255	458	578	475	571	374	580	608

数据来源：中国房地产决策咨询系统（CRIC）

三、二十重点城市2011年房地产市场情况

1. 北京房地产市场情况

（1）2009～2011年房地产行业数据表

表4-14　北京2009～2011年房地产行业数据表（一）

类别	指标	2009年	2010年	2011年
宏观	GDP（亿元）	11865.90	13777.9	16000.4
	同比增幅	13.14%	10.2%	8.1%
	进出口总额（亿美元）	2127.60	3014.1	3894.9
	同比增幅	-21.74%	40.3%	29.1%
	固定资产投资（亿元）	4858.40	5493.5	5910.6
	同比增幅	26.24%	13.10%	13.3%
	社会消费品零售总额（亿元）	5309.90	6229.3	6900.3
	同比增幅	15.71%	17.3%	10.8%
行业	房地产开发投资（亿元）	2337.71	2901.07	3036.33
	同比增幅	22.5%	24.1%	4.7%
	商品房新开工面积（万平方米）	2246.6	2974.24	4246.05
	同比增幅	-3.9%	32.4%	42.8%
	商品房施工面积（万平方米）	9719.08	10300.86	12065.38
	同比增幅	-2.9%	6.0%	17.1%
	商品房竣工面积（万平方米）	2678.55	2386.71	2245.24
	同比增幅	4.7%	-10.9%	-5.9%
土地	土地购置面积（万平方米）	625.01	858.75	507.04
	同比增幅	-24.1%	37.4%	-41.0%
	土地购置金额（亿元）	587.71	1292.75	1301.23
	同比增幅	-8.0%	120.0%	0.7%
市场	商品房销售面积（万平方米）	2362.25	1639.53	1440.04
	同比增幅	76.9%	-30.6%	-12.2%
	商品房销售金额（亿元）	3259.66	2915.36	2425.8
	同比增幅	96.6%	-10.6%	-16.8%

数据来源：国家统计局

表4-15　北京2009～2011年房地产行业数据表（二）

类别	指标	2009年	2010年	2011年
土地	土地供应量（万平方米）	975.30	2248.50	2267.79
	土地成交量（万平方米）	1148.10	1440.40	1964.22
	土地成交金额（亿元）	868.53	1492.00	1054.87
市场	商品住宅供应量（万平方米）	1168.19	1200.52	1013.77
	商品住宅成交量（万平方米）	2043.11	1199.15	868.71
	商品住宅成交均价（元/平方米）	14284	20338	21761

数据来源：中国房地产决策咨询系统（CRIC）

（2）综述：开发投资热力不减，受政策影响成交回落，小户型走势向好

2011年在调控政策接踵而至的情况下，北京房地产市场也出现持续紧缩的局面，各项指标增速放缓，开发商及购房者均持较强的观望态度。全年房地产开发投资总额仍呈增长态势，增速有所放缓。商品住宅供应量和成交量均有所下降，供应量下降15.6%，成交量下降27.5%。房价依然保持增长态势。

（3）投资建设：住宅投资力度明显加大，施工新开工增速大幅上升

2011年，北京房地产开发投资额达到3036.3亿元，同比增长10.1%，其中住宅开发投资额完成1778.3亿元，住宅投资额同比上涨21.7%。

2011年北京房地产施工面积为12065.4万平方米，同比上涨17.1%。北京房地产施工面积继2010年后持续增长。其中住宅施工面积为7168.1万平方米，同比上涨16.1%。商品房新开工面积为4246.1万平方米，同比上涨42.8%，继2010年出现上涨后，2011年持续增长。全市商品房竣工面积为2245.2万平方米，同比下降5.9%。

单位：亿元，%

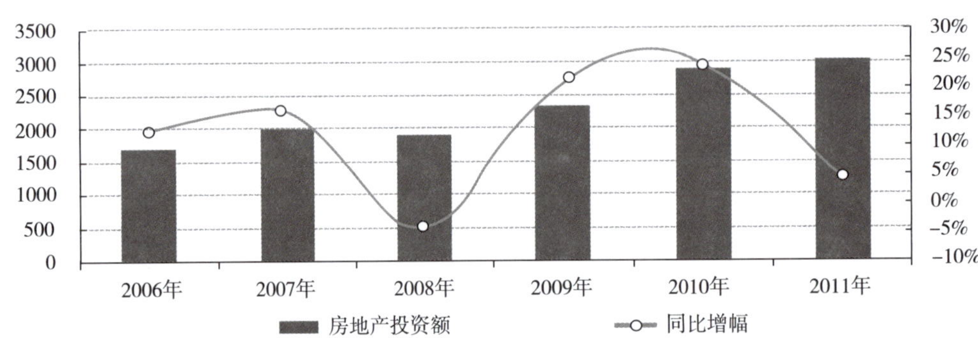

图4-18　2006～2011年北京房地产投资额年度走势及同比增幅图

数据来源：国家统计局

单位：亿元，%

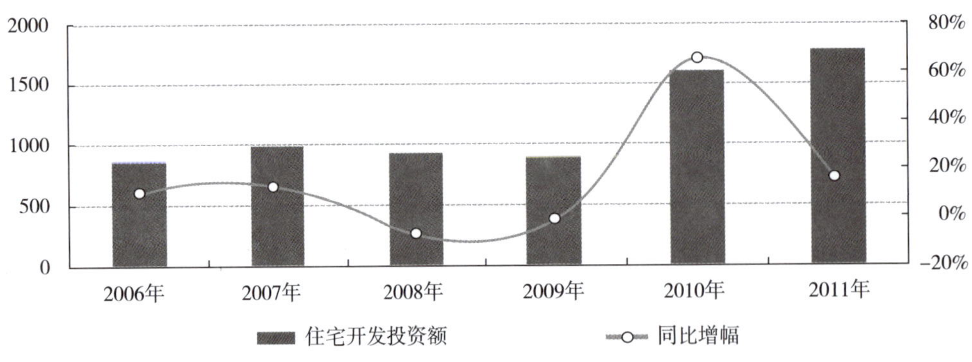

图4-19　2006～2011年北京住宅开发投资额年度走势及同比增幅图

数据来源：国家统计局

单位：万平方米，%

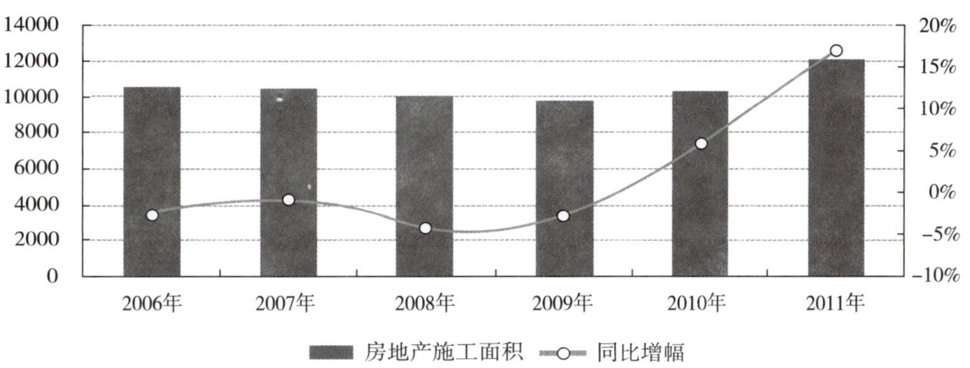

图4-20　2006～2011年北京房地产施工面积及同比增幅图

数据来源：国家统计局

单位：万平方米，%

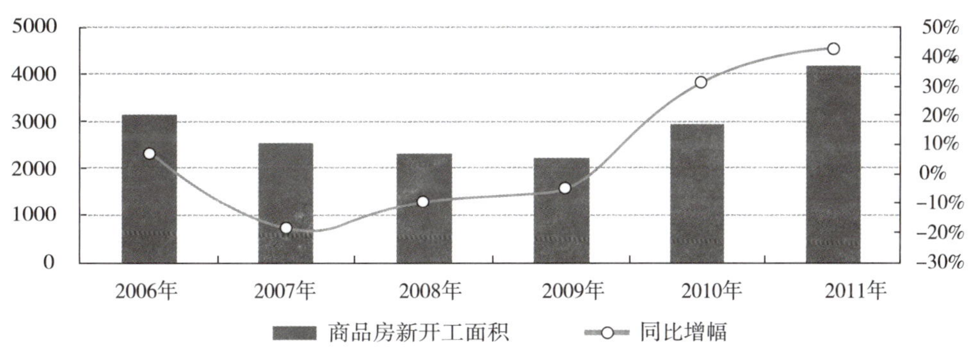

图4-21　2006～2011年北京商品房新开工面积及同比增幅图

数据来源：国家统计局

单位：万平方米，%

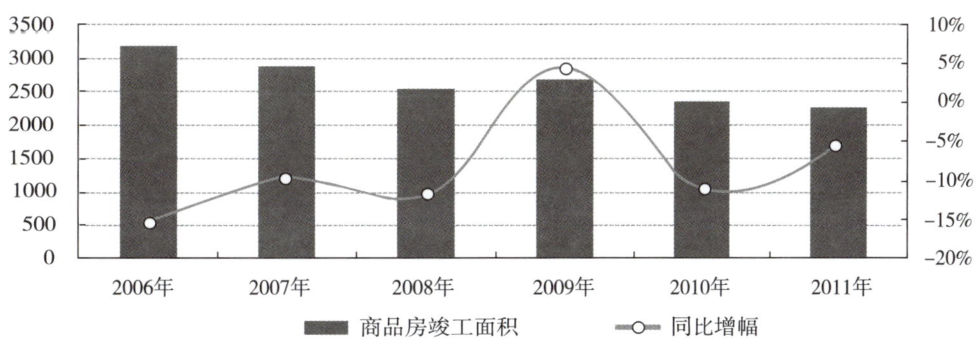

图4-22　2006～2011年北京商品房竣工面积及同比增幅图

数据来源：国家统计局

（4）市场表现：供求　降，市场供过于求

受持续调控影响，开发商推案谨慎，致使2011年供应量、成交量继续下滑。供应量在上半年持续上涨，6月达到全年峰值；但在政策持续紧缩之下，下半年供应量大幅缩减。成交量则是1月份最高，全年维持低位徘徊状态。商品住宅价格全年变化较为平稳。

单位：万平方米，元/平方米

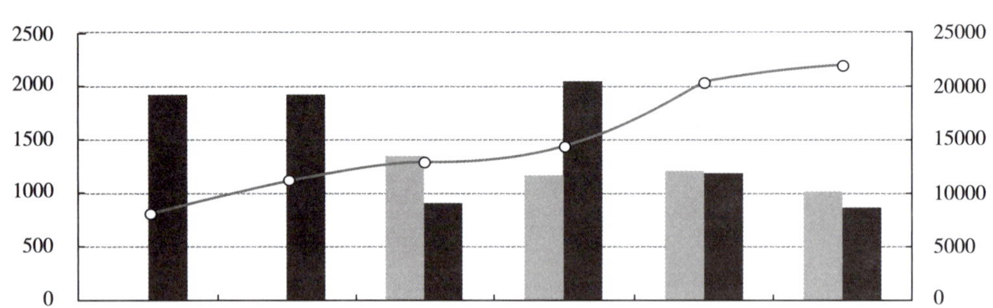

图4-23　2006～2011年北京商品住宅供求及均价走势图

数据来源：中国房地产决策咨询系统（CRIC）

单位：万平方米，元/平方米

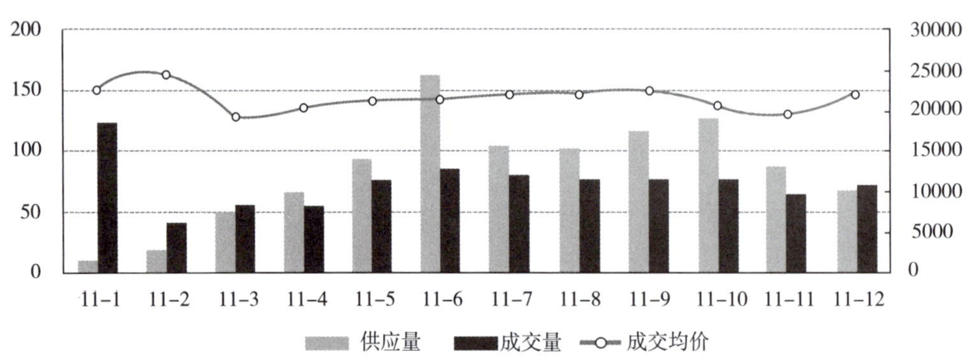

图4-24　2011年1～12月北京商品住宅供求及均价走势图

数据来源：中国房地产决策咨询系统（CRIC）

（5）成交结构：中小户型成交继续上扬，朝阳成交遥遥领先

2011年，北京住宅成交中占比最大的是90平方米以下面积段，成交面积占成交总量的33%；90-150平方米中等户型的成交比重较上年大幅上扬，改善型需求上涨；150平方米以下中小户型成交比重上涨，刚性需求和改善型需求为市场主力。大户型的成交优势明显减弱，主要受调控政策影响。

从区域成交结构来看，商品住宅成交的仍以朝阳区最多，占成交总量的22%；其次大兴区成交面积占成交总量的13%；昌平区和房山区成交亦较好，成交占比均达到10%。此外，远郊区县中，门头沟和平谷区的成交情况和供应基本相同，属于关注较为薄弱的区域。

单位：平方米

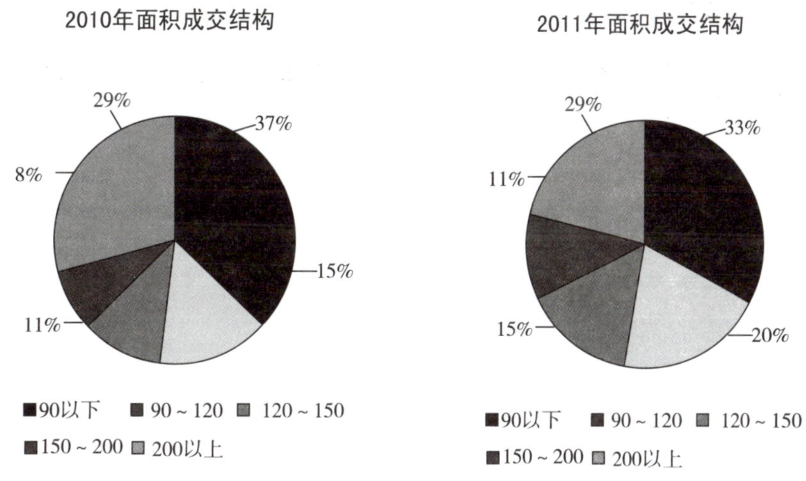

图4-25　2010年、2011年北京商品住宅面积成交结构图

数据来源：中国房地产决策咨询系统（CRIC）

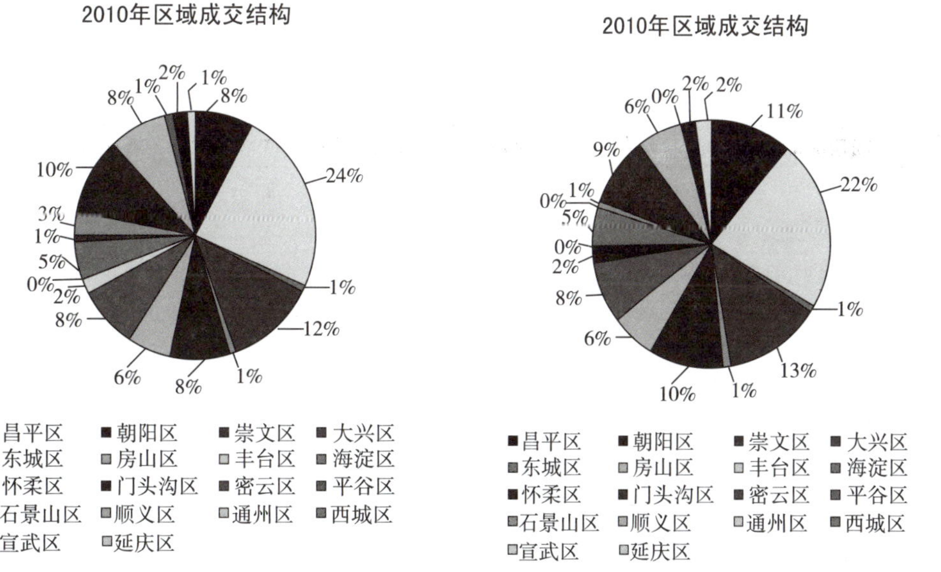

图4-26　2010年、2011年北京商品住宅区域成交结构图

数据来源：中国房地产决策咨询系统（CRIC）

（6）项目排行榜：朝阳、房　表现突出，中档项目占据主力地位

从2011年北京商品住宅项目排行榜来看，朝阳区和房山区表现突出，有较多项目进入排行榜前十名。这些项目普遍表现出以下几个特点：首先，这些项目多为房地产知名开发商，在楼市调控持续的情况下，大品牌企业更受到市场青睐，如中铁、中粮、万科、中海、保利等；其次，北京当地开发商的一些项目较为突出，如方兴地产的金茂府项目，中弘地产的中弘北京像素，首开集团的首开·国风美唐项目均榜上有名；最后上榜项目多数为中高档产品，说明在多重政策调控下，刚性需求有所抑制。

表4-16　　2011年北京商品住宅项目成交面积排行榜

单位：万平方米，亿元，元/平方米

排行	项目名称	区域	档次	成交面积	成交金额	成交均价	开发商
1	中国铁建长阳国际城	房山区	中档	214192	26.77	12500	中铁房地产集团
2	中粮万科长阳半岛	房山区	中档	200364	32.59	16267	北京中粮万科
3	保利花园	密云区	中档	169264	11.75	6941	北京保利
4	远洋一方	朝阳区	中高档	147065	29.78	20253	北京中联置地
5	金茂府	朝阳区	高档	105027	46.51	44287	方兴地产
6	首开·国风美唐	昌平区	中档	104401	16.33	15644	首开集团
7	新里西斯莱公馆	大兴区	中档	101651	21.83	21473	北京绿地
8	中弘北京像素	朝阳区	中档	99867	17.77	17789	北京中弘
9	加州水郡	房山区	中低档	92482	9.80	10599	北京日兴地产
10	中国铁建长阳国际城	房山区	中档	214192	26.77	12500	中铁房地产集团

数据来源：中国房地产决策咨询系统（CRIC）

表4-17　　2011年北京商品住宅项目成交金额排行榜

单位：亿元，万平方米，元/平方米

排行	项目名称	区域	档次	成交金额	成交面积	成交均价	开发商
1	金茂府	朝阳区	高档	46.51	105027	44287	方兴地产
2	中粮万科长阳半岛	房山区	中档	32.59	200364	16267	北京中粮万科
3	西山壹号院	海淀区	高档	30.59	75321	40607	北京首钢融创置地
4	中海紫御公馆	崇文区	高档	30.12	77990	38622	北京中海
5	远洋一方	朝阳区	中档	29.78	147065	20253	北京中联置地
6	中海九号公馆	丰台区	中高档	27.66	81847	33791	北京嘉益德
7	中国铁建长阳国际城	房山区	中档	26.77	214192	12500	中铁房地产集团
8	中信城	宣武区	高档	24.18	64233	37645	北京中信
9	公园1872	朝阳区	高档	22.33	52766	42313	北京招商局地产
10	新里西斯莱公馆	大兴区	中档	21.83	101651	21473	北京绿地

数据来源：中国房地产决策咨询系统（CRIC）

2. 上海房地产市场情况

（1）2009～2011年房地产行业数据表

表4-18　　上海2009～2011年房地产行业数据表（一）

类别	指标	2009年	2010年	2011年
宏观	GDP（亿元）	15046.45	16872.42	19195.69
	同比增幅（%）	6.94%	9.9%	8.2%
	进出口总额（亿美元）	2777.31	3688.69	4374.36
	同比增幅	-13.79%	32.8%	18.6%
	固定资产投资（亿元）	5273.33	5317.67	5067.09
	同比增幅（%）	9.19%	0.8%	0.3%
	社会消费品零售总额（亿元）	5173.24	6036.86	6777.11
	同比增幅（%）	13.02%	17.5%	12.3%
行业	房地产开发投资（亿元）	1464.18	1980.68	2170.31
	同比增幅（%）	7.1%	35.3%	9.6%
	商品房新开工面积（万平方米）	2490.63	3030.59	3644.06
	同比增幅（%）	-3.7%	21.7%	20.2%
	商品房施工面积（万平方米）	9961.6	11295.03	12983.32
	同比增幅（%）	-4.1%	13.4%	14.9%
	商品房竣工面积（万平方米）	2104.98	1941.25	2240.62
	同比增幅（%）	-15.0%	-7.8%	15.4%
土地	土地购置面积（万平方米）	185.3	432.44	562.76
	同比增幅（%）	31.7%	133.4%	30.1%
	土地购置金额（亿元）	214.85	449.27	418.1
	同比增幅（%）	14.9%	109.1%	-6.9%
市场	商品房销售面积（万平方米）	3372.45	2055.53	1771.30
	同比增幅（%）	46.9%	-39.0%	-14.1%
	商品房销售金额（亿元）	4330.22	2959.94	2568.88
	同比增幅（%）	128.5%	-31.6%	-13.8%

数据来源：国家统计局

表4-19　　上海2009～2011年房地产行业数据表（二）

类别	指标	2009年	2010年	2011年
土地	土地供应量（万平方米）	2172.8	2350.7	2750.82
	土地成交量（万平方米）	1821.7	2446.8	2685.59
	土地成交金额（亿元）	928.7	1471.6	1186.69
市场	商品住宅供应量（万平方米）	1350.41	1099.00	1067.48
	商品住宅成交量（万平方米）	1886.12	971	729.14
	商品住宅成交均价（元/平方米）	15499	21999	22424

数据来源：中国房地产决策咨询系统（CRIC）

（2）综述：调控政策影响巨大，市场整体成交低迷

限购（限售）政策、差别化的信贷政策、房产税政策等等对2011年上海的市场产生了巨大的影响。由于限购政策，多次购房的投资、投机性需求直接被赶出市场；而差别化的信贷、房产税等增加购房、持有成本的政策又致使不合理的需求受到限制。在此影响下，2011年上海一手商品住宅市场表现出以下四大特征：成交低迷、高端受灾、以价换量、自住主导。

（3）投资建设：投资额增速放缓，保障占据大半江山

2011年，上海房地产开发投资同比增速大幅放缓，投资额以保障房建设为主导。全年房地产累计开发投资额2170.31亿元，同比增幅回落至9.6%。商品房施工面积持续上升，其同比增速较去年小幅上升，商品房新开工面积增速较去年有所回落。竣工面积则走出连续三年负增长态势，同比涨幅15.4%。

单位：亿元，%

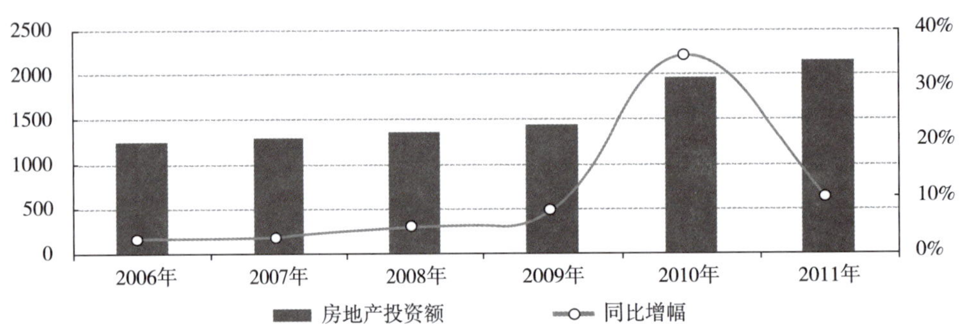

图4-27　2006～2011年上海房地产投资额年度走势及同比增幅图

数据来源：国家统计局

单位：亿元，%

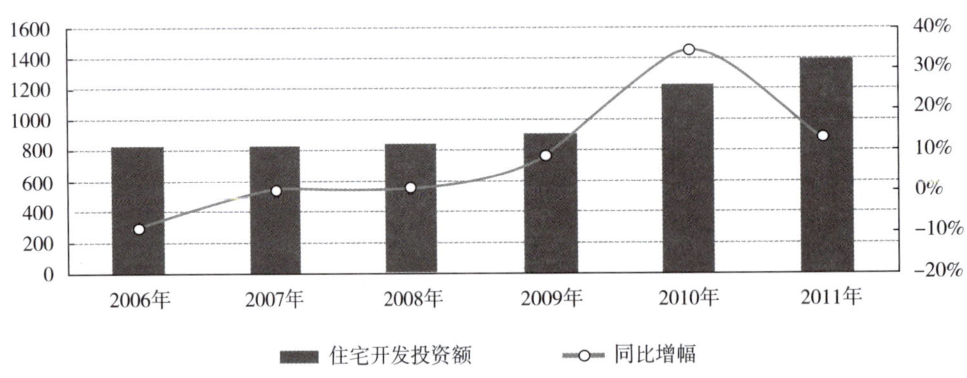

表4-28　2006～2011年上海住宅开发投资额年度走势及同比增幅图

数据来源：国家统计局

单位：万平方米，%

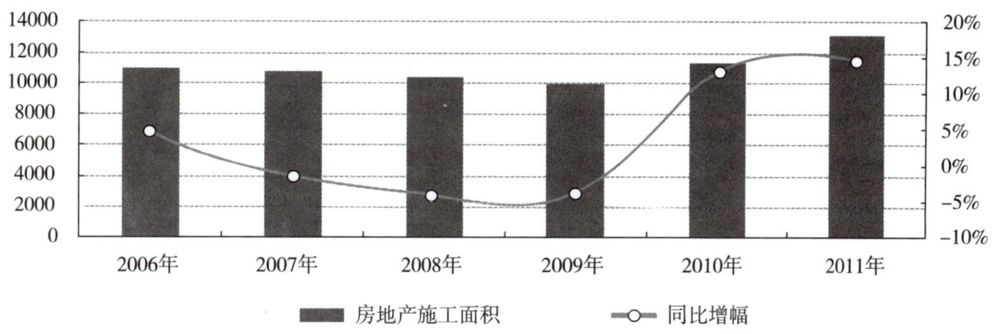

图4-29　2006～2011年上海房地产施工面积及同比增幅图

数据来源：国家统计局

单位：万平方米，%

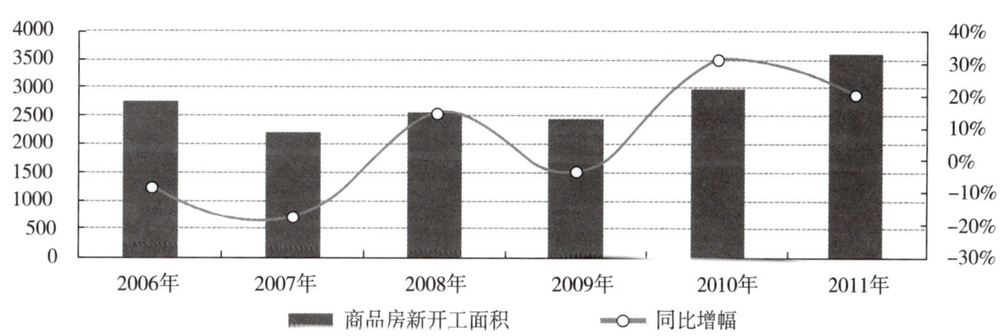

图4-30　2006～2011年上海商品房新开工面积及同比增幅图

数据来源：国家统计局

单位：万平方米，%

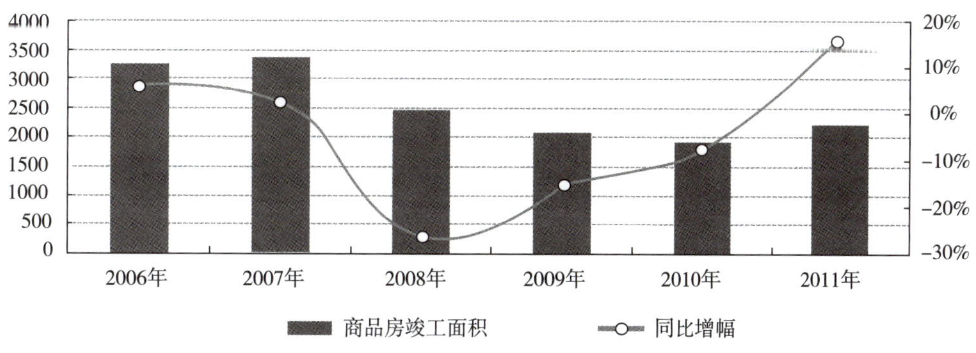

表4-31　2006～2011年上海商品房竣工面积及同比增幅图

数据来源：国家统计局

（4）市场表现：商品住宅供应量、成交量均跌至历史低谷，调控影响立竿见影

2011年度上海市商品住宅走势呈现出两头低中间高、价格呈波浪式下降走势。

1月26日国务院办公厅发布《关于进一步做好房地产市场调控工作有关问题的通知》，27日上海房产税出台，商品住宅市场受到巨大冲击，成交量跌至历史低点。2月、3月、4月的成交量均为上海历史同期的最低，5-7月成交量略有上升。7月26日，上海出台“沪四条”，禁止非上海户籍补税购房的情况。令上海商品住宅市场陷入新的谷底。此后，除9月成交略比08年同期稍多外，其余月份的成交量均处于历史同期的最低点。全年全市商品住宅月均成交60.76万平方米，成为自2005年以来月均成交最低的年份。

单位：万平方米，元/平方米

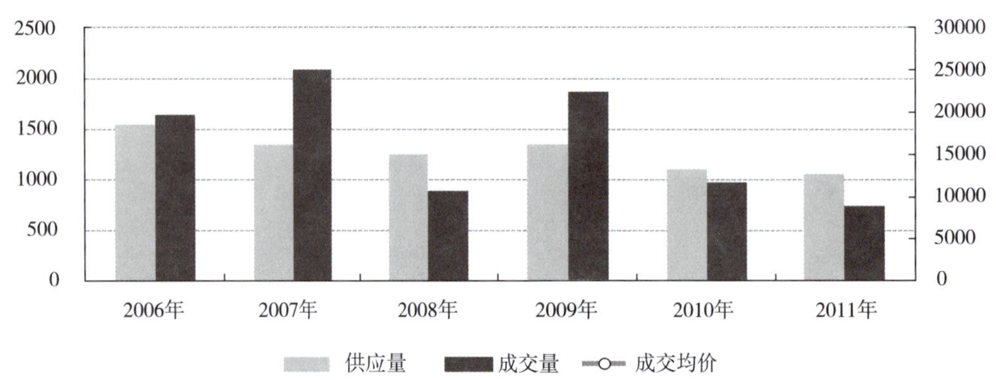

图4-32　2006～2011年上海商品住宅供求及均价走势图

数据来源：中国房地产决策咨询系统（CRIC）

单位：万平方米，元/平方米

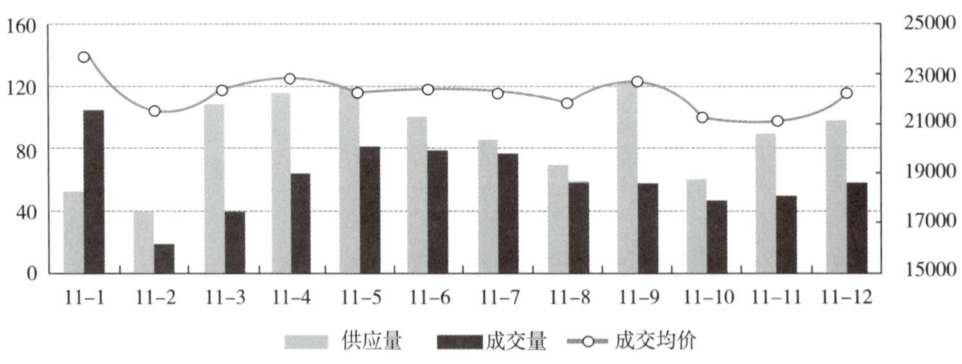

图4-33　2011年1～12月上海商品住宅供求及均价走势图

数据来源：中国房地产决策咨询系统（CRIC）

（5）成交结构：中高端户型成交大幅下滑，宝山、嘉定、松江地位稳固

2011年，中小户型成交占比依旧处于主导地位，其中90平方米以下的小户型产品成交比重为27%，90–120平方米户型为29%，主要市场刚性需求巨大，而高端大户型受限购等调控的影响成交大幅回落。

从区域成交结构来看，成交依旧集中于外环线，宝山、嘉定、奉贤等郊县成交占比较去年同期增加。个案价格调整是促进区域成交逆市放量的主要原因，其中不乏绿地、龙湖、保利等知名开发企业主动降价以换取销量回升，且均获得较优的市场反应。

单位：平方米

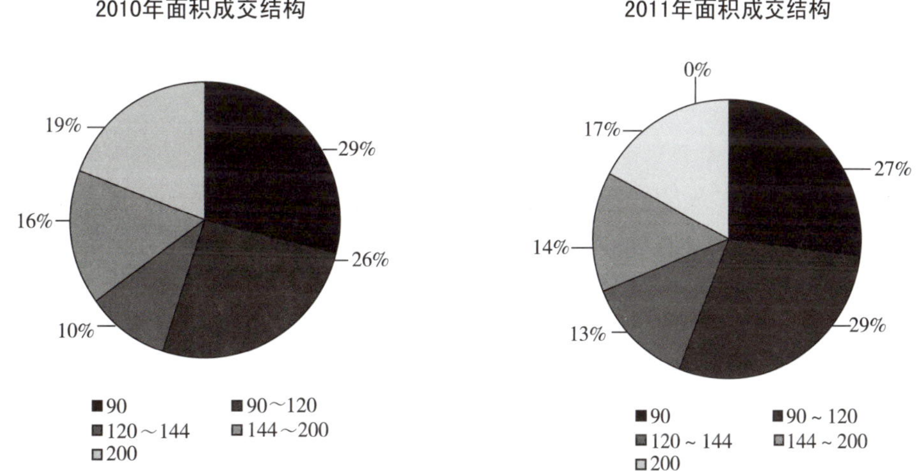

图4–34　2010年、2011年上海商品住宅面积成交结构图

数据来源：中国房地产决策咨询系统（CRIC）

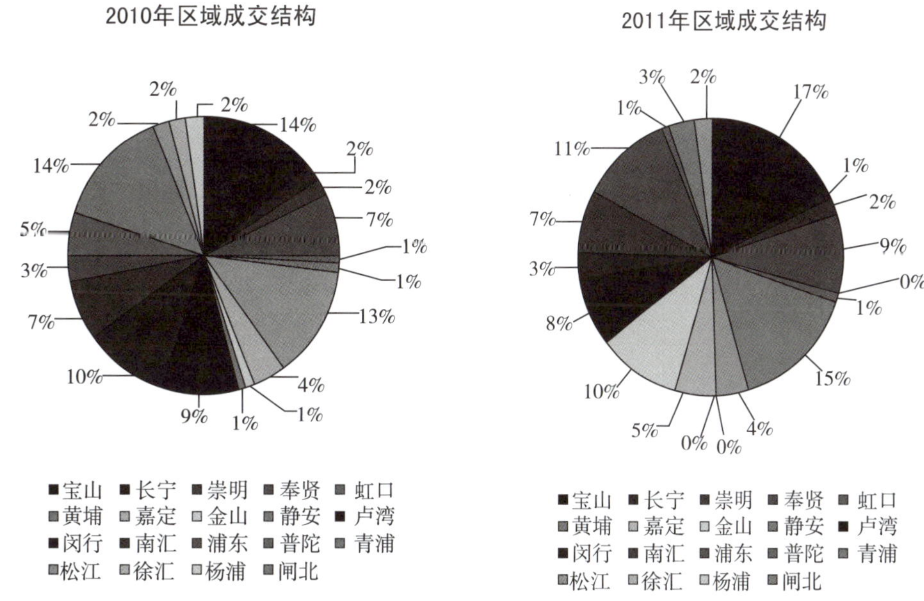

图4–35　2010年、2011年上海商品住宅区域成交结构图

数据来源：中国房地产决策咨询系统（CRIC）

（6）项目排行榜：郊区降价楼盘领跑市场，高端项目成交低迷

从项目排行榜来看，在楼市调控的压力下，项目成交呈现了以下两个个特点：以价换量、高端低迷。

2011年3月，市场既已出现降价楼盘，在11月份达到高潮。10月份以后，全市约有10个左右项目以“在售直降”方式集中进行了降价，降幅达15-30%，其中不乏中海、龙湖、星河湾等大牌开发企业。也促成了相关项目成交的好转。

此次调控，使得绝大多数高端客户由于限购政策直接退出市场，使得高端项目成交持续低迷，其成交受影响程度远胜中低端市场。新政以来，上海高端市场表现最好的项目，开盘销售9个月有余，销售率也仅勉强达到83%，其他高端项目平均销售率仅25%左右。

表4-20　　2011年上海商品住宅项目成交面积排行榜

单位：万平方米，亿元，元/平方米

排行	项目名称	区域	档次	成交面积	成交金额	成交均价	开发商
1	保利叶语	宝山	中档	17.54	34.55	19694	保利地产
2	金地艺境	宝山	中档	14.72	27.89	18943	金地集团
3	恒盛湖畔豪庭	奉贤	中低档	13.25	19.16	14463	恒盛地产
4	中海御景熙岸	南汇	中档	10.34	20.39	19707	中海地产
5	万科清林径	南汇	中档	8.99	14.32	15916	万科地产
6	金鼎香樟苑	嘉定	中档	8.48	13.31	15690	上海和顺
7	保利湖畔阳光苑	嘉定	中低档	7.97	11.51	14439	保利地产
8	新城西尚海	嘉定	中低档	7.45	10.39	13950	新城控股
9	龙湖·郦城	嘉定	中档	7.42	12.45	16767	龙湖集团
10	富力桃园	青浦	中低档	7.00	8.68	12387	富力地产

数据来源：中国房地产决策咨询系统（CRIC）

表4-21　　2011年上海商品住宅项目成交金额排行榜

单位：亿元，万平方米，元/平方米

排行	项目名称	区域	档次	成交金额	成交面积	成交均价	开发商
1	保利叶语	宝山	中档	34.55	17.54	19694	保利地产
2	金地艺境	宝山	中档	27.89	14.72	18943	金地集团
3	浦东星河湾	浦东	高档	23.37	3.82	61183	星河湾
4	上海紫园	松江	高档	20.42	2.13	95695	上海嘉城兆业
5	中海御景熙岸	南汇	中档	20.39	10.34	19707	中海地产
6	恒盛湖畔豪庭	奉贤	中低档	19.16	13.25	14463	恒盛地产
7	尚海湾豪庭	徐汇	高档	18.54	2.56	72467	恒盛地产
8	仁恒·森兰雅苑	浦东	高档	18.50	4.24	43600	仁恒集团
9	大华锦绣华城	浦东	高档	16.56	5.36	30880	大华集团
10	华润置地中央公园	嘉定	中高档	16.00	6.07	26382	华润置地

数据来源：中国房地产决策咨询系统（CRIC）

3. 广州房地产市场情况

（1）2009～2011年房地产行业数据表

表4-22　　广州2009～2011年房地产行业数据表（一）

类别	指标	2009年	2010年	2011年
宏观	GDP（亿元）	9112.76	10604.48	12303.12
	同比增幅（%）	11.5%	10.2%	11.0%
	进出口总额（亿美元）	766.85	1037.76	1161.72
	同比增幅	-6.4%	35.3%	12.0%
	固定资产投资（亿元）	2659.85	3263.57	3413.58
	同比增幅（%）	22.3%	22.7%	10.0%
	社会消费品零售总额（亿元）	3615.77	4476	4747.08
	同比增幅（%）	16.2%	23.8%	17.3%
行业	房地产开发投资（亿元）	817.34	983.66	1306.74
	同比增幅（%）	7.2%	20.3%	32.8%
	商品房新开工面积（万平方米）	1073.79	1955.49	2143.32
	同比增幅（%）	-10.1%	82.1%	9.6%
	商品房施工面积（万平方米）	5505.56	6464.12	7704.34
	同比增幅（%）	0.1%	17.4%	19.2%
	商品房竣工面积（万平方米）	961.24	1094.59	1263.2
	同比增幅（%）	1.9%	13.9%	15.4%
土地	土地购置面积（万平方米）	565.64	156.9	338.85
	同比增幅（%）	203.5%	-72.3%	80.6%
	土地购置金额（亿元）	140.79	154.31	204.83
	同比增幅（%）	24.4%	9.6%	32.7%
市场	商品房销售面积（万平方米）	1375.42	1405.13	1251.48
	同比增幅（%）	27.4%	2.2%	-10.9%
	商品房销售金额（亿元）	1286.15	1674.99	1583.19
	同比增幅（%）	34.6%	30.2%	-5.5%

数据来源：国家统计局

表4-23　　广州2009～2011年房地产行业数据表（二）

类别	指标	2009年	2010年	2011年
土地	土地供应量（万平方米）	1105.54	654.80	1299.79
	土地成交量（万平方米）	1123.66	554.90	693.00
	土地成交金额（亿元）	574.52	382.00	297.58
市场	商品住宅供应量（万平方米）	754.78	1063	1169.05
	商品住宅成交量（万平方米）	914.04	963	876.82
	商品住宅成交均价（元/平方米）	9399	11603	12019

数据来源：中国房地产决策咨询系统（CRIC）

（2）综述：供求差距继续拉大，品牌开发商项目占据主力地位

2011年，广州房地产市场受到政策调控的影响较大。投资情况来看，全年房地产投资建设力度继续加大，建设指标也呈上涨走势；成交方面，商品住宅供应上涨，而成交量则有所下滑，但成交均价保持稳步上扬；项目而言，在调控压力下，中小户型、品牌开发商开发的产品成交火热。

（3）投资建设：投资力度明显加大，建设指标持续上涨

2011年，广州房地产投资建设力度逐渐加大，投资额度也再创新高，结束了前几年投资增幅低位徘徊的状态。房地产开发投资、住宅开发投资、商品房施工面积、新开工面积、竣工面积同比均呈上涨趋势，但从增幅来看，开发投资、住宅开发投资同比增幅均超过30%，商品房施工面积、竣工面积同比增幅与2010年持平，商品房竣工面积同比增幅则环比下降明显，仅为9.6%。保障房的拉动是投资上涨的主要原因，而新开工面积增幅的下滑也说明开发企业看淡市场前景，减缓开工步伐。

单位：亿元，%

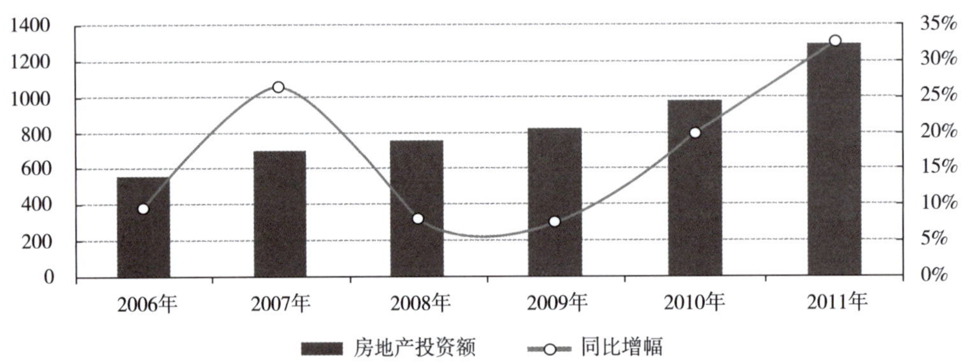

图4-36　2006～2011年广州房地产投资额年度走势及同比增幅图

数据来源：国家统计局

单位：亿元，%

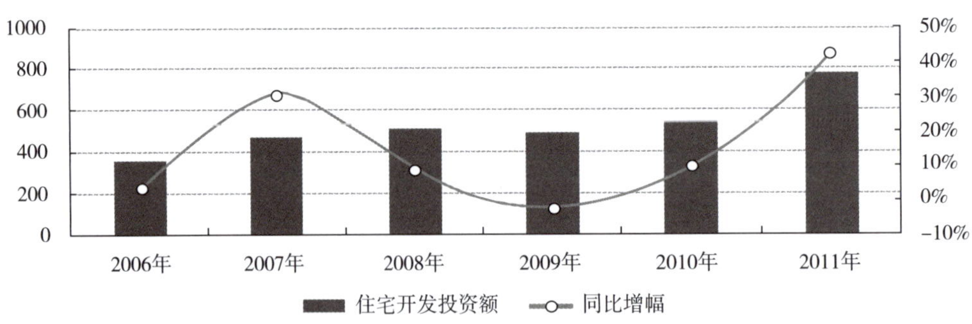

图4-37　2006～2011年广州住宅开发投资额年度走势及同比增幅图

数据来源：国家统计局

单位：万平方米，%

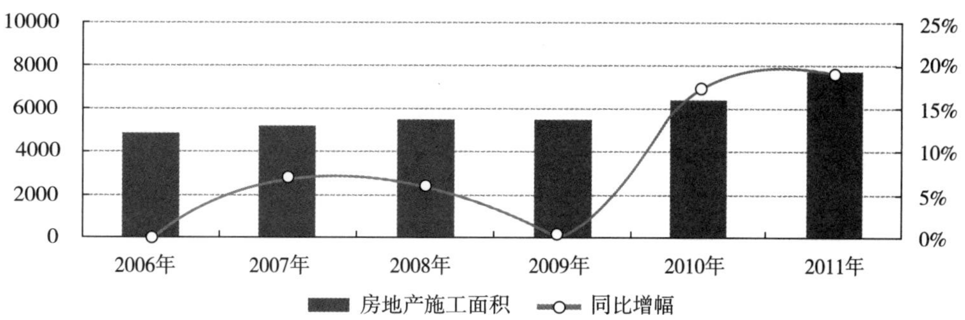

图4-38　2006～2011年广州房地产施工面积及同比增幅图

数据来源：国家统计局

单位：万平方米，%

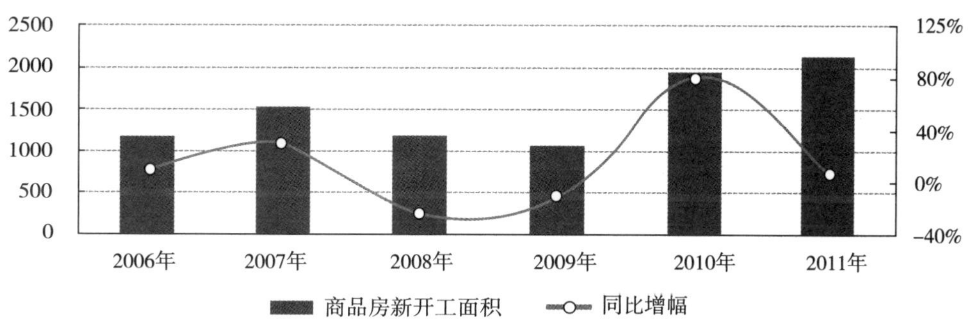

图4-39　2006～2011年广州商品房新开工面积及同比增幅图

数据来源：国家统计局

单位：万平方米，%

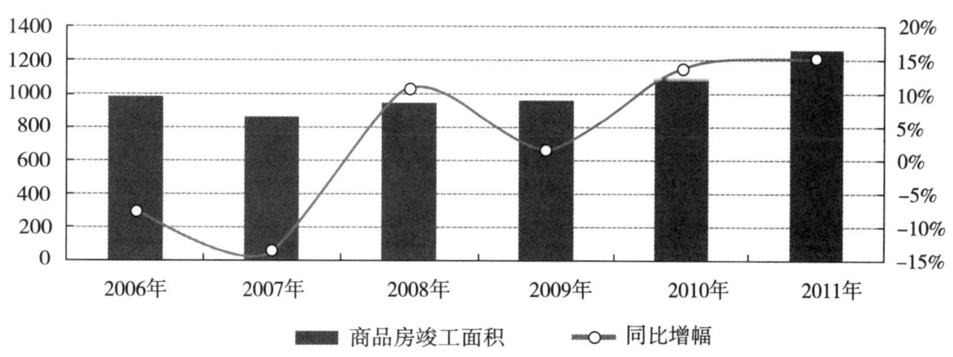

图4-40　2006～2011年广州商品房竣工面积及同比增幅图

数据来源：国家统计局

（4）市场表现：政策调控影响力较大，成交有所下降，库存压力大

从市场供应来看，2011年全市供应量比去年高，一是由于前两年拿地企业开发的项目在今年纷纷入市，增加了市场供应；另外一方面部分旧改项目的入市也补充了因招牌挂土地稀少造成的市场供应短缺。成交方面，全年成交面积同比下降7.4%。虽然六七月份开始企业主动采用以价换量的方式赢得市场关注度，但在调控政策影响之下，市场观望氛围浓厚，企业库存压力较大。

2011年全市商品住宅成交是12019元/平方米，同比仅上升2.8%。在房产调控或将持续的背景下，市场刚性需求群体依然庞大，成交量虽有所萎缩但并未陷入停滞。

单位：万平方米，元/平方米

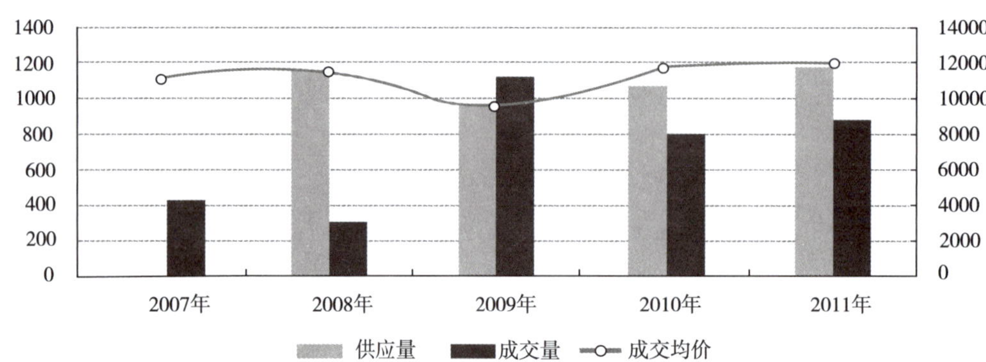

图4-41　2007～2011年广州商品住宅供求及均价走势图

数据来源：中国房地产决策咨询系统（CRIC）

单位：万平方米，元/平方米

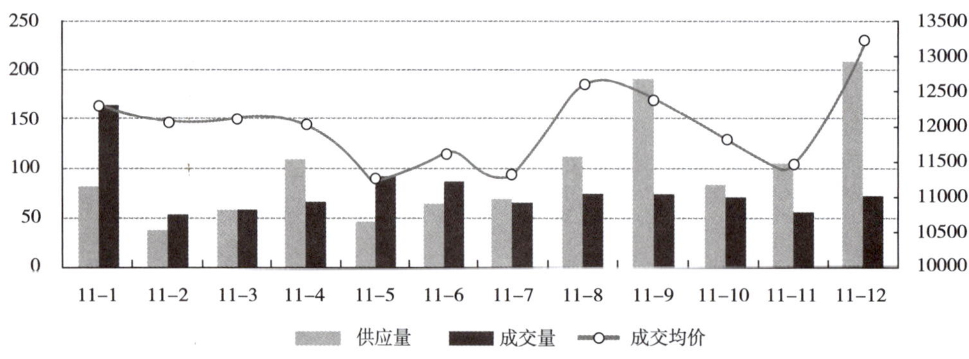

图4-42　2011年1～12月广州商品住宅供求及均价走势图

数据来源：中国房地产决策咨询系统（CRIC）

（5）成交结构：中小户型成交依然是主力，花都、增城成交贡献持续加大

从成交结构来看，中小户型成交持续走好，其中面积段120平方米以下户型占全市成交55%，刚性需求仍为市场成交主力。

从成交区域来看，中心城区的高房价，使得较远但升值潜力较大的区域受到购房者关注。增城、花都成交总量持续加大，各占全市区域成交比重的22%和19%。一方面是因为政府规划利好所致；另一方面在于两区域新推项目较多，价格相对较低，吸引了客户的高度关注。

单位：平方米

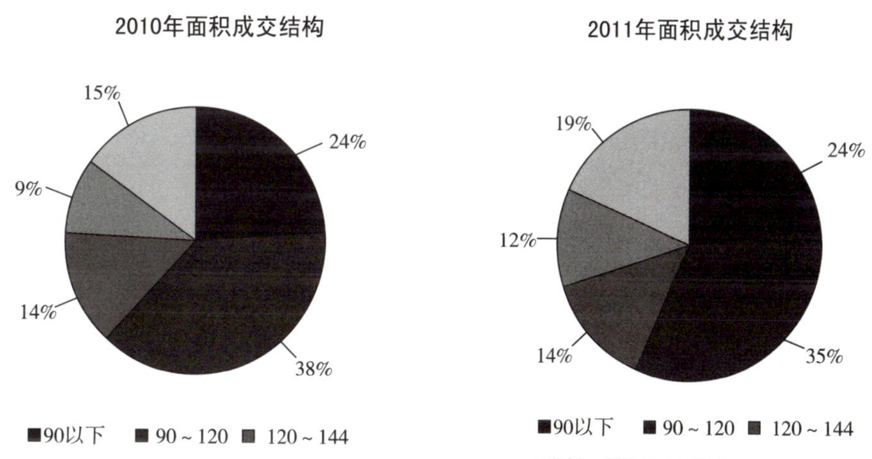

图4-43 2010年、2011年广州商品住宅面积成交结构图

数据来源：中国房地产决策咨询系统（CRIC）

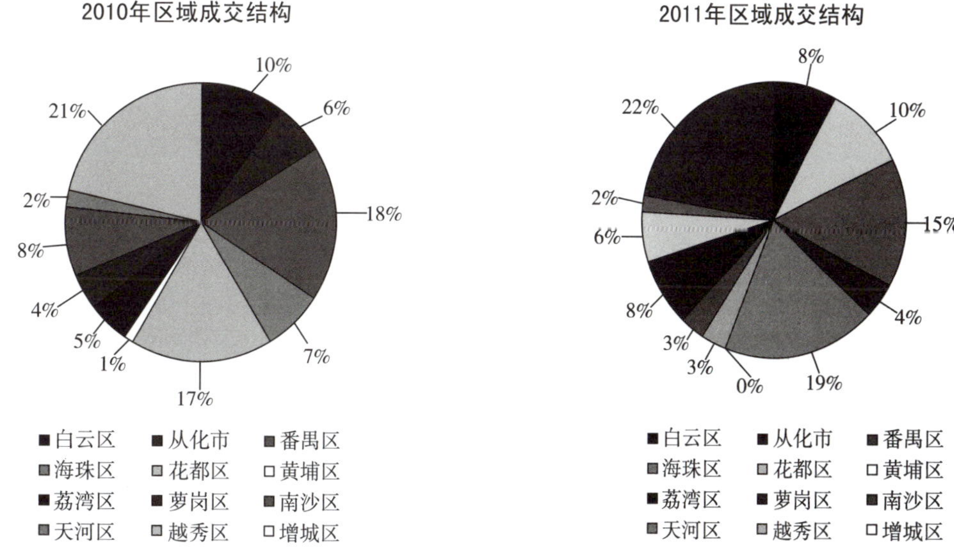

图4-44 2010年、2011年广州商品住宅区域成交结构图

数据来源：中国房地产决策咨询系统（CRIC）

（6）项目排行榜：郊区大盘成交良好，高端项目成吸金器

在楼市调控的压力下，项目成交呈现了以下几个特点：一是品牌开发商在市场上占有主力地位，高品质项目获得客户青睐；二是郊区大盘以相对低的价格迎合了刚性需求，成交明显增加；三是中高档项目成交明显增加，主要是项目的保值增值能力所致。

表4-24　2011年广州商品住宅项目成交面积排行榜

单位：万平方米，亿元，元/平方米

排行	项目名称	区域	档次	成交面积	成交金额	成交均价	开发商
1	碧桂园凤凰城	增城市	中档	46.03	41.24	8959	碧桂园物业
2	雅居乐剑桥郡	番禺区	中高档	21.32	32.29	15146	雅居乐房地产
3	富力金港城	花都区	中低档	19.14	13.19	6894	富力地产
4	广州亚运城	番禺区	中高档	17.05	21.29	12492	利合地产
5	恒大绿洲	白云区	中高档	14.71	21.06	14313	恒大地产
6	锦绣御景国际花园	增城市	中档	14.54	13.15	9045	敏捷地产
7	锦绣新天地花园	增城市	中低档	13.34	9.51	7133	豪进集团、敏捷地产
8	碧桂园豪园	增城市	中低档	13.07	9.95	7614	碧桂园物业
9	保利城	花都区	中低档	12.95	9.65	7452	保利置业
10	保利西海岸	白云区	中高档	12.71	21.06	16577	保利地产

数据来源：中国房地产决策咨询系统（CRIC）

表4-25　2010年广州商品住宅项目成交金额排行榜

单位：亿元，万平方米，元/平方米

排行	项目名称	区域	档次	成交金额	成交面积	成交均价	开发商
1	碧桂园凤凰城	增城市	中档	41.24	46.03	8959	碧桂园物业
2	雅居乐剑桥郡	番禺区	中高档	32.29	21.32	15146	雅居乐房地产
3	汇景新城	天河区	高档	21.97	7.39	29736	广州侨鑫地产
4	广州亚运城	番禺区	中高档	21.29	17.05	12492	广州利合地产
5	天銮广场	天河区	高档	21.08	4.10	51390	富景房地产
6	保利西海岸	白云区	中高档	21.06	12.71	16577	保利地产
7	恒大绿洲	白云区	中高档	21.06	14.71	14313	恒大地产
8	中海都会豪庭	海珠区	高档	14.83	6.52	22750	中国海外
9	富力盈尊广场	天河区	高档	14.54	5.11	28464	富力地产
10	锦绣半岛	番禺区	中高档	14.38	11.67	12324	敏捷地产

数据来源：中国房地产决策咨询系统（CRIC）

4. 深圳房地产市场情况

（1）2009～2011年房地产行业数据表

表4-26　深圳2009～2011年房地产行业数据表（一）

类别	指标	2009年	2010年	2011年
宏观	GDP（亿元）	8201.23	9510.91	11502.06
	同比增幅（%）	5.06%	12.0%	10%
	进出口总额（亿美元）	2702.00	3467.49	4141
	同比增幅	-9.93%	28.4%	19.40%
	固定资产投资（亿元）	1709.15	1944.70	2136.39
	同比增幅（%）	16.46%	13.8%	10.10%
	社会消费品零售总额（亿元）	2598.68	3000.76	3520.87
	同比增幅（%）	15.4%	17.2%	17.80%
行业	房地产开发投资（亿元）	437.46	458.47	590.21
	同比增幅（%）	-0.7%	4.8%	28.7%
	商品房新开工面积（万平方米）	492.4	470.96	628.47
	同比增幅（%）	-34.6%	-4.4%	33.4%
	商品房施工面积（万平方米）	3112.36	2939.94	3082.46
	同比增幅（%）	-5.0%	-5.5%	4.8%
	商品房竣工面积（万平方米）	402.01	344.43	343.36
	同比增幅（%）	-36.2%	-14.3%	-0.3%
土地	土地购置面积（万平方米）	30.42	13.87	39.3
	同比增幅（%）	6.1%	-54.4%	183.4%
	土地购置金额（亿元）	45.25	60.99	111.03
	同比增幅（%）	-31.4%	34.8%	82.0%
市场	商品房销售面积（万平方米）	762.15	465.59	512.15
	同比增幅（%）	63.3%	-38.9%	10.0%
	商品房销售金额（亿元）	1113.88	892.55	1084.97
	同比增幅（%）	88.4%	-19.9%	21.6%

数据来源：国家统计局

表4-27　深圳2009～2011年房地产行业数据表（二）

类别	指标	2009年	2010年	2011年
土地	土地供应量（万平方米）	82.25	279.20	303.09
	土地成交量（万平方米）	128.14	148.10	275.98
	土地成交金额（亿元）	115.00	121.00	194.04
市场	商品住宅供应量（万平方米）	539.79	482.00	380.6
	商品住宅成交量（万平方米）	691.52	369.00	274.35
	商品住宅成交均价（元/平方米）	16862	22285	19434

数据来源：中国房地产决策咨询系统（CRIC）

（2）综述：政策持续高压，刚需中小户型成交为主力

2011年，深圳房地产开发投资、住宅开发投资继续加大，但房地产竣工面积略有回落。在政策持续高压的情况下，楼市供求继续下滑趋势，成交价格亦有回落。小户型产品、刚性需求及宝安龙岗区域成为市场的焦点。

（3）投资建设：投资力度加大，建设指标呈正向增长态势

2011年深圳市房地产开发投资与住宅开发投资同比大幅上涨，分别达28.7%、29.0%。建设规模上，商品房施工面积、竣工面积同比持平，新开工面积同比大幅上涨33.4%。保障性安居工程的建设的拉动是新开工面积大幅上扬的主要因素。

单位：亿元，%

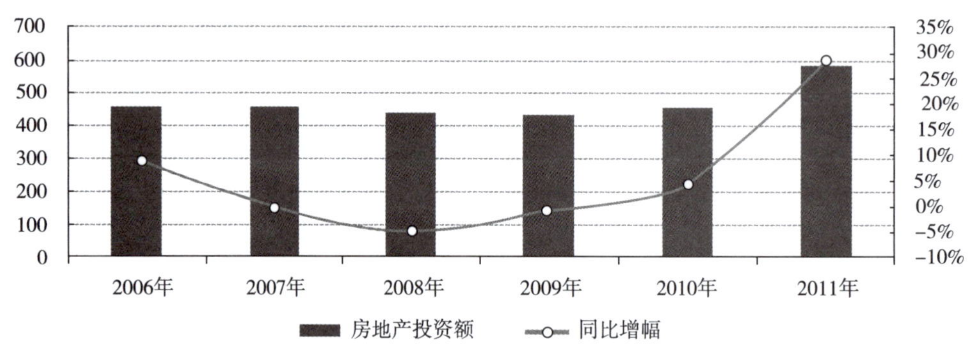

图4-45　2006～2011年深圳房地产投资额年度走势及同比增幅图

数据来源：国家统计局

单位：亿元，%

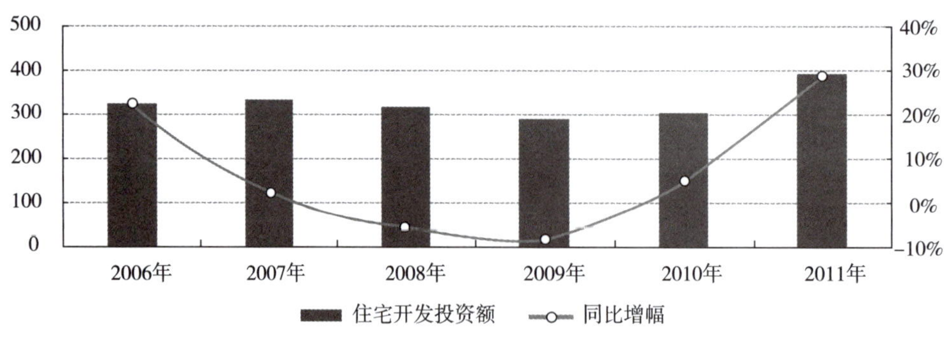

图4-46　2006～2011年深圳住宅开发投资额年度走势及同比增幅图

数据来源：国家统计局

单位：万平方米，%

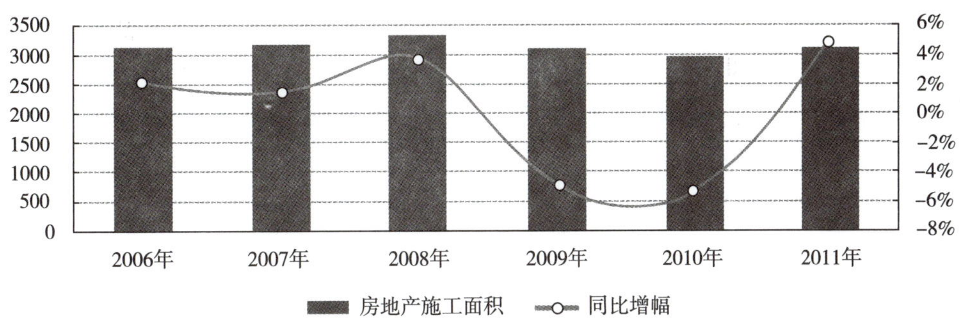

图4-47 2006～2011年深圳房地产施工面积及同比增幅图

数据来源：国家统计局

单位：万平方米，%

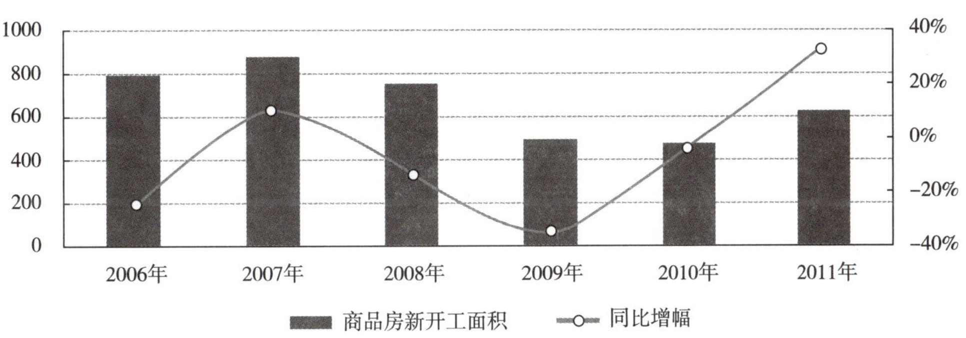

图4-48 2006～2011年深圳商品房新开工面积及同比增幅图

数据来源：国家统计局

单位：万平方米，%

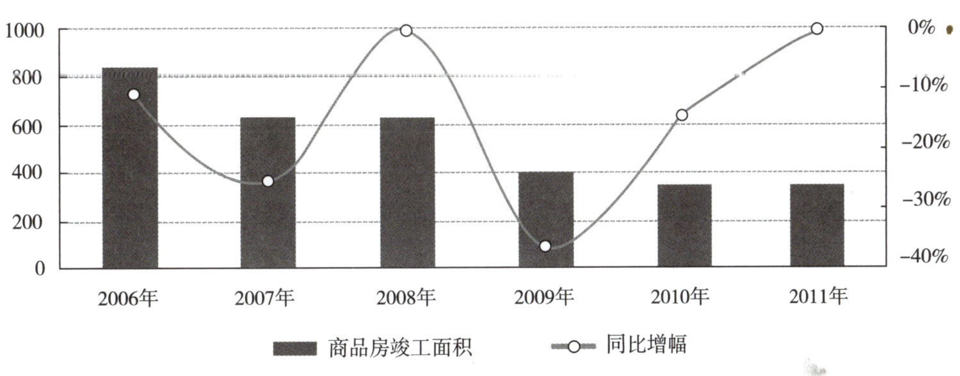

图4-49 2006～2011年深圳商品房竣工面积及同比增幅图

数据来源：国家统计局

（4）市场表现：成交量同比下滑，市场观望气氛浓厚

2011年调控政策层层加码，深圳商品住宅市场呈现量价齐跌态势。1月“新国八条”开始，开发商仍信心充足，优惠幅度均极为有限，加上高端项目对房价的支撑作用，使得开局之时的房价依然坚挺。5月份的中海康城国际千套特惠房，开启本轮降价潮，成交量亦顺势回升，同时成交均价因主力楼盘而下跌。6、7月份有部分高端楼盘入市，带动成交量和房价短暂回暖。下半年成交量持续萎靡，直到12月推盘力度再次加大，成交量收尾冲高，均价却呈现一路下跌态势。

单位：万平方米，元/平方米

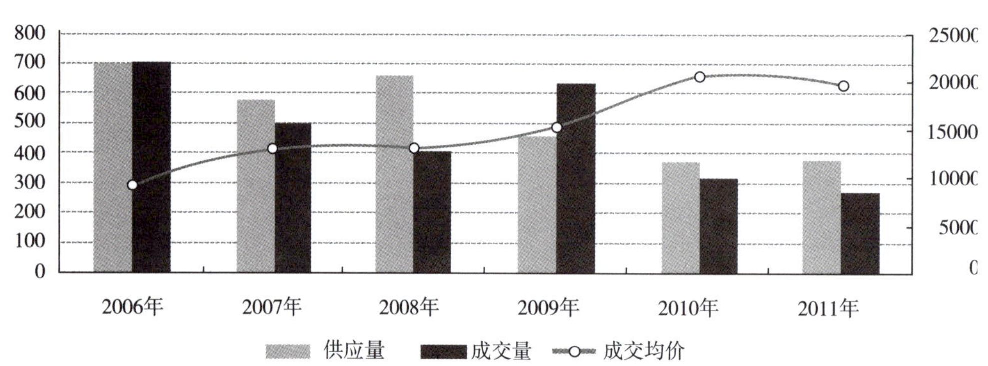

图4-50　2006～2011年深圳商品住宅供求及均价走势图

数据来源：中国房地产决策咨询系统（CRIC）

单位：万平方米，元/平方米

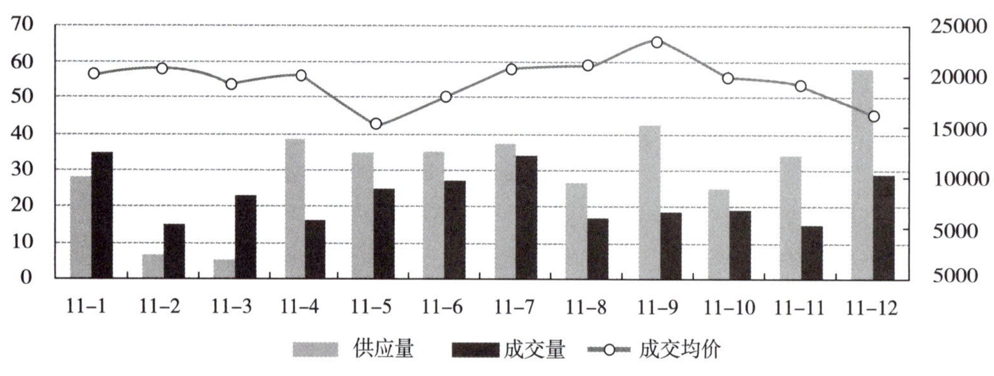

图4-51　2011年1～12月深圳商品住宅供求及均价走势图

数据来源：中国房地产决策咨询系统（CRIC）

（5）成交结构：刚需小户型成绝对主力，宝安、龙岗两区贡献最大

2011年深圳楼市刚需小户型持续热销，90平方米以下的小户型产品成交比重同比上升22个百分点，达76%，为市场成交的绝对主力。在楼市调控政策持续打压下，市场中刚性需求成为主流，改善性需求明显抑制，120平方米以上的成交比例同比均有下降。

区域上，成交量仍集中在宝安、龙岗两区，共占据了深圳77%的市场份额。两区在推盘数量、推盘均价方面均有较大优势，适时满足刚需客户的置业需求。南山区为传统豪宅市场，限购之下成交量占比同比下滑7%。

单位：平方米

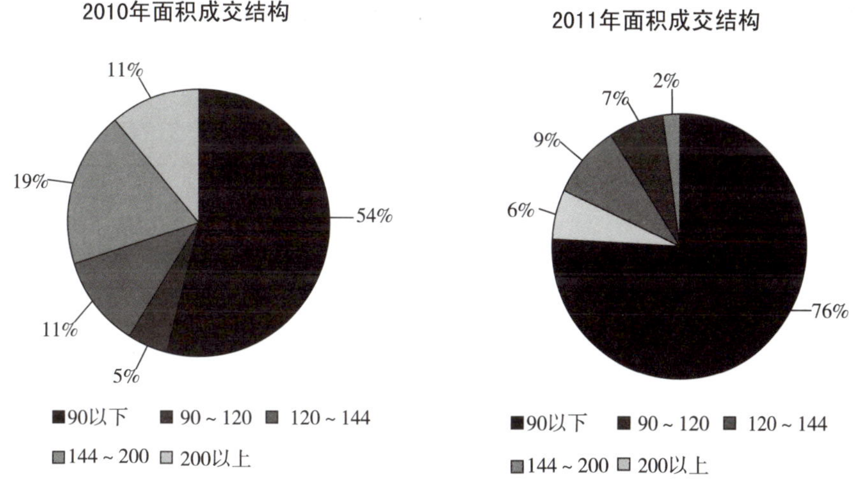

图4-52　2010年、2011年深圳商品住宅面积成交结构图

数据来源：中国房地产决策咨询系统（CRIC）

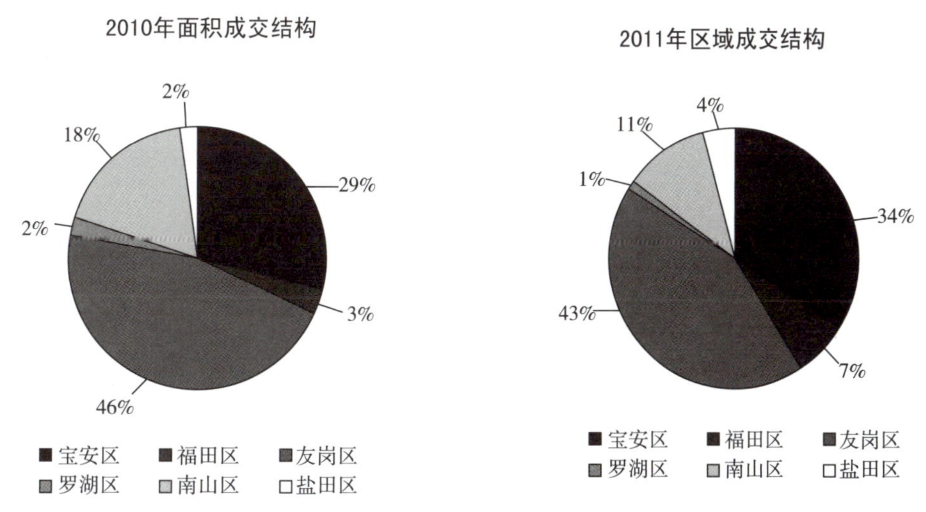

图5-53　2010年、2011年深圳商品住宅区域成交结构图

数据来源：中国房地产决策咨询系统（CRIC）

（6）项目排行榜：龙岗、宝安项目比例高企，中档产品受市场青睐

在楼市调控的压力下，项目成交排行榜呈现了以下几个特点：品牌开发商因项目在品质上的优势，成交量雄踞榜单前列；受刚性需求客户青睐的中档项目占比最多；龙岗、宝安则因充足的供应，丰富的产品类型，成为成交热点区域。

表4–28　　2011年深圳商品住宅项目成交面积排行榜

单位：万平方米，亿元，元/平方米

排行	项目名称	区域	档次	成交面积	成交金额	成交均价	开发商
1	中海康城国际花园	龙岗区	中档	16.43	18.52	11275	中海地产
2	万科金色领域花园	宝安区	中档	13.00	20.16	15509	万科恒大物业
3	合正汇一城	宝安区	中档	12.85	26.25	20433	合正房地产
4	星河时代花园	龙岗区	中档	12.16	22.53	18533	星河房地产
5	莱蒙水榭春天	宝安区	中档	11.80	24.75	20983	水榭花都房地产
6	万科千林山居	龙岗区	中档	9.55	12.69	13289	万科道霖
7	纯水岸	南山区	中高档	9.19	41.86	45530	华侨城房地产
8	招商观园	宝安区	中档	7.92	9.33	11771	招商房地产
9	尚模八意府	龙岗区	中档	6.42	8.51	13245	尚模发展
10	佳兆业大都汇	龙岗区	中档	5.98	9.55	15969	天利安实业

数据来源：中国房地产决策咨询系统（CRIC）

表4–29　　2011年深圳商品住宅项目成交金额排行榜

单位：亿元，万平方米，元/平方米

排行	项目名称	区域	档次	成交金额	成交面积	成交均价	开发商
1	纯水岸	南山区	中高档	9.19	41.86	45530	华侨城房地产
2	合正汇一城	宝安区	中端	12.85	26.25	20433	合正房地产
3	莱蒙水榭春天	宝安区	中端	11.80	24.75	20983	水榭花都房地产
4	星河时代花园	龙岗区	中端	12.16	22.53	18533	星河房地产
5	万科金色领域花园	宝安区	中端	13.00	20.16	15509	万科恒大物业
6	中海康城国际花园	龙岗区	中端	16.43	18.52	11275	中海地产
7	招商雍景湾	南山区	中高端	4.81	16.54	34346	招商房地产
8	合正中央原著	宝安区	中端	5.97	13.50	22605	合正房地产
9	中航城	福田区	中高端	2.96	13.06	44044	中航长泰
10	万科千林山居	龙岗区	中端	9.55	12.69	13289	万科道霖

数据来源：中国房地产决策咨询系统（CRIC）

5. 南京房地产市场情况

（1）2009～2011年房地产行业数据表

表4-30　　南京2009～2011年房地产行业数据表（一）

类别	指标	2009年	2010年	2011年
宏观	GDP（亿元）	4230.26	5010.0	6145.52
	同比增幅（%）	12.06%	18.4%	22.66%
	进出口总额（亿美元）	337.45	456.01	573.44
	同比增幅	-16.87%	35.1%	40.81%
	固定资产投资（亿元）	2668.03	3306.05	4010.03
	同比增幅（%）	23.85%	23.90%	33.12%
	社会消费品零售总额（亿元）	1961.58	2267.77	2670.30
	同比增幅（%）	18.75%	18.5%	29.25%
行业	房地产开发投资（亿元）	595.68	748.35	871.43
	同比增幅（%）	17.2%	25.6%	16.4%
	商品房新开工面积（万平方米）	1157.46	1702.26	2082.05
	同比增幅（%）	23.5%	47.1%	19.6%
	商品房施工面积（万平方米）	4366.07	4517.97	5644.43
	同比增幅（%）	6.5%	3.5%	23.5%
	商品房竣工面积（万平方米）	1422.53	1039.57	1169.09
	同比增幅（%）	34.4%	-26.9%	12.5%
土地	土地购置面积（万平方米）	284.92	150.8	41.96
	同比增幅（%）	5.7%	-47.1%	-78.2%
	土地购置金额（亿元）	125.82	220.19	212.21
	同比增幅（%）	3.2%	65.6%	-3.6%
市场	商品房销售面积（万平方米）	1187.27	823.17	767.70
	同比增幅（%）	69.8%	-30.7%	-6.7%
	商品房销售金额（亿元）	853.07	787.38	714.72
	同比增幅（%）	139.7%	-7.7%	-9.2%

数据来源：国家统计局

表4-31　　南京2009～2011年房地产行业数据表（二）

类别	指标	2009年	2010年	2011年
土地	土地供应量（万平方米）	510.66	573.30	544.04
	土地成交量（万平方米）	461.86	517.00	348.28
	土地成交金额（亿元）	227.08	552.00	460.79
市场	商品住宅供应量（万平方米）	666.76	687	737.3826
	商品住宅成交量（万平方米）	1149.67	590	444.7815
	商品住宅成交均价（元/平方米）	7505	10786	10999

数据来源：中国房地产决策咨询系统（CRIC）

（2）综述：成交下滑明显，库存持续攀升下，未来价格下行压力剧增

2011，在限购、限贷等调控政策影响下，南京房地产市场出现较大波动，商品住宅成交量在2010年大幅回落后进一步下滑，全年成交量444.8万平方米，同比下滑23.7%。成交的连续低迷也使房价下行压力增加，全年年成交均价10999元/平方米，同比下降0.3%。中小户型成交比重明显上扬，各区域成交平衡，低价楼盘成为市场成交的热点。

（3）投资建设：开发投资连续稳步增长，同比增幅有所下滑

2011年南京房地产开发投资、住宅开发投资继续保持上涨，但同比增幅较2010年下滑明显。商品房施工面积、新开工面积、竣工面积均同比上涨，但同比增幅变化各有不同，商品房施工面积同比增幅较2010年大幅上涨，达23.5%；新开工面积同比增幅虽达19.6%，但与2010年相比，下滑明显。表明政策调控之下，企业看淡后市，缓开工、慢施工，拉长开发周期，降低调控带来的影响。

单位：亿元，%

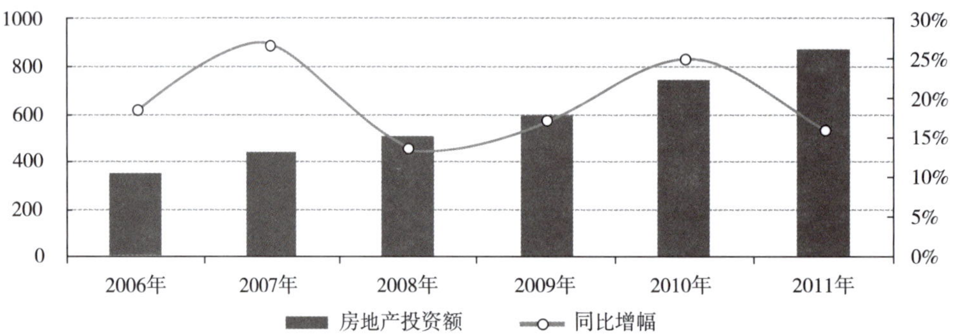

图4-54　2006～2011年南京房地产投资额年度走势及同比增幅图

数据来源：国家统计局

单位：亿元，%

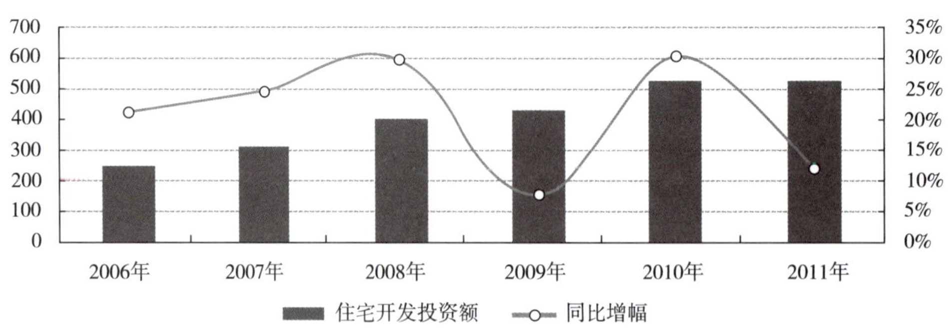

图4-55　2006～2011年南京住宅开发投资额年度走势及同比增幅图

数据来源：国家统计局

单位：万平方米，%

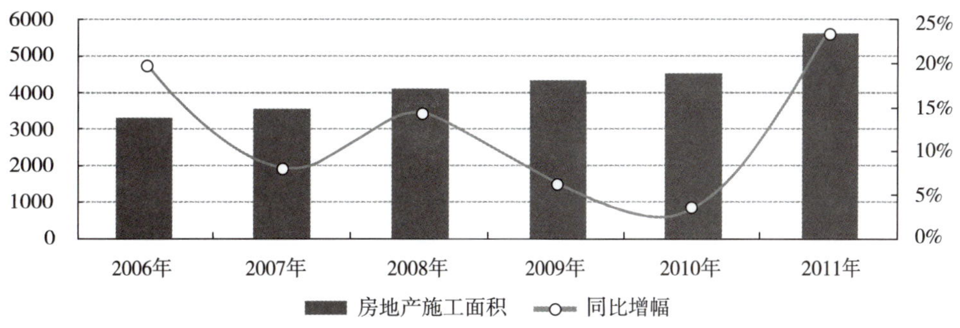

图4-56 2006～2011年南京房地产施工面积及同比增幅图

数据来源：国家统计局

单位：万平方米，%

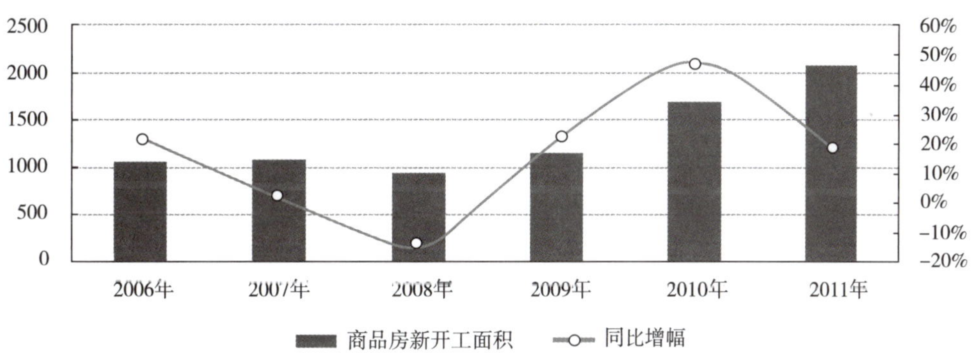

图4-57 2006～2011年南京房新开工面积及同比增幅图

数据来源：国家统计局

单位：万平方米，%

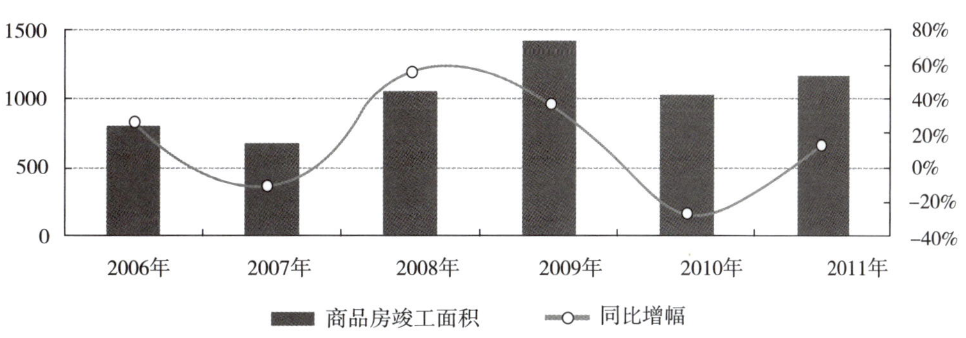

图4-58 2006～2011年南京商品房竣工面积及同比增幅图

数据来源：国家统计局

（4）市场表现：成交萎缩而供应不减，市场表现为供过于求

2011年南京商品住宅供应量为663.12万平方米，成交量413.69万平方米，供求差距继续拉大。供应量方面，上半年市场供应量较为平稳，进入“金九银十”后，推盘量以倍数增加，其中11月98.04万方供应量为全年最高。成交上，由于政策出台前夕的集中成交，使1月份成交量达全年最高；2月开始随着限购政策的落地，市场成交大幅下滑。2月至12月月成交量都在25-35万平方米左右徘徊。

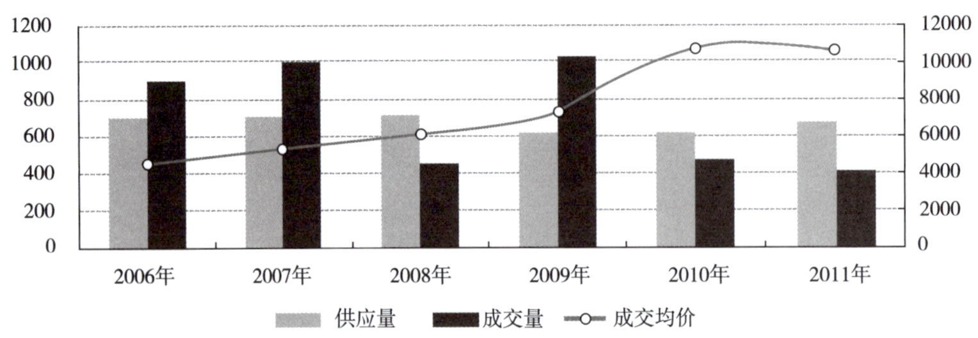

图4-59　2006～2010年南京商品住宅供求及均价走势图

数据来源：中国房地产决策咨询系统（CRIC）

单位：万平方米，元/平方米

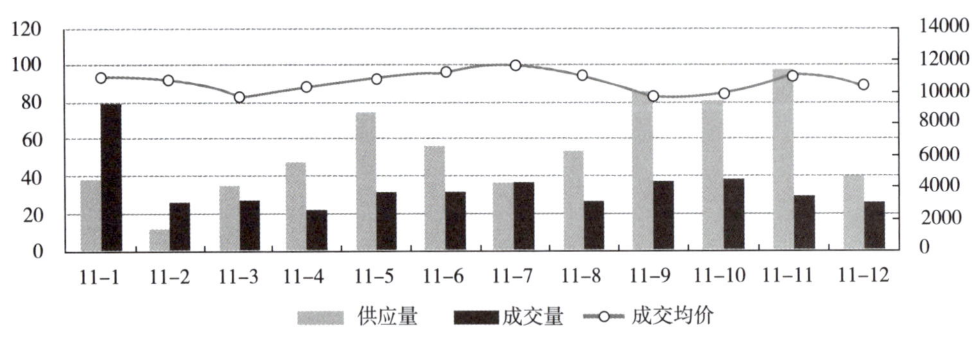

图4-60　2011年1～12月南京商品住宅供求及均价走势图

数据来源：中国房地产决策咨询系统（CRIC）

（5）成交结构：中小户型成交比重上扬，各区成交趋于平衡

限购政策下，2011年南京中小户型成交占绝大比重，面积段为70～144平方米户型市场供销比例最大。而200平方米以上户型产品成交下降3个百分点。表明调控政策打压下，改善性需求逐步退出市场，而刚性需求依然旺盛。

从区域成交结构来看，各区域成交较为平衡，江宁、浦口两区成交占比最高，分别为19%、18%。主要是由于这两大区域房价相对较低，未来升值潜力较大，受到了多数购房者的重点关注。

单位：平方米

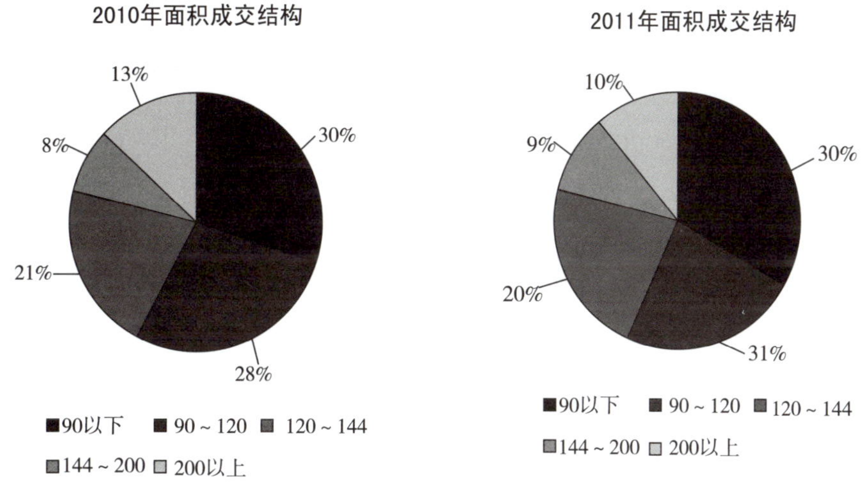

图4-61　2010年、2011年南京商品住宅面积成交结构图

数据来源：中国房地产决策咨询系统（CRIC）

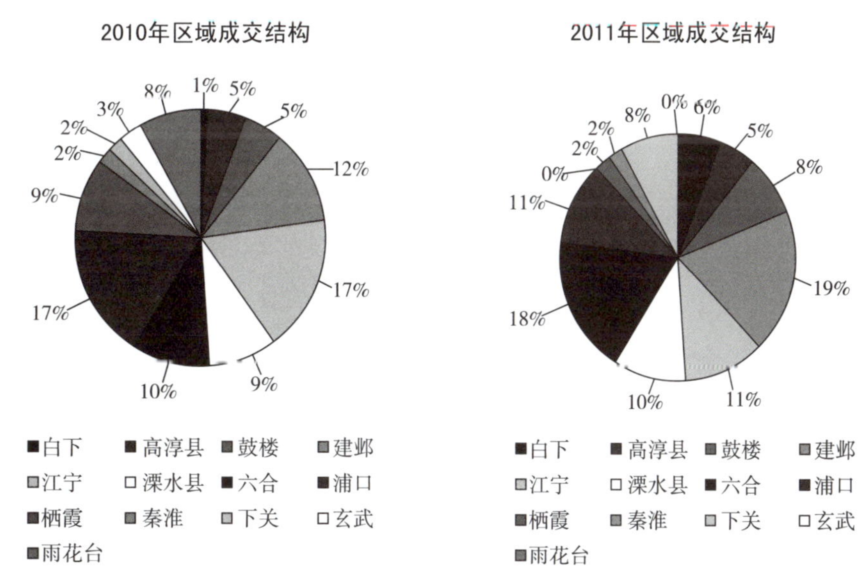

图4-62　2010年、2011年南京商品住宅区域成交结构图

数据来源：中国房地产决策咨询系统（CRIC）

（6）项目排行榜：河西项目成交良好，低价楼盘成市场热点

在楼市调控的压力下，价格相对合理的中档项目受市场青睐。这类项目价格相对较低，并位于浦口、江宁等未来升值潜力较大区域，因此受首置客户关注。

表4-32　　2011年南京商品住宅项目成交面积排行榜

单位：万平方米，亿元，元/平方米

排行	项目名称	区域	档次	成交面积	成交金额	成交均价	开发商
1	天润城	江北	中低档	18.69	15.31	8192	南京苏宁地产
2	旭日爱上城	江北	中低档	12.86	9.76	7589	南京红太阳地产
3	金地自在城	城南	中低档	11.77	11.55	9806	金地集团
4	北外滩水城	江北	中低档	9.50	8.02	8444	南京浦东房地产
5	绿色花园	城南	中档	9.09	9.143	10062	朗诗置业
6	龙庭水岸家园	江宁	中低档	8.79	6.32	7194	万裕地产
7	苏宁银河国际街区	河西	中高档	8.18	13.82	16901	苏宁置业
8	龙湖半岛花园	江北	低档	7.53	4.37	5807	江苏艾骅哲集团
9	大华锦绣华城	江北	中低档	7.52	6.038742	8033	南京大华投资
10	保利紫晶山	仙林		7.15	12.83	17947	保利地产

数据来源：中国房地产决策咨询系统（CRIC）

表4-33　　2011年南京商品住宅项目成交金额排行榜

单位：亿元，万平方米，元/平方米

排行	项目名称	区域	档次	成交金额	成交面积	成交均价	开发商
1	中海凤凰熙岸	河西	中高档	17.93	6.98	25687	万达集团
2	天润城	江北	中低档	15.31	18.69	8192	南京苏宁地产
3	苏宁银河国际街区	河西	中高档	13.82	8.19	16901	苏宁置业
4	保利紫晶山	仙林	中高档	12.83	7.15	17947	苏宁置业
5	香槟国际花园	河西	中高档	11.91	6.38	18665	保利地产
6	金地自在城	城南	中低档	11.55	11.77	9806	金地集团
7	仁恒江湾城	河西	中高档	10.01	4.38	22856	南京仁恒置业
8	旭日爱上城	江北	中低档	9.76	12.86	7589	南京红太阳地产
9	万科金域蓝湾	江宁	中高档	9.69	6.57	14749	万科地产
10	御江金城	河西	中高档	9.20	4.38	21004	五矿地产

数据来源：中国房地产决策咨询系统（CRIC）

6. 杭州房地产市场情况

（1）2009～2011年房地产行业数据表

表4-34　　　　杭州2009～2011年房地产行业数据表（一）

类别	指标	2009年	2010年	2011年
宏观	GDP（亿元）	5098.66	5945.82	7011.80
	同比增幅（%）	6.63%	12%	10.1%
	进出口总额（亿美元）	404.2	523.55	639.72
	同比增幅	-15.91%	29.5%	22.2%
	固定资产投资（亿元）	2291.65	2753.13	3105.16
	同比增幅（%）	16.82%	20.1%	17.1%
	社会消费品零售总额（亿元）	1804.93	2146.08	2548.36
	同比增幅（%）	15.82%	19.9%	18.7%
行业	房地产开发投资（亿元）	704.68	956.2	1302.27
	同比增幅（%）	18.1%	35.7%	36.2%
	商品房新开工面积（万平方米）	1081.12	1929.08	2490.57
	同比增幅（%）	-13.8%	78.4%	29.1%
	商品房施工面积（万平方米）	5121.49	6227.05	7739.69
	同比增幅（%）	3.4%	21.1%	24.3%
	商品房竣工面积（万平方米）	763.95	1100.18	1135
	同比增幅（%）	-14.5%	31.5%	3.2%
土地	土地购置面积（万平方米）	375.67	435.9	226.57
	同比增幅（%）	-11.8%	17.4%	-45.8%
	土地购置金额（亿元）	243.83	408.98	520.55
	同比增幅（%）	27.9%	67.7%	27.3%
市场	商品房销售面积（万平方米）	1441.18	988.34	829.81
	同比增幅（%）	101.2%	-32.1%	-16.0%
	商品房销售金额（亿元）	1511.45	1396.77	1083.92
	同比增幅（%）	146.9%	-9.1%	-22.4%

数据来源：国家统计局

表4-35　　　　杭州2009～2011年房地产行业数据表（二）

类别	指标	2009年	2010年	2011年
土地	土地供应量（万平方米）	798.01	865.70	229.8
	土地成交量（万平方米）	746.01	688.70	216.13
	土地成交金额（亿元）	1007.62	787.00	323.56
市场	商品住宅供应量（万平方米）	510.25	554	381.4
	商品住宅成交量（万平方米）	722.98	402	195.3
	商品住宅成交均价（元/平方米）	14335	19695	20745

数据来源：中国房地产决策咨询系统（CRIC）

（2）综述：成交量下滑，价格高位振荡

2011年杭州经济持续保持10个百分点以上的高速发展，房地产市场虽然受到政策影响有所波动，但整体依然保持高位运行。开发投资比上年增长36.2%，竣工面积虽波动不大，但依旧处于高位。成交方面，杭州商品住宅成交量自2010年开始持续走低，成交价处高位波动阶段。

（3）投资建设：投资力度加大，竣工面积同比持平

2011年杭州全年完成房地产开发投资1302.27亿元，同比增长36.2%，房地产开发投资连续两年保持30%以上的增速。其中住宅投资701.39亿元，增长23.9%，增幅低于全部房地产开发投资13.5个百分点，较去年同期回落6个百分点。表明政策调控之下，开发企业看淡住宅市场，转而将开发重点转至商业营业用房和办公楼市场。商品房施工面积、新开工面积均同比上涨超过20%，竣工面积同比基本持平。

单位：亿元，%

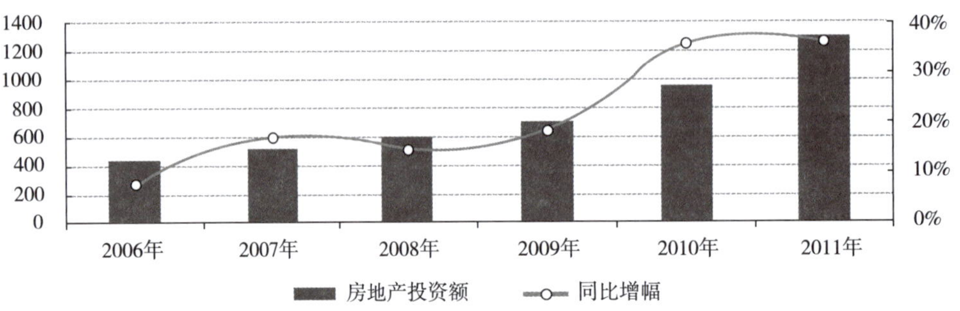

图4-63　2006～2011年杭州房地产投资额年度走势及同比增幅图

数据来源：国家统计局

单位：亿元，%

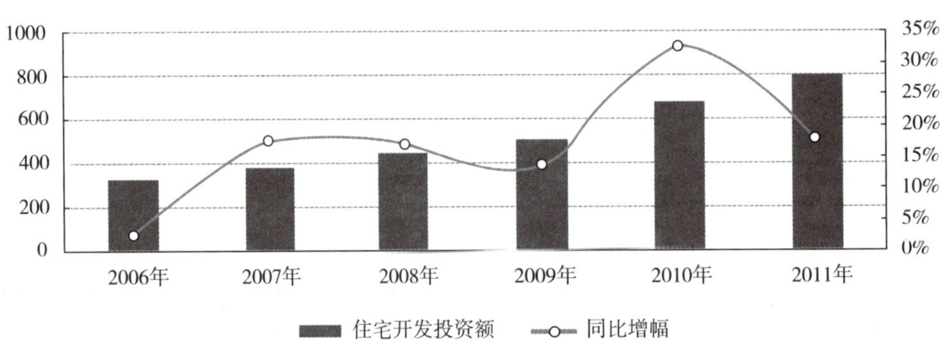

图4-64　2006～2011年杭州住宅开发投资额年度走势及同比增幅图

数据来源：国家统计局

单位：万平方米，%

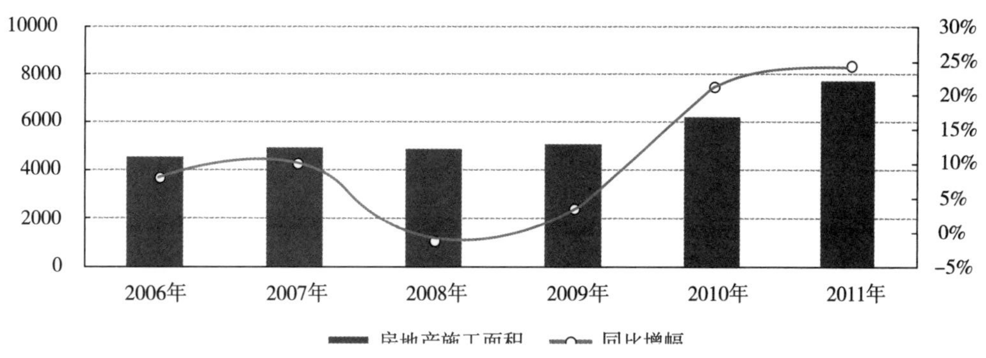

图4-65 2006～2011年杭州商品房施工面积及同比增幅图

数据来源：国家统计局

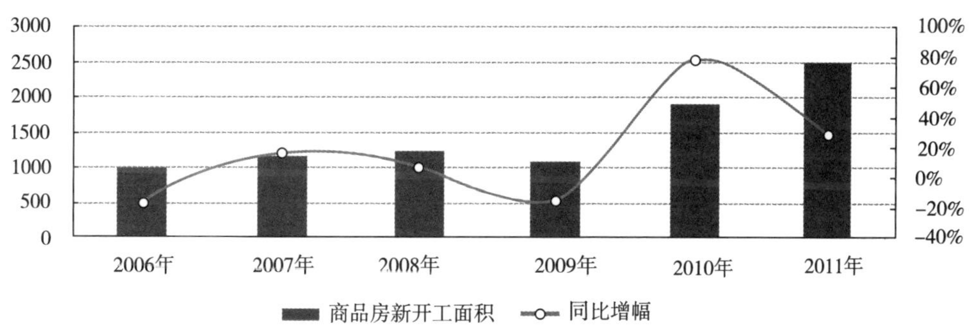

图4-66 2006～2011年杭州商品房新开工面积及同比增幅图

单位：万平方米，%

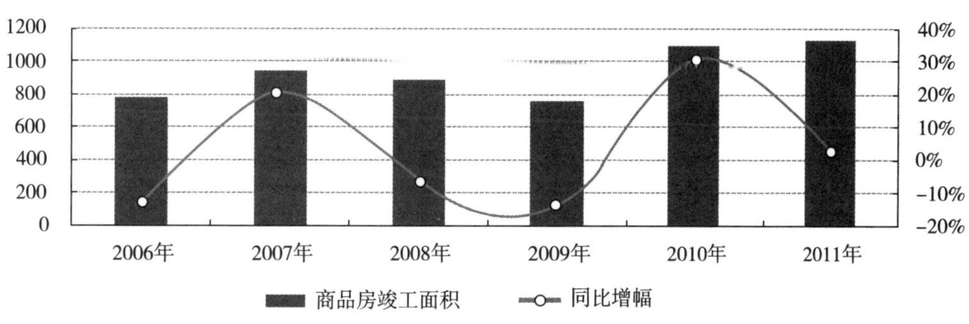

图4-67 2006～2011年杭州商品房竣工面积及同比增幅图

数据来源：国家统计局

（4）市场表现：供求差距继续放大，全年均价同比微涨

2011年杭州商品住宅供应量同比大幅上涨，但政策调控之下，成交量同比下滑明显，供过于求之势继续拉大。自1月底，“新国八条”出台之后，市场观望气氛蔓延并得到巩固，整体市场供应量偏小；随着“金九银十”的到来，市场供应量大幅上涨，但并未带来成交的上涨，也使得11月、12月供应量再度下滑。全年市场成交量则在政策影响之下持续低位徘徊，仅在1月和12月出现小放量。

单位：万平方米，元/平方米

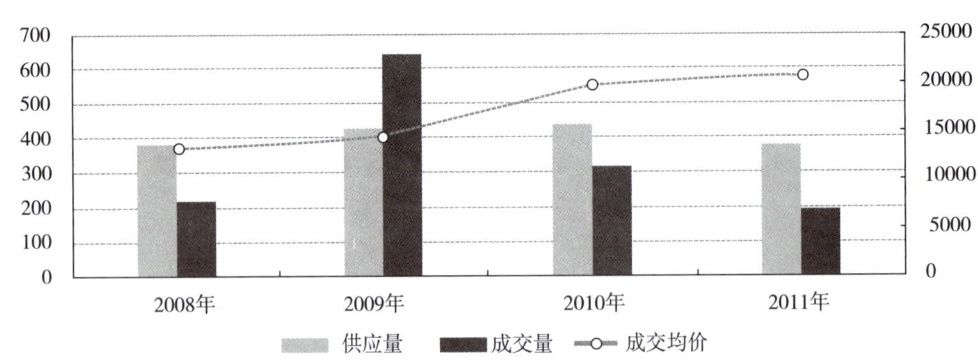

图4-68 2008～2011年杭州商品住宅供求及均价走势图

数据来源：中国房地产决策咨询系统（CRIC）

单位：万平方米，元/平方米

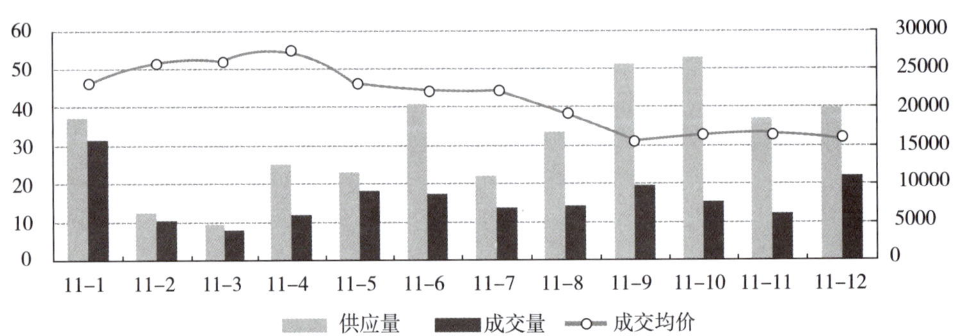

图4-69 2011年1～12月杭州商品住宅供求及均价走势图

数据来源：中国房地产决策咨询系统（CRIC）

（5）成交结构：刚性需求占据主导，下沙区成交位居首位

2011年，90平方米以下户型仍是市场主流产品，且受新政影响市场占比进一步放大，同比上涨3个百分点，该类型产品因为面积小总价低受到市场青睐。

从各区域商品房成交量情况来看，成交主要集中在江干区、西湖区、下沙区和滨江区。其中下沙区55.96万平方米成交面积位居榜首。下沙区、江干区以及滨江区主要以供应中小户型的刚需楼盘为主，同时限购之下区域酒店式公寓异军突起，取得了不错的成绩。淡市之下，刚需客户仍然是楼市的主要支撑力。

单位：平方米

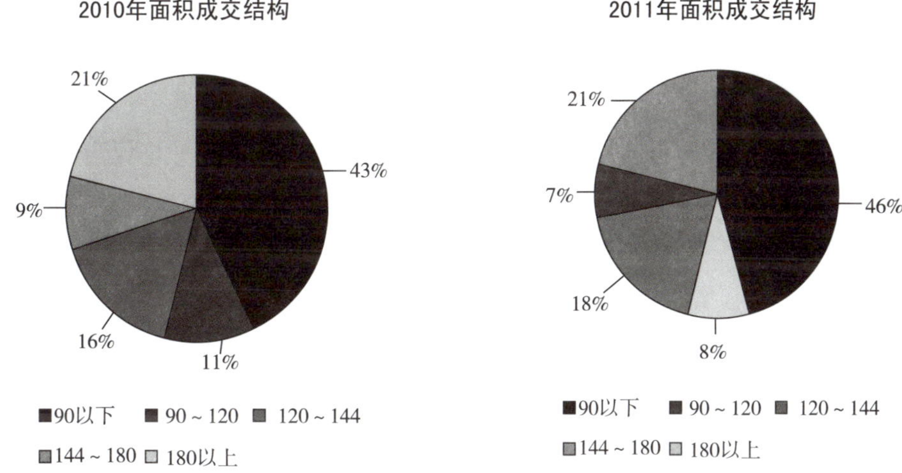

图4-70　2010年、2011年杭州商品住宅面积成交结构图

数据来源：中国房地产决策咨询系统（CRIC）

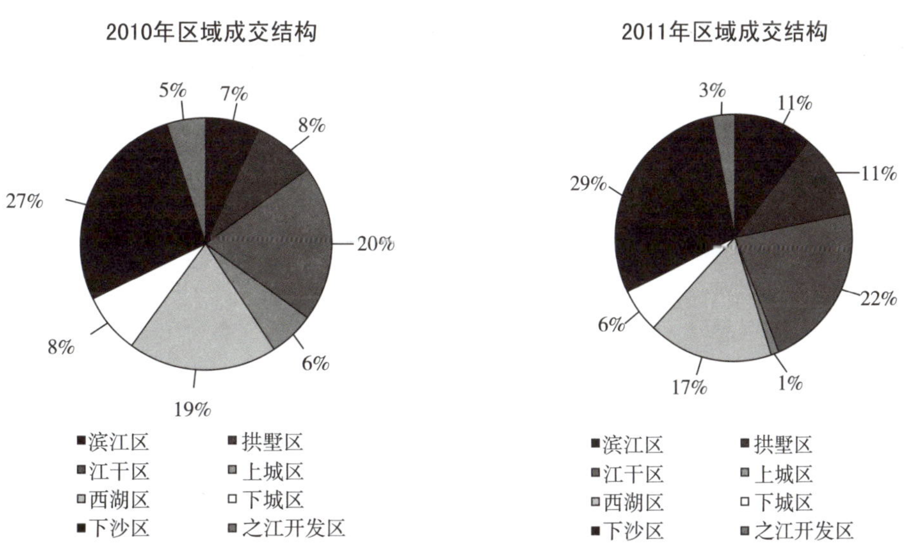

图4-71　2010年、2011年杭州商品住宅区域成交结构图

数据来源：中国房地产决策咨询系统（CRIC）

（6）项目排行榜：高端物业受调控影响，酒店式公寓迎来爆发

下沙区、江干区、西湖区是主要的热销楼盘所在区，同时酒店式公寓在限购之后成交量上涨明显。受政策影响，均价30000元以上的高端楼盘上榜项目减少，下沙等地的低总价刚需楼盘获得了市场较好反应。

表4-36　　2011年杭州商品住宅项目成交面积排行榜

单位：万平方米，亿元，元/平方米

排行	项目名称	区域	档次	成交面积	成交金额	成交均价	开发商
1	保利天地中心	下沙区	中档	14.43	14.78	10240	保利
2	金地·自在城	西湖区	中档	10.93	19.67	17989	金地
3	城市之星花园	江干区	高档	9.01	30.63	33992	滨江
4	世茂江滨花园	下沙区	中档	7.88	8.86	11238	世茂
5	中海紫藤苑	西湖区	中档	7.31	10.64	14539	中国海外
6	西溪蝶园二期	西湖区	中档	6.05	16.30	26941	万科
7	滟澜山	下沙区	中档	4.91	8.61	17520	龙湖
8	东方红街	江干区	中高档	4.75	11.09	23367	中江置业
9	世茂江滨Cosmo	下沙区	中档	4.46	4.55	10201	世茂
10	观澜时代	下沙区	高档	4.25	5.41	12727	金隅

数据来源：中国房地产决策咨询系统（CRIC）

表4-37　　2011年杭州商品住宅项目成交金额排行榜

单位：亿元，万平方米，元/平方米

排行	项目名称	区域	档次	成交金额	成交面积	成交均价	开发商
1	城市之星花园	江干区	高档	30.63	9.01	33992	滨江
2	金地·自在城	西湖区	高档	19.67	10.93	17989	金地
3	西溪蝶园二期	西湖区	中档	16.3	6.05	26941	万科
4	保利天地中心	下沙区	中档	14.78	14.43	10240	保利
5	西溪诚园	西湖区	高档	11.38	3.61	31511	绿城
6	东方红街	江干区	中档	11.09	4.75	23367	中江置业
7	中海紫藤苑	西湖区	中档	10.64	7.32	14539	中国海外
8	寰宇天下	滨江区	中档	9.8	3.76	26047	中国海外
9	兰园	下城区	高档	9.52	1.79	53121	绿城
10	世茂江滨花园	下沙区	中档	8.86	7.88	11238	世茂

数据来源：中国房地产决策咨询系统（CRIC）

7. 天津房地产市场情况

（1）2009~2011年房地产行业数据表

表4-38　　天津2009~2011年房地产行业数据表（一）

类别	指标	2009年	2010年	2011年
宏观	GDP（亿元）	7500	9108.83	11190.99
	同比增幅（%）	16.5%	17.4%	16.4%
	进出口总额（亿美元）	639.44	822.01	1033.91
	同比增幅	-20.60%	28.8%	25.78%
	固定资产投资（亿元）	5006.32	6511.42	7510.67
	同比增幅（%）	47.07%	30.1%	31.10%
	社会消费品零售总额（亿元）	2430	2902	3395.06
	同比增幅（%）	21.48%	19.4%	18.70%
行业	房地产开发投资（亿元）	735.18	866.64	1080.04
	同比增幅（%）	12.5%	17.9%	24.6%
	商品房新开工面积（万平方米）	2555.5	2911.66	3484.21
	同比增幅（%）	4.7%	13.9%	19.7%
	商品房施工面积（万平方米）	6052.16	7160.74	9075.39
	同比增幅（%）	6.1%	18.3%	26.7%
	商品房竣工面积（万平方米）	1902.06	2098.55	2105.32
	同比增幅（%）	7.5%	10.3%	0.3%
土地	土地购置面积（万平方米）	444.78	652.46	596.59
	同比增幅（%）	-13.3%	46.7%	-8.6%
	土地购置金额（亿元）	88.37	134.08	85.15
	同比增幅（%）	-11.9%	51.7%	-36.5%
市场	商品房销售面积（万平方米）	1590.02	1564.52	1643.11
	同比增幅（%）	27.0%	-1.6%	8.5%
	商品房销售金额（亿元）	1094.85	1281.91	1473.11
	同比增幅（%）	45.4%	17.1%	18.2%

数据来源：国家统计局

表4-39　　天津2009~2011年房地产行业数据表（二）

类别	指标	2009年	2010年	2011年
土地	土地供应量（万平方米）	7724.09	7869.36	7526.60
	土地成交量（万平方米）	7043.23	7011.69	7384.58
	土地成交金额（亿元）	768.72	901.97	825.93
市场	商品住宅供应量（万平方米）	980.81	1268.49	1536.41
	商品住宅成交量（万平方米）	1329.66	1024.79	886.51
	商品住宅成交均价（元/平方米）	7414	9297	9347

数据来源：中国房地产决策咨询系统（CRIC）

（2）综述：市场存量较大，客户观望情绪浓厚

2011年，天津房地产市场随着2月份“津十条”的出台，成交逐步走向低迷，市场观望气氛浓厚。房地产投资依然保持快速上涨，但竣工面积同比持平。供应上涨、成交下滑，市场供过于求之势加大。刚性需求客户仍为市场主力。

（3）投资建设：投资稳步增长，施工增速继续大幅提升

2011年，天津市共完成房地产开发投资1080.04亿元，同比上涨24.6%；其中住宅投资达678.98亿元，同比上涨20.1%。商品房施工面积、新开工面积均保持同比上涨，分别为26.7%、19.7%，商品房竣工面积则同比持平。在房地产调控环境下，天津房地产的投资额再次创下新高，并且增速较去年有所提高，主要是由于天津保障房项目投入加大，以及前期土地成交旺盛2011年迎来建设高峰所致。

单位：亿元，%

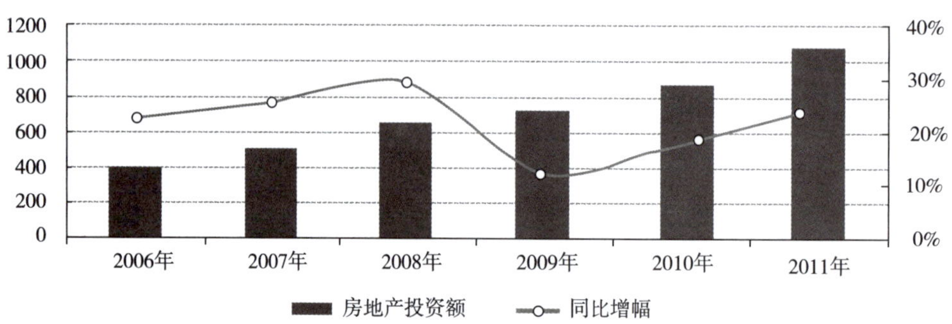

图4-72　2006～2011年天津房地产投资额年度走势及同比增幅图

数据来源：国家统计局

单位：亿元，%

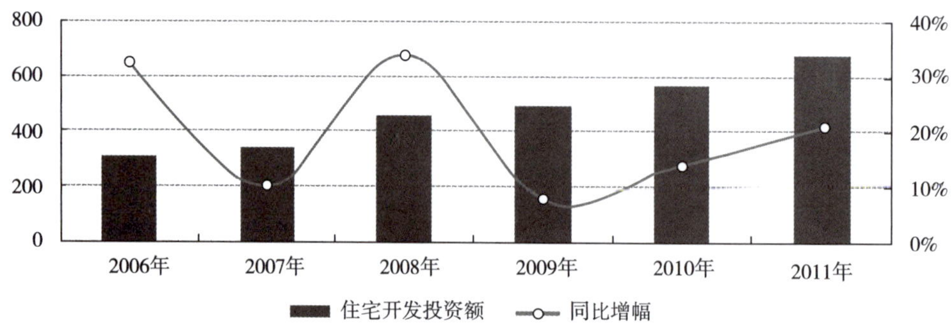

图4-73　2006～2011年天津住宅开发投资额年度走势及同比增幅图

数据来源：国家统计局

单位：万平方米，%

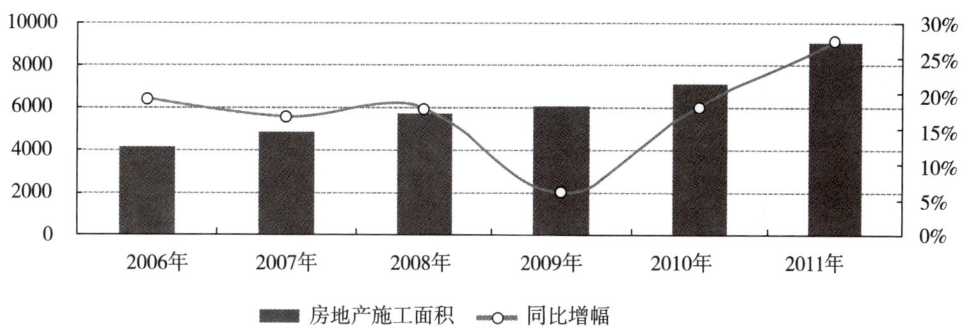

图4-74　2006～2011年天津房地产施工面积及同比增幅图

数据来源：国家统计局

单位：万平方米，%

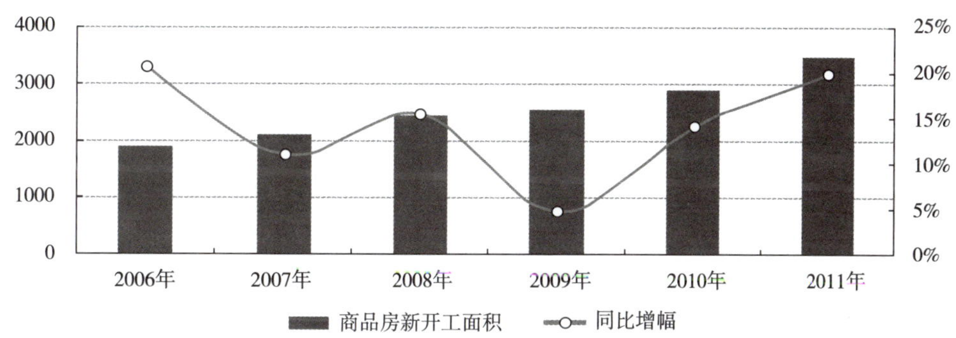

图4-75　2006～2011年天津商品房新开工面积及同比增幅图

数据来源：国家统计局

单位：万平方米，%

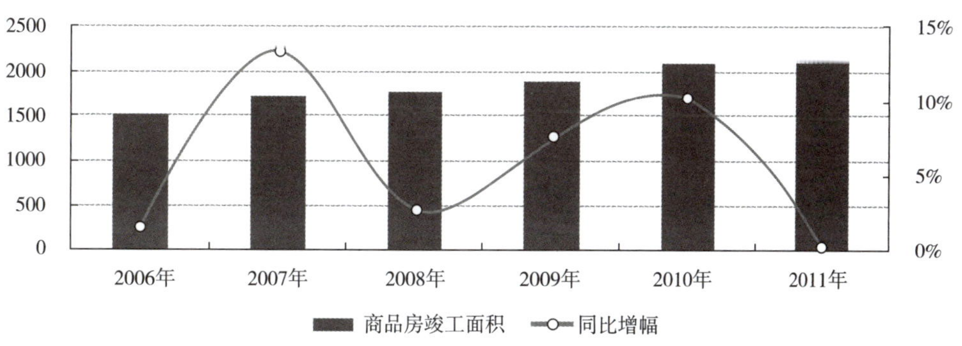

图4-76　2006～2011年天津商品房竣工面积及同比增幅图

数据来源：国家统计局

（4）市场表现：金九银十供应加大，全年成交回落但均价小幅上涨

天津2011年全年商品住宅供应量为1536.41万平方米，同比增加21.12%；成交量仅为886.51万平方米，同比下滑13.49%。商品住宅在前三季度呈快速增长态势，9月250.54万平方米的供应面积为年内最高。10月后，供应量大幅下滑，但整体仍处于较高水平。成交在政策影响之下，3月份商品住宅环比大幅下滑，随着市场提振进入了成交平稳期，月均去化量维持在80万平米左右。而随后在刚性需求释放后以及未来调控将持续等影响下，成交再次陷入低谷，并在低位徘徊。全年价格走势较为平稳，仅在限购出台后的三月份成交价格环比有较大波动。

单位：万平方米，元/平方米

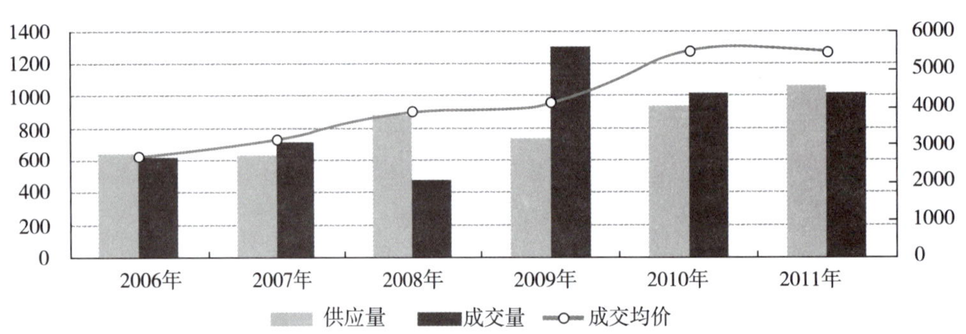

图4-77　2006～2011年天津商品住宅供求及均价走势图

数据来源：中国房地产决策咨询系统（CRIC）

单位：万平方米，元/平方米

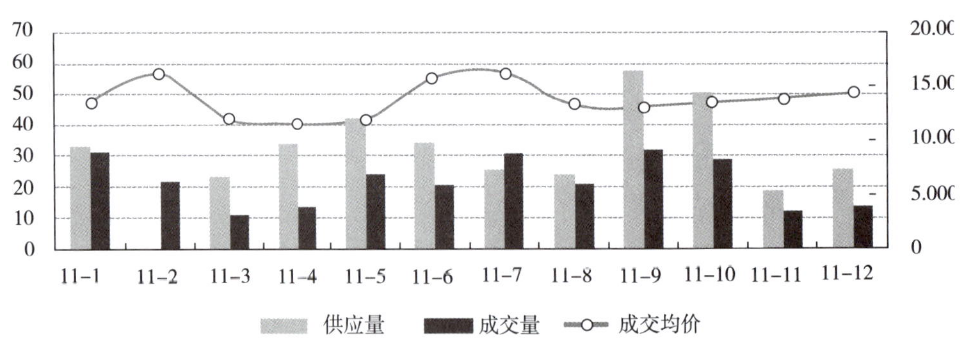

图4-78　2011年1～12月天津商品住宅供求及均价走势图

数据来源：中国房地产决策咨询系统（CRIC）

（5）成交结构：首置、首改需求依然为主导，武清、西青、津南、东丽成交占比10%以上

从新建商品住宅成交的面积结构来看，90–120平方米户型为全市新建商品住宅成交的主力，占总体成交的37%；其次是90平方米以下的户型，占总体成交的27%。首置、首改需求占天津市场的主力位置。

区域成交上，武清、西青、津南、东丽区为成交主力区域，成交占比均超过10%；其次塘沽、宝坻成交面积占比在8–9%；其他区域成交占比均在5%以下，其中宁河和红桥区的成交最少。

单位：万平方米

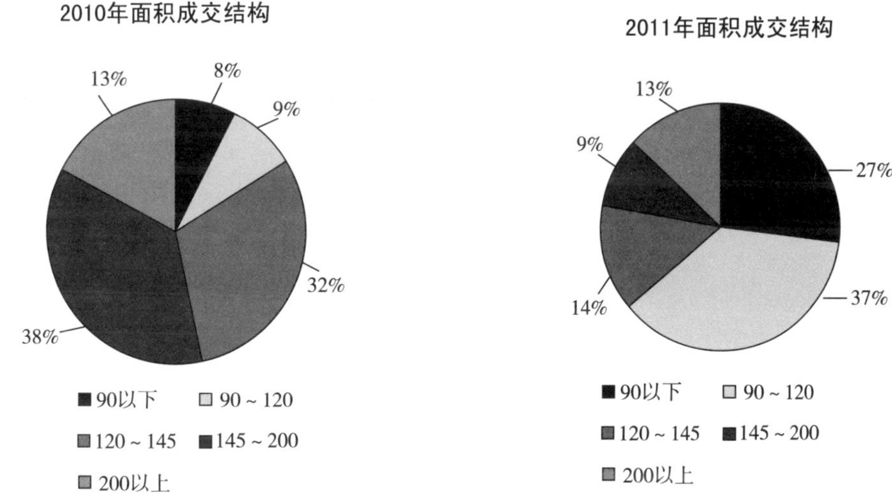

图4–79 2010年、2011年天津商品住宅面积成交结构图

数据来源：中国房地产决策咨询系统（CRIC）

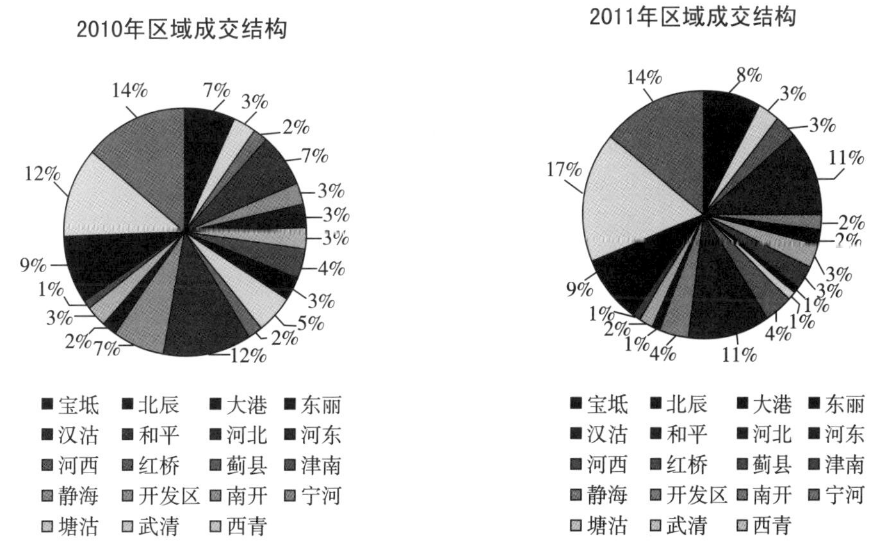

图4–80 2010年、2011年天津商品住宅区域成交结构图

数据来源：中国房地产决策咨询系统（CRIC）

（6）项目排行榜：中高端物业受到高度热捧，房产保值增值区域的项目成为首选

从天津商品住宅项目成交面积和金额排行榜来看，呈现出以下特点：第一，中高端物业热度依然不减，主要是由于通货膨胀压力加剧，购房者购买房产以实现保值增值的目的；第二，知名企业开发的区域标杆项目受到市场的追捧，成交表现突出，如保利富力津门湖、东丽湖万科城、保利上河雅颂等大盘一直保持良好的口碑，成为区域的典型。

表4-40　　2011年天津商品住宅项目成交面积排行榜

单位：万平方米，亿元，元/平方米

排行	项目名称	区域	档次	成交面积	成交金额	成交均价	开发商
1	天山水榭花都	津南	中档	16.29	7.58	4655	天津天山地产
2	龙湾城	武清	中档	15.81	10.40	6578	天津龙湾置业
3	欧美风情小镇	塘沽	中档	15.65	9.49	6065	天津鸿正地产
4	富力津门湖	西青	中高档	14.30	21.99	15379	富力
5	复地温莎堡	东丽	中高档	13.78	13.06	9478	天津申港置业
6	东丽湖万科城	东丽	中高档	13.48	12.41	9205	万科
7	保利上河雅颂	武清	中高档	12.15	8.95	7364	保利
8	莱茵小镇	西青	中档	11.25	7.93	7052	天津中天兴业
9	北宁湾	河北	中高档	10.98	14.26	12993	天津赢超地产
10	首创国际城	津南	中档	10.67	8.56	8021	天津伴山人家

数据来源：中国房地产决策咨询系统（CRIC）

表4-41　　2011年天津商品住宅项目成交金额排行榜

单位：亿元、万平方米，元/平方米

排行	项目名称	区域	档次	成交金额	成交面积	成交均价	开发商
1	富力津门湖	西青	中高档	21.99	14.30	15379	富力
2	海逸长洲	河西	高档	18.91	7.41	25513	天津融创置地有限公司
3	北宁湾	河北	中高档	14.26	10.98	12993	天津赢超地产
4	天津大都会	和平	高档	14.10	5.73	24595	天津盛世鑫和
5	复地温莎堡	东丽	中高档	13.06	13.78	9478	天津申港置业
6	都会轩	和平	高档	12.81	5.77	22203	和记黄埔
7	东丽湖万科城	东丽	中高档	12.41	13.48	9205	万科
8	中信珺台	西青	中高档	11.69	7.15	16351	中信
9	龙湾城	武清	中档	10.40	15.81	6578	天津龙湾置业
10	首创国际城	河东	中档	10.18	6.10	16681	天津伴山人家

数据来源：中国房地产决策咨询系统（CRIC）

8. 武汉房地产市场情况

（1）2009～2011年房地产行业数据表

表4-42 武汉2009～2011年房地产行业数据表（一）

类别	指标	2009年	2010年	2011年
宏观	GDP（亿元）	4621	5516	6536.81
	同比增幅（%）	15.16%	19.4%	18.51%
	进出口总额（亿美元）	114.73	180.50	209.53
	同比增幅	-17.92%	57.6%	16.05%
	固定资产投资（亿元）	3001.1	3753.17	4255.16
	同比增幅（%）	33.26%	25.1%	16.53%
	社会消费品零售总额（亿元）	2164.09	2523.20	2659
	同比增幅（%）	16.97%	19.5%	5.38%
行业	房地产开发投资（亿元）	778.59	1017.4	1274.17
	同比增幅（%）	36.5%	30.7%	25.2%
	商品房新开工面积（万平方米）	1651.17	2626.27	2097.84
	同比增幅（%）	14.1%	59.1%	-17.4%
	商品房施工面积（万平方米）	4487.38	5068.42	5961.06
	同比增幅（%）	18.1%	12.9%	17.9%
	商品房竣工面积（万平方米）	945.05	919.4	1064.06
	同比增幅（%）	8.6%	-2.7%	17.6%
土地	土地购置面积（万平方米）	228.78	274.55	251.28
	同比增幅（%）	-28.8%	20.0%	6.9%
	土地购置金额（亿元）	103.92	219.43	285.39
	同比增幅（%）	83.5%	111.2%	30.1%
市场	商品房销售面积（万平方米）	1086.99	1207.97	1323.51
	同比增幅（%）	48.5%	11.1%	9.2%
	商品房销售金额（亿元）	579.22	694.73	955.86
	同比增幅（%）	65.5%	19.9%	37.3%

数据来源：国家统计局

表4-43 武汉2009～2011年房地产行业数据表（二）

类别	指标	2009年	2010年	2011年
土地	土地供应量（万平方米）	1030.13	1583.60	1431
	土地成交量（万平方米）	541.12	1577.30	1136
	土地成交金额（亿元）	281.27	743.00	472
市场	商品住宅供应量（万平方米）	/	/	1236
	商品住宅成交量（万平方米）	1195	638.78	803
	商品住宅成交均价（元/平方米）	7296	5128	7467

数据来源：中国房地产决策咨询系统（CRIC）

（2）综述：投资保持上涨，刚需产品仍是热点

2011年武汉房地产投资依然保持上扬，但房地产新开工面积同比下滑明显。商品住宅供应量上涨明显，但成交量同比下滑，市场供过于求。刚性需求客户占据市场成交主力，小户型产品受青睐。

（3）投资建设：房地产投资保持上涨，新开工面积同比下滑

2011年，武汉房地产开发投资及住宅开发投资保持上涨，但同比增幅变化不一，房地产投资增幅回落而住宅开发投资增幅上涨。全年房地产投资额达1274.17亿元，同比增幅25.2%。住宅开发投资737.31亿元，同比上涨23.9%。商品房施工面积、竣工面积均同比保持上涨，但新开工面积同比下滑17.4%。数据的变化表明企业减少开工以应对严厉的市场调控，降低经营风险；而开发投资依然能保持高增长，主要源自保障房大力建设的推动。

单位：亿元，%

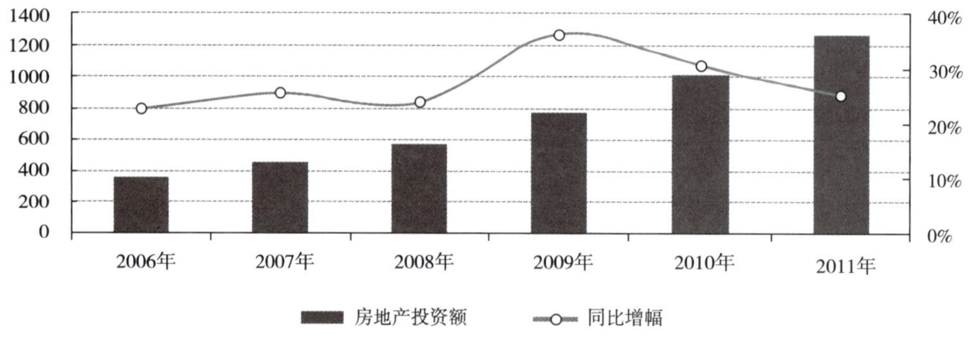

1400
1200
1000
800
600
400
200
0
40%
30%
20%
10%
0%
2006年 2007年 2008年 2009年 2010年 2011年
房地产投资额 同比增幅

图4-81　2006～2011年武汉房地产投资额年度走势及同比增幅图

数据来源：国家统计局

单位：亿元，%

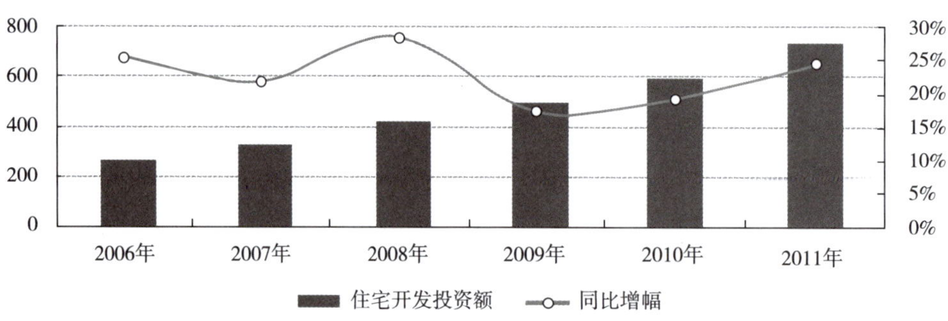

图4-82　2006～2011年武汉住宅开发投资额年度走势及同比增幅图

数据来源：国家统计局

单位：万平方米，%

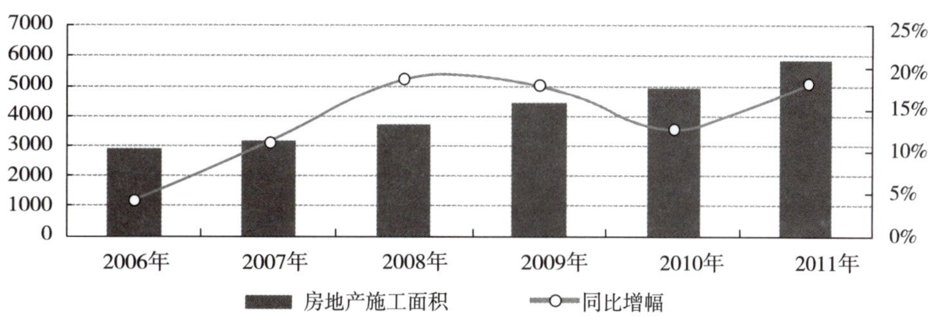

图4-83　2006～2011年武汉房地产施工面积及同比增幅图

数据来源：国家统计局

单位：万平方米，%

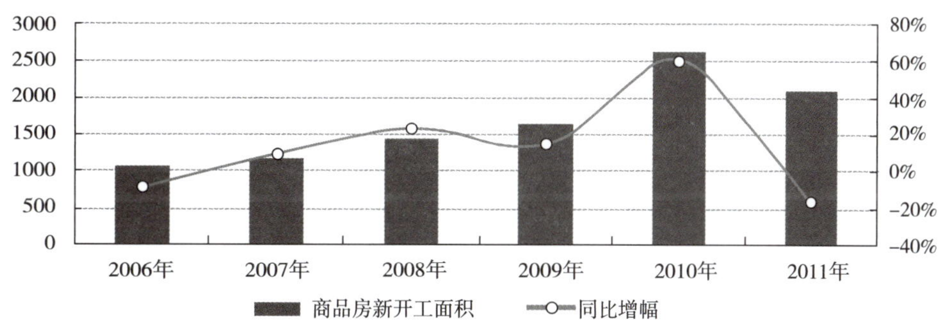

图4-84　2006～2011年武汉商品房新开工面积及同比增幅图

数据来源：国家统计局

单位：万平方米，%

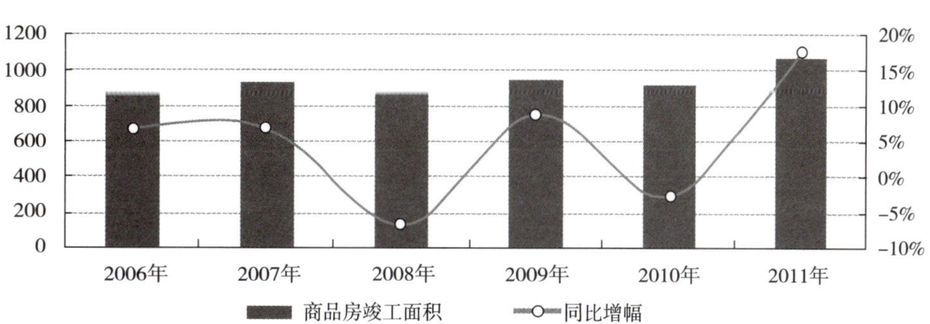

图4-85　2006～2011年武汉商品房竣工面积及同比增幅图

数据来源：国家统计局

（4）市场表现：整体市场处于供大于求态势，均价小幅上涨9%

2011年，武汉楼市供应量有所增加，年度供应量1236万方，同比增幅22%，成交803万方，同比跌幅达11%。成交价格创历史新高，达到7467元/平方米。月度变化上，供应量在9月达到178.96万平方米，为年内最高值。其余月份变化供应波动较小，仅在年底供应有所回升。成交则在全年保持低位徘徊之势。

单位：万平方米，元/平方米

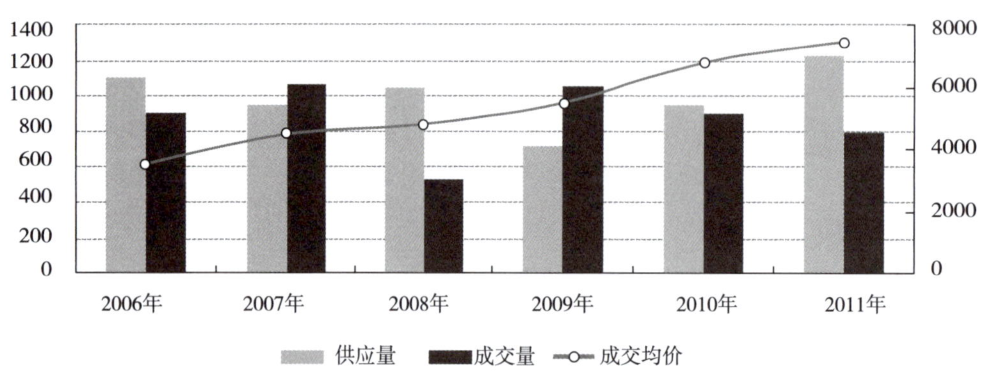

图4-86　2006～2011年武汉商品住宅供求及均价走势图

数据来源：中国房地产决策咨询系统（CRIC）

单位：万平方米，元/平方米

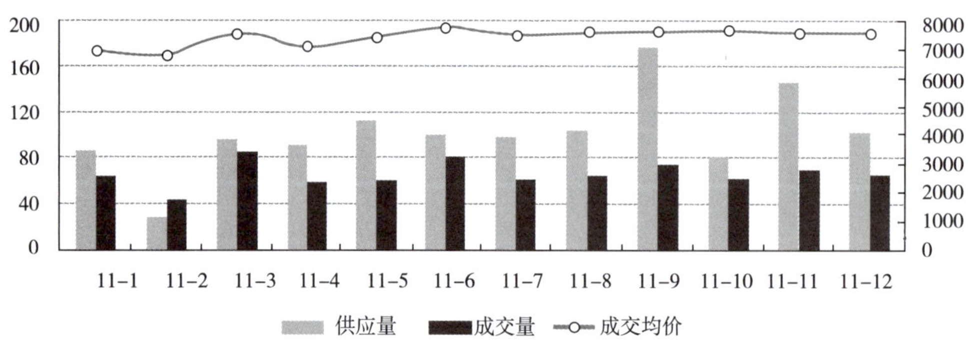

图4-87　2011年1～12月武汉商品住宅供求及均价走势图

数据来源：中国房地产决策咨询系统（CRIC）

（5）成交结构：小户型成交比重上扬，东湖高新地位稳固

2011年90平方米以下户型成交比重继续上扬，占33%，同比上涨5个百分点。高端项目则受调控影响，虽然供应量上涨，但成交量占比变化不大，其中120-144平方米的户型占比减少至21%。

从区域成交结构来看，2011年黄陂与洪山成交占比增加分别占18%与14%，而东湖高新区成交比重则由

18%下滑至12%。

单位：万平方米

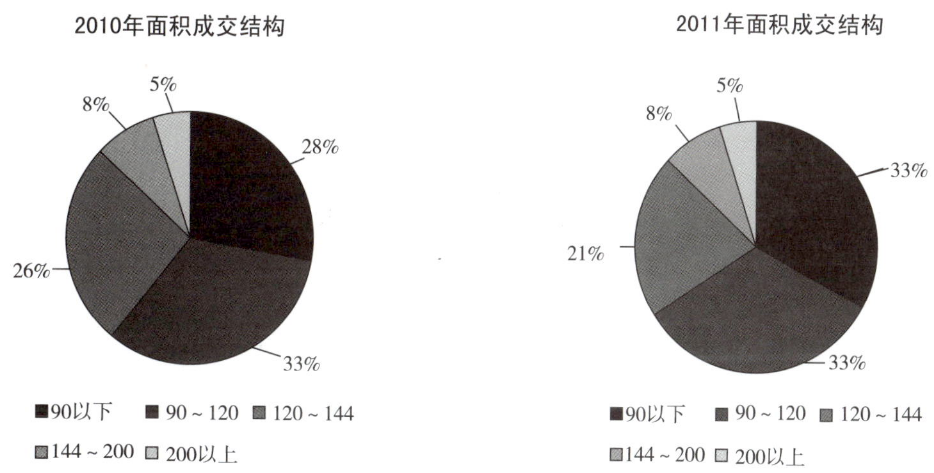

图4-88 2010年、2011武汉商品住宅面积成交结构图

数据来源：中国房地产决策咨询系统（CRIC）

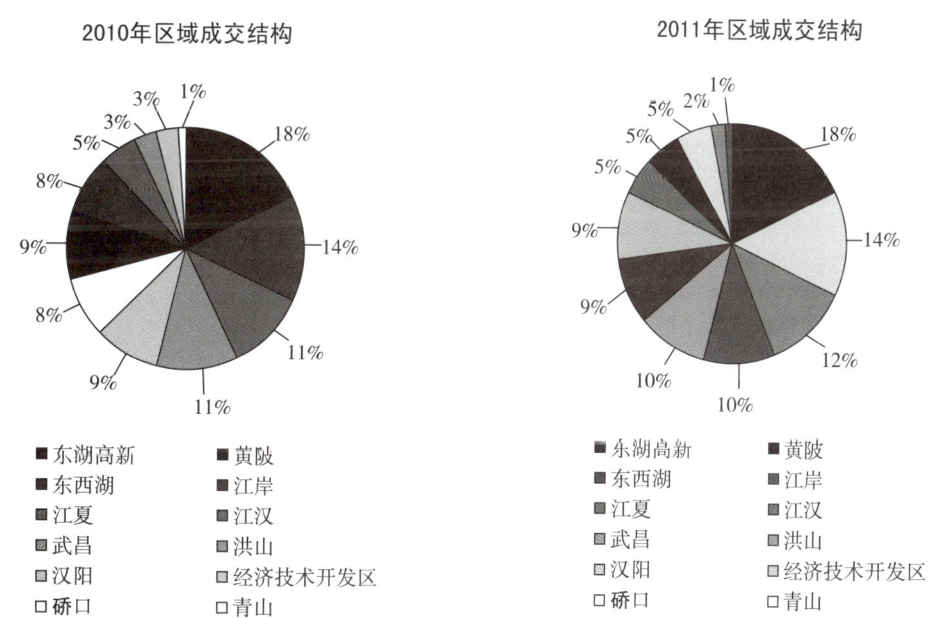

图4-89 2010年、2011年武汉商品住宅区域成交结构图

数据来源：中国房地产决策咨询系统（CRIC）

（6）项目排行榜：二环外楼盘更畅销，新兴区域崛起带动项目成交

畅销楼盘大多分布在二环以外。首次置业与首次改善置业项目有7 个，仅万科红郡、保利海上五月花、复地东湖国际3 家为高端产品。从成交区域分析，白沙洲、经开区等新兴区域崛起。盘龙城也是今年成交的热点区域；2006年起，该区域商品房大规模上市，而今年，随着汉正街搬迁的利好，盘龙城进入了新的发展阶段。

表4-44　　2011年武汉商品住宅项目成交面积排行榜

单位：万平方米，亿元，元/平方米

排行	项目名称	区域	档次	成交面积	成交金额	成交均价	开发商
1	万科金色城市	武昌	中端	30.30	19.85	6551	万科
2	恒大名都	黄陂	中高端	26.27	14.37	5469	恒大
3	万科红郡	光谷	中高端	14.10	13.02	9233	万科
4	保利心语	南湖	中端	13.71	10.31	7519	保利
5	复地东湖国际	武昌	高端	12.92	16.02	12400	复地
6	百步亭花园	江岸	中端	12.71	10.24	8055	百步亭集团
7	名流人和天地	黄陂	中端	12.10	5.20	4301	名流
8	保利华都	光谷	中端	11.76	9.78	8320	湖北保利
9	万科金域蓝湾	沌口	中高端	11.63	10.59	9113	万科
10	保利海上五月花	江夏	中端	11.39	6.29	5524	保利

数据来源：中国房地产决策咨询系统（CRIC）

表4-45　　2011年武汉商品住宅项目成交金额排行榜

单位：亿元，万平方米，元/平方米

排行	项目名称	区域	档次	成交金额	成交面积	成交均价	开发商
1	万科金色城市	武昌	中端	19.85	22.79	6551	万科
2	武汉积玉桥万达广场	武昌	高端	19.41	15.85	21221	万达
3	复地东湖国际	武昌	高端	16.02	22.38	12400	复地
4	恒大名都	黄陂	中高端	14.37	11.76	5469	恒大
5	万科红郡	光谷	中高端	13.02	11.02	9233	万科
6	百瑞景中央生活区	武昌	中高端	10.78	14.30	10703	大桥局
7	万科金域蓝湾	沌口	中高端	10.59	12.57	9113	万科
8	保利心语	南湖	中端	10.31	9.69	7519	保利
9	百步亭花园	江岸	中端	10.24	11.76	8055	百步亭集团
10	万科金域华府	武昌	中高端	9.94	13.36	12622	万科

数据来源：中国房地产决策咨询系统（CRIC）

9. 成都房地产市场情况

（1）2009~2011年房地产行业数据表

表4-46　　成都2009~2011年房地产行业数据表（一）

类别	指标	2009年	2010年	2011年
宏观	GDP（亿元）	4503.00	5551.30	6854.6
	同比增幅（%）	14.70%	15.0%	15.2%
	进出口总额（亿美元）	178.60	246.30	379.1
	同比增幅	15.89%	38.60%	5.39%
	固定资产投资（亿元）	4026.00	4255.40	5006.0
	同比增幅（%）	33.62%	5.7%	19.2%
	社会消费品零售总额（亿元）	1950.00	2417.60	2861.3
	同比增幅（%）	20.23%	18.8%	18.4
行业	房地产开发投资（亿元）	945.14	1278.34	1595.64
	同比增幅（%）	3.6%	35.3%	24.8%
	商品房新开工面积（万平方米）	1413.62	2698.23	3188.42
	同比增幅（%）	-20.8%	70.1%	18.2%
	商品房施工面积（万平方米）	8317.09	9778.9	12664.51
	同比增幅（%）	12.5%	16.3%	29.5%
	商品房竣工面积（万平方米）	1636.85	1577.86	1573.2
	同比增幅（%）	69.7%	-9.4%	-0.3%
土地	土地购置面积（万平方米）	217.8	218.25	195.79
	同比增幅（%）	-21.9%	1.1%	-21.6%
	土地购置金额（亿元）	146.98	231.26	244.41
	同比增幅（%）	-35.8%	58.9%	5.7%
市场	商品房销售面积（万平方米）	2693.1	2559.28	2713.45
	同比增幅（%）	111.5%	-5.5%	6.0%
	商品房销售金额（亿元）	1329	1519.33	1811.32
	同比增幅（%）	112.1%	13.9%	19.2%

数据来源：国家统计局

表4-47　　成都2009~2011年房地产行业数据表（二）

类别	指标	2009年	2010年	2011年
土地	土地供应量（万平方米）	1425.60	2315.60	780.73
	土地成交量（万平方米）	1486.70	1464.90	744.25
	土地成交金额（亿元）	418.03	612.00	351.57
市场	商品住宅供应量（万平方米）	1863.80	1953.00	2300.25
	商品住宅成交量（万平方米）	2823.94	2024.00	1694.86
	商品住宅成交均价（元/平方米）	4992	6265	6815

数据来源：中国房地产决策咨询系统（CRIC）

（2）综述：全年成交量低迷，市场观望情绪浓厚

2011年在“限贷、限购、限价”的强有力管制下，楼市调控效果渐显。成都房地产市场成交量大幅萎缩，但成交价格下降并不明显。从整体市场来看，2011年市场供应出现较大幅度上涨，由于受调控政策影响，全年度商品住宅成交量同比下滑明显，全年成交低位徘徊，除年初政策出台前大规模成交备案，全年供应始终大于成交。从成交结构来看，全年成交以小面积低总价的两三房为主，刚需成为市场主流。

（3）投资建设：投资额逐年上升，增幅有所下降

2011年成都房地产开发投资额、住宅开发投资均同比上涨，分别为24.8%、29.3%，房地产投资增速出现回落，但住宅投资增速与2010年基本持平。商品房施工面积和竣工面积同比增速出现不同程度上涨，，全年商品房施工面积12664.51万平方米，同比上涨29.5%；竣工面积1573.20万平方米，同比下滑0.3%。新开工面积3188.42万平方米，同比上涨18.2%，但增长幅度较2010年出现明显的下降，开发节奏有所放缓。

单位：亿元，%

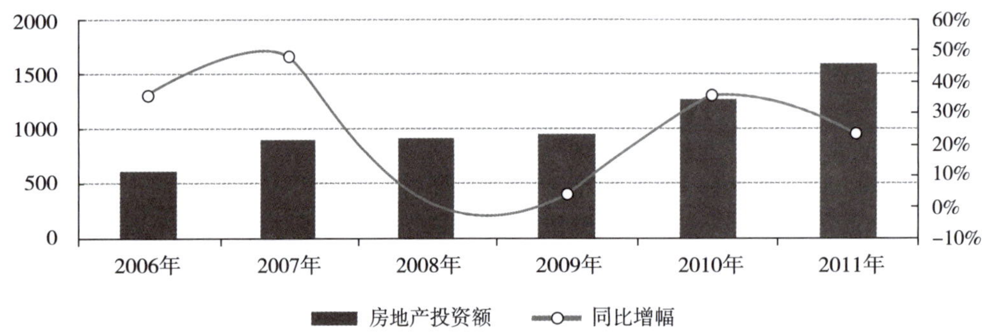

图4-90　2006～2011年成都房地产投资额年度走势及同比增幅图

数据来源：国家统计局

单位：亿元，%

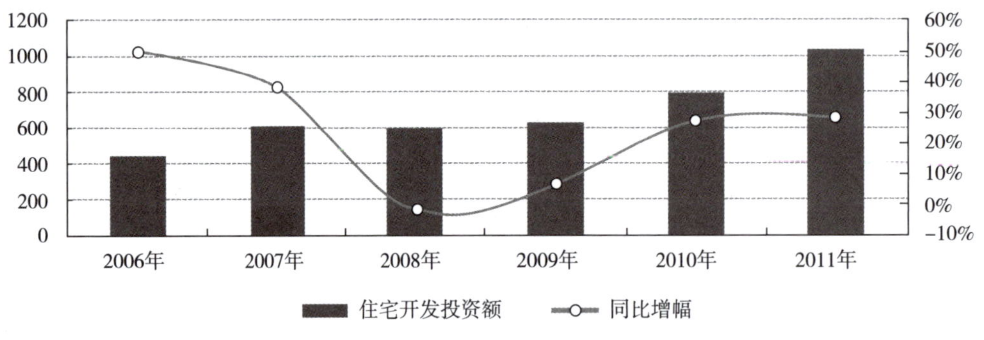

图4-91　2006～2011年成都住宅开发投资额年度走势及同比增幅图

数据来源：国家统计局

单位：万平方米，%

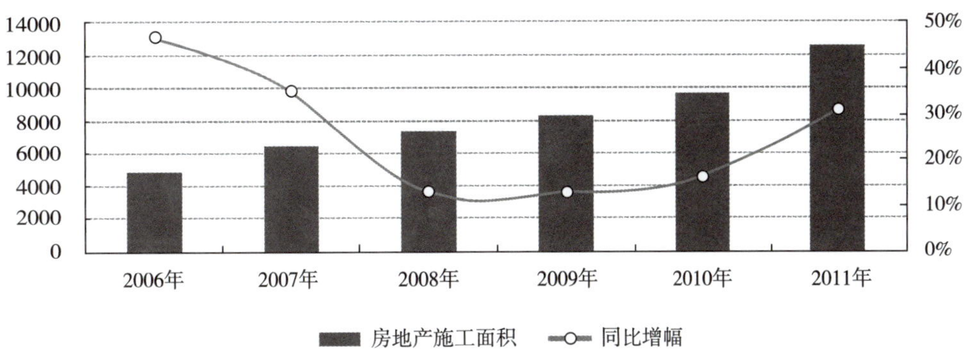

图4-92　2006～2011年成都房地产施工面积及同比增幅图

数据来源：国家统计局

单位：万平方米，%

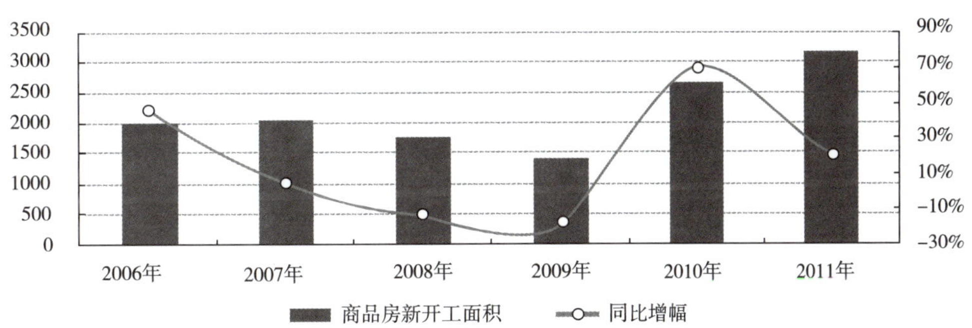

图4-93　2006～2011年成都商品房新开工面积及同比增幅图

数据来源：国家统计局

单位：万平方米，%

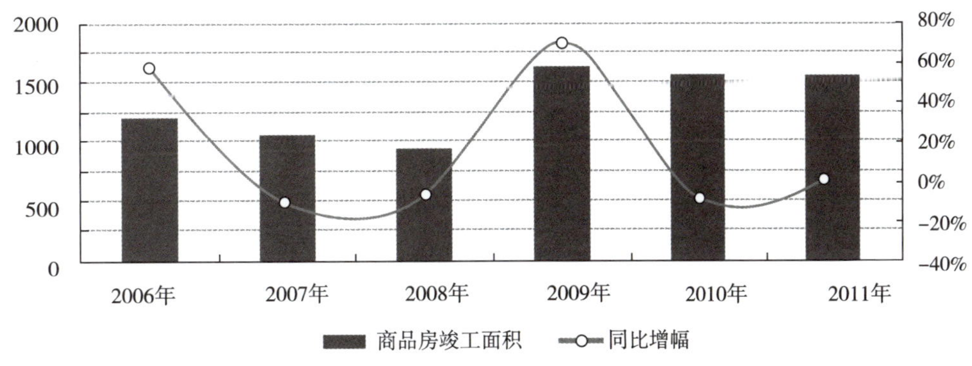

图4-94　2006～2011年成都商品房竣工面积及同比增幅图

数据来源：国家统计局

（4）市场表现：2011年供大于求，全年呈现有价无量格局

在经过2009年成都楼市在政策刺激与购房者信心利好等因素下出现飙升，达到峰值；而2010年虽未延续09年的上涨态势，市场成交量在调控政策的影响下有所回落，但市场热度仍然很高；2011年中央出台”新国八条”后，虽然在政策执行之前出现集中备案的情况，但2011年全年在政策的持续影响下，成交不振成为常态。年底时由于房价开始松动，信贷出现放松迹象，市场成交有小幅回升的趋势。

从2011年成都市商品住宅月度成交走势图上可以看出，除1、2月成交量较高外，其余月份始终低位徘徊；虽然9月份市场供应量大幅上升，但市场成交表现依旧低迷。从成交价格来看，在调控政策的高压之下，价格始终处于高位波动，未出现实质性下降。

单位：万平方米，元/平方米

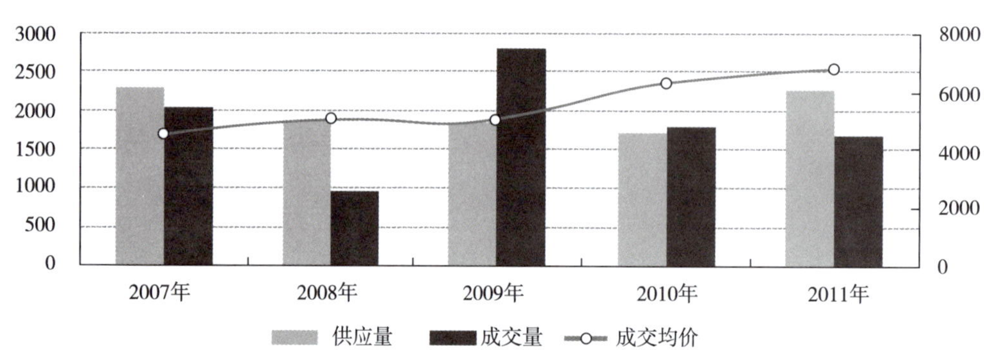

图4-95 2007～2010年成都商品住宅供求及均价走势图

数据来源：中国房地产决策咨询系统（CRIC）

单位：万平方米，元/平方米

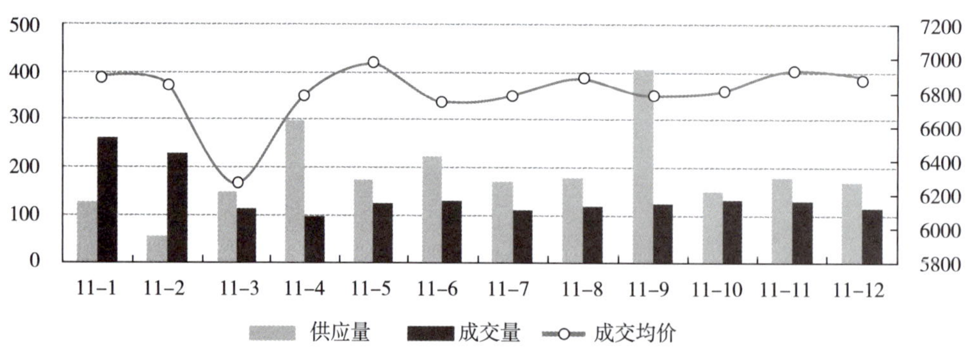

图4-96 2011年1月～12月成都商品住宅供求及均价走势图

数据来源：中国房地产决策咨询系统（CRIC）

（5）成交结构：仍以首置首改为主，郊区板块为重点成交区域

从区域成交结构来看，郊区板块为成都楼市的重点成交区域，且成交占比有逐步扩大的趋势。2011年双流区商品住宅成交占总体比重达19%，虽然占比相较去年有所下降，但仍是成都市成交重点区域。另外，一直是成都楼市洼地的新都区，随着区域发展建设以及保利、万科等品牌开发商的进驻，逐渐成为成都新的热点区域。

在户型选择上，70–110之间的房源依然是市场成交的主体，占比达到59%，充分反映出市场需求主要是以刚性需求为主导。

单位：平方米

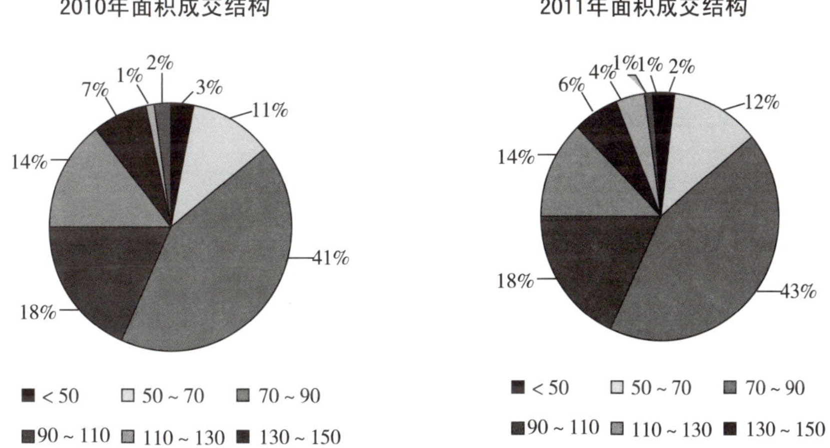

图4–97　2010年、2011年成都商品住宅面积成交结构图

数据来源：中国房地产决策咨询系统（CRIC）

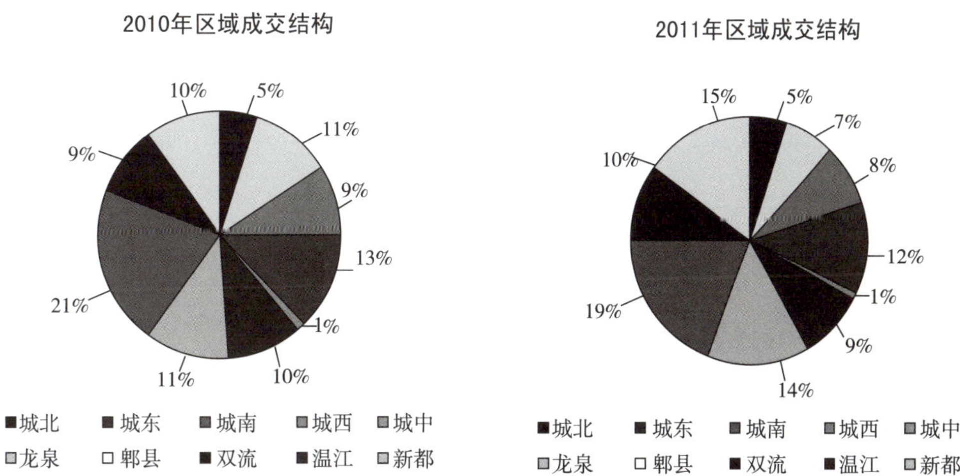

图4–98　2010年、2011年成都商品住宅区域成交结构图

数据来源：中国房地产决策咨询系统（CRIC）

（6）项目排行榜：郊区发力，刚需品质项目市场关注度高

2011年成都商品住宅排行从成交面积来看，上榜几乎都是以刚性需求为对象的项目，该类项目价格较低，户型比较适中，并且上榜项目多为品质较高配套齐全的大型项目。值得注意的是佳兆业成为2011年市场的黑马，两个郊区项目丽晶港与佳兆业君汇上品均进入销售面积前10名。从成交金额来看，上榜前10多为品牌开发商品质项目，且多具备区域优势或是独特资源。

表4-48　　2011年成都商品住宅项目成交面积排行榜

单位：万平方米，亿元，元/平方米

排行	项目名称	区域	档次	成交面积	成交金额	成交均价	开发商
1	南湖国际社区	双流	中档	44.99	27.72	6162	成都森宇
2	丽晶港	温江	中低档	25.26	13.79	5460	佳兆业地产
3	佳兆业上品	双流	中低档	19.06	9.70	5089	佳兆业地产
4	保利花园	城西	中档	17.21	14.74	8567	保利地产
5	保利公园198	新都	中高档	17.16	10.32	6017	保利地产
6	合能四季康城	龙泉	低档	17.11	8.33	4871	合能地产
7	上锦颐园	郫县	低档	15.10	6.98	4624	桂溪地产
8	首创东公元	龙泉	中低档	13.54	7.09	5234	首创地产
9	中德英伦联邦	双流	中档	13.53	10.72	7921	中德世纪
10	花样年花样城	温江	低档	13.04	5.78	4436	成都花百里

数据来源：中国房地产决策咨询系统（CRIC）

表4-49　　2011年成都商品住宅项目成交金额排行榜

单位：亿元，万平方米，元/平方米

排行	项目名称	区域	档次	成交金额	成交面积	成交均价	开发商
1	南湖国际社区	双流	中档	27.72	44.99	6162	成都森宇
2	麓山国际社区	双流	高档	18.81	12.40	15172	成都万华
3	保利花园	城西	中档	14.74	17.21	8567	保利地产
4	丽晶港	温江	中低档	13.79	25.26	5460	佳兆业地产
5	华侨城	城北	中高档	12.78	10.48	12200	天府华侨城
6	誉峰	城南	高档	11.46	6.02	19020	合景泰富
7	万科金润华府	城东	中高档	10.76	9.28	11595	万科地产
8	中德英伦联邦	双流	中档	10.72	13.53	7921	中德世纪
9	保利公园198	新都	中高档	10.32	17.16	6017	保利地产
10	保利心语花园	城南	中高档	10.15	11.25	9017	保利地产

数据来源：中国房地产决策咨询系统（CRIC）

10. 重庆房地产市场情况

（1）2009～2011年房地产行业数据表

表4-50　重庆2009～2011年房地产行业数据表（一）

类别	指标	2009年	2010年	2011年
宏观	GDP（亿元）	6528.70	7894.24	10011.13
	同比增幅（%）	28.10%	17.10%	16.40%
	进出口总额（亿美元）	77.08	124.26	292.18
	同比增幅	-19.00%	61.1%	135.1%
	固定资产投资（亿元）	5317.90	6934.80	7631.80
	同比增幅（%）	31.50%	30.4%	30%
	社会消费品零售总额（亿元）	2479.00	2878.04	3415.90
	同比增幅（%）	15.50%	19%	18.69%
行业	房地产开发投资（亿元）	1238.91	1620.26	2015.09
	同比增幅（%）	25.0%	30.8%	24.4%
	商品房新开工面积（万平方米）	3813.68	6312.64	6824.36
	同比增幅（%）	8.7%	65.5%	8.1%
	商品房施工面积（万平方米）	13052.6	17138.5	20397.24
	同比增幅（%）	12.1%	31.3%	19.0%
	商品房竣工面积（万平方米）	2907.05	2626.59	3424.33
	同比增幅（%）	22.8%	-9.6%	30.4%
土地	土地购置面积（万平方米）	1227.79	1369.22	1676.12
	同比增幅（%）	5.4%	11.5%	23.7%
	土地购置金额（亿元）	238.11	371.44	374.76
	同比增幅（%）	33.2%	56.0%	0.9%
市场	商品房销售面积（万平方米）	4002.89	4314.39	4533.50
	同比增幅（%）	39.4%	7.8%	5.1%
	商品房销售金额（亿元）	1377.76	1846.94	2146.09
	同比增幅（%）	72.2%	34.1%	16.2%

数据来源：国家统计局

表4-51　重庆2009～2011年房地产行业数据表（二）

类别	指标	2009年	2010年	2011年
土地	土地供应量（万平方米）	990.00	1246.90	2254.83
	土地成交量（万平方米）	856.30	563.10	1929.65
	土地成交金额（亿元）	411.46	212.00	632.56
市场	商品住宅供应量（万平方米）	1160.40	2004.7	2029.5
	商品住宅成交量（万平方米）	980.20	2141.3	1487.7
	商品住宅成交均价（元/平方米）	1396.03	6027	7042

数据来源：中国房地产决策咨询系统（CRIC）

（2）综述：市场持续低迷，供大于求局势明显

2011年在限购、限贷、限价等措施持续加码，各项措施在全国严格执行情况下，尽管重庆调控力度不大，但仍受大环境影响明显，市场成交方面持续低迷，全年同比降幅超过3成，市场供需关系随之出现逆转，供大于求趋势明显；从房价走势来看，年末时开发商迫于回笼资金“德需要，开始主动调整项目销售价格，但全年房价仍保持上涨。

（3）投资建设：房地产开发投资继续拉升，但增速下滑

2011年年末，房地产市场宏观调控政策效果初步显现，重庆市房地产建设投资与市场销售等各项指标增速均呈现逐步放缓趋势，市场理性回归态势较为明显。2011年全市房地产开发企业完成投资突破2000亿元大关，达2015.09亿元，同比增长24.4%，但增长幅度较一季度回落19.0个百分点，较上半年回落10.6个百分点，较前三季度回落9.5个百分点，开发投资增速呈现出不断放缓的发展趋势，全年投资增幅较近十年全市房地产开发投资平均增速27.8%略低3.4个百分点。

2011年，重庆市施工、新开工面积增速均呈现不同程度的回落态势。商品房施工面积20397.24万平方米，增长19.0%，较前三个季度分别回落20.5、11.4和7.5个百分点，其中商品住宅施工面积15923.84万平方米，增长15.9%；商品房新开工面积6824.36万平方米，增长8.1%，较前三个季度分别回落76.1、20.4和11.0个百分点，其中商品住宅新开工面积5214.42万平方米，同比下降1.0%；商品房竣工面积3424.33万平方米，同比增长30.4%，其中商品住宅竣工面积2826.78万平方米，增长29.7%。

单位：亿元，%

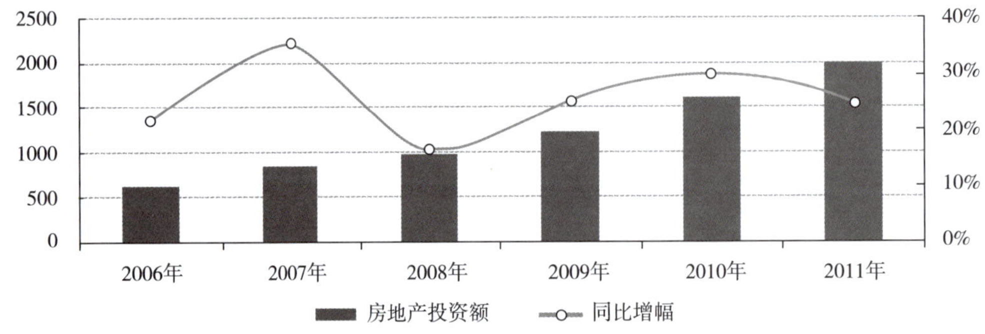

图4-99　2006～2011年重庆房地产投资额年度走势及同比增幅图

数据来源：国家统计局

单位：亿元，%

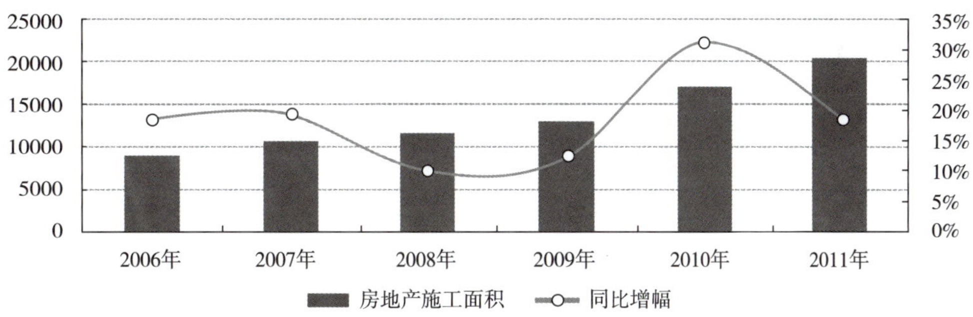

图4-100　2006～2011年重庆住宅开发投资额年度走势及同比增幅图

数据来源：国家统计局

单位：万平方米，%

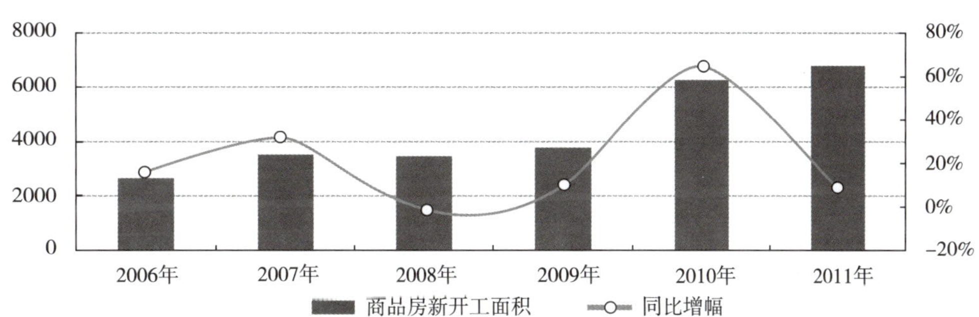

图4-101　2006～2011年重庆房地产施工面积及同比增幅图

数据来源：国家统计局

单位：万平方米，%

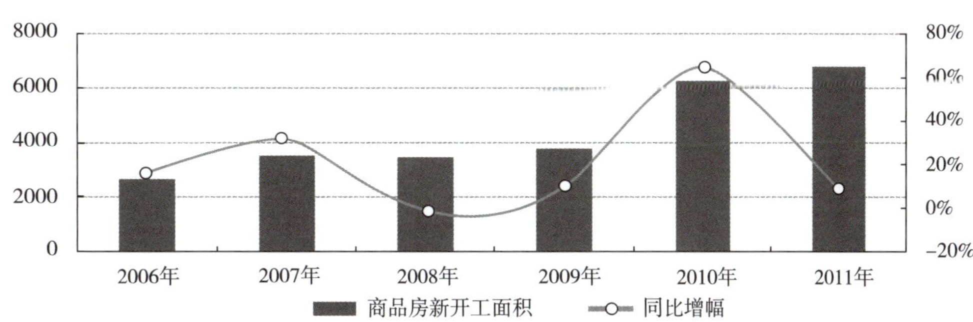

图4-102　2006～2011年重庆商品房新开工面积及同比增幅图

数据来源：国家统计局

单位：万平方米，%

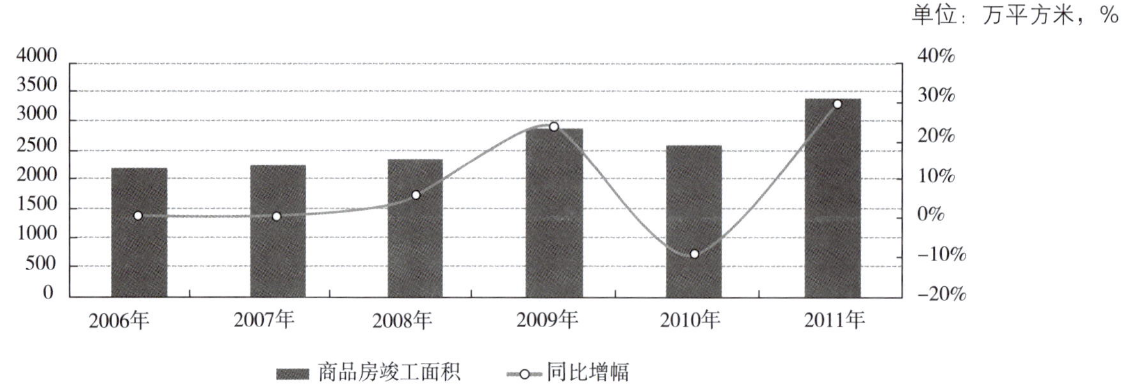

图4-103　2006～2011年重庆商品房竣工面积及同比增幅图

数据来源：国家统计局

（4）市场表现：成交下滑明显，市场供过于求

2011年重庆主城区商品房市场成交1487.71万平方米，同比下降30.5%。市场供应2029.49万平方米，同比涨幅约1.2%。整体市场呈供大于求态势，全年主城区市场供求比为1.36：1。2011年房地产市场在政策调控的笼罩下，市场上开盘售罄的热销情况已经难以见到，购房者大多持观望态度。开发商媒体宣传力度削减，开始加强各种渠道销售建设，如发传单、现场活动、团购等等，而团购无疑成为今年销售一大亮点。

从成交方面来看，2011年重庆商品房成交1487.71万平方米，同比下降30.5%。2011年全年重庆市场都处于低迷的态势，即使是两次房交会也未能有效拉动市场成交出现上涨。随着二、三季度调控效果逐渐明显，开发商开始打折降价促销，因此到四季度，降价带来一定成效，成交量有略微上涨。

重庆主城区商品房成交价格持续上涨趋势明显，截止到2011年12月，市场整体成交均价7042元/平方米，较去年的成交均价6027元/平方米上涨1015多元，涨幅为16.8%。但价格上下浮动较大，从2010年12月开始，主城成交均价突破7000元/平方米大关，到2011年5月达到7800元/平方米的顶峰之后开始逐渐下降，均价最高的5月和最低的2月价格相差达到200元/平方米。

单位：万平方米，元/平方米

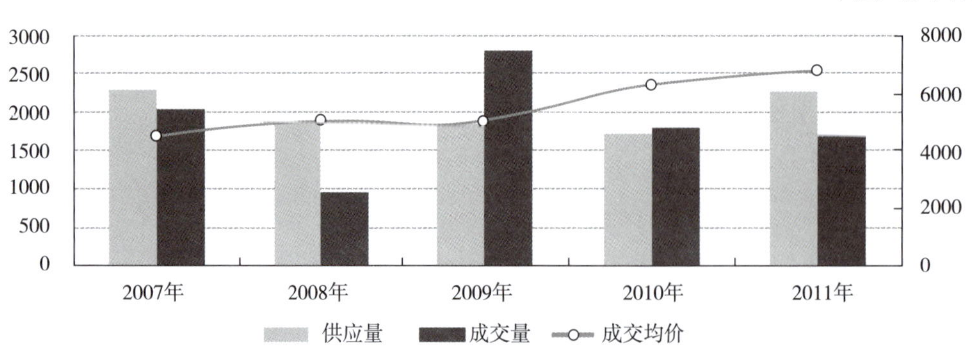

图4-104　2006～2011年重庆商品房供求及均价走势图

数据来源：中国房地产决策咨询系统（CRIC）

单位：万平方米，元/平方米

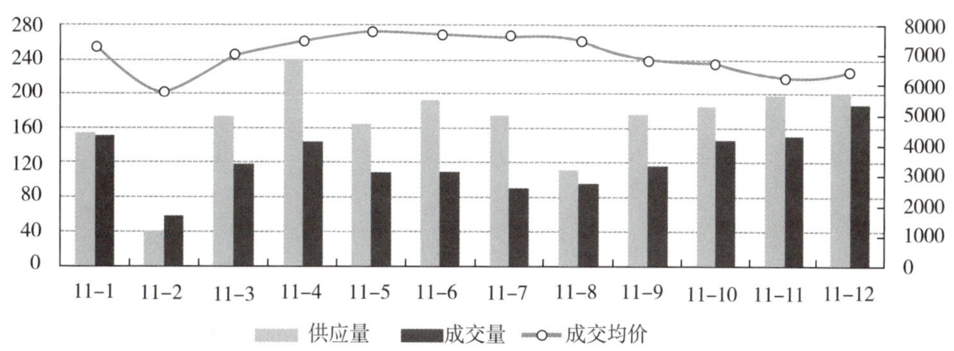

图4-105　2011年1～12月重庆商品房供求及均价走势图

数据来源：中国房地产决策咨询系统（CRIC）

（5）成交结构：120平方米以下房源占比下滑，渝北区占比最高

2011年重庆房地产市场接受度最高的面积段户型由以往的80平方米以下，逐步向面积段较大的房源转变。2011年以改善及刚需型客户为主要消费人群的80-110平方米之间的户型受到购房者青睐。其中90-110平方米的改善型需求房源增幅明显，相较于2010年成交占比增加近4个百分点；而2010年成交占比最大60-70平方米的房源，11年成交占比进一步增长为18.06%。

2011年受国家宏观调控政策影响，重庆主城各区域商品房市场均出现明显供大于求局面。从成交占比来看，渝北区、南岸区成交量依然位居全市成交的一二位，分别占比27.36%及15.57%。；其余各区域占比基本与去年持平，波动不大。重庆楼市的发展依然保持着“向西、向北”发展的主流趋势。

单位：万平方米

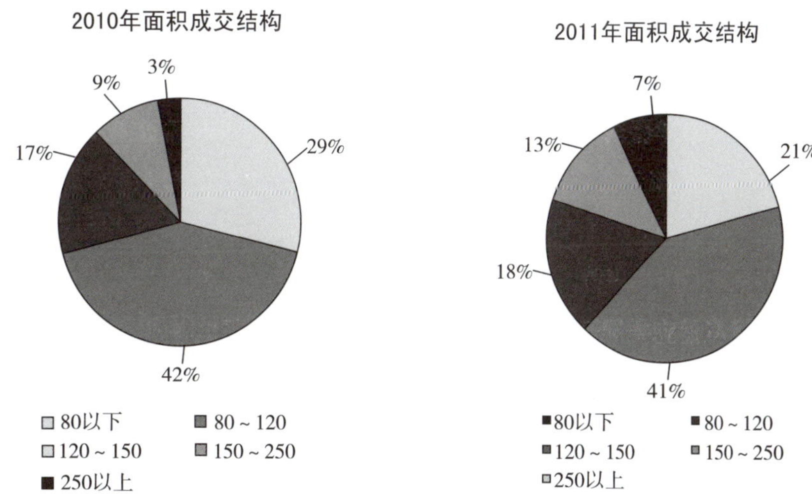

图4-106　2010年、2011年重庆商品房面积成交结构图

数据来源：中国房地产决策咨询系统（CRIC）

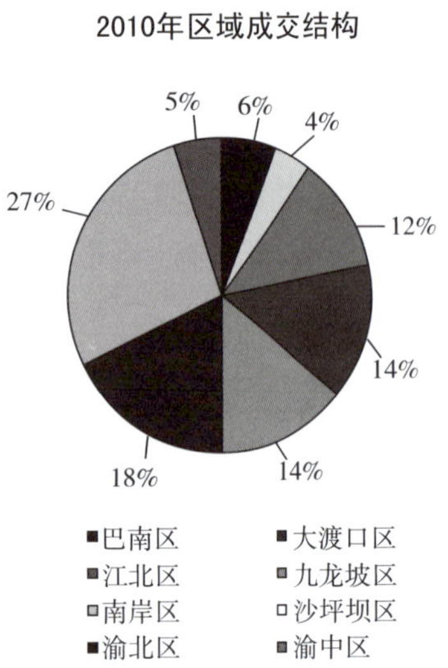

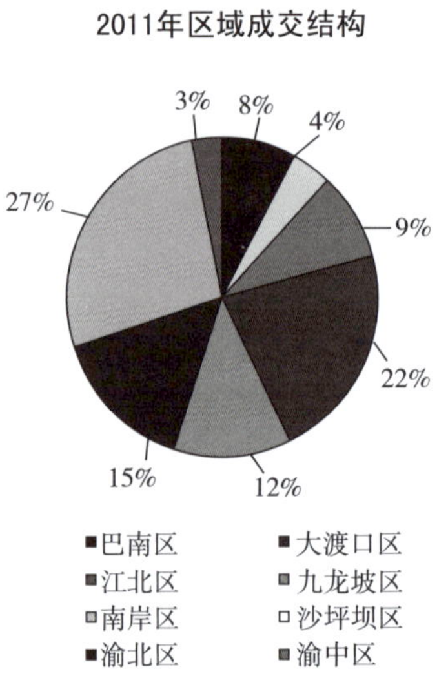

图4-107　2010年、2011年重庆商品房区域成交结构图

数据来源：中国房地产决策咨询系统（CRIC）

（6）项目排行榜：品牌房企项目表现突出，中低档项目为市场青睐

从项目热销排行来看，均价在6000-8000元/平方米的中偏低档次项目受市场追捧程度较高，其中龙湖、金科企业联动，特惠活动多，降价幅度大，而获得较高的成交回报。

表4-52　　2011年重庆商品住宅项目成交面积排行榜

单位：万平方米，亿元，元/平方米

排行	项目名称	区域	档次	成交面积	成交金额	成交均价	开发商
1	奥林匹克花园	渝北区	中档	29.61	24.75	8358	融创地产
2	同景国际城	南岸区	中档	26.74	22.02	8235	重庆同景置业
3	金科阳光小镇	九龙坡区	中低档	22.58	15.52	6873	金科地产
4	金科廊桥水乡	沙坪坝区	中低档	20.57	13.65	6636	金科地产
5	龙湖U城	沙坪坝区	中低档	19.5	12.30	6308	龙湖地产
6	融汇半岛	巴南区	低档	18.75	10.63	5668	重庆融汇投资
7	万科锦程	渝中区	中高档	17.8	16.31	9162	万科集团
8	建工锦绣华城	渝北区	中低档	17.65	10.74	6084	重庆建工集团
9	国际社区	南岸区	中低档	17.18	9.81	5712	中海/九龙仓
10	融侨城	南岸区	中档	16.3	12.39	7601	金辉集团

数据来源：中国房地产决策咨询系统（CRIC）

表4-53　　2011年重庆商品住宅项目成交金额排行榜

单位：亿元，万平方米，元/平方米，

排行	项目名称	区域	档次	成交金额	成交面积	成交均价	开发商
1	奥林匹克花园	渝北区	中档	24.75	29.61	8358	融创地产
2	同景国际城	南岸区	中档	22.02	26.74	8235	重庆同景置业
3	龙湖时代天街	渝中区	中高档	20.85	16.20	12873	龙湖地产
4	中海寰宇天下	江北区	高档	20.50	8.47	24192	中海/九龙仓
5	万科锦程	渝中区	中高档	16.31	17.8	9162	万科集团
6	龙湖源著	渝北区	中高档	15.61	16.14	9674	龙湖地产
7	金科阳光小镇	九龙坡区	中高档	15.52	22.58	6873	金科地产
9	金科廊桥水乡	沙坪坝区	中低档	13.65	20.57	6636	金科地产
8	龙湖江与城	渝北区	中档	12.90	15.96	8083	龙湖地产
10	龙湖U城	沙坪坝区	中低档	12.30	19.5	6308	龙湖地产

数据来源：中国房地产决策咨询系统（CRIC）

11. 宁波房地产市场情况

（1）2009～2011年房地产行业数据表

表4-54　　宁波2009～2011年房地产行业数据表（一）

类别	指标	2009年	2010年	2011年
宏观	GDP（亿元）	4214	5125.8	6010.48
	同比增幅（%）	8.6%	12.4%	10%
	进出口总额（亿美元）	608.1	1613.4	2004.42
	同比增幅	-10.4%	38%	24.24%
	固定资产投资（亿元）	2004.2	2206.5	2392.91
	同比增幅（%）	16.0%	10.1%	17.6%
	社会消费品零售总额（亿元）	1434.4	1704.5	2018.86
	同比增幅（%）	15.9%	19.2%	18.44%
行业	房地产开发投资（亿元）	374.51	557.27	712.87
	同比增幅（%）	21.7%	48.8%	27.9%
	商品房新开工面积（万平方米）	812.03	1406.02	1886.78
	同比增幅（%）	6.3%	73.1%	34.2%
	商品房施工面积（万平方米）	3104.34	3820.7	5295.67
	同比增幅（%）	1.5%	23.1%	38.6%
	商品房竣工面积（万平方米）	665.08	642.47	881.1
	同比增幅（%）	-14.5%	-3.4%	35.8%

续表

类别	指标	2009年	2010年	2011年
土地	土地购置面积（万平方米）	196.14	286.72	220.44
	同比增幅（%）	18.9%	46.2%	–23.1%
	土地购置金额（亿元）	108.6	218.81	175.31
	同比增幅（%）	37.2%	101.5%	–19.9%
市场	商品房销售面积（万平方米）	815.18	688.34	641.25
	同比增幅（%）	87.8%	–15.6%	–7.5%
	商品房销售金额（亿元）	732.98	775.39	678.91
	同比增幅（%）	128.7%	5.8%	–12.8%

数据来源：国家统计局

表4–55　　宁波2009～2011年房地产行业数据表（二）

类别	指标	2009年	2010年	2011年
土地	土地供应量（万平方米）	631.24	472.23	506.89
	土地成交量（万平方米）	521.99	472.23	377.06
	土地成交金额（亿元）	——	——	——
市场	商品住宅供应量（万平方米）	223.76	376.46	368.45
	商品住宅成交量（万平方米）	451.74	247.75	171.9
	商品住宅成交均价（元/平方米）	10123	15000	14514

数据来源：中国房地产决策咨询系统（CRIC）

（2）综述：成交量继续下滑，市场供过于求趋势依旧

2011年，宁波房地产市场受政策影响表现为量价齐跌之势，观望情绪较为浓厚。全年商品住宅供应量略跌2%，但在市场调控政策的影响下，成交量大幅下滑，整体呈现供过于求局势；面对政策调控和通胀压力，刚需产品成为市场主力。。

（3）市场表现：供应回升，成交大幅下滑

2011年，宁波商品住宅市场新增供应量为368万平方米，同比减少了2.01%。虽然供应量小幅回落，然而在政策持续收紧的形势下，成交量同比减少了30.61%，直接导致市场出现供过于求的局面。从月度走势来看，自从2月限购政策执行，市场成交大幅下跌，整体处于低位运行，均价随成交结构变化而变化。

单位：万平方米，元/平方米

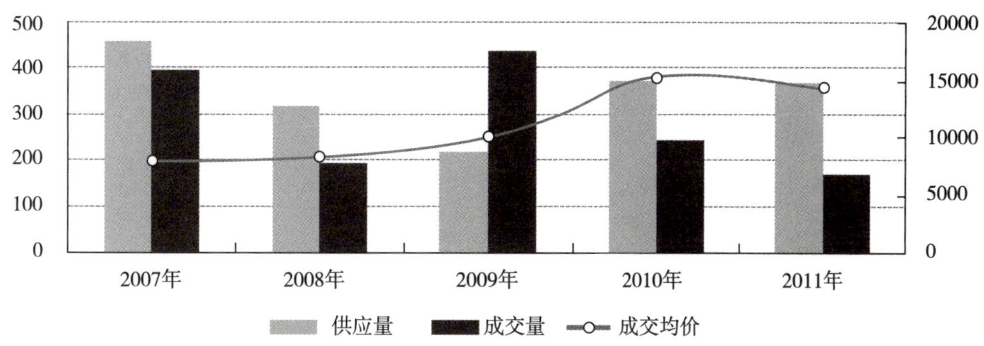

图4-108　2007～2011年宁波商品住宅供求及均价走势图

数据来源：中国房地产决策咨询系统（CRIC）

单位：万平方米，元/平方米

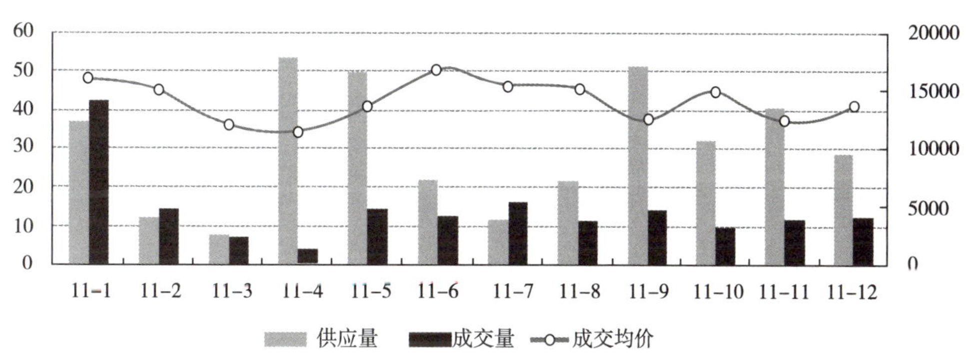

图4-109　2011年1～12月宁波商品住宅供求及均价走势图

数据来源：中国房地产决策咨询系统（CRIC）

（4）成交结构：户型成交趋向刚需，镇海市场份额扩大

对比10年-11年成交住宅的面积段，2011年144平方米以上的户型比重出现减少，而144平方米以下的户型比重均有所增加。具体来看，90平方米以下户型产品比重最大，120～144平方米其次。反映出目前宁波市市场需求是以刚需为主导，大面积产品市场需求相对较弱。

从区域成交结构来看，与2010年相比，2011年各区域的成交变化较小。市场成交三大主力区域仍为鄞州、镇海、北仑，且比重均有增加，其中镇海增幅最大，达8%；其余四区随着江北的份额大幅减少，变得较为平均。

单位：平方米

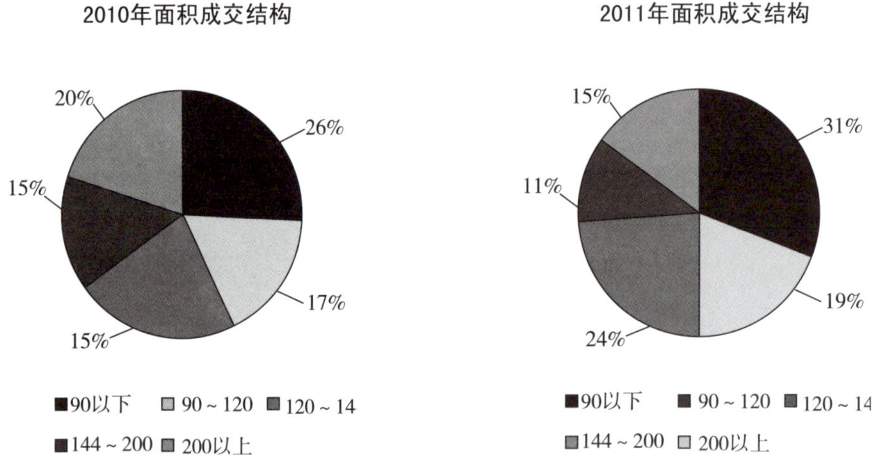

图4-110 2010年、2011年宁波商品住宅面积成交结构图

数据来源：中国房地产决策咨询系统（CRIC）

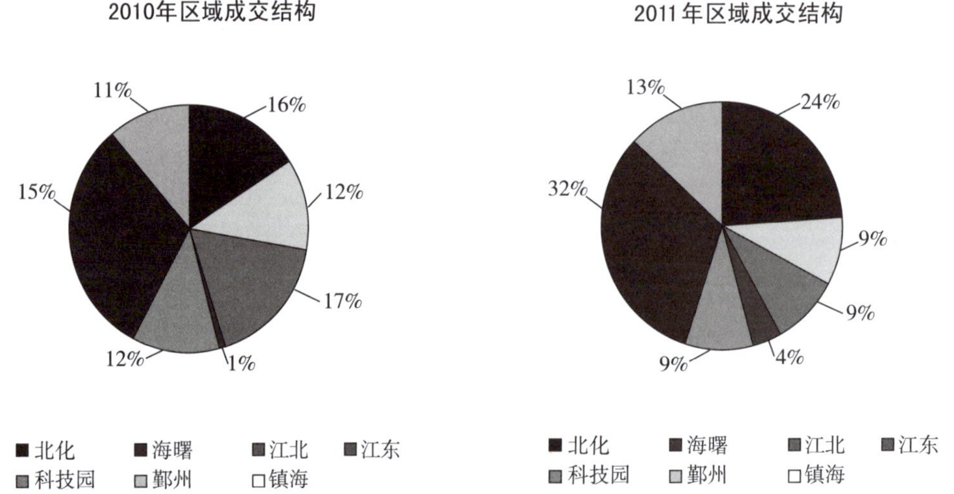

图4-111 2010年、2011年宁波商品住宅区域成交结构图

数据来源：中国房地产决策咨询系统（CRIC）

（5）项目排行榜：名企项目受欢迎，中高档项目表现良好

纵观2011年宁波楼市，总体在低位运行，从项目成交来看，品牌开发商的项目成交情况相对较好，但成交量均有大幅缩水；其中世茂地产的两个项目由于价格和品牌优势，占据前两位；就价格而言，各项目均出现下跌趋势，其中万科城开盘价低于预期。

表4-56　　2011年宁波商品住宅项目成交面积排行榜

单位：万平方米，亿元，元/平方米

城市	项目名称	区域	档次	成交面积	成交金额	成交均价	开发商
1	世茂海滨花园	北仑	中档	10.43	8.59	8236	世茂地产
2	世茂世界湾花园	北仑	中高档	9.27	10.58	11410	世茂地产
3	上院	海曙	高档	6.78	12.44	18363	维科地产
4	金色城市	鄞州	中高档	6.41	9.38	14634	万科地产
5	罗曼风情	鄞州	中高档	6.16	7.90	12826	吉时达置业
6	嘉恒广场	江东	中高档	4.40	8.46	19200	雷迪森置业
7	万科城	镇海	中高档	3.96	4.45	11240	万科地产
8	中海.雍城世家	鄞州	中高档	3.87	7.19	18604	中海地产
9	青林湾	海曙	中高档	3.49	6.07	17392	宁波房产
10	碧水莲晴二期	镇海	中档	3.39	2.82	8308	世联置业

数据来源：中国房地产决策咨询系统（CRIC）

表4-57　　2011宁波商品住宅项目成交金额排行榜

单位：万平方米，亿元，元/平方米

城市	项目名称	区域	档次	成交金额	成交面积	成交均价	开发商
1	上院	海曙	高档	12.44	6.78	18363	维科地产
2	新海景花园	江北	高档	12.11	3.18	38069	雅戈尔地产
3	世茂世界湾花园	北仑	中高档	10.58	9.27	11410	世茂地产
4	长岛花园	江北	高档	10.22	2.94	34820	雅戈尔地产
5	金色城市一期	鄞州	中高档	9.38	6.41	14634	万科地产
6	世茂海滨花园	北仑	中档	8.59	10.43	8236	世茂地产
7	嘉恒广场	江东	中高档	8.46	4.40	19200	雷迪森置业
8	罗曼风情	鄞州	中高档	7.90	6.16	12826	吉时达置业
9	御玺园	鄞州	高档	7.78	2.48	31339	雅戈尔地产
10	中海·雍城世家	鄞州	中高档	7.19	3.87	18604	中海地产

数据来源：中国房地产决策咨询系统（CRIC）

12. 合肥房地产市场情况

（1）2009～2011年房地产行业数据表

表4-58　合肥2009～2011年房地产行业数据表（一）

类别	指标	2009年	2010年	2011年
宏观	GDP（亿元）	2102.12	2702.5	3600
	同比增幅（%）	26.27%	17.5%	33.21%
	进出口总额（亿美元）	64.28	99.58	110
	同比增幅	-16.60%	54.9%	12.15%
	固定资产投资（亿元）	2468.40	3066.97	3670
	同比增幅（%）	34.25%	24.2%	16%
	社会消费品零售总额（亿元）	703.70	839.02	1108
	同比增幅（%）	19.60%	19.8%	31.4%
行业	房地产开发投资（亿元）	670.36	802.65	880.29
	同比增幅（%）	18.6%	19.7%	7.5%
	商品房新开工面积（万平方米）	1477.09	1750.7	1893.4
	同比增幅（%）	28.2%	18.5%	8.2%
	商品房施工面积（万平方米）	4751.29	5338.63	5645.79
	同比增幅（%）	24.8%	12.4%	5.8%
	商品房竣工面积（万平方米）	600.55	794.61	654.89
	同比增幅（%）	45.9%	32.3%	-17.6%
土地	土地购置面积（万平方米）	324.46	325.54	449.69
	同比增幅（%）	12.4%	0.3%	35.9%
	土地购置金额（亿元）	102.78	199.71	178.33
	同比增幅（%）	14.2%	94.3%	-12.5%
市场	商品房销售面积（万平方米）	1297.95	1004.91	1246.60
	同比增幅（%）	40.8%	-22.6%	24.1%
	商品房销售金额（亿元）	548.77	593.34	788.75
	同比增幅（%）	64.5%	8.1%	32.9%

数据来源：国家统计局

表4-59　合肥2009～2011年房地产行业数据表（二）

类别	指标	2009年	2010年	2011年
土地	土地供应量（万平方米）	307.78	654.40	4691.23
	土地成交量（万平方米）	398.55	435.90	1064.04
	土地成交金额（亿元）	175.49	221.00	214.58
市场	商品住宅供应量（万平方米）	856.98	809.00	711.01
	商品住宅成交量（万平方米）	1105.14	754.00	451.88
	商品住宅成交均价（元/平方米）	4324.00	6183.00	6854

数据来源：中国房地产决策咨询系统（CRIC）

（2）综述：开发投资持续增长，合肥发展趋势下，开发商投资呈现增长态势

近几年合肥市房地产开发投资持续增长，但增长率波动较大：2001年至2011年，合肥市房地产开发投资额由25.54亿元增长到880亿元，其中前8年的增长速度非常迅猛，但从近三年开始房地产开发投资的增长速度开始放缓，特别是2011年同比涨幅仅为7.5%，投资放缓趋势十分明显。。

（3）市场表现：商品房延续下跌趋势

2011 年的合肥楼市面临的是前所未有的深度调控，限购的步步紧逼，限贷的雪上加霜，合肥供应、成交量大幅度萎缩，成交金额也大幅的锐减，市场形势严峻。房价依然保持上涨，但涨幅趋缓 。

2011 年房地产市场与 2010 年房地产市场相比，明显表现以下特点。首先，供应明 显高于成交量，尤其是 2011 年 3 月、2011 年 7 月、2011 年 10 月和 1011 年 12 月， 市场潜在可售面积增加，风险加剧。其次，就成交量而言，2011 年房地产成交量明显降 低，尤其是 2011 年 11 月，合肥月度成交量达到历史新低，就年度市场而言，2011 年合肥住宅成交了 451.87 万方，与 2010 年全年相比，下降了近 40%，就合肥市场而言，调控效果明显。第三，就价格而言，2010 年合肥价格虽然涨幅较慢，但依然保持平稳上 升的趋势。而 2011 年，合肥月度价格变化较为明显，总体而言，呈现下滑的趋势，预 计 2012 年上半年合肥房价依然会呈现小幅下滑。

2011年合肥市商品房成交延续2010年的下跌态势，共交易655.70万平方米，与2010年商品房交易955.38万平方米、09年成交1257.75万平方米相比严重萎缩。2011年政府调控房地产政策以出台限购令和收紧银行贷款为主要手段来抑制房地产市场的需求，导致全年房地产观望情绪浓厚、市场成交惨淡。

单位：万平方米，元/平方米

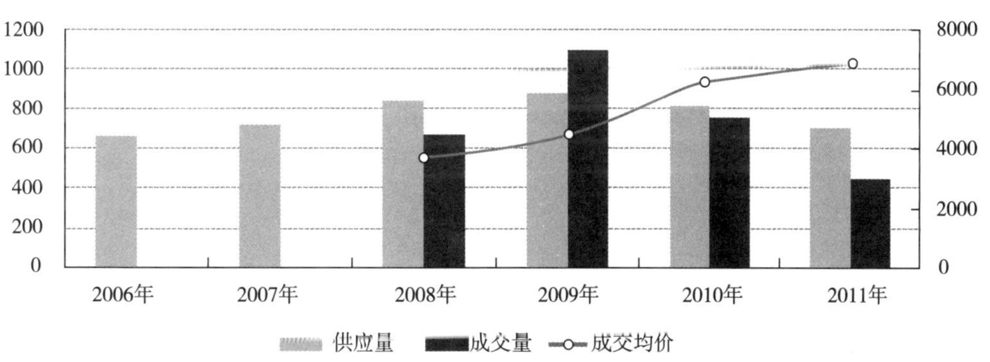

图4-112　2006～2011年合肥商品住宅供求及均价走势图

数据来源：中国房地产决策咨询系统（CRIC）

单位：万平方米，元/平方米

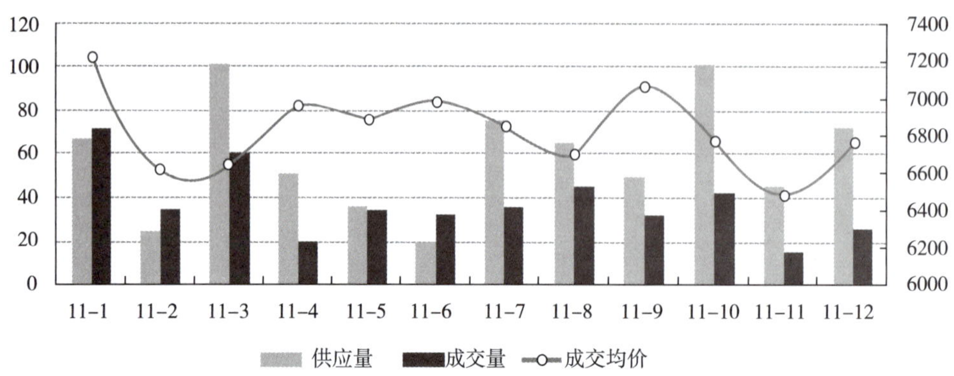

图4-113　2011年1～12月合肥商品住宅供求及均价走势图

数据来源：中国房地产决策咨询系统（CRIC）

（4）成交结构：200平方米以上户型比重增加，瑶海区成交占比大幅上涨

2011年，合肥市住宅成交面积中，80-100平方米仍为购房者的首选面积区间，占成交总量的39.51%；其次为100平方米-120平方米户型，占成交总量的17.28%；120平方米-140平方米的户型占总量的12.72%，排在第三；160平方米以上的户型占成交总量的11.56%，60平方米以下小户型占总量的5.15%。总的来看，80-100 平方米段的比例说明消费者首次购房需求占据主导，预计未来80-100平方米的户型仍将是购房者的首选。

就区域来看，瑶海区是本年成交的主力区域，成交占全年成交量的18.73%。蜀山区第二，成交占全年量的17.80%。庐阳区位居第三，成交占全年交量的15.54%。

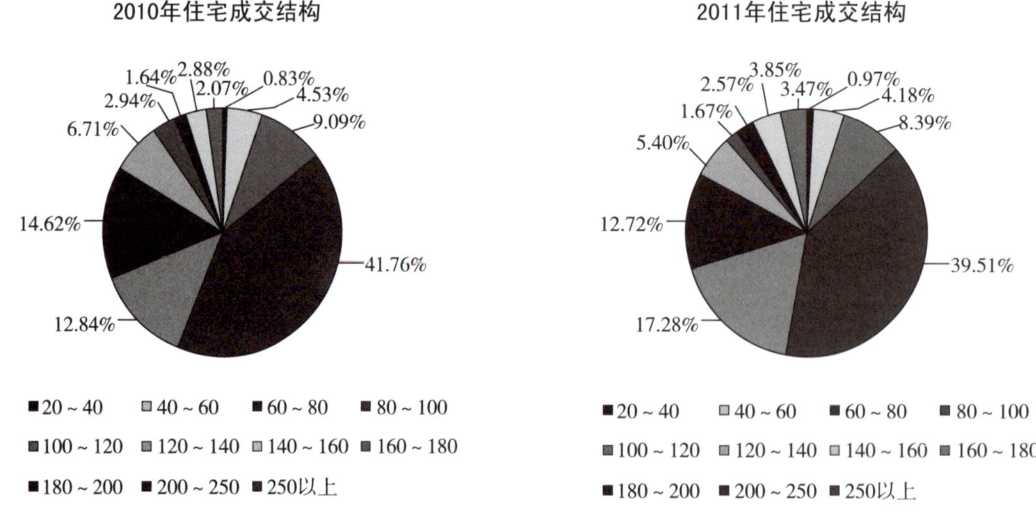

图4-114　2010年、2011年合肥商品住宅面积成交结构图

数据来源：中国房地产决策咨询系统（CRIC）

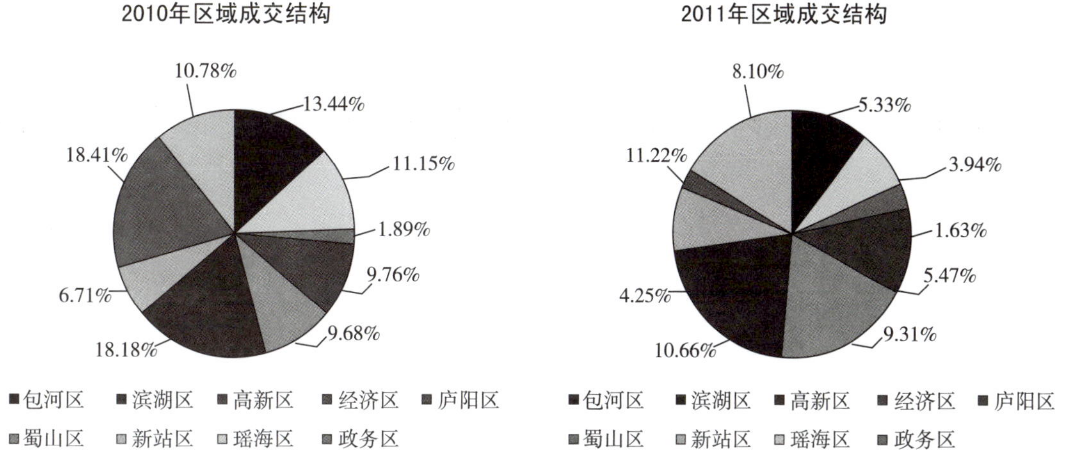

图4-115　2010年、2011年合肥商品住宅区域成交结构图

数据来源：中国房地产决策咨询系统（CRIC）

（5）项目排行榜：经典大盘带动成交，中高档项目表现不俗

在楼市调控的压力下，2010年合肥项目成交主要呈现了以下两个特点：一是经典的大盘项目成交依旧强劲；二是中高档、高档项目成交因其地段以及保值增值等优势受到购房者的青睐。

表4-60　2011年合肥商品住宅项目成交面积排行榜

单位：万平方米，亿元，元/平方米

排行	项目名称	区域	档次	成交面积	成交金额	成交均价	开发商
1	恒大城	瑶海区	中档	17.99	10.25	5700	三林置业
2	恒盛皇家花园	庐阳区	中档	12.34	6.29	5100	恒盛颐丰（
3	中铁·国际城	庐阳区	中档	11.90	7.08	5950	中国铁建
4	蓝鼎·滨湖假日	滨湖区	中档	11.88	8.91	7500	蓝鼎置地
5	恒大华府	政务区	中高档	11.71	7.61	6500	恒大地产合肥祺嘉置业
6	万科金色名郡	蜀山区	高档	9.71	9.52	9800	一航万科
7	中环城	经济区	中高档	8.77	6.14	7000	中环地产合肥中恒置业
8	万达商业广场	包河区	高档	7.97	8.51	10667	万达广场
9	融侨·中央天骏	政务区	中高档	7.00	4.90	7000	融侨金辉
10	华润·紫云府	瑶海区	中高档	6.26	4.26	6800	华润置地

数据来源：中国房地产决策咨询系统（CRIC）

表4-61　　2011年合肥商品住宅项目成交金额排行榜

单位：万平方米，亿元，元/平方米9.26

排行	项目名称	区域	档次	成交金额	成交面积	成交均价	开发商
1	恒大城	瑶海区	中档	17.99	10.25	5700	三林置业
2	蓝鼎・滨湖假日	滨湖区	中档	11.88	8.91	7500	蓝鼎置地
3	万科金色名郡	蜀山区	高档	9.71	9.52	9800	一航万科
4	万达商业广场	包河区	高档	7.97	8.51	10667	万达广场
5	绿地・内森庄园	政务区	高档	5.69	7.68	13497	上海绿地合肥天邑置业
6	恒大华府	政务区	中高档	11.71	7.61	6500	恒大地产合肥祺嘉置业
7	中铁・国际城	庐阳区	中档	11.90	7.08	5950	中国铁建
8	恒盛皇家花园	庐阳区	中档	12.34	6.29	5100	恒盛颐丰
9	中环城	经济区	中高档	8.77	6.14	7000	中环地产合肥中恒置业
10	绿城・翡翠湖玫瑰园	经济区	高档	4.00	5.56	13934	安徽绿城玫瑰园

数据来源：中国房地产决策咨询系统（CRIC）

13. 长春房地产市场情况

（1）2009～2011年房地产行业数据表

表4-62　　长春2009～2011年房地产行业数据表（一）

类别	指标	2009年	2010年	2011年[3]
宏观	GDP（亿元）	2848.60	3329.0	4040
	同比增幅（%）	11.19%	15.3%	15.2%
	进出口总额（亿美元）	85.50	132.2	173.4
	同比增幅	-2.79%	54.7%	31.2%
	固定资产投资（亿元）	2300.30	3001.5	/
	同比增幅（%）	26.47%	30.9%	/
	社会消费品零售总额（亿元）	1089.40	1286.7	1512.2
	同比增幅（%）	15.19%	18.1%	17.5%
行业	房地产开发投资（亿元）	443.93	542.76	666.42
	同比增幅（%）	25.8%	22.3%	22.8%
	商品房新开工面积（万平方米）	1217.29	1283.89	1980.83
	同比增幅（%）	9.1%	5.5%	54.3%
	商品房施工面积（万平方米）	2377.1	3089.42	4087.87
	同比增幅（%）	8.9%	30.0%	32.3%
	商品房竣工面积（万平方米）	580.66	963.73	748.06
	同比增幅（%）	20.4%	66.0%	-22.4%
土地	土地购置面积（万平方米）	485.17	499.55	722.13
	同比增幅（%）	11.4%	3.0%	44.6%
	土地购置金额（亿元）	54.25	86.63	137.74
	同比增幅（%）	26.8%	59.7%	59.0%

3　2011年的宏观经济数据为公开报道数据。

续表

类别	指标	2009年	2010年	2011年[3]
市场	商品房销售面积（万平方米）	715.72	863.08	880.95
	同比增幅（%）	25.3%	20.6%	2.1%
	商品房销售金额（亿元）	296.42	446.91	540.16
	同比增幅（%）	49.0%	50.8%	20.9%

数据来源：国家统计局

表4-63　　长春2009～2011年房地产行业数据表（二）

类别	指标	2009年	2010年	2011年
土地	土地供应量（万平方米）	466.00	1044.00	1161.45
	土地成交量（万平方米）	292.40	937.90	844.04
	土地成交金额（亿元）	78.00	269.00	237.01
市场	商品住宅供应量（万平方米）	293.60	361.00	525.77
	商品住宅成交量（万平方米）	609.30	449.70	449.2
	商品住宅成交均价（元/平方米）	4460	5980	6710

数据来源：中国房地产决策咨询系统（CRIC）

（2）综述：观望情绪加重使得市场供大于求，品质感强、性价比高的项目较受欢迎

2011年长春受楼市调控影响，同比去年成交出现小幅下滑。6月份供应量出现第一次井喷，随着市场大环境逐渐恶化，为了促进成交量，全年供应量最高点出现在9月，但受政府不断调控影响，市场持币观望氛围较重，市场呈现出供大于求的局面，而房价仍保持在较高水平。从项目成交来看，项目成交以中档、中高档为主，外埠知名开发商项目较受欢迎，这部分项目主要以其品质感及较高性价比取胜，如恒大绿洲、万科柏翠园等，从区域成交来看，二道、高新和经开区成为2011热门成交区域，三个区域总成交量占成交总量的46.9%。

（3）市场表现：供应增加而成交小幅下降，政府调控不断，消费者观望情绪较重

2011年市场供应同比上涨45%，成交同比下降0.1%，整体市场呈现为供大于求。2011年宏观政策频出、银行信贷政策不断紧缩，购房者对于房价存在较多不确定性，而多数购房者呈看跌趋势，使得成交量较为萎靡。从成交均价走势来看，2011年9月份后市场成交价格开始逐步回落，回落趋势也日趋明显。

单位：万平方米，元/平方米

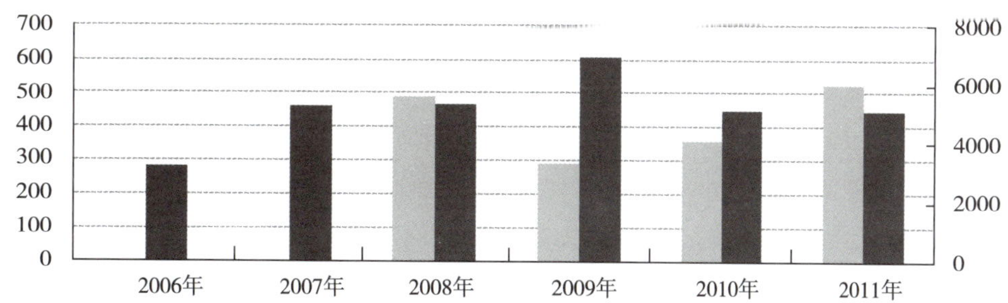

图4-116　2006～2011年长春商品住宅供求及均价走势图

数据来源：中国房地产决策咨询系统（CRIC）

3　2011年的宏观经济数据为公开报道数据。

单位：万平方米，元/平方米

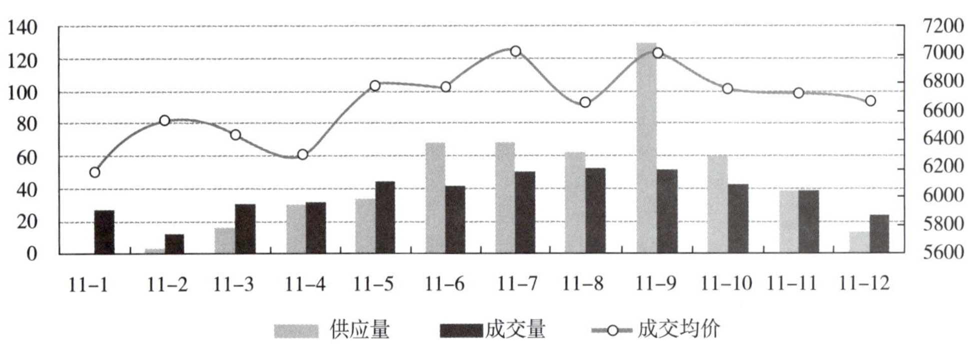

图4-117　2011年1～12月长春商品住宅供求及均价走势图

数据来源：中国房地产决策咨询系统（CRIC）

（4）成交结构：面积成交结构较为稳定，二道区、高新区成交占比上涨明显

长春作为内陆三线城市，刚需客户占主要份额。从2011年长春成交面积结构变现来看，与2010年基本一致，各类客户需求也较为平稳；区域成交逐渐向市中心外围发展，其中西新区和朝阳区成交量最少，其他区域成交量较为均匀，二道、高新和经开区成交比重列前三，成为本年占市场份额相对较大的区域。

单位：平方米

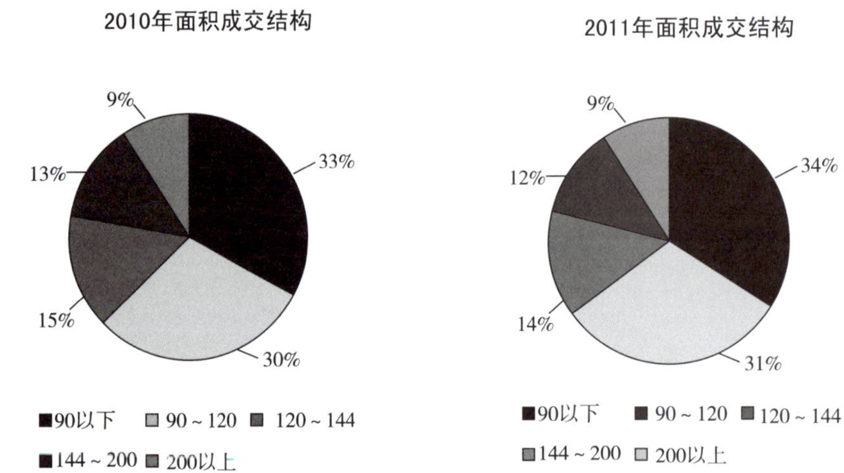

图4-118　2010年、2011年长春商品住宅面积成交结构图

数据来源：中国房地产决策咨询系统（CRIC）

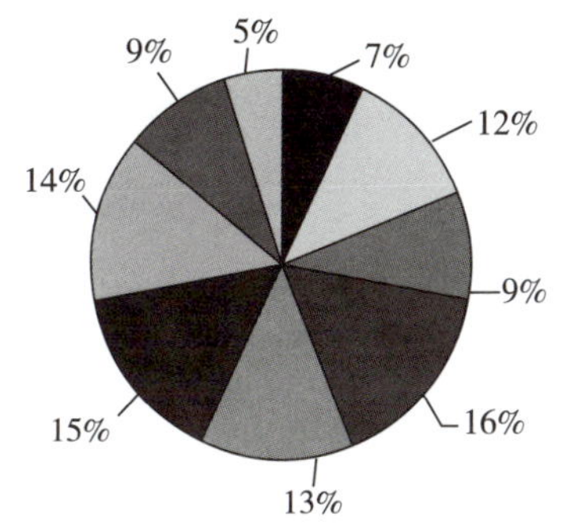

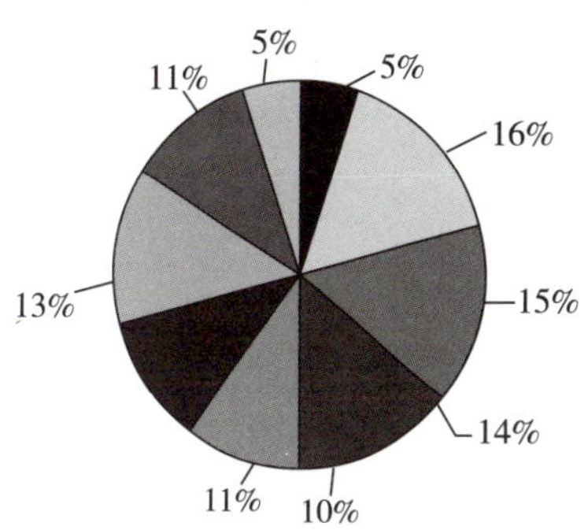

图4-119　2010年、2011年长春商品住宅区域成交结构图

数据来源：中国房地产决策咨询系统（CRIC）

（5）项目排行榜：保利项目突出重围，中高端项目进入热销行列

项目成交以中高档和中档为主，其中恒盛豪庭以21.76万平的成交量成为2011年成交面积的冠军，其低价入市策略受到客户的追捧，同时万科柏翠园则以13.32亿元成为2011年成交金额的榜首，也是长春首个城市大平层的豪宅项目，也是成为年度热销的项目之一，其他上榜成交项目也是以中高端，大品牌为主。

表4-64　2010年长春商品住宅项目成交面积排行榜

单位：万平方米，亿元，元/平方米

排行	项目名称	区域	档次	成交面积	成交金额	成交均价	开发商
1	恒盛豪庭	高新	中低档	21.76	9.02	4150	恒盛阳光滨海（哈尔滨）置业
2	保利百合香湾	二道	中档	16.74	9.13	5460	长春轻轨六合地产
3	恒大绿洲	高新	中档	13.88	8.74	6300	长春恒大
4	中信城	净月	中高档	13.41	12.56	9370	长春中信鸿泰
5	金色橄榄城	二道	中档	8.98	4.99	5560	长春宝雍阁地产
6	亚泰梧桐公馆	经开	中高档	8.91	5.58	6260	长春亚泰地产
7	尊誉东方	经开	中档	8.90	4.97	5580	长春泰恒房屋开发有限公司
8	绿地新里中央公馆	南关	中高档	8.45	5.99	7090	上海绿地集团长春置业
9	中海国际社区	南关	中高档	8.12	6.77	8340	长春海华地产
10	万科柏翠园	朝阳	高档	8.04	13.32	16560	长春嘉湖房产

数据来源：中国房地产决策咨询系统（CRIC）

表4-65　　2010年长春商品住宅项目成交金额排行榜

单位：万平方米，亿元，元/平方米

排行	项目名称	区域	档次	成交金额	成交面积	成交均价	开发商
1	万科柏翠园	朝阳	高档	13.32	8.04	16560	长春嘉湖地产
2	中信城	净月	中高档	12.56	13.41	9370	长春中信鸿泰
3	保利百合香湾	二道	中高档	9.13	16.74	5460	长春轻轨六合地产
4	恒盛豪庭	高新	中低档	9.02	21.76	4150	恒盛阳光滨海（哈尔滨）置业
5	恒大绿洲	高新	中档	8.74	13.88	6300	恒大地产集团长春公司
6	御翠豪庭	南关	高档	7.05	6.63	10630	和记黄埔地产有限公司
7	万科蓝山	二道	中高档	6.80	7.24	9390	长春万科地产
8	中海国际社区	南关	中高档	6.77	8.12	8340	长春海华地产
9	绿地新里中央公馆	南关	中高档	5.99	8.45	7090	上海绿地集团长春置业
10	亚泰梧桐公馆	经开	中高档	5.58	8.91	6260	长春亚泰地产

数据来源：中国房地产决策咨询系统（CRIC）

14. 大连房地产市场情况

（1）2009～2011年房地产行业数据表

表4-66　　大连2009～2011年房地产行业数据表（一）

类别	指标	2009年	2010年	2011年
宏观	GDP（亿元）	4417.70	5158.00	6150.10
	同比增幅（%）	14.50%	16.76%	19.23%
	进出口总额（亿美元）	422.41	501.94	585.30
	同比增幅	–10.19%	18.83%	16.61%
	固定资产投资（亿元）	3273.50	4047.90	4553.60
	同比增幅（%）	30.24%	23.66%	12.49%
	社会消费品零售总额（亿元）	1396.70	1639.80	1924.80
	同比增幅（%）	18.10%	17.41%	17.38%
行业	房地产开发投资（亿元）	578.94	768.02	1107.46
	同比增幅（%）	16.8%	32.7%	44.2%
	商品房新开工面积（万平方米）	1131.91	1837.3	1464.64
	同比增幅（%）	1.8%	62.3%	–20.3%
	商品房施工面积（万平方米）	3489.06	5060.54	6201.04
	同比增幅（%）	4.8%	45.0%	22.5%
	商品房竣工面积（万平方米）	549.65	570.97	949.38
	同比增幅（%）	–26.6%	3.9%	66.3%
土地	土地购置面积（万平方米）	427.04	624.31	588.51
	同比增幅（%）	108.3%	46.2%	–1.9%
	土地购置金额（亿元）	85.72	121.28	114.4
	同比增幅（%）	86.9%	41.5%	–5.7%

续表

类别	指标	2009年	2010年	2011年
市场	商品房销售面积（万平方米）	1152.68	1215.33	910.24
	同比增幅（%）	40.2%	5.4%	-25.1%
	商品房销售金额（亿元）	720.32	856.04	732.85
	同比增幅（%）	51.8%	18.8%	-14.4%

数据来源：国家统计局

表4-67　　大连2009～2011年房地产行业数据表（二）

类别	指标	2009年	2010年	2011年
土地	土地供应量（万平方米）	1409.30	2431.10	2232.07
	土地成交量（万平方米）	1036.70	2784.80	1935.65
	土地成交金额（亿元）	314.00	872.00	569.34
市场	商品住宅供应量（万平方米）	365.03	613.00	514.45
	商品住宅成交量（万平方米）	841.13	712.00	488.78
	商品住宅成交均价（元/平方米）	7195.00	8950.00	10463.00

数据来源：中国房地产决策咨询系统（CRIC）

（2）综述：调控政策密集出台，重压下市场回归理性

对于中国楼市来说，2011年是比较艰巨的一年，更是一个实实在在的“政策年”，从调控的效果来看是非常成功的，其主要体现在两方面：其一是重点城市交易量持续低位运行，其二是多年来房价的快速上涨势头已经终止。政策真正在全国产生实质性效果还是从今年下半年开始。当然，传统的“金九银十”确实失去了以往的热闹，一些城市的房价也开始下跌，部分地区的房价甚至跌回了万元以内。

2011年大连市房地产市场延续了2010年的调控政策，同时又出台了地方性的房地产限购政策，使得全年的房地产市场相对平稳，供应略大于成交，出现基本持平的局面。相比2010年供求均有所下降，商品房供应量572.18万平方米，较2010年环比下降27.60 %，成交量578.87万平方米，较去年减少31.68%。通过11年市场表现我们可以看出，11年大连市房地产市场受到政府调控影响，略显低迷，无论是购房者还是开发商观望情绪浓厚。

（3）市场表现：受政策影响整个市场波动较大，下半年呈现平稳态势

2011年整体供应量主要集中在2、3季度，7月份由于夏季房展会的开展供应量达到了全年的最高值。成交量方面，大连受政策的影响相对较大，整个市场相对低迷，购房者持观望的态势比较明显。3月出现的成交峰值也是由于大连即将出台限购令所导致。从成交均价的走势来看，成交均价继续上涨的态势并未受到年内政策调控的打压而停止，预计2012年商品房成交均价将持续平稳。从整个大连房地产市场来看，上半年波动较大，下半年由于房地产政策的影响，整个市场呈现了平稳态势。

单位：万平方米，元/平方米

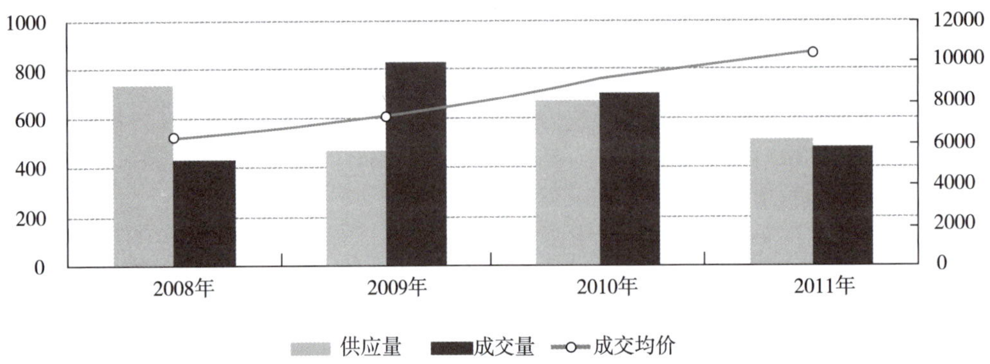

图4-120 2008～2011年大连商品住宅供求及均价走势图

数据来源：中国房地产决策咨询系统（CRIC）

单位：万平方米，元/平方米

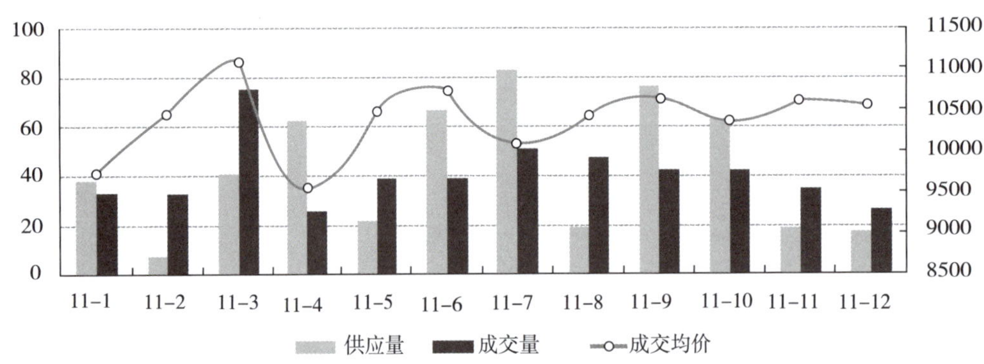

图4-121 2011年1～12月大连商品住宅供求及均价走势图

数据来源：中国房地产决策咨询系统（CRIC）

（4）成交结构：成交面积段结构表现平稳，甘井子区地位稳固

2011年小户型产品仍是大连的成交主力，占据了50%的市场份额，此外是90-120平方米之间的中小户型，占24%。从区域结构来看，甘井子区占了近四成的市场份额，其次是金州区、开发区、旅顺口区。

单位：万平方米

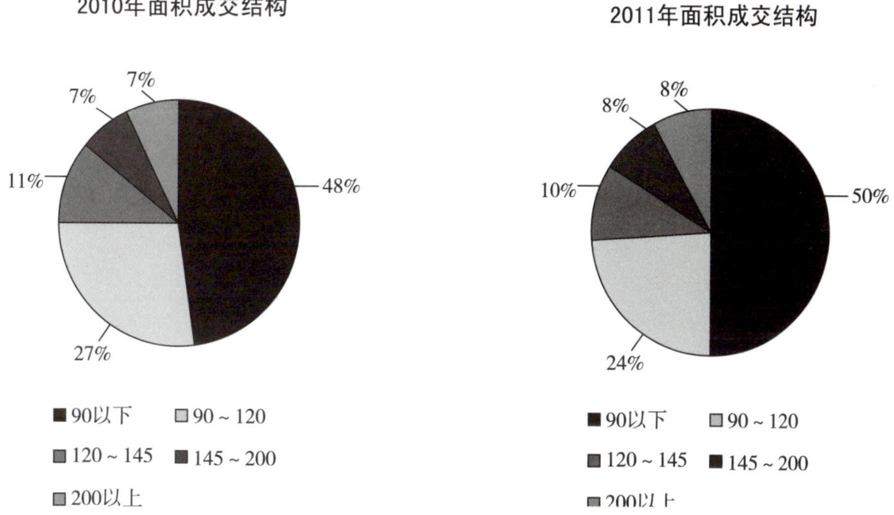

图4-122 2010年、2011年大连商品住宅面积成交结构图

数据来源：中国房地产决策咨询系统（CRIC）

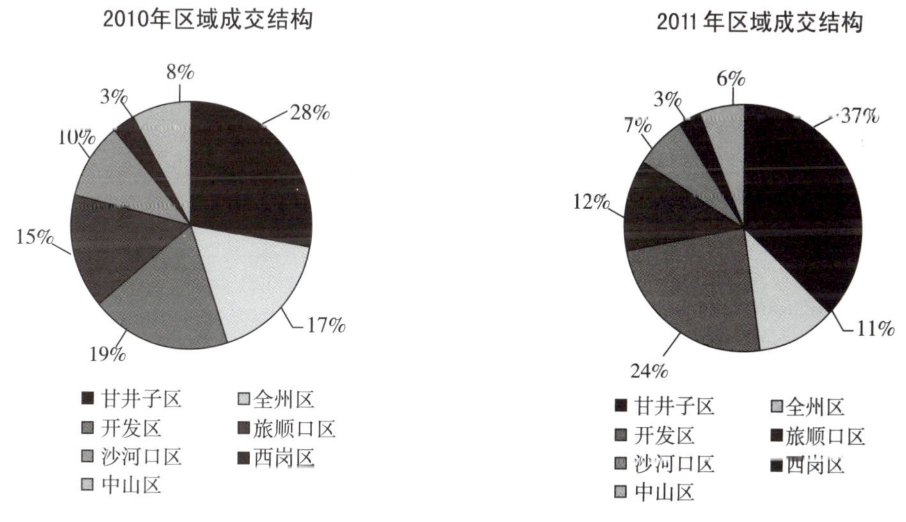

图4-123 2010年、2011年大连商品住宅区域成交结构图

数据来源：中国房地产决策咨询系统（CRIC）

（5）项目排行榜：甘井子区楼盘成交良好，限购带动高端项目成交

从项目成交表现来看，甘井子区的项目表现良好，占据了成交面积排行榜半壁江山；从项目档次上看，走量为主的中档楼盘销量较好，入榜数量较多。

表4-68　　2011年大连商品住宅项目成交面积排行榜

单位：万平方米，亿元 元/平方米，

排行	项目名称	区域	档次	成交面积	成交金额	成交均价	开发商
1	远洋时代城	开发区	中档	16.28	11.59	7119	大连宏泽置业有限公司
2	红星海・世界观	开发区	中高档	15.81	18.53	11722	大连正乾置业 大连明远置业
3	远洋广场	甘井子区	中档	14.84	17.92	12080	大连汇洋置业有限公司
4	半山壹号	甘井子区	中档	13.38	8.33	6229	大连海创房地产开发有限公司
5	第五郡	甘井子区	中高档	11.88	20.03	16861	大连亿达美加房地产开发有限公司
6	华通・和平海岸	旅顺口区	低档	10.73	5.22	4862	大连华通夕阳红房屋开发有限公司
7	万科魅力之城	甘井子区	中档	8.99	9.83	10941	万科
8	华润・海中国	开发区	中档	8.06	7.34	9108	华润置地
9	壹品・天城	甘井子区	中档	7.84	8.94	11413	大连友谊合升房地产开发有限公司
10	左岸经典	开发区	中低档	7.54	5.83	7743	大连华宇；大连沃金

数据来源：中国房地产决策咨询系统（CRIC）

表4-69　　2011年大连商品住宅项目成交金额排行榜

单位：亿元，万平方米，元/平方米

排行	项目名称	区域	档次	成交金额	成交面积	成交均价	开发商
1	第五郡	甘井子区	中高档	19.88	11.80	16855	大连亿达美加房地产开发有限公司
2	远洋广场	甘井子区	中档	17.92	14.84	12080	大连汇洋置业有限公司
3	红星海・世界观	开发区	中高档	13.55	13.70	9889	大连正乾置业 大连明远置业
4	万达中心	中山区	高档	11.02	3.88	28388	大连万达地产
5	远洋时代城	开发区	中档	10.12	15.19	6662	大连宏泽置业有限公司
6	万科魅力之城	甘井子区	中档	9.83	8.99	10941	万科
7	壹品・天城	甘井子区	中档	8.94	7.84	11413	大连友谊合升房地产开发有限公司
8	大有恬园	甘井子区	中档	8.13	6.70	12139	大连大有房屋开发有限公司
9	半山壹号	甘井子区	中档	7.89	12.83	6150	大连海创房地产开发有限公司
10	华润・海中国	开发区	中档	7.26	8.01	9065	华润置地

数据来源：中国房地产决策咨询系统（CRIC）

15. 兰州房地产市场情况

（1）2009～2011年房地产行业数据表

表4-70　兰州2009～2011年房地产行业数据表（一）

类别	指标	2009年	2010年	2011年
宏观	GDP（亿元）	925.98	1100.00	1360.00
	同比增幅（%）	9.42%	18.79%	23.64%
	进出口总额（亿美元）	4.88	10.60	18.50
	同比增幅	-31.75%	117.21%	74.53%
	固定资产投资（亿元）	506.18	660.00	950.00
	同比增幅（%）	17.18%	30.39%	43.94%
	社会消费品零售总额（亿元）	469.77	546.00	640.00
	同比增幅（%）	18.92%	16.23%	17.22%
行业	房地产开发投资（亿元）	98.61	118.28	159.67
	同比增幅（%）	6.6%	19.4%	35.0%
	商品房新开工面积（万平方米）	395.08	406.19	385.21
	同比增幅（%）	52.1%	6.0%	-5.2%
	商品房施工面积（万平方米）	1256.06	1467.21	1686.7
	同比增幅（%）	26.7%	16.5%	15.0%
	商品房竣工面积（万平方米）	215.09	206.97	175.97
	同比增幅（%）	49.4%	-1.2%	-15.0%
土地	土地购置面积（万平方米）	197.09	119.71	100.44
	同比增幅（%）	60.4%	-39.3%	-16.1%
	土地购置金额（亿元）	16.18	16.26	22.16
	同比增幅（%）	4.0%	0.4%	36.2%
市场	商品房销售面积（万平方米）	241.89	228.21	184.61
	同比增幅（%）	35.6%	-5.9%	-19.1%
	商品房销售金额（亿元）	87.36	96.51	82.37
	同比增幅（%）	57.7%	9.5%	-14.7%

数据来源：国家统计局

表4-71　兰州2009～2011年房地产行业数据表（二）

类别	指标	2009年	2010年	2011年
土地	土地供应量（万平方米）	133.36	121.04	45.41
	土地成交量（万平方米）	127.18	127.60	35.44
	土地成交金额（亿元）	17.22	39.01	28.02
市场	商品住宅供应量（万平方米）	84.53	116.02	119.64
	商品住宅成交量（万平方米）	98.91	92.88	80.06
	商品住宅成交均价（元/平方米）	4845.00	6049.00	6310.00

数据来源：中国房地产决策咨询系统（CRIC）

（2）综述：受“一房一价”备案审核影响，供应严重乏力，需求受到抑制

2011年二季度的“一房一价”备案审核让各开发企业或主动或被动的推迟入市时间，整个兰州市场经历了长时间的零供应时期。三季度开始，在阳光里和恒大名都的入市示范作用带动下，多个项目开始入市。但受入市时间的严重推迟和10月开始的全国性市场调整影响，本轮行情经历短暂去化高峰后急速转冷。西苑华府等多个项目去化情况很不理想。连续数年供求量停滞不前甚至倒退和快速城市化背景下的人口增长、机动车保有量不断攀升等表现极不相符。综合分析各项经济参数可以得出结论：兰州房地产市场供应紧缺，需求积压严重。

（3）市场表现：供应稀缺背景下价格遭遇阶段性“瓶颈期”

从年度走势来看，2011年兰州商品住宅市场供过于求，供求比为1.49:1。上半年受春节假期及“一房一价”核查备案制度影响，市场供应量持续低迷。下半年供应量逐步上扬，并在第三季度末达到年内高点。全年各月成交量较为低迷，9月后，受供应的推动，成交略有回升。价格方面波动较为明显，其中5月份价格的峰值主要因为成交量低，受个案影响明显；10月则因市场主力项目的入市拉动。

单位：万平方米，元/平方米

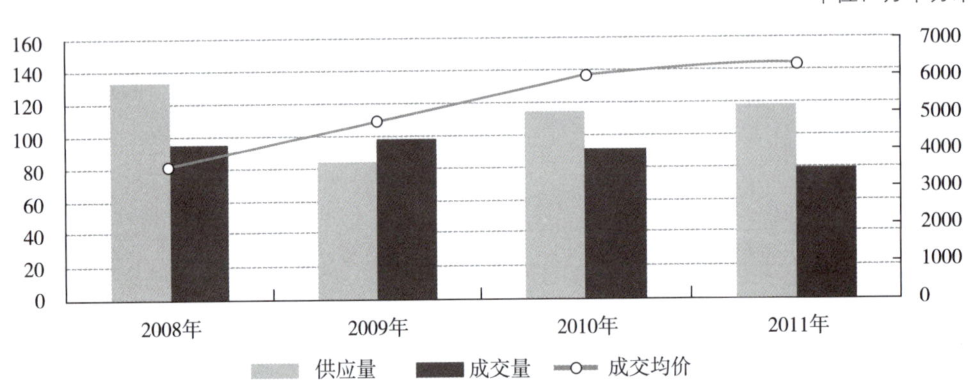

图4-124　2008～2011年兰州商品住宅供求及均价走势图

数据来源：中国房地产决策咨询系统（CRIC）

单位：万平方米，元/平方米

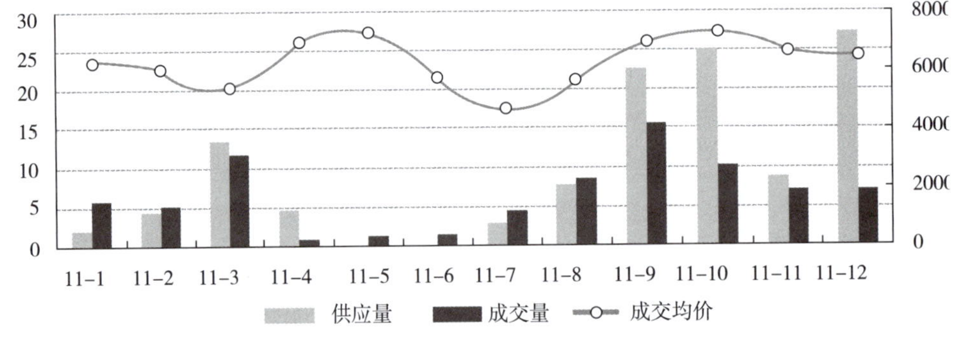

图4-125　2011年1～12月兰州商品住宅供求及均价走势图

数据来源：中国房地产决策咨询系统（CRIC）

（4）成交结构：供应成交面积段区间有放大趋势，安宁、七里河、雁滩发展强劲

2011年兰州市商品住宅成交量方面，80-100平方米面积段占比38.2%位居首位，排名二、三位的分别是100-130平方米面积段和130-160平方米面积段。尤其值得注意的是160-200平方米面积段的成交量大于60-80平方米面积段。160-200平方米面积段在兰州拥有一定市场但并不能说明160-200平方米面积段户型的受欢迎程度高于60-80平方米面积段户型。60-80平方米面积段户型的供应稀缺是其成交量较低的主要原因。

单位：平方米

2010年兰州商品住宅分面积段成交情况

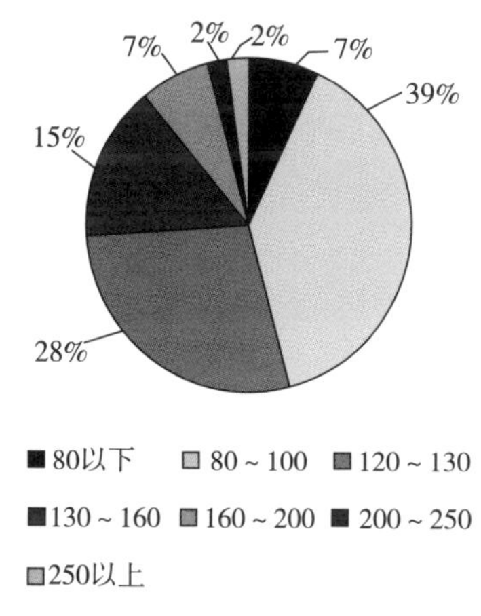

2011年兰州商品住宅分面积段成交情况

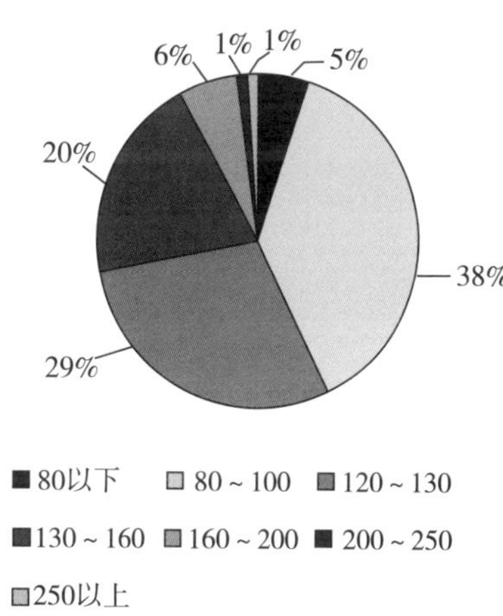

图4-126　2010年、2011年兰州商品住宅面积成交结构图

数据来源：中国房地产决策咨询系统（CRIC）

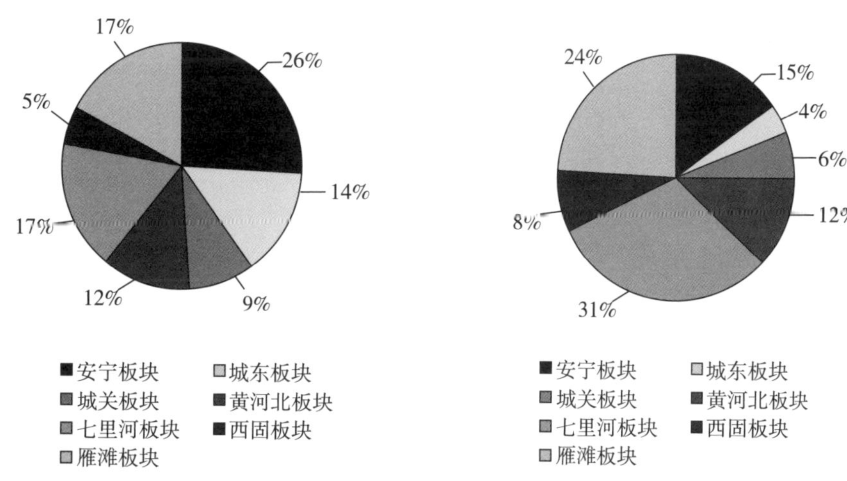

图4-127　2010年、2011年兰州商品住宅板块成交结构图

数据来源：中国房地产决策咨询系统（CRIC）

（5）项目排行榜：郊区楼盘成交良好，中档项目为成交主力

在楼市调控的压力下，项目成交呈现了以下特点：郊区楼盘成交良好，中档项目成为成交主力。郊区楼盘和中档项目无疑价格均相对较低，这对于刚性需求客户而言，是至关重要的吸引条件，因此更容易成为购买对象。

表4-72　　2011年兰州商品住宅项目成交面积排行榜

单位：万平方米，亿元 元/平方米

排行	项目名称	板块	档次	成交面积	成交金额	成交均价	开发商
1	恒大名都	七里河	中档	11.74	8.67	7384	恒大地产
2	天庆格林小镇	雁滩	中高档	4.30	3.93	9133	甘肃天庆地产
3	城投・金色都汇	七里河	中档	3.73	2.70	7251	兰州城投地产
4	兴兰・阳光里	安宁	中档	2.85	2.02	7110	兰州兴兰地产
5	新厦水岸天成	安宁	中档	2.57	1.85	7196	兰州新夏地产
6	中广・宜景湾[尚城]	雁滩	中档	2.25	1.79	7960	兰州天正地产
7	天添幸福港	黄河北	中档	2.12	1.26	5912	甘肃天添地产
8	宏利大厦	西固	中低档	2.12	1.17	5514	甘肃红利地产
9	格兰绿都	七里河	中档	2.01	1.32	6579	甘肃普天地产
10	天庆莱茵小镇	雁滩	中高档	2.00	1.68	9872	甘肃天庆地产

数据来源：中国房地产决策咨询系统（CRIC）

表4-73　　2011年兰州商品住宅项目成交金额排行榜

单位：亿元，万平方米，元/平方米

排行	项目名称	区域	档次	成交金额	成交面积	成交均价	开发商
1	恒大名都	七里河	中档	8.67	11.74	7384	恒大地产
2	天庆格林小镇	雁滩	中高档	3.93	4.30	9133	甘肃天庆地产
3	城投・金色都汇	七里河	中档	2.70	3.73	7251	兰州城投地产
4	兴兰・阳光里	安宁	中档	2.02	2.85	7110	兰州兴兰地产
5	新厦水岸天成	安宁	中档	1.85	2.57	7196	兰州新夏地产
6	中广・宜景湾[尚城]	雁滩	中档	1.79	2.25	7960	兰州天正地产
7	天庆莱茵小镇	雁滩	中高档	1.68	2.00	9872	甘肃天庆地产
8	格兰绿都	七里河	中档	1.32	2.01	6579	甘肃普天地产
9	天添幸福港	黄河北	中档	1.26	2.12	5912	甘肃天添地产
10	宏利大厦	西固	中低档	1.17	2.12	5514	甘肃红利地产

数据来源：中国房地产决策咨询系统（CRIC）

16. 青岛房地产市场情况

（1）2009～2011年房地产行业数据表

表4-74　　青岛2009～2011年房地产行业数据表（一）

类别	指标	2009年	2010年	2011年
宏观	GDP（亿元）	4890.33	5666.19	6615.60
	同比增幅（%）	10.24%	15.87%	16.76%
	进出口总额（亿美元）	448.51	561.49	713.63
	同比增幅	-16.38%	25.19%	27.2%
	固定资产投资（亿元）	2458.90	3022.48	3502.5
	同比增幅（%）	21.79%	77.08%	23.4%
	社会消费品零售总额（亿元）	1744.00	1961.13	2232.88
	同比增幅（%）	22.14%	12.45%	17.4%
行业	房地产开发投资（亿元）	459.48	602.44	782.72
	同比增幅（%）	23.1%	31.1%	29.9%
	住宅开发投资（亿元）	1329.88	1712.39	1813.09
	同比增幅（%）	16.3%	28.8%	5.9%
	商品房施工面积（万平方米）	4309.94	5058.4	5690.39
	同比增幅（%）	16.3%	17.4%	12.5%
	商品房竣工面积（万平方米）	814.24	1020.51	905.86
	同比增幅（%）	23.9%	25.3%	-11.2%
土地	土地购置面积（万平方米）	301.83	478.81	684.29
	同比增幅（%）	-15.6%	58.6%	10.5%
	土地购置金额（亿元）	103.36	149.24	196.04
	同比增幅（%）	91.6%	44.4%	31.4%
市场	商品房销售面积（万平方米）	1261.86	1360.69	1027.95
	同比增幅（%）	64.1%	7.8%	-24.5%
	商品房销售金额（万平方米）	703.67	895.29	771.04
	同比增幅（%）	80.3%	27.2%	-13.8%

数据来源：国家统计局

表4-75　　青岛2009～2011年房地产行业数据表（二）

类别	指标	2009年	2010年	2011年
土地	土地供应量（万平方米）	672.26	1468.60	3099.63
	土地成交量（万平方米）	521.75	771.10	3052.28
	土地成交金额（亿元）	192.11	272.00	1088.0
市场[4]	商品住宅供应量（万平方米）	428.89	700.00	1217.89
	商品住宅成交量（万平方米）	648.84	754.00	718.34
	商品住宅成交均价（元/平方米）	7177.00	7935.00	7384

数据来源：中国房地产决策咨询系统（CRIC）

4　含青岛七区五市商品住宅。

（2）综述：政府调控初显成效，楼市成交放缓

2011年，中央依然没有放松对楼市的调控，限购令的出台对青岛楼市影响显著。青岛房地产市场观望氛围浓厚，“金九银十”不再。虽然供应量相比2010年有所增长，但成交量萎缩，存量突破1000万平方米，市场去化压力增大。青岛市场成交量依然可观，从各区域来看，城阳区依然保持较高活跃度，五市项目热度上升，胶州市和即墨市分居成交量二三位。

（3）市场表现：市场“供过于求”态势加重，市场压力加大

2011年全年青岛市住宅市场整体供过于求，虽然开发商加大推盘量，但以供促求效果甚微。尤其是2011年下半年，相比同期，成交量显著下降，致使岛城存量大增，市场压力加剧。市场均价相比去年波动较小。虽然市场整体成交量下滑，但一些开发商开始把目光转向胶南市等非限购区，非限购区域活跃度上升，一些项目打降价牌，以价换量也取得不错效果。总体来看，2011年限购令效果显著，致使楼市成交下滑，存量增长，市场压力加大。

单位：万平方米，元/平方米

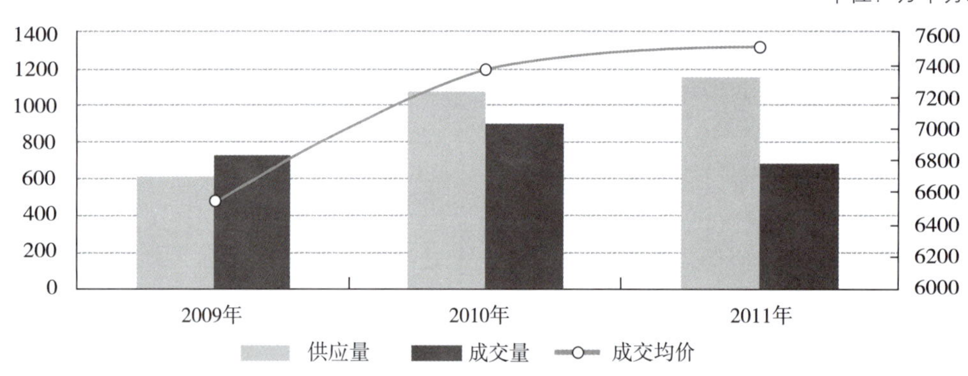

图4-128　2010年、2011年青岛商品住宅供求及成交均价走势图

数据来源：中国房地产决策咨询系统（CRIC）

单位：万平方米，元/平方米

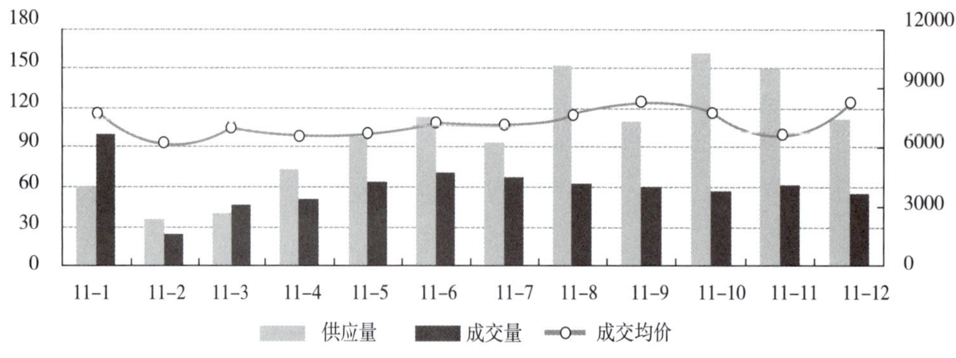

图4-129　2011年1～12月青岛商品住宅供求及成交均价走势图

数据来源：中国房地产决策咨询系统（CRIC）

（4）成交结构：城阳、胶南、黄岛市场份额列前三

2011年，城阳、胶州、即墨三区成交总量占据各区成交总量的前三，相比2010年，城阳区所占市场份额有所下滑，胶州和即墨所占市场份额则有所增加。这主要是由于在限购限贷等一系列政策的打压下，刚性客户需求成为市场消费的主力，而城阳区相对于市内其他区域而言房价偏低，胶州和即墨虽然地理位置相对较远，但由于房价偏低，不限购，再加上未来升值潜力较大，自然就受到更多客户的青睐。

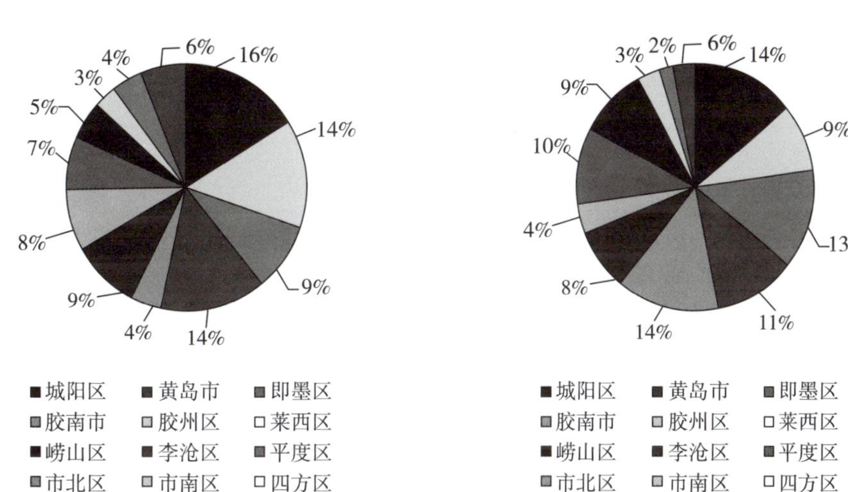

图4-130　2010年、2011年青岛商品住宅区域成交结构图

数据来源：中国房地产决策咨询系统（CRIC）

（5）项目排行榜：中低档项目成交较好

在楼市调控的压力下，中低档项目成为市场成交的主力。其中胶州、即墨等偏远区域由于供应量较大，选择较多，房价偏低，不限购，而李沧区、城阳区是市区相对活跃的区域，区域发展潜力较大，因此这四个区市受到更多客户的关注。

表4-76　2011年青岛商品住宅项目成交面积排行榜

单位：万平方米，亿元 元/平方米

排行	项目名称	区域	档次	成交面积	成交金额	成交均价	开发商
1	万科生态城	李沧区	中低档	12.81	11.10	8665	万科
2	中信森林湖	胶州市	中档	10.49	10.86	10357	中信
3	绿城理想之城	李沧区	中档	10.27	11.2	10906	绿城
4	青岛风景	胶州市	低档	9.04	2.97	3289	凯峰星城置业
5	依山半岛	市北区	中档	8.41	9.46	11255	青建
6	滟澜海岸	城阳区	中低档	7.31	5.97	8174	龙湖
7	万科四季花城	即墨市	中低档	7.30	5.26	7198	万科
8	华胥美邦	城阳区	中低档	7.06	4.64	6569	中铁
9	李沧万达广场	李沧区	中抵档	6.84	6.74	9854	万达
10	中南世纪城	李沧区	中低档	6.71	5.02	7484	中南

数据来源：中国房地产决策咨询系统（CRIC）

表4-77　　2011年青岛商品住宅项目成交金额排行榜

单位：亿元，万平方米，元/平方米

排行	项目名称	区域	档次	成交金额	成交面积	成交均价	开发商
1	绿城理想之城	李沧区	中档	11.20	10.27	10906	绿城
2	万科生态城	李沧区	中低档	11.10	12.81	8665	万科
3	中信森林湖	胶州市	中档	10.86	10.49	10357	中信
4	银座领海公馆	崂山区	高档	10.06	2.27	44255	海景（国际）大酒店有限公司
5	依山半岛	市北区	中档	9.46	8.41	11255	青建
6	远洋风景	崂山区	中高档	9.02	4.91	18359	远洋
7	鲁商中心	市南区	高档	8.34	2.87	29070	鲁商
8	保利海上罗兰	胶南市	中高档	7.79	5.32	14634	保利
9	李沧万达广场	李沧区	中档	6.74	6.84	9854	万达
10	万科蓝山	市北区	中高档	6.07	3.9	15550	万科

数据来源：中国房地产决策咨询系统（CRIC）

17. 沈阳房地产市场情况

（1）2009～2011年房地产行业数据表

表4-78　　沈阳2009～22011年房地产行业数据表（一）

类别	指标	2009年	2010年	2011年
宏观	GDP（亿元）	4352.90	5016.97	5914.9
	同比增幅（%）	12.75%	14.1%	12.3
	进出口总额（亿美元）	65.70	78.56	106.2
	同比增幅（%）	-7.85%	19.5%	35.2
	固定资产投资（亿元）	3676.00	5007.40	4560.6
	同比增幅（%）	22.18%	36.2%	29.2
	社会消费品零售总额（亿元）	1778.60	2065.87	2426.9
	同比增幅（%）	18.14%	18.5%	17.5%
行业	房地产开发投资（亿元）	1188.7	1450.08	1684.72
	同比增幅（%）	17.6%	22.0%	16.2%
	住宅开发投资（亿元）	2451.1	3655.44	2951.48
	同比增幅（%）	3.6%	49.1%	-19.3%
	商品房新开工面积（万平方米）	6847.89	8851.45	10289.91
	同比增幅（%）	17.1%	29.3%	16.3%
	商品房施工面积（万平方米）	1293.55	1393.22	2017.68
	同比增幅（%）	0.1%	7.7%	44.8%
	商品房竣工面积（万平方米）	475.73	1314	755.89
	同比增幅（%）	-69.3%	176.2%	-29.5%

续表

类别	指标	2009年	2010年	2011年
土地	土地购置面积（万平方米）	154.92	237.29	201.74
	同比增幅（%）	3.3%	53.2%	–15.0%
	土地购置金额（亿元）	216.86	361.46	2178.15
	同比增幅（%）	–54.4%	66.7%	24.7%
市场	商品房销售面积（万平方米）	684.36	945.05	1281.93
	同比增幅（%）	13.2%	38.1%	35.6%
	商品房销售金额（万平方米）	1188.7	1450.08	1684.72
	同比增幅（%）	17.6%	22.0%	16.2%

数据来源：国家统计局

表4–79　　沈阳2009～2011年房地产行业数据表（二）

类别	指标	2009年	2010年	2011年
土地	土地供应量（万平方米）	3352.55	1455.70	4715.75
	土地成交量（万平方米）	607.02	1081.00	3669.73
	土地成交金额（亿元）	171.34	310.00	565.81
市场	商品住宅供应量（万平方米）	1055.77	1436.00	1784.00
	商品住宅成交量（万平方米）	1504.06	1389.00	1373.00
	商品住宅成交均价（元/平方米）	4780.00	5432.00	6383

数据来源：中国房地产决策咨询系统（CRIC）

（2）市场综述：成交量、供应量仍在高位运行　下半年成交均价涨幅趋缓

2011年沈阳市房地产市场整体仍呈增长的态势，总量运行情况良好。但是市场已由2009年的供不应求、2010年的供求基本均衡到2011年的供过于求.商品住宅供应量较去年大幅上涨，成交量略有萎缩，但是成交总量仍在高位运行。成交价格持续涨势，商品住宅的成交均价的涨幅均超过15%，但是这与产品升级和成交结构也不无关系，9月后涨势趋缓。从成交结构来看，小户型成交比重上扬；从区域结构来看，铁西区和于洪区地位稳固。

（3）市场表现：2011年限购背景下市场跌宕起伏　库存量增加

从数据来看，2011年商品住宅供应量为1784万平方米，同比上升25.96%；成交量为1373万平方米，同比下降1.07%。沈阳商品住宅成交均价为6383元/平方米，同比上升15.79%。1月国务院出台楼市调控“新国八条”；3月沈阳二环内开始限购；5月商品房预售价格网上公示、住宅产权年限50年变70年；7月国务院出台房市调控“新国五条”；8月“沈抚铁”共用区号024加速同城化发展。12月地铁二号线试运行，沈阳开始地铁网络化。2011年伴随着“限”、“控”，沈阳房地产市场跌宕起伏，连续9个月库存呈正增长态势，全年供大于求。

单位：万平方米，元/平方米

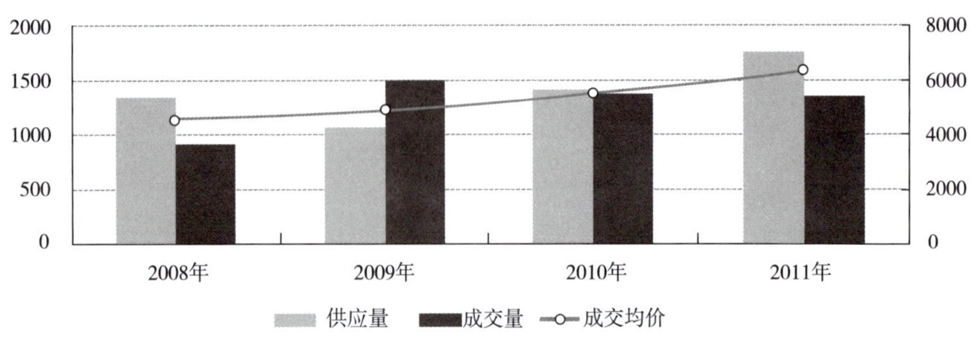

图4-131　2008～2011年沈阳商品住宅供求及成交均价走势图

数据来源：中国房地产决策咨询系统（CRIC）

单位：万平方米，元/平方米

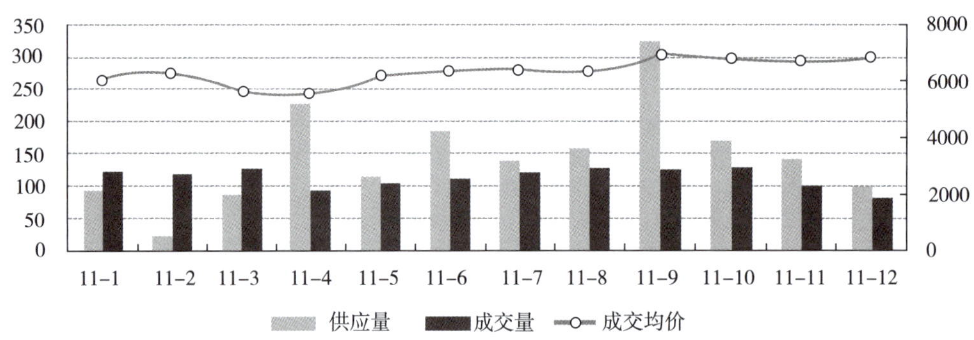

图4-132　2011年1～12月沈阳商品住宅供求及成交均价走势图

数据来源：中国房地产决策咨询系统（CRIC）

（4）成交结构：小户型成交比重上扬，铁西、于洪地位稳固

2011年1～12月份沈阳市商品住宅成交面积中90平方米以下户型成交比例占总成交面积的47%，是市场成交的主力户型段；90～120平方米的户型次之，占比26%。此外，120～170平方米成交面积段户型比例与去年基本持平，大户型改善性住宅所占成交份额保持稳定。从区域成交结构来看，商品住宅成交以铁西区和于洪区为成交主力区域，成交占比分别为20%和19%，其成交主力地位长期稳固；其次为浑南新区和沈北新区，成交面积占比分别为12%和11.92%，尤其是沈北新区成交比例同比涨近3个点；此外，和平区表现不错，成交面积占比为9%。而沈河区和东陵区的成交占比最少。

单位：平方米

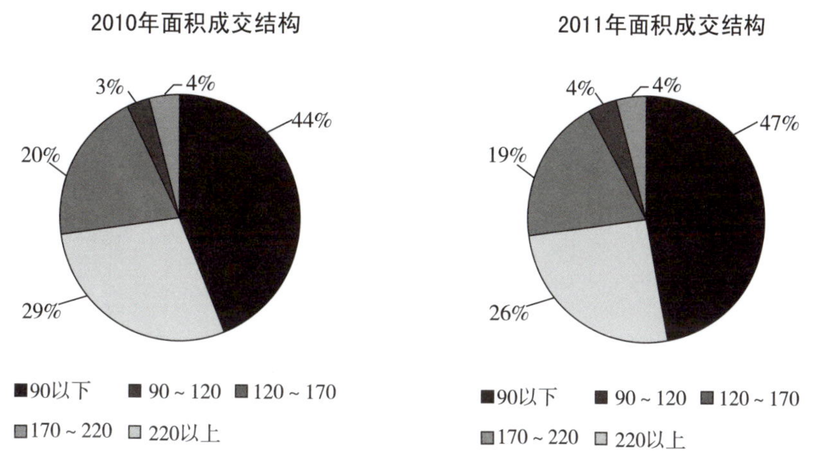

图4-133　2010年、2011年沈阳商品住宅面积成交结构图

数据来源：中国房地产决策咨询系统（CRIC）

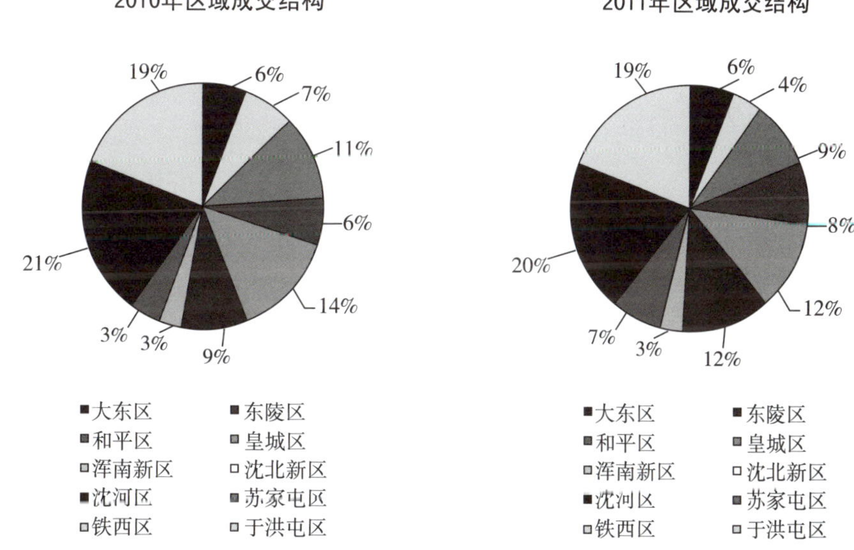

图4-134　2010年、2011年沈阳商品住宅区域成交结构图

数据来源：中国房地产决策咨询系统（CRIC）

（5）项目排行榜：品牌开发商占据排行榜，市场进入品牌时代

沈阳市场呈现出以下几个特点：一、2011年是“史上”最严调控年，限购、限贷、保障性安居工程大规模建设，沈阳房地产市场下半年调控效果开始显现。项目总体去化有所影响，品牌日益成为购房者优先考虑的因素之一；二、近年来沈阳总体成交活跃，也越来越吸引各大品牌开发商的目光，品牌房企纷纷进入。万科、中

海、恒大、保利、碧桂园等先期品牌已经逐步落地依靠其产品自身品质占领了市场，渐渐形成品牌拥趸，弱市下更显品牌影响力，成交表现突出。

表4-80　　2011年沈阳商品住宅项目成交面积排行榜

单位：万平方米，亿元，元/平方米

排行	项目名称	区域	档次	成交面积	成交金额	成交均价	开发商
1	碧桂园·银河城	于洪区	中高档	23.19	13.66	5,892	华锐置业
2	中海城	于洪区	中高档	21.55	13.31	6,178	中海地产
3	碧桂园凤凰城	苏家屯区	中档	20.92	8.42	4,024	碧桂园
4	中海·寰宇天下	皇姑区	中高档	20.64	15.95	7,728	中海地产
5	保利心语花园	铁西区	中档	20.54	10.80	5,258	保利地产
6	恒大绿洲	于洪区	中档	18.80	11.26	5,992	恒大地产
7	恒大城	于洪区	中档	17.86	11.17	6,256	恒大地产
8	中海国际社区	和平区	中高档	17.47	15.65	8,959	中海地产
9	金地滨河国际社区	浑南新区	中档	14.87	9.88	6,644	金地地产
10	保利溪湖林语	皇姑区	中低档	14.38	7.05	4,904	保利地产

数据来源：中国房地产决策咨询系统（CRIC）

表4-81　　2011年沈阳商品住宅项目成交金额排行榜

单位：亿元，万平方米，元/平方米

排行	项目名称	区域	档次	成交金额	成交面积	成交均价	开发商
1	中海·寰宇天下	皇姑区	中高档	15.95	20.64	7,728	中海地产
2	中海国际社区	和平区	中高档	15.65	17.47	8,959	中海地产
3	碧桂园·银河城	于洪区	中高档	13.66	23.19	5,892	华锐置业
4	中海城	于洪区	中高档	13.31	21.55	6,178	中海地产
5	万科城	和平区	中高档	13.22	12.73	10,392	万科地产
6	万科金域蓝湾	浑南新区	中高档	12.07	9.55	12,629	万科地产
7	恒大绿洲	于洪区	中档	11.26	18.80	5,992	恒大地产
8	恒大城	于洪区	中档	11.17	17.86	6,256	恒大地产
9	橡树湾	于洪区	中高档	10.83	14.04	7,717	华润地产
10	保利心语花园	铁西区	中档	10.80	20.54	5,258	保利地产

数据来源：中国房地产决策咨询系统（CRIC）

18. 海口房地产市场情况

（1）2009～2011年房地产行业数据表

表4-82　　海口2009～2011年房地产行业数据表（一）

类别	指标	2009年	2010年	2011年
宏观	GDP（亿元）	495.33	590.55	712.75
	同比增幅（%）	11.10%	17.5%	12.3%
	进出口总额（亿美元）	38.1	39.45	39.4
	同比增幅	5.6%	3.6%	-0.3%
	固定资产投资（亿元）	277.03	352.6	404.60
	同比增幅（%）	25.10%	27.3%	26.2%
	社会消费品零售总额（亿元）	277.2	326.94	387.18
	同比增幅（%）	18.08%	21.2%	18.1%
行业	房地产开发投资（亿元）	78	103.79	145.14
	同比增幅（%）	9.5%	32.3%	39.8%
	商品房新开工面积（万平方米）	206.02	240.68	433.77
	同比增幅（%）	5.0%	16.8%	80.2%
	商品房施工面积（万平方米）	673.25	874.24	1189.42
	同比增幅（%）	3.6%	29.9%	36.1%
	商品房竣工面积（万平方米）	117.42	111.4	33.17
	同比增幅（%）	15.6%	-5.4%	-74.3%
土地	土地购置面积（万平方米）	72.75	53.91	18.94
	同比增幅（%）	-57.8%	-25.9%	-64.9%
	土地购置金额（亿元）	4.71	4.89	4.99
	同比增幅（%）	-16.6%	3.8%	2.2%
市场	商品房销售面积（万平方米）	190.68	209.76	225.55
	同比增幅（%）	12.9%	10.0%	7.5%
	商品房销售金额（亿元）	102.35	168.12	150.08
	同比增幅（%）	32.4%	64.3%	-10.7%

数据来源：国家统计局

表4-83　　海口2009～2011年房地产行业数据表（二）

类别	指标	2009年	2010年	2011年
土地	土地供应量（万平方米）	204.92	77.8	158.93
	土地成交量（万平方米）	201.88	50.32	121.57
	土地成交金额（亿元）	43.31	10.39	22.52
市场	商品住宅供应量（万平方米）	210.73	212.78	364.89
	商品住宅成交量（万平方米）	231.28	220.52	139.33
	商品住宅成交均价（元/平方米）	4968	7887	8813

数据来源：中国房地产决策咨询系统（CRIC）

（2）综述：供应年末放量，成交低迷，中端项目引领市场

限购令影响下，2011全年海口房地产市场成交低迷，市场“量跌价涨”。2011年海口商品房市场供大于求，库存压力大加上去化速度慢，海口商品房消化周期被拉长，2011年，商品住宅新增供应以三房为主，2011年，商品住宅新增供应量最大的区域是美兰区，商品住宅成交量自2009年达到顶峰或逐年下降，2011年成交量水平降至2008年金融危机时期的成交水平以下。商品住宅成交区域分布中，美兰区、琼山区和秀英区基本相当，龙华区小于其他区域。2011年，区域成交均价中，仅美兰区均价在万元以上，琼山区则在6200元以下。

（3）市场表现：2011年供应量年末放大，整体持稳；成交均价稳步上升

从2011年海口市场全年表现来看，市场表现出较为明显的“政策打压-观望-低迷”的特点。在限购细则出台前，恰巧是海口的楼市旺季，成交处于较高水平。调控细则出台后，从3月一直持续到11月这三个季度里，市场反应冷淡，成交一直处于较低的水平。

单位：万平方米，元/平方米

400
300
200
100
0
10000
8000
6000
4000
2000
0
2006年 2007年 2008年 2009年 2010年 2011年
供应量 成交量 成交均价

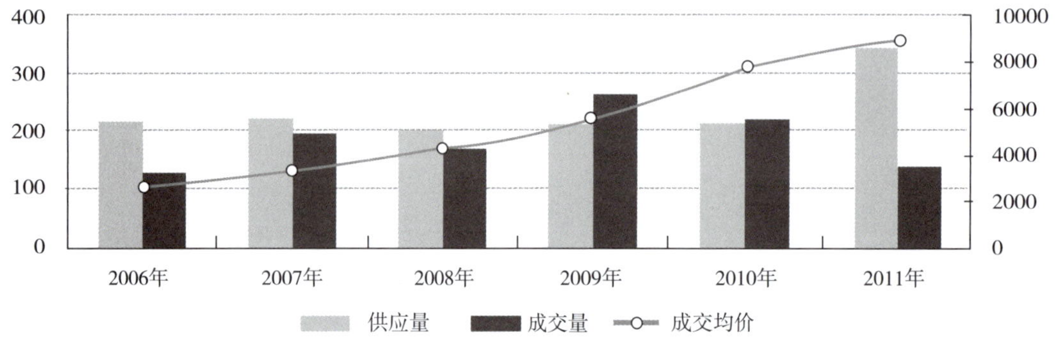

图4-135　2001～2011年海口商品住宅供求及成交均价走势图

数据来源：中国房地产决策咨询系统（CRIC）

单位：万平方米，元/平方米

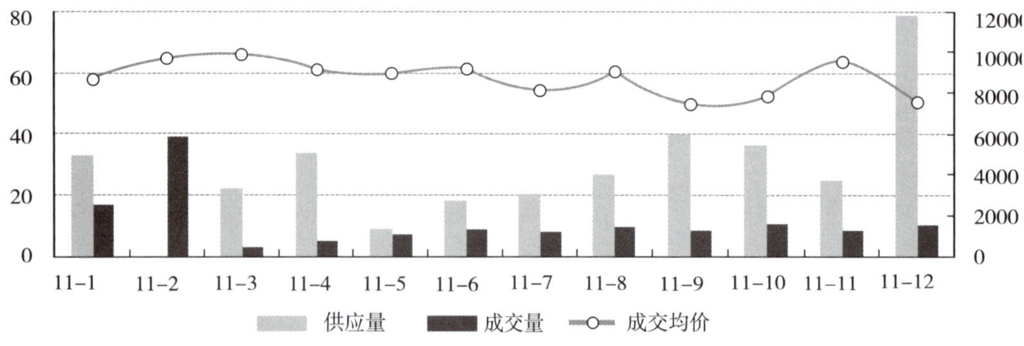

图4-136　2011年1～12月海口商品住宅供求及成交均价走势图

数据来源：中国房地产决策咨询系统（CRIC）

（4）项目排行榜：中高档项目成市场主力

在楼市调控的压力下，项目成交呈现了以下几个特点：成交面积排行中一是中档项目成交较好，二是琼山区成交较热区域。成交金额排行榜中一是中高档项目成为市场主力；秀英区成交较好。

表4-84　　2011年海口商品住宅项目成交面积排行榜

单位：万平方米，亿元，元/平方米

排行	项目名称	区域	档次	成交面积	成交金额	成交均价	开发商
1	国瑞城	美兰	高档	7.06	9.65	13,682	海南海航国瑞投资开发有限公司
2	锦地翰城	秀英	中低档	6.04	3.60	5,964	海口农工贸（罗牛山）股份有限公司
3	南国威尼斯城	琼山	中低档	5.54	2.62	4,730	海南南国置业有限公司
4	绿色佳园	琼山	中高档	4.97	4.06	8,176	海南佳元房地产开发有限公司
5	宝泰花园	琼山	中低档	4.28	2.27	5,298	海南金方洋置业有限公司
6	永升华府	龙华	中档	4.16	2.10	5,051	海南永升达投资有限公司
7	国兴城	美兰	高档	4.15	5.65	13,611	海口新城区建设开发有限公司
8	翰林西苑	秀英	中低档	3.66	1.84	5,029	海口翰星房地产投资有限公司
9	金鹿花园商住楼	琼山	中低档	3.59	1.71	4,772	海南金鹿投资集团有限公司
10	德信·滨江绿都	琼山	中低档	3.39	1.92	5,683	海南祥居实业有限公司

数据来源：中国房地产决策咨询系统（CRIC）

图4-85　　2011年海口住宅项目成交金额排行榜

单位：亿元，万平方米，元/平方米

排行	项目名称	区域	档次	成交金额	成交面积	成交均价	开发商
1	海阔天空·国瑞城	美兰	高档	9.65	7.06	13,682	海南海航国瑞投资开发有限公司
2	海阔天空·国兴城	美兰	高档	5.65	4.15	13,611	海口新城区建设开发有限公司
3	绿色佳园·江畔人家	琼山	中高档	4.06	4.97	8,176	海南佳元房地产开发有限公司
4	锦地翰城	秀英	中低档	3.60	6.04	5,964	海口农工贸（罗牛山）股份有限公司
5	紫园	秀英	中高档	3.50	2.21	15,867	海南恩祥房地产开发有限公司
6	富力·盈溪谷	秀英	高档	3.30	2.28	14,488	海南那甲旅业开发有限公司
7	海南之心	美兰	高档	2.99	1.71	17,428	海口市新埠岛开发建设总公司
8	泰达会馆	秀英	高档	2.87	1.66	17,362	海南伊维萨房地产开发有限公司
9	天伦·誉海湾	秀英	高档	2.86	2.84	10,065	海南宏伦置业有限公司
10	蓝城一号	秀英	高档	2.85	1.36	20,896	海口市城市建设投资有限公司

数据来源：中国房地产决策咨询系统（CRIC）

19. 厦门房地产市场情况

（1）2011年房地产行业数据表

表4-86　厦门2009～2011年房地产行业数据表（一）

类别	指标	2009年	2010年	2011年
宏观	GDP（亿元）	1623.21	2053.74	2535.8
	同比增幅（%）	8.00%	15.1%	15.1%
	进出口总额（亿美元）	352.00	570.36	701.7
	同比增幅	-7.00%	31.7%	23%
	固定资产投资（亿元）	676.84	1009.98	1126.28
	同比增幅（%）	-9.40%	14.5%	30.2%
	社会消费品零售总额（亿元）	438.27	696.55	810.69
	同比增幅（%）	14.10%	21.0%	16.4%
行业	房地产开发投资（亿元）	267.42	396.13	436.31
	同比增幅（%）	-17.5%	48.1%	10.1%
	商品房新开工面积（万平方米）	249.27	722.45	1073.07
	同比增幅（%）	-40.9%	189.8%	48.5%
	商品房施工面积（万平方米）	3094.96	3088.53	3592.7
	同比增幅（%）	-8.1%	-0.2%	16.3%
	商品房竣工面积（万平方米）	711.08	680.41	605.41
	同比增幅（%）	15.0%	-4.3%	-11.0%
土地	土地购置面积（万平方米）	210.45	309.92	52.16
	同比增幅（%）	33.7%	47.3%	-83.2%
	土地购置金额（亿元）	132.56	250.34	185.58
	同比增幅（%）	1.7%	88.9%	-25.9%
市场	商品房销售面积（万平方米）	529.29	426.77	438.26
	同比增幅（%）	29.7%	-19.4%	2.7%
	商品房销售金额（亿元）	420.82	379.12	448.1
	同比增幅（%）	76.2%	-9.9%	18.2%

数据来源：国家统计局

表4-87　厦门2009～2011年房地产行业数据表（二）

类别	指标	2009年	2010年	2011年
土地	土地供应量（万平方米）	326.60	445.63	277.85
	土地成交量（万平方米）	334.24	435.48	244.97
	土地成交金额（亿元）	298.55	298.30	138.18
市场	商品住宅供应量（万平方米）	184.32	245.54	373.54
	商品住宅成交量（万平方米）	408.83	231.10	262.17
	商品住宅成交均价（元/平方米）	8881	11672	13905

数据来源：中国房地产决策咨询系统（CRIC）

（2）综述：市场整体供过于求，80-90平方米户型产品为成交主力

2011年厦门房地产市场量价齐升，供应量连续三年上涨，供大于求，市场存量不断增加。从成交结构来看，刚性需求释放，中小户型成交比重明显加大，80-90平方米户型产品为成交主力；从具体项目来看，海投房产旗下的天湖城和绿苑新城勇得单盘成交的冠、亚军，集美新城的万科金域华府等四个项目也有较突出的表现。

（3）市场表现：成交变化跌宕起伏 价格持续上涨

全年的市场变化跌宕起伏，新政出台前后，被积压的高端住宅为规避限购集中备案，3、4月政策效果初显，市场进入观望期，成交触底，而后回暖调整并保持相对平稳发展，十月份之后，成交量开始大幅下行，部分楼盘率先降价，政策后续威力逐渐呈现。2011年全市成交均价再创历史新高，达到13905元/平方米。然而透过“涨”的背后，看到更多的是产品品质的升级，一方面，岛外配套逐渐完善，较多的楼盘向中高端方向发展，而岛内，五缘湾、湖边水库等片区日益发展为高端住宅集中区；另一方面，政策规定自2010年4月8日后取得的岛内土地均要求精装修，2011年要求逐渐普及到岛外区域，建设成本的增加必然带来房价的同步上涨。除去通胀的因素，其实厦门整体价格相对平稳。

单位：万平方米，元/平方米

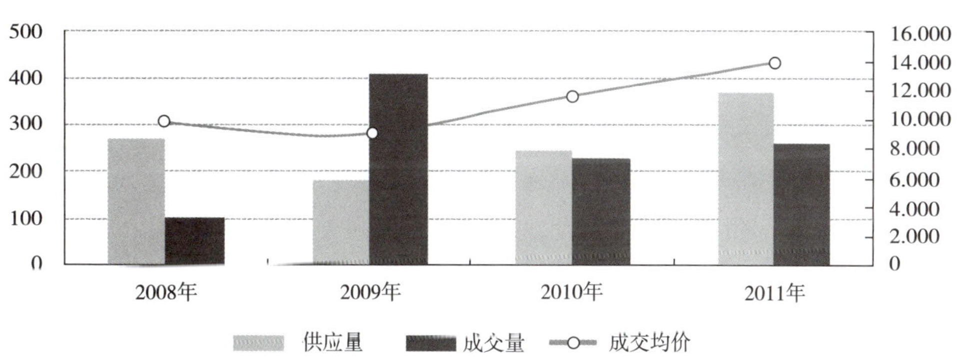

图4-137 2008～2011年厦门商品住宅供求及成交均价走势图

数据来源：中国房地产决策咨询系统（CRIC）

单位：万平方米，元/平方米

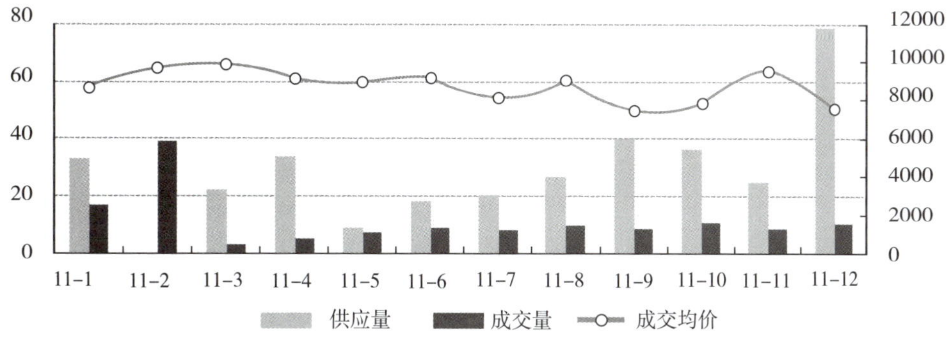

图4-138 2011年1～12月厦门商品住宅供求及成交均价走势图

数据来源：中国房地产决策咨询系统（CRIC）

（4）成交结构：中小户型仍是成交主力

2011厦门商品住宅各面积户型成交结构保持相对稳定，中小面积段户型仍是成交主力，其中90平方米以下户型所占比重最大。在楼市政策的打压下，投资和改善型需求被抑制，刚性需求较为旺盛。

单位：平方米

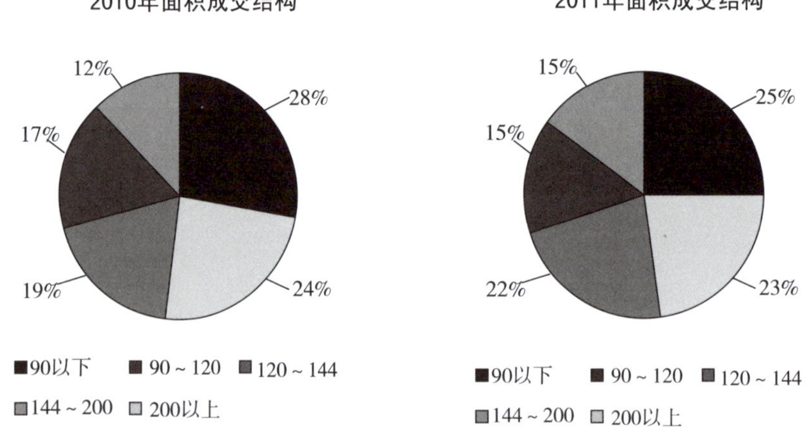

图4-139　2010年、2011年厦门商品住宅面积成交结构图

数据来源：中国房地产决策咨询系统（CRIC）

（5）项目排行榜：集美新城项目集中热销　知名房企受热捧

从项目排行榜来看，海沧区虽在售项目较少，但海投天湖城和绿苑新城保持较好的去化速度；集美新城的万科金域华府、住宅莲花尚院等项目凭借较高的性价比，得到购房者的青睐；知名开发商旗下的项目为消费者热捧对象，本土企业的表现尤为出色。

表4-88　　2011年厦门商品住宅项目成交面积排行榜

单位：万平方米，亿元，元/平方米

排行	项目名称	区域	档次	成交面积	成交金额	成交均价	开发商
1	海投天湖城	海沧区	中高档	13.19	12.66	9595	厦门海投
2	绿苑新城	海沧区	中高档	11.33	11.71	10335	厦门海投
3	万科金域华府	集美区	中档	10.07	11.52	11436	万科滨海置业
4	禹洲大学城	同安区	中高档	9.30	6.60	7092	厦门禹洲
5	世茂湖滨首府	湖里区	中高档	9.26	20.04	21642	世茂集团
6	莲花尚院	集美区	中档	8.73	7.53	8631	厦门住宅集团
7	联发杏林湾1号	集美区	中高档	8.63	9.63	11162	厦门联发集团
8	中航城国际社区	集美区	中档	8.08	9.02	11154	中航地产
9	国贸金门湾	翔安区	中高档	7.24	8.32	11483	厦门国贸
10	新景国际外滩	湖里区	中档	6.63	13.45	20274	厦门新景地

数据来源：中国房地产决策咨询系统（CRIC）

表4-89　　2011年厦门商品住宅项目成交金额排行榜

单位：亿元，万平方米，元/平方米

排行	项目名称	区域	档次	成交金额	成交面积	成交均价	开发商
1	国贸天琴湾	湖里区	高档	23.03	5.81	39652	厦门国贸
2	世茂湖滨首府	湖里区	中高档	20.04	9.26	21642	世茂集团
3	半山御景	思明区	中高档	16.91	6.44	26284	建发房产
4	新景国际外滩	湖里区	中高档	13.45	6.63	20274	厦门新景地
5	海投天湖城	海沧区	中低档	12.66	13.19	9595	厦门海投
6	绿苑新城	海沧区	中低档	11.71	11.33	10335	厦门海投
7	万科金域华府	集美区	中低档	11.52	10.07	11436	万科滨海置业
8	联发杏林湾1号	集美区	中档	9.63	8.63	11162	厦门联发集团
9	中航城国际社区	集美区	中档	9.02	8.08	11154	中航地产
10	鑫塔水尚	思明区	中高档	8.41	2.86	29390	鑫塔投资

数据来源：中国房地产决策咨询系统（CRIC）

20、长沙房地产市场情况

（1）2009～2011年房地产行业数据表

表4-90　　长沙2009～2011年房地产行业数据表（一）

类别	指标	2009年	2010年	2011年
宏观	GDP（亿元）	3744.76	4547.06	5619.3
	同比增幅（%）	24.78%	15.5%	14.5%
	进出口总额（亿美元）	41.18	60.89	78.89
	同比增幅	-20.32%	47.9%	23.1%
	固定资产投资（亿元）	2441.78	3192.57	3510.24
	同比增幅（%）	30.34%	30.7%	26.1%
	社会消费品零售总额（亿元）	1524.90	1812.08	2125.9
	同比增幅（%）	19.71%	20.0%	18.0%
行业	房地产开发投资（亿元）	497.36	683.98	887.47
	同比增幅（%）	5.9%	37.5%	29.7%
	商品房新开工面积（万平方米）	1781.3	2302.41	2328.38
	同比增幅（%）	9.1%	28.8%	1.1%
	商品房施工面积（万平方米）	6172.75	6687.29	7685.55
	同比增幅（%）	46.3%	8.4%	14.9%
	商品房竣工面积（万平方米）	1314.71	1392.55	1452.4
	同比增幅（%）	76.4%	5.9%	4.2%

续表

类别	指标	2009年	2010年	2011年
土地	土地购置面积（万平方米）	392.6	288.48	341.95
	同比增幅（%）	–59.3%	–26.5%	18.5%
	土地购置金额（亿元）	60.53	102.35	160.39
	同比增幅（%）	–23.4%	69.1%	56.7%
市场	商品房销售面积（万平方米）	1407.3	1680.21	1500.17
	同比增幅（%）	71.1%	19.5%	–10.7%
	商品房销售金额（亿元）	513.58	742.33	882.07
	同比增幅（%）	87.9%	44.7%	18.8%

数据来源：国家统计局

表4–91　　长沙2009～22011年房地产行业数据表（二）

类别	指标	2009年	2010年	开发商
土地	土地供应量（万平方米）	484.30	493.73	320.53
	土地成交量（万平方米）	353.17	386.40	344.93
	土地成交金额（亿元）	56.82	165.41	179.62
市场	商品住宅供应量（万平方米）	738.05	948.12	1100.00
	商品住宅成交量（万平方米）	1311.10	1027.51	842.31
	商品住宅成交均价（元/平方米）	4105.33	5477.92	7796

数据来源：中国房地产决策咨询系统（CRIC）

（2）综述：调控发力，收效显著

2011年楼市紧缩性调控也全方位影响了长沙。“房价回归合理”势在必行。与其他二线城市类似，下半年随着楼市限购、限贷、限价政策的强化，市场成交量开始回调。不过房价似乎依然向“不合理”方向发展，出现了两位数的同比增幅。原因是长沙的房地产市场正处于大发展时期，名企、豪宅聚集，促成了房价的上升。

（3）市场表现：2011年末楼市转向，成交量大幅下滑，随着市场降温，房价开始回落

2011年长沙市内五区新增商品住宅供应955.66万平方米。除2月份外，内五区商品住宅月度供应总量基本维持在50–80万平方米之间，其中，有7个月供应量在80万平方米以上，且以9月份为最高，达到138.6万平方米。整体走势今年前三季度呈现规律变化，第四季度由于市场需求骤减，不少开发商出于谨慎考虑，纷纷选择推迟开盘。原本应是年内供应量高峰的第四季度，实际供应总量仅为230万平方米，同比大幅下降28%，环比降幅也达到18%。

从成交量来看，今年上半年，长沙市场交易因为地方限购政策的“温柔”落地，并未对交易量产生较大冲击，反而延续2010年末的旺盛势头。前8月累计成交量同比增幅一度达到50%，但随着限贷、限价、货币政策紧缩等其他政策的陆续实施和发酵，交易量在9月开始出现明显下滑。第四季度交易量更是出现大幅调整，11、12月商品房成交量降至近两年冰点。

房价方面，2011年长沙市内五区成交均价突破7000元/平方米，同比大幅增长37%。今年长沙市主城区商品房成交均价大幅攀升，今年商品住宅中，高端产品交易大放异彩。以万达、保利南湖、运达为代表的依托城市综合体的平层豪宅相继面市，并受到市场热捧。此外别墅的成交量也较去年有较大幅度增长，豪宅的热销共同推动了商品住宅成交均价近28%的增长。

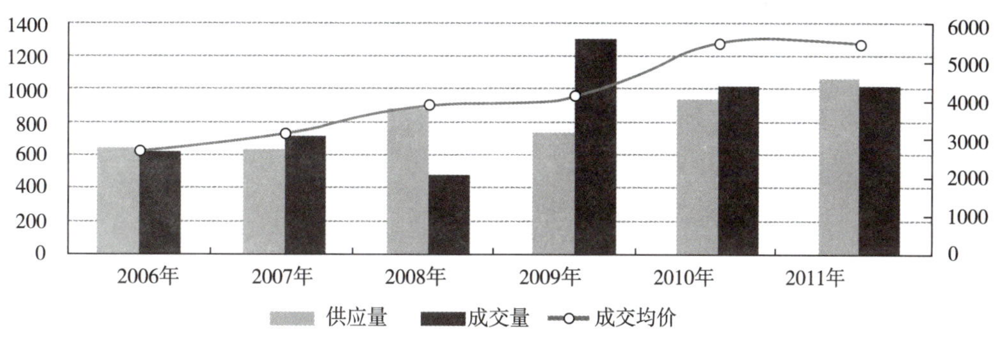

图4-140　2006～2011年长沙商品住宅供求及成交均价走势图

数据来源：中国房地产决策咨询系统（CRIC）

单位：万平方米，元/平方米

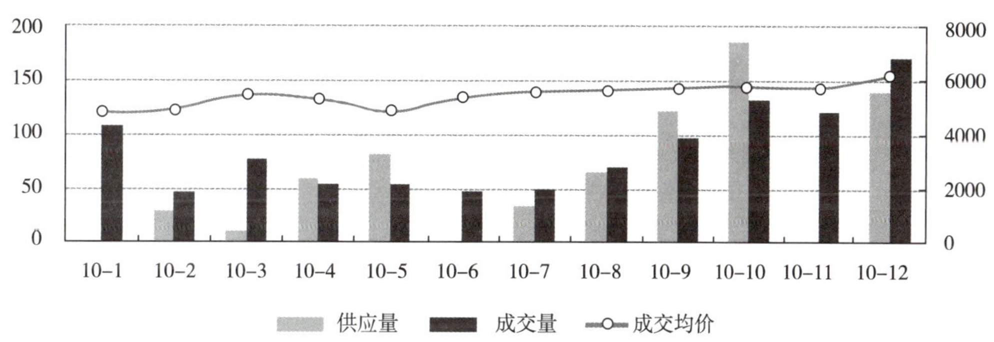

图4-141　2011年1～12月长沙商品住宅供求及成交均价走势图

数据来源：中国房地产决策咨询系统（CRIC）

（4）项目排行榜：高档项目表现亮眼，大盘名盘热销

今年销售TOP10中项目均为品牌企业大盘项目，企业品牌已经随着房地产业的发展越来越受重视，品牌企业的产品和营销模式已经成型，同时由于大盘的配套一般较全面，加上品牌企业资金一般有保障，消费者更倾向于名企大盘。今年TOP榜中高端项目占比不少，长沙开福万达广场、保利南湖（保利国际广场）、运达国际新城等均是单价过万的项目，这些项目的开盘拓展了长沙豪宅的概念，今年长沙首次出现平墅的概念。另外北辰三角洲、通用时代国际社区项目也是单价过8000元的项目，如此多高价楼盘的入榜也解释了今年长沙房价上涨的原因。

表4-92　　2011年长沙商品住宅项目成交面积排行榜

单位：万平方米，亿元，元/平方米

排行	项目名称	区域	档次	成交面积	成交金额	成交均价	开发商
1	湘江世纪城	开福区	中档	34.09	25.83	7576	世纪金源
2	开福万达广场	开福区	高档	26.62	50.92	19125	万达集团
3	保利麓谷林语	岳麓区	中高档	23.33	16.08	6895	保利地产
4	恒大雅苑	开福区	中高档	17.74	13.86	7813	恒大集团
5	北辰三角洲	开福区	高档	17.10	15.99	9350	北辰实业
6	新城新世界	雨花区	中高档	12.06	7.45	6181	香港新世界集团
7	万科金域华府	雨花区	中高档	12.01	11.93	9936	万科集团
8	宜居莱茵城	岳麓区	中高档	11.25	6.56	5829	宜居地产
9	通用时代国际社区	天心区	中高档	10.87	8.75	8048	通用地产
10	恒大华府	岳麓区	中高档	10.72	7.86	7339	恒大集团

数据来源：中国房地产决策咨询系统（CRIC）

表4-93　　2011年长沙商品住宅项目成交金额排行榜

单位：亿元，万平方米，元/平方米

排行	项目名称	区域	档次	成交金额	成交面积	成交均价	开发商
1	开福万达广场	开福区	高档	50.92	26.62	19125	万达集团
2	湘江世纪城	开福区	中档	25.83	34.09	7576	世纪金源
3	保利麓谷林语	岳麓区	中高档	16.08	23.33	6895	保利集团
4	北辰三角洲	开福区	高档	15.99	17.10	9350	北辰实业
5	恒大雅苑	开福区	中高档	13.86	17.74	7813	恒大集团
6	保利南湖	天心区	高档	12.32	8.06	15276	保利集团
7	万科金域华府	雨花区	中高档	11.93	12.01	9936	万科集团
8	运达国际新城	雨花区	高档	8.85	5.83	15178	湖南运达实业
9	通用时代国际社区	天心区	中高档	8.75	10.87	8048	通用地产
10	万科城	开福区	中高档	8.26	9.89	8357	万科集团

数据来源：中国房地产决策咨询系统（CRIC）

2011
中国房地产年鉴
THE ALMANAC OF CHINA REAL ESTATE
05
保障住房
BAO ZHANG ZHU FANG

导读 / INTRODUCTION

2011年我国保障性安居工程继续大幅向前推进，当年全国新开工建设保障性安居工程住房1043万套，基本建成432万套，圆满完成年初时所制定的保障性安居工程建设任务。随着保障安居工程也由建设阶段逐步向分配阶段迈进，各地政府也纷纷出台相关的分配政策以确保保障住房的公平、公正和合理分配。同时，由于保障性安居工程规模的扩大，保障性住房建设质量问题日益显现，为此政府有关部分也加强了对保障性住房建设质量问题的监管，并从多方面入手确保工程高质量地完成。

本篇内容在2010年的基础上有所调整，分别介绍全国保障性安居工程建设情况、供地计划及完成情况、部分重点省市的保障房推进情况以及2011年四个直辖市保障住房建设经验，共计四个部分，全方位展示2011年我国保障性安居工程建设的实际情况和建设经验。

一、2011年我国保障性安居工程建设情况

1. 我国保障性安居工程现状及存在的问题

近几年来，我国通过大规模实施保障性安居工程，解决了一大批中低收入家庭的住房困难问题。“十一五”期间，全国开工建设各类保障性住房和棚户区改造住房1630万套，基本建成1100万套。到2010年底，我国累计用实物方式解决了近2200万户城镇低收入和部分中等偏下收入家庭的住房困难，实物住房保障受益户占城镇家庭总户数的比例达到9.4%。“十二五”期间，我国将规划建设城镇保障性住房和棚户区改造住房3600万套。到“十二五”末，我国保障性住房将达到5000多万套，覆盖面积将达到20%。其中，2011年我国已开工1043万套，基本建成432万套。2012年我国还将新开工700万套以上，基本建成500万套以上。2012年虽然新开工量少于2011年，但由于有结转的1000多万套在建项目，实际建设量将超过1700万套。2012年保障性安居工程面临的任务更重。

目前，我国保障性安居工程建设过程中主要存在以下几个难题需要解决：

一是建设资金筹措和土地供应压力大。保障性安居工程建设资金需求大，单靠政府财政投入无法解决全部资金问题。现阶段，国家为管理通胀预期，实施稳健的货币政策，调节货币信贷增速，严格控制信贷规模；加之，公共租赁住房等保障性住房投融资机制尚不完善，一些地方政府和企业在保障性安居工程筹措建设资金方面存在一定困难。在土地供应方面，由于我国人多地少的基本国情，土地资源稀缺，生态环境脆弱，土地供应不足的压力依旧不容小觑。另外，由于征地拆迁、国有土地储备不足等原因，将直接影响到保障性安居工程项目按期开工建设。

二是保障性住房规划设计有待改善，基础设施配套相对滞后。一些地方的保障性安居项目规划布局不合理，项目位置相对偏远，交通不便。由于配套建设资金不足，部分保障房项目的供热、供水、供电、教育、医疗等基础配套设施不完备。另外，一些保障性住房项目也存在户型设计不合理、户型面积偏大、功能不全等问题。

三是保障性安居工程质量不容放松。有的地方对保障性住房项目设计、施工、监理、质量验收把关不严，造成一些保障性安居工程项目存在质量通病，个别项目甚至存在质量隐患。

四是公平分配和退出机制不健全。个别申请人员缺乏诚信，弄虚作假，骗租、骗购保障性住房，牟取不正当利益。信息共享和部门联动机制不完善，导致家庭和个人住房、收入以及金融资产等基础信息审核困难。部分保障房管理机构不完善，人员经费严重不足，监督管理缺乏基础。个别机关人员审核把关不严，甚至以权谋私，权力寻租。由于缺乏有效的监督惩罚机制，保障性住房管理存在诸多薄弱环节。

五是顶层设计不够，法规建设滞后。我国保障性住房建设和管理总体上处于探索阶段，保障范围、保障方式、政策衔接、工作机制等，还需要在实践中不断完善。同时现行住房保障政策都是以规范性文件形式发布的，虽有一定效力，但未形成法律制度约束。工作中，还存在着政策边界不够清晰、利益调节和退出机制不够完善等问题。

2. 保障性安居工程问题解决建议

合理确定基本住房标准或保障标准。所谓基本住房，是指能够满足居民家庭基本居住需要的空间和设施条件的最低标准住房。基本住房标准，既是保障性住房建设标准，也是确定住房保障范围、测算保障对象收入线的基础。

目前，对廉租住房、公共租赁住房和经济适用住房，国家均规定了套型建筑面积的上限。但在实践中，遇到了不少问题。如对一个4人三代同堂困难家庭，安排1套一居室廉租住房，住不开；安排2套，又浪费了资源。再如，同样的建筑面积50平方米，对多层建筑而言，使用面积可达到40平方米，能设计出两居室；但对高层建筑而言，使用面积却不到35平方米，只能按一居室设计。在北方地区，由于保温要求，外墙较厚，同样的建筑面积，使用面积比南方地区的同类建筑要小等。

因地制宜确定住房保障收入线标准。划定住房保障收入线，是个非常复杂的问题。划高了，政府财力达不到；划低了，该解决的困难人群得不到保障。在实行目标责任制考核的背景下，需要防止有些地方为完成任务而人为划低收入线的倾向。同时，由于享受住房保障会带来一定的间接收入，住房保障收入线即使划得较为适当，也存在上下边缘人群之间的利益平衡问题。

鉴于各地住房市场供求关系特别是住房价格、居民住房状况、收入水平、公共财政能力差别较大，确定住房保障收入线，不能简单套用统计部门的收入五分法（高收入、中高收入、中等收入、中低收入、低收入）。事实上，房价高的地区，中低收入甚至中等收入家庭，也难以依靠自身能力通过市场解决基本住房问题。住房保障对象的确定，核心要看居民家庭的住房支付能力。可以明确，凡是没有能力通过市场购买或租赁解决基本居住需要的家庭，都应该纳入住房保障范围。住房保障收入线标准，可以依据住房市场租金和家庭住房支付能力具体测算。

创新公共租赁住房融资机制。保障性住房建设，离不开资金。其中，共有产权保障房建设，政府采取让渡部分土地收益，并给予税收、信贷优惠的方式，引导企业投资建设（也可由政府组织建设），财政可以不直接出资，项目可以通过销售还本付息，能够做到资金平衡。公共租赁住房建设，投资量大，回收期长，回报率低。鉴于当前部分城市住房租售比价严重倒挂，如果融资比例过大，就可能形成租金不足以偿还利息，公共租赁住房投资无法收回的局面。在这种情况下，单纯依靠政府投入无法完全解决资金问题，必须创新机制，发挥公共财政资金的撬动作用，动员社会资金（包括民间资本）参与保障性住房建设和运营。

强调程序公开和轮候制度。建立一整套保障性住房管理程序，向社会公开住房保障范围、标准、方式、房源、程序、分配过程，既便利有关当事人，又方便社会监督。同时，在申请审核环节，要强调申请人诚信申报的义务，以减少审核成本。如果发现申请资料不实，申请人要承担相应的责任。国办发〔2011〕45号文要求地方政府确定合理的轮候期，并向社会公布，这有助于稳定社会预期，让保障对象知道申请之后多长时间可以拿到保障房；反过来，对地方政府来说也是一种约束。这方面，大部分地方政府在2011年都有不同程度推进。

设计合理退出管理制度。保障性住房只能用于解决住房困难。当保障对象有了其他住房时，应当退出住房保障。考虑到住房保障或直接、或间接会给保障对象带来一定的收入效应，退出机制的设计不能简单化。

对公共租赁住房，可以用经济措施梯次调节保障程度，直至收取市场租金，使得承租人收入水平提高后不再享受政府补贴。这时，退出方式可以有多种选择，如收取市场租金、腾退房屋，或者由租转售，转化为共有产权保障房或全部产权等。为了保持租赁关系的相对稳定性，也考虑新就业群体的收入增长状况，租赁期限的设定不宜过短（以2–3年或3–5年为宜）。在合理的租期内，可以不再审核承租人的收入水平，不再调整租金标准。这样做，既有利于降低管理成本，也有利于引导住房租赁市场。

需要注意的是，退出政策设计中，对住房保障对象家庭收入变化要有适度的宽容。一个家庭之所以无力解决住房问题，与其自身的劳动技能较低及就业不充分有关。短期内，这一群体的经济状况很难出现质的变化。即使他们的收入有所提高，在目前的高房价下，也难以立即进入市场。适度宽容保障对象收入的变化，既符合中低收入家庭收入变化规律，也有利于退出机制的最终落实。

二、全国保障性住房供地计划及完成情况

表5-1　　2011年全国住房用地供应计划

单位：公顷

地区	合计	保障性安居工程用地									商品住房用地		保障性安居工程和中小套型商品房用地占比
		保障性住房用地		各类棚户区改造用地				公共租赁房用地		限价商品房		中小套型商品住房	
		廉租房	经济适用房		廉租房	经济适用房	中小套型商品住房	划拨	出让				
全国	217973.66	9571.82	14634.37	39685.77	3415.15	11316.82	22060.49	4997.41	1132.83	7401.90	140549.55	93939.98	78.6%
北京	2550.00	0.00	130.00	700.00	0.00	0.00	700.00	270.00	30.00	200.00	1220.00	455.00	70.0%
天津	2165.00	0.00	422.00	0.00	0.00	0.00	0.00	192.00	0.00	195.00	1356.00	750.00	72.0%
河北	13802.26	457.68	476.35	2203.38	48.12	589.01	1402.31	293.60	150.87	257.92	9962.46	6673.72	76.2%
山西	5274.00	407.88	408.90	1023.10	452.74	406.34	147.14	111.76	15.83	200.71	3105.83	1973.39	78.5%
内蒙古	8317.33	304.37	579.10	2258.80	115.28	563.11	1473.76	135.79	166.17	383.53	4489.57	2900.89	80.9%
辽宁	14806.97	59.81	731.02	1600.57	17.95	745.93	854.14	99.22	22.65	60.00	12233.69	8940.87	77.8%
吉林	8729.53	454.09	174.04	3926.72	469.36	439.67	2616.86	19.20	3.80	7.00	4144.69	2685.52	83.3%
黑龙江	11692.73	172.51	381.69	5808.68	366.56	1478.46	3611.48	59.19	64.54	225.46	4980.65	3018.42	83.2%
上海	1200.00	0.00	200.00	400.00	0.00	0.00	400.00	50.00	50.00	0.00	500.00	140.00	70.0%
江苏	14074.13	157.69	1104.05	1764.07	13.16	661.70	1019.41	264.47	141.21	1799.73	8842.91	5098.02	73.4%
浙江	8874.30	47.10	234.16	2823.80	6.20	1001.87	1676.68	129.15	19.45	317.32	5303.31	3117.47	75.4%
安徽	11268.36	692.22	881.35	2354.15	117.16	375.97	1725.74	465.30	43.04	261.30	6571.01	4065.13	77.8%
福建	3068.51	71.50	166.89	468.81	64.89	95.23	290.68	40.04	35.63	229.33	2056.30	1437.94	79.8%
江西	5626.89	347.07	161.53	992.47	61.73	582.58	311.96	121.76	11.68	129.71	3862.67	2510.23	76.0%
山东	18840.36	145.09	1282.02	1940.39	28.80	250.86	1513.16	167.75	62.02	341.68	14901.41	10517.54	76.7%
河南	13226.23	492.75	825.19	1179.12	11.75	455.39	619.65	142.32	133.44	166.42	10287.00	7883.55	81.8%
湖北	7567.91	223.36	300.86	950.99	106.41	159.71	674.52	253.07	26.16	280.97	5532.49	3686.30	75.6%
湖南	7186.06	483.25	189.20	1252.07	174.30	352.89	607.43	200.61	5.00	46.11	5009.83	3196.06	74.8%
广东	6161.47	106.99	158.02	112.30	2.90	107.37	2.03	164.99	70.56	166.14	5382.46	3801.54	74.3%
广西	2977.82	132.18	183.78	162.92	32.87	76.78	45.76	108.72	0.90	65.44	2323.88	1508.33	72.6%
四川	11048.46	278.40	884.41	1225.85	70.25	419.35	659.47	174.03	9.31	338.53	8137.92	6044.58	81.1%
贵州	2649.98	380.03	150.47	370.64	55.70	63.57	244.82	52.06	0.00	248.13	1448.66	924.68	80.2%
云南	3462.20	342.52	110.60	280.50	22.40	55.50	0.00	168.13	29.90	15.10	2515.45	1720.70	77.0%
西藏	182.66	38.97	19.86	59.80	9.00	40.78	0.00	13.34	0.00	0.00	50.70	22.00	84.3%
陕西	6288.06	435.30	1035.52	579.75	106.62	208.17	264.97	225.46	19.03	644.91	3348.09	2265.49	82.8%
甘肃	2492.25	185.62	423.20	359.93	41.46	189.83	96.84	25.24	2.86	96.36	1399.04	986.06	83.4%
青海	1541.73	413.23	45.06	364.02	209.20	93.14	81.29	191.22	7.40	2.60	518.20	300.59	85.9%
宁夏	2706.91	84.17	273.98	207.47	5.30	108.24	83.93	33.07	6.04	7.73	2094.44	1367.91	73.2%
新疆	8221.59	745.44	1179.76	3014.37	378.06	1590.15	426.89	343.88	5.34	538.21	2394.59	1462.75	88.7%
新疆兵团	3551.36	1425.39	143.32	973.78	425.79	51.48	338.54	5.00	0.00	0.00	1003.87	698.03	91.4%

数据来源：国土资源部

2. 2011年全国住房用地供应计划执行情况

2011年我国住房用地供应计划编制总量和实际落实用地量均创历史新高，用地结构进一步优化。其中，保障性安居工程用地供应大幅增加，有力保障了1000万套保障性住房建设用地的顺利落地。

2011年，全国各地编制住房用地计划21.8万公顷，是2010年计划的1.2倍。截至2011年12月31日，全国31个省（区、市）和新疆生产建设兵团落实住房用地计划13.59万公顷，同比增加7.6%，计划落实率62.3%。其中，商品住房用地计划落实10.5万公顷，超过前2年年均实际供应量28.5%。全国保障性住房、棚户区改造住房和中小套型普通商品房“三类”住房用地实际落实10.88万公顷，占全年住房用地实际落实总量的80.04%。

2011年，全国保障性安居工程用地供应大幅增加，1000万套保障性住房任务下达分解后，各地测算用地需求约4.18万公顷，2011年10月各地已落实用地4.26万公顷，截至2011年12月31日，共落实用地4.81万公顷，同比增长46.2%，全面保障了1000万套保障性住房的用地需求。保障性住房用地结构进一步优化，与2010年相比，2011年落实公租房和限价商品房用地大幅度增长。公共租赁房用地占保障性安居工程用地总量的9.4%，是2010年的23.7倍；限价商品房用地占保障性安居工程用地总量的7.9%，是2010年的2.6倍。

三、全国各省、市、自治区保障性住房建设情况

1. 全国各省、市、自治区保障性安居工程建设计划及完成情况

表5-2　　全国各省、市、自治区保障性安居工程建设计划及完成情况

单位：万套（户）

序号	地区	计划建设任务	实际建设情况	2012年计划任务
1	北京市	20	23	16
2	天津市	19	23.9	10.5
3	河北省	38.04	38.47	28.6
4	山西省	37.54	44.62	28
5	内蒙古	44.54	48.02	27.77
6	辽宁省	33.79	37.1	21.89
7	吉林省	31.51	32.9	35.38
8	黑龙江	83	86.87	52
9	上海市	26.6	26.7	16.58
10	江苏省	39	45.3	27.5
11	浙江省	18.5	21.67	14.13
12	安徽省	39.07	42.9	40
13	福建省	25.195	25.2	16.17
14	江西省	33.1	32.6	23.1
15	山东省	32.82	36.8	30.51
16	河南省	45.12	45.18	40
17	湖北省	37.04	35.35	36.4
18	湖南省	44.72	46.6	38.77
19	广东省	31	31.76	14.39
20	广西壮族自治区	29	31.95	24.1
21	海南省	13.26	9.3	7.19
22	重庆市	50.62	52.8	34.39
23	四川省	35.24	38.9	28
24	贵州省	23.62	23.96	9.93
25	云南省	39.93	39.93	40.32
26	西藏自治区	1.55	1.58	5.96
27	陕西省	47.43	48.3	43.6
28	甘肃省	18.15	18.6	11.845
29	青海省	18.82	18.1	3.54
30	宁夏回族自治区	7.71	8.44	9.3
31	新疆维吾尔族自治区	34	34.2	29.5

备注：2011年城镇保障性住房基本建成432万套，新开工建设1043万套。

说明：2011年国家下达给湖北省的实物建房量是33.04万套。江西省保障房完成情况中不包含廉租住房租赁补贴以及农村危房改造；宁夏2011年保障住房任务数据中不含租赁补贴户数。

2. 全国各省、市、自治区保障性安居工程建设详细情况

（1）北京

2011年计划建设任务：新开工建设、收购保障性住房23万套，竣工10万套的目标任务，并基本完成“三区三片”棚户区改造任务，启动新增5片棚户区改造工作。 来源：新华社

2011年计划完成情况：新开工建设、收购各类保障性住房23万套，超额完成全年20万套任务，创历史新高；竣工10万套，比2010年翻一番；公开配售和定向安置居民7.2万户，启动公共租赁房配租1万套以上。

来源：中国经济网—《经济日报》

2012年计划建设任务：新开工建设、收购各类保障性住房16万套，其中公开配租配售9万套，用于旧城区人口疏解、棚户区改造、重点工程建设拆迁等定向安置用房7万套；全年竣工各类保障性住房7万套。

来源：北京日报

（2）天津

2011年计划建设任务：全年新建各类保障性住房1200万平方米、19万套，其中公共租赁住房480万平方米、10万套，经济适用住房290万平方米、3.8万套；限价商品住房430万平方米、5.3万套。 来源：天津住房保障网

2011年计划完成情况：本市开工建设保障性住房1600万平方米、23.9万套，发放租房补贴8.5万户。

来源：天津住房保障网

2012年计划建设任务：全市计划建设保障性住房10.5万套，其中建设公共租赁住房1.8万套，经济适用住房7.1万套，限价商品住房1.6万套。 来源：天津住房保障网

（3）河北

2011年计划建设任务：国家下达建设任务38万套，年内力争开工40万套以上。 来源：河北日报

2011年计划完成情况：竣工保障性住房和棚户区改造住房17.7万套、约1200万平方米，并有41.77万套、约2800万平方米在建。全省2011年建设计划的38.47万套保障性住房和棚户区改造住房，已全部开工建设，提前超额完成了中央两批下达的38.04万套年度责任目标。 来源：河北青年报

2012年计划建设任务：开工建设保障性住房和棚户区改造住房28.6万套，竣工15万套，新增租赁补贴1.3万户。

来源：河北青年报

（4）山西

2011年计划建设任务：中央下达的任务是32.04万套，其中新建廉租住房6万套、货币化补贴2万户、公共租赁住房2.4万套、经济适用住房3.4万套、限价普通商品住房0.15万套、改造城市棚户区11.4万套、国有工矿棚户区3.4万套、林区棚户区0.4万套、垦区棚户区0.21万套、兼并重组的国有煤矿棚户区2.68万套。同时，2011年国家计划改造农村危房150万套，给山西省下达5.5万套。因此，山西省2011年保障性住房建设任务总共是37.54万套。

来源：太原晚报

2011年计划完成情况：全年开工建设各类保障性住房44.62万套，为年度任务的114.3%。

来源：山西省住房和城乡建设厅

2012年计划建设任务：2012年城镇保障性住房建设任务为28万套。 来源：黄河新闻网

（5）内蒙古

2011年计划建设任务：国家下达保障性安居工程建设任务为44.54万套。 来源：新华社

2011年计划完成情况：全区各类保障性安居工程累计开工48.02万套（户），超建设任务约3.52万套（户），累计完工和基本完工近26万套（户）。 来源：新华网

2012年计划建设任务：全区各类保障性安居工程建设总任务为新开工27.77万套。

来源：内蒙古住房和城乡建设网

（6）辽宁

2011年计划建设任务：国家下达建设任务33.79万套，其中，廉租住房1.2万套，经济适用房2.28万套，公共租赁住房7.21万套，新增廉租住房租赁补贴0.97万户，城市棚户区改造10万户，国有工矿棚户改造7.94万户，林区、垦区及中央下放地方煤矿棚户区危房改造共计4.19万户。 来源：辽宁日报

2011年计划完成情况：完成37.1万套保障性安居工程任务。 来源：辽宁日报

2012年计划建设任务：建设任务21.89万套。 来源：新华网

（7）吉林

2011年计划建设任务：吉林省政府下达的建设任务由41.29万套、2700万平方米，大幅增加到48.11万套、3070万平方米。其中，国家下达的建设改造任务由27.72万套增加到31.51万套。具体目标任务：改造城市棚户区15.04万套，改造煤矿棚户区2.25万套，改造林业棚户区4.26万套，改造国有工矿棚户区1.5万套，新增廉租住房6.5万套，建设公共租赁住房1.2万套，改造国有垦区危房0.76万套，改造农村泥草房16.6万户。 来源：人民网

2011年计划完成情况：城市棚户区改造开工15.5425万套（含货币安置3730户）；国有工矿棚户区改造开工1.6273万套；廉租住房开工6.562万套；公共租赁住房开工1.7398万套；煤矿棚户区改造开工2.2463万套；林业棚户区改造开工4.4511万套；国有垦区危房改造开工0.76万户；农村泥草房改造开工16.6万户。 来源：人民网

2012年计划建设任务：全年计划开工建设35.38万套，其中：城市棚户区改造12万套，煤矿棚户区改造4.65万套，林业棚户区改造4.16万套，国有工矿棚户区改造3.2万套，廉租住房新增4万套，公共租赁住房建设1.2万套，国有垦区危房改造1.17万户，农村危房改造5万户。发放廉租住房租赁补贴30万户。 来源：中国吉林网

（8）黑龙江

2011年计划建设任务：黑龙江省保障性安居工程建设任务84.54万套，居全国首位。其中，城市棚改28.55万套、煤矿棚改5.9万套、林区棚改21.89万套、垦区危房改造10.78万套、国有工矿棚改1.15万套、经适房3.09万套、廉租房11.17万套、公租房2.01万套。 来源：新华网

2011年计划完成情况：全省保障性安居工程开工86.75万套。 来源：新华网

2012年计划建设任务：全年计划开工建设保障性住房和棚户区改造住房52万套，同时改造农村泥草房22万户。 来源：新华网

（9）上海

2011年计划建设任务：新开工建设、筹措与完成各类保障性住房26.6万套。其中新开工500万平方米经济

适用住房、800万平方米动迁安置房、建设和筹措200万平方米公共租赁住房。 来源：解放日报

2011年计划完成情况：上海市新开工建设保障性安居工程约26.7万套；新开工、筹措各类保障房1700万平方米。 来源：上海市人民政府网站

2012年计划建设任务：市保障性住房的总体目标为新开工和筹措1100万平方米，16.58万套，竣工9万套（户）；可供应770万平方米，11万套。其中共有产权保障房（经济适用住房）5.3万套，动迁安置房（限价商品房）4.28万套，另外，建设和筹措4万套公共租赁住房，城市旧区改造完成2.5万户。 来源：文汇报

（10）江苏

2011年计划建设任务：全省新增公共租赁住房、廉租住房15万套（间），新建经济适用住房6万套，发放廉租住房租赁补贴4万户，完成城市棚户区危旧房改造20万户、1000万平方米，解决45万户家庭的住房困难；国有工矿棚户区、林业棚户区、垦区棚户区、煤矿棚户区改造按国家下达的计划执行。 来源：江苏省人民政府网

2011年计划完成情况： 截至10月底，全省已完成保障性安居工程目标任务45.3万套(户)，完成国家下达开工目标任务的112.9%，省定目标任务的101%。 来源：扬子晚报

2012年计划建设任务：国家安排的任务江苏保障房新增、新开工数量为27.5万套，竣工量为13万套。江苏则将前者自定为31.5万套，其中，10.5万套为公共租赁房（廉租房与之并轨建设），5.3万套为经济适用房，6.5万套为限价商品房，还有9.2万套为各类棚户区危旧房改造。 来源：新华日报

（11）浙江

2011年计划建设任务：国家下达我省经济适用住房、公共租赁住房、限价商品住房及各类棚户区改造等保障房建设任务18.5万套，其中廉租住房货币补贴5000户。 来源：浙江日报

2011年计划完成情况：新开工建设保障性安居工程住房21.67万套(户)，其中实物建房20.9万套，新增廉租住房租赁补贴0.77万户。实物建房20.9万套中，廉租住房0.72万套、经济适用住房3.14万套、公共租赁住房5.5万套。限价商品住房4.23万套，城市旧住宅区(危旧房、城中村)改造7.10万套。 来源：浙江在线

2012年计划建设任务：新开工建设保障性住房、棚户区改造住房共14.13万套，其中新增廉租住房0.29万套、公共租赁住房5.3万套，新建经济适用房1.35万套、限价商品住房0.6万套，城市棚户区改造6.25万套，林业棚户区改造0.16万套，垦区棚户区改造0.18万套。全年将竣工保障性住房、棚户区改造住房共6万套，新增发放廉租住房租赁补贴0.37万户。 来源：浙江日报

（12）安徽

2011年计划建设任务：安徽省保障性安居工程计划任务为39.07万套，其中廉租住房7.30万套，廉租住房租赁补贴1.4万户，公共租赁住房10.29万套，经济适用住房0.20万套，城市棚户区改造15.06万套，国有工矿棚户区改造2.60万套，林业棚户区改造0.67万套，国有垦区棚户区改造0.62万套，中央下放煤矿棚户区改造0.93万套。 来源：安徽省住房和城乡建设厅

2011年计划完成情况：截至10月底安徽省已开工各类保障性住房和棚户区改造住房42.9万套，新增发放廉租房租赁补贴1.69万户。 来源：安徽日报

2012年计划建设任务：安徽省保障性住房建设的重点是公共租赁房和棚户区改造住房，建设数量分

别是18.7万套和16万套，还将建设廉租房、经济适用房、限价商品住房共计4.3万套，并新增廉租房租赁补贴1万户。 来源：安徽省人民政府网站

（13）福建

2011年计划建设任务：保障住房建设任务25.195万套，其中廉租住房11845套；经济适用住房19100套；公共租赁住房7万套；限价商品住房7万套；新增租赁补贴6000户；城市棚户区改造62800套；工矿棚户区1600套；林区棚户区5605套；垦区危房5000套。 来源：福建省住房和城乡建设厅网站

2011年计划完成情况：开工25.27万套、开工率达到103.52%；竣工11.1万套，竣工率达到45. 5%。

来源：福建省住房和城乡建设厅网站

2012年计划建设任务：国家下达保障性安居工程建设任务为，开工建设保障性住房、棚户区改造住房15.89万套，新增廉租住房货币补贴0.28万户，基本建成13万套。

来源：福建省住房和城乡建设厅网站

（14）江西

2011年计划建设任务：建设保障性住房和棚户区改造住房33.1万套。其中：新增廉租住房6.5万套，新增发放租赁住房补贴1.1万户；新增公共租赁住房5.06万套；新建经济适用住房1万套；城市棚户区改造9.4万户；国有工矿棚户区改造0.8万户；林业棚户区（危旧房）改造2万户；垦区危房改造6万户；煤矿棚户区改造1.24万户。 来源：江西省人民政府

2011年计划完成情况：江西新开工建设保障性安居工程32.6套，发放廉租住房租赁补贴16万户，完成农村危房改造 8 万户。 来源：新华社

2012年计划建设任务：新开工建设各类保障性住房23.1万套，力争30万套，建成18.22万套以上，完成农村困难群众危房改造 8 万户。 来源：新华社

（15）山东

2011年计划建设任务：国家下达保障性安居工程建设任务32.82万套，其中新建廉租房1.2万套、公租房7.4万套、经适房8.6万套、限价商品住房3.3万套、棚户区改造11.54万户，新增廉租住房货币补贴0.78万户。

来源：山东省人民政府网站

2011年计划完成情况：全年开工保障性安居工程36.8万套，其中：新开工廉租住房1.6万套、经济适用住房9.18万套、公共租赁住房9.07万套、限价商品住房3.5万套，改造棚户区13.46万户。 来源：山东省住房和城乡建设厅网站

2012年计划建设任务：国家下达各类保障性安居工程任务30.51万套，其中新增廉租住房租赁补贴1万户，实物建设29.51万套，竣工11.8万套。 来源：山东省住房和城乡建设厅网站

（16）河南

2011年计划建设任务：河南省与中央最初签订的责任目标是全年开工42.09万套，后来又增加到45.12万套。最初责任目标中开工建设廉租住房10万套,竣工6万套；开工建设经济适用住房8.6万套,竣工4万套；完成棚户区拆迁13.1万户，开工建设公共租赁住房9万套,竣工2万套。 来源：河南省豫政〔2011〕34号文件

2011年计划完成情况：全省开工保障性住房3244万平方米、45.18万套，完成年度责任目标的107.34%，并且实现了三个三分之一的目标。 来源：河南省住房和城乡建设厅

2012年计划建设任务：开工建设保障性住房40万套。 来源：河南省住房和城乡建设厅

（17）湖北

2011年计划建设任务：国家下达保障性住房和棚户区改造目标任务是37.04万套（其中目标责任书明确为36.86万套，后追加0.18万套）,包括廉租住房租赁补贴4万户，实物建房33.04万套。 来源：湖北省人民政府

2011年计划完成情况：湖北省保障性安居工程实物建房开工35.35万套，占国家下达我省实物建房目标任务33.04万套（含当年8月国家追加我省实物建房任务0.18万套）的107%。竣工18万套。 来源：湖北省人民政府

2012年计划建设任务：国家下达我省保障性安居工程目标 33.53万套（户），其中实物建房30.13万套。

来源：湖北省人民政府

（18）湖南

2011年计划建设任务：湖南省保障性安居工程总任务44.72万套，其中保障性住房和各类棚户区改造43.62套、新增廉租住房租赁补贴1.1万户。 来源：湖南省住房和城乡建设厅

2011年计划完成情况：开工建设保障性住房和各类棚户区改造住房46.6万套，完成年度计划任务的106.8%，基本建成22.7万套。 来源：新华社

2012年计划建设任务：2012年的年度目标任务是38.77万套、竣工15.15万套、新增发放廉租住房租赁补贴1万户。 来源：新华社

（19）广东

2011年计划建设任务：广东省建设任务为31万套。 来源：南方日报网络版

2011年计划完成情况：实际新开工33万套。 来源：南方日报网络版

2012年计划建设任务：2012年国家下达实物建房任务为14.39万套，新增发放廉租房租赁补贴7600户。而根据各市责任书的汇总，全省实物建房任务为14.67万套，租赁补贴8363户，共约15.5万套。来源：南方日报网络版

（20）广西

2011年计划建设任务：保障性住房建设和棚户区改造目标任务为29万套（户）住房，其中新增廉租住房租赁补贴4.4万户，新建廉租住房5万套、公共租赁住房5.12万套、经济适用住房2.69万套、限价商品住房3.5万套，实施城市棚户区改造3.03万户、国有工矿棚户区改造1万户、林业棚户区（危旧房）改造1.62万户、垦区危旧房改造2.64万户。 来源：桂政发〔2011〕15号

2011年计划完成情况：截至11月30日，保障性安居工程项目已开工建设31.95万套（含新增租赁补贴45785户），开工面积1938.92万平方米，竣工住房79063套，其中，廉租住房新开工53913套（含购改租484套）、竣工住房20347套（含购改租393套）；全区公共租赁住房新开工55963套，竣工住房11743套；经济适用住房新开工32086套，竣工住房16647套；全区限价住房新开工41393套，竣工住房5250套；全区国有工矿棚户区改造新开工14180套，竣工住房3206套；全区城市棚户区改造新开工33582套，竣工住房10308套；全区林区棚户区改造项目新开工16200套，竣工住房4251套；垦区棚户区改造项目新开工26434套，竣工住房7311套；新增发放租

赁补贴45785户。 来源：广西壮族自治区住房和城乡建设厅

2012年计划建设任务：全面开工建设保障性住房24.1万套（户），竣工各类保障性住房和棚户区改造住房12万套（户）。 来源：广西日报

（21）海南

2011年计划建设任务：保障性安居工程建设计划任务为13.26万套。其中，城镇保障性住房9.26万套（户），普通农村危房改造3万户，水库移民危房改造1万户。 来源：海南日报

2011年计划完成情况：全省开工建设15.36万套（户），其中城镇保障性住房开工11.22万套（户）；普通农村危房改造3.27万户；水库移民危房改造0.87万户。 来源：海南日报

2012年计划建设任务：国家给海南省的保障性安居工程任务是7.19万套，海南自加压力，计划完成7.55万套，同时改造2.5万户农村危房、7400户库区危房。 来源：新华社

（22）重庆

2011年计划建设任务：国家下达保障性安居工程建设任务为开工建设50.62万套，其中公租房21.84万套、廉租房17.33万套、经济适用住房5万套、各类棚户区改造6.45万户。 来源：重庆日报

2011年计划完成情况：全年开工建设保障性安居工程房屋52.22万套。

来源：2011年重庆市经济运行情况新闻通报会

2012年计划建设任务：重庆市将开工建设1350万平方米公租房，将有13万套公租房交付入住。全年开建的保障性住房和棚户区改造住房将达到34.39万套。 来源：人民日报

（23）四川

2011年计划建设任务：国家下达我省保障性住房建设和棚户区改造任务开工35.24万套、竣工15万套。

来源：四川省省政府办公厅

2011年计划完成情况：全年共开工39.18万套，完成国家下达计划的111.17%；竣工16.2万套，超额完成竣工目标。 来源：四川省省政府办公厅

2012年计划建设任务：保障性住房建设和棚户区改造要开工28万套，竣工16万套。

来源：四川省省政府办公厅

（24）贵州

2011年计划建设任务：新建的23.62万户保障性住房，包括新建廉租住房7.52万套、新增租赁补贴3.62万户、新建经济适用住房2.5万套、公共租赁住房2.22万套、限价商品住房0.1万套、城市棚户区改造5.05万套、国有工矿棚户区改造0.67万套、林业棚户区改造0.33万户。 来源：人民网

2011年计划完成情况：贵州省城镇保障性安居工程开工23.96万套，新增廉租住房租赁补贴7.5万户。

来源：人民网

2012年计划建设任务：城镇保障性安居工程确保开工9.9334万套(户)，竣工7.8316万套(户)。 来源：人民网

（25）云南

2011年计划建设任务：国家下达建设（筹集）39.93万套的城镇保障性住房任务，其中新增租赁补贴9万

户，实物建房30.93万套，而实物建房包括新建廉租住房9.5万套、公共租赁住房11万套、经济适用房0.5万套，实施各类棚户区改造9.93万户。 来源：云南经济日报

2011年计划完成情况：截至2011年底，全省各类城镇保障性住房累计开工（含购买改建租赁）30.95万套，平均开工率达到100%；新增发放租赁补贴9万户以上。 来源：春城晚报

2012年计划建设任务：云南省与国家签订了2012年城镇保障性住房目标责任书为40.32万套（含10万户新增租赁补贴发放），并基本建成19.63万套以上。 来源：春城晚报

（26）西藏

2011年计划建设任务：建设和改造保障性住房1.55万套，其中包括新建廉租住房2000套，新建公共租赁住房1200套，新建周转房5700套，维修改造周转房1900套，改造城镇棚户区3000户，改造国有工矿棚户区900户，改造林区棚户区800户。 来源：新华网

2011年计划完成情况：建设改造1.58万套保障性住房，为7044户发放住房租赁补贴。

来源：2012年西藏自治区人民政府工作报告

2012年计划建设任务：安排9.29亿元，完成5.96万户安居工程建设。

来源：2012年西藏自治区人民政府工作报告

（27）陕西

2011年计划建设任务：国家下达保障性安居工程目标任务47.43万套。 来源：陕西日报

2011年计划完成情况：全年新开工建设48.13万套，竣工20.1万套。 来源：陕西省住房和城乡建设厅

2012年计划建设任务：计划开工建设城镇保障性安居工程43.6万套。 来源：陕西省住房和城乡建设厅

（28）甘肃

2011年计划建设任务：2011年国家下达甘肃省保障性安居工程任务为新建保障性安居工程18.15万套，新增廉租住房租赁补贴3.5万户。 来源：新华社

2011年计划完成情况：截至11月底，甘肃省新建保障性住房已开工19万套，10.82万套主体竣工，超额完成全年任务。 来源：新华社

2012年计划建设任务：将新建各类保障性住房11.845万套。国家下达保障性住房建设任务中，包括了新增廉租住房32271套，新增公共租赁住房29114万套，新建经济适用房17753套，新建限价商品房8239套，以及棚户区改造31073套。 来源：新华网

（29）青海

2011年计划建设任务：将建设保障性安居工程住房18.82万套，其中新增租赁补贴1.2万户；保障性住房13.46万套；各类棚户区改造4.16万套。 来源：青海省住房和城乡建设厅

2011年计划完成情况：全年新建项目开工18.17万套(含追加任务4500套)；新增廉租住房租赁补贴发放1.2万户。 来源：西宁晚报

2012年计划建设任务：安排城镇保障性住房3.54万套，竣工5.17万套。 来源：青海省人民政府网站

（30）宁夏

2011年计划建设任务：国家下达保障性安居工程建设共9.11万套（户）。其中，新增发放廉租住房租赁补贴1.4万户，开工建设保障性安居工程7.71万套。 来源：人民网

2011年计划完成情况：全区共开工建设保障性安居工程8.32万套（户）；新增发放廉租住房租赁补贴1.89万户。 来源：宁夏回族自治区住房和城乡建设厅

2012年计划建设任务：新开工建设各类保障性住房9.3万套。 来源：宁夏回族自治区政府办公厅

（31）新疆

2011年计划建设任务：须完成各类保障性住房建设任务34万套。其中，新增廉租住房7.46万套，新增发放租赁补贴0.9万户；新增公共租赁住房5.61万套；新建经济适用住房1.2万套；新建限价商品房0.56万套；城市棚户区改造10.32万户、国有工矿棚户区改造0.91万户；林业棚户区改造0.14万户。 来源：《乌鲁木齐晚报》

2011年计划完成情况：计划开工建设各类保障性住房34万套，实际开工35.6万套，提前2个月完成国家下达的任务。 来源:自治区住房和城乡建设厅办公室

2012年计划建设任务：新建各类保障性住房和棚户区改造安置住房29.5万套,其中国有农牧场危房改造5.42万套，林区棚户区改造0.36万套。 来源：自治区住房和城乡建设厅办公室

四、2011年保障性安居工程建设运行经验

1. 北京市

公共租赁住房建设和运营管理工作经验总结

北京市住房城乡建设委员会

北京市委、市政府一直高度重视住房保障工作，始终把解决群众住房困难作为一项重要的政府职责。为贯彻落实《国务院办公厅关于保障性安居工程建设和管理的指导意见》（国办发〔2011〕45号），进一步加强本市保障性安居工程建设和管理，市政府办公厅于2012年1月16日印发了《北京市人民政府办公厅关于贯彻国务院办公厅保障性安居工程建设和管理指导意见的实施意见》（京政办发〔2012〕2号），明确指出要着力优化住房供应结构，大力发展公共租赁住房，推动住房保障方式向“以租为主”转变。

一、坚持“三多一统筹”，大力发展公共租赁住房，不断完善住房保障政策体系

统筹考虑首都人口、资源、环境因素，我市提出了“低端有保障、中端有支持、高端有市场”的住房供应思路，不断完善住房保障政策体系，2007年修改完善了廉租住房和经济适用住房政策，2008年在全国率先实施限价商品住房政策。特别是调整住房保障供应方式，把公共租赁住房作为住房保障工作发展的方向和重点，大力推进公共租赁住房制度建设。2009年在全国率先建立公共租赁住房制度，2011年出台了具体实施意见和多个配套文件，明确将外来人口和新就业职工纳入公共租赁住房保障范围。

北京市发展公共租赁住房采取“三多一统筹”的创新建设管理模式：多主体建设。除市区政府组织建设外，组织产业园区建设，鼓励企业、社会团体等社会单位利用自有土地建设公共租赁住房，鼓励投资机构、开发企业建设、持有、运营公共租赁住房。经向国土部申请，开展集体土地建设公共租赁住房试点工作，既增加土地供应，减少征地拆迁矛盾，降低成本，又为农民增加可持续收入，改善城乡结合部环境，实现多赢。多方式筹集房源。采取新建、改建、收购、长期租赁等方式筹措房源。多元化融资，除依托新成立的保障性住房投资中心投融资职能外，在全国率先采取土地年租制方式降低成本，缓解资金压力。加强统筹管理，统一建设标准，规范审核分配，抓好后期管理，确保公共租赁住房可持续发展。

按照“市场定价、分档补贴、租补分离”的原则，我市公共租赁房租金水平主要考虑项目建设、运营和管理成本，按照略低于同地段、同类型住房的市场租金水平确定。同时，建立公共租赁住房分档租金补贴机制，对符合一定条件的承租家庭，政府给予不同程度的补贴，提高承租家庭租金承担能力。

二、创新公共租赁住房建设管理体制

为破解融资难题，我市积极搭建投融资平台，组建市场化运营机构。2011年6月30日，市政府一次性注资100亿元成立了全国最大的保障性住房投融资平台——北京市保障性住房建设投资中心，具体负责市级公共租赁住房投资、建设和运营管理工作。市投资中心的建立，进一步完善了我市财政投入机制，改变了保障性住房传统的

建设管理模式，投融资和运营管理职能通过投资中心实现，住房保障职能分工更加明确。

我市加大科技创新力度，建立统一的保障性住房信息管理平台，提高住房保障管理的规范化、标准化、精细化水平，做到公共租赁住房申请、审核、分配过程和结果都公开公平公正。目前，我市正在进行保障性住房信息管理平台的三期开发建设，四月上线运行后，通过保障性住房信息管理平台即可实现公共租赁住房租金补贴的申请、审核和发放，将进一步缩短公共租赁住房承租家庭获得租金补贴的时间，提高承租家庭的租金支付能力。

我市通过对各类保障性住房建设过程进行梳理、归纳、总结，确立了以公共租赁住房作为突破口进行标准化基础建设试点工作，并初步形成“北京市公共租赁住房建设管理标准化体系”框架及三项基本制度。该体系分为标准化设计子系统，标准化建造子系统、标准化评价子系统、标准化管理运营子系统等四大子系统，三项基本制度包括标准化设计制度、优良部品库制度、性能评价制度。在这个体系框架中，通过对公共租赁住房建设管理中设计、建造、评价、管理运营等关键环节实施标准化，统筹把握、提升全市公共租赁住房的品质，缩短建设工期，降低各项成本，达到节能环保、绿色低碳的要求。随着公共租赁住房建设力度的不断加大，我市于2011年成立了标准化工作推进小组，公共租赁住房标准化工作正由点及面全方位深入开展。我们通过建立公共租赁住房标准化建设管理体系，研究梳理出11项成果，这些成果也同时在指导我市的保障性住房项目建设。

2. 上海市

上海市保障性住房建设融资相关情况

上海市住房保障和房屋管理局

投融资问题是保障性住房建设特别是公共租赁住房建设推进过程中的瓶颈问题。上海市委、市政府高度重视保障性住房投融资工作，由市领导出面多次召开专题会议，协调保障房建设企业融资难题。目前，上海主要从以下几方面着手，落实保障性住房建设资金。

一、对保障性住房建设贷款实施“名单制管理”

上海银监局下发了《关于加快推进信贷支持本市保障性安居工程建设有关工作的通知》（沪银监通〔2011〕193号），对经房管部门认定的保障性住房建设项目实行“名单制管理”，优先安排信贷资金。

二、实施国库现金商业银行存款与投放保障性住房贷款联动制度

为鼓励商业银行投放保障性住房建设贷款，市财政局组织了两轮国库现金商业银行存款招标，存款资金规模100亿元，招标条件为中标企业须按照接受国库现金存款金额的两倍投放保障性住房建设贷款。通过“存贷联动”，可解决保障性住房建设贷款资金200亿元。

三、建立建设用地使用权预告登记和抵押制度

为解决保障性住房建设地块房屋征收资金不足问题，出台了《关于储备土地办理预告登记有关规定的通知》（沪规土资籍〔2011〕508号），明确规定用于保障性住房建设的储备土地，在完成房屋征收前，可先办

理建设用地使用权预告登记和抵押手续，使从事保障性住房土地储备的机构可以较快从银行获得贷款。

四、加大公共租赁住房财政专项资金投入力度

2011年，市级财政向各区（县）下达公租房专项补助资金31.3亿元（其中包括中央补助资金5.8亿元），用于公租房运营机构及其投资项目的资本金。区级财政按照两倍资金规模配套投入。

五、利用住房公积金增值收益直接投资公共租赁住房

本市住房公积金个人贷款量较大，增值收益较好。2011年5月，市公积金管理中心从增值收益中出资约15亿元，收购了城投置地公司开发建设的新江湾尚景园15万平方米、2202套住房，用作公共租赁住房。目前，项目已完成建设和装修，启动供应工作。2012年市公积金管理中心计划继续使用增值收益收购新建保障性住房项目作为公共租赁住房使用。

六、利用住房公积金本金结余资金向保障性住房项目投放贷款

经国家批准，上海列入住房公积金贷款支持保障性住房建设试点城市，首批投放贷款资金约10亿元，用于杨浦区154街坊动迁安置房建设。目前，市公积金管理中心正在梳理遴选第二批贷款支持保障性住房建设项目，争取抓紧上报国家相关部门审批。

七、利用保险资金为公共租赁住房项目提供融资

2011年，太平洋保险公司会同其他保险机构，以投资十年期债权计划的方式，向上海市地产集团提供融资40亿元，用于地产集团馨宁公寓、馨越公寓、馨逸公寓等3处公共租赁住房建设；利率按商业银行长期贷款利率下浮约12%执行，按年调整。平安保险公司与上海市城投总公司签订了7年期债权投资计划，募集约30亿元资金用于城投总公司保障性住房项目建设，50%设固定利率6.453%计息，50%按商业银行同期贷款利率下浮5.1%计息。人力资源和社会保障部同意本市试点利用企业年金投资公共租赁住房债权融资产品，管理全市企业年金的长江养老保险公司已就购买公共租赁住房债权计划产品制订方案、展开磋商。

八、积极利用债券融资支持保障性住房建设

按照国家发改委《关于利用债券融资支持保障性住房建设有关问题的通知》（发改办财金〔2011〕1388号）要求，市相关部门联合制订了做好本市保障性住房项目企业债券发行转报工作的实施办法，上海地产集团、城开集团、农工商房地产公司、南房集团等四家保障性住房建设单位申报发行企业债券合计约62亿元，已报至国家发改委，目前正在等候批准。

九、出台支持政策提高公租房项目还贷能力

按照人民银行、银监会《关于认真做好公共租赁住房等保障性安居工程金融服务工作的通知》（银发〔2011〕193号）精神，市政府召开专题会议，印发了《市府专题会议纪要——关于进一步做好本市公共租赁住房融资工作》（2011-84），明确由区（县）公共租赁住房运营机构按照公司化方式直接申请贷款融资，依靠项目自身租售收益偿还本息；政府给予一系列支持政策，提高运营机构偿还本息的能力，包括允许公租房划拨土地使用权抵押，允许有条件的项目适当增加商业配套设施比例，允许按照偿还本息需要分期出售部分公共租赁住房和商业用房。

通过上述措施，在一定程度上缓解了保障性住房建设企业融资困难。2012年，上海还将继续加大探索创新

力度，争取国家金融主管部门支持，力争在保障性住房建设贷款投放“四函代四证”，以及利用银行间市场发行保障性住房中期票据等方面有所突破。

3. 天津市

先行先试 以人为本加快解决外来工作人员住房问题

天津市滨海新区规划和国土资源局

滨海新区是国家综合配套改革示范区，十几年来始终保持强劲的发展态势，是目前我国经济最活跃、利用国际资本最多的地区之一，已经成为以外向型为主的经济新区。为实现国家赋予滨海新区开发开放的历史使命，高标准完成“十二五”各项发展目标，天津市委、市政府经过反复研究论证，确定了滨海新区“一城双港、九区支撑”的总体规划布局。“一城”就是滨海新区核心城区，“双港”就是南部港区和北部港区，“九区”就是九个产业功能区。目前，滨海新区正处于开发开放的关键时期，需要大量外来工作人员和各类人才的支撑。根据第六次人口普查统计数据，截至2010年，新区常住人口总量为248万人，其中外来常住人口为124万人，占常住人口总量的50%。根据新区城市总体规划，未来5-10年内，新区人口将要增长150-350万，主要来源是外来常住人口。作为全市外来人口最为密集、最为集中的区域，如何妥善解决大量外来人口的住房问题，新区面临的形势非常严峻。

目前，新区外来人口年龄主要在18至25岁之间，主要分布领域是工业和服务业、建设工地，形成了由少量的精英人才、稳定规模的中高端人才以及大规模产业劳动者的金字塔形的人口结构。针对这一实际，滨海新区把解决外来工作人员住房问题作为首要任务，发挥先行先试重要作用，本着“以人为本、服务为先”的理念，积极探索，逐步构建起以建设蓝白领公寓和“建设者之家”为主、具有新区特色的住房保障模式。

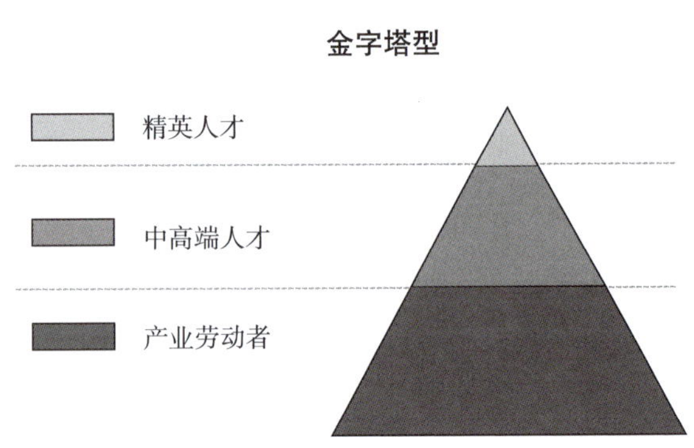

一、着力建设蓝白领公寓

按照国家关于重点发展公共租赁住房，面向在城镇稳定就业的外来务工人员供应的要求，滨海新区制定了《天津市滨海新区蓝白领公寓建设管理办法》，明确蓝白领公寓是指政府主导，由所属各功能区管委会组织建设，限定租金和配建标准，向来新区就业的各类人员，以出租方式提供的集体式公寓住房。按照“小户型、齐功能、高质量”的原则，在土地供应、建设开发、资金投入、户型设计、项目配置、运营管理等方面不断进行探索创新，为支持新区开发开放、促进社会和谐稳定起到了重要作用。

一是土地供应规范化。蓝白领公寓规划用地性质定为工业配套服务设施用地（M4），土地性质为居住用地（蓝白领公寓）。项目用地可以采取划拨方式，也可采取协议出让方式供应，划拨或出让方案作为特定条件，是签订土地合同的依据之一。用地规模按组团布局，一般不超过20公顷。

二是建设主体多元化。蓝白领公寓由政府组织选址、建设，通过招标确定开发运营单位，同时积极鼓励用工较多、经营发展稳定的大型企业自建职工公寓，允许社会机构投资建设小户型租赁公寓，深入挖掘社会资源潜力，多元化建设，更好地满足不同困难群体的居住需求。

三是资金投入长效化。为鼓励新区各功能区和企业建设蓝白领公寓，确保建设资金有效投入，滨海新区建立了蓝白领公寓长效投入机制，以实现良性运转。将各功能区出让土地使用权政府净收益的10%作为专项资金用于蓝白领公寓建设，由区财政局统一提留、专户存储，各功能区依据区政府蓝白领公寓年度建设计划统一申请，专项资金不足部分通过银行贷款和管委会其他自有资金解决。企业自建的蓝白领公寓建成后由企业持有产权并按规定运营管理。对于运营管理合理亏损，各功能区可以用专项资金以购买公共服务名义给予合理补偿。

四是规划设计实用化。蓝白领公寓的建设规模由各管委会依据就业岗位和企业需求确定，按合理服务半径确定组团布局和配套设施。蓝领公寓人均建筑面积控制在6至8平方米，每间居住不得超过8人，原则按走廊式布局，配备公共卫生间。白领公寓人均建筑面积适当放宽至30平方米以内，单元式套型面积低于60平方米，可采用单元或走廊式布局，套内配置卫生间。

五是设施配置人性化。蓝白领公寓内均配置基本家具，可以直接入住。公寓的公共服务设施齐备，每层都设有公共洗衣房和活动室，项目配备管理用房、公共食堂、图书阅览室、培训教室、医务室、超市、理发室等，配套建设室外运动场和文体活动设施，方便职工生活，提供良好居住环境。

六是运营管理制度化。蓝白领公寓运营管理是一项比较复杂的工作。通过总结以往开发区、保税区等蓝白领公寓运营管理经验，结合各功能区实际情况，新区要求各功能区设立专业管理部门负责蓝白领公寓运营、使用、安全、社区等管理工作。同时与居住人员所在企业签订协管协议，明确职责分工，共同承担管理职责。

为推动招商引资工作顺利开展，保障外来就业人员住有所居，滨海新区根据以需定产并留有一定保有量的原则，不断加大蓝白领公寓建设力度。截至目前，已建成蓝白领公寓148万平方米，在建155万平方米，可解决30万外来务工人员的居住问题。2010年还将新开工建设32万平方米，以满足更多外来务工人员的居住需求。

二、规范建设“建设者之家”

目前，滨海新区建筑业外来建设者数量已经超过20余万人，而且以每年35%的速度递增。如何在工作之余最大限度为外来建设者搭建良好的生活环境，已经成为吸引外来建设者的主要竞争力。为此，滨海新区推出了“建设者之家”这一住房保障方式，针对新区大企业和在建大项目集中的特点，对建筑工地外来建设者采取集宿式、公寓式的管理模式。

主要采取两种形式建设：一是由总包单位在项目“工地内”按照统一标准建设，设置相互隔离的生活区、施工区、加工区。现已建成该形式的“建设者之家”近1000余处，面积近60万平方米，容纳外来建设者近15万人。二是由各功能区管委会或建设单位在工程项目集中的区域，在“工地外”组团建设。目前已在中心商务区等功能区建成10余处，面积25万多平方米，容纳外来建设者近5万人。

“建设者之家”实行小区化物业管理，每个工房组团都配置食堂、公用电话亭、超市、邮局、图书室、医务室、活动广场、篮球场、警务室等设施，小区内还设置了监控系统，对外来车辆严格管理，确保居住安全。

每间工房都统一配备储物柜、风扇、电视、暖气等生活必需品，每层建有洗漱间、开水间等。各种生活设施一应俱全，足不出户就能满足基本生活的全部所需。“建设者之家”的所有居住费用都由企业承担，工人们均是免费入住。

今年起，滨海新区将对区内所有建筑企业建立“信用档案”，对未按文明施工规定建设“建设者之家”的行为，一经发现将严厉查处并由专人限期督办整改。对整改不到位或屡次整改的，将限制其招投标直至退出新区建筑市场。

“建设者之家”的建设模式和普通工地上的临建工棚截然不同，一是每一栋建筑都拥有独立基础，增强了结构的安全性；二是统一标准、规范管理，全面改变了以往建设工地居住区形式不统一、管理较混乱的局面；三是设施齐备，切实为外来建设者营造出“家”的氛围。

滨海新区在全区范围内推行“建设者之家”模式的同时，还通过普及劳动合同、做好工资发放监管、设立工人夜校、设立火车票代售点、组织“建设者杯”篮球赛等多种方式，提升“建设者之家”的软实力，着力营造和谐的劳动、居住环境。

随着滨海新区进入全面开发建设的新阶段，外来工作人口也呈现跨越式上升的趋势。给庞大的外来工作人群在城市提供一个安全、舒适的住宿场所，不但解决了人口流动带来的潜在社会问题，还为缓解企业“用工难”提供了帮助，营造出本地人与外来人口和谐共融的社会局面。下一步，我们将继续深化完善蓝白领公寓、“建设者之家”等相关住房保障政策，规范运营管理机制，为滨海新区发展保驾护航，给外来人口一个温馨的家。

4. 重庆市

坚持民生导向 切实抓好公租房建设和分配

重庆市国土资源和房屋管理局

近年来，重庆市努力探索用公租房统揽保障性住房建设，打破城乡、市域和户籍差别，实现城市中低收入人群全覆盖的住房保障体系。全市规划从2010年起三年建设4000万平方米公租房，加上原有保障性住房和各类保障性安置房，到“十二五”期末，城镇住房保障覆盖率将达30%以上。2010年2月28日，重庆首个公租房鸳鸯片区“民心佳园”项目破土动工，正式拉开了我市公租房建设的帷幕。2011年3月2日，重庆公租房首次摇号配租。2011年4月16日首批公租房承租户喜迁新居。截至2011年底，不到两年时间，全市已累计开工建设公租房2871万平方米，并已实现分配11万套，取得了较好实效。我市公租房建设和分配的具体做法有：

一、坚持公建公有，凸显民生导向

我市在公租房建设中坚持政府主导，指定国有投融资企业作为建设主体并持有产权，建成后交由公租房管理局进行管理，以确保公租房的公共保障属性。实行“租售并举”，符合条件的承租人租住5年后可购买，拥有有限产权，但不能上市交易；如需转让，由政府公租房管理机构以原购房价加利息回购，重新作为公租房流转使用。这样既保证了公租房始终在政府保障体制内运行，避免了因政府无穷尽地投入资金建设保障房而引发的财政“黑洞”，又从制度上消灭了利用保障房套利，堵塞了利益输送和灰色交易通道。

二、明确保障对象，覆盖夹心人群

我市把公租房保障对象界定为三类人：一是本市无住房或人均住房建筑面积低于13平方米的住房困难家庭；二是大中专及职校毕业后新就业的无住房人员；三是进城务工及外地来渝工作的无住房人员。对这三类人群而言，有稳定工作是关键，住房困难是核心条件，没有户籍限制是一个重要特点。重庆正处于工业大发展、大繁荣的阶段，对有技能、高素质的人才需求日益增加。大规模修建公租房并不设户籍限制，有利于吸引外出务工人员回渝就业，有利于吸引市外人才聚集重庆，有利于推进笔电等重点产业发展。从2011年四次摇号配租的情况看，本市进城务工和外地来渝工作人员占配租总数的比例高达49.1%，与政策设计初衷吻合。

三、切实保障用地，创新筹资模式

土地和资金是保障性住房建设普遍面临的两大难题，需要通过政府主导和市场化运作方式相结合予以解决。重庆建设4000万平方米公租房总投资约1200亿元，土地需求量约3万亩。

在土地方面，我市较早地成立了市地产集团等国有投融资企业，建立了国有土地储备机制，储备了30多万亩土地。公租房建设用地从市级投融资企业的储备用地中优选并划拨供应。

在资金方面，我市多措并举，建立健全了资金融通体系，破解了建设资金瓶颈，确保了公租房建设顺利快速推进。一是加大财政投入。除通过3万亩国有储备土地划拨注入、争取中央财政支持外，还将当年土地出让收益的5%、房产税收益以及公租房建设中涉及的行政事业性收费、政府性基金以及有关税费等全额用于公租房建设。二是创新融资方式。我市充分发挥国有资本“第三财政”作用，积极运用市场化运作手段，争取商业银行、社保基金、公积金贷款等社会资金。资金还本付息通过如下方式解决：本金通过出售部分公租房和小区配建的商业用房回笼资金达到平衡，融资利息主要通过租金平衡。

四、科学规划设计，体现“宜居”要求

我市公租房主要布局在我市重点规划发展的人口和产业集聚区，起到了“排头兵”作用，能够提早和加快推进城市拓展区的生产生活等基础设施建设，引导人口以及产业从传统的城市中心城区向这些片区转移、聚集，在实现居民职住平衡的同时，也为城市发展提供了更为广阔的空间，有利于形成和谐的人居环境。发布了重庆市《公共租赁房设计标准》，公租房社区按照商品房标准配套建设有学校、社区医院、商场、警务室、健身设施和公共活动场地；房屋分为单间、一室一厅和两室一厅，厨房、厕所齐全，并进行内部简单装修，承租人添置家具后即可入住；容积率控制在3.5-4.0，绿化率为35%左右。

五、加强质量管理，确保优质高效

我市制订出台了《关于进一步加强公共租赁房工程质量管理的意见》等文件，规范了公租房等保障房的质量标准。严格执行招投标制、工程监理制和合同管理制，认真把好设备材料进场、施工工艺、试验检测、工程验收等关口。将保障房建设项目全部纳入市级重点工程进行管理，定期组织监督检查和质量巡查，切实落实安全施工和质量监管责任，落实质量终身负责制。严格按照《重庆市住宅工程质量分户验收管理办法》对公租房统一实施分户验收。建立了专门的房屋维修维护队伍，实现了24小时内上门服务及事后回访，形成了公租房入住后维护管理的长效机制。

六、创新审核手段，确保分配公平

我市制定了《重庆市公共租赁住房管理暂行办法》及《实施细则》等规范性文件，公租房准入、审核、分配、退出等有章可循。一是申请方式简便。申请人在公租房信息网或申请点现场提交申请表和工作、收入、住房等证明材料即可申请公租房。2011年申请家庭已累计达13.7万户次。群众普遍感到申请简便，程序严谨。四次摇号配租无任何投诉。二是审核流程规范。实行“两审两公示”制度，由各区设置的申请点进行初审后提交公租房管理局复审，复审合格的通过公租房信息网对外公示7个工作日，摇号配租后再通过公租房信息网和指定的媒体对外公示15日，广泛接受社会监督。开发了以地房籍信息系统为支撑的公租房管理信息系统，实现了房管、公安、民政、社保、工商等多部门信息共享和联网检索。截至2月底，累计有1308户申请对象因住房面积超过保障标准等原因被取消摇号配租资格。三是分配公开透明。开发了公租房电子摇号系统，随机、同时产生配租对象和配租房源。分配过程实行全程电视直播，邀请监察人员、人大代表、政协委员、申请人代表等到现场监督，公证人员进行全程公证。截至2月底，通过摇号后的公示与监管，累计有163户不符合条件的申请对象被取消分配资格。

重庆启动公租房建设两年来，既保障和改善了民生，解决了广大“夹心层”群众的住房困难问题，有力促进了我市户籍制度改革，助推了工业化、城镇化和城乡一体化，也增加了住房市场的有效供给，成为房地产市场健康发展“稳定器”，但仍有诸多方面需要总结和完善。我们将以本次会议为契机，充分学习、借鉴兄弟省市住房保障工作中好的经验和做法，运用到重庆公租房建设和分配实践中，切实把这项民生工程抓实抓好。

2011
中国房地产年鉴
THE ALMANAC OF CHINA REAL ESTATE
06
企业发展
QI YE FA ZHAN

导读 / INTRODUCTION

2011对于国内房地产市场来说具有重大意义。在“限购”、“限价”、“限贷“等多项房地产市场调控政策的影响下，从下半年开始市场成交量萎缩十分明显，由于2011年国家货币政策的调控，房地产企业贷款难度加大以及融资渠道收紧，导致开发企业融资成本不断上升，再加上下半年市场销售的情况的恶化，企业资金链明显趋紧，市场销售价格也随之开始出现调整。

在低迷的市场环境下，部分房地产企业依然取得了良好业绩，企业规模不断扩大，表现出了良好的成长性。从2011年房地产企业的表现来看，国内房地产企业已经开始逐步走向成熟，企业经营脚步也逐步稳健。

本篇选择国内三十家知名的大型房地产开发企业，通过对企业年度情况的描述和财务数据分析，充分展示这些企业在逆市中的发展脚步和企业经营战略方针的变化。

一、万科企业股份有限公司

1. 企业年度综述

万科企业股份有限公司是目前中国乃至世界规模最大的房地产公司，在整个行业中一直处于龙头地位。2011年，房地产行业经历了“限购、限价、限贷”的调控政策，随着政策逐渐收紧，不少房企资金链开始紧张，市场环境堪比2008年。在这场地产“风暴”中，万科仍然保持着领先地位，2011年全年实现销售金额1215.4亿元。在逆市中取得良好销售业绩的万科并没有乐观，总裁郁亮更是提出“冬天模式”——现金为王，积极销售，谨慎买地，节省不必要的支出，锻炼好身体，积极应对本轮房地产市场调控带来的冲击。

2011年以来，土地市场受房地产市场调控的影响逐渐转冷，不少地块出现底价出让或者流拍现象。此时万科在拿地方面却表现出更加谨慎的态度，并没有利用这个有利时机抄底土地市场，2011年全年，万科新增55幅土地，新增土地的总建筑面积为1752万平方米，与去年全年相比减少34%，拿地节奏明显放缓。虽然万科在拿地上有所放缓，但从购置土地分布范围上看，万科的土地购置是从整个企业布局上进行考虑，伺机获取心仪土地，2011年万科重点布局在华东和华北地区。另外，在城市能级的选择上，企业则将重心放在了二线城市，同时也保证了一线城市的投资比重。

继去年与地方政府加强合作后，2011年万科更为活跃地加入到旧改及保障房项目中，如武汉长征村旧改项目、成都万科钻石广场旧改项目及与河北省政府签订协议，在河北省辖区内的廊坊、保定、唐山、秦皇岛、沧州、张家口等六个城市合作开发建设保障性住房。通过与政府合作，万科获取更多开发土地的机会。

在商业地产方面，2011年商业及旅游地产因为没有限购影响而受到房企追捧，短期内引发了一段投资热潮，万科也借助这股投资风潮强化商业地产的运作能力。2011年中旬，深圳万科单独成立了深圳市万科商业管理有限公司作为深圳万科商业管理团队，后期将运营管理总建筑面积130万平方米的万科双月湾等项目，低调进入商业地产运营领域。除了成立商业管理公司外，万科还逆市拿下上海虹桥商务区商用地块，表明企业积极试水商业地产领域的决心。

2. 财务数据对比

表6-1 资产与负债状况

单位：万元

	2011年	2010年	2009年
资产总额	29620844.00	21563755.17	13760855.48
负债总额	22837590.15	16105135.21	9220004.24
流动负债	20072416.03	12965079.15	6805827.98
货币资金	3423951.43	3781693.29	2300192.38

续表

	2011年	2010年	2009年
应收账款	151481.38	159402.46	71319.19
其他应收款	1844061.42	1493831.32	778580.94
本公司所有者股东权益	5296779.50	4423267.68	3737588.81
资产负债率	77.09%	74.68%	67.0%
流动比率	1.41	1.59	1.91
速动比率	0.37	0.56	0.59

数据来源：企业公开财务报表

表6-2 现金流量状况

单位：万元

	2011年	2010年	2009年
销售商品收到的现金	10364887.30	8811969.45	5759533.35
经营活动现金净流量	338942.46	223725.55	925335.13
现金净流量	-148282.39	1309416.05	202448.90
销售商品收到现金与主营收入比	144.39	173.76%	117.83%
经营活动现金流量与净利润比	35.22	30.72%	173.62%
现金净流量与净利润比	-15.41	179.79%	37.98%
投资活动现金净流量	-565256.77	-219165.93	-419066.06
筹资活动现金净流量	80685.83	1302452.98	-302865.52

数据来源：企业公开财务报表

表6-3 利润构成状况与企业盈利能力

单位：万元

	2011年	2010年	2009年
营业收入	7178274.98	5071385.14	4888101.31
销售费用	255677.51	207909.28	151371.69
管理费用	257821.46	184636.93	144198.68
财务费用	50981.30	50422.77	57368.04
三项费用增长率	27.43%	25.51%	-12.82%
营业利润	1576321.67	1189488.53	868508.28
投资收益	69971.50	77793.12	92407.68
营业外收支净额	4266.57	4586.73	-6765.50
利润总额	1580588.24	1194075.26	861742.78
净利润（本公司所有者）	962487.53	728312.70	532973.77
销售毛利率	39.77%	40.69%	29.39%
净资产收益率	18.17%	16.47%	14.26%
每股收益（元）	0.88	0.66	0.48

数据来源：企业公开财务报表

表6-4　经营发展能力指标

单位：%

	2011年	2010年	2009年
存货周转率（次）	0.25	0.27	0.39
应收账款周转率（次）	46.18	43.96	59.76
总资产周转率（次）	0.28	0.29	0.38
营业收入增长率	41.54	3.74	19.25
营业利润增长率	32.52	36.95	36.46
税后利润增长率	32.15	36.65	32.15
净资产增长率	19.74	18.34	17.20
总资产增长率	37.36	56.70	15.41

数据来源：企业公开财务报表

二、恒大地产集团

1. 企业年度综述

恒大地产集团2011年销售业绩斐然，企业扩张之路一帆风顺，2011年销售面积超过万科领跑全国房地产企业。恒大全年实现803.9亿元,销售面积1219.9万平方米，合约销售均价6590元/平方米，早在10月份时就已超额完成全年目标，成为2011年首个完成销售目标的企业。除了在住宅领域高速发展的同时，恒大还计划在各地建造城市综合体项目，目前已在洽谈中的有哈尔滨、佳木斯、葫芦岛、乌鲁木齐等城市。在快速扩张之后恒大开始转入稳健发展，并着手准备进军商业，使产品多元化，提高企业竞争力。

2011年全年，恒大新增87幅土地储备中位于中南及华东区域的地块建筑面积达1059.6万平方米，占全部新增总量近46%。2005-2009年间，恒大着重在西南区域新增土地，而2010-2011年，恒大增加了在中南区域的投入，同时在华东地区的新增土地量也明显增长。短短六年间，恒大攻城略地，已完成了全国性战略布局。

恒大地产位于广州清远的金碧天下旅游项目于2011年6月13日全面营业，成为华南地区最大的旅游地产项目。2010年开始恒大就高调涉足商业地产项目，以10亿收购广州佳兆业商业广场，并于长春连夺4幅商业地块，计划打造地标性项目，被誉为“长春之门”。2011年恒大继续大幅补充商业地产项目，在哈尔滨、佳木斯、乌鲁木齐等地积极洽谈相关事宜。

在人事方面，恒大11月邀请原福州万达投资有限公司总经理朱伍松出任恒大地产集团副总裁、商业集团董事长。同时恒大广泛招聘商业地产人才，向社会发出大规模招聘计划。

2. 财务数据对比

表6-5 资产与负债状况

单位：万元

	2011年	2010年	2009年
资产总额	17902340.8	10445246.4	6307126.4
负债总额	14416580.3	8308623.9	4991411.8
流动负债	9980294.4	5742990.5	4149757.7
货币资金	2820435.0	1995195.9	1437805
应收账款	1437805.6	192339	941942
本公司所有者股东权益	3268656.4	2063502.6	1286183.7
资产负债率	80.53%	79.54%	79.14%
流动比率	1.54	1.59	1.41
速动比率	0.53	0.63	0.48

数据来源：企业公开财务报表

表6-6 现金流量状况

单位：万元

	2011年	2010年	2009年
经营活动现金净流量	-373561.1	1172376	215817
经营活动现金流量与净利润比	-31.70%	154.49%	206.24%
投资活动现金净流量	-1021849.9	82617	9186
筹资活动现金净流量	2175305.5	1766279	448208

数据来源：企业公开财务报表

表6-7 利润构成状况与企业盈利能力

单位：万元

	2011年	2010年	2009年
营业收入	6191818.5	4580140.1	572265.7
销售费用	272075.6	157426.2	107514.2
管理费用	216121.8	138426.3	74496.0
财务费用	-44859.8	-27179.8	370.9
三项费用增长率	65.01%	47.31%	82.19%
营业利润	1992625.0	1382091.3	125248.1
利润总额	2037484.8	1409271.1	144617.5
净利润（本公司所有者）	1138169.7	758878.6	104642.8
销售毛利率	33.28%	29.19%	34.01%
净资产收益率	33.81%	15.33%	8.14%
每股收益（元）	0.76	0.51	0.07

数据来源：企业公开财务报表

表6-8 经营发展能力指标

单位：%

	2011年	2010年	2009年
存货周转率（次）	0.62	0.83	0.15
应收账款周转率（次）	15.69	29.47	7.79
总资产周转率（次）	0.44	0.55	0.12
营业收入增长率	35.19	700.35	58.66
营业利润增长率	44.17	1003.48	154.61
税后利润增长率	46.85	618.54	76.59
净资产增长率	63.14	62.39	53.29
总资产增长率	71.39	65.61	121.13

数据来源：企业公开财务报表

三、大连万达集团股份有限公司

1. 企业年度综述

万达集团自创立至今已形成商业地产、高级酒店、旅游投资等五大产业为支柱的大型企业集团，核心产品是以“万达广场”命名的城市综合体。2011年万达集团年收入1051亿元，集团总资产达到1950亿元。2011年共新开业16座万达广场、12家五星级酒店、14家百货店等，这些项目共同促进万达突破千亿大关。而万达2012年的销售目标为1200亿元，集团总资产2300亿元。

2011年度新开业万达广场16个，预计2012年将有20个万达广场开业，届时万达广场全国的物业面积将达1500万平方米。截止2011年底，万达商业地产公司持有经营物业面积903万平方米。随着越来越多的房地产企业进军商业，未来10-15年可能会出现万达的竞争对手，如何变得不可超越是万达的重要课题。从2001年至今，万达广场已从第一代的单体店升级到第三代的城市综合体模式，去年年底万达又提出第四代模式“万达城”，其运作方式较第三代产品具有更大的“不可复制性”，武汉中央文化区未来3年都将对此方式进行尝试。此外，未来文化旅游产业的投资和收入规模将占到集团业务的50%以上。

2011年全年，万达新增9幅地块，总建面达339.02万平方米，总价72.3亿元，土地成本为2131元/平方米，拿地区域主要集中在环渤海和长三角区域。另外，2011年全年，万达新增地块全部位于二、三线城市，二线城市和三线城市新增土地建面占比均在50%左右。

2. 销售业绩

2011年，万达业绩高速增长，全年新开业16个万达广场，实现销售金额1051亿元，年收入企业历史上首破千亿大关。其中万达商业地产公司实现销售收入953亿，同比增长38.9%，现金回款814亿，同比增长32%。

表6-9　　万达2011年重点销售项目

城市	城市能级	项目名称	城市	城市能级	项目名称
福州	二线	仓山万达广场	济南	二线	济南万达广场
长沙	二线	长沙开福万达广场	南昌	二线	万达广场
南京	二线	南京万达广场	武汉	二线	积玉桥万达广场

资料来源：企业定期报告，中国房地产决策咨询系统（CRIC）

从销售的区域分布上看，万达在华东区域的销售业绩占比最大，占到58%，中南区域销售业绩占比居于其次，达25%。而从城市线来看，二线城市仍然是万达最为主要的业绩来源，销售金额占比重77%。

四、中国海外发展有限公司

1. 企业年度综述

中国海外发展有限公司（以下简称“中海”）是中国内地大规模的房地产公司之一，在行业处于领先地位。2011年是房地产政策调控的延续年，中海地产凭借稳健的战略风格，销售业绩持续增长。中海对2011年的房地产调控市场做出了较为准确的判断，上半年就已经开始在局部区域降价销售，保证了企业2011年销售金额计划目标的完成。中海全年销售金额达870.9亿港元，销售面积为558.2万平方米。

2011年中海土地储备新增25幅，总建筑面积1045万平方米。其中有10个项目位于华东区域，6个项目位于中南区域，两个区域涉及建筑面积759.91万平方米，占全部新增总量近73%。年内，中海新进入城市9个，分别是南昌、长沙、烟台、吉林、合肥、南宁、武汉、厦门、兰州。房地产市场调控之下，中海新进入城市为历史之最。

2011年中海地产再次整合自身商业地产业务，形成了比较明确的商业发展模式，即“以甲级写字楼为主，重点发展都市购物中心，适度发展高星级酒店”。其中购物中心是中海商业地产的发展重点，其购物中心产品将使用“环宇城·UNI MALL”作为统一品牌。2011年企业重点发展首批五座环宇城购物中心，分别位于南京、沈阳、济南、天津及珠海。

2011年中海地产已投入运营的商业地产面积高达31万平方米，年租金总收入2.9亿港元。更大规模的在建、待建项目合计超过230万平方米，大部分将在未来1-4年内陆续落成启用，这些项目建成后将全部持有，对外销售的部分并不计算在内。按此计算，预计从2015年起，全部投资物业每年将能提供不少于12亿港元的稳定租金收入。

2. 财务数据对比

表6-10　　资产与负债状况

单位：万港元

	2011年	2010年	2009年
资产总额	17597542.3	16224840.1	11411739.3
负债总额	10539071.1	10430626.0	7230776.2
流动负债	6792918.2	6139835.7	5019481.2
货币资金	1917938.1	3202349.4	2386272.5
应收帐款	185008.5	287454.4	112029.9
本公司所有者股东权益	703169.71	5473489.0	4209307.2
资产负债率	59.89%	64.29%	63.36%
流动比率	1.88	2.05	1.86
速动比率	0.49	0.59	0.51

数据来源：企业公开财务报表

表6-11　　现金流量状况

单位：万港元

	2011年	2010年	2009年
经营活动现金净流量	-799766.1	-255094.4	885972.3
经营活动现金流量与净利润比	-52.90%	-20.13%	115.55%
投资活动现金净流量	-545321.7	-490649.7	-160578.0
筹资活动现金净流量	-118672.9	1459180.0	801873.2

数据来源：企业公开财务报表

表6-12　　利润构成状况与企业盈利能力

单位：万港元

	2011年	2010年	2009年
营业收入	4858297.6	4431301.4	3732163.0
销售费用	66151.6	59244.5	52032.4
管理费用	123556.7	131432.7	79748.0
财务费用	59676.3	46126.4	22841.4
三项费用增长率	5.31%	52.26%	-21.94%
营业利润	2338833.8	1891381.4	1225924.8
利润总额	2376530.1	2056724.4	1205375.5
净利润（本公司所有者）	1502539.0	1237315.1	760406.3
销售毛利率	42.55%	40.11%	31.56%
净资产收益率	21.42%	25.62%	18.34%
每股收益（元）	1.84	1.51	0.92

数据来源：企业公开财务报表

表6-13 经营发展能力指标

单位：%

	2011年	2010年	2009年
存货周转率（次）	0.51	0.30	0.49
应收账款周转率（次）	4.74	1.48	34.48
总资产周转率（次）	0.29	0.27	0.33
营业收入增长率	9.64	18.73	97.55
营业利润增长率	13.02	68.81	35.59
税后利润增长率	19.34	66.61	49.92
净资产增长率	21.82	38.59	27.14
总资产增长率	8.46	42.18	33.35

数据来源：企业公开财务报表

五、保利房地产（集团）股份有限公司

1. 企业年度综述

保利房地产(集团)股份有限公司（以下简称“保利地产”）是中国保利集团控股的大型国有房地产上市公司，位居国有房地产企业综合实力榜首。面对2011年持续受调控政策影响的市场环境，企业紧密结合政策走向，合理把握经营力度，适度扩大经营规模，有效推动了经营业绩的提升。全年保利地产销售业绩实现签约金额732亿元，同比增长10.6%。虽没有完成公司年初制定的800亿的销售目标，但在全年持续受到政策调控影响、成交普遍低迷的市场状况下，保利地产业绩依然保持了持续稳健增长的态势，其中，广州区域销售额更是突破百亿大关。

公司进一步完善区域布局、稳步扩大经营规模，持续发展能力显著提升。全年新进郑州、慈溪、德阳、合肥、通化等5个城市，新增土地储备建筑面积759万平方米，在完成所有沿海一线城市的布局后，增加了纵深内陆的二、三级城市战略布点，开启了以现有中心城市全面辐射周边经济发达二、三线城市的新局面。

2011年11月，保利地产发布股票期权激励计划，授予公司179名高层5704万份股票期权。本次股权激励计划覆盖人员广，行权有效期长，有助于形成对公司管理层的长期激励机制，在房地产调控时期，该计划有利于稳定公司核心团队，强调公司长期持续增长。另外，股权激励还有助于保利地产管理体系的不断优化。保利管理模式将逐步探索由两级管理转向三级管理，在长三角、珠三角、环渤海区域有必要加一个区域中心，管理的效率更高。

另外，保利地产提出了“双轮驱动”策略，通过加大商业经营管理力度，将商业地产运营和投资放到了保利的战略中去。企业2011年在广州集中推出100万平方米商用物业，在一线城市住宅市场受到限购影响之际，商用物业的批量出售为保利销售业绩提供较大支撑。按保利地产的新五年规划目标，是希望将持有的商业地产提升至总资产的10%，一年的营业收入计划达到20亿~25亿。

2. 财务数据对比

表6-14 资产与负债状况

单位：万元

	2011年	2010年	2009年
资产总额	19501456.53	15232797.26	8983072.39
负债总额	15295015.55	12030764.18	6286917.51
流动负债	9858594.23	6889667.48	3823361.70
货币资金	1815261.57	1915144.56	1522791.20
应收账款	105764.50	58717.99	46704.86
其他应收款	412867.51	366420.96	47028.65
本公司所有者股东权益	3525766.06	2970929.01	2508823.71
资产负债率	78.43%	78.98%	69.99%
流动比率	1.91	2.13	2.31
速动比率	0.36	0.53	0.74

数据来源：企业公开财务报表

表6-15 现金流量状况

单位：万元

	2011年	2010年	2009年
销售商品收到的现金	6603827.97	5710409.00	4218627.94
经营活动现金净流量	−792190.75	−2236989.59	−114479.12
现金净流量	−97882.99	390353.36	975815.14
销售商品收到现金与主营收入比	140.40%	159.09%	183.53%
经营活动现金流量与净利润比	−121.30%	−406.34%	−28.56%
现金净流量与净利润比	−14.99%	70.91%	243.48%
投资活动现金净流量	−44784.60	−185734.88	−40291.05
筹资活动现金净流量	739342.20	2813264.73	1130585.45

数据来源：企业公开财务报表

表6-16 利润构成状况与企业盈利能力

单位：万元

	2011年	2010年	2009年
营业收入	4703622.22	3589411.76	2298660.76
销售费用	125253.27	80283.69	59078.15
管理费用	75033.47	57253.90	45671.72
财务费用	39027.41	−10241.63	−6617.29
三项费用增长率	88.00%	29.72%	32.54%
营业利润	996409.10	742446.15	522030.24
投资收益	−1818.82	2699.20	163.29
营业外收支净额	11000.11	−1988.68	15874.50
利润总额	1007409.21	740457.46	537904.75
净利润（本公司所有者）	653094.60	491998.40	351922.65
销售毛利率	37.20%	34.12%	36.82%
净资产收益率	18.52%	16.56%	14.03%
每股收益（元）	1.10	0.83	0.81

数据来源：企业公开财务报表

表6-17 经营发展能力指标

单位：%

	2011年	2010年	2009年
存货周转率（次）	0.23	0.28	0.29
应收账款周转率（次）	57.19	68.10	68.35
总资产周转率（次）	0.27	0.30	0.32
营业收入增长率	31.04	56.15	48.11%
营业利润增长率	34.20	42.22	36.06
税后利润增长率	32.74	39.80	57.18
净资产增长率	18.67	18.41	78.19
总资产增长率	28.02	69.57	67.49

数据来源：企业公开财务报表

六、龙湖地产有限公司

1. 企业年度综述

龙湖地产作为中国领先的房地产企业之一，凭借其优秀的产品品质始终位于中国房地产行业的领先地位。2011年龙湖全年销售业绩稳定增长，全年共实现销售金额382.7亿元，较上年同期增加14.8%。2011年的宏观调控对整个房地产市场影响很大，龙湖采取了积极销售、谨慎投资、严格现金流管理的业务和财务策略，通过降价或低开，极大地促进销售业绩增长，“日光盘”项目不断涌现，同时，重庆龙湖还举办了大型“龙湖100”活动，维系老业主，进行品牌经营，并促进项目销售。

从龙湖新增土地储备项目来看，企业2011年在长三角和环渤海的投入继续加大，尤其是环渤海投入增长最多，龙湖在表态不再拿地之后，又新增青岛、烟台多幅地块，可见龙湖对于环渤海区域非常看好。

未来龙湖将商住并举，重点建设“天街”系列项目。龙湖地产2011年11月宣布，将积极推进旗下最主要商业地产模式——“天街”在多地复制建设。据悉，龙湖将大力发展商业地产，预计至2014年，国内运营的商业项目将超过30个，经营面积将达200万平方米，所贡献利润将占公司利润总额的15%-20%。

2. 财务数据对比

表6-18 资产与负债状况

单位：万元

	2011年	2010年	2009年
资产总额	9726004.1	7171356.4	4244510.2
负债总额	7316537.1	5434774.4	2920654.0
流动负债	5058229.2	3828940.9	2205242.8
货币资金	1412092.5	1036255.1	729778.1

续表

	2011年	2010年	2009年
应收账款	334429.6	251629.3	138289.7
本公司所有者股东权益	2194054.1	1598025.6	1213867.8
资产负债率	75.23%	75.78%	68.81%
流动比率	1.36	1.26	1.29
速动比率	0.37	0.34	0.40

数据来源：企业公开财务报表

表6-19　现金流量状况

单位：万元

	2011年	2010年	2009年
经营活动现金净流量	976173.1	847784.2	584579.2
经营活动现金流量与净利润比	85.30%	205.27%	264.61%
投资活动现金净流量	-1077393.9	-1224463.00	-546744.80
筹资活动现金净流量	534367.51	788065.90	379412.00

数据来源：企业公开财务报表

表6-20　利润构成状况与企业盈利能力

单位：万元

	2011年	2010年	2009年
营业收入	2409289.3	1509312.2	1137396.2
销售费用	64273.6	32788.0	31411.9
管理费用	70914.8	43348.8	42109.9
财务费用	20214.1	6667.7	2749.9
三项费用增长率	87.67%	8.57%	-3.91%
利润总额	1144423.0	706847.4	406104.0
净利润（本公司所有者）	632756.0	413015.5	220920.7
销售毛利率	40.55%	33.77%	29.29%
净资产收益率	28.72%	25.85%	18.20%
每股收益（元）	1.23	0.80	0.61

数据来源：企业公开财务报表

表6-21　经营发展能力指标

单位：%

	2011年	2010年	2009年
存货周转率（次）	0.48	0.43	0.58
应收账款周转率（次）	8.2	6.00	8.22
总资产周转率（次）	0.29	0.21	0.27
营业收入增长率	59.63	18.73	97.55
税后利润增长率	37.92	101.30	523.92
净资产增长率	38.75	31.18	-32.31
总资产增长率	35.62	68.96	31.02

数据来源：企业公开财务报表

七、华润置地有限公司

1. 企业年度综述

2011年，华润置地有限公司（以下简称“华润置地”）依旧秉承其稳健的经营风格，以“品质给城市更多改变”为品牌理念，继续加快向“住宅开发+出租物业+增值服务”的模式转型，逐步增加在商业地产和持有物业经营方面的业务比重，企业差异化竞争力和抗风险能力日益提升。在楼市遭遇政策面严厉打击的情况下，企业在成本管控方面亦存在一定压力，三费费率有所上升，受益于投资物业由于房价变动所获得的利润增值，净利润水平明显上升。在新增土地储备方面，企业近两年来坚持以二线城市为主、一线城市为辅，扩大三四线城市投资占比的方针。

2011年华润置地在华东及华北区域的业绩表现突出，企业依然侧重于在该区域保持较大的投资比重。华东及华北区域大多数城市的经济比较发达，消费者购买力较强，在一定程度上降低了企业的投资风险。由于近两年来华润置地土地储备的区域变化，未来在华东及华北市场的供应将持续增长，华东及华北将成为企业未来业绩主要贡献区域。2011年华润华东及华北两个区域涉及建筑面积共达140 3万平方米，占全部土地储备的53.75%。

华润置地表示， 2011年和2012年每年商业可售面积会保持将近40%左右的增长， 从规模来说,住宅和商业地产总体都会增加；就比例而言，商业地产逐渐增加,住宅会减少。截至2011年6月30日，集团投资物业资产账面总值为港币270.93亿元，占集团资产总值的17.1%，期内，包括酒店经营在内的出租物业及物业营业额达港币14.01亿元，比上年同期大幅增长56.7%。

华润置地在拿地时，为了有效控制风险，对拿地方式、项目投入等方面周全考虑，以期获取更高的利润率。通过本公司购买土地并进行前期管理，待项目相对成熟再注入上市公司，俨然成为近年来华润集团支持华润置地的一贯方式。而这除了带来华润置地销售业绩的直接提升外，在房企整合的大潮中，华润置地作为华润集团房地产业务发展旗舰的方向更趋于明确。

2. 财务数据对比

表6-22　　资产与负债状况

单位：万港元

	2011年	2010年	2009年
资产总额	18052572.9	13171483.3	10313052.8
负债总额	11422344.8	8215670.7	6421660.9
流动负债	7123029.1	4968085.3	3629614.4
货币资金	1536828.1	1255358.7	2007388.4
应收账款	2095681.6	2409514.2	1675252.1
本公司所有者股东权益	6031615.5	4601779.3	3768330.9

续表

	2011年	2010年	2009年
资产负债率	63.27%	62.37%	62.27%
流动比率	1.92	2.04	2.23
速动比率	0.54	0.77	1.05

数据来源：企业公开财务报表

表6-23　　现金流量状况

单位：万港元

	2011年	2010年	2009年
经营活动现金净流量	– 510195.4	–1081173	902514.9
经营活动现金流量与净利润比	–42.38%	–147.32%	190.19%
投资活动现金净流量	–919992.9	–415839	–500028
筹资活动现金净流量	1638534.2	445000.8	810910.9

数据来源：企业公开财务报表

表6-24　　利润构成状况与企业盈利能力

单位：万港元

	2011年	2010年	2009年
营业收入	3579480.1	2572915.8	1660134.8
销售费用	154590.6	72772.3	57607.1
管理费用	210479.6	105131.1	87069.3
财务费用	69874.8	30444.5	15438.9
三项费用增长率	108.76%	30.12%	44.85%
税前利润	1437306.2	1158682.9	713574.3
利润总额	1203757.0	954465.3	480717.3
净利润（本公司所有者）	1160699.5	801372.6	440851.0
销售毛利率	39.62%	39.46%	35.77%
净资产收益率	18.14%	19.26%	12.35%
每股收益（港元）	1.477	1.198	0.902

数据来源：企业公开财务报表

表6-25　　经营发展能力指标

单位：%

	2011年	2010年	2009年
存货周转率（次）	0.36	0.41	0.39
应收账款周转率（次）	1.52	1.23	1.06
总资产周转率（次）	0.23	0.22	0.19
营业收入增长率	39.12	54.98	77.25
税前利润增长率	24.05%	62.38%	137.42%
利润增长率	26.12%	98.55%	27.57%
净资产增长率	33.91%	27.35%	25.28%
总资产增长率	37.06%	27.72%	45.12%

数据来源：企业公开财务报表

八、世茂房地产控股有限公司

1. 企业年度综述

世茂房地产控股有限公司（以下简称“世茂”）是中国房地产领袖企业之一，位居整个行业的领先地位。虽然2011年世茂的销售业绩受房地产市场调控政策的影响，目标达成率不足9成，但该达成率仍要强于国内许多房地产开发企业。2011年，世茂通过加速销售和提升推盘速度，在逆市中取得了不俗的销售成绩，全年销售金额为315亿元，同比去年增长17%。拿地策略上，为了应对未来的调控形势，2011年企业加大了其在商业和综合用地上的土地储备，从区域上来说，企业开始更关注华东地区经济较发达的三、四线城市。

2011年世茂在华东区域的业绩表现突出，所以全年世茂依然倾向于在该区域加大投资比重。事实上，华东地区向来是世茂重点布局的区域，企业近年来有意进一步拓展该地区的版图，开始逐步在山东地区进行布局。世茂于2009-2010年拿下青岛两幅地块，2011年更是把区域拓展至青岛下属的县级市，谋划山东的意图更加明显。

从拿地的物业属性来看，2011年世茂加快了其在商业地产的布局节奏。在CRIC监测到的8幅新增土地中，7幅地块涉及商业地产的开发，其中南京、平潭和天津地块的为商住综合性用地，而位于长沙、福州、胶南和济南的4幅地块均为纯商业用地。由此看来，世茂未来的住宅依然会以大型综合体的形式为主导，而在商业地产方面，由于2011年拿地的份额有所扩张，未来进一步的发力可以期待。

2. 财务数据对比

表6-26 资产与负债状况

单位：万元

	2011年	2010年	2009年
资产总额	11724254.1	9566931.5	6652758.3
负债总额	8222446.4	6571533.1	4101049.8
流动负债	5147381.5	3864961.5	2428204.9
货币资金	1231274.0	1213954.9	691895.8
应收账款	154946.6	2669883.4	73614.6
本公司所有者股东权益	3059168.0	2669883.4	2334787.4
资产负债率	70.13%	68.69%	61.64%
流动比率	1.42	1.42	1.44
速动比率	0.55	0.54	0.44

数据来源：企业公开财务报表

表6-27　　现金流量状况

单位：万元

	2011年	2010年	2009年
经营活动现金净流量	-406181.3	-370789.2	397432.4
经营活动现金流量与净利润比	-62.98%	-67.53%	110.31%
投资活动现金净流量	-307210.5	-279454.0	-472896.2
筹资活动现金净流量	735950.2	1177308.8	586318.9

数据来源：企业公开财务报表

表6-28　　利润构成状况与企业盈利能力

单位：万元

	2011年	2010年	2009年
营业收入	2603142.6	2178943.3	1703206.3
销售费用	76988.9	56390.0	47042.7
管理费用	134927.2	108312.2	110728.6
财务费用	38034.6	73780.0	33765.3
三项费用增长率	4.81	24.51%	-20%
营业利润	1101004.9	928995.9	599853.0
利润总额	1075156.9	857031.0	571019.6
净利润（本公司所有者）	572277.5	467153.6	351120.1
销售毛利率	38.4%	36.6%	34.5%
净资产收益率	18.42%	18%	15%
每股收益（元）	1.62	1.32	1.02

数据来源：企业公开财务报表

表6-29　　经营发展能力指标

单位：%

	2011年	2010年	2009年
存货周转率（次）	0.58	0.65	0.71
应收账款周转率（次）	14.58	15.80	22.04
总资产周转率（次）	0.24	0.27	0.30
营业收入增长率	19.47	27.93	136.68
营业利润增长率	18.52	54.87	81.79
税后利润增长率	17.45	52.40	318.82
净资产增长率	16.91	17.39	34.04
总资产增长率	22.55	43.80	43.13

数据来源：企业公开财务报表

九、富力地产股份有限公司

1. 企业年度综述

富力地产股份有限公司（以下简称“富力”）是中国综合实力最强的房地产企业之一。2011年度富力地产销售业绩下滑明显，实现签约金额300亿元，同比下滑7%。虽然富力9月份将全年业绩目标下调至320亿元，相比年初400亿元的销售目标已大幅调整20%，但年终仍未顺利完成调整后的销售目标。由于2011年政策调控在一二线城市持续蔓延，富力项目过于集中于限购重灾区的一线城市和部分重点二线城市，各项目销售普遍受阻严重。

2011年全年，富力地产共新增5个土地储备项目，总建筑面积109万平方米，较去年全年下降79%。富力地产今年新增土地储备建筑面积明显减小，尤其是下半年拿地节奏进一步放缓，“谨慎拿地，现金为王”成了大多数企业的共识。目前公司项目建筑面积储备约2685万平方米，足够公司未来3年开发。

富力在控制土地成本方面卓有成效，不仅从总量上进行把控并且降低了一线城市拿地的比重较好地控制了土地成本，为企业降低了投资风险，保持企业良性的规模增长。富力地产除了在中南重点城市广州增加项目储备，并且在海南提前布局旅游地产项目。根据监测数据显示，富力地产2011年新增土地楼面均价为2660元/平方米，按区域来看，中南区域楼面均价仅1738元/平方米，企业拿地成本较低。

富力地产2011年拿地更多地在总量上进行控制，全年所获取的5块地全部采取企业独立拿地的方式，以获取更大的利润回报。这从某种程度上来说，也侧面反映了当前时点，企业对风险把控还是较为乐观的。从长期发展的角度看，富力也逐渐由粗放的土地规模扩长促进业绩提高转向项目的精细化运作。商业地产物业为富力地产为其提供了很好的保障，未来5年时间，富力地产旗下将有20家星级酒店在全国陆续落成，商业物业形态更为丰富。2011年富力继续加大了商业项目的投入力度，5幅新增土地全部为商服或商住用地。多元化发展将是富力长期的战略目标。

2. 财务数据对比

表6-30　　资产与负债状况

单位：万元

	2011年	2010年	2009年
资产总额	8415888.4	7741690.5	6634401.7
负债总额	6142651.0	5741768.4	4932465.1
流动负债	4077707.3	3459374.8	3007500.8
货币资金	612624.3	565371.6	664227.9
应收账款	758143.2	722942.2	455313.2
本公司所有者股东权益	2252582.6	1978772.1	1691364.2
资产负债率	72.99	74%	74%
流动比率	1.41	1.5	1.6
速动比率	0.49	0.5	0.4

数据来源：企业公开财务报表

表6-31

现金流量状况

单位：万元

	2011年	2010年	2009年
经营活动现金净流量	52894.6	189500.8	452426.0
经营活动现金流量与净利润比	11%	44%	156%
投资活动现金净流量	−110667.3	−351201.9	−232454.0
筹资活动现金净流量	−24974.6	62844.8	299289.1

数据来源：企业公开财务报表

表6-32

利润构成状况与企业盈利能力

单位：万元

	2011年	2010年	2009年
营业收入	2737009.5	2464182.0	1819646.3
销售费用	47180.4	42592.1	37088.8
管理费用	145245.4	112127.4	97824.4
财务费用	113915.2	94,085	50,533
三项费用增长率	23.13%	34.17%	−96.57%
营业利润	1020826.8	907885.3	536595.4
利润总额	916820.3	807024.2	485862.7
净利润（本公司所有者）	484165.0	435059.3	289950.0
销售毛利率	41.71%	37.71%	31.60%
净资产收益率	21.27%	23.70%	18.20%
每股收益（元）	1.51	1.35	0.90

数据来源：企业公开财务报表

表6-33

经营发展能力指标

单位：%

	2011年	2010年	2009年
存货周转率（次）	0.51	0.72	0.52
总资产周转率（次）	0.34	0.34	0.30
营业收入增长率	11.07	35.42	18.47
营业利润增长率	12.44	69.19	−0.70
税后利润增长率	8.49	52.55	−6.91
净资产增长率	13.84	16.99	13.12
总资产增长率	8.71	16.69	20.52

数据来源：企业公开财务报表

十、远洋地产控股有限公司

1. 企业年度综述

远洋地产控股有限公司（以下简称“远洋”）是内地在港上市房地产公司十强之一。2011年房地产市场调控政策再度加码，但远洋地产凭借前瞻的形势判断及正确的战略发展思路，各项表现依旧突出，本年度销售额达到270亿元，同比上升25%。同时，为了能够拓展新的更为广阔的运营模式，远洋正稳步推进其商业地产的战略实施，并且使住宅产品更加精细化，品质进一步提升，得到更大的溢价空间。

2011年，远洋新增8幅土地储备中共有3个项目位于华北和东北区域，涉及建筑面积147.88万平方米，占全部新增总量近51%。另外，远洋地产借助深圳南联的城市改造项目首次进驻深圳，这对于远洋地产在一线城市的市场影响力和品牌实力都有着深远的意义。

远洋2011年在拿地方式上也发生了一些改变，加强了与地方政府间的合作。远洋地产参与建设的北京首个面向社会配租的公租房项目——远洋沁山水公租房，于12月正式面市，标志着远洋地产与政府的合作更进一步，并且参与保障房建设更体现了远洋地产的社会责任。

2011年房地产市场面临空前严厉的调控下，远洋地产仍取得不俗的业绩增长，这与企业“精细化”的产品策略密切相关。2011年，远洋地产普通住宅、保障房、别墅、主题地产等多线产品齐推，在住宅市场开发领域，远洋地产的产品线基本覆盖市场上所有类型，明显提升了企业抗风险能力。另外，远洋地产继续稳步推进其商业地产的战略实施，旗下天津、成都、杭州等地的商业地产项目陆续开始招商运营。

2011年是远洋地产实施第三步发展战略的第二年，进军商业地产正是其发展战略的第三步。目前远洋商业地产已在全国拥有近20个在建阶段的商业地产项目，预计2015年之前，北京、天津、成都、杭州、中山、大连、长春等地将有10个左右购物中心相继亮相。

2. 财务数据对比

表6-34　　资产与负债状况

单位：万元

	2011年	2010年	2009年
资产总额	11028544.5	9273045.4	6214819.9
负债总额	7152828.1	6165974	3878032
流动负债	5103588.1	3897711.9	2007575.9
货币资金	864779.4	1397721.1	1761961.9
应收账款	546319.2	356647.4	5533.6
本公司所有者股东权益	3526842.4	3107070.6	2336787.9
资产负债率	64.86%	66.49%	62.40%
流动比率	1.96	2.17	2.71
速动比率	0.60	0.97	1.50

数据来源：企业公开财务报表

表6-35

现金流量状况

单位：万元

	2011年	2010年	2009年
经营活动现金净流量	-950077.5	-1720490.4	-50775.2
经营活动现金流量与净利润比	-362.51%	-705.46%	-30.99%
投资活动现金净流量	22168.2	-61251.5	-165178.8
筹资活动现金净流量	404436.9	1424207.8	1166189.5

数据来源：企业公开财务报表

表6-36

利润构成状况与企业盈利能力

单位：万元

	2011年	2010年	2009年
营业收入	1989694.6	1372066.5	882365.8
销售费用	77608.7	44101.9	31825.2
管理费用	82025.0	45723.3	31953.9
财务费用	41943.6	28735.6	30875.3
三项费用增长率	70.02%	25.26%	13.74%
营业利润	552744.2	422166.2	293014.7
利润总额	517434.6	385344.3	256774.5
净利润（本公司所有者）	257065.7	243882.3	163834.4
销售毛利率	31.45%	30.00%	30.00%
净资产收益率	6.76%	8.98%	7.91%
每股收益（元）	0.35	0.40	0.34

数据来源：企业公开财务报表

表6-37

经营发展能力指标

单位：%

	2011年	2010年	2009年
存货周转率（次）	0.29	0.29	0.33
应收账款周转率（次）	4.41	5.19	5.33
总资产周转率（次）	0.20	0.18	0.17
主营业务收入增长率	45.01	55.50	36.01
营业利润增长率	30.93	44.08	17.62
税后利润增长率	7.46	48.86	13.41
净资产增长率	17.00	38.68	34.32
总资产增长率	18.93	49.21	43.64

数据来源：企业公开财务报表

十一、中信房地产股份有限公司

1. 企业年度综述

中信地产全年销售金额255亿元，销售面积196万平方米，同比分别下滑10%和16%。从销售区域分布看，环渤海一二线城市业绩份额达41%，珠三角三四线城市42%，珠三角一二线占10.8%，长三角一二线占3.02%，中西部一二线城市占4.02%。

中信地产2011年拿地主要集中在北京和上海两地，皆为商务用地。北京为朝阳区CBD板块，上海位于世博会地区，且以底价成交。2011年新增储备用地49.77万平方米，成交金额105.14亿元。中信在商务地产方面进一步发力的同时，还加大与政府部门的合作，分别在深圳和汕头两地与政府展开合作。

2011年7月，中信获得位于深圳龙岗中心区龙腾工业区更新改造项目开发权。片区最大可改造面积将达140万平方米。中信预计投入100多亿元对该片区进行开发建设，将其打造成居住、商业、办公于一体的城市综合区。

2011年10月，中信地产在汕头启动濠江区的中信滨海新城暨苏埃通道建设项目，占地168平方公里，中信负债一级开发整理和基础设施建设，计划用时25年完成区域开发，总投资将超过500亿元。

2. 销售业绩表现

2011年11月中信集团整合整体资源，实现中信会升级服务，推出房地产界首个具有金融功能的会员卡的诞生。中信地产旅游地产部分重点在海南，四岛九个项目分布，台达国际和香水湾等在进行实质性销售。

表6-38　中信地产2011年重点销售项目

城市	城市能级	项目名称	城市	城市能级	项目名称
北京	一线	中信城	北京	一线	中信新城
东莞	三线	中信东城中心	东莞	三线	中信森林湖
广州	一线	广州亚运城	长春	二线	中信城
天津	二线	中信珺台	青岛	二线	中信森林湖

资料来源：企业定期报告，中国房地产决策咨询系统（CRIC）

十二、金地（集团）股份有限公司

1. 企业年度综述

金地（集团）股份有限公司（以下简称“金地”）是一家以房地产开发为主营业务的上市公司，同时也是中国建设系统企业信誉AAA级企业、房地产开发企业国家一级资质单位。2011年房地产市场打压政策频出，金地集团主要以高端物业为主打的产品战略深受影响，本年度销售额仅为309.2亿元，虽然较2010年小幅上升9.1%，然而距其400亿元的年度销售目标仍然有近100亿元的差距。未来5年，金地房地产基金业务将实现突破性的发展。金地将继续发起设立由稳盛基金募集和管理的美元基金和人民币基金，通过资产管理业务来开拓新的盈利源泉，重点加强基金的募集能力，提高融资能力和独立投资能力。

2011年金地在华东区域的业绩表现突出，2011年企业依然侧重于在该区域加大投资比重。2007年至2011年的5年间，金地持续在华东地区加大土地储备，拿地总量达到367.39万方，居所有区域之首。金地在华东区域扩张拿地的同时，也在着重布局中南及东北区域土地版图，由于该区域内的土地成本相对较低，在一定程度上降低了企业的投资风险。2011年在市场低迷的情况下，金地在土地购置方面十分谨慎，全年仅够地六次，购地支出仅为42.36亿元。金地目前总土地储备面积约1687万平方米，权益土地储备约1398万平方米，土地分布在20个城市，其中大部分为二、三线城市。

商业地产将是集团未来发展的新增长点，规划五年后规模达到600亿元，相当于再造一个金地。未来的金地将以住宅业务为核心，商业地产和房地产金融业务协同发展，成为复合型的地产开发商。

2. 财务数据对比

表6-39　　资产与负债状况

单位：万元

	2011年	2010年	2009年
资产总额	9050005.42	7281653.75	5551781.41
负债总额	6435827.55	5181093.70	3866725.40
流动负债	4898033.87	3254926.81	2455435.08
货币资金	1863838.76	1363139.98	963864.42
应收账款	325.21	1239.40	1136.97
其他应收款	204393.14	143701.95	146333.26
本公司所有者股东权益	2064690.14	1768018.53	1500894.53
资产负债率	71.11%	71.51%	69.65%
流动比率	1.80	2.18	2.21
速动比率	0.49	0.78	0.56

数据来源：企业公开财务报表

表6-40　　现金流量状况

单位：万元

	2011年	2010年	2009年
销售商品收到的现金	2827194.04	26.5876.48	1905761.53
经营活动现金净流量	153026.12	−303876.56	−286290.20
现金净流量	335024.14	363320.28	497613.90

续表

	2011年	2010年	2009年
销售商品收到现金与主营收入比	118.20	133.00	157.52
经营活动现金流量与净利润比	-669%	-112.80%	-161.18%
现金净流量与净利润比	111.04%	134.86%	280.15%
投资活动现金净流量	-111582.41	1759.99	-49463.30
筹资活动现金净流量	285989.46	663568.33	833356.12

数据来源：企业公开财务报表

表6-41　利润构成状况与企业盈利能力

单位：万元

	2011年	2010年	2009年
营业收入	2391850.62	1959252.98	1209817.22
销售费用	94972.27	51435.09	41154.09
管理费用	90210.23	82449.16	49558.92
财务费用	2125.91	3214.12	18023.67
三项费用增长率	36.62%	26.08%	-4.63%
营业利润	497850.93	420590.32	247115.21
投资收益	1160.25	8467.65	1861.60
营业外收支净额	1581.91	2033.80	2694.08
利润总额	499432.83	422624.13	249809.29
净利润（本公司所有者）	301722.68	269404.36	177623.32
销售毛利率	38.72%	38.06%	36.71%
净资产收益率	14.61%	15.24%	11.83%
每股收益（元）	0.67	0.60	0.78

数据来源：企业公开财务报表

表6-42　经营发展能力指标

单位：%

	2011年	2010年	2009年
存货周转率（次）	0.27	0.28	0.22
应收账款周转率（次）	3075.43	1648.94	1090.38
总资产周转率（次）	0.29	0.31	0.27
营业收入增长率	22.07	61.94	23.93
营业利润增长率	18.36	70.20	61.20
税后利润增长率	11.99	51.67	62.32
净资产增长率	26.56	24.66	61.87
总资产增长率	24.28	31.15	58.16

数据来源：企业公开财务报表

十三、碧桂园控股有限公司

1. 企业年度综述

碧桂园控股有限公司（以下简称“碧桂园”）是中国具领导地位的综合性房地产开发商之一。集团采用标准化管理模式，业务包含建安、装修、物业发展、物业管理、酒店开发和管理等。

2011年碧桂园90余个项目主要分布在二三四线城市，其中仅8%受到限购影响，产品也主要是以符合刚性置业需求的房源为主，市场认可度较高。根据调控形势，碧桂园灵活调整重点项目和新开项目售价，贯穿低价策略，成功实现重点项目的销售回款，和新项目热销，为项目滚动开发和企业长足发展蓄足能量。

2011 年集团共实现合同销售金额约432亿元，合同销售建筑面积约 687万平方米，同比分别增长约 31%及15%，超额完成全年430亿元的合同销售目标。全年平均售价6288元/平方米，较2010年5483元/平方米，上涨14.5%。全年共有 16 个全新项目开盘，其中 10 个位于广东省内，平均超过60%的首推货量在开盘首两天已被吸纳。

延续“深耕广东、拓展全国”发展规划。碧桂园今年在广东省内广州、东莞等，以及省外二线城市武汉、天津、济南等增加储备用地，加大环渤海和中西部拓展步伐。碧桂园通过招拍挂方式取得12个项目土地，建筑面积为235.44万平方米，成交金额37.75亿元，成交楼板价为1489元/平方米；以及2011年1月与清远新亚房地产成立合资公司，以27亿收购新亚约120万平方米的一块住宅项目，碧桂园占51%股份。

围绕“碧桂园给您一个五星级的家”定位，继续社区大配套建设模式，多个项目引入华润等大型超市入住社区商业，芜湖碧桂园、广州凤凰城等学校配套投入兴建。践行“地产+酒店”双模式，目前有22个五星级或准五星以及1个四星级酒店已开业运营，19个五星级或准五星酒店在筹建，引入国际品牌希尔顿、玛丽蒂姆签订酒店管理协议，由于多数位于发展项目内，起到提升项目附加值和促进销售作用。

品牌战略方面，实行慈善战略塑造公益形象，送药下乡、助学贫困子弟、农民培训基地、粤北扶贫项目等慈善行动；同时在全国推行“十年社区十年情”幸福社区行，以及业主免费体验入住酒店 “暖心行动”等活动，制造和谐社区景象。

深耕广州，曲线进驻深圳，海外寻找机会。在广州增城、南沙等区域已有9个项目在运作，2011年6月深圳盐田港集团与碧桂园签订了战略合作意向书，盐田港集团表示意欲完善港口地产规划和经营，同时碧桂园今年在东莞塘厦再增两幅地，当地共有四个项目在运作，而塘厦是东莞进入深圳的重镇，从这两项事件分析碧桂园进入深圳意图相当强烈。碧桂园在年末12月26日公布与马来西亚Mayland集团成立合营公司，将主要从事收购马来西亚发展土地之土地使用权，及将发展土地开发成住宅物业配以商业物业，碧桂园将持有55%股权。虽然只是一个事件，不过可以看做碧桂园“走出去”战略规划之一。

2. 财务数据对比

表6-43 资产与负债状况

单位：万元

	2011年	2010年	2009年
资产总额	10731042.5	8208124.7	6393978.8
负债总额	7724316.1	5666317.2	4276972
流动负债	5377160.2	4233084.9	2639861.2
货币资金	774436.2	509429.8	460870.8
应收账款	1253549.5	1237276.7	705846.7
本公司所有者股东权益	2899023.7	2482142.1	2117006.4
资产负债率	71.98%	69.03%	66.89%
流动比率	1.30	1.34	1.62
速动比率	0.57	0.77	0.64

数据来源：企业公开财务报表

表6-44 现金流量状况

单位：万元

	2011年	2010年	2009年
经营活动现金净流量	-248686.2	77502.2	-79127.0
经营活动现金流量与净利润比	-42.59%	17.95%	-37.22%
投资活动现金净流量	-262949.0	-202030.3	-298704.0
筹资活动现金净流量	799330.7	183486.2	538332.5

数据来源：企业公开财务报表

表6-45 利润构成状况与企业盈利能力

单位：万元

	2011年	2010年	2009年
营业收入	3474830.5	2580410.5	1176570.2
销售费用	112844.3	62149.7	32461.5
管理费用	131947.3	83318.3	69578.4
财务费用	22156.4	36324.2	72242.5
三项费用增长率	46.84%	4.31%	-32.29%
营业利润	959087.0	693743.6	378645.2
利润总额	960673.5	671976.5	338593.8
净利润（本公司所有者）	581318.0	429057.8	219019.9
销售毛利率	34.52%	32.36%	26.26%
净资产收益率	32.08%	24.59%	13.58%
每股收益（元）	0.35	0.26	0.13

数据来源：企业公开财务报表

表6-46　　经营发展能力指标

单位：%

	2011年	2010年	2009年
存货周转率（次）	0.84	1.08	0.68
应收账款周转率（次）	2.79	2.66	3.38
总资产周转率（次）	0.37	0.35	0.31
营业收入增长率	34.66	46.73	11.92
营业利润增长率	38.25	83.22	–31.18
税后利润增长率	35.21	93.09	58.03
净资产增长率	18.29	18.00	10.40
总资产增长率	30.74	28.3	27.25

数据来源：企业公开财务报表

十四、雅居乐地产控股有限公司

1. 企业年度综述

雅居乐地产控股有限公司（股份代号：3383）是一家香港上市企业，以房地产开发、经营为主，广泛涉足物业管理、酒店、装修服务等多个领域，品牌知名度享誉全国，是为数不多的被纳为恒生综合指数、恒生流通综合指数及摩根士丹利中国指数成分股的房地产企业之一。

2011年全年，集团合约销售金额达315亿元人民币；合约销售面积约311万平方米，仅完成全年370亿目标的85%。比较整个2011年，雅居乐的每月销售仅维持在20亿元之上，11月18亿元的业绩更是成为雅居乐2011年销售的单月新低。雅居乐主席陈卓琳已经坦言称2011年雅居乐的销售将无法完成年初的370亿元目标。

雅居乐由于上半年资金上的瓶颈而鲜有拿地作为，上半年仅拿下四幅地块，而下半年受调控的进一步影响，市场更加惨淡，公司也缩紧财政支出仅拿下四块地。2011年新增八个内地项目，新增项目的建筑面积约87.27万平方米，较去年全年下降83.89%。

从2011年雅居乐新增土地储备的楼板价上看，1761元/平方的均价，较去年下跌49%。今年楼板价与去年相比，差距较大。主要是今年拿地以三、四线城市为主，尤其是四线城市，下半年拿的4幅地全不分布在华南的四线城市。企业总体土地成本控制得当。

2. 财务数据对比

表6-47 资产与负债状况

单位：万元

	2011年	2010年	2009年
资产总额	8177822.2	6987833.3	4417818.2
负债总额	5802137.9	4954317.4	2910500.3
流动负债	4123985.3	3199981.8	1824470.6
货币资金	468371.4	648166.3	437215.5
应收账款	481447.1	291166.6	129072.4
本公司所有者股东权益	2167453.3	1868108.2	1406175.5
资产负债率	70.95%	70.90%	65.88%
流动比率	1.36	1.65	1.71
速动比率	0.49	0.74	1.19

数据来源：企业公开财务报表

表6-48 现金流量状况

单位：万元

	2011年	2010年	2009年
经营活动现金净流量	-351065.1	-263388.1	292805.5
经营活动现金流量与净利润比	-67.08%	-41.03%	146.26%
投资活动现金净流量	-87576.0	-27764.2	-373478.5
筹资活动现金净流量	274132.9	515294.3	213578.4

数据来源：企业公开财务报表

表6-49 利润构成状况与企业盈利能力

单位：万元

	2011年	2010年	2009年
营业收入	2294456.6	2052019.2	1333078.3
销售费用	83504.2	69463.9	53717.9
管理费用	87656.5	71834.0	61179.3
财务费用	-64460.8	-26921.7	5768.2
三项费用增长率	-6.71%	24.08%	-1.34%
营业利润	1068101.6	1076486.1	372076.2
利润总额	1162348.4	1103407.8	366308.0
净利润（本公司所有者）	410525.5	597570.7	186516.0
销售毛利率	53.84%	45.8%	37.2%
净资产收益率	22.03%	31.56%	13.28
每股收益（元）	1.18	1.71	0.52

数据来源：企业公开财务报表

表6-50 经营发展能力指标

单位：%

	2011年	2010年	2009年
存货周转率（次）	0.64	0.71	1.40
应收账款周转率（次）	5.94	9.77	9.63
总资产周转率（次）	0.30	0.29	0.30
营业收入增长率	11.81%	53.93%	42.94%
营业利润增长率	-0.8%	189.32%	44.17%
税后利润增长率	-18.46%	220.62%	-63.32%
净资产增长率	16.83	32.85%	8.87%

数据来源：企业公开财务报表

十五、招商局地产控股股份有限公司

1、企业年度综述

招商局地产控股股份有限公司是香港招商局集团三大核心产业之一。2011年房地产市场调控政策持续，市场惨淡。但招商地产仍有出色表现，2011年招商地产销售业绩突破210亿元，超额完成全年销售目标。

2011年全年，招商地产新增7幅土地储备共287万平方米建筑面积，共投资109.28亿。其中有4幅地块位于华南板块，共投资75.08亿，占总投资额的69%。招商地产依然在市场更为熟悉的华南市场增加了土地储备。

从2011年招商地产获得土地储备的属性上看，住宅及商住地块仍将是未来企业的立足点。招商地产力图通过加大商业物业的投入，加大企业持有物业的比例为集团创造稳定现金流的同时，为周边社区提供完善配套。

通过比较2010和2011年招商地产在拿地的城市能级分布，无论从面积还是金额上，二、三线城市成为企业在2011年的拿地重头，占据了绝对的投资份额。而一线城市拿地相对增加，说明在2011年惨淡的市场条件下，招商地产充分考量市场风险，选择了对市场较为熟悉，且市场拥护度已经培育起来的珠三角及中西部区域。

2. 财务数据对比

表6-51 资产与负债状况

单位：万元

	2011年	2010年	2009年
资产总额	7966649.44	5981824.08	4789716.05
负债总额	5538950.07	3867232.44	2959512.40
流动负债	3968135.11	2850779.55	2371234.92

续表

	2011年	2010年	2009年
货币资金	1448379.80	967638.51	948949.09
应收账款	9155.58	10260.31	11896.29
其他应收款	616501.33	414471.41	192650.92
本公司所有者股东权益	2041821.48	1820743.18	1627873.68
资产负债率	69.52%	64.64%	61.78%
流动比率	1.86	1.88	1.80
速动比率	0.57	0.52	0.51

数据来源：企业公开财务报表

表6-52 现金流量状况

单位：万元

	2011年	2010年	2009年
销售商品收到的现金	2082713.31	1586843.09	1592668.39
经营活动现金净流量	-211233.97	-444629.40	705473.13
现金净流量	474537.89	13893.42	141760.40
销售商品收到现金与主营收入比	137.82%	115.14%	157.10%
经营活动现金流量与净利润比	-81.50%	-221.05%	429.08%
现金净流量与净利润比	183.09%	6.91%	86.22%
投资活动现金净流量	-16802.68	8001.05	-44578.91
筹资活动现金净流量	706123.76	452435.40	-518913.78

数据来源：企业公开财务报表

表6-53 利润构成状况与企业盈利能力

单位：万元

	2011年	2010年	2009年
营业收入	1511136.66	1378242.52	1013770.10
销售费用	49280.23	28529.56	28533.47
管理费用	36289.25	23731.55	20854.27
财务费用	-16859.03	9301.42	-1535.60
三项费用增长率	11.61%	28.65%	3.83%
营业利润	438951.08	326454.27	227464.02
投资收益	5334.42	6530.89	30456.96
营业外收支净额	10233.76	758.10	-91.01
利润总额	449184.84	327212.38	227373.00
净利润（本公司所有者）	259178.10	201139.72	164414.39
销售毛利率	52.39%	39.77%	41.19%
净资产收益率	12.69%	11.05%	10.10%
每股收益（元）	1.51	1.17	0.96

数据来源：企业公开财务报表

表6-54　　经营发展能力指标

单位：%

	2011年	2010年	2009年
存货周转率（次）	0.16	0.24	0.22
应收账款周转率（次）	155.66	124.41	89.66
总资产周转率（次）	0.22	0.26	0.24
营业收入增长率	9.64	35.95	183.71
营业利润增长率	34.46	43.51	76.30
税后利润增长率	28.85	22.33	33.92
净资产增长率	12.14	11.84	9.52
总资产增长率	33.18	24.88	27.94

数据来源：企业公开财务报表

十六、佳兆业集团控股有限公司

1. 企业年度综述

佳兆业集团控股有限公司（以下简称“佳兆业”），是一家起步于深圳，在华南地区领先，并已布局全国的大型综合性房地产公司。2011年在宏观环境不利、行业调控升级的双重压力下，佳兆业凭借精准的战略和高效的执行，全年实现153亿元销售额,企业能级和品牌影响力大幅提升。

2011年尽管房地产市场受调控影响整体上略显低迷，多数企业业绩低于预期，然而佳兆业却凭借快速全国化和提前布局三四线两大战略，实现业绩高速增长，全年业绩达153亿元，同比增长52%。从财务角度来看，佳兆业适时提高企业负债率，以更快的实现全国化战略目标，同时大幅加大企业现金储备，有效控制财务风险；在运营方面，坚持高速周转的要求和策略，及时有效回款，保持资金良性循环；而在管理上，充分利用上市融资平台和规模化优势，有效降低了经营成本和费用。

2011年，佳兆业延续了去年的扩张势头，全年拿地492万平方米，拿地总金额59.49亿元，均较去年有所下滑，但总量依然保持了较高的水平，而平均楼板价较去年提升了三成，但绝对水平依然停留在较低水平上，全年平均楼板价仅为1208元/平方米。从区域来看，东北地区和中南地区是佳兆业未来的两大战略重心，而从城市能级来看，超九成土地位于三四线城市，从拿地方式来看，佳兆业秉承效率至上的原则，所拿地块全部为企业自主拿地，保障了企业扩张战略的高效率与执行力。

2011年，佳兆业以过人的胆略逆势扩张，新进入5个城市，全国化布局达23个城市，在空间上，佳兆业采用三四线发展的战略，企业在业务覆盖城市形成明显的相对竞争优势，以领先地区的品牌和产品进入后发市场，受到当地市场的认可，实现企业超常规发展的目标。

2. 财务数据对比

表6-55　　资产与负债状况

单位：万港元

	2011年	2010年	2009年
资产总额	4170470.9	2642254.2	1798221.2
负债总额	2975525.7	1642914.9	1135367.9
流动负债	1709853.7	928224.8	831208.8
货币资金	394538.9	486966.7	372741.9
应收账款	369746.0	248228.4	252671.3
本公司所有者股东权益	1194166.6	998845.7	666902.7
资产负债率	71.35%	62.18%	63.14%
流动比率	2.03	2.20	1.95
速动比率	0.66	1.00	0.94

数据来源：企业公开财务报表

表6-56　　现金流量状况

单位：万港元

	2011年	2010年	2009年
经营活动现金净流量	404973.0	122688.70	27759.80
经营活动现金流量与净利润比	143.35%	33.74%	50.67%
投资活动现金净流量	-200249.2	-159764.20	-44395.90
筹资活动现金净流量	571213.8	139363.20	283154.30

数据来源：企业公开财务报表

表6-57　　利润构成状况与企业盈利能力

单位：万港元

	2011年	2010年	2009年
营业收入	1083472.6	775589.0	467215.6
销售费用	40484.1	18330.8	16354.3
管理费用	56504.8	41115.5	25010.5
财务费用	-8583.4	4584.2	19478.2
三项费用增长率	38.07%	5.24%	42.18%
营业利润	273967.6	539252.1	114817.7
利润总额	282496.8	534620.0	95339.5
净利润（本公司所有者）	189927.8	363669.9	54787.10
销售毛利率	29.84%	38.82%	28.25%
净资产收益率	15.89%	43.31%	9.50%
每股收益（港元）	0.39	0.74	0.14

数据来源：企业公开财务报表

表6-58　　经营发展能力指标

单位：%

	2011年	2010年	2009年
存货周转率（次）	0.46	0.70	0.56
应收账款周转率（次）	3.51	3.10	2.43
总资产周转率（次）	0.32	0.35	0.30
营业收入增长率	39.70	66.00	50.21
营业利润增长率	-49.19	369.66	50.46
税后利润增长率	-47.77	563.80	9.37
净资产增长率	19.57	50.76	113.72
总资产增长率	57.84	46.94	35.23

数据来源：企业公开财务报表

十七、融创中国企业股份有限公司

1. 企业年度综述

融创中国企业股份有限公司（以下简称“融创中国”）是中国领先的房地产公司。自2010年上市以来，以较快的速度扩张发展，至2011年年底，企业销售金额192亿元，完成销售面积119万平方米，进入2011年中国房企销售额排行榜20强。企业聚焦环渤海、成渝和长三角经济圈，选择深耕北京、天津、重庆、苏南城市群等中心城市，开发高端地产项目，得益于准确的产品策略，企业有效地规避了2011年中的行业风险，获得了理想的收益。

由于融创中国对于2011年房地产市场调控做出了适应企业本身的独到判断，企业的出色销售业绩回笼了大量资金，为了保证企业快速发展，融创中国今年仍继续保持往年拿地速率，继续在深耕城市补充土地资源。融创中国今年的新增项目建筑面积达203.55万平方米，较去年增加16.8%。

融创中国所持有的项目主要为商住属性，在持有的17个项目中仅天津的融创上古商业中心为纯商业项目，然而就建筑面积而言，此亦为融创中国较小的一个投资项目。就具体的建筑形态来看，融创中国所建项目多为高层公寓及别墅，产品的定位较高。融创中国的产品虽涵盖高端住宅、别墅、商业、写字楼等多种物业类型，但其销售业绩仍主要源项目的住宅部分，在企业2011年新增幅土地中，住宅部分的建筑面积依然占据主要位置。未来，住宅市场将依然是企业的主要发展方向。

融创中国为了有效控制土地存货风险，在开发较大的项目时，通过合作拿地，以期有效控制边际风险。融创中国在2011年企业中报中表示，将在现金流安全的前提下审慎考虑及把握获取新土地的机会。2011年1月企业集中拿地之后，融创中国在上半年一直未有拿地动作，直至2011年9月16日，联营公司天津保利融创在成立10天之后即在天津拿下地王项目，至12月，融创再次与央企方兴地产联手，在北京以总价30.67亿元拿下来广营地块，开发高端项目。

2. 财务数据对比

表6-59 资产与负债状况

单位：万元

	2011年	2010年	2009年
资产总额	3361256.6	1574955.2	971720.9
负债总额	2620684.1	1108559.1	784610.1
流动负债	1462785.4	611793.2	552843.5
货币资金	386710.5	424900.8	193596.6
应收账款	——	0.7	10944.6
其他应收款	8904.9	68177.3	29452.4
本公司所有者股东权益	705098.7	466396.1	137076.5
资产负债率	77.97%	70.39%	80.74%
流动比率	2.11	2.28	1.47
速动比率	0.36	0.81	0.42

数据来源：企业公开财务报表

表6-60 现金流量状况

单位：万元

	2011年	2010年	2009年
经营活动现金净流量	-267494.3	-157776.7	164004.8
经营活动现金流量与净利润比	-112.25%	-102.39%	188.21%
投资活动现金净流量	-147907.9	-19156.1	-34945.7
筹资活动现金净流量	295945.6	430344.8	-50583.6

数据来源：企业公开财务报表

表6-61 利润构成状况与企业盈利能力

单位：万元

	2011年	2010年	2009年
营业收入	1060404.7	665375.9	479521.3
销售费用	31409.0	10879.9	6796.1
管理费用	30107.9	15581.9	11361.8
财务费用	18334.3	18675.6	11326.3
三项费用增长率	76.91%	53.09%	-10.24%
营业利润	372161.0	263610.4	126708.2
利润总额	259712.3	259712.3	134188.1
净利润(本公司所有者)	235616.8	154216.1	82539.0
销售毛利率	33.63%	43.26%	28.34%
净资产收益率	32.18%	33.07%	60.19%
每股收益(元)	0.79	0.64	0.37

数据来源：企业公开财务报表

表6-62

经营发展能力指标

单位：%

	2011年	2010年	2009年
存货周转率(次)	0.41	0.74	0.83
总资产周转率(次)	0.73	0.42	0.49
营业收入增长率	59.37	38.76	39.01
营业利润增长率	41.18	109.51%	43.74
税后利润增长率	54.65	76.91	82.64
净资产增长率	58.78	149.26	——
总资产增长率	113.42	62.08	2.75

数据来源：企业公开财务报表

十八、北京首都开发股份有限公司

1. 企业年度综述

北京首都开发股份有限公司是北京首都开发控股（集团）有限公司控股的大型房地产开发经营企业，具有国家一级房地产开发资质，于2001年3月12日在上海证交所挂牌上市。虽然2011年房地产市场调控政策持续，市场惨淡，但本次调控使首开股份抓住了提升业绩和企业形象的机会，一向以稳健著称的首开股份完成全年销售目标毫无悬念，成为为数不多的完成全年销售目标的房企之一。2011年全年销售面积达到121万平方米，销售金额达到164亿元，分别列全国开发企业销售面积和销售金额50强榜单的第31位和22位。

2011年全年，首开股份新增16幅土地储备共117.28万平方米占地面积，共投资48.21亿。其中有5幅地块位于华南板块，共投资24.56亿，占总投资额的51%。其余两幅地块分别位于华东板块和华南板块。首开股份依然在市场更为熟悉的华北市场增加了土地储备。

从2011年首开股份获得土地储备的属性上看，住宅及商住地块仍将是未来企业的立足点。首开股份力图通过加大商业物业投入，加大企业持有物业的比例为集团创造稳定现金流的同时，为周边社区提供完善配套。

2. 财务数据对比

表6-63

资产与负债状况

单位：万元

	2011年	2010年	2009年
资产总额	6179242.92	4274128.42	3310259.37
负债总额	4904106.59	3194034.40	2340175.06
流动负债	3435486.58	2030569.39	1388015.11

续表

	2011年	2010年	2009年
货币资金	1102571.46	1052040.26	1196918.72
应收账款	4598.51	5182.00	11056.24
其他应收款	97201.71	217519.38	54189.26
本公司所有者股东权益	1203177.58	1047304.03	933458.94
资产负债率	79.36%	74.72%	70.69%
流动比率	1.64	1.89	2.13
速动比率	0.39	0.66	0.99

数据来源：企业公开财务报表

表6-64　　现金流量状况

单位：万元

	2011年	2010年	2009年
销售商品收到的现金	1176636.21	1003026.15	666492.74
经营活动现金净流量	-587109.67	-581119.54	149932.78
现金净流量	57254.32	-151510.71	924162.00
销售商品收到现金与主营收入比	130.12	129.16	128.32
经营活动现金流量与净利润比	1.03	-487.59	37.76
现金净流量与净利润比	30.51	-112.69	988.56
投资活动现金净流量	49972.52	52556.27	-23664.82
筹资活动现金净流量	594405.37	377062.33	797893.95

数据来源：企业公开财务报表

表6-65　　利润构成状况与企业盈利能力

单位：万元

	2011年	2010年	2009年
营业收入	904248.13	776549.24	519408.82
销售费用	62283.76	23873.37	16987.84
管理费用	58708.46	52595.11	40736.68
财务费用	82113.66	60164.65	36543.52
三项费用增长率	48.65%	44.94%	1.05%
营业利润	235883.94	192779.11	118153.00
投资收益	88768.48	56743.36	67134.35
营业外收支净额	2842.31	-87.33	-885.94
利润总额	238726.26	192691.79	117267.06
净利润（本公司所有者）	187668.41	134453.97	93485.90
销售毛利率	53.87%	47.01%	35.24%
净资产收益率	15.60%	12.84%	9.99%
每股收益（元）	1.26	1.17	0.95

数据来源：企业公开财务报表

表6-66　　经营发展能力指标

单位：%

	2011年	2010年	2009年
存货周转率（次）	0.12	0.20	0.23
应收账款周转率（次）	184.91	95.64	64.55
总资产周转率（次）	0.17	0.2	0.19
营业收入增长率	16.44	49.50	-11.05
营业利润增长率	22.35	63.16	50.61
税后利润增长率	39.57	43.82	63.80
净资产增长率	14.88	11.96	153.55
总资产增长率	44.57	29.11	49.42

数据来源：企业公开财务报表

十九、复地（集团）股份有限公司

1. 企业年度综述

复地（集团）股份有限公司（以下简称“复地”），是中国大型的房地产开发和投资集团，国家一级开发资质，中国驰名商标企业，是复星集团的创始成员企业。复地自1992年开始房地产开发和管理业务，开发项目已遍及上海、北京等超大型国际都市；天津、武汉、重庆、成都、西安、长春、太原、大连、长沙等区域中心城市；以及杭州、南京、无锡等长三角核心城市。并已经形成了“城市副中心、大型国际化、价值型生活社区”、“城市中心，海派国际高档居住区”、“都市近郊，大型低密度庭院式低层住宅”、“城市中心，街区型集成综合体”和“城市特色产业带之核心产业CBD”等五类成熟开发产品线。

2011年对于复地集团来说意味重大，4月份复地集团的退市申请通过股东大会获得批准，5月13日上午九时正式撤销在香港联交所的上市地位，这标志着复地重新回归私有化。导致复地退市的重要因素还是由于融资问题所导致，由于复地集团近年来高企的资产负债率加上海外投资机构的不看好，让复地很难从证券市场上获得新的资金注入，导致其海外融资能力十分有限完全不能满足企业发展的需求。同时碍于相关上市公司规则对公司及其控股股东对关联交易的规定，复星也无法对复地注入大量资本。对于复地集团退市之后的发展道路，复地将向地产融资和股权投资等上游领域进行拓展，同时其将自身定位为于资产管理者而不是目前的房地产开发企业，也就是说未来复地将由其下属的私募基金直接投资于企业的房地产项目开发，从而解决企业对于资金的需求，进一步减少融资方面的限制。此外，复地在香港的退市并不等于其与证券市场完全隔绝，在H股退市后复兴仍可以在国内A股市场重新上市融资。

根据复星国际2011年12月的通讯披露，截至2011年12月底，复地累计权益后合约销售金额达94.17亿。在拿地方面，复地在2011年花费72亿元在南京、杭州、长沙、重庆等城市拿地投资，在复地历史上投资最大的一个年份。

2. 销售业绩表现

2011年，复地销售业绩同比出现下滑，全年销售金额为94.17亿元，与年初制定的150亿元的销售目标相去甚远。但是根据复地相关人员对此的解释，150亿实权益前得销售目标，而复地2011年权益前的销售金额也达到125亿元。按此计算，复地已完成年初目标的83%。

表6-67　　复地2011年重点销售项目

城市	城市能级	项目名称	城市	城市能级	项目名称
天津	二线	复地温莎堡	重庆	二线	复地新城就
重庆	二线	复地山与城	成都	二线	复地雍湖湾
重庆	二线	复地天玺	武汉	二线	复地东湖国际

资料来源：企业定期报告，百度资讯

从销售的区域分布上看，2011年复地在中西部地区，如重庆、武汉的销售业绩表现突出。在未来土储收纳方面，复地前几年已经做好了布局中西部，量在中西部比较大。因此预计在2012年该区域仍然将是复地销售贡献的重镇。

二十、金科地产集团股份有限公司

1. 企业年度综述

金科地产集团股份有限公司历经13年发展，已经成为一家以房地产开发为主业，以五星级酒店等为辅业的大型企业集团。2011年房地产调控进一步加码，金科积极应对，产品方面采取“7030”战略，并在全国范围内开展“一会一节”等优惠活动收到良好反响，全年度销售额达到140亿元，相较去年稳中有升。

2011年全年，金科新增7幅土地储备，其中4幅位于西南区域，3幅位于华东区域，与去年相比，金科大幅缩减了在华北区域的拿地规模，是其发展策略转变的重要表现。面对宏观调控持续的状况，金科选择了立足重庆、适当发展华东区域的策略，不盲目追求大幅扩张，走平稳、理性的发展之路。

金科2011年8月成功上市，金科集团董事长黄红云宣布对战略做出重大调整，即“622战略”和“1030战略”，“622“指在以重庆为中心的中西部投入比重提高至60%，长三角和环渤海区域分别占20%，”1030“指用10年时间，进入重庆辖区的30个城市发展。可以看出两个战略的核心就是”深耕重庆“，巩固在大本营重庆的布局，同时兼顾在长三角和环渤海的二、三线城市发展。

在产品方面，金科主打刚需小户型产品，采取积极降价促进销售。2011年8月开始，金科在全国13个城市举办“金科房交会暨业主换房节“，单套房源让利7-35万不等。11月22日开始，金科从重庆的多个项目中推出2012套房源进行岁末清仓，也有较大的优惠幅度，这2012套房源在12月初就已售罄。

2. 财务数据对比

表6-68

资产与负债状况

单位：万元

	2011年	2010年	2009年
资产总额	3735287.96	—	—
负债总额	3193972.81	—	—
流动负债	2196732.01	—	—
货币资金	545568.07	—	—
应收账款	12712.42	—	—
本公司所有者股东权益	519587.31	—	—
资产负债率	85.50%	—	—
流动比率	1.60	—	—
速动比率	0.36	—	—

数据来源：企业公开财务报表

表6-69

现金流量状况

单位：万元

	2011年	2010年	2009年
销售商品收到的现金	1119361.98	—	—
经营活动现金净流量	-335505.45	—	—
现金净流量	-143610.84	—	—
销售商品收到现金与主营收入比	113.46%	—	—
经营活动现金流量与净利润比	-313.83%	—	—
现金净流量与净利润比	-134.33%	—	—
投资活动现金净流量	-7394.07	—	—
筹资活动现金净流量	199288.69	—	—

数据来源：企业公开财务报表

表6-70

利润构成状况与企业盈利能力

单位：万元

	2011年	2010年	2009年
营业收入	1119361.98	—	—
销售费用	47819.00	—	
管理费用	37245.75	—	—
财务费用	2586.00	—	—
三项费用增长率	58.92	—	—
营业利润	132404.02	—	—
投资收益	1043.30	—	—
营业外收支净额	5544.98	—	—
利润总额	137949.00	—	—
净利润（本公司所有者）	106907.94	—	—
销售毛利率	31.24%	—	—
净资产收益率	20.58%	—	—
每股收益（元）	0.92	—	—

数据来源：企业公开财务报表

表6-71　　经营发展能力指标

单位：%

	2011年	2010年	2009年
存货周转率（次）	0.29	—	—
应收账款周转率（次）	78.77	—	—
总资产周转率（次）	0.30	—	—
营业收入增长率	73.94	—	—
营业利润增长率	20.30	—	—
税后利润增长率	15.51	—	—
净资产增长率	26.09	—	—
总资产增长率	29.92	—	—

数据来源：企业公开财务报表

二十一、绿城中国控股有限公司

1. 企业年度综述

绿城中国控股有限公司是中国领先的房地产企业之一，凭借其优秀的产品品质在国内房地产高端市场始终处于领先地位。2011年，绿城面临着巨大的挑战，企业负债高企，又被爆资金链极度紧张，这次危机让绿城不得已通过卖地的方式缓解资金压力。当同做高端产品的星河湾以8-85折出售豪宅时，绿城却用出售股权来换取资金的快速回笼。2011年全年企业仅实现销售金额353亿元，销售面积174万平方米，与年初定下的550亿销售目标相距甚远，也表明了调控政策对企业的深刻影响。

随着政府对房地产业的持续紧缩调控，土地市场明显开始转冷，市场环境的改变对各房企也产生不同的影响，"强者更强"从一方面反映出2011年房地产市场发生的变化。在此环境下，绿城新增项目建筑面积减小，较上年下滑63.38%。全年绿城新增土地款为208.12亿元，较上年下滑54%。2011年绿城在新增土地方面的投资大幅回落，原因在于企业在三、四线城市拿到几幅低价土地，同时绿城通过采取策略性合作的开发模式，有效地降低了企业资金链紧张的风险。截止2011年12月底，绿城新增7个项目，涵盖综合、商住、住宅及商业类用地，新增土地储备总建筑面积达606万平方米。

除了住宅销售，绿城经营方向开始向代建转移。自2010年6月～9月绿城成立绿城房产建设管理有限公司以来，代建业务发展十分迅速，在短短4个月的时间里，已落地项目达到了近40个，总规划建筑面积约500万平方米，成功进入了浙江、上海、江苏、福建、山东、河南等多个省市。2011年3月，绿城积极筹建了在北京成立绿城北方房地产建设有限公司，拟加大其北方市场的代建业务。绿城还积极参与保障房建设，有效发展了代建业务。截至2011年11月30日，绿城代建保障房项目已签约项目40个，总建筑面积900余万平方米，其中已交付项目总建筑面积100余万平方米，在建、待建项目总建筑面积 800余万平方米；位于浙江省内的项目33个，总建筑面积700余万平方米，其中已交付的项目总建筑面积66万平方米，在建、待建项目总建筑面积630余万平方米。

2. 财务数据对比

表6-72　资产与负债状况

单位：万元

	2011年	2010年	2009年
资产总额	12797652.8	12535895.4	7547575.2
负债总额	11033321.4	11515940	6587161
流动负债	9285842.7	8744130.9	4704359.3
货币资金	361514.9	1240765.9	940534.7
应收账款	40295.8	2468.0	17993.3
其他应收款	285836.8	200661.6	117797.5
本公司所有者股东权益	1041819.8	1019951.4	960414.6
资产负债率	86.21%	91.86%	87.28%
流动比率	1.24	1.33	1.5
速动比率	0.33	0.43	0.53

数据来源：企业公开财务报表

表6-73　现金流量状况

单位：万元

	2011年	2010年	2009年
经营活动现金净流量	-1255535.9	-1367988.3	363860.4
经营活动现金流量与净利润比	-389.63%	-744%	333.17%
投资活动现金净流量	-10828.0	188746.9	-416961.9
筹资活动现金净流量	838194.7	2000110.5	842958.8

数据来源：企业公开财务报表

表6-74　利润构成状况与企业盈利能力

单位：万元

	2011年	2010年	2009年
营业收入	2196374.7	1116126.0	872742.9
销售费用	59991.4	54119.1	43509.5
管理费用	132002.0	111689.1	81138.2
财务费用	41569.8	34006.3	65779.8
三项费用增长率		4.93%	67.28%
利润总额	670071.4	300031.3	157021.0
净利润（本公司所有者）	257463.7	33171.3	101212.0
销售毛利率	33.73%	30.47%	26.49%
净资产收益率	23.34%	13.25%	8.77%
每股收益（元）	1.57	0.93	0.64

数据来源：企业公开财务报表

表6–75 经营发展能力指标

单位：%

	2011年	2010年	2009年
存货周转率（次）	0.26	0.14	0.19
应收账款周转率（次）	7.97	6.18	11.00
总资产周转率（次）	0.17	0.11	0.15
营业收入增长率	96.79	27.89	31.53
营业利润增长率	94.90	47.11	23.67
税后利润增长率	114.97	75.40	92.74
净资产增长率	22.08	6.20	16.99
总资产增长率	2.09	66.09	76.28

数据来源：企业公开财务报表

二十二、融侨集团股份有限公司

1. 企业年度综述

融侨集团由东南亚著名的华人企业家林文镜先生于1989年以港资形式在榕投资的房地产公司发展而来，1998年创办于福州，是一家以房地产开发为核心的外商投资企业。董事局主席林文镜先生系著名侨领，在印尼、新加坡、中国内地、中国台湾等地有多项大型投资。

2011年面对市场变局，融侨在“周转速度”和“品质利润”两种模式中寻找了一个很好的着力点和平衡点。城市顶级滨水豪宅是融侨20多年来致力深耕的产品线，经过长久的市场验证和多次升级换代，依然是融侨的主力产品，同时，融侨重拳推出精装修小户型产品——“融侨宜家”，大大降低准入门槛，让众多长久以来渴望拥有“融侨制造”产品的购房者纷纷出手，融侨由此获得高周转的速度和效率。

另一方面，作为中国第一批侨领企业，融侨23年来，在港口建设、酒店、商业、物业管理、教育等方面都取得不俗业绩，开发的江阴港已进入全国十大集装箱港口之列，2011年底，融侨对企业优势资源进行整合重组，明确了以地产开发为核心，多产业联动的战略方向，强大的实力后盾也将为融侨的后续发展带来坚实后盾和潜力。

纵观2011年，不难得出融侨集团采取的是两手策略。一方面深耕福建区域，另一方面则致力于区域布局的结构优化，目前已经全面进入长三角无锡、连云港等地，部署了聚焦地产开发、港口建设、酒店等多产业联动。"2011责任年"的概念引入，更是将"推进产业绿色化和促进社会公益事业发展"纳入集团发展的战略规划，以"产业绿色化"、"行为公益化"为奋斗点。加之配以稳健的发展思路，其雄厚的背景和资本实力，这些将确保融侨在未来的竞争中有一席之地，升值潜力巨大。

2. 销售业绩表现

2011年全年融侨集团销售额达到了185亿元，是福建唯一上榜企业。位列《2011年度中国房地产企业销售排行榜》第19位。

融侨在产品上，不断精研品质，追求性价比的持续提升，以此不断积累客户忠诚度和区域市场的占有率。有精明的投资者测算过，同一时间段以 同等价格购买融侨产品和其他产品，5年过后，融侨产品的要比其他产品价格高出20-30%以上。

表6-76 融侨2011年重点销售项目

城市	城市能级	项目名称	城市	城市能级	项目名称
福州	二线	融侨外滩	武汉	二线	融侨锦江
福州	二线	融侨国际公馆	南京	二线	融桥世家
福州	二线	融侨旗山别墅	合肥	二线	融侨观邸

资料来源：中国房地产决策咨询系统（CRIC）

二十三、合景泰富地产控股有限公司

1. 企业年度综述

合景泰富创立于1995年，集团致力于中高端高品质物业开发，成为广州领先的开发商。发展项目涵盖中高端住宅项目，超甲级写字楼，大型国际别墅社区，服务式公寓，星级酒店及购物中心。近年来，集团拓展全国版图，逐步形成以广州和海南为中心的华南区域，以苏州河上海为中心的华东区域，以成都为中心的华西区域以及以北京和天津为中心的环渤海区域的全国性战略布局。

2011年公司销售收入115亿元，同比增长5%，完成全年销售目标150亿元的76%。2011年利用多元化融资渠道，包括通过发行美元债券及向境外银行募集贷款以应对境内融资的收紧。在产品方面，加快商业地产工程进度及推售，如服务式公寓、写字楼和商铺等不受限购影响的产品，商业地产带来了满意的预售收入，2012年可售资源中商业将继续占据重要比例。同时2012年项目数将从15个增加至19个，覆盖7个城市，并将开售位于上海、海南、苏州及成都的新项目，广州天銮及广州睿峰服务式公寓将继续成为主力销售项目，期望通过产品及城市的优化，使销售均价增长。

合景泰富进入上海的时间并不长，但已经有7个项目。从2011年12月份开始，合景泰富会在上海陆续推出5个项目，分别是合景领峰、合景峰汇、合景叠翠峰三个嘉定新城项目，以及位于上海真如副中心的天汇广场和位于上海顶级豪宅热点的嘉誉湾项目。

2011年合景泰富先后在北京和上海拿地，北京总成交价7.1亿，位于崇文门菜市场(含西侧地)商业金融用地，规划建筑面积为16424.7 平方米，折合楼面价为43227.58元/平方米。上海则是联合体，以8.861亿元拿得奉贤南桥新城商住办地块。

2. 财务数据对比

表6-77 资产与负债状况

单位：万元

	2011年	2010年	2009年
资产总额	4458630.3	4003433.2	2856518.6
负债总额	3089328.5	2845007	1816052
流动负债	1899050.5	1543164.1	1075322.3
货币资金	402460.9	527560.9	254069.8
应收账款	157468.3	167089.8	141547.0
本公司所有者股东权益	1349080.5	1158426.6	1040466.9
资产负债率	69.29%	71.06%	63.58%
流动比率	1.48	1.61	1.91
速动比率	0.38	0.56	0.40

数据来源：企业公开财务报表

表6-78 现金流量状况

单位：万元

	2011年	2010年	2009年
经营活动现金净流量	46624.6	431815.3	-39796.9
经营活动现金流量与净利润比	20.65%	336.89%	-55.16%
投资活动现金净流量	-165743.7	-509522.8	-211940.2
筹资活动现金净流量	-3163.8	351426.5	392526.8

数据来源：企业公开财务报表

表6-79 利润构成状况与企业盈利能力

单位：万元

	2011年	2010年	2009年
营业收入	1012259.5	746591.1	426657.2
销售费用	23181.3	24280.5	18849.4
管理费用	53257.4	41383.6	28198.8
财务费用	12497.9	1997.4	902.4
三项费用增长率	31.44%	60.89%	39.22%
利润总额	397993.5	250766.3	126948.2
净利润（本公司所有者）	210336.8	128177.2	72007.8
销售毛利率	44.18%	41.49%	37.88%
净资产收益率	15.36%	11.06%	5.53%
每股收益（元）	0.73	0.44	0.26

数据来源：企业公开财务报表

表6-80　　经营发展能力指标

单位：%

	2011年	2010年	2009年
存货周转率（次）	0.48	0.46	0.26
应收账款周转率（次）	6.22	6.20	5.60
总资产周转率（次）	0.24	0.22	0.17
营业收入增长率	35.58	74.99	24.96
营业利润增长率	58.75	97.71	80.51
税后利润增长率	64.14	77.66	97.03
净资产增长率	18.10	11.39	13.24
总资产增长率	11.37	40.15	31.23

数据来源：企业公开财务报表

二十四、SOHO中国有限公司

1. 企业年度综述

SOHO中国2011年销售业绩大幅下滑，全年合约销售仅为109亿，远低于年初230亿元的销售目标，从而使得2007年上市以后年销售额同比增长率至少77%的高速发展戛然而止。潘石屹称，2011年销售目标未达成主要在于上半年无货可卖，错过了推盘时机，下半年房地产市场资金紧张，SOHO中国业绩下滑的局面难以扭转。尽管2011年的销售情况不尽如人意，但SOHO中国仍然提出了230亿的2012年销售目标。

2011年SOHO中国总共收购了6个项目，在项目收购方面的支出费高达约154亿元。SOHO中国2011年收购的项目全部位于上海市。截止2011年底，SOHO中国在上海已经拥有10个项目，分布在静安区、外滩、虹桥、四川北路等繁华地段。与其在上海市场的活跃相比，SOHO中国在北京的收购之路并不顺畅，在CBD商业地块的争夺中最终铩羽而归。另外，SOHO中国2011年全年的项目收购款中约40亿元是在2012年支付，114亿元在2011年支付，加上相关项目的建安成本， SOHO中国2011年全年支出额约在130亿元以上。同期，销售额仅109亿元，年度财务出现了支出大于收入的情况。

在销售策略上，SOHO中国开始进行创新性尝试，4到11月份间五次携手新浪乐居进行网上租售。先后出售了36套写字楼和商铺、5套公寓，总成交额为3.44亿左右。在销售模式上，SOHO中国做出大幅变革，在内部剥离了声名显著的销售团队，并以“席位制”取代原有的销售模式，期望通过这样的办法减少公司营销成本，适应SOHO中国高速扩张的需要。然而12月份爆出了SOHO中国上海公司拖扣员工工资的消息，使得“席位制”的销售模式开始受到置疑。

2. 财务数据对比

表6-81　资产与负债状况

单位：万元

	2011年	2010年	2009年
资产总额	5967977.4	4793043.2	3775632.1
负债总额	3646215.2	2795106.4	2031379.4
流动负债	2304448.7	1885389.9	1195857.3
货币资金	1448907.6	1772492.1	924187.9
应收账款	54947.1	79022.4	——
本公司所有者股东权益	389230.8	363615.6	1924273.2
资产负债率	61.10%	58.32%	53.80%
流动比率	1.89	2.03	2.70
速动比率	0.87	1.04	0.90

数据来源：企业公开财务报表

表6-82　现金流量状况

单位：万元

	2011年	2010年	2009年
经营活动现金净流量	-422965.7	1278994.7	297822.9
经营活动现金流量与净利润比	-94.28%	352%	90%
投资活动现金净流量	97841.6	-667696.4	-761904.6
筹资活动现金净流量	48431.2	668650.3	288718.4

数据来源：企业公开财务报表

表6-83　利润构成状况与企业盈利能力

单位：万元

	2011年	2010年	2009年
营业收入	568482.2	1821509.1	741345.1
销售费用	23766.1	54743.7	26208.4
管理费用	21051.1	20477.6	18480.1
财务费用	35075.2	29235.1	14662.0
三项费用增长率	23.52%	76.00%	-78.80%
营业利润	645189.4	872383.5	554784.2
利润总额	686188.0	870006.8	565871.0
净利润（本公司所有者）	389230.8	363615.6	330017.8
销售毛利率	48.03%	50.82%	52.03%
净资产收益率	19.32%	18.90%	19.16%
每股收益（元）	0.75	0.70	0.63

数据来源：企业公开财务报表

表6-84　经营发展能力指标

单位：%

	2011年	2010年	2009年
存货周转率（次）	0.24	0.97	0.34
应收账款周转率（次）	8.49	——	——
总资产周转率（次）	0.11	0.43	0.23
营业收入增长率	-68.79%	145.70%	137.51%
营业利润增长率	-26.04%	57.25%	426.51%
税后利润增长率	18.95%	11.10%	702.64%
净资产增长率	16.21%	14.54%	23.49%
总资产增长率	24.51%	26.95%	44.82%

数据来源：企业公开财务报表

二十五、首创置业股份有限公司

1. 企业年度综述

首创置业作为国内领先的地产综合营运商，凭借多年积累的专业优势，在传统住宅开发的基础上，已探索出一条独具特色的住宅产业综合体产品线，并已在环渤海、中西部、长三角和珠三角四大区域布局。首创置业2011年累计实现签约金额110亿元，较去年同期下降11.4%，签约面积118万平方米，同比下降0.9%。

首创置业2011年上半年，取得青岛城阳区民航路项目，首次进入山东市场，并将以胶东半岛作为重点发展区域。2011年10月通过股权转让方式以人民币16.03亿元收购阳光新业地产股份有限公司（阳光新业）位于山东胶东半岛的四个项目，包括位于青岛的公园一号项目、杨端口寨项目、香蜜湖项目以及位于烟台的阳光首院，总建筑面积约为75.42万平方米，以加速胶东半岛布局扩张，实现“规模突破、积累资源、差异竞争、发展创新”的经营策略，这次收购进一步完善了首创置业于胶东半岛地区的战略布局，快速扩大在胶东半岛的土地储备量，丰富产品线，并进一步强化市场占有率，达致有效规模扩张。收购的四个项目中，部分早已开盘，另一部分也将于近期开盘，预期将可迅速贡献销售回款和经营收入，符合公司规模化快速周转的发展策略。

2011年上半年在北京密云、天津武清、山东青岛、海南万宁等地，利用招拍挂、兼并收购、土地一二级联动开发等多种手段新增91万方贮备用地，进一步巩固在环渤海和海南的战略布局。2011年12月31日，首创置业以2亿的价格竞得浙江湖州地块，这是首创置业继位于南太湖旅游度假区的芭蕾雨项目后，又一次在湖州成功获取土地。

未来10年，合作项目奥特莱斯（中国）进行全国布局、四级推进“芭蕾雨”项目，从国内五大核心经济圈的核心城市到省会城市、从重要地级市到风景旅游区，从规模浩大的奥特莱斯现代服务产业区、产业园，再到规模适中的奥特莱斯风情小镇和奥特莱斯度假购物村，建设50个不同规模的芭蕾雨项目。目前奥特莱斯（中国）已有4个芭蕾雨项目在建，分别位于北京房山、浙江湖州、广东佛山、海南万宁，4个项目合计总建筑面积近300万平方米。而首创置业主席刘晓光曾对媒体表示，预计从2012年开始，公司奥特莱斯芭蕾雨项目每年将产生30亿元的收入，其中包括商业地产的运营收入。

首创置业在售楼盘分布于北京、天津、沈阳、西安、成都、重庆、无锡、佛山及湖州等9个城市，其中只有湖州为非限购城市。在售的22个项目，有近20个项目被限购，其中11个位于限购政策最严厉的北京、天津。2011年1–11月，一半以上的签约金额来自北京、天津地区两地，其中北京的占比达到30%。

2011年初，首创置业在香港市场发行3年期11.5亿元海外人民币债券，票面利率4.75%，进一步延伸了海外融资平台。

2. 财务数据对比

表6–85　资产与负债状况

单位：万元

	2011年	2010年	2009年
资产总额	3771111.8	3051378.7	2242173.5
负债总额	2948288.4	2288384.1	1574499.0
流动负债	2120557.3	1527041.1	1014082.7
货币资金	835224.3	846006.8	273205.2
应收账款	90901.8	116739.0	334037.2
本公司所有者股东权益	822823.4	762994.6	462531.2
资产负债率	78.18%	75.00%	70.22%
流动比率	1.55	1.76	1.63
速动比率	0.49	0.77	0.83

数据来源：企业公开财务报表

表6–86　现金流量状况

单位：万元

	2011年	2010年	2009年
经营活动现金净流量	–43024.0	156549.8	407567.0
经营活动现金流量与净利润比	–36.46%	147.56%	458.82%
投资活动现金净流量	–87384.8	–77480.9	–118917.3
筹资活动现金净流量	85452.8	275997.8	–15444.5

数据来源：企业公开财务报表

表6–87　利润构成状况与企业盈利能力

单位：万元

	2011年	2010年	2009年
营业收入	752332.1	649379.5	539315.0
销售费用	24436.6	18319.8	11987.4
管理费用	29229.5	18824.1	14080.6

续表

	2011年	2010年	2009年
财务费用（净额）	1821.4	3665.0	18900.4
三项费用增长率	35.97%	-9.25%	-1.92%
营业利润	162643.4	194713.1	160247.3
利润总额	163589.1	143615.6	151029.5
净利润（本公司所有者）	95506.2	91815.5	53843.5
销售毛利率	38.67%	39.98%	32.04%
净资产收益率	14.34%	13.90%	13.30%
每股收益（元）	0.47	0.45	0.27

数据来源：企业公开财务报表

表6-88　　经营发展能力指标

单位：%

	2011年	2010年	2009年
存货周转率（次）	0.33	0.43	0.66
应收账款周转率（次）	7.25	2.88	1.84
总资产周转率（次）	0.22	0.25	0.26
营业收入增长率	15.87%	20.39%	4.37%
营业利润增长率	-16.5%	21.5%	12.6%
税后利润增长率	11.23%	19.43%	16.53%
净资产增长率	7.84%	14.28%	8.40%
总资产增长率	23.59%	36.09%	17.59%

数据来源：企业公开财务报表

二十六、深圳华侨城股份有限公司

1. 企业年度综述

深圳华侨城股份有限公司（以下简称“华侨城”）是隶属于国务院国资委直接管理的大型中央企业。公司拥有包含旅游及相关文化产业经营、房地产及酒店开发经营、电子及配套包装产品制造等三项国内领先的主营业务。

2011年公司房地产销售180亿元，同比增速约29%，超越行业均值。此外，公司仅上半年接待游客1067万人次，而下半年深圳欢乐海岸开业以及受益于大运会，全年接待游客量超2000万，增速在10%以上。

2011年11月16日，华侨城向媒体发布了公司最新战略定位，从“旅游+地产”模式向“现代服务业综合运营”转变。根据最新定位，旅游与文化在公司未来发展中的战略地位将进一步凸显，公司将着力打造一个以文化为核心、旅游为主导的“大服务”产业格局。公司希望未来的发展能包括文化、旅游、生态、商业等更多的业态，同时进行产业间的融合，不断对产业链进行延伸。

2011年，华侨城以“文化”来升级现有产业，进一步提升其优势。华侨城收购了深圳市远望落星山科技有限公司，旨在提升公司在数码影视、多媒体交互、虚拟仿真等领域的行业地位，以提升公司旅游产品品牌形象和景区收入水平。另外，华侨城与日本环球影城有限公司（USJ）签署谅解备忘录，探讨上海华侨城与USJ成立合资公司事宜，旨在全面提升上海华侨城项目运管能力。

对于2012年，公司将集中优势资源，全力抓好上海苏河湾、欢乐海岸、武汉华侨城、云南华侨城、天津华侨城等重点项目，不断总结归纳形成可复制操作的投入产出模型。同时，公司将继续在国内重点城市及区域中心城市寻求投资机会，稳步推进战略布局。

2. 财务数据对比

表6-89　　资产与负债状况

单位：万元

	2011年	2010年	2009年
资产总额	6276181.95	4853823.34	3074480.18
负债总额	4466749.17	3382795.17	1929508.62
流动负债	2474494.62	1992463.34	1633301.32
货币资金	613960.43	545324.59	299925.44
应收账款	25786.96	18923.68	17887.22
其他应收款	43548.43	25293.43	84758.94
本公司所有者股东权益	1628962.29	1321586.98	1047929.60
资产负债率	71.16%	69.69%%	62.75%
流动比率	1.62	1.45	0.89
速动比率	0.34	0.46	0.33

数据来源：企业公开财务报表

表6-90　　现金流量状况

单位：万元

	2011年	2010年	2009年
销售商品收到的现金	1828772.02	1693112.38	1486576.76
经营活动现金净流量	-174115.76	-536156.93	725631.53
现金净流量	68052.99	247820.16	111183.05
销售商品收到现金与主营收入比	105.56%	97.77%	135.67%
经营活动现金流量与净利润比	-67.53%	-173.89%	248.48%
现金净流量与净利润比	21.42	81.53%	65.19%
投资活动现金净流量	-325931.01	-314000.40	-234502.31
筹资活动现金净流量	568093.81	1098135.86	-379927.40

数据来源：企业公开财务报表

表6-91　　利润构成状况与企业盈利能力

单位：万元

	2011年	2010年	2009年
营业收入	1732417.40	1731767.16	1095695.74
销售费用	92697.39	73999.87	59438.90
管理费用	146160.10	125653.65	99998.49
财务费用	30594.61	25521.90	13146.65
三项费用增长率	19.66%	30.47%	0.12%
营业利润	432498.56	429885.87	237834.43
投资收益	34384.21	38987.97	28258.63
营业外收支净额	-168.28	4667.41	250.91
利润总额	432330.28	434553.28	238085.35
净利润（本公司所有者）	317716.28	303945.64	170557.34
销售毛利率	53.33%	51.08%	46.08%
净资产收益率	19.50%	23.00%	16.28%
每股收益（元）	0.57	0.54	0.55

数据来源：企业公开财务报表

表6-92　　经营发展能力指标

单位：%

	2011年	2010年	2009年
存货周转率（次）	0.32	0.59	0.55
应收账款周转率（次）	77.49	94.09	60.39
总资产周转率（次）	0.31	0.44	0.36
营业收入增长率	0.03%	58.05	26.56
营业利润增长率	0.60	80.75	20.77
税后利润增长率	4.53	78.20	18.99
净资产增长率	23.25	26.11	12.71
总资产增长率	29.30	57.87	4.76

数据来源：企业公开财务报表

二十七、保利（香港）投资有限公司

1. 企业年度综述

保利（香港）投资有限公司（以下简称“保利香港”）是国资委监管的大型央企之一中国保利集团公司唯一的海外上市公司。本年度保利香港销售业绩表现尚好，实现签约金额168亿元，同比增长47.4%。虽没有完成公司年初制定的180亿元销售目标，但在持续受到政策调控影响、成交普遍低迷的市场状况下，保利香港业绩依然保持了持续稳健增长的态势，尤其是西南区域业绩贡献持续增加。

2011年全年，保利香港共新增6个土地储备项目，总建筑面积662.2万平方米，较2010年下降14.3%。保利香港2011年新增土地储备建筑面积明显减小，尤其是下半年拿地节奏进一步放缓，“谨慎拿地，现金为王”成了大多数企业的共识。目前公司项目建筑面积储备约2400万平方米，足够公司未来3年开发，另外由于土地价格下降刚刚开始，公司也不会在土地价格下跌时去购买土地，因此公司对土地市场采取谨慎态度在我们预期之中。

2011年保利香港在西南区域的业绩表现突出，2011年企业依然侧重于在该区域加大投资比重。同时，西南区域土地成本相对较低，在一定程度上降低了企业的投资风险。由于近两年来保利香港新增土地的区域变化，未来在西南及华东市场的供应还将增长，尤其是西南区域将成为企业未来业绩的主要增长点。

从新增项目的建筑面积上看，近两年显著的变化就在于保利地产对一线城市的投资显著减少，转而向中南、西南重点区域的二线城市、三四线城市加大投资，从2011年新增的6块土地储备来看，贵阳为保利香港重点布局的二线城市，烟台、威海、惠州、遵义均为三、四线城市。今年三、四线城市新增土地储备占比已增至74%，建筑面积达517.1万平方米。

保利香港在拿地时，为了有效控制风险，在选择拿地方式、项目投入等方面考虑周全，以获取利润和成本比的最好收益。2011年全年，保利香港新增项ss目储备6幅，其中4幅均通过合作方式获得，面积占比高达88%。保利香港的产品策略仍是以普通住宅为开发重点，与此同时，公司不断加大商业部分所占比重，更多地采用商住混合的开发模式，在保证利润最大化的同时，合理控制风险。从在售商住项目表现来看，市场认可度也较为可观。

2. 财务数据对比

表6-93　　资产与负债状况

单位：万港元

	2011年	2010年	2009年
资产总额	9550723.2	7386136.3	3836517.0
负债总额	6833548.0	5003186.7	2222627.0
流动负债	4239899.9	2881287.1	1336689.7
货币资金	1229563.4	1587281.0	1010042.9
应收账款	159698.1	121503.3	62399.9
本公司所有者股东权益	2467094.0	2201016.7	1461995.0
资产负债率	71.55	67.74	57.93
流动比率	1.93	2.16	10.43
速动比率	0.37	0.65	4.31

数据来源：企业公开财务报表

表6-94

现金流量状况

单位：万港元

	2011年	2010年	2009年
经营活动现金净流量	-1094549.1	-1367988.3	123457.1
经营活动现金流量与净利润比	-1226%	-744%	186%
投资活动现金净流量	26377.7	188746.9	180099.0
筹资活动现金净流量	917308.9	2090110.5	755494.5

数据来源：企业公开财务报表

表6-95

利润构成状况与企业盈利能力

单位：万港元

	2011年	2010年	2009年
营业收入	1410491.3	851413.6	719689.8
销售费用	55439.9	30698.0	24352.1
管理费用	109539.9	76381.4	50903.3
财务费用	44019.7	25731.6	8632.7
三项费用增长率	57%	58%	33%
营业利润	489229.8	267789.5	114754.1
利润总额	500137.1	318584.5	113028.7
净利润（本公司所有者）	277711.9	183836.7	66211.4
销售毛利率	39.51%	40.92%	23.32%
净资产收益率	11.86%	8.97%	5.06%
每股收益（港元）	0.77	0.56	0.30

数据来源：企业公开财务报表

表6-96

经营发展能力指标

单位：%

	2011年	2010年	2009年
存货周转率（次）	0.21	0.20	0.44
应收账款周转率（次）	10.03	9.26	11.70
总资产周转率（次）	0.17	0.15	0.24
营业收入增长率	65.66	18.30	116.49
营业利润增长率	82.69	133.36	194.16
税后利润增长率	50.83	161.77	197.31
净资产增长率	14.03	47.65	125.50
总资产增长率	29.31	92.52	71.92

数据来源：企业公开财务报表

二十八、九龙仓集团有限公司

1. 企业年度综述

九龙仓集团有限公司始创于1886年，集团实力雄厚，综合资产总值达港币2818亿元，以发展地产及基建业务为策略重点。除了过往建基于香港的发展傲视同侪外，九龙仓继续以创建明天的理念积极拓展在国内之资产，包括以超逾人民币650亿元的成本购入累积1240万平方米的土地储备、一系列即将落成的酒店物业及尤具价值的码头。现时，集团中国业务资产占集团总营业资产的39%，中期目标为50%，包括增加土地储备至1500万平方米。九龙仓以地产发展为业务的策略重点，致力于收购土地、融资、项目发展、设计、建筑及市场推广。集团卓越的商场管理傲视同侪。短期看房地产与之前几年相比会有所放慢，会受政策左右，但对九龙仓的影响不大，长线来看需求仍然会很好，尤其是内地物业的需求量还很大。

调控当下，大部分的房企逐渐在收紧银根、放缓节奏，而作为港企代表的九龙仓，一方面在整合集团的内地地产业务，另一方面也仍在加强对内地的投资金额。会德丰地产全面退出中国内地的房地产业务，而上市公司九龙仓成为该集团唯一深耕内地的房地产公司，集团内部的重新明确分工，有利于集团的整体发展。2011年内地地产业务的销售目标为150亿人民币，截止到12月31日九龙仓完成销售金额132亿元，完成比率为88%，预计2012及2013年竣工量分别达160万平方米及210万平方米。

九龙仓集团继续加大内地酒店领域的开发力度，2012年起会有多间新酒店陆续开业。2011年3月，马哥孛罗酒店集团就其服务承诺及素质获中国酒店星光奖选为中国最佳国际酒店管理集团。

内地地产发展为集团增长的新动力。集团对内地地产市场的基调保持乐观，持续且迅速的城市化同时刺激市场对物业数量及质量的需求。现时内地土地储备约1240万平方米，包括分布于13个城市、超过200万平方米的投资物业及超过1000万平方米的地产发展项目。集团在内地的投资物业正打造新明天，其规模及重要性将媲美香港的海港城及时代广场。集团在上海的投资物业规模已与香港的时代广场看齐，在长沙、成都、重庆、苏州及无锡的五个城市中的国金中心项目，则皆以海港城为模范。

2. 财务数据对比

表6–97　　资产与负债状况

单位：百万港元

	2011年	2010年	2009年
资产总额	317973	242225	190461
负债总额	107099	71576	68297
流动负债	30756	22709	18249
货币资金	32528	16900	18412

续表

	2011年	2010年	2009年
应收账款	3420	3518	4554
本公司所有者股东权益	203257	163089	115210
资产负债率	33.68%	29.55%	35.86%
流动比率	2.73	2.22	2.29
速动比率	1.18	0.91	1.31

数据来源：企业公开财务报表

表6-98 现金流量状况

单位：百万港元

	2011年	2010年	2009年
经营活动现金净流量	-3196	1467	5933
经营活动现金流量与净利润比	-20.86%	3.93%	33.11%
投资活动现金净流量	-14284	-6955	-5443
筹资活动现金净流量	20180	6477	-59

数据来源：企业公开财务报表

表6-99 利润构成状况与企业盈利能力

单位：百万港元

	2011年	2010年	2009年
营业收入	24004	19380	17553
销售费用	900	774	722
管理费用	1226	834	907
财务费用	2567	996	338
三项费用增长率	80.22%	32.38%	-37.89%
营业利润	11388	9372	8554
利润总额	34641	38823	22061
净利润（本公司所有者）	31337	36465	19854
销售毛利率	62.11%	63.51%	65.42%
净资产收益率	14.86%	25.61%	16.50%
每股收益（港元）	10.22	12.98	6.35

数据来源：企业公开财务报表

表6-100 经营发展能力指标

单位：%

	2011年	2010年	2009年
存货周转率（次）	0.50	0.65	0.98
应收账款周转率（次）	6.92	4.80	5.59
总资产周转率（次）	0.09	0.09	0.10
营业收入增长率	23.86	10.41	10.12
营业利润增长率	21.51	9.56	13.40
税后利润增长率	-14.06	83.67	195.53
净资产增长率	23.57	25.86	15.38
总资产增长率	31.27	27.18	13.00

数据来源：企业公开财务报表

二十九、新世界中国地产有限公司

1. 企业年度综述

新世界中国地产有限公司(以下简称“新世界中国”)为新世界发展有限公司的内地物业旗舰，是国内大型全国性房地产发展商之一。

面对严厉的调控形势，2011年新世界中国的业绩依旧表现突出。新世界中国共销售楼面面积135万平方米，实现销售额130亿人民币，分别列2011中国房地产企业销售面积和销售金额50强榜单的第27和30位。2011财政年度新世界中国共实现纯利31.46亿港元，较上一个财政年度的26.41亿港元增长19%；其中核心利润为29.03亿港元，较2009-2010财年的7.09亿港元大幅增长逾三倍。

商业地产方面，新世界中国于2011年9月份收购了上海调频壹广场(Channel1)，主要做零售发展业务，进一步扩大了商业地产的份额，在住宅市场受到严厉调控的同时降低了公司整体运营的风险。

2. 财务数据对比

表6-101　　资产与负债状况

单位：万港币

	2011年	2010年	2009年
资产总额	7953491.4	6898334.9	5439164.9
负债总额	3784075.0	3129327.0	2386850.0
流动负债	1914993.9	1123617.8	1043768.6
货币资金	1064037.3	796538.6	364241.6
应收账款	148343.5	32215.0	37598.4
其他应收款	—	—	—
本公司所有者股东权益	4169416.4	3769007.7	3598918.9
资产负债率	47.58%	45.36%	43.88%
流动比率	2.10	2.95	2.06
速动比率	1.16	1.49	1.73

数据来源：企业公开财务报表

表6-102　　现金流量状况

单位：万港币

	2011年	2010年	2009年
经营活动现金净流量	59643.2	-212208.4	-428180.3
经营活动现金流量与净利润比	18.96%	-53.84%	-123.05%
投资活动现金净流量	59744.6	219583.5	-9813
筹资活动现金净流量	129701.2	424418.5	360020.4

数据来源：企业公开财务报表

表6-103 利润构成状况与企业盈利能力

单位：万港币

	2011年	2010年	2009年
营业收入	1355722.7	634075.2	203862.3
销售费用	26703.4	21641.9	13556
管理费用	9585.7	10019.9	9006.5
财务费用	26847	28024.4	27479.6
三项费用增长率	5.78%	19.27%	4.43%
营业利润	425627.7	307092.0	14830.5
利润总额	506371.9	327035	147358.5
净利润（本公司所有者）	314627.6	264116.7	129422.3
销售毛利率	31.39%	24.17%	34.42%
净资产收益率	7.93%	7.74%	4.30%
每股收益（元）	0.53	0.51	0.32

数据来源：企业公开财务报表

表6-104 经营发展能力指标

单位：%

	2011年	2010年	2009年
存货周转率（次）	0.58	0.41	0.14
应收账款周转率（次）	15.02	18.16	10.84
总资产周转率（次）	0.18	0.10	0.04
营业收入增长率	113.81%	211.03%	-42.14%
营业利润增长率	177.78%	118.35%	-37.81%
税后利润增长率	19.12%	104.07%	-36.04%
净资产增长率	10.62%	23.48%	2.75%
总资产增长率	15.30%	26.83%	8.01%

数据来源：企业公开财务报表

三十、新城地产股份有限公司

1. 企业年度综述

江苏新城地产股份有限公司（以下简称“新城”）是一家专注于长江三角洲地区优质住宅开发的地产企业。2011年，新城地产实现销售收入113.55亿元，同比增加7.81%。同时，新城地产着力于由产品模式向服务模式转变，在大力进行项目营销活动的同时努力增加客户的生活体验，持续关注客户满意度提升，以更完善和超前的品质服务提升客户价值。

2011年，新城地产共新增6个土地储备项目，总建筑面积81.09万平方米，较2010年全年减少51.06%。新增土地项目全部来自于三四线城市，将投资重心转移至三四线城市，有效规避了投资风险。

受"限购”、"限贷”、"限价”等调控政策影响，住房的投资属性明显削弱，刚性需求产品成为市场的成交主流，新城地产发挥在刚性需求产品供应方面的优势，保持了同比快速增长，保证了今年的销售业绩。同时，经过前两年的精装项目试点推广，新城地产现有业务中精装产品比例明显提高。

从2005年开始，新城地产在市场竞争中坚定了“标准化战略”方向，建立了覆盖从项目选址、产品研发、工程施工、全面精装、物业、客服等房地产开发全价值链流程的标准化体系，为新城地产“快速资产周转”的发展模式提供强劲的动力。同时，新城地产坚持“专业创造价值”的经营理念，始终致力以专业化的管理团队和业务流程为客户提供满意的产品与服务，并通过标准化、规范化、信息化的控制体系专注于产品质量的不断提升，为客户、股东、员工和公司创造最大价值。

2. 财务数据对比

表6-105 资产与负债状况

单位：万元

	2011年	2010年	2009年
资产总额	2902552.27	2303887.26	1306760.13
负债总额	2494576.65	2011869.52	1069790.27
流动负债	1998867.00	1576060.08	841430.92
货币资金	376907.29	304441.83	201453.79
应收账款	709.72	623.35	1764.40
其他应收款	50089.57	16326.30	33817.62
本公司所有者股东权益	389471.49	283264.46	227124.67
资产负债率	85.94%	87.32%	81.86%
流动比率	1.39	1.42	1.49
速动比率	0.35	0.41	0.40

数据来源：企业公开财务报表

表6-106 现金流量状况

单位：万元

	2011年	2010年	2009年
销售商品收到的现金	1080615.40	1005457.56	700169.72
经营活动现金净流量	10441.83	-175253.89	125591.84
现金净流量	66524.23	108170.52	111980.96
销售商品收到现金与主营收入比	117.17	150.42%	128.41%
经营活动现金流量与净利润比	9.28	-271.14%	256.64%
现金净流量与净利润比	59.09	167.35%	228.83%
投资活动现金净流量	-17742.29	-16655.37	2155.54
筹资活动现金净流量	73824.69	300079.77	-15766.42

数据来源：企业公开财务报表

表6–107　　利润构成状况与企业盈利能力

单位：万元

	2011年	2010年	2009年
营业收入	922224.47	668425.02	545268.06
销售费用	31921.18	18143.68	11589.78
管理费用	27878.30	23579.13	17781.49
财务费用	6113.07	4824.73	6897.55
三项费用增长率	41.60%	28.34%	8.16%
营业利润	153466.66	89683.3	70231.4
投资收益	5375.00	2583.06	296.628
营业外收支净额	3874.73	828.45	2417.326
利润总额	157341.40	90511.7	72648.8
净利润（本公司所有者）	112579.78	67324.9	51632.5
销售毛利率	37.09%	28.83%	28.99%
净资产收益率	28.91%	22.82%	21.55%
每股收益（元）	0.71	0.61	0.46

数据来源：企业公开财务报表

表6–108　　经营发展能力指标

单位：%

	2011年	2010年	2009年
存货周转率（次）	0.32	0.38	0.45
应收账款周转率（次）	1383.61	559.88	110.66
总资产周转率（次）	0.35	0.37	0.45
营业收入增长率	37.96	22.59	34.63
营业利润增长率	71.12	27.70	17.44
税后利润增长率	74.17	30.39	27.62
净资产增长率	37.49	23.23	24.30
总资产增长率	25.98	76.31	19.32

数据来源：企业公开财务报表

2017
中国房地产年鉴
THE ALMANAC OF CHINA REAL ESTATE
地方经验
DI FANG JING YAN

导读 / INTRODUCTION

房地产市场调控、土地招拍挂、节能减排、节约集约用地，是房地产业发展过程中的重要组成部分。2011年各地在推进相关工作中，创新思路、积极开拓涌现了许多先进经验。在此，我们选择了北京市、上海市、重庆市和福建省等地在推进房地产市场调控、土地招拍挂、节能减排、节约集约用地等方面的经验，与业界同仁分享。

本篇所有地方经验资料，主要来源于国土资源部官方网站、住房和城乡建设部官方网站、中国建设报和各省市地方政府网站等公开媒体。

一、房地产市场调控

1. 上海市、重庆市：房产税试点落地，力度温和

2011年1月27日，上海、重庆先后出台房产税征收细则，定于1月28日开始正式开征房产税。从细则对比上看，上海版与重庆版房产税在征收对象、税率、税收减免等各个方面均存在区别。具体如下：

表7-1　　上海、重庆房产税细则比较

项目	重庆	上海
试点范围	重庆九大主城区（渝中区、江北区、沙坪坝区、九龙坡区、大渡口区、南岸区、北碚区、渝北区、巴南区）	上海市行政区域
税率	0.5%～1.2%	暂定为0.6%； 应税住房每平方米市场交易价格低于本市上年度新建商品住房平均销售价格2倍（含2倍）的，税率暂减为0.4%。
本地居民	1. 个人拥有的独栋商品住宅； 2. 个人新购的高档住房。高档住房是指建筑面积交易单价达到上两年主城九区新建商品住房成交建筑面积均价2倍（含2倍）以上的住房。	家庭第二套及以上住房（包括新购的二手存量住房和新建商品住房）；
外地居民	1. 个人拥有的独栋商品住宅； 2. 个人新购的高档住房； 3. 在重庆市同时无户籍、无企业、无工作的个人新购的第二套（含第二套）以上的普通住房。	非本市居民家庭在本市新购的住房。
计税依据	应税住房的计税价值为房产交易价，条件成熟时，以房产评估值作为计税依据。	参照应税住房的房地产市场价格确定的评估值，评估值按规定周期进行重估。试点初期，暂以应税住房的市场交易价格作为计税依据。 房产税暂按应税住房市场交易价格的70%计算缴纳。
税收减免	1. 对农民在宅基地上建造的自有住房，暂免征收房产税； 2. 在重庆市同时无户籍、无企业、无工作的个人拥有的普通应税住房，如纳税人在重庆市具备有户籍、有企业、有工作任一条件的，从当年起免征税，如已缴纳税款的，退还当年已缴税款。 3. 因自然灾害等不可抗力因素，纳税人纳税确有困难的，可向地方税务机关申请减免税和缓缴税款。	1. 家庭全部住房面积人均不超过60平方米； 2. 本市居民家庭在新购一套住房后的一年内出售该居民家庭原有唯一住房； 3. 子女成年后,因婚姻等需要而首次新购住房、且该住房属于成年子女家庭唯一住房的； 4. 符合国家和本市有关规定引进的高层次人才，在本市新购住房、且该住房属于家庭唯一住房的； 5. 持有本市居住证满3年并在本市工作生活的购房人,其在本市新购住房、且该住房属于家庭唯一住房的。

资料来源：中房研协研究中心整理

开征房产税的意义

一是完善和健全我国房地产税收体系。一个健全的房地产税收体制应该有生产、交易环节的税，也该有财

产环节持有税。从国际实践看，房产税主要作用是保障地方财政收入，并没有调控房地产价格的显著功能。二是有利于引导居民合理住房消费，促进节约集约用地。我国人多地少，需要对居民住房消费进行正确引导。在保障居民基本住房需求的前提下，对个人住房征收房产税，通过增加住房持有成本，可以引导购房者理性地选择居住面积适当的住房，从而促进土地的节约集约利用。

三是有利于合理调节收入分配，促进社会公平。改革开放以来，我国人民生活水平有了大幅提高，但收入分配差距也在不断拉大，这种差距在住房方面也有一定程度的体现。房产税是调节收入和财富分配的重要手段之一，征收房产税有利于调节收入分配、缩小贫富差距。

房产税试点经验总结

政策相抵，房产税征收范围大幅缩减。上海、重庆两地的房产税，除重庆的独栋商品住宅外，其他各类应税住房都是针对新增部分征收。然而这一政策受今年来的“限购、限贷”等调控政策影响，实施效果大打折扣。对上海而言，房产税的征收对象就仅限于改善性的第二套购房者和符合条件的外地购房者，而两套以上的本地居民和不符合条件的外地购房者是禁止再新购买住房的，因此征税也无从说起。对重庆而言，房产税的征收对象也缩小至拥有独栋别墅和新购买的高档商品住房，而后者具体包括首次购买和改善型第二次购买高档商品住房。在限购新规的冲击下，上海、重庆两地房产税实际的征收对象范围大幅缩小。

对抑制投资投机性需求的作用有限。重庆及上海出台的房产税在一定程度上会加重多套房屋持有者及投资者的负担，可能会使部分投资者在此政策压力的情况下抛售房产。但无论是上海0.4%-0.6%税率，还是重庆的0.5%-1.2%，对于炒房者而言，都在可承受的范围之内。而且相比于房价涨幅的收益来算，扣除掉房产税后，收益率仍然很好。

对大户型、高档商品住宅量的影响大于价格的影响。从物业类型上看，预计大户型、高端物业受到的影响会较大。高端项目的客户群体多数已经拥有两套以上的住宅，受限购新规和房产税的影响，高端住宅可能将面临前所未有的冲击。2011年全年高端住宅市场观望情绪浓厚，成交量低迷，甚至部分开发商开始降价促销，少数开发商已经开始进行战略转型。

2. 北京市：上调普通住房标准

北京市于2011年11月25日颁布《关于公布本市享受优惠政策普通住房平均交易价格的通知》（京建法〔2011〕22号），通知规定，自2011年12月10日起，北京享受优惠政策普通住房平均交易价格，将按照全市住房平均交易价格即2010年成交均价每平方米建筑面积18000元、同时结合区位调整系数确定。

通知明确，享受优惠政策的普通住房，应同时满足以下三个条件：住宅小区建筑容积率在1.0(含)以上；单套建筑面积在140(含)平方米以下；实际成交价格低于按本通知标准确定的所在区域普通住房平均交易价格1.2倍以下。

“普通住宅”平均交易价格调整为：以全市住房平均交易价格为1.8万元/平方米，分环线区域和方位进行系数调整，调整系数为四环内北部1.8、南部1.6，四至五环北部1.5、南部1.3，五至六环北部1.2、南部1.0，六环外0.8。

此后，武汉住房保障和房屋管理局也于11月30日表示，从12月1日起，放宽享受契税优惠的普通住房标准。取消了对住房单价限制，同时提高了享受契税优惠的。中心城区单套住房总价标准由100万元提高到140万元，远城区单套住房总价标准由80万元提高到90万元。

3. 合肥市：上调公积金贷款额度

合肥市从12月1日起上调个人住房公积金贷款最高限额，公积金贷款最高将可贷45万元。

新规定明确如下：借款人及配偶均按规定正常缴存住房公积金的，最高贷款额度调整至45万元；借款人单方按规定缴存住房公积金的，最高贷款额度调整至35万元。

此前政策规定，借款人及配偶均按规定正常缴存住房公积金的，最高贷款额度为35万元；借款人单方按规定正常缴存住房公积金的，最高贷款额度为25万元。

4. 中山市：限价不限购

11月10日，中山市市府办转发的《关于稳定我市新建商品住房价格的意见》明确，单套商品住房合同销售价格超过5800元/平方米（按建筑面积计算）的，将暂缓办理网上签约手续。“限价令”的时限从昨日起至12月31日止，共52天。

二、土地招拍挂

1. 北京市：试点限地价竞房价

自2010年试点的“限房价竞地价”、“限地价竞配建政策房面积”后，北京在2011年推出“限地价竞房价”的新土地出让方式。限地价竞房价指政府在事先确定地价的情况下，以商品房售价“价低者得”的原则，确定最终的竞得者。

北京首个“限地价竞房价”的地块——门头沟区永定镇东辛坪村项目挂牌上市时，地块楼面地价定为5850元/平方米，总地价22亿多元。无论最终是谁竞得地块，土地出让金都相同。在地价定好了之后，再设定一个最高售价。然后由所有竞买人报出未来在该地块上建设的商品房销售价格，承诺销售价格最低的就是竞得人。该地块的房屋销售价格最高限价为13600元/平方米，在竞买时，竞买人每次可降低50元/平方米来报价。

2. 福建省：四种新供地方式打破“唯价供地”

福建省在2011年完善住房用地招拍挂试点，改变以往土地拍卖中价高者得的局面，综合考虑竞标者在地价、房价和保障性住房建设面积等指标上的承诺。

新的供地方式具体包括四种，即综合评价法、双向竞价法、限地价竞房价和限地价竞配建等方式。新的土地出让方式将在福建省九个设区市市本级和平潭综合实验区先行开展试点。

所谓综合评价法是指在招拍挂中综合评价受让人的投标价款、付款进度、开发建设周期、政策性住房建设条件、土地节约集约程度、企业资质、业绩、财务状况、配建保障性住房面积、套数、建设标准等，并设定相应的权重，由综合条件最佳者获得土地受让权。这种方式的土地出让多用于商品住宅配建保障性住房项目。

双向竞价法则是指在土地出让竞价中，按照出让人确定的起叫价，以向下竞房价、向上竞地价的方式出让土地，通俗地讲拍卖过程中承诺地价高房价低的开发商将中标，这种方式将试用于限价商品住宅项目。

同样试用于限价房项目的土地出让方式还包括限地价竞房价的方式，在招标方案中列明建筑材料标准、动工竣工时间等，同时列明每平方米楼面价的土地出让金，投标人报出的房屋售价最低，则取得土地使用权及项目开发经营权。

另外一种限地价竞配建的土地出让方式将主要试用于保障性住房项目。土地出让方将给出让宗地设定合理土地上限价格，当竞买报价达到合理土地上限价格时，则不再接受更高报价，转为在此价格基础上现场投报配建经济适用房、廉租房或公共租赁房面积，承诺配建保障性住房面积多者将中标。

3. 江苏省：双向竞价

根据国土资源部要求，江苏省国土积极探索经营性用地出让新模式，包括“限房价竞地价”、“双向竞价”、“综合评标”、“竞保障房建设”等，地价不再是唯一竞争指标。

“限房价竞地价”已在保障性住房用地出让中广泛采用，今后将引入商品房用地出让，其特点是在土地出让公告中明确规定今后建成商品房的最高销售均价，然后地价出得高者得。

“双向竞价”指的是既可以限定商品房最高价竞争地价，也可以限定地价来竞房价。后者就是被很多专家所推崇的“价低者得”，即地价设一个限制，然后竞拍企业报房价，房价低者得。

“综合评标”将弱化价格因素，变“价高者得”为“综合最优者得”，比如溢价率达到国土部门设定的价格后，就不再竞地价了，而是看各企业提出的建设条件等，综合评判其中的最优者拿地。

“竞保障房建设”是在地价达到一定水平后不再竞争，而看各家提出的保障房配建计划谁家更好。

4. 太原市：土地出让采取综合招标机制

太原市积极探索土地综合招标机制，将突破以往单一的“价高者得”的土地出让原则，将“竞地价，限房价”、配套保障房等其他条件综合考虑，在确保平抑低价的同时，引导土地公开出让进一步向民生领域倾斜。

为有效遏制地价、平抑房价，2011年以来，太原市对标北京综合评标的有关措施，积极探索、推行综合招标机制。如“竞地价，限房价”措施，即先确定一个地块建成商品房后允许的销售价格区间，在此“天花板”的限制下，再由开发商来竞价地块，这将有效遏制地价、房价互相刺激，竞相攀高。

另一个重要的考量因素是保障房建设。按照相关要求，今后新建商品房项目都要配建相应比例的保障房，如果开发商只规划配建10%的保障房，那么即便在竞价地块时出价更高，还是有可能会输给出价较低、但规划配建20%甚至更高比例保障房的其他开发商。以此来鼓励更多社会资金参与到保障房建设当中。

除此之外，招标综合考虑的因素还有开发企业资质、对承建项目的设想等。例如，在迎泽区、杏花岭区、小店区、万柏林区等地，也许最重要的考量因素就是限制房价后的地价、保障房配建比例等。但如果是在娄烦，那么最重要的考量因素可能就会成为保护水源地、保护空气质量等环保因素。再细致一点，如果项目是在开化寺、钟楼街、文庙等历史遗迹比较多的区域，那么保护文物甚至会成为第一考量要素。

为综合考量招标机制各要素权重，2011年以来，由太原市国土部门牵头，开始组建“综合评标专家库”，成员既有国土、规划、房管、环保等职能部门的人员，也有更多大专院校的专家学者，在综合评标时，将根据项目实际情况从中选出合适人员。

三、节能减排

1. 天津市：实施节能改造，监控公建能耗

自1991年实施建筑节能工作以来，天津市全面推进建设领域节能减排工作，取得显著成效。

完善法规体系，健全组织机构

2006年，天津市发布了《天津市建筑节能管理规定》，逐步实行建筑节能工程施工图专项审查、建筑节能工程技术资料和材料备案等12项建筑节能管理措施，确立了依法开展建筑节能的工作格局。天津市还编制了建筑节能设计、施工、验收等25项强制性地方标准和31套标准设计图集，为推进建筑节能提供了技术保障。

天津市不断加强建筑节能组织机构。1991年，天津市成立了天津市墙体材料革新和建筑节能办公室（即现天津市墙体材料和建筑节能管理中心），负责墙体材料革新和建筑节能日常管理工作；2006年成立了天津市建筑节能和资源节约领导小组；2008年成立了天津市建筑节能领导小组和办公室。

严格节能标准，实施节能改造

天津市加强了新建建筑执行建筑节能标准的监管。自2005年开始，该市强制执行住宅三步节能、公共建筑50%节能标准。从节能专项设计等8个环节入手，实现了建筑节能长效闭合管理。同时，该市加强监管力度，

每年开展建筑节能专项检查，确保新建建筑全部执行建筑节能标准。截止到2010年，天津市建成三步节能住宅7200万平方米，累计建成节能住宅建筑达到13049万平方米。目前，天津市正在积极开展居住建筑四步节能标准编制工作，现已完成征求意见稿。

2006年，该市以上世纪80年代建设的“大板楼”住宅为突破口，按照三步节能标准的要求实施节能改造，不仅降低了既有建筑供热能耗，还提高了群众居住热舒适度，取得了良好的效果，被群众称为最惠民的民心工程。从2009年起，大板楼节能改造被纳入20项民心工程之一。天津市还先后对11个区县的1342万平方米既有建筑实施节能改造，完成了大板楼节能改造33万平方米，受益群众达20万。

监控公建能耗，推广可再生能源

2007年，天津市首先选取办公、商业、医院、宾馆、学校等12栋共50万平方米大型公共建筑作为试点，开展建筑能耗审计、用能诊断技术服务。2008年，天津市列入“国家机关办公建筑和大型公共建筑能耗监管”三个首批试点城市之一。目前，天津市已建成公共建筑运行能耗采集与远程传输平台。今年，该市将采取能源合同管理方式，利用监控平台信息，对公共建筑进行节能改造。

近年来，天津市加大了太阳能等可再生能源应用研究，编制了太阳能热水与建筑一体化应用图集和技术指导意见，并在350万平方米新家园和小城镇建设中大规模推广应用了太阳能热水系统。天津市还积极开展可再生能源建筑应用示范，组织天津公馆污水源热泵利用等一系列项目。目前，天津市可再生能源应用面积达到1400万平方米。

实施供热计量，推动体制改革

天津市在1998年就开始实施供热计量示范。2001年，该市开始在新建建筑中实行供热分户计量，制定供热计量设计和验收标准，建立了从设计、质量验收备案、准入管理等一系列监管措施，强制推行“按户分环”供热管理制度。目前，该市具备装表计量条件的建筑达8900万平方米。

该市还出台了《天津市住宅供热计量收费暂行办法》，制定了供热计量收费合同，大力推行供热计量收费。截至2010年，天津实施计量收费建筑面积达到3000万平方米以上，居民退费率平均在60%以上，退费额在8%~18%之间，平均用户耗热量指标为98.75千瓦时/平方米，比全市平均水平降低11%。

加强科研创新，探索市场机制

近年来，天津市大力推进建筑节能应用技术研究，开展了新型保温材料等一系列建筑节能技术研究，提升了建筑节能技术水平。

为贯彻落实国家应对气候变化政策，2010年，天津市下发了《天津市民用建筑能效交易实施方案》，建立了我国第一个建筑能效交易专门管理机构，并于2010年2月9日在天津排放权交易所进行了全国第一笔民用建筑能效交易，交易合同的节能量共计4500吨标煤，折合11500吨碳当量。2011年，天津市政府要求加快推进民用建筑能效交易工作，选取12个项目作为第二批民用建筑能效交易试点项目。目前，该市正在积极筹备第二批试点项目交易，探索超定额购买碳排放量的抵扣制度。

2. 重庆市：推广节能材料，加强样板工程建设

重庆市永川区采用四举措推动建筑节能，取得了良好的效果。

一是重规划，建机制。编制《永川区建设工程建筑节能工作计划纲要》及《永川区建筑节能工作的实施意见》，明确未来五年我区建筑节能的发展思路、目标及举措，并建立从初步设计审批、施工图审查备案、施工许可、质量监督、能效测评、竣工验收到验收备案7个行政审批环节的建筑节能行政审批闭合管理机制。

二是重创新，促应用。加强对建筑节能新技术、新材料、新产品以及可再生能源利用的研发和推广应用，大力推广和运用Low-e中空镀膜玻璃、夹玻、中空玻璃，倒置式屋面等10多种节能材料，从外保温体系、建筑通风、小区绿化有效解决建筑节能。区内制砖企业经技术改造已形成煤矸石利用率占百分之九十的年生产空心砖、多孔砖、泡沫砼轻型砌块2.85亿匹的生产能力，已成立了两家利用稻草、秸杆等再生材料生产轻质墙体材料的企业。

三是重监管，严执法。规范建筑节能行为，严格执行建筑节能工作的“设计审查制度”、“开工许可制度”、“产品见证取样制度”、“竣工验收制度”、“节能建筑公示制度”、“能效测评与标识制度”。深化建筑节能专项检查，在检查竣工验收报告时对不包含建筑节能内容的项目不予备案，对不符合国家节能设计标准的建筑，达不到节能标准的设计文件，以及建设、设计、施工、监理单位违反节能标准的，给予了公开曝光和进行相应的处罚。

四是重示范，造样板。积极指导和支持重庆豪江建设开发有限公司申请重庆市可再生能源建筑应用示范项目，申报并成功获批了“关于渝西地区建筑节能市场化运作模式研究”的重庆市科学技术项目。以建筑节能试点示范工程为切入点，强化建筑住宅小区品质建设，推广应用节能技术（产品），从而带动全区建筑节能工作全面铺开。

3. 南京市：加大可再生资源利用

近年来，南京市通过提高新建建筑节能设计标准、加快既有建筑改造、积极开展可再生能源应用，推动建筑节能取得了良好的效果。

大力开展可再生能源利用

近年来，南京市积极组织实施可再生能源建筑应用示范工程，取得良好的效果，可再生能源建筑应用技术水平不断提升，应用面积逐年增加。2009年，南京成功申报“全国可再生能源建筑应用示范城市”。为落实可再生能源建筑应用示范城市工作，南京市决定力争用两年多时间实现太阳能光热利用、浅层地能等可再生能源建筑应用面积不低于500万平方米，年替代常规能源量达到3.45万吨标准煤，减少排放二氧化碳8.6万吨，到2011年可再生能源应用在建筑节能中的贡献率达10%。

全面推广新技术新材料

为推广低能耗建筑，南京市加大了对建筑节能实用技术的科研投入，积极开展了浅层地能资源利用规划等一批节能科技项目的研究。在建筑节能示范工程中采用了结构自保温、混凝土顶棚辐射制冷制热技术、地源热泵系统、呼吸式幕墙、毛细管辐射等一批新的高科技节能技术，起到了很好的隔热保温效果。

“十一五”以来，南京采用加快技术进步、关闭小土窑等措施，使全市的建筑节能工作有了长足进展。新型墙体材料产量比例已由“十五”初的51.2%上升到了89%；黏土实心砖年产量由14.5亿块下降到3.4亿块。为进一步加快科技成果和成熟经验向技术标准的集成，南京市还积极编制出台了建筑节能围护结构应用、建筑节能能效标识等一批技术标准，推广使用建筑节能先进技术，取得了很好的社会效果和生态效益。

未来，南京的建筑节能工作将从四个方面推进。一是控制建筑规模和标准；二是提倡生态文明，反对铺张浪费；三是建立建筑能耗统计平台和大型公建能耗监测系统；四是因地制宜，不同区域、不同类型建筑采取不同节能措施。

4. 招远市：严把“三关”推进建筑节能

山东省招远市住房和规划建设管理局在加强建筑节能工作中，始终严格执行建筑节能标准、加强节能管理、加大建筑节能施工环节监督检查和执法力度，有力推动了全市建筑节能工作的开展。在全面推行节能标准、规范节能管理中严格把好“三关”，即：

严把建筑节能图纸审查关，对建筑节能图纸没审查或审查未通过的，不予办理质量监督手续，工程不得开工。严把竣工验收关，对没有按节能图纸施工，没有通过建筑节能综合认定的，工程不予验收，不予备案。严把施工过程关，要求必须严格按照经过审查的图纸施工，尤其是建设单位，不得随意变更图纸，图纸变更的必须重新通过图纸审查。此外，该市强化了检测力度，积极筹措资金备齐检测设备，培训检测技术人员，使全市建筑节能监测实现全覆盖。

5. 银川市：太阳能利用与建筑节能改造相结合

近年来，银川市建筑节能工作稳步推进，尤其是以太阳能为主的可再生能源应用面积迅速增长，已被财政部、住建部列为全国城市示范。

老屋穿上“保暖衣”

目前，在银川新建的居民建筑中，已推广使用墙体保温材料。2011年，改造的5个老旧小区，在节能改造中不但使用了外墙保温板，楼顶还铺设保温层、改装铝合金中空保温玻璃窗。截至目前，类似的节能新技术在银川建筑中的应用比例已达98%以上。同时，银川市于2008年全面启动既有建筑热计量改造，2011年共完成71万平方米既有建筑节能及热计量改造。已交付使用的123万平方米新建建筑，均安装了热计量装置。

城乡皆引太阳能

为充分利用太阳能资源，银川市因地制宜确定了重点发展太阳能光热项目、兼顾其他类型项目的“可再生能源建筑应用”发展思路。城市规划区内12层以下建筑，若具有太阳能热水应用条件，全部要求做到建筑与太阳能光热系统同步设计、施工、监管和验收。此后，银川又在12层以上住宅中展开试点，全面推行太阳能建筑一体化光热系统。。

2011年，银川市民用建筑节能工程中，设计应用太阳能的建筑总计261.5万平方米，甚至部分农宅也成了太阳能供热采暖试点。结合“农民新居”建设，兴庆区掌政镇、金凤区丰登镇等地均试行太阳能供热采暖。灵武市狼皮子梁村2800多户吊庄移民工程，也将太阳能光热应用于建筑中，成为山区农宅利用太阳能的一个亮点。

既有建筑节能改造

在示范项目的带动下，银川市既有建筑节能改造加快推进。目前，地下水源热泵、污水源热泵等项目也在积极立项和建设中，这将填补银川市可再生能源利用建筑项目的空白。同样，即将建设的银川污水源热泵项目，将利用污水处理厂尾水所含能量，实现片区集中供热、供冷及供热水，预计2013年建成使用。

银川是全国严重缺水城市之一。由民生房地产开发的“兴庆府大院”，将中水引入住户家中，成为兴庆区第二个利用中水冲厕的住宅小区。目前，该小区共有1552户住宅、107套商业用房，全部使用中水冲厕。以每户每月冲厕用水3立方米计算，该小区每年可节约饮用水近6万立方米。由此可见，作为城市“第二水源”，中水回用无疑是缓解“水荒”的好途径。

6. 江苏省：大力推行建筑能效测评标识制度

从2008年起，住房城乡建设部在江苏等省市开始试行建筑能效测评标识制度。江苏省按照《关于试行民用建筑能效测评标识制度的通知》（建科[2008]80号）的要求，以建筑能效测评标识实践为基础，以打造江苏特色的建筑能效测评体系为目标，创新思路，突出重点，开展了大量卓有成效的工作，取得了阶段性成果。

首先是制度建设日益完善。依据《民用建筑节能条例》，先后在《江苏省建筑节能管理办法》和《江苏省节约能源条例》等法规、规章中，提出推进建筑能效测评标识工作的相关要求，修订出台了《江苏省建筑能效测评标识管理实施细则》，进一步明确了建筑能效测评对象、方法和要求。把建筑能效测评纳入工程质量监管程序，c验收中开展建筑能效测评工作的通知》中规定，应进行建筑能效测评的建筑工程项目未经建筑能效测评，或者建筑能效测评不合格的，不得组织验收。

其次是管理机制不断健全。及时成立了江苏省建筑能效测评标识管理办公室，负责能效测评机构的认定和考核、受理标识申请、核发标识证书等组织管理工作；组织开展建筑能效测评机构认定工作，构建建筑能效测评公共服务平台。通过座谈交流、申报评审、技术研讨、现场考核、报告评审、综合评定等环节，认定了一批省级建筑能效测评机构，基本实现了省辖市全覆盖；首次提出分级管理要求，规定测评人员必须持有省住房城乡建设厅核发的《建筑能效测评人员工作手册》和建筑能效测评人员章，并以建筑能效测评标识的数量和质量为依据对测评人员实行动态考核。

再次配套能力得以提升。建立了建筑能效测评标识专家库，对各测评机构提交的测评报告进行技术评审，确保测评标识质量；同时，还以江苏省建筑节能标准体系的相关技术要点为依据，充分考虑了江苏省两个气候区的地域特点，组织编制了江苏省工程建设标准《民用建筑能效测评标识标准》，首次提出相对节能率要求，明确了能效标识等级分为三个星级，具有很强的指导性和操作性。

最后激励手段日益完备。为加快建筑能效测评标识发展，发挥激励机制作用，从2011年起，省级建筑节能专项引导资金对获得建筑能效测评标识的绿色建筑予以奖励，以此调动建设单位申请建筑能效测评标识的积极性和主动性。

7. 湖北省：明确责任，推广“禁实[1]”工作

从湖北省住房和城乡建设厅通报的2011年全省17个市（州、直管市、林区）及12个县（市、区）建筑节能工作及目标任务完成专项检查情况看，各地贯彻落实国家和省建筑节能法律法规、执行建筑节能标准规范措施得力、成效明显。预计全年可实现建筑节能105万吨标准煤，超额完成年度工作目标。

强化组织领导，落实建筑节能目标责任

湖北省各地不断加强建筑节能工作的组织领导，完善工作机制，进一步明确各级政府和部门责任，层层签订目标责任书，强化目标责任考核，增强相关部门和人员的责任意识和工作积极性，保障建筑节能各项工作任务的落实。各市政府将“十二五”建筑节能与墙材革新任务指标逐级分解到各县（市、区），并纳入目标责任考核体系，将任务指标进一步分解到各相关职能部门和乡镇，将工作落到实处。全省12个市州分别与所辖县（市、区）签订了“十二五”建筑节能与墙材革新目标责任书。各市州明显加大了重点工作管理力度，将绿色建筑和可再生能源建筑应用任务指标落实到具体项目，责任落实到具体部门，并明确管理人员和专家团队进行跟踪服务与指导，保证了示范项目顺利实施。

严格执行节能标准，促进可再生能源规模化应用

湖北省各地不断完善监管体系，从规划许可、施工图审查、施工许可、竣工备案与销售等关键环节入手，强化监管措施，严格监督检查，实行全过程闭合管理，保证新建建筑严格执行节能标准。武汉、天门等市在立项审批环节，开展建筑节能评估，并将评估结论合格纳入立项备案的前置条件，从源头把好节能关口。根据全省建筑节能目标任务，湖北省各市制定了本地区“十二五”可再生能源建筑应用规划和年度计划，把可再生能源建筑应用目标落实到具体项目。第一、二批获国家批准的8个示范市县抓紧示范项目的筛选落实，积极组织实施。其中，武汉市完成了三批示范项目评审工作，确定示范项目100个，总建筑面积825万平方米，示范面积619万平方米，已有21个建成项目完成能效测评工作；咸宁市第一批示范项目已通过评审，应用面积达32万平方米。

1 禁实：指禁止使用实心黏土砖

积极试点示范，推动绿色建筑乡镇“禁实”工作

一年来，绿色建筑项目示范已经在湖北省各市全面展开，已开工建设试点示范项目42个，总建筑面积327万平方米。在巩固县市城区全面“禁实”成果的基础上，按照统一部署，全面启动了100个重点中心镇的“禁实”工作，特别是列入2011年“禁实”达标的42个乡镇积极采取措施，为“禁实”达标创造条件。一些地方形成了政府主导、职能部门相互配合的工作机制，有计划、有步骤地实施黏土砖生产企业的关停。同时，积极发展新型墙材，全省重点中心镇“禁实”达标工作进展顺利，墙材产品结构调整初见成效。

8. 陕西省：实施既有建筑供热计量及节能改造

2011年，陕西省以绿色建筑为主线推动建筑节能，将建筑节能纳入全省节能工作总体安排之中，明确了工作重点，加强了目标考核和检查。以提高资源利用率为核心，坚持分类指导、因地制宜的原则，着力建立建筑节能的长效工作机制。

积极运用行政手段，加强新建工程的节能监管

编制颁布了《陕西省绿色建筑评价标准实施细则（试行）》，成立了“陕西省绿色建筑评价标专家委员会”，确定西安建筑科技大学等3家单位为绿色建筑评价标识工作的技术依托单位。绿色建筑工作大幅推进，年内组织标识评价项目16个、164.74万平方米绿色建筑。将建筑节能纳入建设项目规划、设计、施工、监理、运行管理等各环节，强化全过程监管。加强对建筑外墙保温的管理，在全省范围内开展了建筑外墙保温材料消防安全专项整治活动。省、市均安排组织了节能专项检查。从项目抽查情况看，各设区市、杨凌示范区新建建筑设计、施工阶段执行建筑节能设计标准均较好。

积极推进既有建筑的节能改造和可再生能源建筑应用

组织实施既有居住建筑供热计量及节能改造。下发了《关于做好2011年既有居住建筑供热计量及节能改造工作的通知》（陕建发[2011]36号）、《关于做好既有居住建筑供热计量及节能改造相关工作的通知》（陕建发[2011]110号）。对“十二五”的改造规模，进行了调查、论证，统筹考虑既有居住建筑的基本状况和业主的改造意愿、改造的节能效果等因素，制订了改造计划。实施了省级建筑节能改造示范工作。2011年，组织实施的改造项目共计70个，建筑面积72.9万平方米。立项编制了《西安市既有公共建筑节能改造技术规程》。

可再生能源建筑应用工作，加强示范项目的建设管理，推进示范县的建设。编制发布了太阳能热水系统选用于安装图集（陕2009TS001）、立项编制了《西安市住宅建筑太阳能热水系统一体化设计、安装与验收规范》。组织申报了多项建筑应用示范项目。

推进政府办公建筑和大型公共建筑节能监管体系建设

下发文件指导各城市做好民用建筑能耗和节能信息统计工作。开发建设了陕西省建筑能耗监测信息系统。组织开展了国家机关办公建筑和大型公共建筑的能耗统计、能源审计与公示工作。开展了节约型校园建设工作、公共建筑能耗定额编制研究。推动重点用能单位的管理。指导各城市将单位面积能耗高于平均水平和年总能耗高于1000吨标煤的建筑确定为重点用能建筑，做好节能降耗工作。

加强新材料、新技术的推广应用

编制发布了《陕西省推广应用建设新技术和限制、禁止使用落后技术与产品公告（建筑节能与新型墙体材料部分）》，推广应用技术110项，限制使用技术23项，禁止使用技术21项。省人大颁布《陕西省新型墙体材料发展应用条例》，推动新型墙体材料的生产与应用，从2012年1月1日起施行。在10个设区城市、杨凌示范区、3个县级市全面“禁实”的基础上，陕西省90%以上县区完成了“禁实”目标。新型墙体材料年生产量68.8亿块标准砖，节约土地32.2万亩，减少二氧化碳排放114.7万吨。

积极推动农村建筑节能

制定下发了《关于加强农村建筑建材节能工作的通知》，编制下发了《村民建设节能技术导则》。组织建设了西安市高陵县东樊村、临潼区代王街办山任村，咸阳市渭城区周陵镇大石头新村，渭南市麟游县崖木镇木龙盘村、渭滨区上川村，延安市黄陵县南河寨新村，商洛市柞水县红岩寺镇水磨坊等，覆盖3个气候区划，新型墙料、节能门窗、太阳能热水与路灯等应用示范村15个，示范面积69.6万平方米。

开展建筑能效测评与标识工作，提高节能建筑社会认知度

建筑能效测评标识的范围，一是新建国家机关办公建筑、单体建筑面积为2万平方米以上的大型公共建筑和规模在10万平方米以上居住小区；实施节能综合改造并申请财政支持的国家机关办公建筑和大型公共建筑；二是实施节能综合改造并申请财政支持的国家机关办公建筑和大型公共建筑；三是市级以上节能示范工程和获得长安杯、鲁班奖的建筑；四是取得绿色建筑设计评价标识的建筑；五是自愿申请建筑能效测评标识的建筑。

建立建筑节能激励机制，编制发布了建筑节能“十二五”规划。

将建筑节能纳入各项建设评优等管理内容中，对达不到建筑节能设计标准或在工程中采用国家和省上明令禁止、淘汰的产品、材料和设备的，一律定为不合格工程，不得办理竣工验收备案手续，不得减免新型墙体材料专项基金，不得参加“长安杯”、“鲁班奖”等优质工程以及国家和省优秀设计的评。通过总结和谋划，编制发布了建筑节能“十二五”规划。

四、节约集约用地

1. 福建省：差别化供地政策引导企业用地

一是执行差别化供地政策。新增建设用地重点向重大项目和省重点项目倾斜。一般工业项目原则上不予提供新增建设用地。停止在开发区、工业园区外安排一般工业项目用地。禁止向不符合国家产业政策项目以及“两高一低”项目和产能过剩行业供地。

二是适当提高一般项目用地出让底价。除重点产业项目外，对其他一般性的工业项目，在按《全国工业用地出让最低价标准》提高20%土地出让底价的基础上再予适当提高。

三是着力提高土地利用率。对存量工业用地，不改变原用途的前提下，经批准在原用地范围内进行技术改造的，不收取土地出让价款；通过建多层厂房或实施厂房改造加层增资扩产而增加建筑容积率的，不再增收土地出让价款；新建工业项目在合同约定的容积率基础上再提高容积率的，其增加建筑面积部分不收取土地出让金。

四是积极引导使用地下空间。地下空间建设用地使用权出让价格可低于所在地同等别用地出让最低价标准。

五是鼓励工业项目增资扩产或使用存量建设用地。对工业企业在原址增资扩建所需扩大用地，允许实行协议出让。已取得海域使用权填海形成的工业项目用地，可以海域使用权证换发国有建设用地使用权证，不再缴纳土地出让金。工业企业利用现有工业厂房用地举办新兴产业的，不需要办理土地用途变更审批手续。

2. 吉林市：建立用地考核评价制度

一是建立节约集约用地考核评价制度，将促进节约集约用地工作作为年终一项重要的考核内容。

二是强化土地供应前置条件审查。严格执行用地规划预审，对不符合土地利用总体规划的、国家禁止或限制供地的、不符合用地规模标准的，一律不予供地。根据城市发展规划和产业布局调整，合理引导项目用地定点落位，重点工业项目向各产业园和开发区集中，切实提高区域性社会资源共享程度，确保有限土地资源得到充分合理利用。

三是加强土地供应计划调控。科学编制国有建设用地年度供应计划，并在中国土地市场网和当地报纸上公布，对房地产开发、棚户区改造等用地明确到了具体地块。严格限制计划外供地，保障廉租房、经济适用房、限价房和90平方米以下中小套型普通商品房用地不低于住宅用地的70%。

四是严格执行供地政策有关规定。经营性用地一律实行了招标拍卖挂牌方式公开出让。严格规范使用划拨决定书和出让合同，对经营性用地，出让前制订控制性详规，明确容积率、建筑密度和绿地率等规划条件。

五是强化批后监管工作。充分利用土地市场动态监测与监管系统平台，进行各类信息的网上发布。启用开发利用监测功能，实现建设用地批后全程监管。建立监测情况定期汇报制度，对建设项目的开工、竣工情况在系统上进行适时更新。调整完善建设用地批准书内容，有效落实了建设项目开工、竣工验收申报制度。

3. 长沙市：落实节地优先战略

节约集约用地是缓解土地供求矛盾、坚守18亿亩耕地红线的根本出路。长沙坚持落实节地优先战略，在节约方面做出了有力地探索和尝试，得到国土资源部的充分肯定并将作为经验在全国推广。

从思想上重视节约集约。近年来，长沙市委、市政府把大力推进节约集约用地作为解决土地供需矛盾的重要途径。严格执行土地利用规划和计划，有限的用地计划指标主要用于重点工程、重要基础设施和民生项目，房地产开发等用地主要靠盘活存量土地、处置闲置土地等途径来解决。市人民政府及时制定下发了《关于进一步推进节约集约用地的通知》，推动长沙节约集约用地工作迈上了新的台阶。

从规划上促进节约集约。在编制新一轮土地利用总体规划中，该市坚持耕地保护和节约集约用地的原则，强化区域、产业、基础设施建设的土地利用空间控制作用，严格控制建设用地总量，控制人均城镇工矿建设用地标准和农村居民点建设用地规模。积极开展村级规划编制试点，统一编制村级国土综合规划，实现土地利用规划与城乡规划、产业发展规划、生态保护规划、土地整治规划的“多规合一”。

从制度上保障节约集约。出台《长沙市各主要地类控制指标》，确定了严格的城镇、农村、工业、公路建设等五类建设用地项目的容积率、投资强度、建筑密度等控制指标，在大河西先导区先行先试。下发《长沙市人民政府关于促进节约集约用地的通知》并制定了《长沙市建设用地节约集约利用考核办法》，明确了长沙市建设用地节约集约利用考核的目的、对象、计分标准及奖罚措施。《长沙市建设用地节约集约用地标准》已报市政府待批。

从管理上推进节约集约。成立长沙市人民政府节约集约用地办公室，明确了人员编制和管理职责，负责组织指导全市节约集约用地工作；在市国土资源局设立了节约集约用地指导处，负责实施节约集约用地的具体工作。加强了计划管控和用地审查。按照相关规划和用地标准，严格控制项目用地规模。对于超标准的各类用地，坚决予以核减，不符合供地目录和节约集约用地标准的不予供地。

从模式上探索节约集约。经过几年来的实践和探索，我市已初步形成了以下5种节地模式：以新河三角洲为代表的人车分流的城市立体空间节地模式；以隆平高科技园为代表的开发园区高层标准厂房节地模式；以宁乡县关山村为代表的农村土地综合整治节地模式；以咸嘉新村和莲湖村为代表的农民高层公寓式安置节地模式；优化建筑、道路、绿化等土地空间布局的城市道路节地模式；公共资源共享节地模式等6种节约集约用地模式，在全省乃至全国得到了良好的应用和推广。

4. 兰州市：四项措施促进土地利用

一是创新土地利用方式，促进土地节约集约利用。加强对土地节约集约利用的引导，按照节约土地、集约发展、合理布局的原则，从严控制城市用地规模，鼓励和引导老企业及新建项目出城入园，积极拓宽存量建设用地盘活利用的渠道，加快形成以对内挖潜为主要特征的节约集约用地机制。研究建立土地利用状况、用地效益和土地管理绩效等评价指标体系，着重加强对产业集聚区节约集约用地情况的评价研究，严格执行土地使用条件及标准。国土资源保障能力和服务水平不断提升，先后争取用地指标7.17万亩，保障了150多个国家和省、市重大项目建设，有力支持了全市经济社会发展。

二是积极落实耕地保护制度。严守基本农田“红线”，加大基本农田保护力度，严格落实“先补后占”制度，协调开展“易地占补”。开展耕地质量变化监测试点工作，加强耕地质量保护，积极争取国家和省上资金，加大土地开发整理力度，统筹城乡土地利用，保证了项目开发建设的占补平衡。同时大力推进农用地整治，稳妥开展村庄整治和城乡建设用地增减挂钩，近五年来，共争取土地整理复垦开发项目61个，总投资7.71

亿元，总规模12.5万亩，新增耕地12.4万亩，有力地保障了全市耕地占补平衡任务的完成，支持了重点项目的顺利建设。争取省上专项资金6000万元，组织开展了兰州北出口至中川机场高速公路沿线土地综合整治项目工作。其中2011年将在兰州新区开发整理土地1.2万亩，推进兰州新区农业生态示范区建设。

三是优先发展兰州“三区”，为节约集约用地搭建平台。为促进土地节约集约利用，我们因地制宜，充分利用“三区”特别是兰州新区可利用土地资源丰富的优势，强力推进兰州高新技术产业区、安宁经济技术产业区和兰州新区等“三区”的发展建设，合理规划编制“三区”土地利用总体规划，布局三区产业集聚发展，用好城乡建设用地增减挂钩置换指标，重点保障三区产业集聚发展用地，为产业集聚区发展预留空间，促进产业集聚区高水平发展。凡新建工业项目一律进入产业集聚区，按照批准的主导产业和功能布局安排项目，完善激励政策，引导“三区”产业集聚区高效利用土地。

四是构建多层次的集约节约宣教格局。注重发挥舆论宣传的引导作用，除利用举办各类培训班、会议、文件、简报和网站等形式做好土地资源集约节约宣传外，还在电视、报纸等新闻媒体上宣传普及节约集约用地知识，报道节约集约用地方面先进经验和典型做法，印发国土资源百题知识问答手册，鼓励各行各业节约集约用地。

5. 潍坊市：用地指标保重点

潍坊市树立“有限指标保重点、一般项目靠挖潜”的用地理念，坚持严控、聚集、优化、嫁接、拓展“五措”并举。大力开展废旧矿坑整治利用，积极引导工业项目“上坡下坑”，加强节约集约用地评价，深入开展节约集约模范县创建活动，土地综合使用效益明显提升。

一是以节约集约模范县（市）创建带动土地利用水平提高。指导高密市节约集约模范县创建工作，深入探索节约集约用地的好做法、新路子，创建了高密市姜庄镇山丰新村土地增减挂钩项目示范点和孚日家纺毛巾二厂节约集约用地典型，得到了国土资源部全国首届节约集约模范县专家考核组的高度评价。高密市成功创建为全国节约集约用地模范县（市）。

二是积极开展开发区节约集约用地评价工作。组织力量对全市16个省级以上开发区全部进行了土地集约利用评价工作，基摸清开发区土地利用现状及未来开发潜力。评价显示大部分开发区土地开发利用率已达到90%，成为“产业集聚、用地集约、布局合理、特色鲜明”的集约用地示范区。工业用地投资强度总体水平较高。我市国家级开发区土地平均投资强度值为258.77万元/亩，省级开发区平均投资强度值为180.65万元/亩，均高于国家和省里规定的开发区工业用地投资强度标准。

三是积极探索构建建设用地集约利用评价指标体系。制定《潍坊市建设用地节约集约利用考核办法（试行）》，科学确定评价指标，将“建设用地地均GDP”、“建设用地地均固定资产投资”、“建设用地地均财政收入”、“单位GDP增长消耗新增建设用地量”、“单位固定资产投资消耗新增建设用地量”、“建设用地地均GDP增长率”等指标一并纳入考核，将考核成果运用到对县市区、开发区的年度科学发展综合考核中，作为集约节约用地水平的依据。

四是加大批而未供土地和闲置土地清理力度。通过逐图斑、逐地块、逐项目自查，摸清我市批而未用土地底数。通过加快供地、督促开工建设、收回土地使用权等方式，处置批而未用土地2.64万亩，处置率达到83%。2007～010年供地率分别达到93.45%、、93.84%、80.69%、63.44%，综合供地率达到79%，位居全省前列。对批而未用土地中未开工建设或闲置满一年、不满两年的宗地，通过下发《限期开工通知书》，督促企业尽快开工，现已开工面积10719亩；对闲置满两年或因规划调整等原因无法开工建设的，收回土地使用权，目前已收回土地963亩。

6. 襄阳市：调整布局、强化监督、挖掘潜力

襄阳市不创新土地利用方式，通过合理调整产业布局、强化用地监管和挖掘用地潜力等措施，积极探索节约集约用地新模式，资源利用水平显著提高。

一是强化园区建设，促进产业发展由“粗放”变“集约”。按照全区特色产业园区的规划布局，在用地上积极引导原有企业向园区集中搬迁，新上项目在园区集中建设，促进企业集中布局、产业集聚发展、土地集约利用。同时，加强项目用地监管，建立完善的土地市场动态监测与监管体系，对用地合同进行清理，跟踪项目建设进度，确保项目用地及时利用、高效运作，有效提高了土地利用和产业发展的集约化水平。

二是实行用地引导，促进建设用地由“低效”变“高效”。实行项目用地台账管理，及时核减项目建设用地量。建立项目用地联合预审制度，严把土地利用率、投资强度、产出率等硬指标约束关口，谢绝不符合规定的招商引资项目3个。

三是坚持开源挖潜，促进土地利用由“有限”变“有效”。制定年度存量土地盘活计划、新增用地供应计划，确定项目用地方向，严禁跨产业布局、跨年度计划选优弃劣用地。加大闲置土地处置力度，2011年，先后对12宗177.327亩闲置土地依法进行收回；对988亩存量土地按照宜工则工、宜商则商、宜房地产则房地产的原则，进行了公开合理处置。

四是实施移村腾地，促进村庄用地由“分散”变“集中”。针对村庄用地土地利用率低的现状，借助增减挂钩政策平台，及时向区委、区政府进行专题汇报，在全区再掀移村腾地高潮。区政府成立总指挥部，出台资金管理办法，建立奖励机制，计划投资近2亿元、搬迁3400户、实施67个项目、净增5000亩耕地的工作目标。目前，峪山镇金寨、方秦等13个村，已完成新农村建设规划和工程概算编制，并已动工建设。全年通过移村腾地共腾出耕地3250亩。

7. 乌海市：从源头缓解土地利用压力

近年来，乌海市在严格保护耕地的前提下，一方面全面推进节约集约用地，切实预防违法用地，保障重点项目建设用地；另一方面把加快转变经济发展方式作为当前工作的主线，大力调整经济结构，狠抓淘汰落后产

业和产能，改变过去拼资源、重污染、高消耗的粗放发展模式，增强乌海市经济发展的可持续性。但由于乌海市土地利用方式与经济转型升级的要求还不相适应，用地需求紧张与利用方式粗放、供地计划不足与存量土地闲置等问题还不同程度存在。当前及今后一段时间内，坚持节约集约用地，合理配置土地资源，以用地方式转变促进经济发展方式转变，以用地结构调整促进经济结构调整，是乌海市需要重点解决的问题。

一是严格规划管理，优化土地开发利用

以全市新一轮土地利用总体规划修编为契机，建立城市总体规划与经济社会发展规划、区域规划、土地利用规划、主体功能区规划等的衔接和协调机制。依据主体功能区划，对规划期内的新增建设用地总规模和建设占用耕地规模指标，实行差别化配置。对重点开发地区，适度增加安排新增建设用地；对优化开发地区，在控制新增建设用地总量的基础上，促进科学利用；对限制开发区域，从严控制建设用地，除直接为保护服务的配套用地外，原则上不再安排新增建设用地。

二是加强计划调控，促进产业结构升级

充分发挥土地利用计划的调控作用，坚持“区别对待、有保有压”的原则，优先安排高新技术产业项目和能够带动产业结构优化调整的项目，不断提升点供项目的产业层次。要探索实行分区域差别化供地，重点保障全市重大基础设施建设项目，控制工业用地比重，保证民生用地比例，支持高新技术产业项目，鼓励现代服务业项目用地，加大保障性住房用地的供应比重，确保廉租房、经济适用房建设用地不低于申报住宅用地总量的70%。对不利于能源资源节约和生态环境保护、浪费资源、污染严重的产业和行业，严格准入，从用地源头上把好闸门。

三是统筹城乡发展，盘活农区建设用地

在确保耕地总量不减少、建设用地总量不增加的前提下，深入开展农区建设用地整理，引导农区居民向城镇集中居住，促进城乡建设用地布局集中优化。结合新农区建设，创新土地整理模式，不断提高土地流转后单位产出规模效益，实现土地收益最大化。积极探索农区居民住房安置的新途径，大力提升新农区建设水平，切实解决集中居住后农区居民及其子女的就业、就医和上学问题。拓宽城乡建设用地增减挂钩渠道，扩大试点规模，积极推进农区建设用地整理，置换部分用地指标用于城镇建设，有序推进城乡一体化健康发展。

四是坚持节约集约，倒逼发展方式转变

要坚定不移地走新型工业化道路，以产业升级促进土地节约集约利用，以土地节约集约利用倒逼经济发展方式转变，从源头上缓解土地利用的压力。从严控制建设用地总规模和建设占用耕地规模，继续引导工业向开发区集中、人口向城镇集中、住宅向社区集中。强化建设项目用地预审，严格审查新开工项目用地，有效遏制重复投资和低水平重复建设，从源头上引导和控制项目用地。坚持按建设用地控制指标和投资强度要求供地，提高建设用地容积率，鼓励建设多层标准厂房，鼓励企业利用存量土地增资扩股。完善节约集约用地考核机制，把节约集约用地考核纳入乌海市经济社会发展综合评价体系，按照单位GDP和固定资产投资规模增长的新增建设用地消耗进行考核等相关措施，严格落实责任考核与奖惩制度，把考核结果作为干部政绩综合考核评价的重要内容，作为下达土地利用年度计划的依据。

五是优化资源配置，确保土地市场健康

要充分发挥市场配置资源的基础作用，严格落实工业和经营性用地招标拍卖挂牌出让制度。实行建设用地“净地”出让，通过价格杠杆，促进节约集约用地。从调整利益机制入手，充分发挥土地财税的调节作用，抑制新增建设用地的过度需求。坚持依法足额征收国有土地有偿使用费，任何人、任何单位、任何项目，一律不得减免缓缴。加强土地使用税和耕地占用税的征管工作，国有土地出让总价款要全额纳入地方预算，缴入地方国库，严格实行“收支两条线”管理。

8. 宜春市：构建“多快好省”工作机制

面对保障发展用地瓶颈的约束，宜春市国土资源局积极创新用地思路，着力构建国土资源“多快好省”工作机制，努力提高土地节约集约利用水平，走出了一条“有限资源、无限发展”的新路子。

一是以规划为龙头，全面推进土地节约集约利用。坚持发挥土地利用总体规划统筹城乡发展建设用地的“龙头”作用，及时修编完善市、县两级土地利用总体规划和城市建设总体规划，在用地区位上做到近期发展用地尽量避开耕地特别是基本农田。在项目选址过程中，积极引导投资者能占荒地不占耕地，能占劣地不占好地，能少占地绝不多占地，能原址挖潜则不占增量土地，变被动供地为主动控地，既满足经济发展需要，又充分合理地利用土地。

二是以管理为抓手，提升土地节约集约利用水平。重点抓好增减挂钩，通过“增减挂钩”增加的周转指标将优先用于城镇建设，从而缓解乡镇尤其是中心城镇建设用地紧张状况。目前，全市10个项目区的土地复垦设计方案均已经过专家组评审，其中丰城市、高安市、奉新县和上高县已经完成招投标阶段，全面进入到项目区拆迁整理复垦的实施阶段，拆迁面积达600亩，整理复垦近200亩。据统计，全市10个项目区共拆旧5898.73亩，建新5670.88亩，可为城镇化建设提供周转指标3511.28亩。

三是以创新为导向，拓展土地节约集约利用领域。大力推进工业标准厂房建设，充分发挥工业园区在产业集聚和集约用地上的优势，明确规定凡工业项目用地指标未达到《江西省建设用地标准规定》要求，建筑密度低于40%；市本级工业园区工业用地容积率低于1.0，县（市、区）工业园区工业用地容积率低于0.8；行政办公及生活服务设施用地超过项目用地总面积7%的，坚决予以否决，不供应土地。通过企业改建厂房，平房建楼房，楼房建多层，借“天”生地，“长”高厂房，减少用地。如宜春市锂电新能源标准厂房园占地面积270亩，建筑面积19万平方米，总投资2亿元。厂房以多层为主，容积率达1.1，有效缩减项目固定资产投资，推进锂电新能源企业有序集聚。

四是以监管为根本，努力保障土地资源有效供给。按照“纵向到底、横向到边、分级负责、责任到人”的要求，建立健全市、县（市、区）、乡（镇）、村四级监察网络，制定出台《土地执法监察动态巡查制度》、《土地执法监察信息员（协管员）制度》、《土地违规违法案件定期报告制度》和《土地违法行为举报管理制度》等规章制度，进一步强化土地动态巡回监察，加大巡查力度，扩大巡查范围，采取常规巡查与重点巡查相结合的办法，对违法合同约定开发的项目，依法依规作出处理，有效地防止了企业“多占少用”、“宽打宽用”、“低效利用”等现象发生。

9. 马鞍山市：招商用地源头参与，重大项目快速推进

近年来,在市委市政府的高度重视下,马鞍山市结合贯彻落实《马鞍山市人民政府关于进一步加强节约集约用地的实施意见》，在国土资源管理中，把保障发展作为第一要务，把集约用地作为第一原则，多措并举，以实现土地利用方式的根本转变。

一是招商用地一律源头参与制度。依托市土委会平台，对各开发园区、新区、示范园区招商项目用地，在项目洽谈的第一时间，就项目供地政策、规划选址方案等，及时提出建设性意见，着力为重点建设项目提供前期用地服务。主动与发改、规划、环保等部门在前期工作中加强配合，准确掌握项目建设用地规模、结构、分布、时序等情况。确保优质项目优先落地，优质资产优先入园。

二是重大项目用地一律快速推进制度。对重大项目用地设立“绿色通道”，实行“定人、定时、定责”.坚持超前谋划，全面介入，及时就项目选址、用地规模、规划布局等提出优选方案，快速推进，确保建设重点项目落地快、布局优、用地省。

三是工业及经营性用地一律招拍挂出让制度。对工业用地和商业、旅游、娱乐、商品住宅等经营性用地，以及其他用地同一宗土地有两个以上意向用地者，一律采取招拍挂的方式公开出让供地。

四是存量计划出让用地一律先收储后出让制度。凡列入年度供应计划中的存量土地，必须先经收购储备，妥善处理土地产权、安置补偿等法律经济关系，完成必要的前期开发，达到“净地”条件后，方可供应。

五是分期建设的项目用地一律整体规划分批供地制度。分期建设的企业用地实行整体规划，预留范围，再根据其实际到位资金和建设速度，分期供地，不 得供地待用。同一企业在本市已取得土地，但未建设或未达规定建设标准，不再安排新供土地。

六是已供项目用地一律现场告示制度。企业开工时限到达后，及时在项目现场树立项目建设告示牌，告示牌明确项目用途、面积、四至范围、建设周期、投资强度、地块简介等内容，以督促企业按合同约定建设投产。并定期到建设现场进行动态巡查，及时更新项目建设信息。

七是节约集约用地一律纳入年度考核制度。年初拟定各考核单位新增建设用地项目亩均固定资产投入、企业产出、税收等指标，年度考核时，由市目标办会同国土、发改、经信、税务等部门，综合评价土地节约集约利用水平，并将考核评价结果作为年度评优评先的重要依据之一。

八是新增用地计划分配一律与节约用地考核结果挂钩制度。对节约集约利用土地成效显著的，优先安排下一年度用地计划，优先办理土地征收征用报批手续。对闲置土地较多、土地利用节约集约度不高等问题较多的，由相关主管部门予以通报批评，并核减下一年度用地计划，暂不安排新增项目用地农用地转用指标，暂停受理土地征收征用报批手续。

10. 潜江市：盘活存量，提高门槛

今年来，潜江市积极推行节约集约用地“五让”工作法，在资源合理利用方面进行了有效的探索和实践。

一、突出规划引导，让“龙头”昂起。该市高度重视土地利用总体规划的“龙头”作用，把规划作为节约集约用地的“方向盘”，严格按规划用地，按规划管地，用规划限制建设项目乱上马，引导城市土地挖潜和村庄改造。

二、积极盘活存量，让闲置地“上岗”。一方面将改制企业与招商引资“联姻”，对来潜江投资的企业，首先推介存量地；另一方面通过退城进郊，为优势项目腾出空间，该市对一些土地利用率不高的企业，采取统一调整项目布局，将其使用的土地调剂给上规模的企业。

三、提高准入门槛，让小项目“出局”。该市出台了《潜江市工业项目入园暂行办法》，规定所有入园工业项目必须通过国土资源、规划、环保等部门联合预审。凡不符合规划、环保不达标、用地定额不达标、不符合国家产业政策的项目，一律不批准落户潜江，更不得进入园区；对同意落户的项目，则重点从投资强度、容积率等关键指标上把关，促进项目真正做到集约节约用地。

四、坚持市场化运作，让出让“阳光透明”。潜江市政府下发《潜江市土地交易管理办法》，积极推行国有建设用地网上交易，切实把好土地收购、储备、出让三大关口，实现“一个口子进水、一个池子蓄水、一个口子放水”的土地供应模式。

五、发挥集聚效应，让开发区成为示范。该市充分发挥工业园区、开发区节约集约示范作用，做到“产业集聚、布局集中、用地集约”，既满足了产业链延伸，减少企业成本，又确保资源共享。

11. 安吉县：大力开展旧城改造，做好存量土地挖潜工作

安吉县节约集约用地紧紧围绕“控制总量、优化增量、盘活存量、提高质量”的工作目标，突出重点，创新方法，切实做到“五抓”，进一步提升统筹节约集约用地水平，着力创建“节约集约用地”模范县。

一、抓调控，以市场机制创新促节约集约用地。

安吉县相继出台了《安吉县建设项目建筑容积率调整和建筑面积确认管理办法》、《安吉县人民政府关于进一步节约集约工业用地的若干意见》等一系列加强土地市场建设的政策规定，以市场调控手段促节约集约用地。县政府对全县国有土地一级市场实行高度垄断，实行年度用地计划管理，限量投放市场，按照“一个渠道进水，一个池子蓄水，一个龙头放水”的模式供地。建立健全土地有形市场，对经营性用地和工业用地全面实行招、拍、挂方式公开出让。2008年至2010年三年时间内共计以招、拍、挂供地427宗，出让面积13000亩，出让价款近64亿元，平均地价达每亩达50万元，并创下了单宗住宅楼面地价每平方米近5000元的出让新纪录，充分显现土地的利用价值，达到增值增效的目的。

二、抓规划，以合理布局促节约集约用地。

做好规划是最大的节约。安吉县积极做好土地利用总体规划与城市建设规划和产业发展规划的衔接、配套，合理安排和调整土地利用结构布局，实现规划对用地需求的引导和制约。坚持以开发区和工业园区为载体，统筹规划，集中布局，控制零星工业用地的审批，积极推进工业布局向开发区集中，工业项目向园区集中，生产要素向优势产业集中。实现中心城区、中心镇、“工业金三角”集聚区、五大现代服务集聚区、中国美丽乡村建设的协调发展，引导“一中心两片区五组团”县域空间总体格局的形成，土地资源聚集利用效应得到充分展现，土地使用效率有了明显提高。

三、抓突破，以旧城改造促节约集约用地。

近年来，安吉县通过大力开展旧城改造，积极盘活存量土地，走内涵挖潜、集约用地的发展之路，促进存量土地的消化利用，进一步提高了土地利用效率。我县先后引进了六七个开发商出资10余亿元，在老城区进行改造，新建驿站广场、九州商贸、丰华五星级酒店、凤凰山公园等项目，形成了集旅游观光、购物休闲、饮食娱乐为一体的新格局。在旧城改造以前，我县城区商品房价格不到4000元/平方米，而现在几乎所有的商品房价格均在8000元/平方米左右。近三年来，全县累计开发房地产项目99个，开发土地面积近280万平方米，盘活存量闲置土地2500亩。旧城改造，不仅使城市面貌发生了翻天覆地的变化，提升了城市形象，也彰显了节约集约用地的强大生命力。

四、抓挖潜，以拓展空间促节约集约用地。

一是抓项目预审，严格准入门槛。进一步明确投资项目必须符合产业发展相关目录和有关文件要求，重点鼓励发展“2+5”产业；投资强度原则要达到省定标准的120%以上，年亩均工业增加值达60万元以上，工业增加值率18%以上，亩均入库税收10万元以上。同时对不符合产业政策目录的项目一律不得准入，限制类项目原则上不得供地。

二是提高建筑容积率，发展利用空间。安吉县积极引导企业转变用地观念，调整用地思路，在提高建筑容积率上做文章，积极拓展用地新空间。出台了《安吉县建设项目用地控制指标》，规定了各类项目用地的最低容积率。并由县国土局牵头联合开展建设用地复核验收工作。自2007年起，对超容积的经营性项目收取土地出让金。截止2010年底，共收取超容积率补办出让金1800万元。同时，县政府专设节约集约考核奖，2010年共奖励乡镇节地挖潜奖600余万元。鼓励企业通过提高容积率有效使用土地。我县还积极提倡房地产市场用地在符合规划的前提下由低层向小高层集约发展。2009年确定递铺镇为节地型城市试点，将上郎城中村项目改造作为试点，. 通过旧城改造，重新供地后可增加容积率约2.0。

五、抓开源，以土地综合整治促节约集约用地。

近年来，安吉县土地开发整理工作紧紧围绕保护耕地基本国策，以改善农业生产条件、增加耕地有效面积、提高土地综合效益为目标，以国家基本农田保护示范区建设为依托，积极参与新农村建设，取得了较好的成效。近三年来累计争取各类土地开发整理项目56个，实施总面积达1万余亩，新增耕地面积近5500亩，既为安吉县经济发展提供了有力的资源支撑，也走出了一条以建设拓展用地空间的新路子。2010年，我县启动的首批14个农村土地综合整治项目，并全部获省厅批准,面积23.7万亩，新增耕地面积可达1.5万亩。

行业测评

HANG YE CE PING

导读 / INTRODUCTION

2010-2011年持续的紧缩性房地产调控背景下，开发企业的生存状态，经营表现备受关注。在此背景下，中国房地产测评中心对中国房地产开发企业展开持续、全面的测评研究，发布了“2012中国房地产开发企业500强测评研究报告”、“2011中国房地产上市公司测评报告”、“2011中国房地产企业品牌价值测评报告”三大报告。年鉴收录了三大测评报告的测评对象、测评榜单和测评结论等主要内容。

中国房地产开发企业500强测评通过正确评价房地产开发企业的绩效，帮助企业系统剖析其战略发展和生产经营中存在的问题，减少管理层的短视行为，引导房地产开发企业的经营行为和市场定位，并为机构和个人投资者进行理性投资提供参考；帮助政府全面掌握房地产行业发展信息，了解房地产开发企业的经营、管理、运营等方面的整体状况，为进行有效的宏观调控提供政策参考依据。

中国房地产上市公司测评以房地产上市公司为研究对象，通过科学、公正、客观和权威的评价指标体系和评价方法评估房地产上市公司的综合实力，深入挖掘这些公司蕴含在季度、半年度和年度等定期报告和各类公告中的信息，通过典型研究来反映整个行业在市场开拓、经营管理、市场营销、行业风险以及发展导向的基本趋势。

通过发布2011中国房地产企业品牌价值全国20强、各区域10强榜单，科学地评价和度量房地产企业品牌价值，帮助房地产企业树立品牌形象，为企业有针对性地实施品牌战略提供客观参考。

一、2011年测评研究的重要结论

1. 调控政策持续发力，市场环境日益严峻

2010年的房地产调控始于2009年12月7日的中央经济工作会议。针对金融危机过后2008年四季度以来房地产市场快速升温，部分城市出现了房价过快上涨等突出问题，国务院办公厅2010年1月7日印发《关于促进房地产市场平稳健康发展的通知》（简称“国十一条”），展开了以“平稳发展”为总体基调的本阶段第一轮宏观调控。在第一轮调控政策未取得明显成效情况下，政府对待房地产市场的态度由“平稳发展”转向“坚决遏制过快上涨”。4月17日，国务院印发《关于坚决遏制部分城市房价过快上涨的通知》（简称“国十条”），开始了以“坚决遏制房价过快上涨”为总体基调的第二轮调控。

9月29日，中央多部委出台措施遏制部分城市房价过快上涨，其中包括财政部、国税局、住建部下发《关于调整房地产交易环节契税个人所得税优惠政策的通知》；住建部、国土部对各地进一步贯彻落实国务院坚决遏制部分城市房价过快上涨通知提出四项要求；央行下发《关于完善差别化住房信贷政策有关问题的通知》；住建部、国土部、监察部下发《关于进一步贯彻落实国发〔2010〕10号文件的通知》等。此轮调控政策进一步落实和细化前期调控政策，但全国范围内暂停发放第三套及以上房贷等严厉的措辞及措施无疑是房地产市场调控的再次升级。

进入2011年，房地产的宏观调控力度进一步加大。1月26日，国务院印发《关于进一步改进和加强房地产市场调控的通知》（简称“新国八条”），要求房价过高、上涨过快的城市出台住房限购实施细则。各地迅速落实有关要求纷纷发出“限购令”，使2011年楼市充满变数。1月27日，沪渝房产税试点落地，新一轮房地产税制改革起步。

在数轮层层递进的金融行政政策的影响下，2010年房地产市场波动明显。2010年5月，受到4月17日“国十条”调控政策的影响，全国房地产销售面积明显下挫，全国70个大中城市房屋销售价格指数环比增幅大幅下降，全国房地产市场进入“冰冻期”。经过数月的政策消化，全国房地产市场在9月明显回暖，但随着9月底调控再次升级，房地产市场也再次陷入僵局。结合最近几年我国房地产市场发展的具体态势，2010年房地产市场的表现再次表明政府政策因素对我国房地产市场具有主导性作用，金融行政政策始终是房地产企业不可忽视的重要因素。

2. 市场竞争日益激烈，品牌房企卓然崛起

2010年我国房地产市场的HHI指数（赫芬达尔-赫希曼指数）仅为141.1。HHI指数即以所有开发企业市场占有率平方和乘以10000计算。根据国际公认的集中度标准，当HHI指数小于1000时，属于低度集中的市场；HHI指数介于1000至1800的视为中度集中的市场，通常市场的垄断性也非常低；如果HHI指数超过1800，可以

视为高度集中的市场，企业行为对市场会产生较大的垄断性影响。因此，我国房地产市场集中程度仍然相当低，中国房地产市场仍处于垄断竞争状况的判断没有发生变化。随着市场调控政策的常态化，市场总量增长幅度相对有限，市场竞争日益激烈。

根据中国房地产测评中心2010年房地产开发企业500强研究的成果，2006年、2007年、2008年、2009年和2010年最大的四家房地产开发企业销售收入各年占全国销售额（CR4，四厂商集中度）的比重分别为4.6%、5.2%、7.8%、3.3%和5.8%，与2009年相比，2010年市场集中度明显提升。

对各企业的全国市场占有率分析表明，与2008、2009年仅万科一家公司市场占有率基点值（1个百分点的百分之一）超过100相比，2010年市场占有率基值超过100的上市公司达到3家。大于等于30的上市公司达到15家，较2009年增长近一倍。而2011年上半年市场占有率基值（1个百分点的百分之一）超过100的企业达到5家，分别为万科、恒大、中国海外、保利地产、绿地，而这5家企业全部为品牌价值十强企业，因此，品牌企业在市场调整期表现出了强大竞争能力，强势抢占市场。

品牌房地产企业强势的市场表现一方面表明房地产企业的品牌具备强大的销售驱动力，是企业在竞争中占据有利地位的重要手段；另一方面也表明在市场调整期，由于投资型需求离场，自住需求占比扩大，房地产产品向消费属性回归，消费者的品牌偏好效应增强，品牌能成为企业市场份额扩张的重要保障，而不具备品牌优势的企业则面临更大的市场风险和不确定性。品牌作为企业综合竞争力的核心和赢得市场的关键，正在逐渐成为企业在市场调整期抢占市场从而实现企业逆市成长的利器。

3. 面对变局亟须创新，多方优化突出重围

由于市场整体客户量减少，市场范围收窄，全国六万余家房地产开发企业竞相追逐有限客户的局面，竞争日益白热化，部分房地产开发企业则面临严峻的考验。面对激烈的市场竞争环境，开发企业应对竞争需要崭新的模式。市场环境变化提高了对房企资本实力和开发能力的要求，加大了行业的生存门槛。随着行业并购活动的日益频繁、并购规模不断扩大，未来对开发商的产品研发、营销策划、资本运营等方面的能力都提出了更高的要求。不仅是缺少资本实力和开发能力的公司，部分缺乏管理能力及品牌认知度的企业也将成为被整合的对象。房地产企业从资源优势竞争转向能力优势竞争将更加鲜明。

在此背景下，房地产企业从不同层面优化竞争策略，以创新引领企业突围。首先，通过实施和强化品牌策略来抢占市场份额，提高企业竞争实力已成为我国房地产企业发展的共识。日趋激烈的竞争迫使企业将品牌管理提上议事日程，不少企业纷纷加大品牌建设维护的投入力度，同时将丰富传播途径、传播方式作为企业品牌成长的重要方式。随着市场竞争激烈程度地不断增强，深化品牌策略成为企业全面提升竞争实力的重要选择之一。其次，房地产开发企业在产品宽度和产品深度的细化上做出了各方面的努力。旅游地产和商业地产成为房地产企业化解政策风险，分散企业经营风险，应对市场变化的重要选择，不少房地产企业开始关注养老地产等新概念产品线的发掘。第三，在营销方面，网络团购优惠为营销创新提供了新思路；第四，融资方面，企业积极开拓多渠道融资，灵活应对资金压力。

4. 绿色低碳提升品牌，引领产业发展大势

当今世界，发展“低碳技术”已经成为各国实现社会可持续发展和迈向生态文明的必由之路，“低碳竞争力”也成为提升国家和社会经济发展能力的核心要素。房地产业处于国民经济各产业链的中下游，与50余个产业相关，在房地产领域推广绿色低碳战略，将拉动上游的绿色生产，拉动下游的绿色消费。绿色低碳建筑也将成为推动能源改革、拉动经济增长、增加就业机会的新动力，有望成为中国经济下一步增长的新引擎。而推进绿色低碳住宅产品的开发企业既获得了产品溢价，也赢得社会和市场的赞誉从而促进企业品牌价值的提升。

不少企业将绿色地产概念融入企业品牌建设体系。如招商地产七年前即首倡并开展绿色地产实践，持续在项目中推广绿色建筑，将绿色星级标准因地制宜应用于各个项目中，积极采用绿色施工和绿色采购。在投资决策中就充分考虑投资项目对环境、社会的影响，在社区建设中，组织各类绿色行动，在社区居民中大力宣传低碳生活理念。公司通过对绿色产品、绿色行动、绿色社区的系统规划，强化公司的绿色品牌建设，与“百年招商，家在情在”的企业愿景建立更为密切的联动关系，树立企业公民关注环境、保护生态、节约资源、降低能耗的整体形象。

在低碳经济发展已被提升到前所未有高度的今天，必将有更多企业关注低碳技术，把握地产低碳经济先机，并借助低碳产品提升品牌形象，促进企业发展。

5. 积极承担社会责任，争树社会公民形象

房地产市场的迅速发展，推动了国民经济的增长，改善了城市的面貌，提高了百姓的居住质量，创造了社会财富，社会影响力巨大。但同时，住房的房价已成为社会的关注热点，捂盘惜售、住房质量低下、虚假广告等违法违规行为屡见不鲜，使得房地产企业的形象大打折扣，面临着巨大的舆论压力，因此，要获得社会的尊重与公众的客观评价，就需要众多企业强化自律观念，自觉维护市场秩序，积极承担社会责任。

在近年来的房地产开发企业测评中发现，凡是能够积极承担社会责任、创造良好的人居价值、关心生态环境、关注中低收入阶层的住房问题，并且积极参与各种社会公益事业，这类房地产开发企业发展速度和质量均表现出高于行业一般水平的态势，为企业未来发展奠定了良好的基础。反之，则会迟滞企业的发展，一些社会影响较大的负面事件甚至使一些开发企业陷入破产倒闭的境地。因此，开发企业通过积极承担社会责任，履行企业公民义务，从而改变自身形象，将有利于企业未来发展，这是不言而喻的。

我国对于保障性住宅的建设力度大大加强，房地产上市企业也应响应国家政策，积极投身于保障性住房的建设中，一方面承担起企业“社会公民”的角色，另一方面也有利于企业品牌的建立和发展。坚持并践行诚信、品牌、社会责任理念的企业也能获得消费者的信赖。

二、2012年中国房地产开发企业500强测评研究

1. 测评对象

中国房地产测评中心严格按照“科学、公正、客观、权威”的工作原则，参照《财富》、《商业周刊》、《福布斯》等国际知名排行榜评选标准，对中国房地产开发企业500强的企业设立如下参评标准：

（1）在中国大陆地区依法设立并登记注册的房地产开发企业，或者在中国大陆地区依法设立并登记注册的具有独立法人的专门经营中国大陆地区房地产业务的外商投资的子公司；

（2）房地产开发经营业务收入占企业主营业务收入的比重超过50%；

（3）虽未达到第（2）项标准，但近两年房地产业务年平均销售额不少于1亿或销售面积不少于5万平方米的房地产开发企业；

（4）对于近两年有重大偷漏税或者严重拖欠工程款等违法违规行为者，将不被列入参选范围；

（5）对于提供虚假数据者，或在安全生产、环境保护等领域发生责任事故者，将取消参评资格。

2. 测评榜单

中国房地产研究会、中国房地产业协会、中国房地产测评中心对中国房地产开发企业展开持续、全面的测评研究，“中国房地产开发企业500强”测评工作已连续开展四年，测评成果和研究报告在业内得到认可，已成为评判房地产开发企业经营实力及行业地位的重要标准。在此背景下，启动“2012中国房地产开发企业500强测评研究”。基于过往500强测评过程中积累的经验，综合考量了房地产开发企业目前的经营特点和未来发展趋势，从企业规模、风险管理、盈利能力、成长潜力、运营绩效、创新能力、社会责任七大方面，采用了收入规模、开发规模、利润规模、资产规模、短期偿债能力、长期偿债能力、相对盈利能力、绝对盈利能力、销售增长能力、利润增长能力、资本增长能力、资源储备、生产资料运营能力、人力资源运营能力、经营创新、产品创新、纳税责任、社会保障责任、慈善捐赠等19个二级指标，包括房地产业务收入、租赁收入、房地产销售面积、投资性物业持有面积、资产总额、利润总额、现金流动负债比、企业布局、在售项目个数、预收账款等40个三级指标，全面衡量企业的综合实力。

通过科学、公正、客观、权威的房地产开发企业测评体系对开发企业进行测评，据此发布2012中国房地产开发企业500强榜单。同时发布中国房地产开发企业综合实力10强、经营绩效10强、综合发展10强、运营效率10强、区域运营10强、稳健经营10强、发展潜力10强、成长速度10强、责任地产10强、商业地产10强、城市覆盖10强、创新能力10强、外资企业10强、典型项目10强等相关分榜单。

表8-1　　2012中国房地产开发企业500强榜单

续表

2012年排名	企业名称	2012年排名	企业名称
1	万科企业股份有限公司	42	旭辉集团股份有限公司
2	恒大地产集团	43	重庆隆鑫地产（集团）有限公司
3	大连万达集团股份有限公司	44	重庆协信控股（集团）有限公司
4	中国海外发展有限公司	45	沿海绿色家园集团
5	绿地控股集团有限公司	46	建发房地产集团有限公司
6	保利房地产（集团）股份有限公司	47	江苏中南建设集团股份有限公司
7	龙湖地产有限公司	48	福建正荣集团有限公司
8	华润置地有限公司	49	深圳市合正房地产集团有限公司
9	世茂房地产控股有限公司	50	上海三盛宏业投资集团
10	富力地产股份有限公司	51	浙江佳源房地产集团有限公司
11	远洋地产控股有限公司	52	浙江昆仑置业集团有限公司
12	中信房地产股份有限公司	53	海亮地产控股集团有限公司
13	金地（集团）股份有限公司	54	金融街控股股份有限公司
14	碧桂园控股有限公司	55	上海景瑞地产（集团）股份有限公司
15	雅居乐地产控股有限公司	56	恒盛地产控股有限公司
16	招商局地产控股股份有限公司	57	联发集团有限公司
17	佳兆业集团控股有限公司	58	四川蓝光和骏实业股份有限公司
18	融创中国控股有限公司	59	颐和地产集团
19	新城控股集团有限公司	60	星河湾地产控股有限公司
20	北京首都开发控股（集团）有限公司	61	仁恒置地集团有限公司
21	复地（集团）股份有限公司	62	河北卓达房地产集团有限公司
22	金科地产集团股份有限公司	63	升龙投资集团有限公司
23	绿城房地产集团有限公司	64	中粮地产（集团）股份有限公司
24	融侨集团股份有限公司	65	融信（福建）投资集团有限公司
25	金辉集团有限公司	66	北京金隅股份有限公司
26	荣盛房地产发展股份有限公司	67	大华（集团）有限公司
27	合景泰富地产控股有限公司	68	奥宸地产（集团）有限公司
28	建业地产股份有限公司	69	世纪金源集团有限公司
29	SOHO中国有限公司	70	中骏置业控股有限公司
30	首创置业股份有限公司	71	方兴地产(中国)有限公司
31	深圳华侨城股份有限公司	72	瑞安房地产有限公司
32	亿达集团有限公司	73	禹洲地产股份有限公司
33	合生创展集团有限公司	74	恒达中泰地产股份有限公司
34	中铁地产有限公司	75	越秀地产股份有限公司
35	农工商房地产（集团）股份有限公司	76	花样年控股集团有限公司
36	海尔地产集团有限公司	77	盛高置地（控股）有限公司
37	天津住宅建设发展集团有限公司	78	厦门海投房地产股份有限公司
38	北京城建投资发展股份有限公司	79	朗诗集团股份有限公司
39	路劲地产集团有限公司	80	宁波奥克斯置业有限公司
40	上海城开（集团）有限公司	81	明发集团有限公司
41	宝龙地产控股有限公司	82	上海爱家投资（集团）有限公司

续表

2012年排名	企业名称
83	北京万通地产股份有限公司
84	中国中建地产有限公司
85	西安紫薇地产开发有限公司
86	东渡国际（集团）有限公司
87	南京栖霞建设股份有限公司
88	新疆广汇实业股份有限公司
89	中锐地产集团
90	浙江祥生房地产开发有限公司
91	厦门住宅建设集团有限公司
92	深业集团有限公司
93	西安天朗地产集团有限公司
94	宁夏亘元房地产开发有限公司
95	新疆华源实业（集团）有限公司
96	重庆泽京房地产开发有限公司
97	龙光地产股份有限公司
98	泉舜集团有限公司
99	银城地产集团股份有限公司
100	厦门国贸地产有限公司
101	嘉凯城集团股份有限公司
102	北京北辰实业股份有限公司
103	雅戈尔集团股份有限公司
104	福星惠誉房地产有限公司
105	苏宁环球股份有限公司
106	重庆财信企业集团有限公司
107	上海市上投房地产有限公司
108	上海红星美凯龙房地产有限公司
109	三盛地产集团有限公司
110	天地源股份有限公司
111	杭州滨江房产集团股份有限公司
112	厦门经济特区房地产开发集团有限公司
113	上海证大房地产有限公司
114	阳光100集团有限公司
115	上海鹏欣（集团）有限公司
116	上海中星（集团）有限公司
117	贵州宏立城集团
118	万华房地产开发有限公司
119	同景集团有限公司
120	置信房地产开发有限公司
121	鲁能置业集团有限公司
122	浙江中大（集团）股份有限公司
123	天津市房地产发展（集团）股份有限公司
124	南益地产集团有限公司
125	河南正商置业有限公司

续表

2012年排名	企业名称
126	北京住总集团有限公司
127	广西荣和企业集团有限责任公司
128	上置集团有限公司
129	中国奥园地产集团股份有限公司
130	名流置业集团股份有限公司
131	新湖中宝股份有限公司
132	鑫苑（中国）置业有限公司
133	深圳香江控股股份有限公司
134	莱蒙国际集团有限公司
135	中冶置业有限责任公司
136	鲁商置业股份有限公司
137	中体产业集团股份有限公司
138	福建金帝集团有限公司
139	金泰地产集团
140	上海绿洲投资控股集团有限公司
141	天津泰达建设集团有限公司
142	上海城投控股股份有限公司
143	金都房产集团有限公司
144	深圳市光耀地产集团有限公司
145	宁波银亿房地产开发有限公司
146	南京市城市建设开发（集团）有限责任公司
147	天同宏基集团股份有限公司
148	卓越置业集团有限公司
149	保亿置业集团有限公司
150	云南俊发房地产有限责任公司
151	中华企业股份有限公司
152	杭州宋都房地产集团有限公司
153	百步亭集团有限公司
154	棕榈泉控股有限公司
155	方远建设集团房地产开发有限公司
156	阳光城集团股份有限公司
157	安徽安粮地产有限公司
158	上海中环投资开发（集团）有限公司
159	上海三湘股份有限公司
160	河南正弘置业有限公司
161	广州广电房地产开发集团
162	上海中房置业股份有限公司
163	中国房地产开发集团公司
164	广州市敏捷投资有限公司
165	福晟集团有限公司
166	广东珠江投资股份有限公司
167	绿都控股集团有限公司
168	深圳市长城投资控股股份有限公司

续表

2012年排名	企业名称
169	江苏吴中地产集团有限公司
170	北京融科智地房地产开发有限公司
171	中茵股份有限公司
172	莱茵达置业股份有限公司
173	荣安地产股份有限公司
174	厦门象屿建设集团有限责任公司
175	上海建工房产有限公司
176	中航地产股份有限公司
177	中弘地产股份有限公司
178	杭州开元房地产集团有限公司
179	北京建工集团有限责任公司
180	泛海建设集团股份有限公司
181	重庆中渝物业发展有限公司
182	上海奥银房地产开发有限公司
183	上海城建（集团）公司
184	海信房地产股份有限公司
185	中惠熙元房地产集团有限公司
186	天津广宇发展股份有限公司
187	海航置业控股（集团）有限公司
188	华远地产股份有限公司
189	上海陆家嘴金融贸易区开发股份有限公司
190	天津津滨发展股份有限公司
191	上海保集（集团）有限公司
192	河南骏景地产有限公司
193	重庆宏西吉房地产开发有限公司
194	武汉中央商务区城建开发有限公司
195	四川吉盛房地产开发有限公司
196	中房集团淄博市城市建设综合开发公司
197	万事兴投资控股集团有限公司
198	华丽家族股份有限公司
199	上海外高桥保税区开发股份有限公司
200	广东创鸿房地产开发有限公司
201	沈阳宏发房屋开发有限公司
202	河南亚新投资集团
203	武汉地产开发投资集团有限公司
204	浙江金龙房地产投资集团有限公司
205	上海正阳投资集团有限公司
206	烟台房地产开发集团有限公司
207	民发实业集团有限公司
208	北京科技园建设（集团）股份有限公司
209	南昌铁路天集房地产开发有限责任公司
210	广东中颐投资集团有限公司

续表

2012年排名	企业名称
211	江苏华厦融创置地集团有限公司
212	坤和建设集团有限公司
213	湖北长城建设实业有限公司
214	合肥城建发展股份有限公司
215	成都森宇实业集团有限公司
216	方圆地产控股有限公司
217	上海同济科技实业股份有限公司
218	金桥房地产开发股份有限公司
219	沈阳格林豪森房地产开发有限公司
220	宁波房地产股份有限公司
221	滕州市房地产综合开发公司
222	大发房地产集团有限公司
223	信达地产股份有限公司
224	冠城大通股份有限公司
225	河南汉飞置业有限公司
226	上海金丰投资股份有限公司
227	浙江广厦股份有限公司
228	苏州新区高新技术产业股份有限公司
229	珠海华发实业股份有限公司
230	翠屏国际控股有限公司
231	青岛天泰集团股份有限公司
232	大连友谊（集团）股份有限公司
233	佛山市美的房地产发展有限公司
234	大连正源房地产开发有限公司
235	天津市先行房地产开发有限公司
236	深圳市星河房地产开发有限公司
237	厦门新景地集团有限公司
238	当代投资集团有限公司
239	天津松江股份有限公司
240	本溪绿地实业（集团）股份有限公司
241	上海宝华企业集团有限公司
242	重庆华宇物业（集团）有限公司
243	中山市大信置业有限公司
244	重庆斌鑫集团有限公司
245	北京国华置业有限公司
246	成都华信大足房地产开发有限公司
247	时代地产控股有限公司
248	广东珠光集团有限公司
249	河南美景置业有限公司
250	宏宇集团股份有限公司
251	天津鸿正集团有限公司
252	天津天保基建股份有限公司

续表

2012年排名	企业名称
253	上海宝宸集团有限公司
254	洛阳盛世弘强房地产开发有限公司
255	东莞宏远工业区股份有限公司
256	阳光新业地产股份有限公司
257	深圳市振业（集团）股份有限公司
258	南京新港高科技股份有限公司
259	北京华业地产股份有限公司
260	广宇集团股份有限公司
261	京能置业股份有限公司
262	中国武夷实业股份有限公司
263	顺发恒业股份公司
264	常州华光地产集团有限公司
265	合肥百协置业有限公司
266	长沙房产（集团）有限公司
267	运城市金鑫房地产有限公司
268	四川荣新房地产开发有限公司
269	SK(中国)置业集团有限公司
270	泰禾集团股份有限公司
271	四川宜宾成中房地产开发集团有限公司
272	龙记地产集团股份有限公司
273	宜宾正和房地产投资集团有限公司
274	自贡市远达房地产开发有限公司
275	上海恒力房地产发展有限公司
276	力旺集团有限公司
277	中房集团成都房地产开发有限公司
278	成都高新发展股份有限公司
279	福建中庚实业集团有限公司
280	侨鑫集团有限公司
281	利海地产有限公司
282	中新苏州工业园区置地有限公司
283	济南银丰房地产开发有限公司
284	苏州工业园区建屋发展集团有限公司
285	长甲地产控股有限公司
286	四川省国嘉地产有限公司
287	宁波维科置业有限公司
288	厦门福康经济发展有限公司
289	无锡市民生房地产开发有限公司
290	天山房地产开发有限公司
291	安徽高速地产集团有限公司
292	重庆市人和房地产发展有限公司
293	柏庄控股集团有限公司

续表

2012年排名	企业名称
294	重庆顺祥房地产开发（集团）有限公司
295	吉林省东兴建设开发集团有限公司
296	重庆市普惠置业有限公司
297	大连锦联地产集团
298	华南城控股有限公司
299	济南东拓置业有限公司
300	广州云星房地产开发集团有限公司
301	葛洲坝海集房地产开发有限公司
302	武汉城投房地产开发有限公司
303	重庆东原房地产开发有限公司
304	郑州康桥房地产开发有限责任公司
305	中房集团南宁房地产开发公司
306	中国宝安集团股份有限公司
307	南京红太阳房地产开发有限公司
308	蓝鼎投资集团
309	杭州华元房地产集团有限公司
310	成都置信实业（集团）有限公司
311	成都硕成实业发展有限公司
312	武汉美联地产有限公司
313	天津天一建设集团有限公司
314	天津塘沽贻成实业有限公司
315	河南民安房地产开发有限公司
316	徐州华美房地产开发有限公司
317	长春泰恒房屋开发有限公司
318	长春澳海房地产开发有限公司
319	江苏新能源置业集团有限公司
320	宁波广博建设开发有限公司
321	长春国信投资集团有限公司
322	吉林亚泰房地产开发有限公司
323	长春市高新技术产业（集团）股份有限公司
324	湖北珩生投资有限公司
325	江苏奕淳集团有限公司
326	长春宝雍阁房地产开发有限责任公司
327	远大集团置业投资有限公司
328	烟台新潮实业股份有限公司
329	北京珠江房地产开发有限公司
330	深圳市信义房地产开发有限公司
331	厦门创兴置业股份有限公司
332	长春华大房地产开发有限责任公司
333	沈阳浑南置业集团
334	郑州绿都地产集团有限公司

续表

2012年排名	企业名称
335	惠州市隆生房地产有限公司
336	泰盈地产集团
337	北京国瑞兴业地产有限公司
338	青建集团股份公司
339	广东元邦房地产开发有限公司
340	深圳市绿景企业管理集团有限公司
341	天誉置业（控股）有限公司
342	四川三利房地产有限责任公司
343	上海张江高科技园区开发股份有限公司
344	成都志达房地产开发有限公司
345	众安房产有限公司
346	无锡市华夏房地产开发有限公司
347	江苏华利地产集团有限公司
348	卧龙地产集团股份有限公司
349	上海新黄浦置业股份有限公司
350	沈阳银基发展股份有限公司
351	成都市武侯区桂溪房地产开发公司
352	上海万业企业股份有限公司
353	深圳市物业发展（集团）股份有限公司
354	武汉南国置业股份有限公司
355	广西盛天集团
356	山东天业恒基股份有限公司
357	河南银基房地产开发有限公司
358	北京中关村科技发展（控股）股份有限公司
359	江苏凤凰置业投资股份有限公司
360	安徽新华房地产集团
361	华瀚投资集团有限公司
362	长春市万龙房地产开发有限责任公司
363	江苏武房集团有限公司
364	福建三木集团股份有限公司
365	郑州中方园建设发展股份有限公司
366	广东海骏达置业投资集团有限公司
367	沈阳富禹房屋开发有限公司
368	重庆市康德实业（集团）有限公司
369	天津海泰科技发展股份有限公司
370	南京利源集团
371	甘肃天庆房地产集团有限公司
372	辰兴房地产发展股份有限公司
373	宁夏民生房地产开发有限公司
374	宁夏中房集团西宁房地产开发有限责任公司
375	深圳市承翰投资开发有限公司

续表

2012年排名	企业名称
376	北京方恒置业股份有限公司
377	浙江德信置业有限公司
378	深圳市高发投资控股有限公司
379	深圳观澜湖房地产开发有限公司
380	西安格力地产股份有限公司
381	上海海泰房地产（集团）有限公司
382	海南天来泉旅游不动产有限公司
383	大连润德房地产开发有限公司
384	中国重型汽车集团房地产开发公司
385	东莞市三正房地产开发有限公司
386	广西江宇房地产开发有限公司
387	广州市番禺祈福新邨房地产有限公司
388	深圳市京基房地产股份有限公司
389	江西洪客隆集团
390	美林基业集团有限公司
391	北京新华联置地有限公司
392	青岛伟东置业集团
393	昆明星耀集团有限公司
394	武汉世纪华宇置业有限公司
395	杭州欣盛房地产开发有限公司
396	江苏阳光置业发展有限公司
397	合肥滨湖投资控股集团有限公司
398	隆海集团有限公司
399	北京韩建集团有限公司
400	北京润丰房地产开发有限公司
401	西藏城市发展投资股份有限公司
402	重庆晋愉地产（集团）股份有限公司
403	江苏九洲投资集团有限公司
404	上海新长宁（集团）有限公司
405	名城地产（福建）有限公司
406	江阴市长江房地产开发公司
407	深圳市鸿基（集团）股份有限公司
408	湖南嘉盛房地产开发有限责任公司
409	东莞市新世纪房地产开发有限公司
410	江西中新置业有限公司
411	扬州恒通企业有限公司
412	昊远隆基房地产开发有限责任公司
413	长春万盛禹实置业有限责任公司
414	广西嘉和置业集团有限公司
415	广西汇东投资置业有限公司
416	江苏美好置地有限公司

续表

2012年排名	企业名称
417	青岛城市建设集团股份有限公司
418	人居置业有限公司
419	广西瀚林地产有限公司
420	中国·经纬置地有限公司
421	三亚兰海城市建设投资有限公司
422	石河子开发区天富房地产开发有限责任公司
423	三林万业（上海）企业集团有限公司
424	吉林大禹股份限公司
425	华人置业集团有限公司
426	江西高新能源开发有限公司
427	万联能源集团有限公司
428	北京市大龙伟业房地产开发股份有限公司
429	深圳世纪星源股份有限公司
430	鸿隆控股有限公司
431	万方地产股份有限公司
432	沙河实业股份有限公司
433	广州东华实业股份有限公司
434	北京空港科技园区股份有限公司
435	京投银泰股份有限公司
436	成都东立置业有限公司
437	江苏高成房地产开发有限公司
438	江西中江地产股份有限公司
439	哈尔滨市综合开发建设总公司
440	惠州市源东国际集团有限公司
441	南昌红谷置业投资有限公司
442	广州力迅投资有限公司
443	TCL房地产有限公司
444	沈阳市城建房地产开发有限公司
445	武汉高科房地产开发有限公司
446	天津市河北区环金安居建设有限公司
447	大连新星房地产开发集团有限公司
448	新疆天山建材（集团）有限责任公司
449	河南金林置业有限公司
450	东莞市信鸿实业发展有限公司
451	浙江金昌房地产集团有限公司
452	山西鑫大华房地产开发有限公司
453	安徽伟星置业有限公司
454	江苏亚东建设发展集团有限公司
455	江西恒茂房地产开发有限公司
456	江苏常发实业集团有限公司
457	徐州财苑房地产经营开发有限公司
458	大连悦泰房地产开发有限公司
459	青岛海西城市投资有限公司
4[illegible]	大连阿尔滨集团有限公司
461	大连海昌集团有限公司
462	四川新希望房地产开发有限公司
463	重庆东海房地产开发（集团）有限公司
464	浩华地产集团公司
465	辽宁信大房屋开发有限公司
466	吉林省新发房屋开发有限责任公司
467	湖南紫竹源房地产有限公司
468	上海爱建股份有限公司
469	甘肃常安置业有限责任公司
470	天津市红磡房地产开发有限公司
471	中融置业集团有限公司
472	深圳市万泽房地产开发有限公司
473	永泰房地产（集团）有限公司
474	凯迪企业（集团）有限公司
475	厦门古龙集团房地产有限公司
476	山东鲁信置业有限公司
477	富建集团有限公司
478	广州市勤天（集团）有限公司
479	宁波联合集团股份有限公司
480	深圳茂业（集团）股份有限公司
481	深圳市富通房地产开发投资有限公司
482	上海北方企业集团有限公司
483	无锡红豆置业有限公司
484	重庆喜地山置业有限公司
485	山东黄金地产旅游集团
486	福建冠亚集团有限公司
487	美都控股股份有限公司
488	上海古北（集团）有限公司
489	安徽置地投资有限公司
490	黑龙江宝宇房地产开发集团有限责任公司
491	广西红日东升投资有限公司
492	融晟集团
493	南宁万昌房地产开发有限公司
494	上海中邦置业（集团）有限公司
495	宁波百隆房地产有限公司
496	广西阳光时代置地有限公司
497	河南省高速快运实业有限公司
498	山西恒实房地产开发有限公司
499	成都兴元房地产开发有限公司
500	天津宝利集团有限公司

表8-2 2012中国房地产开发企业综合实力10强

排名	企业名称
1	万科企业股份有限公司
2	恒大地产集团
3	大连万达集团股份有限公司
4	中国海外发展有限公司
5	绿地控股集团有限公司
6	保利房地产（集团）股份有限公司
7	龙湖地产有限公司
8	华润置地有限公司
9	世茂房地产控股有限公司
10	富力地产股份有限公司

表8-3 2012中国房地产开发企业经营绩效10强

排名	企业名称
1	中国海外发展有限公司
2	恒大地产集团
3	北京城建投资发展股份有限公司
4	龙湖地产有限公司
5	招商局地产控股股份有限公司
6	沿海绿色家园集团
7	旭辉集团股份有限公司
8	深圳市绿景企业管理集团有限公司
9	新疆广汇实业股份有限公司
10	西安紫薇地产开发有限公司

表8-4 2012中国房地产开发企业综合发展10强

排名	企业名称
1	富力地产股份有限公司
2	恒大地产集团
3	上海城开（集团）有限公司
4	复地（集团）股份有限公司
5	金地（集团）股份有限公司
6	海尔地产集团有限公司
7	新疆华源实业（集团）有限公司
8	建发房地产集团有限公司
9	天津泰达建设集团有限公司
10	西安紫薇地产开发有限公司

表8–5　2012中国房地产开发企业运营效率10强

排名	企业名称
1	恒大地产集团
2	万科企业股份有限公司
3	保利房地产（集团）股份有限公司
4	新城控股集团有限公司
5	上海景瑞地产（集团）股份有限公司
6	重庆协信控股（集团）有限公司
7	西安天朗地产集团有限公司
8	联发集团有限公司
9	吉林亚泰房地产开发有限公司
10	万事兴投资控股集团有限公司

表8–6　2012中国房地产开发企业区域运营10强

排名	企业名称
1	建业地产股份有限公司
2	北京首都开发控股（集团）有限公司
3	亿达集团有限公司
4	绿地控股集团有限公司
5	中骏置业控股有限公司
6	江苏中南建设集团股份有限公司
7	厦门海投房地产股份有限公司
8	天津住宅建设发展集团有限公司
9	贵州宏立城集团
10	河北卓达房地产集团有限公司

表8–7　2012中国房地产开发企业稳健经营10强

排名	企业名称
1	龙湖地产有限公司
2	恒大地产集团
3	金地（集团）股份有限公司
4	农工商房地产（集团）股份有限公司
5	海亮地产控股集团有限公司
6	上海城开（集团）有限公司
7	沿海绿色家园集团
8	融信（福建）投资集团有限公司
9	深业集团有限公司
10	中山市大信置业有限公司

表8-8

2012中国房地产开发企业发展潜力10强

排名	企业名称
1	新城控股集团有限公司
2	佳兆业集团控股有限公司
3	重庆隆鑫地产（集团）有限公司
4	旭辉集团股份有限公司
5	浙江佳源房地产集团有限公司
6	泉舜集团有限公司
7	四川吉盛房地产开发有限公司
8	宁夏亘元房地产开发有限公司
9	中锐地产集团
10	武汉中央商务区城建开发有限公司

表8-9

2012中国房地产开发企业成长速度10强

排名	企业名称
1	融创中国控股有限公司
2	融侨集团股份有限公司
3	荣盛房地产发展股份有限公司
4	金辉集团有限公司
5	海亮地产控股集团有限公司
6	中骏置业控股有限公司
7	莱蒙国际集团有限公司
8	东渡国际（集团）有限公司
9	深圳市光耀地产集团有限公司
10	龙光地产股份有限公司

表8-10

2012中国房地产开发企业责任地产10强

排名	企业名称
1	北京首都开发控股（集团）有限公司
2	中国海外发展有限公司
3	天津住宅建设发展集团有限公司
4	海尔地产集团有限公司
5	金泰地产集团
6	融信（福建）投资集团有限公司
7	北京城建投资发展股份有限公司
8	四川吉盛房地产开发有限公司
9	厦门住宅建设集团有限公司
10	天津泰达建设集团有限公司

表8-11 2012中国房地产开发企业商业地产10强

排名	企业名称
1	大连万达集团股份有限公司
2	宝龙地产控股有限公司
3	SOHO中国有限公司
4	富力地产股份有限公司
5	招商局地产控股股份有限公司
6	浙江昆仑置业集团有限公司
7	恒达中泰地产股份有限公司
8	明发集团有限公司
9	上海红星美凯龙房地产有限公司
10	中山市大信置业有限公司

表8-12 2012中国房地产开发企业城市覆盖10强

排名	企业名称
1	恒大地产集团
2	大连万达集团股份有限公司
3	万科企业股份有限公司
4	绿地控股集团有限公司
5	保利房地产（集团）股份有限公司
6	中国海外发展有限公司
7	华润置地有限公司
8	富力地产股份有限公司
9	绿城房地产集团有限公司
10	碧桂园控股有限公司

表8-13 2012中国房地产开发企业创新能力10强

排名	企业名称
1	佳兆业集团控股有限公司
2	金地（集团）股份有限公司
3	西安天朗地产集团有限公司
4	重庆协信控股（集团）有限公司
5	上海三盛宏业投资集团
6	沿海绿色家园集团
7	万事兴投资控股集团有限公司
8	天同宏基集团股份有限公司
9	本溪绿地实业（集团）股份有限公司
10	中房集团淄博市城市建设综合开发公司

表8-14　　2012中国房地产开发企业外资企业10强*

排名	企业名称
1	佳兆业集团控股有限公司
2	路劲地产集团有限公司
3	九龙仓（中国）有限公司
4	新鸿基地产发展有限公司
5	和记黄埔（中国）有限公司
6	瑞安房地产有限公司
7	仁恒置地集团有限公司
8	凯德置地（中国）投资有限公司
9	汤臣集团（中国）有限公司
10	中信泰富有限公司

*本分榜单入榜标准为：主营业务为房地产，且房地产业务收入中超过50%来自中国大陆地区。

表8-15　　2012中国房地产开发企业典型项目10强

项目名称	企业名称
昆仑府	浙江昆仑置业集团有限公司
融信·澜园	融信（福建）投资集团有限公司
南通中央商务区	江苏中南建设集团股份有限公司
天湖城	厦门海投房地产股份有限公司
广州颐和四季公馆	颐和地产集团
中锐·第一城	中锐地产集团
莱蒙·水榭春天	莱蒙国际集团有限公司
城开御园	南京市城市建设开发（集团）有限责任公司
恒达广场	恒达中泰地产股份有限公司
三江·国际丽城	四川吉盛房地产开发有限公司

3. 测评结论

经济政策趋势：宏观经济增速放缓，市场调控持续从严

2011年我国国内生产总值47.16万亿元，同比增速为9.2%。第一产业增加值4.77万亿元，增长4.5%；第二产业增加值22.06万亿元，增长10.6%；第三产业增加值20.33万亿元，增长8.9%。分季度看，一季度同比增长9.7%，二季度增长9.5%，三季度增长9.1%，四季度增长8.9%。总体来看，经济增长趋于平稳，国内生产总值增幅回落反映出我国宏观经济增速放缓的基本态势，但整体仍属高速增长，我国经济正在从注重“量”向“质”转变。

2011年上半年居民消费价格指数（CPI）一路震荡上行，连创新高，到了6月份，CPI同比增幅达到了6.4%，创下了自2008年7月以来的新高。为控制通货膨胀，国内货币政策持续收紧，央行在上半年进行了六次上调准备金率和二次加息的操作。物价高速上涨的趋势在8月后得到缓解，CPI自7月到达年内高点6.5%后一路下行到12月降至年内最低的4.1%。工业生产者出厂价格指数（PPI）来看，同样在上半年保持了高速增长态势，但走势领先于CPI，直至7月份达到了年内的高点后剧烈下滑，到12月PPI降至1.7%。

总体来看，2011年上半年经济运行表现出高增速、高物价的双高特点，而下半年经济运行平稳过渡到增速趋稳、物价可控的状况。在12月9日召开的中共中央政治局会议中指出，2012年我国将实施积极的财政政策和稳健的货币政策，保持政策的连续性和稳定性，加快推进结构调整，着力扩大国内需求，保持经济平稳较快发展和物价总水平基本稳定。预计2012年，中国经济将实现平稳着陆，同时物价水平将控制在合理范围内。

从房地产行业面临的政策环境来看，2011年1月26日，国务院出台"新国八条"，从而正式拉开了2011年房地产调控的大幕。本次调控除了在差别化信贷、土地、税收、保障性住房等常规方面做出重申和更加严格的规定外，最为引人注目的是要求各直辖市、计划单列市、省会城市和房价过高、上涨过快的城市，在一定时期内，要从严制定和执行住房限购措施。"新国八条"使"限购"扩展到全国所有省会城市、计划单列市和部分房价上涨过快的城市。7月12日，国务院常务会议明确"房价上涨过快的二、三线城市也要采取必要的限购措施"，随后台州、珠海等城市加入限购行列，全国限购城市数量增加到近50个，基本涵括了全国主要城市。

"限价"是2011年市场调控的另一主要手段，中央规定商品房明码标价以防止房地产企业坐地起价，要求各地制定房价控制目标，并以问责制确保地方政府执行力度，地方"限价令"陆续出台。截至3月底，全国已经有608个城市公布了房价控制目标。就有公开数据的120个城市的房价控制目标来看，大多数城市以当地GDP增速、人均可支配收入增长速度为标准，基本把房价涨幅控制在8%-15%之间。随着政府加大对调控执行的监管力度，自2011年3月开始，各地陆续出台了控制房价上涨的"限价"措施。

自限购、限价令推行以来，一线城市和部分重点二线城市住宅市场受调控影响成交量有所下滑，全国各地项目打折、降价促销活动增多。部分城市房价上涨过快的趋势得到有效的抑制，然而对于开发企业而言，在持续调控政策影响下多城市成交量明显下滑所带来的压力不言而喻。

2011年10月份以后，温家宝总理、李克强副总理等多位中央首长屡次强调，对于房地产一系列的调控措施不可动摇。从中我们可以得到一个很明确的信号，即短期内政府对于房地产调控的主基调不会有实质性的松动。12月12日至14日，2011年度中央经济工作会议对于房地产调控的表述中更为强调："要坚持房地产调控政策不动摇，促进房价合理回归"。鉴于我国宏观经济整体环境及政府对房地产市场的宏观调控基调，房地产开发企业面临的政策面持续从紧的态势仍将持续。

市场运行情况：投机投资明显抑制，土地市场交投清淡

2011年，全国房地产开发投资61740亿元，同比增长27.9%，增幅较上年回落5.3个百分点。其中，住宅开发投资总额44308.43亿元，同比增长30.2%。仅从增长幅度看，住宅投资大于房地产开发投资。房地产开发投资全年表现平稳，除一季度季节性因素外，二、三、四季度都保持了1.7万亿元左右的投资规模。从历年数据来看，2008年为3万亿元，2010年为4.83万亿元，2011全年我国房地产投资为6.17万亿元，在2011年增加的房地产开发投资中，保障性安居工程是一个重要因素。2011年房地产开发投资增速在四季度后明显放缓，反映出紧缩性调控政策的影响已经从市场局面影响到了投资局面，去年开工项目顺延的追加投资因素也逐步消退，开发投资开始呈现实质性、季度周期的环比下跌。但总体而言，房地产投资依然是我国全社会固定资产投资的重要组成部分。

销售方面，2011年全国商品房销售面积为10.99亿平方米，同比增长4.9%，成交金额共计5.9万亿元。就全国全年的数据看，说明市场运行总体平稳。当然，部分热点的限购城市销售量与销售金额同比均下降。

随着全国房地产开发投资及全国商品房销售面积增速双双放缓，国房景气指数从5月起逐步走低，自11月国房景气指数跌破100以后，12月国房景气指数降至98.9的低点。国房景气指数整体下跌主要是国内外经济形势和房地产调控政策等多因素的影响。

2011年，房地产企业为顺应市场变化，把握市场节奏，大多调整拿地策略以求保持企业有序发展的步伐。2011年，全国土地购置面积为4.10亿平方米，同比增长2.6%，与2010年基本持平，增幅较去年下降了25.8%。从季度购地情况来看，第二季度购置面积达到高点，三、四季度较二季度回落了三成左右，且同比2010年分别下降了12.4%和17.6%。

企业融资分析：银行贷款占比走低，融资渠道普遍从紧

2011年全年房地产开发投资资金来源总额为83246亿元，较2010年增长14.1%。在开发资金来源中，国内贷款12564亿元，与2010年持平，增幅较2010年下降10个百分点；利用外资814亿元，同比增长2.9%，进入下半年后人民币贬值预期以及对国内经济增长放缓的担忧，再加上房地产市场下行趋势逐渐明显以及央行对外资进入房地产行业监管的加强，外资流入速度开始明显放缓；自筹资金34093亿元，较2010年增加28.0%，在所有资金来源中涨幅最高，由于2011年房地产市场销售压力逐步加大以及银行贷款渠道受限，开发企业对自筹资金的依赖程度大幅增加，但在国家一系列调控政策影响下，进入三季度后自筹资金的增长速度开始放缓；其他资金来源总额35775亿元，较2010年仅增长8.0%，其中定金及预收款21610亿元，较2010年增长12.1%，个人按揭贷款8360亿元，较2010年下降12.20%。

融资渠道受阻，融资成本上升是2011年房地产开发企业最直接的感受。其中，银行贷款渠道受限表现明显，从2008-2011年房地产开发企业资金来源构成上看，国内贷款比重在2009年达到19.77%的高点后逐步走低降至15.09%，创下了近几年来的最低点，较2010年下降2.2个百分点。由于银行信贷收紧，开发企业对自筹资金及销售回款的依赖程度大幅上升，自筹资金占资金来源结构的比重为41.0%，较2010年提升了4.1个百分点。

除银行信贷外，上市渠道依然困难重重，A股房地产IPO全面暂停。但2月份金隅股份成功借壳太行水泥。4月19日，暂停上市五年的S*ST圣方发布公告，新华联置地借壳成功，成为去年证监会暂缓受理房地产企业开发企业重组申请后，首家成功获批借壳的房地产企业。随后的5月，又有两家房地产企业借壳获批的消息传出：宁波银亿借壳S*ST兰光、重庆金科借壳ST东源成功。然而，这些公司重组获批并不代表证监会对房企借壳重新放开。实际上，这些公司的核准均存在特殊性，不意味着当前房地产并购重组政策发生了变化。证监会仍延续现行政策规定，暂缓受理房地产开发企业并购重组申请。而这些公司的核准，主要是对政策出台前已受理的房地产并购重组申请的处理和消化。

与2010年相似，在不断收紧的宏观调控中，由于股市融资、银行贷款的路径收窄，房地产开发企业将目光投向了房地产信托产品。据用益信托统计，2011年通过房地产信托融资规模最大的是万达，发行了10款产品共

71.76亿元；其次是万科发行了8款产品融资规模达48.93亿元。而发行产品数量最多的是恒大地产和中国泛海，各发行了13款，规模分别为35.05亿和27.13亿。

信托行业协会数据显示，2011年一季度受春节长假等因素影响，发行量较小，新增房地产信托额710.98亿元，二季度房地产信托产品“井喷式”增长，每月发行规模都在400亿左右，新增1366.67亿元，三季度随着房地产市场风险的累积以及信托公司《净资本管理办法》的结算期的临近，三季度房地产信托发行放缓，但新增近1200亿元，到第四季度新增房地产信托大幅收缩至487.90亿元。全年来看，房地产信托规模不断扩大，直至年底信托监管力度加强后，房地产信托规模增速才有所减缓。同样地，房地产信托占新增信托额的比重也在前三季度逐步加大，直到年底才有所回落，但房地产信托仍占全年新增信托额22%。

此外2011年房地产私募基金也如雨后春笋般涌现，然而年内最引人注目的是拥有保障性住房项目的企业获得大额的银行授信。上海城投、恒盛地产、金隅集团、首开股份等企业先后获得了保障房开发专项资金。一方面表明国家加大了保障性住房的开发力度，参与到保障性住房建设的企业将在资金上获得更多的支持；另一方面，目前保障房开发的资金仍存缺口，资金链相对存在较大风险的企业进入保障性住房建设的动力仍显不足。

伴随着调控政策的持续加码，企业回款受阻、融资困难已在整个行业深度蔓延。开发企业资金链普遍面临极大考验。在传统融资平台普遍收紧的背景下，开发企业需要通过融资创新来挖掘新的资金源。在未来相当长的一段时期内，融资创新将是企业实现可持续发展的重要策略和考量公司综合实力的重要指标。企业可加大对新型房地产基金、海外融资等创新融资渠道的关注。

行业发展格局：竞争激烈分化加剧，领军企业优势凸显

2011年全国房地产市场的发展速度明显放缓，相对2009年的高速增长，2011年的房地产业发展实质上是一种理性回归。然而产业竞争激烈的格局并未因此止步，根据近年来房地产开发企业500强研究的成果，2007年、2008年、2009年、2010年和2011年最大的四家房地产开发企业销售收入各年占全国销售额（CR4，四厂商集中度）的比重分别为5.2%、7.8%、3.3%、5.8%和5.9%，与2010年相比，2011年市场集中度继续提升，但上升幅度已经明显减缓，呈现趋稳态势。

对各企业的全国市场占有率分析表明，与2008、2009年仅万科一家公司市场占有率基点值（1个百分点的百分之一）超过100相比，2011年市场占有率基值超过100的上市公司达到5家，较2010年增加2家。大于等于30的上市公司达到23家，较2010年增加8家。

优势企业紧握市场调整机遇，形成优势企业集群，表现出的强大竞争能力，一方面是由于这些优势企业较早布局三四线城市，战略布局领先；另一方面这些企业产品更为多元化，大多形成了符合企业自身特点的产品系统且这些企业具有相对畅通的融资，在调控环境下表现出较大优势。万科坚持不囤地、不捂盘、不当地王策略，年内通过多手段促销加速回款，且放缓拿地，全年实现销售金额共1215亿元，成为唯一一家市场占有率基点值超过200的企业；恒大地产的全国性布局的效应在2011年显示出巨大优势，企业有序地管理和控制全国共计120多个项目，通过规模和管理拉大与其他企业的差距；华润置地年集团营销得当，企业实现了业绩55%以上的高增长；中海地产在2011年更是率先调整中高端价格实施高周转策略，年中快速切入近十个潜力城市优化集团城市布局，年内销售再创佳绩；龙湖地产自三月的全面战略转型迈向高周转，推动全年继续保持了高位的持续增长。

另一方面，不具备核心竞争能力和不能快速应对市场变化的开发企业在持续的市场调整期将被市场淘汰。据北京工商局公布的数据，2011年北京有217家外资房地产企业退出市场，全年已有473家房企在北京注销。这种现象绝非北京独有，在楼市调控等压力共同作用下，产业内企业分化将成为大势所趋。

整体而言，均衡布局分散风险、准确定位主流需求、营销灵活适应市场的策略在市场调整期对企业更为重要。

产业动向研判：电商时代悄然开启，行业整合再奏强音

近年来，楼盘网上宣传、网上展示、网络看房、网络团购等形式层出不穷，网络对房地产销售的影响日益显著，2011年主流房产网站如新浪乐居，主要电子商务平台如淘宝纷纷斥资建设房产电商平台真正拉开了房地产业电商时代的大幕。

2011年4月底，SOHO中国在新浪乐居上0元起价拍卖商铺，5月6日，中国房产信息集团宣布旗下新浪乐居正式开通房地产电子商务频道，成为国内首个综合型专业房地产电子商务频道。5月15日，SOHO中国通过互联网又销售了15套房子，总成交价超过1.36亿元。随后，电商以惊人的速度“入侵”房地产领域。5月29日，上海城开推出首个网上整体销售项目——“游站”。当天“游站”项目的601套精装SOHO房源在短短两分钟内销售180套房源。

年内，主要开发商如万科、恒大、保利、绿地、绿城、碧桂园、龙湖、世茂、SOHO等都参与了房产电商，其中万科更是在新浪房产电商EJU率先推出“万科V购”华南在线购房中心，将覆盖华南地区14个城市10亿元房源通过线上购房独享优惠的方式鼓励购房者线上达成交易；而SOHO中国则先后6次通过新浪房产电商EJU平台卖房。

电商平台在2011年兴起并非偶然，在限贷、限购、限价等高压调控手段的压力下，对于开发企业而言，寻找行之有效的营销渠道和手段，不断尝试新的营销方式成为共识；服务商在微利时代营销成本激增；经纪公司的情况也不容乐观，成交低迷、抢夺客户却效果堪忧。“电商”作为房地产领域的新兴事物，在这种市场环境下具有传统营销模式难以替代的优势。首先，在定价上，“零元起拍”、“限时团购”等形式改变了以往企业定价的模式，将定价权交给了购房者，从而以较低的成本实现了“成本定价”向“需求定价”的转变。其次，在客户召集上电商将各个项目、二手房源与最终购房者直接对接，也实现了“广告效果化”和“代理渠道化”的统一。然而房地产电子商务绝不仅仅是作为一种新的营销模式出现，而是作为产业整合提升的平台快速发展并影响着整个产业。电子商务平台给房地产业带来的绝非仅仅是销售规则的改变，而是基于产业高度的以消费者利益为核心的深层次的变革。

房地产电子商务的发展正在全面覆盖房地产产业链的不同主体，包括开发商、服务商、网络信息公司、消费者等等；涵盖多种产品，包括住宅、商铺、公寓、写字楼、商铺的承租权、旅游地产等；并深入渗透在房地产开发的全过程：包括土地供给、规划条件设定、初始基地资料、建筑规划设计、施工招投标、施工全过程质量、进度成本监控、新技术材料开发与应用、销售过程与成本监控、个性化装修设计与材料供应、环境设计、资讯材料运用、生态环境的营造与保护、社区生活空间与虚拟空间的设置与优化、项目销售等。

通过覆盖全流程全产业链，电子商务平台能在很大程度上降低房地产业信息不对称的痼疾：通过房产电商平台帮助房产信息的公开、透明和传播，在房产宣传和销售的整个阶段，用户可以从平台上快捷获取全面的房产信息，方便用户进行商品比对及选择，同时房产电商的信息公开性和平台约束力也有利于保护处于弱势地位的购房者利益。而对于开发商、代理商和经纪公司，房产电商平台可以使新房二手房房源信息公开共享，线上线下资源互补与互动的开放平台，促成交易的同时更能提升品牌知名度；对于电商平台运营商自身而言，电商平台的建立不仅能实现巨大用户流量变现，商业模式的多元化也有利于规避单一广告收入带来的风险，提升企业竞争力。

然而，房产电商的发展才刚刚开始，在不少环节仍然存在较大的提升空间，房产电商还需要电商网站运营商以及开发商、代理商等房产企业的共同维护和推动才能继续平稳快速的发展，从而真正起到整合产业整体提升的作用。首先，提高消费者对房产电商的认知还有大量工作要做，同时需要逐步培养更多用户网上购房的习惯；而房产电商平台的产品设计也需要继续优化，对不同物业的目标用户精准细分能力也需要增强以满足不同开发商、代理商的需求，对购房者较为担心的房产电商交易信息真实、交易安全等问题仍需要进一步提升保障级别。然而可以预计，随着房地产电商平台的逐步完善，房地产电商平台将携手产业内不同主体为房地产市场带来新的增长动力。

三、2011年中国房地产上市公司测评研究

1. 测评对象

2011年中国房地产上市公司测评研究对象按如下方式确定：

1）在上海、深圳、香港、新加坡、美国等地上市，且主要业务位于中国大陆地区；

2）上市公司中房地产业务收入占整个营业收入的比例超过50%；

3）上市公司中房地产业务收入占营业收入的比例虽小于50%，但房地产业务属于该上市公司第一主营业务。

依此标准，本次测评的研究对象为沪深上市公司101家，大陆在港上市公司46家，以及海外上市公司8家，合计共155家。与2010年测评报告相比，纳入测评的上市公司总数净增10家，主要是相关上市公司业务构成发生变化、发生资产重组等原因，同时增加了美国、新加坡等海外上市的房地产公司，形成一些公司进入或退出测评范围的现象。

近年来，中国房地产行业在旺盛的市场需求推动下，行业整体利润率保持较高的水平，吸引了大量企业涉足房地产业，不少上市公司中房地产业务收入占主营业务收入的比重日益提高。截止2010年底，大陆在沪深港以及海外上市的公司中，有343家涉及大陆地区房地产业。其中沪深涉及房地产业的上市公司有282家，约占沪深上市公司总数的13%，较2009年减少21家。沪深上市公司中房地产业务收入占总业务收入达50%以上的有93家，房地产业务收入占比小于50%但属于第一主营业务的上市公司8家。

2. 测评榜单

表8-16　　2011年中国房地产上市公司综合实力榜

名次	企业简称	企业代码
1	万科A	000002.SZ
2	恒大地产	03333.HK
3	中国海外发展	00688.HK
4	保利地产	600048.SH
5	华润置地	01109.HK
6	富力地产	02777.HK
7	龙湖地产	00960.HK
8	世茂房地产	00813.HK
9	雅居乐地产	03383.HK
10	SOHO中国	00410.HK
11	碧桂园	02007.HK
12	绿城中国	03900.HK
13	远洋地产	03377.HK
14	金地集团	600383.SH
15	合生创展集团	00754.HK
16	招商地产	000024.SZ
17	首开股份	600376.SH
18	恒盛地产	00845.HK
19	金融街	000402.SZ
20	华侨城A	000069.SZ
21	新世界中国	00917.HK
22	保利香港	00119.HK
23	建业地产	00832.HK
24	佳兆业集团	01638.HK
25	仁恒置地	Z25
26	雅戈尔	600177.SH
27	合景泰富地产	01813.HK
28	首创置业	02868.HK
29	越秀地产	00123.HK
30	北京城建	600266.SH
31	盛高置地	00337.HK
32	嘉凯城	000918.SZ

续表

名次	企业简称	企业代码
33	滨江集团	002244.SZ
34	新城B股	900950.SH
35	融创中国	01918.HK
36	新湖中宝	600208.SH
37	上实城市开发	00563.HK
38	方兴地产	00817.HK
39	路劲基建	01098.HK
40	中华企业	600675.SH
41	沿海家园	01124.HK
42	深圳控股	00604.HK
43	上置集团	01207.HK
44	瑞安房地产	00272.HK
45	荣盛发展	002146.SZ
46	宝龙地产	01238.HK
47	陆家嘴	600663.SH
48	中南建设	000961.SZ
49	城投控股	600649.SH
50	花样年控股	01777.HK
51	禹洲地产	01628.HK
52	北辰实业	00588.HK
53	天房发展	600322.SH
54	广宇集团	002133.SZ
55	明发集团	00846.HK
56	冠城大通	600067.SH
57	华发股份	600325.SH
58	福星股份	000926.SZ
59	天地源	600665.SH
60	瑞安建业	00983.HK
61	苏宁环球	000718.SZ
62	上海证大	00755.HK
63	汤臣集团	00258.HK
64	莱蒙国际	03688.HK
65	中国奥园	03883.HK
66	广汇股份	600256.SH
67	中天城投	000540.SZ

续表

名次	企业简称	企业代码
68	信达地产	600657.SH
69	苏州高新	600736.SH
70	中骏置业	01966.HK
71	百仕达控股	01168.HK
72	万通地产	600246.SH
73	中粮地产	000031.SZ
74	中渝置地	01224.HK
75	卧龙地产	600173.SH
76	亿城股份	000616.SZ
77	中航地产	000043.SZ
78	阳光股份	000608.SZ
79	栖霞建设	600533.SH
80	合肥城建	002208.SZ
81	上实发展	600748.SH
82	鲁商置业	600223.SH
83	深振业A	000006.SZ
84	鑫苑置业	XIN
85	华丽家族	600503.SH
86	天安	00028.HK
87	华南城	01668.HK
88	宁波富达	600724.SH
89	浦东金桥	600639.SH
90	京能置业	600791.SH
91	大连友谊	000679.SZ
92	中弘地产	000979.SZ
93	泛海建设	000046.SZ
94	华远地产	600743.SH
95	名流置业	000667.SZ
96	华业地产	600240.SH
97	众安房产	00672.HK
98	阳光城	000671.SZ
99	张江高科	600895.SH
100	同济科技	600846 .SH

表8-17 2011中国房地产上市公司 运营规模十强

排名	公司代码	公司名称
1	000002.SZ	万科A
2	03333.HK	恒大地产
3	00688.HK	中国海外发展
4	600048.SH	保利地产
5	02007.HK	碧桂园
6	00813.HK	世茂房地产
7	02777.HK	富力地产
8	03383.HK	雅居乐地产
9	00754.HK	合生创展集团
10	600376.SH	首开股份

表8-18 2011中国房地产上市公司 抗风险能力十强

2010年排名	公司代码	公司名称
1	600048.SH	保利地产
2	000402.SZ	金融街
3	00917.HK	新世界中国
4	00563.HK	上实城市开发
5	01098.HK	路劲基建
6	000961.SZ	中南建设
7	600675.SH	中华企业
8	600246.SH	万通地产
9	01207.HK	上置集团
10	002208.SZ	合肥城建

表8-19 2011中国房地产上市公司 盈利能力十强

排名	公司代码	公司名称
1	00688.HK	中国海外发展
2	00960.HK	龙湖地产
3	03383.HK	雅居乐地产
4	000402.SZ	金融街
5	000024.SZ	招商地产
6	00754.HK	合生创展集团
7	01238.HK	宝龙地产
8	01109.HK	华润置地
9	00845.HK	恒盛地产
10	00123.HK	越秀地产

表8-20　　2011中国房地产上市公司 业绩成长十强

排名	公司代码	公司名称
1	00410.HK	SOHO中国
2	00832.HK	建业地产
3	600383.SH	金地集团
4	00845.HK	恒盛地产
5	900950.SH	新城B股
6	03377.HK	远洋地产
7	000961.SZ	中南建设
8	600665.SH	天地源
9	002133.SZ	广宇集团
10	000540.SZ	中天城投

表8-21　　2011中国房地产上市公司 社会责任十强

排名	公司代码	公司名称
1	03333.HK	恒大地产
2	600376.SH	首开股份
3	600266.SH	北京城建
4	000031.SZ	中粮地产
5	600533.SH	栖霞建设
6	00337.HK	盛高置地
7	000024.SZ	招商地产
8	600649.SH	城投控股
9	600322.SH	天房发展
10	00817.HK	方兴地产

表8-22　　2011中国房地产上市公司 创新能力十强

公司代码	公司名称
02777.HK	富力地产
00960.HK	龙湖地产
03900.HK	绿城中国
000069.SZ	华侨城A
900950.SH	新城B股
600208.SH	新湖中宝
01777.HK	花样年控股
03688.HK	莱蒙国际
600246.SH	万通地产
000031.SZ	中粮地产

3. 主要研究结论

（1）调控政策持续发力，企业调整战略促进发展

在数轮层层递进的金融行政政策的影响下，2010年房地产市场波动明显。2010年5月，受到4月17日“国十条”调控政策的影响，全国房地产销售面积明显下挫，全国70个大中城市房屋销售价格指数环比增幅大幅下降，全国房地产市场进入“冰冻期”。经过数月的政策消化，全国房地产市场在9月明显回暖，但随着9月底调控再次升级，房地产市场也再次陷入僵局。结合最近几年我国房地产市场发展的具体态势，2010年房地产市场的表现再次表明政府政策因素对我国房地产市场具有主导性作用，金融行政政策始终是房地产企业不可忽视的重要因素。

随着金融行政政策不断从紧，2010年房地产企业面临来自市场、资金面等多重压力，伴随着市场的深度调整，缺乏清晰发展战略的企业越来越难以适应市场环境的变化，更多企业特别是优势企业积极调整企业发展战略，准确定位市场前景和自身能力，有效地提升了企业的竞争能力。

2010年，万科围绕“均好中提效，有质量增长”的发展策略，以提升运营效率和价值创造能力为核心，对一批重点业务流程进行了全面梳理和优化，继续推动公司向质量效益型增长模式转变。企业的专业能力获得巩固和提升，管理工具和管理平台获得丰富和完善，为未来的持续增长奠定了良好基础。万科对市场环境和自身状况有着清晰的认知，并在此基础上坚持深入推进产品标准化工作，从而充分挖掘经营规模优势，促进企业的经营管理方式向精细化和集约化转变。

（2）金融政策逐步收紧，企业积极开拓融资渠道

银行信贷显著收紧，贷款授信明显减少。银行信贷是房地产企业融资最重要的渠道之一。2010年，随着银行信贷不断收紧，上市房地产企业获得大额银行贷款、银行授信明显减少。2010年房地产开发投资中国内贷款额达12540.48亿元，同比增长10.3%，增幅较上年减少超过40个百分点。国内贷款总额占房地产开发资金总额的17.30%，较上年下降2.47个百分点，占比下降明显。房地产企业银行获取贷款总额增速下降，占房地产开发资金总额的比重也明显下滑，银行贷款明显收紧。如果银行保持对房地产行业的放贷速度，预计2011年全年上市房地产企业银行贷款额将可能出现下滑。

IPO上市困难重重，再融资基本暂停。除银行信贷外，上市渠道也基本停摆。2010年A股上市企业增多，但房地产IPO全面暂停，南国置业、景瑞地产、旭辉地产等准备A股上市的中小房地产企业IPO计划继续搁浅，对大陆房地产企业有着较强吸引力的香港市场IPO同样困难重重。2010年全年仅天山发展控股、融创中国、中骏置业三家公司在港成功IPO，多个房地产公司IPO计划受阻。尽管2010年在港成功IPO的房地产公司已由2009年的10余家下降到仅3家，但相对已经关闭的A股市场，香港市场显然还是房企力争的主要选择。光耀集团、雨润华地、中粮集团等众多房企公布了筹备香港上市的计划。已在香港上市的花样年集团绕道台湾，2010年11月17日花样年发布公告称，公司计划发行台湾存托凭证，并将其在台湾证券交易所上市交易。

对于已经成功上市的企业来说，通过资本市场融资同样异常困难。据不完全统计，2010年共计超过50件房地产上市企业再融资申请遭拒，房地产企业的增发、配股等再融资计划基本处于搁置状态。

2008、2009年度实现定向增发的房地产上市企业均在20家左右，募集金额均超过300亿元。而2010年全年样本房地产上市企业中仅中弘地产年初实现定向增发，增发募集金额仅为19.11亿元。据国泰安数据库存对样本房地产上市企业增发情况的数据，2010年样本房地产上市企业定向增发总额下降94.60%，企业增发融资渠道基本关闭。

股权融资大门基本紧闭，债券融资同样陷入低迷。样本企业中发行公司债的仅有天业股份、云南城投和鲁商置业，总额分别为12亿、20亿和7亿元。与2009年超过20家房企积累发行超过200亿元的公司债规模形成强烈对比。

在港上市房企方面，配股、债券融资再融资则表现地相对活跃。香港市场票据融资、发行海外债等融资渠道丰富，融资不受证监会监管限制，因此，在调控中H股融资优势明显。2010年，保利香港、越秀地产和上置集团等多家房企配股成功；远洋地产等多家企业在债券市场频频出手；多家H股房企发行票据、优先票据、可转债、担保债等。面对银行信贷、股市融资、债券融资等传统融资渠道受限，房地产上市公司积极争取拓展融资渠道，通过不同融资方式缓解资金压力，维持企业的资金水平。

在多条融资渠道受阻的情况下，房地产上市企业融资创新成为2010年房企融资面一大亮点。金地集团与瑞银环球资产管理集团发起设立中国房地产投资平台，年内共发起二期基金募集，共计完成近2亿美元资金；中海出售其非核心业务给Harmony China房地产基金，出售所得款项约为12.3亿港元。房地产公司及私募基金牵头的各种房地产基金成为房地产企业融资新渠道。

（3）市场竞争日益激烈，企业多方优化竞争策略

根据中国房地产测评中心2010年房地产开发企业500强研究的成果，2006年、2007年、2008年、2009年和2010年最大的四家房地产开发企业销售收入各年占全国销售额（CR4，四厂商集中度）的比重分别为4.6%、5.2%、7.8%、3.3%和5.8%，与2009年相比，2010年市场集中度明显提升。

对各企业的全国市场占有率分析表明，与2008、2009年仅万科一家公司市场占有率基点值（1个百分点的百分之一）超过100相比，2010年市场占有率基值超过100的上市公司达到3家。大于等于30的上市公司达到15家，较2009年增长近一倍。规模优势企业在市场调整期表现出了强大的竞争能力，强势抢占市场。

从典型企业市场占有率基点值的变化情况来看，代表性上市房地产公司市场占有率在2009年普遍下降，在2010年则普遍回升，市场占有率均大幅提升。2008年和2010年，我国房地产市场均处于调整期，这表明，在房地产市场不确定性增强的调整时期，大型上市房地产公司凭借其优秀的竞争实力和更强的抗风险能力能够抢占更大的市场份额，从而促进市场集中度的提高。

另一方面，通过实施和强化品牌策略来抢占市场份额，提高企业竞争实力已成为我国房地产企业发展的共识。在房地产市场进入深度调整期后，投资型需求纷纷离场观望，自住需求成为市场主力。由于房地产业的产业集中度较低，主要技术较为成熟，行业壁垒相对较低。品牌则是房地产企业抓住市场机遇、提高市场份额的“利器”，优秀房地产企业通过品牌建设提升客户忠诚度、聚集社会资源、扩大市场优势，从而构筑行业无形壁垒。随着市场竞争激烈程度地不断增强，深化品牌策略成为企业全面提升竞争实力的重要选择之一。

此外，房地产上市企业在产品宽度和产品深度的细化上做出了各方面的努力。2010年，受房地产市场调控政策特别是针对住宅市场的调控政策的影响，房地产上市企业纷纷开始调整产品策略、寻找新的出路以分散风险、顺应宏观政策走势。旅游地产和商业地产成为房地产企业化解政策风险，分散企业经营风险，应对市场变化的重要选择。中国经济持续向好，商业地产租金的稳步上涨及高租金回报率等因素促使众多开发企业将重金纷纷投向商业项目尤其是城市综合体的开发，在土地储备上也开始增加商业比例。另外，对于资金实力雄厚的企业而言，旅游地产也是个不错的选择。龙湖、万科、世茂等企业于年内纷纷增加旅游地产项目规模。

（4）调控继续深化，企业适应环境变化以持续成长

2010年以来我国国房景气指数整体呈现下行的走势，自4月份开始连续6个月逐月下跌，主要是受到4月17日“国十条”调控政策的影响，使房地产投资、土地购置面积、新开工面积、施工面积和竣工面积均有一定幅度的下降，市场上观望气氛浓重，这一变化反应了新政出台后房地产整体的市场情况。反映出房地产调控政策密集的情况下，我国房地产业发展压力不断增强。

2011年，国家经济工作重点突出对通胀的管理，货币流动性进一步收紧，且从政府对平抑房价的决心来看，政策调控将成为未来相当长一段时间内房地产市场的主基调。从2010年楼市调控政策来看，当前我国房地产的调控政策重点在于贯彻落实已有的政策，预计2011年楼市调控政策仍将以不断深化现有政策为主。

在此背景下，房地产行业仍然面临着限购限政策下市场成交量下滑和贷款收紧的双重压力，我国房地产上市公司必须在产业的全价值链上展开创新，以顺应宏观走势，分散风险，加强内生成长能力，保证企业持续成长。

营销方面，在2010年成为新潮的限时网络团购优惠为营销创新提供了新思路。2010年6月，网站百团抄底大战兴起。限时团购网站作为新兴的网络营销平台越来越受到公众的注意。与以往主流媒体：报纸、电视、户外相比，网络推广的传播速度更快，传播范围更广。房地产企业通过与网络媒介合作建立全新的推广手法，取得了良好的销售效果。除了拓宽营销渠道外，房地产企业还需从营销理念，营销手法等方面进一步创新营销策略。

产品方面，一方面，低碳地产理念风行促使住宅产品在设计和生产环节不断创新；另一方面，不少房地产企业开始关注养老地产等新概念产品线的发掘，也为企业产品创新提供更多新思路。随着社会经济的不断发展和房地产市场的不断成熟，房地产产品将在深度、宽度和广度方面立体发展。同时，随着我国保障性住房建设计划的不断深化，房地产上市企业有责任有义务更多的参与到这项工作中。

管理方面，房地产企业经营管理方式应进一步通过创新管理方式向专业化、精细化、集约化转变。例如万科在企业内大力推进集中采购，进一步拓展了标准化产品休息的应用范围，促进企业资源整合，采购品质大幅提升，企业管理集约化程度有效提高，为企业获得更强的竞争优势奠定良好的基础。

融资方面，积极开拓多渠道融资，灵活应对资金压力。2010年，随着调控不断从紧，房地产企业多条融资渠道受阻，各上市公司资金链压力不断上升。企业积极将以银行贷款为主的融资渠道向信托等其他平台进行延伸，信托平台得到繁荣发展。年底信托平台再次被银监会收紧后，不少房企又将目光投向海外资金。

（5）政策环境明朗，企业开拓融资渠道以降低风险

国内房地产开发行业的发展严重依赖外部融资，在过去几年中，银行贷款、股权融资推动了房地产企业的高速扩张。2010年初，融资渠道的收紧成为市场调控的首选措施，开发贷款、股市增发全面收紧，到年末信托融资等新型融资渠道也受到严格限制，可供企业利用的融资渠道日益收窄。

据统计，2010年，房地产开发企业本年资金来源达到7.2万亿元，比上年增长25.40%，涨幅下降24.36%。其中，企业自筹资金26705亿元，较上年增长近五成，占整个资金的36.83%，占比较上年提高5.49个百分点。国内贷款金额为12540亿元，占资金来源总额的17.30%，占比缩小2.47%。利用外资同比增长高达66%，尽管海外融资成本相对较高，但在多条融资渠道陆续受到限制后，房地产开发企业大幅增加了海外融资。定金及预收款19020亿元，同比增长率仅为7.60%，这与限购限贷等金融行政政策有极大关系。

由此可见，2010年我国房地产开发企业在国内贷款和定金及预收账款方面的资金压力正在逐步显现，虽然企业自筹资金和利用外资增长迅速，但随着2010年年底信托平台的收紧，企业融资压力将进一步增强，2011年稳健的货币政策基调以及调控房地产结构将使房地产企业融资环境变得比今年紧张。伴随银行信贷的逐渐紧缩，资本市场融资、再融资渠道收窄，加上开发企业通过销售实现资金回笼的预期不明朗，渠道多元化将成为调控环境下未来较长一段时间内房地产企业融资的特点。预计房地产上市企业将加大融资力度，全方位融资，企业将更多地转向合作开发、私募、房地产基金和股权投资，企业重组、购并案例可能增多，融资渠道较为丰富的房地产企业将在这一轮调整中占据更有利的地位。

2011年以来，已经有不少房企采取行动，拓展融资渠道，债券、优先票据、信托等等，都是房企优先考虑的新型融资方式。其中，海外上市公司利用人民币升值等有利因素，频频通过发行海外融资债券、优先票据等方式，募集大量资金。碧桂园、恒大、恒盛以及佳兆业等港股上市企业都已经在海外市场发行债券和票据，其中还包括了恒大地产以及瑞安房地产在港发行的以美元结算人民币的债券。而国内房企由于受到种种融资限制，则更多的寻求信托方式融资，如津滨发展、阳光城、福星科技等等。

（6）面对竞争压力，企业优化发展战略以全面提升

处于强化房地产调控的背景下，投资投机性需求逐渐退出市场，房地产市场发生结构性变化。一方面，投资投机性需求的离场意味着商品住宅市场需求量有所萎缩；另一方面，以自住需求为主体的住宅市场提供的住宅产品消费品属性增强，消费品市场的竞争强度远高于投资品市场的竞争强度。在此背景下，企业必须从战略以及策略等多层面全面提升企业实力，从而更好地适应市场的变化。

从营销层面来看，在竞争压力不断加剧的情况下，以住宅市场为主要经营方向的房地产上市企业必须在营销领域精耕细作。首先，房地产企业必须在营销理念上转换观念，以消费者为中心，坚持顾客导向；其次，在当前市场竞争加剧、消费者高度理性的情况下，营销工作应适时地向业务链前端拓展，即要在前期就做精准的产品、价格、市场定位，让产品能真正代表市场呼声并最终满足目标客户的需求；第三，积极拓展和利用新型营销渠道。2010年，部分企业通过网络营销取得了良好的销售效果，网络营销楼盘去化情况较好。网络为房地产企业提供了高效的营销平台，在网络平台上创新企业营销将成为房地产企业市场营销的热点之一；第四，通过全国化营销争抢市场。随着国内房地产业的不断发展，近两年来异地投资不动产的市场快速成长，可以预见，拥有全国更多城市的市场信息和更宽广的客户覆盖面企业更能在同业竞争中立于不败之地。

从产品策略来看，2010年多轮调控表明，政府坚持商品房和保障房双套体系并举的措施，严厉调控的对象是商品房市场，而商业地产不在调控之列。且单一以商品住宅为对象的经营模式不利于企业提高抗风险能力，同时造成企业盈利稳定性欠佳，从而给企业在资本市场的表现带来不利影响，产品线多元化是企业分散风险的重要途径；另一方面，长期而言，住宅开发规模是不可能无限扩张的，因此，产品线多元化的战略转型势在必行。

传统住宅开发模式在当前环境中遇到了困难，商业地已经成为目前楼市调控背景下的重要选择之一。从城市化进程、人均收入持续增加等角度看，商业地产板块逐渐成为众多房企发展战略的重要组成部分，也逐渐认识到持有型物业的增加为房地产企业未来业绩的增长提供了保证，同时提高了企业应对宏观经济政策的抗风险能力。

除商业地产以外，旅游地产、养老地产等产品将成为更多企业产品分布多元化的重要选择。住宅市场饱受宏观调控之困；商业地产又面临激烈的竞争，企业扩大房地产发展领域的半径，寻找新的机遇成为大势所趋。近年来，旅游地产方兴未艾，政策对商业和旅游业利好不断，作为国内消费主力军之一，旅游业前景广阔，旅游地产或将成为继住宅地产、商业地产之后的房地产业第三驾马车。另外，相较于普通住宅地产，旅游地产通常远离市中心，也就远离了严厉调控，因此，旅游地产对于资金雄厚的上市企业是个不错的选择。

同时，随着养老房市场需求量的逐年膨胀，大型房企亦纷纷开始关注养老地产，国家统计局2010年底数据显示，我国60岁及以上人口约占总人口的13.26%，据测算，2033至2035年中国老年人口将达到3亿，我国人口老龄化正加速进行。随着老年人占总人口比例的不断提升，养老问题、尤其是老年人口居住问题就将逐渐显现；以居家养老为基础、社区服务为依托、机构养老为支撑的养老地产体系将受到开发商的关注。

房地产上市企业通过对不同层次产品线的选择可以有效平衡企业的抗风险能力和利润率水平，以促进企业在不同的市场环境下保持可持续的成长。

最后，近年来我国对于保障性住宅的建设力度大大加强，房地产上市企业也应响应国家政策，积极投身于保障性住房的建设中，一方面承担起企业“社会公民”的角色，另一方面也有利于企业品牌的建立和发展。

四、2011年中国房地产企业品牌价值测评研究

1. 测评对象

（1）在中国大陆地区依法设立并登记注册的房地产开发企业，或在中国大陆地区依法设立并登记注册的具有独立法人的专门经营中国大陆地区房地产业务的外商投资的子公司；

（2）房地产业务收入在企业所有业务收入总和的占比超过50%；

（3）虽未达到第（2）项标准，但房地产业务属于企业第一主营业务或近五年房地产业务年平均销售额不少于1亿元或销售面积不少于5万平方米的房地产开发企业；

（4）对于近两年有重大偷漏税等违法违规行为者，将不被列入参选范围；

（5）对于提供虚假数据者，或在安全生产，环境保护等领域发生重大责任事故者，在产品销售等经营环节存在欺诈行为者，经核实，取消参评资格。

2. 测评榜单

表8–23 2011中国房地产开发企业品牌价值20强

全国排名	企业全称	品牌价值（亿元）
1	中国海外发展有限公司	246.87
2	万科企业股份有限公司	210.70
3	恒大地产集团有限公司	210.18
4	保利房地产（集团）股份有限公司	147.94
5	广州富力地产股份有限公司	140.85
6	绿城房地产集团有限公司	131.76
7	上海绿地（集团）有限公司	127.88
8	龙湖地产有限公司	127.48
9	世茂房地产控股有限公司	125.83
10	碧桂园控股有限公司	122.39
11	SOHO中国有限公司	110.48
12	雅居乐地产控股有限公司	109.35
13	金地（集团）股份有限公司	97.78
14	华润置地有限公司	96.94
15	远洋地产控股有限公司	88.71
16	复地(集团)股份有限公司	86.12
17	招商局地产控股股份有限公司	85.28
18	新城控股集团有限公司	78.15
19	恒盛地产控股有限公司	75.99
20	金科地产集团股份有限公司	73.91

表8–24 2011中国房地产开发企业品牌价值成长性10强*

排名	企业名称
1	金辉集团有限公司
2	宝龙地产控股有限公司
3	路劲地产集团有限公司
4	上海城开(集团)有限公司
5	重庆协信控股（集团）有限公司
6	海航地产控股（集团）有限公司
7	江苏中南建设集团股份有限公司
8	浙江佳源房地产集团有限公司
9	陕西金泰恒业房地产有限公司
10	河南骏景地产有限公司

* 品牌价值成长性是指该房地产开发企业品牌价值在最近两年间具有较高的增长速度，相关超额获利能力显著增强，品牌知晓度、美誉度等有较快的发展。

表8-25　2011中国房地产开发企业品牌价值专业特色10强*#

品牌简称	企业名称	专业领域
宝龙地产	宝龙地产控股有限公司	商业地产
大连亿达	亿达集团有限公司	科技地产
方圆地产	方圆地产控股有限公司	文化地产
建业地产	建业地产股份有限公司	区域覆盖
金科实业	金科地产集团股份有限公司	人文地产
金泰恒业	陕西金泰恒业房地产有限公司	科学地产
九龙仓	九龙仓（中国）有限公司	综合地产
朗诗置业	南京朗诗置业股份有限公司	绿色地产
三盛宏业	上海三盛宏业投资集团	园林地产
沿海家园	沿海绿色家园有限公司	生态地产

* 排名不分先后，以品牌简称拼音为序。

\# 品牌价值专业特色是指房地产开发企业在某一房地产专业细分市场上具有较高的知晓度和美誉度，在该专业领域具有较高的市场竞争力。

表8-26　2011中国房地产开发企业品牌价值华北10强*

区域排名	企业全称
1	中信房地产股份有限公司
2	青岛海尔地产集团有限公司
3	金融街控股股份有限公司
4	北京金隅股份有限公司
5	北京首都开发控股（集团）有限公司
6	阳光100集团有限公司
7	首创置业股份有限公司
8	北京城建投资发展股份有限公司
9	亿达集团有限公司
10	北京金泰房地产开发有限责任公司

* 纳入2011中国房地产开发企业品牌价值全国20强的开发企业不在区域进行排名。

表8-27　2011中国房地产开发企业品牌价值华东10强*

区域排名	企业全称
1	大华(集团)有限公司
2	杭州滨江房产集团股份有限公司
3	盛高置地（控股）有限公司
4	旭辉集团股份有限公司
5	上海城开(集团)有限公司
6	江苏中南建设集团股份有限公司
7	中华企业股份有限公司
8	上海景瑞地产(集团)股份有限公司
9	南京栖霞建设股份有限公司
10	江苏吴中地产集团有限公司

* 纳入2011中国房地产开发企业品牌价值全国20强的开发企业不在区域进行排名。

表8-28　　2011中国房地产开发企业品牌价值华南10强*

区域排名	企业全称
1	星河湾地产控股有限公司
2	合生创展集团有限公司
3	深圳华侨城控股股份有限公司
4	合景泰富地产控股有限公司
5	佳兆业集团控股有限公司
6	建发房地产集团有限公司
7	融侨集团股份有限公司
8	花样年集团（中国）有限公司
9	越秀地产股份有限公司
10	方圆地产控股有限公司

* 纳入2011中国房地产开发企业品牌价值全国20强的开发企业不在区域进行排名。

表8-29　　2011中国房地产开发企业品牌价值中西部10强*

区域排名	企业全称
1	建业地产股份有限公司
2	重庆协信控股（集团）有限公司
3	四川蓝光和骏实业股份有限公司
4	天地源股份有限公司
5	重庆隆鑫地产（集团）有限公司
6	武汉地产开发投资集团有限公司
7	中天城投集团股份有限公司
8	鑫苑（中国）置业有限公司
9	新疆广汇实业股份有限公司
10	新疆华源实业（集团）有限公司

* 纳入2011中国房地产开发企业品牌价值全国20强的开发企业不在区域进行排名。

3. 主要研究结论

（1）品牌价值综合实力相映生辉，企业品牌影响力逐渐显现

房地产开发企业品牌价值主要体现于以下几个方面：第一，获取品牌溢价；第二，提高销售速度；第三，提升企业融资能力；第四，提供跨地域经营的平台。这些价值最终通过企业综合实力的显著提升得到体现。

2010年，尽管房地产市场受到数轮调控政策的影响，但具有品牌优势的开发企业企业实力大幅提升。首先，品牌开发企业销售情况良好。2010年，前十强品牌开发企业的销售额约4954.50亿元，占全国商品房销售额近10%，且十强品牌房企商品房销售额增长率大幅领先于行业平均水平。其次，2010年国家出台多项措施收紧房地产融资，但品牌开发企业在财务状况方面并未受到明显冲击，品牌开发企业资金安全，财务稳定性较高。第三，品牌房地产开发企业凭借良好的品牌声誉扩大布局，十强品牌开发企业均在全国多个区域布局，恒大地产已经进入到全国62个城市。

品牌价值与销售额的比值表现的是品牌对市场的影响力度，比值越高，企业品牌对市场的影响越大。2010年，房地产开发企业品牌价值与销售额之比大多在0.2–0.8：1的范围内，品牌影响力虽然与快速消费品行业仍存在较大差距，但与汽车等非易耗品水平基本相当，房地产行业品牌影响力正在逐渐显现。

（2）品牌企业顺应政策调整动向，房产市场集中度有所提升

受调控政策影响，我国房地产市场各项运行指标出现不同程度的增速放缓，但品牌房地产企业抓准市场机遇，通过企业良好的品牌优势提升客户忠诚度、聚集社会资源、扩大市场优势，有效地提高市场份额。

根据中国房地产测评中心2010年房地产开发企业500强研究的成果，2011年上半年最大的四家房地产开发企业销售收入各年占全国销售额（CR4，四厂商集中度）的比重达到7.6%，较2010年的5.8%相比，房地产市场集中度明显提升。

对品牌企业的全国市场占有率分析表明，品牌企业在市场调整期表现出了强大的竞争能力，强势抢占市场。品牌房地产企业强势的市场表现一方面表明房地产企业的品牌具备强大的销售驱动力，是企业在竞争中占据有利地位的重要手段；另一方面也表明在市场调整期，由于投资型需求离场，自住需求占比扩大，房地产产品向消费属性回归，消费者的品牌偏好效应增强，品牌能成为企业市场份额扩张的重要保障，而不具备品牌优势的企业则面临更大的市场风险和不确定性。

从典型品牌房地产企业市场占有率基值的变化情况来看，2011年上半年各品牌企业市场占有率均有不同程度上升。其中，恒大地产市场占有率基值较2010年上升81.74%，达到174；中国海外市场占有率基值达到171，基值增长率也高达72.94%；万科市场占有率表现出稳定增长的趋势，以27.18%的增长率将占有率基值提升至262的新高点。鉴于房地产市场具有较强的地域性特点，如果从分区域的占有率进行进一步分析，部分品牌开发企业的市场占有率可能更高。

（3）企业专业化基础上拓展业态，努力多方位延伸品牌宽度

根据我国房地产开发企业的品牌经营情况，目前我国房地产企业品牌最主要的延伸方式为跨产品线延伸。跨产品线延伸是指房地产企业跳出以往经营的产品线寻求新的品牌价值增长点。此种延伸方式主要分为两种，一种是企业品牌由单纯的住宅地产向商业地产、旅游地产等延伸，另一种是企业品牌向房地产整个价值链延伸。

2010年以来由于住宅市场受多项宏观调控政策的影响，越来越多的房地产开发商便加快了进军商业地产、旅游地产的步伐。一向以住宅市场为主的万科携其具有强大影响的品牌进军商业地产。另一方面，2010年以来，万科、保利、龙湖、碧桂园、雅居乐、富力、中粮等在内的诸多大型房企都纷纷开始介入旅游地产。

企业品牌向房地产整个价值链延伸，特别是向物业管理方向延伸则是品牌企业的共识。房地产价值链涉及选择地段、设计、施工、销售、物业服务等多个环节，这些环节相互依存、相互联系，只有通过优化协调这些环节才能提高房地产开发企业的竞争优势。而大部分房地产开发企业的业务可能只涉及其中的部分环节，其他环节都外包给第三方完成，这样就不容易控制外包环节，但是任何一个环节出现问题都有可能影响到房地产企业品牌的形象，因此，大多数有实力的房地产开发企业都在不同程度的实行一体化经营战略，把品牌分别延伸到价值链中的上游和下游。品牌企业通过不同方式实施品牌延伸策略，一方面有利于企业有效利用品牌价值加速新产品、新领域的定位，降低进入新业态导入费用；另一方面有利于拓宽品牌的传播宽度，有助于强化品牌效应，强化品牌价值。

（4）夯实质量基础展现品牌形象，产品质量成品牌建设热点

高质量的产品品质是房地产品牌的基础，因此，在树立房地产品牌的过程中应始终重视项目的规划设计、工程建设、使用功能以及建筑材料的科技含量等产品的优势和特征，从而使产品的品质得到消费者的认同，增强项目的知名度和美誉度。因此，品牌的成功是基于一系列内在和外在的综合品质，品质是品牌的生命，住宅的综合品质是建筑质量、外观、功能、环境等要素构成的综合体，住宅作为一种特殊耐用消费品，其综合品质是社会、百姓关注的焦点。

住宅产品质量问题则是产品品质的核心，尽管近年来整体而言品牌开发企业产品质量在不断提升，然而产品质量缺陷、瑕疵等问题仍然不时引起社会舆论的关注。根据对有关商品房的相关投诉分析，商品房的通病及配套设施的质量问题一直居高不下，投诉量在按投诉性质的分类中始终占据第一位。商品房质量问题事件不时出现在不同程度上对企业形象、企业品牌价值造成不利影响，因此房地产开发企业应始终将房地产产品质量作为企业品牌的生命线。

（5）品牌企业关注社会责任建设，自觉纳入其品牌建设范围

目前，积极承担社会责任，通过投身公益提升品牌形象已经成为众多房地产开发企业的重要选择之一。2010年，品牌房地产开发企业参与公益活动呈现出覆盖广、门类多、方式新等特点。这表明房地产开发企业已经认识到通过举办各类社会公益活动在体现出企业良好的社会责任感和使命感的同时有效地向社会公众传播企业正面形象。组织和参与各类社会公益活动成为企业品牌建设的重要途径。

随着我国保障性安居工程力度的加大，万科、招商、远洋、华润、保利、绿城等在内的诸多国内知名的大型房地产开发企业已积极参与到保障房投资和建设的工作中来。2010年，万科通过竞标以代建方式参与了深圳、北京、南京三个保障房项目的开发。同年，招商地产中标总建筑面积53.96万平方米的深圳光明新区整体拆迁、统建上楼安置房项目，深圳澜园3.15万平方米的保障房已建成并交付给政府，北京溪城家园23万平方米的保障房建成并交付使用。招商地产在保障房建设方面的积极表现也为企业赢得了业界和社会公众的一致好评，凭借良好声誉，招商地产成功进入此次房地产开发企业品牌价值测评研究二十强。

（6）政策引导市场逐步回归理性，品牌助企业扩大市场份额

2010年以来我国国房景气指数整体下行的走势一直延续到2011年，7月国房景气指数降至101.5的低点。国房景气指数整体下跌主要是受到调控政策的影响，这一变化反应了新政出台后房地产整体的市场情况，同时也反映出房地产市场正逐步走向理性。

从数轮调控政策的效果来看，2010年年初、4月和9月下旬的三轮调控对房地产市场的影响主要是对成交量的影响，对成交价格的影响微乎其微。纵观2010年以来的调控政策，中央对房地产市场调控的决心非常坚定，尽管目前已有部分城市房价开始显露松动迹象，但调控的核心房价仍然没有出现整体性明显回落。在此情况下，政策调控将成为未来一段时间内楼市的主基调。因此，全国房地产市场将进入相对较长的调整期已经成为共识，房地产市场逐渐走向品牌竞争则是大势所趋。

对企业家而言，利润不是最终目标，品牌优势比利润更重要、更有价值品牌作为企业综合竞争力的核心和赢得市场的关键，正在逐渐成为企业在市场调整期抢占市场从而实现企业逆市成长的利器。品牌价值与销售额的比值表现的是品牌对市场的影响强度，比值越高，对市场的影响越大。房地产开发企业品牌价值20强企业品牌价值与销售额比值均值约为0.41，万科品牌价值与销售额之比仅为0.20，跟其他行业的数值来比较略低，说明房地产行业的品牌影响力度仍然具有提高空间。而品牌房地产企业通过近年来建立健全品牌管理机制和品牌，品牌效应正在逐步提升，品牌影响力度也将逐步增强，从而更有效地促进企业销售，而房地产市场将会快速向这些企业集中。

（7）品牌维护坚持科学管理体系，创新传播方式助品牌成长

品牌含金量提升，管理系统化。日趋激烈的品牌竞争迫使企业将品牌管理提上议事日程，具体趋势主要有:第一，品牌管理成为公司管理层关注的一件大事，其主要目标是针对竞争对手，采取一系列举措增强自身品牌对市场的相对影响力。效果卓著的措施将得到更多的资金和行政支持，相反则被淘汰。第二，品牌的稳定成长依靠持久有效的管理。为了获得长期的品牌价值，甚至需要几代人的经验累积和持续培养，而不能只靠短期的投入来赢得品牌。品牌管理不仅使每笔交易的收益最大化;更重要的是通过品牌建立公司长期的信誉度来挖掘客户的终身价值。第三，品牌管理将以全局管理为本，向下延伸至区域、城市、项目等管理层次。当全局及区域决策确定后，品牌管理在城市和项目层得以贯彻实施，这样就能充分发挥项目的优势，开发更适应消费者的产品。

而受近年来网络媒体崛起的推动，不少品牌房地产开发企业创新性地开拓新的传播渠道。随着房地产营销革命性的新平台-房产电子商务的兴起，产品线品牌传播的触角伸向了网络品牌，这种延伸并不是单纯地新增网络广告推广，而是通过电子商务平台形成网拍的事件、网络平台的推广和相关新闻等传播方式有机结合的立体传播。2011年，SOHO中国联合新浪地产频道首次推出了网上卖房活动，并以几次成功的网上竞卖为契机促成新浪乐居房产电商频道的诞生。几次网上竞卖活动无疑成为SOHO中国快速实现项目品牌推广的助推器。

另一方面，近年来SNS、微博等新型网络的崛起，不少企业拓展出企业家这一新的品牌传播渠道。企业家通过传媒，与有关方面及消费者加强了沟通，且微博等新型网络传播媒介具有传播成本低、传播速度快、传播范围广等优势，相信在有效控制传播风险的情况下将有更多企业和企业家选择这一传播渠道。

（8）品牌建设关注重点回归产品，低碳绿色项目助品牌提升

为了扩大市场份额，企业都会努力提高产品质量和服务，以便使产品在消费者心中能树立良好的信誉，这时消费者就会把品牌和该品牌的产品质量联系在一起。由于品牌知名度的影响性，对于同样质量、功能的商品而言，知名度较强的品牌备倍受广大消费者青睐，反之则不然。因此，质量保证是品牌最重要的功能之一，也是品牌得以在日益竞争激烈的市场上站稳脚跟的根源。

对于房地产开发企业而言，一切企业发展战略、营销策略、品牌形象等，都要以良好的产品质量和信誉为保证，质量贯穿于品牌营造的始终，是最重要的环节。目前，品牌开发企业均将产品品质作为企业管理核心任务统一管理。绿地集团在产品品质方面，特别在超高层项目中通过与国际一流公司合作的方式提高产品质量：在规划设计方面，邀请世界级的项目团队提纲设计，以确保项目具有国际一流的水平与品质。在材料采购及供应链管理方面，先后与25家世界500强企业及世界知名品牌厂商签署战略合作协议，由以上厂家直接向绿地集团提供开发建设所需要产品及材料，基本涵盖房地产开发建设过程中的主要环节。在技术应用方面，引入了最先进的节能幕墙系统、电气系统、暖通系统等等高新科技和绿色环保的系统设施，灯光、电梯、智能化、消防与逃生系统等设计也邀请国际顶级专业公司担任顾问。在产品安全方面，采用了最严苛的质量安全标准。

在大力提倡以节能、减排、生态、环保为核心的低碳经济的今天，推进绿色低碳住宅产品的开发企业既获得了产品溢价，也赢得社会和市场的赞誉从而促进企业品牌价值的提升。不少企业将绿色地产概念融入企业品牌建设体系。如招商地产七年前即首倡并开展绿色地产实践，持续在项目中推广绿色建筑，将绿色星级标准因地制宜应用于各个项目中，积极采用绿色施工和绿色采购。在投资决策中就充分考虑投资项目对环境、社会的影响，在社区建设中，组织各类绿色行动，在社区居民中大力宣传低碳生活理念。在低碳经济发展已被提升到前所未有高度的今天，必将有更多企业关注低碳技术，把握地产低碳经济先机，并借助低碳产品提升品牌形象，促进企业发展。

（9）企业社会责任意识普遍增强，争先树良好社会公民形象

企业的诚信、品牌、社会责任建设是企业得以持续发展的基础。坚持并践行诚信、品牌、社会责任理念的企业也能获得消费者的信赖。

在市场竞争日益激烈的形势下，越来越多的房地产开发企业加大了对企业社会责任的关注，从而也收获了品牌价值提升的联动效应。2011年，远洋地产、中信地产等企业先后发布了社会责任报告，使上市房地产开发企业发布企业社会责任报告的企业数据增长至三十余家。尽管仍未达到上市企业总数的一半，但表明越来越多的企业把企业社会责任作为企业品牌建设的重要途径，而这种趋势将引领整个行业的发展。

企业公益事业是房地产开发企业社会责任的重要组成部分，是践行公民责任，化爱心为行动的集中体现。品牌企业既实践着对国家和社会的承诺，也将社会责任作为检验企业整体形象的重要方面。雅居乐集团秉承“取之于社会，用之于社会”的理念，于2010年初制定了慈善公益年度计划，积极实践促进社会和谐发展之目标。年内，该集团继续在教育和助学、赈灾扶贫、医疗及关怀员工等多个范畴不予余力，捐款超过人民币1.5亿元。

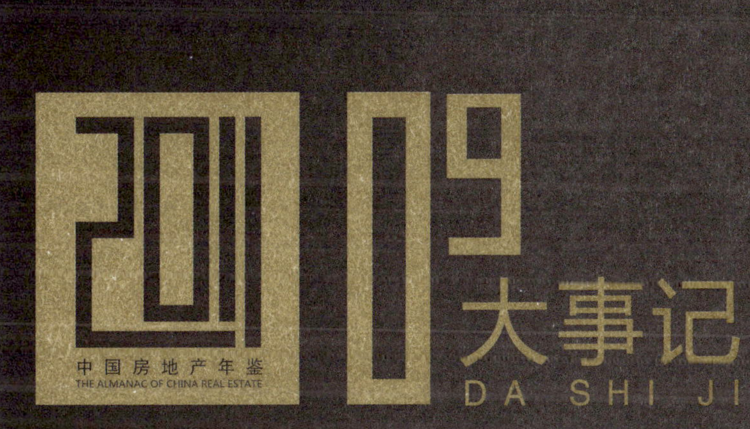
中国房地产年鉴
THE ALMANAC OF CHINA REAL ESTATE
09
大事记
DA SHI JI

大事记

01 确定千万套保障房开工任务，保障范围进一步扩大

1月11日，住房和城乡建设部公布了2011年保障房建设计划任务。作为“十二五”的开局之年，2011年我国保障性住房建设的计划目标为1000万套，相比2010年的580万套增长近一倍，需要建设资金约1.3万亿。未来五年，我国将逐步形成完善的保障房体系和商品房体系，保障对象的范围将进一步扩大，涵盖低收入及中等偏下收入人群，新就业大学生，外来务工人员等。

02 新拆迁条例正式公布实施，行政强拆成为历史

1月19日，国务院第141次常务会议上通过《国有土地上房屋征收与补偿条例》，并于2011年1月21日正式公布实施，条例明确规定了征收个人住宅，被征收人符合住房保障条件的，应当优先给予住房保障等事项，并规定被征收人超过规定期限不搬迁的，由政府向法院申请强制执行，这意味着前期由地方政府实施的行政强拆行为被终止。

03 新“国八条”出台，房地产调控进一步收紧

1月26日，国务院办公厅出台关于进一步做好房地产市场调控工作有关问题的通知，明确将限购范围扩大到各直辖市、计划单列市、省会城市和房价过高、上涨过快的城市，并提高二套房首付标准，同时要求地方政府公布房价控制目标，落实保障房建设任务等内容。调控力度较2010年进一步加强。

04 沪渝试点征收房产税，两种模式意在对比选择

1月27日，重庆和上海分别宣布进行房产税征收的试点工作。重庆主要是针对新购高端房产进行征收，包括存量独栋别墅，根据不同房价设置0.5%、1%、1.2%三档税率；上海的房产税征收对象是本地家庭新增的住房和外地人新购住房，即对增量住房进行征税，根据不同房价设置0.4%和0.6%两档税率。两套征税模式都设置了免税居住面积。

05 房价新统计方案发布，不再公布城市涨幅平均数

2月16日国家统计局公布新的《住宅销售价格统计调查方案》。新方案实施后，不再发布全国70个大中城市房价涨幅平均数。此次房价统计新方案在四个方面做出改革和调整：一是调整了房价统计基础数据的来源渠道；二是调整基本分类设置标准；三是首次增加了定基价格指数；四是改进了数据发布方式。

06 全国保障性安居工程工作会议召开，各省级政府签订建设责任书

2月24日，全国保障性安居工程工作会议在北京召开，保障性安居工程协调小组与各省级政府签订了今年工程建设目标责任书，将1000万套的保障性住房建设任务分解到各地。国务院副总理李克强在会上强调，今年要求建设1000万套保障性住房是硬任务，对于稳预期、控房价、扩内需、转方式具有重大意义，也是调整收入分配结构的重要举措。各地要抓紧安排开工，尽早建成投入使用。

07 沪公租房债权投资计划通过保监会备案，保险资金试点投资保障房

2011年3月，中国太平洋保险旗下太平洋资产管理公司发起设立的“太平洋–上海公共租赁房项目债权投资计划”正式通过了保监会备案。这也是保监会《保险资金投资不动产暂行办法》出台后的第一单不动产债权投资计划。该项目计划募集资金40亿元，主要用于上海地产(集团)有限公司在上海市区建设的约50万平方米公共租赁住房项目的建设和运营。

07 上海探索保障房产权新模式，经济适用房将共有产权

3月2日，在上海市政府新闻发布会上，上海市住房保障和房屋管理局相关负责人提出了上海市经济适用房将采用共有产权模式。该模式规定，五年后经适房可以上市转让时，住房保障机构享有优先回购权，并规定住房保障机构和购房人按各自产权份额分配转让价款。共有产权模式曾在江苏省淮安市进行试点，并在江苏省得到推广。

08 全国“两会”确定的房地产调控基调依旧

3月15日，第十一届全国人民代表大会第四次会议在北京人民大会堂开幕。温家宝总理在政府工作报告中指出要“坚定不移地搞好房地产市场调控。加快健全房地产市场调控的长效机制，重点解决城镇中低收入家庭住房困难，切实稳定房地产市场价格，满足居民合理住房需求。”显然房地产市场调控是2011年政府工作的一个重点。

10 规范房屋销售价格标示，商品房销售实行“一房一价”

3月16日，国家发展和改革委员会出台《商品房销售明码标价规定》,明确自2011年5月1日起，商品房销售明码标价实行“一房一标”。商品房经营者应当对每套商品房进行明码标价。按照建筑面积或者套内建筑面积计价的，还应当标示建筑面积单价或者套内建筑面积单价。

⑪ 各地落实国务院调控政策，北京限购政策全国最严

在国务院出台新一轮房地产调控政策后，北京、上海等各地政府开始结合当地房地产市场情况对政策要求进行贯彻和落实，其中北京市对前期的限购政策进一步收紧，规定非本市户籍居民购房需要提供连续5年的社会保险或者个人所得税缴纳证明，成为全国限购最为严厉的城市。最终全国共有47个城市出台了限购政策。

⑫ 开发企业500强测评会议召开，百强门槛起点显著提高

3月23日，由中国房地产业协会，中国房地产研究会、中国房地产测评中心等多家单位共同举办的中国房地产500强测评发布会在北京召开，万科夺得中国房企500强第一名，恒大紧随其后。 2010年销售过百亿的房企阵容仍持续扩充至35家，前20强房企销售金额的中位数为326亿元，门槛起点显著提高，竞争激烈。

⑬ 各地房价控制目标公布，GDP和人均收入增幅成标准

截至3月31日，全国657（包括287个设区城市、370个县级市）个城市中，已有608个城市公布年度新建住房价格控制目标，占92.5%，还有49个城市没能按期完成公布调控目标。在公布目标的城市中多以居民人均可支配收入或GDP的增幅为房价控制目标，仅有北京市提出“新建普通住房价格与2010年相比稳中有降“。

⑭ 人口普查数据公布，城市化率大幅上升

4月28日，全国第六次人口普查数据公布，全国总人口为1339724852人，十年间人口总数增加7390万人，增长5.84%，年平均增长0.57%，比1990年到2000年的年平均增长率1.07%下降0.5个百分点。至2010年我国城镇化率为49.68%。城市化加速发展，带来的新增住房需求是近年来房价快速上涨的重要因素。

⑮ 香河爆出违法征地事件，多家开发企业涉及其中

5月份，河北省香河市爆出违规圈地事件。基层政府在征地过程中存在违规行为，采用“以租代征”等方式占用耕地，并将违法获得土地通过正规渠道拍卖给房地产开发企业，其中涉及多家大型房地产开发企业。土地事件被爆出后，涉事地块被收回，在建项目也由当地政府回购。

⑯ 国资委要求央企参与保障房开发，有利于保障房建设任务完成

5月3日，国务院国有资产监督管理委员会办公厅发布《关于积极参与保障性住房开发建设有关事项的通知》，要求有关中央企业加强与地方政府有关部门的沟通，争取地方政府的支持，在地方政府的领导下，按照市场化运作方式，通过多种途径参与保障房开发建设。

⑰ 房地产企业上市公司100强公布，万科、恒大、中海外位列三甲

5月11日，中国房地产研究会、中国房地产业协会与中国房地产测评中心在会上联合发布了《2011中国房地产上市公司测评研究报告》及2011中国房地产上市公司综合实力榜100强、运营规模10强、抗风险能力10强

等系列测评榜单。其中，万科A、恒大地产、中国海外发展荣膺2011中国房地产上市公司综合实力榜前三名。

18 全国住房用地供应计划公布，供应面积同比大幅攀升

5月13日，国土资源部发布2011年全国住房用地供应计划，供地总面积21.79万公顷。全国计划供应保障性安居工程用地和中小套型商品房用地共计17.13万公顷，占住房用地供应计划的78.6%，比去年提高2个百分点。计划供应保障性安居工程用地7.74万公顷，占住房用地供应计划的35.5%，与2010年计划（6.58万公顷）相比，增加17.6%。

19 国土部扩大地价监控范围，县级异常地块被纳入

5月26日，国土部向各省、区、市国土部门下发了《关于严格落实异常交易地块上报制度有关问题的函》，要求各地国土部门对2011年以来的成交地块进行清理，漏报的地块应在6月30日前补充上报，同时县级单位异常地块也被纳入监控范围。

20 北京以土地储备作为抵押，利用险资进行保障房土地一级开发

中国人寿、中国人保以及太平洋保险等在内的共7家保险公司将筹集700亿至800亿元的保险资金投向北京保障房建设。这一融资投建计划是保险公司与北京市政府的联合合作，北京市政府将以土地储备作为抵押，并按照基础设施债权投资的方式进行运作。北京市土地储备整理中心将利用这些资金为北京市保障房建设提供前期的土地供应，但是保险资金不参与后期二级市场的开发。

21 土地出让收益分配方向扩大，教育、农田水利建设资金被纳入分配范围

6月8日，温家宝总理主持召开国务院常务会议，研究部署进一步加大财政教育投入工作和促进物流业健康发展工作。会议提出各地从土地出让收益中按比例计提教育资金，提取比例为10%。8月2日财政部颁布《关于从土地出让收益中计提教育资金有关事项的通知》，对政策细节进行详细说明。除教育资金外，农田水利建设和保障房建设也要从土地出让金净收益中各计提10%作为建设资金。

22 保障房资金来源途径增加，地方融资平台债券融资获批

6月21日，国家发展和改革委员会发布了《关于利用债券融资支持保障性住房建设有关问题的通知》，通知规定了地方政府投融资平台公司发行企业债券应优先用于保障性住房建设；支持符合条件的地方政府投融资平台公司和其他企业，通过发行企业债券进行保障性住房项目融资；企业债券募集资金用于保障性住房建设的，优先办理核准手续。该通知为地方政府解决保障性住房建设资金问题提供了一条路径。

23 第三届房地产科学发展论坛召开，指出房地产发展思路

由中国房地产研究会、中国房地产业协会共同主办的第三届中国房地产科学发展论坛于6月28日至29日在广东清远召开。论坛主题是“推进产业转型，创新管理模式”，目的是按照中央关于加快转变经济发展方式的

要求，促进房地产业加快转型创新，提升行业整体发展质量和管理水平。会上提出了房地产业的三大转型目标和五大创新手段。

24 北京成立国内最大保障房投资中心，为保障住房建设收集资金

6月30日，北京市政府力推的保障性住房建设投资中心正式成立，注册资本金为100亿元，这是目前国内规模最大的保障性住房建设投资公司。投资中心将发挥财政资金投入的放大效应，获得银行信贷支持，为保险资金、社保资金等进入保障房提供承接平台。投资中心的另一项重要功能是为市级统筹建设收购公共租赁住房项目，以及市政府委托建设的定向安置房项目筹集资金。

25 国务院常务会议要求部分房价上涨过快的二、三线城市也要限购

7月12日，国务院总理温家宝主持召开常务会议，分析当前房地产市场形势，研究部署继续加强调控工作。会议除了强调继续房地产市场调控和保障性住房建设外，还提出房价上涨过快的二、三线城市也要采取必要限购措施。但在落实过程中，各地方政府并不积极，仅有个别城市响应并出台了限购措施，部分城市则以“限价”来代理“限购”。

26 房地产信托再受“窗口”指导，前期信托业务进入兑付期

7月份监管层再度对房地产信托业务进行“窗口”指导，要求今后信托公司凡涉及房地产的相关业务都需要逐笔报批，随后房地产信托发放基本处于停滞状态。在此之前的5月份，银监会曾要求对房地产信托的规模进行控制。房地产信托从2010年以来规模便急剧扩大，房地产信托产品的期限一般为1-2年，目前房地产托开始进入兑付的集中期，银监会在8月份对兑付风险进行了发文警示。

27 22城市用地审批权被收，土地管理进一步收紧

8月份，国土资源部对需报国务院批准建设用地的城市范围进行了调整，除原规定需报国务院批准用地84个城市外，自2011年起，新增了秦皇岛、镇江、南通、扬州、泰州、嘉兴、绍兴、台州、温州、马鞍山、德州、东营、威海、南阳、江门、惠州、珠海、佛山、中山、东莞、桂林以及三亚等22城市。

28 房地产电子商务拓宽了销售渠道

8月8日，易居中国旗下在线房产交易门户EJU.COM正式上线，这是国内首个专业房产电商频道，标志着房地产电子商务正式开始投入使用。易居房产电商频道将线上选房和线下交易进行结合，并首推线下经纪人联动卖新房的服务模式，进一步拓宽了房地产市场销售渠道。

29 婚姻法新解引发热议，掀起房产证加名热潮

8月12日，最高人民法院对《婚姻法》若干问题做出解释，离婚案件中一方婚前贷款购买的不动产应归产权登记方所有，但明确要对参与还贷的配偶给予公平合理的补偿。另外，婚后父母赠房，登记在其子女名下

的，属该子女个人财产。解释公布后，在全国掀起了房产证加名潮，对于婚前房产证加上伴侣名字需缴纳契税也引发争议。

30 台州市限购政策出台，政策力度不及前期城市

8月25日，台州市发布《关于进一步落实房地产市场调控工作的通知》，将外地人购房门槛设置为“缴纳1年以上个人所得税证明或社会保险缴纳证明”。作为首个落实国务院七月份扩大限购范围政策的城市，相比重点城市限购政策力度明显宽松，限购范围仅局限在市区和新房。随后衢州市也出台较为宽松的限购政策，以落实国务院二、三线城市限购政策。

31 品牌价值测评成果发布，品牌企业集中度继续提高

9月8日，2011中国房地产品牌价值测评成果发布会暨房地产品牌发展高峰论坛在北京世纪国建宾馆隆重举行。业内领导和专家以及房地产企业、研究机构和媒体人士近300人出席了本次论坛。会上发布了《2011中国房地产企业品牌价值测评研究报告》及2011中国房地产开发企业品牌价值20强、品牌价值成长性10强、专业特色10强、华北(东北)10强、华东10强、华南10强、中西部10强；2011中国房地产营销代理企业品牌价值10强、成长性10强榜单等系列榜单。

32 2011中国房地产科学发展论坛长三角峰会成功召开

9月26-27日，由中国房地产研究会、中国房地产业协会共同主办的“2011中国房地产科学发展论坛长三角峰”在南京宾馆举行。会议上众多专家、企业负责人探讨了在房地产市场调控的背景下企业如何通过把握政策谋求发展，行业如何通过转型发展等业内人士广泛关注的问题。

33 绿城深陷“被破产”，资金紧张是主因

9月底市场传出绿城信托受到银监会审查的消息引发了业界对绿城高负债率的关注，绿城中报显示其净资产负债率高达163%。随后11月绿城准备申请破产的传言再度将绿城推到风口浪尖，绿城集团董事长宋卫平连夜撰文指出绿城会分三步走：一为努力卖房；二为转让项目；三为大降价卖房。在楼市严厉的调控政策下，不少房地产开发企业资金问题开始凸现，加上融资环境不断恶化，开发企业不得不采取降价促销的策略，以期快速回笼资金。

34 佛山市有意放松限购，政策12小时后被收回

10月11日，广东省佛山市住房和城乡建设管理局发布《关于进一步加强我市房地产市场调控有关问题的通知》，由于该通知取消了对三类人群的限购，被外界视为全国首个公开宣布放宽限购的城市。后在外部舆论压力下，当地有关部门宣布暂缓执行，从政策出台到宣布暂缓执行仅相隔12小时。

35 房地产海外汇资管理趋紧，境外融资回流难度增加

10月13日，中国人民银行发布公告对于房地产业外商投资企业办理外商直接投资人民币资本金汇入业务时，银行还需登陆商务部网站，验证该企业是否通过商务部备案。该公告的出台让房地产企业境外融资的道路受到进一步限制。x

36 刘明康宣布银行可承受房价下跌四成，言论引发业界争议

10月19日，中国银监会主席刘明康在北京召开的CEO组织峰会上做出表述，根据最近的压力测试结果显示，中国银行业房地产风险总体可控。即使房地产抵押品重度压力测试下跌40%，覆盖率仍高于国际通行的110%标准。有部分人士认为，国内房地产价格大幅下跌的结果是国内银行业所无法承受的。

37 多地银行上调首套房贷利率，自住性购房需求受阻

10月份北京、上海、广州、天津、武汉等多城市的商业银行纷纷调整首套房贷利率，涉及银行包括了建设银行、广大银行、广发银行、深发展银行和民生银行等。以北京建行为例，首套房贷利率最低上浮至基准利率的1.05倍。首套房贷利率的提升进一步限制了自住性购房需求，与房地产调控政策中要求的支持首套住房需求大相径庭。导致房贷利率上浮的重要原因是由于购房贷款的需求数量和购房贷款的发放规模无法匹配。

38 部分房地产项目打折促销，引发已购房者不满

随着房地产市场调控的持续，部分房地产企业开始对在售项目价格进行调整。中海对上海中海御景熙岸进行降价销售从而引发前期购房业主的不满，提出退房或者补偿差价的要求，并对售楼处进行打砸，降价销售活动也被当地房管处叫停。从本次降价时间中可以看到，本轮房地产市场价下调的开启者是以大型房地产企业为主，而不是中小型房地产企业。

39 温州高利贷危机逐步升级，投资炒房行为普遍存在

随着国家信贷政策的逐步收紧以及对外贸易增长放缓，温州市高利贷风波愈演愈烈，不少企业出现倒闭或者运营困难，不少涉及高利贷的老板携款出走以躲避债主。在这场风波暴露出有不少高利贷资金流向了房地产行业，进行房地产开发和炒楼。在楼市全面入冬的形势下，资金链断裂，导致温州等地区以房价支撑的高利贷纷纷崩盘。

40 保障房用地落实情况公布，超额完成中央下达任务

11月2日，国土资源部公布今年保障性安居工程任务用地落实情况，今年落实中央下达1000万套保障性安居工程建设任务测算用地41983公顷，实际已用地42614公顷，用地落实率超过100%，已超额完成今年中央下达的保障性安居工程用地落实任务。

41 广厦奖报名工作正式启动，住建设部领导出席并讲话

11月9日，2011-2012年度“广厦奖”评选启动新闻发布会在京举行。“广厦奖”是经住房和城乡建设部同意上报，经国家同意，由中国房地产业协会、住房和城乡建设部住宅产业化促进中心共同组织实施的，房地产行业唯一的综合性大奖。

42 住建部督察各地保障住房建设，重新核算保障房开工率

11月22日，由国家住房和城乡建设部部长姜伟新等带队组成若干组，督察各地保障性安居工程建设工作，本次督查工作主要是针对保障性安居工程开工“掺水”和质量问题，将严格按照“三个标准”来核算地方保障性安居工程开工率。

43 农村集体土地所有 权开始确认，小产权房仍然禁止发证

11月，国土资源部、中央农村工作领导小组办公室、财政部、农业部等四部委下发《农村集体土地确权登记发证若干意见》，明确农村集体土地所有权登记发证的范围，“小产权房”等违法用地不得发证，并要求依法依规开展农村集体土地确权登记发证工作。

44 央行发布房地产市场形势报告，房价拐点初现端倪

11月24日，中国金融学会金融统计研究专业委员会在京举办“房地产金融风险管理”座谈会，会议重点讨论了人民银行调查统计司撰写的《当前房地产市场形势分析报告》和《房地产市场变化对金融业影响的调查报告》。报告认为房价拐点初现端倪，银行和房地产开发企业能够承受房价下跌20%到30%带来的冲击，同时对深度下跌的连锁后果表示密切关注。

45 北京上调普通商品房认定标准，“被豪宅”问题得到解决

11月25日，北京市住建委联合北京市地税局联合发布了《关于公布北京市享受优惠政策住房平均交易价格的通知》。要求自2011年12月10日起，本市享受优惠政策普通住房平均交易价格调整为按照全市住房平均交易价格结合区位调整系数确定。其中，全市住房平均交易价格为2010年成交均价每平方米建筑面积18000元。前期部分项目被“豪宅“化的问题得到了解决。上海市随后也对普通商品房标准作出了调整。

46 国房景气指数27个月首破临界点，房地产市场前期黯淡

12月9日，国家统计局公布今年前11个月宏观经济数据，其中全国房地产开发景气指数为99.87,27个月以来首次跌破100大关。房地产开发景气指数回落表明开发企业对未来房地产市场普遍持看空态度，房地产进入调整期的趋势基本得到确立。

47 中央经济工作会议在京闭幕，要求房价回归合理

12月14日，中央经济工作会议在京闭幕，会议确定了明年经济工作方向是“稳中求进”。2012年房地产的工作重点是“要抓好保障性住房投融资、建设、运营、管理工作，逐步解决城镇低收入群众、新就业职工、农民工住房困难。要坚持房地产市场调控不动摇，促进房价合理回归，加快普通商品住房建设，扩大有效供给，促进房地产市场健康发展。”

48 中国房地产研究会、中国房地产业协会理事大会在京召开

12月21日，中国房地产业协会六届三次理事会，中国房地产研究会五届四次理事会在北京召开，会议上刘志峰会长提出要顺应调控形势、加强信用建设、引导房地产业健康稳定发展。此外会议上还安排了建设部、银监会、财政部、国土资源部、发改委等众多政府部门有关专家对房地产市场未来发展、国家经济等问题进行分析。

49 闲置土地处置办法征求意见，土地闲置满两年无偿收回

12月21日，国土资源部起草的《闲置土地处置办法（修订草案）》开始征求社会各界意见。草案中明确了闲置土地的认定办法，还规定对未动工开发建设，土地闲置满2年的可无偿收回土地使用权。在房地产市场下行形势下，该草案进一步加大了房地产开发企业的经营压力。

50 保障性住房获取途径拓宽，允许地方购商品房做保障房

12月22日，全国住房保障工作会议在北京召开，住房和城乡建设部代表全国保障性安居工程协调小组，与各省区市签订了2012年住房保障工作的目标责任书。国务院副总理李克强在会议上发表讲话，除继续强调保障住房建设工作外，还表示政府可通过购买合适的普通商品现房来增加保障房有效供应。由于2012年保障性住房在建工程量将近有1700多万套，建设压力较大，通过政府收购的形式将有效解决部分群众短期内急需住房的问题。

51 2012年保障性住房建设任务公布，新开工建设目标下调至700万

12月23日，全国住房城乡建设工作会议在京召开。会上提出了2012年新开工建设保障性住房和棚户区改造住房700万套以上，基本建成500万套以上，竣工量要高于2011年的保障住房建设任务。

52 保障农民土地财产权利，集体土地征收将立法

12月27日，国务院总理温家宝在中央农村工作会议上发表讲话，表示土地承包经营权、宅基地使用权、集体收益分配权等，是法律赋予农民的合法财产权利，任何人都无权剥夺，要大幅度提高农民在土地增值收益中的分配比例，明年还将出台相应的法律以保障农民土地的合法权益。

53 上海外滩地王股权被转让，凸显房地产企业资金紧张局面

12月29日，SOHO中国宣布与上海证大下属子公司、绿城中国下属子公司签订协议，以40亿元间接收购上海海之门房地产有限公司50%的股权，进而收购上海外滩8- 1地块50%的权益，但原股东复星集团对此收购表示反对。随后万达集团也介入该地块争夺，让竞争形势更加复杂。

54 大型房地产企业业绩继续上涨，上榜企业门槛大幅提升

12月31日，中国房产信息集团联合中国房地产测评中心发布《2011年中国房地产企业年度销售TOP50排行榜》，万科以销售面积1220万平方米，销售金额1210亿元的成绩再次位列首位，其次分别是恒大和绿地。今年公布的TOP50门槛销售金额和销售面积门槛分别达到78亿元和63万方，较去年分别上升了50%和37%。

55 2011年全国土地违法案件公布，发现违法用地行为7万件

2011年，全国发现违法用地行为7.0万件，涉及土地面积75.1万亩(其中耕地26.4万亩)，同比分别上升5.8%、上升11.0%(下降2.4%)。对其中4.2万件违法用地案件进行立案查处，涉及土地面积65.6万亩(其中耕地22.4万亩)，同比分别上升2.5%、上升11.4%(下降5.7%)。立案查处矿产资源领域违法案件7481件，同比上升4.8%。

56 全年销售面积、销售金额创新高

2012年全国商品房销售面积和销售金额再次创下历史新高，全国商品房销售面积109946万平方米，同比增长4.9%；商品房销售金额59119亿元，同比增长12.1%。但在房地产市场调控的压力下，从第四季度开始投资同比增速持续走低。

57 2011年房地产业协会多个专业委员会完成重组

中国房地产业协会的小城镇开发专业委员会、房地产法律事务委员会、产业协作委员会、金融委员会、商业地产委员会、房地产市场委员会、老年住区委员会在2011年内完成了重组，由协会副会长或秘书长出任专业委员会主任。